U0945348

世纪波
Century Wave

ATD
学习发展指南

[美] 伊莱恩·碧柯（Elaine Biech） 主编
顾立民 杨 震 赵 弘 陈致中 译

ASTD HANDBOOK
The Definitive Reference for Training & Development

（第2版）
2nd Edition

電子工業出版社
Publishing House of Electronics Industry
北京·BEIJING

Elaine Biech: ASTD Handbook: The Definitive Reference for Training & Development, 2nd Edition
ISBN: 978-1562869137

版权贸易合同登记号　图字：01-2014-5476

图书在版编目（CIP）数据

ATD 学习发展指南：第 2 版 /（美）伊莱恩 · 碧柯（Elaine Biech）主编；顾立民等译. —北京：电子工业出版社，2020.12

书名原文：ASTD Handbook: The Definitive Reference for Training & Development，2nd Edition

ISBN 978-7-121-39752-3

Ⅰ. ①A… Ⅱ. ①伊… ②顾… Ⅲ. ①企业管理－职工培训－指南 Ⅳ. ①F272.92-62

中国版本图书馆 CIP 数据核字(2020)第 209980 号

责任编辑：袁桂春
印　　刷：三河市鑫金马印装有限公司
装　　订：三河市鑫金马印装有限公司
出版发行：电子工业出版社
　　　　　北京市海淀区万寿路 173 信箱　邮编 100036
开　　本：720×1000　1/16　印张：59.5　字数：1143 千字
版　　次：2020 年 12 月第 1 版（原著第 2 版）
印　　次：2020 年 12 月第 1 次印刷
定　　价：398.00 元

凡所购买电子工业出版社图书有缺损问题，请向购买书店调换。若书店售缺，请与本社发行部联系，联系及邮购电话：（010）88254888，88258888。

质量投诉请发邮件至 zlts@phei.com.cn，盗版侵权举报请发邮件至 dbqq@phei.com.cn。

本书咨询联系方式：（010）88254199，sjb@phei.com.cn。

致中国读者

伊莱恩·碧柯（Elaine Biech）

当我得知《ATD 学习发展指南（第 2 版）》将要在中国出版时，我感到由衷的高兴！本书内容丰富，数十位业内非常著名的专家贡献了他们宝贵的知识、观点和经验。

我们所从事的培训工作对组织的成功和员工的发展至关重要。作为培训从业人员，我们每个人的专业发展对向员工持续提供最好的发展机会也极为重要。你现在拿到了这本书，说明你非常看重自己的培训角色，并深知培训对组织和周围的人是多么宝贵。本书将帮我们找到一些问题的答案、一些解决问题的方法及相关成功的案例。它一定会成为你爱不释手、多次垂询的资源。

作为培训从业人员，我们是非常幸运的，因为有机会接触到组织中的各类岗位从业人员并帮助他们学习和成长；但我们也应该发展自己。如果我们不能自我提高，使自己的业务越来越精，就无法更好地支持组织和同事。提升培训专业技能、扩展专业知识会使我们始终保持领先。也只有如此，我们才能更好地提供组织和学员都期待的培训。但如何做到呢?

手持此书，你已经迈出了第一步，但这也仅仅是个开始。如果你想成为一名专业的培训从业人员，不应自满和停留，而应努力成为一名培训业界的优秀人才——一名成功的、知识渊博的、受人尊敬的培训界大师级人物。若想成为一名货真价实的优秀从业人员，你需要遵循以下三个步骤。

1. 在书中寻找你所需要的内容。开卷有益——本书内容丰富、涵盖面广。我建议你从目录中找到三个自己最需要并最感兴趣的话题，将所在章节细细研读。每章后面还附有参考文献和延伸阅读部分。这些额外的阅读材料能帮助你进一步学习。

2. 制订个人职业发展计划。许多培训从业人员都曾帮助他人制订个人发展计划。那你自己的呢？你有个人发展计划吗？建议你使用书中学到的知识，并根据需要学习的知识和技能，制订自己的个人发展计划。我们行业的发展可以说日新月异，虽然有时候聚焦有一定难度，但个人发展计划可以保证你在需要成长的环节上取得不断进步。

3. 学以致用。知识虽好，但若能帮助我们扩展培训朋友圈并惠及更多的人会更好。平时我们应主动寻找实践的机会。对于新项目，我们也应当积极争取。要成为优秀的培训从业人员，更应当全面发展，尽量使自己在专业上羽翼丰满。我特意为中国市场撰写了一本书《培训就是答案：中国学习与发展实操手册》（本书仍由电子工业出版社出版），希望能引起你的兴趣。它集中讲解了在中国企业环境中进行设计、实施和评估培训的一系列实战方法，是非常实用的一本书。我很高兴有很多中国朋友为此书做出了贡献。他们的帮助弥足珍贵，因为其中的内容来自实践并能够帮助中国的培训从业人员解决他们最需要解决的问题。

我希望你对本书爱不释手，如能那样，我将荣幸之至。本书的确是很好的辅助、参考和资源。但请切记，这仅仅是个开始，只是你成为一名优秀的培训从业人员的万里长征的第一步。作为培训从业人员，我们有很多机会去影响和发展他人，但首先我们要不断提高自己，才能实至名归。

译者序

站在历史节点，看中国培训的挑战与机遇

中国的培训行业发展到今日，方兴未艾。特别是近十年以来，市场愈加火爆。许多企业及其从业人员都产生了培训需求，并对这个行业产生了不小的兴趣。总体来看，这是培训行业在不断提升、不断适应企业新需求的成长过程。但同时，我们也应当保持相对清醒的头脑。目前，中国的培训行业还面临着不小的挑战，需要我们这一代培训人积极赶上。

随着我国企业大学和企业培训职能部门如雨后春笋般地出现与发展，企业培训与国外同行的差距正在逐渐缩小。近年来，随着与海外专业人士交流的日益增加、信息手段的无处不在，各种西方培训与发展的先进理念和技术手段，以及许多耳熟能详的大师们，都已经不再遥不可及。各种培训、传媒机构在各地不断地以论坛、峰会、圆桌会议等形式，讨论学习与发展及培训管理方面的专业问题，并且越来越受到关注，参加人数逐年递增；线上的各种渠道，包括通过微信、慕课等媒介和在线教育形式讨论专业话题或进行课程培训，似乎也成了人们的日常生活习惯。这些都是很好的现象，说明企业更加重视人才培训，培训从业人员也更加寻求自身价值的提升。

但同时，这也引发了我们的一些思考，例如，企业大学和企业的培训职能部门未来向何处去？如何使培训工作更加贴近业务、支撑业务部门绩效目标达成？如何跨越各种流行的培训技术、实施方式等，真正帮助业务部门达成业绩？培训职能部门如何实现转型与升级？培训从业人员应当掌握哪些技能以应对千变万化的业务部门实际需求与挑战？只有克服这些瓶颈，企业大学和企业的培训职能部门才能创新发展。

目前，中国的培训行业正逐渐向着战略化、专业化、系统化、社会化的方向

发展。随着互联网的发展，大数据、云计算、脑科学、人工智能等新概念和新领域的出现，又使培训与发展出现了“碎片化、移动化、游戏化和社区化”（付伟，2013）的趋势。企业对培训的需求已经超越了单一的课程和项目形式，变成了对员工从入职、上岗、发展、升职等职业发展全流程的、主动的、数字化的管理过程。培训不应该也不可能再停留在被动地满足（内外）客户需求的思维上，而应该增加“供给侧”的设计，从而变成以绩效结果为目的、以岗位事实为基础、以能力提升与绩效支持为手段的绩效改进生态系统。只有这样定位，培训才可能赢得业务部门负责人的真正认可，因为他们才是培训部门的真正客户。只有业务部门负责人认为培训好，才是真的好；员工只是培训部门的“产品”，培训也只是手段！虽然许多企业的人才发展理念和管理手段都比过去取得了一些进步，但从总体上来讲，还远远落后于美国等发达国家。

基础理论研究极度匮乏

培训是科学，授课是艺术。

现代科技的发展和经济大环境的推动，让当代的培训从业人员插上了理想的翅膀。中国培训行业大有奋起直追美国之势。但如果冷静地分析一下，我们可能只会在实施手段和应用创新上赶超美国，因为美国在许多相关基础教育和学习基础理论的研究上已经在过去的半个多世纪进行了很多探索并取得累累硕果。

培训是一门科学已毋庸置疑。然而，我们国家时至今日，2020 年，拥有人力资源发展（人力资源开发）专业硕士和博士学位的高等院校凤毛麟角！残酷的现实使我们必须在浮华的热闹中保持冷静和清醒的头脑！

教育领域基础理论研究的缺失、应用型人才培养的匮乏，导致在经济领域的培训从业人员几乎无章可循，只有大量地模仿、引进和借鉴国外的理论研究和企业实践成果。但在这个探索过程中，又不可避免地受到许多社会和文化的影响，导致许多在西方行之有效的具体工作方法、流程、工具和模型等，来到中国后产生了水土不服的现象。值得注意的是，许多在西方证明了很好的概念、模型、方法、标准、流程和工具等，漂洋过海来到中国之后，由于缺乏成熟的企业管理环境，再加上社会文化大环境的差异，包括宗教、法律、价值观、学习方式等，没有了其赖以生长的空气、河流和土壤，因此往往达不到在本土企业应用时的效果。

目前，高等院校很难培养出大量令企业满意的合格人才，而我国的高等和中等职业教育又刚刚有些起色，如果企业再不利用科学的方法培养出令自己满意的员工队伍和管理人才，那么企业战略和可持续发展如何得以实现？

目前基础理论研究的缺失和人才培养乏力的情况，与我国在世界上的经济地位是极不相称的。我国要想完成从人力资源大国到人力资源强国、从中国制造到中国创造、从劳动密集型到商业价值链顶端的转型与升级，培养为数众多的合格人才是唯一出路！这一点已成为社会各界的共识。

2013 年，国家对高等教育的战略做出了调整，提出未来的大学分成研究型大学和应用型大学两个方向。这也许是我国未来解决人才问题和高技术工人的一个非常好的长久解决办法。然而，现实也是残酷的。改革开放 40 多年，虽然成绩斐然，但如果我们还躺在通过改革开放积累的财富上沾沾自喜，那将是最可悲的事，而且将是整个民族的悲哀！

世界上可怕的事是“不知道”，但更可怕的事是“不知道自己不知道”。在这方面，我们应当保持冷静的头脑、谦虚的心态和极高的求知欲望，虚心向他人学习，同时积累经验，开展自己的研究与创新。

专业创造真正价值

内容为王。

即使培训从业人员本身，也常常被一个问题深深地困扰——如何展示培训的真正价值？管理者经常抱怨，企业对培训有很大的投入，但总是看不到明显的效果。那么问题究竟出在哪里呢？

这个问题的关键就在于，培训课程的质量，即所谓“内容为王”。这是多年以来培训从业人员有所意识甚至共识，但从未搞透的问题。

无论培训职能如何发展，取什么名字，或者培训是以何种现代科技传媒方式实施的，有没有加上很炫的多媒体，有没有盖很漂亮的场地等，都不重要！因为那些都是形式。培训职能的最终目的是改变学习者的行为，进而产生绩效！而如果要改变学习者的行为，就要有目的性强、针对特定学习者（受众）特点、系统化设计和开发的内容来使学习者在接受培训之后具备改变行为、产生绩效的能力。

因此，培训课程的针对性和学习目标的系统性就应该相当强，就是说要能解决工作中的实际问题。而通用类课程的通用性虽然很强，但不是专门为一家企业或一个岗位序列的具体受众（如员工）设计开发的，也不能解决实际绩效问题，因此往往收不到预期的效果，当然就会受到业务部门负责人的质疑乃至抱怨。因此，任何一家企业的培训课程都应当是量身定制的。虽然在实际上很难做到这点，但起码一些核心课程或关键岗位的重要或基础培训课程，都应当是按照（哪怕是最低的）标准定制的！

然而，目前中国的许多企业还是在依靠外购课程来支撑目前繁重的培训任务，甚至试图去支撑一家企业的培训课程体系。这主要是由于意识不到位或者不具备内部开发能力（如相关流程、工具、标准等），或者市场上的专业开发咨询服务供应商成本过高等。

要想彻底解决培训价值的问题，就要从根本上解决培训课程的质量——这个底线问题。实际上，由于每年外购一些看似适合本企业特点但不能解决具体实际问题的所谓“培训课程”，企业浪费了大量的资源和钱财！这是最令人感到痛心的地方。然而更让人痛心的是，这些课程不能帮助企业实现其绩效目标。因此，培训内容一定要符合某个特定岗位的需求。无论谁来“讲”课，都只以其是否符合企业实际需求来进行评判，即“内容为王”。因此我相信，只有专业，才能使我们创造真正的价值。

↘ 微课的思考

以当下最流行的微课为例说明。首先它是一个好的现象，这种众包的方式，充分发动群众、相信群众，把大家身上最好的东西挖掘出来，与别人分享，并且大家参与程度很高。但是，从专业上讲，现在很多微课只是“信息”的展示和呈现而已，而不是知识从大脑外部到大脑内部的转移，不是从短期记忆到长期记忆的过程，根本算不上“知识”；充其量也只是工作辅助或岗位手册，同时具有电子化绩效支持系统、及时化学习等特点。为什么不算“知识”而只算“信息”呢？从一般意义上讲，信息就是数据，而知识是有意义的长期记忆。从联结主义心理学来讲，新的信息对大脑皮层的刺激产生生物静电；而大脑对新的信息产生相对应的反应，是需要进行强化的。这就是联结主义心理学中最基础的“刺激→强化→反应”理论。爱德华·桑代克（Edward Thorndike）创建的联结主义理论的背后是一个更大的“连接体”（Connectome）及相关脑神经学的概念。由于大多数微课没有练习的成分，因此没有意图将短期记忆转化成长期记忆，也没有设计相关练习，即强化训练学习者在接受了新的刺激之后应该做出何种反应。所以，很多微课虽然形式多样，但在设计流程和标准上都存在偏差。

除了微课本身的专业性，在企业里面，微课应该起到什么作用呢？微课与课程体系、培训体系又应该是什么样的辩证关系呢？如果是没有系统支撑的微课，其碎片式的特点就很难长久，而企业是需要持续发展的。微课应该是系统的补充。“没有碎片的系统是铁板一块，没有系统的碎片是一盘散沙。”（邱昭良，2014）就像没有人可以靠吃零食长大，也没有人可以靠看小人书上大学一样。因此，微课，必须是课程体系的微课，是对系统、正式的结构化学习的补充和延展。如果大量碎片式的微课零散地充斥着企业的课程体系，又没有遵循与培训相关的科学规律，那么时间一久就会变成甚至给企业带来负面作用的“危课”。

还有其他类似的专业话题，也希望能引发大家更多的思考和讨论。例如，2000年美国培训业界对教学系统设计（Instructional System Design，ISD，又称课程设计与开发、课程设计、课程开发等）的大讨论，反方强调ISD已经落伍，而正方则说ISD是创造价值的标准流程，等等。时至今日，ISD仍然是美国众多大学教授的基础学科之一，在各国众多企业里也继续得到了广泛应用，事实和历史证明了该理论的合理性和应用性不会受到某些一时商业宣传的影响。

培训是科学，而科学不辩不明。目前在培训领域还存在很多类似“微课”这样话题的认知偏差和理论缺失，不能指导我们的实际工作，或者给企业带来不必要的损失。这从一个侧面也说明，我们的行业理论底子过于薄弱，很容易游离和被游离。我们还有很长的路要走。

培训从业人员的未来

培训不是目的，而是达到目的的一种方式。

培训与发展的终极目标是改善企业业绩。所有人力资源从业者，只有心中装着客户，不断地学习和自我完善，才能在不断变换的时代大潮中，把握专业的脉搏和职业的方向。要做到这一点，从人力资源从业者到绩效改进顾问的转型是非常关键和重要的。几十年来其他国家的从业者，包括我本人的职业发展道路，都证明了这一点。但如何做到这点，则是我们每个人的选择。

从总体发展历史上来看，美国的培训与发展领域经历了两个大的阶段：第一个阶段是学习发展，第二个阶段是绩效改进。

第一个阶段，培训从业人员必须先学习培训专业，将各种教育基础理论和技术学到手、学扎实，并反复运用到实际培训工作中去，做到用科学的态度来设计并实施培训项目，通过解决企业员工能力的问题，帮助员工创造自我学习和终身学习的环境，从而帮助企业实现其业务战略目标。

在这个阶段，专业技术理论模型、工具等非常多，培训从业人员运用了各种专业理论、方法论、模型、原则、标准、流程、工具等，试图通过发展和提升组织成员的各种能力来帮助企业战略目标的实现。但这些培训技术非常多，一个培训从业人员可能终生也学不完。因此，如果培训从业人员能够在第一个阶段精益求精、不断完善，这就是一个极高的过程目标，也是许多培训从业人员终生的职业目标。例如，一个专人专岗的企业培训课程设计师尽其职业生涯做好其工作，已实属不易！然而，我们不得不意识到，在这个阶段无论个人做得多么好，从整个企业培训职能的角度来看，其实也只不过是在帮助企业解决很少的经营管理方面的问题。

第二个阶段，在学习发展职能的工作到了一定基础和规模并逐渐进入不断完善的良性循环之后，就要考虑如何通过超越学习发展的方式，帮助企业增值，即第二个阶段绩效改进。在这个阶段，培训经理和其他人力资源从业人员不仅要把传统的人力资源工作做好，还需要学习与绩效技术相关的系统理论和方法，并将其直接运用到业务部门的实际工作中。

在这个阶段，培训从业人员通过绩效改进方法论、流程、工具等，直接帮助业务部门提升经营业绩结果；而培训职能的最终目的也是要改变学习者的行为，进而产生绩效。因此，从职能上来讲，绩效改进是学习发展的转型与升级。

绩效改进技术（Human Performance Technology，HPT），是一套非常成熟的理论与方法，是具体的实践和工具；同时它也是一个非常开放的平台，囊括了众多能够促进组织绩效改善的管理模式和方法。通过采用绩效改进技术，培训从业人员就可以实现自身的角色转型和升级，真正做到企业人才培养和自身价值立足现在、展望未来！

绩效技术的兴起及发展，为 20 世纪后半叶以美国为代表的西方国家的经济腾飞起到了非常关键的助力作用，并在国际上得到了广泛的认可。美国的培训从业人员经历了 20 年左右时间的探索才发展到第二个阶段。而我国培训行业的发展可以站在巨人的肩膀上，大大缩短这个过程，即我们可以用很短的时间跨越这两个阶段。这也是我们所有人的期望！但是，任重而道远！

希望所有培训从业人员在潜心、踏实地学习培训方面各种专业技术的同时，多进行思想上和角色上的转变。只有把基础打牢了，角色升级、职能转型、为企业创造更大价值、重新树立人们对培训工作的尊重、重新找回培训工作的尊严，才指日可待。

继往开来

《ASTD 培训经理指南》《ISPI 绩效改进指南》《ATD 学习发展指南（第 2 版）》：中国培训三部曲。

路漫漫其修远兮，吾将上下而求索。

2010 年一个炎热的夏天，我专程赶到南京，《培训》杂志社副主编常亚红先生和江苏人民出版社总经理杨健女士接待了我。简短的会面，定下了中国培训业界两大经典著作的出版方向：用未来 3~4 年的时间，将美国在培训及绩效改进方面最为经典的工具书介绍到中国来。

2011 年年底，75 万字的《ASTD 培训经理指南》出版，这是中国培训业界第一本全面的专业工具书。译者全部都是中国培训业界非常资深的专业人士。该书一经问世，即受到普遍欢迎，并成为第一本奠基的经典之作。

2015 年 4 月，近 200 万字的《ISPI 绩效改进指南》问世，翻译团队同样全部是国内非常资深的专业人士。在这本书里，每一章节、每一句话、每一个字，都凝聚了译者的辛勤劳动。

时不我待。这两年，世界又发生了急剧的变化。ASTD 也在 2014 年正式更名为 ATD，并在上海设立了自 1943 年成立以来的第一个海外分支机构——上海办公室，足以说明其对新兴国家市场的重视。ATD 名称的变化，从“美国培训与发展协会”到“人才发展协会”，首先去掉了地域性——美国，其次去掉了人才发展的实施方式——培训。其名称的改变体现了未来培训从业人员应秉持更加开放的心态，为组织创造更多真正价值的理念和方向。

本书是《ASTD 培训经理指南》的升级版，然而在内容上两本书完全不同。《ATD 学习发展指南（第 2 版）》也是 ATD 经历了数年，集中了美国在该领域最优秀的思考者和实践者多年以来积累的最精华的思想。这其中不乏一些大家耳熟能详的大师级人物，如迈克尔·艾伦（Michael Allen）、莉塔·贝利（Rita Bailey）、肯·布兰佳（Ken Blanchard）、露丝·克拉克（Ruth Clark）、罗杰·考夫曼（Roger Kaufman）、艾略特·梅西（Elliott Masie）、鲍勃·派克（Bob Pike）、达纳·盖恩斯·罗宾逊（Dana Ganes Robinson）、马克·罗森伯格（Marc Rosenberg）、斯瓦塞兰·提亚吉·席阿柯罗俊（Sivasailam “Thiagi” Thiagarajan）等。特别需要提到的是，本书的主编伊莱恩·碧柯女士（Elaine Biech），在专业上是我很好的老师，在生活中也是我很好的朋友。在本书的翻译过程中，碧柯女士也给了我莫大的帮助和鼓励。

本书分为 9 部分，共 55 章，从对培训与发展行业的介绍开始，到整个培训价值链的每个环节，都有具体的阐述，也呈现了不同的观点和研究成果。

1. 第 1 部分介绍了培训与发展这个领域，包括培训行业的来世今生、ATD 素质模型、职责、认证等，以及培训与发展的未来。

2. 第 2 部分介绍了如何进行培训需求分析，包括如何进行数据收集等。

3. 第 3 部分对培训与发展中的学习设计和开发进行了详细的讲解，特别是一些模型和基础理论、实践等。

4. 第 4 部分主要介绍了培训的实施方法与策略，包括体验式学习、充分利用互联网、学习的社区化等。

5. 第 5 部分介绍了知识转化及培训评估，包括评估层级、投资回报率等。

6. 第 6 部分介绍了如何拓展培训和发展专业人士的价值边界。

7. 第 7 部分介绍了如何管理培训职能，包括内外部合作、建立商业敏感度等。

8. 第 8 部分介绍了培训和发展专业人士如何在组织变革和发展中发挥更大作用。

9. 第 9 部分介绍了当代的挑战，包括全球领导力发展、学习与神经科学等，其中还收录了中国徐中、杨斌两位老师的专业观点，在此表示祝贺和感谢。

本书的翻译是一个不小的工程。其中，顾立民翻译第 1~18 章、前言、绪论和词汇表，杨震翻译第 19 ~ 34 章，赵弘翻译第 35~46 章，陈致中翻译第 47 ~ 55 章。

作为译者之一，我真诚地希望本书能够给中国的培训从业人员更加专业的指导；也希望本书仅仅是一个开始，将来能有更多的专业人士将国外的先进经验翻译和介绍到国内来；同时，我们中国的培训从业人员也要加快探索与创新。我们的目标是，让《ATD 学习发展指南（第 2 版）》成为中国培训业界又一本经典的专业书籍及从业人员的长期成长伙伴。我也相信，由于专业学习和不断探索，在不远的将来，中国的培训行业会有更多的优秀从业人员涌现出来。

本书的出版凝聚了每位译者和所有编辑人员的辛勤劳动，同时得到了电子工业出版社付豫波和晋晶两位老师的大力支持，在此一并表示衷心的感谢。我们也希望广大读者继续给我们提出宝贵的改进意见。

谢谢！

顾立民

序

美国培训与发展协会（ASTD）的使命是“帮助专业人士成功拓展知识与技能”。我们通过创建海量内容、建立行业间横向联系，以及向培训和发展领域的专业人士提供大量行业资源的方式来实现这一目标（2014 年 5 月 ASTD 更名为 ATD，即 Association for Talent Development，人才发展协会，本书采用新名。——译者注）。

本书是《ASTD 培训经理指南》（英文版是 2008 年，中文版是 2011 年。——译者注）的第 2 版。该书的出版使 ATD 再一次确立了其在该行业的领先地位。本书由 90 多位杰出学者和实践者参与创作，是有史以来培训行业最全面和权威的一本专业参考书籍。

该书背后的强大动力来自伊莱恩·碧柯（Elaine Biech）。为了本书的出版，碧柯女士组织培训业界的精英，调动了庞大的资源。在此，我对碧柯女士在编辑本书过程中的辛勤劳动，以及为本书付梓所付出的艰苦努力表示真诚的感谢！碧柯女士曾独自编写过 50 多部培训与发展专业著作，是 ATD 及整个培训与发展行业的积极倡导者和推动者。碧柯女士对 ATD 的大部分工作都是志愿性质的，而且长期以来初衷不改，始终充满了激情，因此她更被大家所熟知和尊重。她是 1992 年 ASTD 火炬奖、2004 年 ASTD 志愿者合作奖和 2006 年 ASTD 戈登·比利斯（Gordon M. Bliss）纪念奖的获得者，并且被 ASTD 培训认证研究院任命为 2012 年学习与绩效专业资格认证（CPLP）研究员。

为什么如此多的专家甘愿拨冗参与本书的编写？我认为答案包含两方面。首先，这些专家一直以来就积极致力于培训行业的持续发展和改进。一直以来，他们以自己无限的热情和自信帮助别人挖掘潜力和实现潜能。这些人既包括刚刚走出校门的新员工，也有作为后备力量的高级管理人员。其次，这些思想领袖和实践者都深信 ATD 能够为他们所笃爱的培训行业产生真正的推动力。在此，我对本书所有杰出的作者们表示诚挚的敬意和感谢！

ATD 成立 70 多年来，一直是培训领域最可信赖的专注于人才发展领域的专业人士协会。长期以来，人们一直坚信 ATD 所提供的专业内容确凿、翔实、经过充分调研并易于应用。ATD 坚持不懈地通过发展员工能力来帮助组织实现发展目标。在这方面，ATD 的全球影响力及其庞大的会员和实践者网络，是无与伦比和独一无二的。

本书的作者都是学习与发展领域最杰出和经验丰富的专家，可以说汇集了众多的培训业界的思考者，将多样化的内容和研究成果集之成册。内容从培训和发展行业的综述、新从业人员能力的分析，到对我们目前面临的所有挑战的探讨，可以说包罗万象。我希望读者能在本书中找到全面和明确的描述，从而进一步激发自己的思考。

本书非常适合反复阅读。无论你目前正面临新的挑战，还是正在发挥聪明才智，我希望你都能在这 55 章里面找到所要寻找的答案。

本书集专业之大成。ATD 能够将本书出版，亦备感荣幸。我相信本书内容的深度、广度和质量会使你耳目一新，同时希望给你的工作不断带来收益。

非常感谢，并请大家与 ATD 一起共同探讨培训与发展之路。

托尼・宾汉姆（Tony Bingham）

ATD 总裁兼首席执行官

目 录

绪　论

《ASTD培训经理指南》于2008年出版（英文版是2008年，中文版是2011年。——译者注）。然而，培训领域这些年来发生了很多变化，一本新的参考书籍也势在必行。第2版采用了新书名——《ATD学习发展指南》（第2版）（培训与发展的权威参考）。

比较第1版和第2版，你也会发现一些异同。第1版的意图是介绍开发员工的所有基本知识——评估、设计、开发、实施、评价，以及探索如何最好地管理学习和绩效改进功能。第2版在这些相同的主题上进行了扩展，并且集中关注该行业过去6年间发生的变化。第1版回顾了这些主题，并呈现了这些基本知识；第2版则从一个更聚焦的角度考察了更多的主题，并且把每个主题进行了微调。这意味着相比第1版，第2版中的主题在本质上更加具体。

新版本的看点

本书对相关领域进行了深入探讨，如与内容专家（SME）一起工作、体验式学习的价值、全球虚拟教室和非正式学习等。同时，本书还介绍了一些独特的前沿话题，如内容策展、学习分析的整合及学习的神经科学。

本书分为9部分，代表了我们行业的9个主要领域。这些部分也代表了我们行业在过去10年间发生的变化：

- 培训和发展行业
- 评估和分析需求
- 设计和开发有效学习

- 交付能够产生影响的培训和发展解决方案
- 学习迁移和影响评估
- 培训和发展专业人士的角色拓展
- 培训工作的管理
- 培训与发展部门的角色
- 当前的挑战

每部分都由一篇“名家视角”开始，作者都是我们行业内受人尊敬的思想领袖，并且在发展和领导其代表的领域中发挥着积极作用。所有的作者都是他们所介绍部分的权威。其中的两位，威廉 · 白翰姆（William C. Byham）和艾略特 · 梅西（Elliott Masie），在第 1 版也承担了“名家视角”的撰写。

九位专家都是国际知名的大师。这些人著作等身，一共撰写或出版了 200 多部著作，出席过数千次国际会议，并且获得过多项专业奖项。他们同意为本书贡献自己的智慧，我们感到非常高兴。

- 威廉 · 罗斯维尔（William J. Rothwell）负责撰写“培训和发展行业”的名家视角。通过其研究、写作、全球咨询以及长期作为 ATD 志愿者，他在协助塑造这一领域的过程中做出了杰出贡献。
- 达纳 · 盖恩斯 · 罗宾逊（Dana Gaines Robinson）负责“评估和分析需求”的名家视角。作为绩效咨询的领军人物，达纳的专业知识涉猎广泛。虽然已经退休，她仍旧提供了她的观点，我们感到非常荣幸。
- 斯瓦塞兰 · 提亚吉 · 席阿柯罗俊（Sivasailam “Thiagi” Thiagarajan）撰写了“设计和开发高效学习”的名家视角。没有人能质疑他作为学习解决方案的主设计师的应有地位。我们也很高兴，他是开发我们所使用的解决方案的 Thiagi 集团的“常驻疯狂科学家”。他把其典型的 Thiagi 式智慧和幽默融入了他的介绍中。
- 鲍勃 · 派克（Bob Pike）是“交付能产生影响的培训和发展解决方案”的作者。他是国际上真正的培训师杰出人物和模范。毫无疑问，他也赢得了“培训师的培训师”称号。
- 罗伯特 · 布林克霍夫（Robert O. Brinkerhoff）是“学习迁移和影响评估”的作者。他是国际公认的培训有效性和评估方面的专家，你可能已经读过他的一本书或听过他在一次会议上的报告。他在本部分的介绍高屋建瓴。

- 贝弗利·凯（Beverly Kaye）是“培训和发展专业人士的角色拓展”的撰写者。贝弗利对职业发展的重要性非常了解。她的畅销书《留住好员工：爱他们，还是失去他们》被翻译成20种语言就是一个很好的说明。
- 威廉·白翰姆（William C. Byham）是“培训工作的管理”名家视角的撰写者。作为DDI的创始人和首席执行官，他在人力资源系统方面进行了巨大创新，对全球范围内的组织产生了重要影响。威廉帮助别人实现成功管理，并把他的全部知识在自己的公司内付诸实践。
- 肯·布兰佳（Ken Blanchard）是“培训与发展部门的角色”的作者。领导力是肯的拿手好戏。自《情境领导》和《一分钟经理人》开始，肯的书已经卖出了2 000万本，对数以百万计的专业人员产生了巨大影响。
- 艾略特·梅西（Elliott Masie）是“当前的挑战”的作者。艾略特一直处于最领先的地位，总是挑战我们思考什么是可能的，总是第一时间提出正确的问题，艾略特是本部分当之无愧的专家。作为一个国际公认的未来派、研究员和智库召集人，他经常能够预测到还未来临的挑战。

读者可能已经注意到，我们没有为学习的科技手段列出一个单独的部分，这也是本书与第1版的不同之处。我们之所以没有列出一个单独的部分，是因为我们认为科技手段是今天大多数培训和发展专业人士的一种自然选择。尽管每天都会出现许多选择，但我们需要时刻提醒他们。

我们对作者的要求

九部分中的每一部分都由4～10位行业专家撰写的文章组成。本书第1版发表了60位作者撰写的49篇文章。在本书第2版中，我们邀请了96位作者，共写了55篇见解深刻的文章。他们都是培训和发展领域“名人堂”的精英人物。所有的作者都被要求讨论他们最擅长、见解最独到的一个话题。我们要求他们贡献的章节信息量丰富、实用性强并发人深省。

所有作者也被要求参考一些标志性人物的观点。他们的研究塑造了我们的行业，也为我们的行业奠定了基础。他们中的许多人我们耳熟能详：本杰明·布鲁姆（Benjamin Bloom）、罗伯特·加涅（Robert Gagné）、马尔科姆·诺尔斯（Malcolm Knowles）、大卫·科尔博（David Kolb）、库特·列文（Kurt Lewin）、罗伯特·梅格（Robert Mager）、亚伯拉罕·马斯洛（Abraham Maslow）等。你会发现这些名字已被融入许多章节，点缀在其中，包括工具栏，也介绍了这些杰出的领袖和他们对我们行业的贡献。

我们在编写本书之初就要求作者尽量挑战读者的思维并引发更多思考，他们确实做到了。我们的读者是否应该挑战自己关于电子化学习的理念？是否将以终为始开始新的课程设计？是否营造了非正式学习的合适氛围？这仅仅是几个挑战读者思维的小问题而已，不再一一赘述。

本书囊括了我们领域中最优秀的人才。几十名专家对众多话题进行了探讨。这些主题中体现的各种智慧在本书中相互交织、璀璨生辉，读者也能从中编织出自己的职业形象。另外，一些新章节中也增加了探索潜在新角色的内容。培训行业从业者所经历的角色及认知的扩展，以及面临的挑战，除了将定义这些从业者本身，还将重新定义我们所从事的行业及未来发展的方向。

本书可以期待什么

本书中以下这些亮点会更全面地吸引读者。

↘ 关注主题

虽然我们没有提出具体的主题，但这些主题会自然出现。这也许是当今时代的一个标志。你会发现有些主题贯穿于不同的章节：关注对业务的影响、体验式学习的多样性，以及根据学员所需提供“最少量和精益”的内容。

↘ 不要错过合作章节

我们对合作章节感到非常兴奋，即那些从几个视角写作的章节，如“认证的重要性”分析了雇主视角和员工视角；“保持学员的学习参与度”关注了教室面授和虚拟教学；“培养全球领导力”从 9 个不同的国家或地区的视角进行了分析。

准备接受挑战

你是否想知道 70-20-10 学习原则真的存在？SAM 是否真的比 ADDIE 更好？你真的需要从第四级开始评估吗？究竟是新方法真的存在，还是提亚吉在新瓶装旧酒？

期待差异

读者肯定会从众多专家的思想中受益，但正如读者可能已经想到的，这些专家的意见并不一致。本书的目的是展示众多不同见解。这些观点之间可能存在相互竞争，也可能在理论上存在分歧。例如，学习风格的概念真的存在吗？如何定义体验式学习？

旧的是好的

第 1 版的部分章节具有极大价值，所以我们邀请作者进行了更新和修改。我们在第 2 版中包括了这些修订的章节主题，如职业发展、数据收集、学习理论、法律方面和深度咨询等。

如何使用本书

本书的出发点是实用性。因此在工作中，如果需要某方面的内容，随手翻开，肯定会开卷有益。本书对于绝大部分读者来说，更多的应该是一种资源，而不是一本需要一口气从头到尾看完的书。目录便于读者迅速找到某个相关主题，如评估或设计学习。如果你需要有关特定主题的信息，如马尔科姆·诺尔斯的简短介绍或在某行业找工作的窍门，书后面的术语表提供了你可能遇到的关键词和概念的权威定义。

我们不仅希望每个人阅读这本书，更希望你使用它。本书充满了专业智慧，并提供了使用这些智慧的工具。为实现我们的期望，我们在网站上上传了这些工具，读者可以下载以便使用。我们非常高兴地为读者提供了与本书章节相对应的近百个工具。这些工具位于本书的网站 www.astdhandbook.org。每个工具在其章节中都有引用，你也能够在本书的末尾找到所有工具的一个列表。例如，哈罗德·斯托洛维奇（Harold Stolovitch）的“培训计划工作表”或马克·罗森博格（Marc Rosenberg）的“知识管理组织评估”等。其他读者还可能用到的一些相关列表清单、活动资源、内容资源、自我评价等，都可以在这里找到。

我们很高兴能够与你分享这本书及其特点，真乃荣幸之至。

致谢

本书是我们所有人当之无愧的权威参考。再次编辑这本书，是一种荣幸；但就像每一个巨大的项目一样，本书凝聚了许多专业人士团队的努力和无私奉献。本书的出版见证了无数个日夜的付出，例如：

- 本项目中首先和最重要的是我的 ASTD 伙伴阿什利·麦克唐纳（Ashley McDonald）。没有她的热情和自信的态度，该书的创作就不可能完成。
- 九位杰出的“名家视角”特邀专家。感谢他们为我们的项目贡献名气和智慧，我们的目标是为成千上万人带来改变。
- 本书至关重要的所有 96 位作者。感谢你们接受我们紧张的时间安排，并撰写出实用性强、信息量大和发人深省的文章。你们的支持是不可估量和值得充分肯定的。通过另外一种方式与你们取得联系并与你们一同工作，我们受益匪浅！
- 社论顾问委员会包括哈勒蕾·阿祖雷、让·巴尔巴在特、贾斯汀·布鲁斯诺、帕特·哥拉甘、珍妮弗·荷马、辛迪·哈格特、詹·拉宾、詹妮弗·诺顿和南希·奥尔森等。他们提供了巨大的支持，并且当我们需要建议时，他们毫无吝啬、倾囊相授。
- 我们的法律顾问凯特·卢梭，有求必应，并及时帮助我们解决问题。

- 托拉·埃斯特普帮助定义、改进和设计了工具。
- 当然，最后感谢 ATD 和托尼（ATD 总裁兼 CEO）提供给我另外一个成长和学习的机会——这也是我将一如既往作为ATD志愿者的众多原因之一。

伊莱恩·碧柯（Elaine Biech）

2014 年 5 月

第 1 部分

培训和发展行业

名家视角

构建培训和发展行业的未来

威廉 · 罗斯韦尔（William J. Rothwell）

神经系统科学家、基于技术的学习、双环学习、非正式学习、社会化和偶然性学习、跨国界和跨学科的学习等，在今天的培训和发展领域，这样或那样的新鲜术语在不断刺激着人们的神经并激发着人们的想象力。

但是在本部分的介绍章节，我更希望把注意力放在几个问题上。首先是以创新的方式回归本源，而本书就是一个重要工具。其次是应该更加关注专业价值观和伦理。最后是更多地关注学习能力和学习氛围，而不仅仅是培训师的能力。

创新性回归本源的必要性

对于当前培训和发展中的实践与做法，我们真正了解多少？除了 ATD 和《培训》杂志（美国《培训》杂志。——译者注）提供的有限信息，可能我们了解得很有限。如果有的话，也只是少数国家的政府部门系统地收集有关业务和行业培训实践的一些统计数据。虽然用来研究美国课堂中藏语教学影响这个话题的资金很充足，但关于全美国的公司在培训、发展、在职培训、在职学习、社会化学习或本领域的其他问题的相关实践信息，却少得可怜。更多的信息是基于小量样本、低响应率的调查或专门人群的胡乱猜测而已。

以下问题值得思考：（大多数组织是如何做的）

- 如何使学习与战略目标一致？
- 如何区分培训与管理需求？

- 如何分析培训需求？
- 如何建立和测量教学和业绩目标？
- 如何设计培训？
- 如何选择、使用和整合技术来提供培训？
- 如何实施培训？
- 如何测量和评估反应、学习、行为变化、学习到工作的转化、结果、投资回报和对业务的影响？
- 如何决定以何种方式对培训进行管理和编制培训预算？
- 如何从战略层面管理培训？

这些问题虽然世界各地每年都在研究、出具各种报告，但仍没有明确的答案。我们每年都在培训和发展上花费数十亿美元，但至于这些投入是否使组织变得具有（并保持）生产力，帮助个人提高（保持）收入和职业提升，就不得而知了。

更加糟糕的是，培训领域本身也遭到了相应的谴责：过于追逐新潮。每个人似乎都想了解最新的创新和小发明、小窍门。虽然这种做法值得肯定，但更值得注意的是，几乎没有人再愿意首先掌握培训的基本知识，尽管他们可能在培训方面仅仅受过很有限的专业训练！今天的大多数培训师都是从内部提拔的，却很少有组织对他们进行系统的训练。同样，对高成本的高科技学习实施方式的追逐，已经使我们剑走偏锋；而对一些科技含量较低但作用大的方法不太感兴趣。例如，结构性强的在职培训，由于是以课堂培训为主，因此知识转化率接近 100%。而基于高科技的学习方法，知识转化率仅为 8%。

我的建议？政府政策制订者、私人基金组织和经济学者应该将更多的精力放在基础探索方面。培训领域中的每个人都应该了解典型的培训是什么——回归本源，这是最好的做法。另外，学术研究者应该集中关注培训领域中典型和最佳实践的真实、实用数据的收集，探索创新的方法来分析绩效问题、评估培训需求、制订学习和绩效目标、设计和提供培训、衡量培训对业务的影响、有效地管理培训、调整与培训组织的战略，以及其他与实践者相关的议题。

关注价值观和伦理观的必要性

ATD 和其他组织致力于培训和发展专业人士能力的研究。这种做法值得称赞，因为有助于提高从业人员的综合素质。但是，目前需要更多关注的是价值观和伦理观。价值观围绕的话题是，对于一个组织来说什么是好的或坏的，哪些是重要的或哪些是不重要的。伦理观事关什么是正确的或错误的，以及它们之间的巨大关联性。培训和发展专业人士应该关心价值观和伦理观问题，原因有三。

第一个原因是，在他们的组织内，培训和发展专业人士往往开展很多价值观和伦理观方面的培训。他们需要最新的衡量价值观和伦理观的信息，以及相关研究的最新信息。因为这些问题太重要了，所以不能凭借主观猜测。了解这些问题需要非常真实、可靠的信息。

第二个原因是，这方面的相关信息太少，特别是来自那些出色的组织培训与发展部门，以及个人培训与发展工作非常出色的组织。在组织层面，业务部门的优先级是如何确立的？它们是如何在组织中进行宣贯的？价值观是如何在组织内建立和维持的？比较公知的价值观和一些隐含的价值观是如何进行衡量和比较的？这些和类似其他问题都值得我们进一步探寻。

第三个原因是，商业伦理已经成为未来世界的重要挑战。腐败是一个世界范围的问题。有证据表明，美国 2008 年金融危机其实是将业绩和利润凌驾于商业伦理之上的一个典型，因为银行鼓励他们的员工不惜一切代价追求利润，而根本不考虑生活常理和相关法律法规。处理这样一个复杂的问题，签署行为准则并非有效的方法。这些行为准则是由律师撰写的，旨在保护组织避免法律挑战，其实并不能解决道德行为对于生产效率和效能所产生的影响问题。

培训与发展恰恰被定位于在组织内研究来源于日常工作中真正的伦理挑战，并为员工和管理者就如何解决这些相似问题提供实际的指导。但这种努力需要培训和发展领域的道德标准首先是需要经过调研的，而且培训从业人员自身也应该受到这种严格的、经过多重研究的标准的限制，而不是将这些道德标准仅仅保留在未来的期望值层面。

关注学习能力和学习氛围的必要性

培训和发展能力存在于一个更广阔的网络关系中。只对能力进行相应的研究，就作为培训和发展从业人员的个人能力认证和标准是远远不够的。我们需要的是学员能够胜任自己的学习任务，并且组织能够解决实际工作问题和组织级挑战，能够建立相应的学习氛围。

正如培训与发展能力标准能够阐明成功和优秀的培训和发展从业人员的特点一样，学习能力则阐明了成功学员的特点。大量的研究表明，学习能力，也被称作学习的灵活性，已成为未来个人最精髓和核心的能力。原因很简单：所有的人类知识每隔几年就会发生变化。虽然对学习能力的研究非常少，但非常必要。举个例子，假如 80%的电子化学习都没有配备现场教师或指导老师，那么教会学员在这个过程中如何学习，就变得非常关键。

但个人学习能力与培训和发展从业人员的能力本身也是不够的。这种能力的实施是在组织内部发生的，因此鼓励或妨碍学习的情形都可能出现。鼓励通过学习解决现实世界问题的组织有什么特点？成为鼓励个人学习、展示和挑战自我潜力的真正的“学习型组织”有什么样的标准？回答这些问题是未来的一个挑战。我们需要的是一个国家级的“学习与绩效氛围奖”。

结论

本章的介绍集中在影响培训和发展领域未来的一些特殊问题上。工具栏呈现了你和你的同事可以探索的、影响我们行业的一些关键问题。你也可以在本书网站（www.astdhandbook.org）下载以工作表形式呈现的问题。解决这些问题可能影响培训和发展领域的未来，从而有利于个人事业的成功及组织绩效和生产力的改善。

影响培训和发展行业的问题

利用这些问题来组织你的思维。没有绝对意义上“正确”或“错误”的答案。围绕你的答案，和内部实践者及外部组织人员激发讨论，产生思想。

1. 你们的组织如何：
- 使学习与战略目标一致？
- 区分培训和管理需求？
- 评估和分析培训需求？
- 建立和测量教学和业绩目标？
- 设计培训？
- 选择、使用和整合技术来提供培训？
- 实施培训？
- 测量和评估反应、学习、行为变化、学习到工作的转化、结果、投资回报和对业务的影响？
- 决定以何种方式对培训进行管理和编制培训预算？
- 从战略层面管理培训？

2. 你们的组织如何：
- 确定组织的价值观？
- 对员工和管理者的组织价值观进行培训？
- 识别组织的道德困境？
- 培训员工和管理者去解决道德困境？

3. 你们的组织如何：
- 识别个人的学习能力？
- 鼓励个人改善他们的学习能力？
- 确定和衡量组织的学习氛围？
- 改善组织的学习气氛？

作者简介

威廉·罗斯韦尔，哲学博士，资深人力资源管理专家，CPLP 研究员，罗斯韦尔联合有限公司总裁（参见 www.rothwellandassociates.com 网站），宾夕法尼亚州立大学的大学园校区员工教育和发展教授。在成为一名教授前，他拥有 20 年的在商业部门和政府担任培训总监的经验，撰写、合著、主编或合编 85 本书籍和 300 多篇有关培训、学习、组织发展、学习技术、培训能力等方面的文章。2012 年，他获得了 ASTD 久负盛名的职场学习与绩效杰出贡献奖；2013 年，他被 ASTD 授予 CPLP 研究员认证专家。他从事了 5 年的 ASTD 胜任力研究，最近他与贾斯汀·阿内森（Justin Arneson）、詹尼弗·诺顿（Jennifer Naughton）联合写了《ASTD 能力素质模型：构建学习发展项目的基础》（中文版由电子工业出版社出版）。他曾在许多国家进行培训和咨询，包括自 1996 年以来的 70 趟中国之行。

延伸阅读

Arbogast, S. (2013). *Resisting Corporate Corruption: Cases in Practical Ethics From Enron Through the Financial Crisis*, 2nd edition. New York: Wiley/Scrivener.

ASTD. (2012). *State of the Industry Report*. Alexandria, VA: ASTD Press.

Bedford, C. (2011). *The Role of Learning Agility in Workplace Performance and Career Advancement*. Ann Arbor, MI: ProQuest, UMI Dissertation Publishing.

Kraemer, H. (2011). *From Values to Action: The Four Principles of Values-Based Leadership*. San Francisco: Jossey-Bass.

Novak, J., D. Gowin, and J. Kahle. (2013). *Learning How to Learn*. Cambridgeshire, UK: Cambridge University Press.

Rothwell, W. (2002). *The Workplace Learner: How to Align Training Initiatives with Individual Learning Competencies*. New York: Amacom.

第1章

培训行业的发展历程

凯文·奥克斯（Kevin Oakes）

本章要点

- 了解培训行业的演进历程
- 理解当前应用的培训实践的根源

自出现以来，聚焦新举措和管理变革的培训行业时刻都在经历着相当剧烈的变化，这多少有点儿讽刺意味。随着时间的推移，培训行业的焦点逐步从最初的技能培训到了人员发展，再到系统理论和组织发展，然后转移到了学习领域，以及最近的绩效改进和人才管理。

如今，企业培训从业人员及培训和发展部门正在从内容的唯一创造者和讲台上圣贤的状态迅速向另外一种角色转变；在这种角色中，他们更像引导者而非讲师，编辑而非创造者，以及整个企业中用户生成内容的激发者。尽管更多的企业管理者和高管团队认识到了培训和学习可能给业务带来的最底线的影响，但因为培训和学习人员的角色、职责和头衔模糊，致使前者对培训的定位正在出现分歧。在当今社会，培训从业人员通常被称为培训和发展专业人士、人才发展专业人员或绩效改进顾问，还有许多其他头衔。在过去的几年中，人才管理浪潮这一重要运动在世界各地的各类组织中出现，培训行业已成为这一浪潮的一个组成部分。但是，这场运动也存在着掩盖培训行业重要意义的风险。就像过去一样，培训行业将以令其他行业羡慕的灵活性对此做出调整和改变。

为了把握培训行业未来的发展趋势，了解它的历史非常重要。接下来，我们将上溯至中世纪，一直到当今的网络、社交、移动和基于绩效的学习项目时代，来回顾一下培训行业的详细发展历史。

早期的学习模式和实践

对人类来说，学习就像呼吸一样重要。从一开始，人类就依靠年长者向年轻人传授寻找和识别可食用的植物、狩猎和游戏、照顾孩子、就地取材制作武器和工具的知识……传授的东西不胜枚举。随着人类不断进化，我们学习的想法也在不断发展。农业社会的来临促使人们可以创造多于必需的食物，从而也使人们的工作角色变得更加专业化。因此，培养个人精通特定行业的需要变得日益迫切。为了满足这种需要，在职培训、学徒制、行会、职业和手工学校、工厂学校和技工培训等形式不断出现（早期培训和学习实践时间线可见图 1-1）。

↘ 在职培训

最早的培训形式是在职培训，如今它仍是最流行的培训形式。在职培训是指经验丰富的工匠向新手展示如何完成一项任务的一对一培训（史莱特，1993），目前仍然很受欢迎，部分原因是它比较简单。组织所需要做的就是指定经验丰富的员工向新员工演示如何完成某项工作。此外，在职培训可以消除培训内容传递的障碍，因为培训就发生在工作现场，所以学员在理解学习如何适用于工作方面没有障碍。

然而，在职培训的一个缺点是：有经验的员工在培训他人时，自己的生产效率往往受到影响。此外，自己的工作做得优秀并不一定就能够教好或培训好别人。另外，要持续对他人实施培训几乎是不可能的。最后，在职培训一般无法大规模实施。因为无法确保培训的内容将来还能被再次使用，在职培训就成了一项在组织中不断重复进行的耗时活动。

↘ 学徒制

尽管在职培训是培训的最早形式，但它在本质上具有典型的非正式性。学徒制的出现带来了一种更正式的培训形式。虽然斯坦梅茨（史莱特，1976）指出，管理学徒制的规则早就出现在《汉穆拉比法典》中（大约公元前 1780 年），但学徒制真正扎根是在中世纪，因为那时候工作变得更加复杂，以至于初学者无法在在职培训的短短几天内掌握工作要领（史莱特，1993）。

学徒期通常需要数年时间，在工作的交流中，师傅训练初学者掌握一门手艺。初学者和师傅住在一起，不会获得任何报酬，但会变得越来越精通某一特定的工艺，最终成为熟练工或自耕农。虽然学徒一般认为只适合手工工艺者，但也没有被限制在这类工作中，在医学、法律和教育行业（斯坦梅茨，1976），学徒至今仍然存在。学徒制在美国比较少见，但学徒受美国劳工部保护，劳工部确保员工获得参加学徒计划的平等机会，并向赞助商、就业和培训的社区提供就业和培训信息。

然而，现代学徒项目在亚洲和欧洲是比较常见的。在德国，学徒项目是结合了学徒制和职业教育的成功教育体系的一个重要组成部分。在印度，1961 年颁布的《学徒法》规定了对学徒进行培训的方式，从而使培训与中央学徒制委员会标准相符，并满足行业的需要。英国拥有 160 多项学徒制规定，包括现在已延伸至工艺和熟练工种以外、没有学徒传统的服务业等领域的国家职业资格。虽然 21 世纪初学徒制在英国有所衰落，但在政府成立了旨在为学徒制提供建议的“现代学徒制咨询委员会”后，2004 年年轻人完成学徒制培训的比例开始再次增加。

↘ 行会

在 1066 年诺曼人入侵前，行会制度也在中世纪的英格兰发展了起来。行会是“利益或追求相同或类似的人们的行业协会。其基本目的是相互保护、互助和互利”（斯坦梅茨，1976）。行会制度通过建立标准和规范，被授权生产产品的人来控制产品质量。这也意味着，学徒也在行会的权力管辖范围之内，由行会来决定一名工人何时达到一定的熟练水平。行会内存在三个层次的劳动者：掌握原材料和指挥工人的师傅、为换取报酬而为师傅工作的熟练工及位居最后的学徒。行会制订指导方针来确定工人何时达到一定的熟练水平，以及何时能够升级到熟练工或师傅水平。

行会还严格规定工人的工作时间、工具、价格、工资，要求每个工人享有同样的权利，采用相同的工作方法。这些要求和开办一家新车间需要的不断增长的资本投资，以及师傅设置的日益提高的工作标准共同作用，使得熟练工升级为师傅变得更加困难，以至于他们联合起来组成自由民行会，这就是现在工会组织的前身（斯坦梅茨，1976）。

职业和手工学校

在工业革命（始于英国，随后扩展到法国和比利时、德国和美国）之前，行会和学徒制体系一直主导着培训和学习领域（米勒，2008）。然而，工业化进程的开始加速了我们今天所看到的商业领域的变化及培训和学习实践的变化。此时，一种新的培训和学习形式也随之出现，那就是职业和手工学校。这些学校旨在提供与特定工作相关的技能培训。其中最早的一批职业学校由纽约共济会的大旅馆在 1809 年建立；1824 年，位于纽约州特洛伊的伦斯勒理工学院成为第一所技术大学；1828 年，俄亥俄力学研究所在俄亥俄州的辛辛那提成立（米勒，2008；斯坦梅茨，1976）。

职业学校在美国曾一度被冷落后又复苏，但它们一直是培训领域的一股重要力量。特别是在欧洲，他们把职业培训纳入了建立欧共体的宪法条约草案中。为了出台一项适用于欧共体所有成员的职业培训政策，欧洲设计了两个重要方案：第一个是欧洲通-培训（Europass-Training），描述通过国外培训取得的技能；第二个是欧洲通（Europass）（欧共体，2007），包括了旨在描述全欧洲公民技能的清晰且简单图景的五个文件。德国成功的职业培训项目也成了澳大利亚的职业培训课程的模板。

手工培训 1825 年左右产生于美国，开始主要是作为一个惩罚工具，它基于“为闲散人员找点儿事儿做”的理念，随后在 19 世纪 80 年代被广泛推行。在美国，当时学习方面的一个最大的飞跃是 1862 年《赠地法案》的通过。此前，教育一直仅限于面向富人，而通过签署该法案，亚伯拉罕·林肯为普通人提供了接受教育的途径。

工厂学校

直到 Hoe and Company 公司 1872 年在纽约市创办工厂学校的时候，课堂培训才成为教育的常态。工厂学校的创新之处是把学校和工厂直接联系起来，并基于工厂的工作任务开发课程。史莱特（1993）解释了为什么当时工厂转向课堂培训：

> 工业革命的机器大大提高了工厂快速和低廉生产商品的能力，因此需要更多的工人去操作机器。因大量商品生产的需求，工厂老板希望工人可以接受快速的培训。由于机器比过去农业社会使用的工具要复杂得多，培训又需要快速完成，过去的训练方法就变得不适用了。

相比在职培训和学徒制，课堂培训的好处是许多工人可以一次性接受培训，并且需要的培训师较少；此外，学习被带到工厂车间之外，可以最大限度地减少干扰和离开正在生产的设备。然而，课堂培训同样存在一些缺点。学员在他们开始工作之前的这段时间里需要记住所学，还需要把他们的所学迁移回工厂车间；此外，学习者必须紧跟培训师的步伐学习，得不到与在职培训和学徒学习一样的反馈。

技工培训

大约在 19 世纪和 20 世纪之交，出现了一种针对课堂培训问题的创新形式，即技工培训（亦称前庭培训、新雇员培训、仿真培训等。——译者注）。技工培训也被称为“近距离工作”培训，是在尽可能靠近工厂车间的地方进行，并且使用与工人在工作中同样的设备。培训师是一位公司中经验丰富的员工，同时培训 6~10 人。这样就结合了课堂培训（规模经济、现场干扰最小、不占用处于生产中的设备）与在职培训（更多动手、更多反馈、更少的迁移问题、更少的事故）的优点。但是，它确实也有一些缺点。技工培训花费较高，要求生产线的重复，并有专职的培训师，因此它被限制在许多工人需要进行一次非熟练或半熟练培训的情况中。然而，这种形式的培训在两次世界大战时期（史莱特，1993）非常流行。

两次世界大战——系统培训

两次世界大战，尤其是第二次世界大战，见证了培训和学习行业开始快速成熟的过程。两次世界大战带来了产品需求的激增。同时，大量有经验的工人被征募参战。因此，各行各业不仅需要工人填补空缺岗位，还需要他们填充新岗位。正如史莱特（1993）引用朱伯夫（1984）的话总结的这一状况："随着工厂规模和复杂性的增加，对生产量增加产生重要影响的市场的拓展，工程行业的不断发展，出现了一个与系统化工厂的管理、控制、协调和规划有关的新的迫切问题。"

针对这些情况，弗雷德里克·温斯洛·泰勒提出了一个方法，即通过研究工人和消除非生产性时间，来缩短完成工作所需的时间，这被称为科学管理。另一项加快生产的创新构想是流水线。因此培训方法也必须得到发展，以便使员工的培训比以前更快、更彻底。第一次世界大战期间，查尔斯·艾伦在 18 世纪德国哲学家、心理学家和教育家约翰·弗里德里希·赫尔巴特的五步框架教学法的基础上，提出了针对造船工人的"演示—讲解—执行—检查"培训方法。赫尔巴特的框架包括让学员做好准备、讲授课程、将课程与先前学习的观点相联系、举例说明并测试学员以确保他们掌握了所学内容（克拉克，1999）。

艾伦的工作和在军队中的研究促使了一些培训原则的出现。史莱特（1993）总结了这些原则：

- 培训应在行业内进行，并由接受过教学培训的主管完成。
- 培训应在由 9~11 名工人组成的小组内完成。
- 培训前应对工作进行分析。
- 培训期间减少被打断的时间。
- 当工人在培训过程中被给予个人关注或关怀时，他们会产生忠诚感。

尽管这些原则在培训中被使用，但系统的培训方法直到第二次世界大战时期才出现。在这期间，大批 40 岁以上的男人和女人进入劳动力市场以取代那些被招募的参战者。这些人需要培训，然而职业学校的教师供应不足，致使他们的培训需求无法得到充分满足（肖，1994；斯坦梅茨，1976）。为了提供急需的培训师，战时人力资源委员会（War Manpower Commission）的产业服务培训机构开发了工作导师项目（Job Instructor Program，JIP）。工作导师项目的目的是教授一线和二线的主管们如何将他们的技能传授给其他人。这些培训培训师课程后来被称为 J 项目，并扩展至包括人际关系、工作方法、安全性及项目开发等在内的其他主题。对这些主题产生影响的包括亚伯拉罕·马斯洛的"人类动机理论"（1943）和库尔·列文的第一次群体动力实验（1948）。

为配合系统的培训，系统化的教学设计方法出现了。第二次世界大战期间，军方应用系统的方法进行学习设计，这也成为如今的教学系统设计（ISD）的雏形。B. F. 斯金纳关于操作性条件反射的研究和理论影响了这些培训课程的设计，其理论的重点是可以观察到的行为。培训设计师通过把任务分解为子任务来设定学习目标，培训的设计是为了奖励正确的行为和纠正不正确的行为。

在战争期间，业内人士也开始认识到对于主管的培训变得非常重要。正如斯坦梅茨（1976）所说："管理层发现，如果没有技能培训，主管们就无法为战争和防御进行生产。而由于有了技能培训，老年人、残疾人和缺乏经验的女性正在形成新的生产力。"培训中的领导力需要已经变得非常明显，因此培训领导者的头衔在管理层越来越普遍。1942 年，美国石油协会在路易斯安那州新奥尔良召开的一次会议上成立了美国培训管理者协会（American Association for Training Directors，ASTD）（更多 ASTD 的历史，请见本章后面的内容）。

除了培训职能的领导力开发，人们认识到了更普遍的领导力发展的需要。这也促使了第一批管理发展课程的出现。根据斯坦梅茨（1976）的研究，这些课程受大学和学院资助和指导，提供大学水平的管理和技术课程。

20 世纪 50 年代

第二次世界大战后，因适应战时生产需要而提高的行业效率为和平时期的重建提供了动力，经济蓬勃发展。然而，一些曾经被用来实现这些效率的方法——具体来说，如科学管理——开始被证明难以激励员工。因此，人际关系的培训变得越来越流行，主管们往往要接受心理学培训（肖，1994）。

B. F. 斯金纳

B. F. 斯金纳是一位著名的行为心理学家和行为主义的主要支持者。行为主义是一个重要的心理学流派，其思想在第一次世界大战和第二次世界大战期间非常流行。被归为新行为主义者的斯金纳认为，了解人类本质的最好方式是在受控的科学研究中探索生物体如何对刺激进行反应，无论刺激是来自外部环境还是来自内部的生理过程。斯金纳的学术兴趣受心理学家，如伊万·彼得罗维奇·巴甫洛夫、伯特兰·罗素及行为主义的创始人约翰·沃森等人的影响。斯金纳的主要作品包括《有机体的行为》(1938)、《沃尔登第二》(1948)及《科学和人类行为》(1953)。

作为哈佛大学的心理学教授，斯金纳自己设计实验设备、培养实验动物来执行特定的行为作为其行为主义理论的测试。他的最著名的一个实验是教鸽子打乒乓球。

这些实验促使了斯金纳程序化教学原则的发展。斯金纳发现，在大多数的学科中，通过逐步加强的及时强化可以实现最好的学习效果，学员因为表现出了可被接受的行为而获得及时强化（也被称为奖励）。程序化教学在实施时应该通过使用教学机器呈现给用户一个问题，让用户作答，并提供给用户即时的正确答案。程序化教学作为一种教育技术，包含两大类：线性规划和分支。线性规划对学员表现出的对学习目标有利的反应进行奖励，其他反应得不到奖励。在整个程序中，正确的响应也在推动着学员不断前进。

分支技术使用电子程序来向学员提供信息，基于该信息进行提问，并基于学员的应答给出响应。学员回答正确时，屏幕上会出现正确答案予以强化，并使学员朝着学习目标前进。错误的答案会让学员返回原始信息或提供进一步的教学指导。

在战争期间，培训部门广泛成立。企业打算继续培训其员工，同时想降低培训费用和提高效率。1953 年，B. F. 斯金纳介绍行为主义的著作《科学和人类行为》发表，他的理论主要基于其在战争中所做的研究。行为主义和工作分析的概念形成了一种新的培训形式的基础，即个性化教学，这将满足企业对培训更低廉、更高效的需要。史莱特（1993）对这一形式的描述如下：

> 个性化教学在本质上用系统化或程序化的材料取代了老师。程序化的材料已被划分成容易被学员理解的小步骤和说明。在每个步骤后，需要学员以回答问题、绘制图表、解决问题等形式积极回应。每次回应后都会给予及时反馈。

随后在 20 世纪 60 年代，通过使用教学设备，个性化教学变得自动化了，也形成了早期基于计算机的培训的基础。它具有让学员形成自己的学习步调、给予他们纠正错误的隐私空间及缩短培训时间和减少工作中错误率的优点。然而，制作个性化教学材料的花费较高，而且只包括设计者加入的内容，另外，还要求学员将学到的知识转移到工作中。

在 20 世纪 50 年代，ISD 领域另一项发展是布鲁姆的教育分类目标体系的引入。1956 年，本杰明·布鲁姆提出了这种能够描述认知、动作和情感结果的分类学习目标。认知结果或知识是指智力技能的发展。动作结果或技能是指完成任务的实际运动、协调和运动技能的使用。情感结果或态度是指人们如何处理情绪（ASTD，2006）。这些类别的目标通常被称作 KSA（知识、技能、态度），并与为了明确所需完成的学习活动的种类而确定学习目标的方式有关。例如，知识目标可用来描述在第二次世界大战时产量增加的需求对培训和学习领域产生了怎样的影响。

20 世纪 50 年代末，美国培训与发展协会（ASTD）在《美国培训管理者协会期刊》（后来的 *T+D* 杂志）上发表了唐纳德·柯克帕特里克有关四级评估的文章，为该领域引入了一个新的主题：测量。

20 世纪 60 年代

培训测量领域与 20 世纪 60 年代出现的另一个主题息息相关：了解企业的需要。早在 20 世纪 50 年代，越来越多的文章就指出在培训中涉及高层管理的重要性。1960 年，当时 ASTD 的执行董事戈登·比利斯就敦促各协会成员寻求“更广泛的责任”，并理解“用于反映利润的话语”（肖，1994）。为了反映这一更广泛的焦点，ASTD 在 1964 年的更名中吸纳了“发展”这个词。

ASTD 的历史年表

1942—1943 年：1942 年 4 月 2 日，美国石油协会在路易斯安那州新奥尔良召开的一次会议上成立了美国培训管理者协会（ASTD）。1943 年 1 月 12 日，15 名培训管理者在巴吞鲁日召开了他们的第一次会议。

1945 年：ASTD 出版了《行业培训新闻》第 1 期，该杂志为季刊，并最终发展为 *T+D* 杂志。ASTD 还于 9 月 27 日和 28 日在伊利诺伊州芝加哥市召开了首次全国会议。

1947 年：《行业培训新闻》更名为《行业培训期刊》，成为双月刊。

1951 年：ASTD 在威斯康星州麦迪逊市成立了第一个永久办公室，麦迪逊市是当时的协会财务部长罗素·莫伯利的居住地，他保留了当时的所有记录。

1952 年：会员达到 1 517 人，全国各地的分会达 32 个。

1954 年：《行业培训期刊》更名为《美国培训管理者协会期刊》。

1959 年：《美国培训管理者协会期刊》刊登了唐纳德·柯克帕特里克的文章，文章是关于为培训建立四级的评估：反应、学习、行为和结果。

1961 年：ASTD 创刊《培训研究文摘》，后被并入《培训与发展期刊》。

1963 年：《美国培训管理者协会期刊》更名为《培训管理者期刊》。

1964 年：ASTD 更名为美国培训和发展协会（American Society of Training Directors 变为 American Society for Training and Development，英文缩写 ASTD 没变。——译者注）。

1966 年：《培训管理者期刊》更名为《培训与发展期刊》。

1967 年：麦格劳-希尔出版社出版了《培训与发展手册》第 1 版。

1968 年：会员达到 7 422 人，分会达 65 个。

1972 年：ASTD 和美国国务院赞助了在瑞士日内瓦举行的第一届国际培训与发展会议。来自六大洲的两百余人出席会议。

1975 年：ASTD 在首都华盛顿特区开设了办公室分部。

1976 年：ASTD 在华盛顿特区召开了“工作世界人力资源发展白宫会议”。

1978 年：在华盛顿特区，ASTD 举办了国际培训与发展组织联合会第七次年度会议。会员达 15 323 人，分会达 110 个。凭借 ASTD 在国会中的努力，员工教育辅助美国国税局（IRS）豁免获得批准。ASTD 发布了其第一项能力研究成果——专业培训及发展角色和能力的研究，研究由平托和沃克承担。

1979 年：ASTD 选举了第一位女性会长扬·马戈利斯。

1980 年：肯尼思·詹姆斯·库克拉成为 ASTD 的第 20 000 位会员。

1981 年：ASTD 的总部由威斯康星州的麦迪逊迁至首都华盛顿。

1983 年：ASTD 发布其第二项能力研究成果——杰出模型，该研究由帕特里夏·麦克拉根承担。

1984 年：ASTD 形成了新的管理结构，董事会及监事会的建立，形成了新的领导方向，以展望未来。ASTD 也推出月刊 *INFO-LINE*，旨在更广的领域进行培训师训练。

1987 年：ASTD 形成了研究功能，并从美国劳工部获得了 75 万美元资助。1993 年，研究资金达到近 300 万美元。ASTD 创立了第二项年度会议：全国技术与技能培训大会。

1988 年：会员达到 24 451 人，分会达 153 个。

1989 年：ASTD 发布了第三项能力研究成果——人力资源发展实践模型，该模型由帕特里夏·麦克拉根开发。

1990 年：ASTD 和美国劳工部出版了由安东尼·卡内维拉和莱拉·盖恩纳编写的《学习型企业》以及由卡内维拉、盖恩纳和詹尼斯·维拉编写的更全面的《培训在美国：组织和培训的战略作用》。两本著作为美国的培训企业确定了规模和范围。ASTD 也推出一本新杂志《技术和技能培训》。

1991 年：ASTD 美国出版了首席经济学家安东尼·卡内维拉的著作《美国和新经济》，以建立学习与绩效之间的经济联系。《培训与发展期刊》更名为《培训与发展》。标杆论坛成立，论坛旨在为论坛成员取得在学习和绩效改进的过程、实践和结果等方面提供对标，并促进高层次专业人才和组织形成全球范围内的网络联系。

1994 年：ASTD 推出了一种电子信息接入服务——ASTD On-Line（ASTD 在线），并将其呈现在互联网上，培训师可以在上面讨论 ASTD 的“网络分会”的信息。此外，ASTD 在加利福尼亚州阿纳海姆举办了其第 50 届年会和第一次国际会议。

1996 年：ASTD 发表了其第四项能力研究成果——ASTD 人力绩效改进模型，该研究由威廉·罗斯韦尔主持。

1998 年：ASTD 发布了其第五项能力研究成果——ASTD 学习技术模型，该模型由乔治·皮斯库恩希和伊森·桑德斯设计。第一个实践奖设立，对整个范围内在工作场所的学习和绩效的实践所取得的成效进行认可。人力绩效改进方面的第一个证书项目启动。到 2007 年，ASTD 可以提供 25 种认证。ASTD 出版了第一份《培训行业年度报告》（*State of Industry Report*）。

1999 年：ASTD 发布了第六项能力研究成果——ASTD 职场学习与绩效模型，该模型由威廉·罗斯韦尔、伊桑·桑德斯和杰弗里·索珀提出。ASTD 举行了第一届 ASTD 技术知识年度大会（TechKnowledge）。

2000 年：ASTD 结合世界各地情况和活动发起了一个全球性实践社区项目。到 2007 年，ASTD 已拥有 25 个全球网络。ASTD 也推出了首个网络杂志《学习电路》，覆盖电子化学习有关的主题。

2001 年：ASTD 启动了职位库——专门为在职学习专业人员服务的招聘网站。《培训与发展》杂志更名为 *T+D* 杂志。ASTD 建立了认证机构来管理认证，并在 2002 年推出了电子化学习课件认证。

2003 年：第一个年度 BEST 奖设立，奖励那些由于员工的学习和发展项目而取得了整体成功的组织。

2004 年：ASTD 发布了其第七项能力研究成果——2004 年 ASTD 能力研究：描绘未来，由保罗·贝恩萨尔等提出。这个模型成为认证的基础。

2005 年：ASTD 引入了员工学习周，这是一个全球性的公共宣传活动，以促进和宣传职场学习与发展的价值。

2006 年：ASTD 认证学院正式推出了其个人认证计划——学习与绩效专业人士认证（CPLP）。

2007 年：WLP（职场学习与绩效）计分卡作为一个在线决策支持工具首次亮相，它允许组织监测、评估和设定组织学习职能的关键领域。

2008 年：ASTD 出版了《ASTD 培训经理指南》（*ASTD Handbook For Workplace Learning Professionals*）（2011 年江苏人民出版社出版，是本书的第 1 版。——译者注）。学习高管信心指数首次被提出。该指数是基于《首席执行官杂志》大会委员会使用的信心指数，是一个用来衡量资深学习领导者信心的工具。

2009 年：ASTD 收购 The Bureaucrat 公司及其季刊《公共管理》，使 ASTD 的专业知识扩展到公共领域。ASTD 发布了第一个销售培训领域的能力模型，进一步加强了协会在有效销售培训方面的影响力。

2010 年：《新社会化学习》是 ASTD 具有里程碑意义的著作，由首席执行官托尼·宾汉姆和玛西娅·康纳编写。该著作确定了在培训和发展领域中使用社会化工具的重要性。《新社会化学习（第 2 版）》中文版已由电子工业出版社出版。

2011 年：ASTD 和新加坡培训与发展协会（STADA）在新加坡共同举办了第一次会议，并推出主题为 LearnNow 的新会议邀请，专注于满足社交、移动和非正式学习的从业者的需要。

2012 年：ASTD 通过其新网站推出了“实践共同体”——拥有共同利益、知识和专业技能的专家组成的网络社区。

2013 年：ASTD 新的能力模型亮相，该模型注重基础能力和技术素养；ASTD 学习系统也进行了修订，以反映新能力模型的变化。

2014 年：ASTD 推出新的会员类型，以反映会员在权益方面更为个性化的选择。新的会员层次被称为专业版和专业增强版。《ATD 学习发展指南》（第 2 版）也在 2014 年的 ASTD 国际会议暨展览会上首次亮相（本书出版之后，2014 年 5 月，ASTD 正式更名为 ATD，人才发展协会。2014 年 8 月，在中国上海建立了自成立以来的第一个海外的办公室。——译者注）。

另一个表明培训行业已开始扩大其视野的迹象是组织发展（OD）的引入。根据组织发展实践者专业组织——组织发展网络的定义，“组织发展是一个针对组织和社区的系统变化、以价值为基础的方法，它力求构建出能够实现和维持有利于组织或社区及其周围世界新的理想状态的能力”。组织发展根源于行为科学，使用了基于库尔特·卢因、道格拉斯·麦格雷戈、恩西斯·李克特、理查德·贝克哈尔德、威尔弗雷德·比昂、埃德·施恩、沃伦·本尼斯和克里斯·阿基里斯等人的组织变革、系统论、群体和个人的理论研究（汉尼伯格，2005）。欲了解更多有关组织发展的信息，请参见工具栏。

组织发展

深入组织发展工作的核心来看，它是一个旨在提高人员和流程执行力的有目的和系统性的工作整体。各种活动和倡议都代表了一种为了实现组织目标而让组织内部各方面协调一致的有意识、有计划的过程。组织发展专业人士寻求通过促进、咨询、教练、分析、培训和设计来改善组织的能力，而组织能力则需要通过其效率、效果、健康、文化和经营成果来测量。

对于何种实践和工具适合组织发展，还存在一些分歧。有些专家采用狭义解释，专注于组织调整和变革改进措施。另一些专家则认为组织发展包括更广泛的实践，如领导力、多样性和团队训练。组织发展与培训、人力资源管理、项目管理和质量改进等领域中的技能和实践存在部分重合。每家公司对这些职能边界的解释不同，也进一步模糊了这些定义。

组织发展的开拓者之一华纳·伯克称："本领域的大多数人同意组织发展涉及咨询顾问的范畴，咨询顾问试图通过运用心理学、社会学、文化人类学以及其他相关学科等行为科学的知识帮助客户改进他们的组织。多数人也会同意组织发展意味着变革，如果我们承认组织功能的改进意味着变化已发生，那么从广义上来说，组织发展意味着组织变革。"

这些定义以及组织发展网络的定义所共有的理念是：组织发展基于行为科学的知识专注于帮助企业用系统的方法实现从 A 点到 B 点的变化。该定义还强调，组织发展工作涉及管理和实施变革。

资料来源：汉尼伯格（2005）。

对业务结果更广泛的专注也与人力绩效改进（HPI）或人力绩效技术（HPT）等新兴领域的出现有关。绩效改进是一种通过人们的工作帮助组织实现其目标的体系化的、系统化的和基于结果的方法。托马斯·吉尔伯特、盖里·朗姆勒、唐纳德·托思蒂和戴尔·布莱斯欧等人的研究，把职场学习领域从单一集中培训扩展到可以改善业务成果的各种活动。

然而，对企业的总体态度仍然是"让加法机操作工去担心生意吧"。更流行的主题包括影响、激励和态度转变的心理研究。与新兴的美国民权运动有关的主题，如工作场所的多样性，也变得越来越普遍。

20 世纪 60 年代，在学习理论和设计领域，瑞士的发展心理学家皮亚杰创造了一个四阶段的认知发展模型：感知运动期（出生至 2 岁）、前运思期（2~7 岁）、具体运思期（7~11 岁）以及形式运思期（11 岁及以上）。他的理论构成了在 20 世纪 70 年代和 80 年代开始出现的建构主义发展的基础。

同时，罗伯特·梅格在其 1962 年的著作《准备程序化教学目标》中提出了他的教学目标模型。该模型表明目标应包含三个组成部分：环境、行为和标准。也就是说，目标应该描述培训实现的具体的、可观察的行为，说明完成特定行为所需具备的条件及绩效的理想水平。这种类型的目标也被称为行为、表现或标准参照目标（ASTD，2006）。

梅格的目标理论提出的最初目的是用于程序化教学。20 世纪 60 年代，随着提供程序化教学内容的机电教学设备被普遍使用，程序化教学变得越来越自动化。当时另外一项技术方面的发展是微型计算机从 1965 年开始获得了快速且广泛的应用。

20 世纪 70 年代

20 世纪 70 年代，社会技术系统理论广泛传播（肖，1994）。该理论认为社会和技术因素的相互作用会支持或阻碍一个组织的成功运作。正如帕斯莫尔（1988）描述的那样：

> 社会技术系统视角认为，每个组织都是由使用工具、技术和知识（技术系统）来生产客户（组织外部环境的一部分）认为有价值的产品或服务的人（社会制度）组成的。社会和技术系统是否彼此契合，以及是否与外部环境需求适应，在很大程度上决定组织是否有效。

因此，培训师开始认识到，要实现最佳绩效，组织的技术和社会要素都需要考虑并共同优化。这一观点与在 20 世纪 60 年代就开始建立的组织发展领域和 HPI 领域更广泛的关注范围是一致的。

与此同时，女权主义、环保主义和同性恋维权运动等社会运动对社会及组织中的培训都产生了影响。这样一来，培训师把注意力更多地转向了社会问题，如污染、种族主义和对妇女的歧视。

20 世纪 70 年代，另一个流行的培训主题是敏感性训练（也被称为实验室方法），这是发生在群体中的人际关系培训的一种形式，目的是提高参加者的自我意识和对群体动力学的认识，以让他们适当地调整自己的行为。但这种方法遭到乔治·奥迪欧纳等人的批判，他们认为这种帮助“经理获得真实性和培养自尊”的培训并不合适。美国国家训练实验室的克里斯·阿基里斯是敏感性训练的主要捍卫者（肖，1994）。

20 世纪 70 年代发展的新的主要培训形式是案例教学法，这种方法之前曾在商学院中使用过，但没有用于培训项目。案例教学法涉及使用案例研究来探讨某一话题，培训师也开始讲授目标管理法，并引入期望理论来作为预测员工行为的方法（肖，1994）。

学习理论领域也出现一些进展。马尔科姆·诺尔斯的著作《成人学员：一个被忽视的群体》在 1973 年出版，书中介绍了成人学习理论。虽然这不是第一次指出成人学习不同于儿童（早在 1926 年，爱德华·林德曼就在《成人教育的意义》一书中对“教育学适用于成人”的观念提出了挑战），但是诺尔斯创造了“成人教育学”这一术语，并且提出了影响成人学习方式的六大关键原则。

马尔科姆·诺尔斯

马尔科姆·诺尔斯是在成人教育研究中的关键人物，也往往被视为“成人学习之父”。诺尔斯为人力资源发展的理论和实践做出了巨大贡献，但他最为众人所知的贡献是推广了“成人教育学”这一术语，这也是成人教育的艺术和科学。成人教育学认为成人学习不同于儿童。因此，成人需要在课堂上被区别对待。1973 年，诺尔斯在他的著作《成人学员：一个被忽视的群体》中提出了有关成人学习的四个假设。这些假设在随后的版本（1984）中被扩展至包含如下六个方面：

- 成人需要在学习之前知道为什么学习一些东西是非常重要的。
- 成人拥有自我的概念，不喜欢别人把自己的意愿强加到他们身上。
- 成人拥有丰富的知识和经验，并希望这些知识被认可。
- 当成人知道学习能够帮助他们解决真正的问题时，他们会变得愿意学习。
- 成人想知道学习会对他们的个人生活有什么样的帮助。
- 成人会对晋升机会或工资增加等外部激励做出回应。

大约在同时，罗伯特·加涅和莱斯利·布里格斯在 1974 年的著作《教学设计的原理》中第一次提出了教学中的九个活动（教学九步法。——译者注）。这九个活动代表了一种新的学习理论：认知主义。相比行为主义着重外部行为，认知主义则关注信息是如何在头脑中被处理、存储和检索的。

另一种在 20 世纪 70 年代出现的学习理论是建构主义。基于皮亚杰有关认知发展的理论，建构主义指出学习是一种建构新知识的过程。另一个重要的建构主义理论家杰罗米·布鲁纳认为学习是“一个社会过程，在此过程中学员基于目前的知识建构新概念。学员选择信息，构造假说并做出决定，以新体验整合到其现有的思想结构中”（萨那特·欧拉斯，2002）。在建构主义学习理论框架内，学习设计的推动力是创造学习经验，使学员自己发现和建构学习内容。

20 世纪 80 年代

20 世纪 80 年代，美国的生产放缓，而全球经济竞争成为最大的商业挑战。美国的各个公司经历大裁员，许多管理者发现自己没有了工作（肖，1994）。这些情况导致公司更密切地关注培训预算，导致许多培训和发展经理更关注培训预算和底线，以及证明培训将给组织带来的价值。出于各种原因，成本效益分析和投资回报率（ROI）的概念日益成为热点话题。

同时，妇女以前所未有的比例进入培训和发展领域。到 1989 年，女性会员占到 ASTD 全部会员的 47%。自信训练蓬勃发展。其他流行的培训主题包括行为建模、团队合作、授权、多样性、冒险学习、反馈、企业文化及培训师胜任力（肖，1994）。

最后一个主题——培训师胜任力——是 20 世纪 80 年代出现的两个能力模型的主题之一。这一主题越来越多地把培训和发展领域定位成更广阔的人力资源发展工作领域的一部分。《追求卓越模型：ASTD 培训及发展研究的结论和建议》一书是第一次定义培训和发展的现代尝试，这一定义捕捉到了培训角色的这一延伸现象（麦克拉根，1983）。到 1989 年，职业发展与组织发展也被加入培训和发展工作中，通过使用伦纳德·纳德勒的术语“人力资源发展”（HRD），《人力资源发展实践》（麦克拉根，1989）的报告展示了这一新发展。该报告将人力资源发展定义为“培训和发展、组织发展和职业发展的整合运用，以提高个人、团体和组织效率”（更多关于人力资源发展的信息，可参见工具栏）。

人力资源发展（HRD）的定义

人力资源发展是指为提高个人、团体和组织效率而对培训和发展、组织发展和职业发展的整合运用。

- 整合意味着人力资源发展不仅是各个部分的总和，更比培训和发展、组织发展、职业发展的单项包含的内容多。它是所有发展实践的结合使用，以实现相比单一或个别方法更高水平的个人和组织效率。
- 培训和发展的重点是通过规划学习活动，确定、保证并协助开发使个人胜任当前或未来工作的关键能力。培训和发展的主要重点在于处于工作角色中的个人。主要的培训和发展解决方案是规划个人学习，不论是通过培训实现，还是通过在职学习、辅导或其他培养个人学习的方式。
- 组织发展的重点是保证健康的外部和内部单位的关系，并帮助团体发起和管理变革。组织发展的首要重点是个人与群体之间的关系和过程。其中主要的干预措施是对个人和团体的关系及对作为一个系统的组织的影响。
- 职业发展的重点是确保个人职业规划和组织职业管理流程的一致，以达到个人和组织需要的最佳匹配。职业发展的主要重点是作为个人履行并塑造各种工作角色的人。其主要方法是对自我知识及影响个人和组织的能力以创造人与工作的最佳匹配的过程的影响。
- 提高个人、团体和组织效率是指人力资源发展是有目的性的。它有助于实现更高的目标。由于实施了人力资源发展，员工和组织会变得更高效，并且为产品和服务贡献更大的价值：成本—收益方程获得提升。

在技术方面，第一个电子工作站于 1981 年问世。由于激光影碟开始应用于培训，再加上生动的视频及视频片段的获取很便利，培训群体变得更加倾向于使用多媒体来吸引学员学习。1986 年，笔记本电脑出现，后来具有交互性和存储介质更小的磁盘格式（IBM 的 Ultimedia 和 Philips 的 CD-i，后来 CD-ROM 取代了它们）出现，这些技术的兴起改变了组织中学习的设计、教授及管理方式。

20 世纪 90 年代

20 世纪 90 年代，技术爆炸式地发展。电子化学习、基于计算机的培训及在线学习的支持者宣称，课堂学习要终结了。早期的电子化学习跟随的同样是 20 世纪 50 年代的程序化学习和 20 世纪 60 年代的学习机器展现的行为主义模式，学员经历一系列步骤，然后做出正确（或不正确）的反馈，然后继续到下一个学习单元，或者按要求返回进行二次操作。

该方法的好处也是类似的：学员可以根据自己的步调学习、在不产生尴尬的情况下犯错误和得到反馈，并进行重复学习直到他们已经完全掌握。相比程序化教学和学习机器，电子化学习也有其他益处：学员能够自动绕过已经知道的部分，更专注问题领域。通过刺激更多的感官和吸引不同类型的学员，多媒体功能也使电子化学习更有效。最后，通过减少与培训相关的差旅费用、减少因参加培训而耽误的工作时间以及各种培训设施的使用，电子化学习能为更多人提供更多的培训机会。

然而，电子化学习也有一些缺点。一方面，它很难保证学员的参与度，学员经常会逃离设计不当的电子化学习课程。虽然基于系统的电子化学习在形式上有巨大改变，但在培养人际交往能力方面，电子化学习并不适用。降低成本和程序更新也是一个问题。对此，越来越多的企业采用结合电子化学习与现场课堂元素的混合式学习。使用混合式学习的方法之一是学员使用电子化学习元素来完成前期的培训，这样在课堂中所有参与者的起点相同，从而使每个人达到正常速度所花费的时间最小化，使得学习新技能和知识的时间最大化。另一方面，虽然非同步培训成为电子化学习的早期规范，但由于能让学员无论身在何处都能模仿在线课堂环境，基于基础的同步培训也越来越普遍。

电子化学习技术的另一种应用也在这时候流行起来，那就是把它用作绩效支持工具。自第二次世界大战以来，工作指导形式的绩效支持工具一直是带有按部就班指示的印卡形式（史莱特，1993），但是新技术使得绩效支持能够更好地整合到工作中，并且能更加及时地获得。

20 世纪 90 年代人力资源发展的另一个发展是“学习型组织”概念的引入。1990 年，彼得・圣吉在他出版的著作《第五项修炼》中提出了这一概念。学习型组织致力于实施能够发展自身学习能力以创造企业未来的行为修炼。学习型组织内在的思想是系统思考、心智模式、自我超越和共同愿景及对话。

最后的两个主题——绩效支持和学习型组织——是 20 世纪 90 年代非常受欢迎的培训主题。其他的热门主题还包括“业务流程再造、工作重组和转型、以客户为中心、全球性组织、‘愿景规划’及平衡工作和家庭”（肖，1994）。

20 世纪 90 年代培训在公共领域也实现了合法化。比尔・克林顿在一个认可培训的平台上被选为总统。罗伯特・赖克，一个培训的大力支持者，成为美国劳工部部长，并建立了基于工作的学习型办公室（肖，1994）。

21 世纪初至今

自第二次世界大战以来，学习已经向多个方向发展（总结见图 1-1）。在学习理论中，行为主义继续对学习设计施加着巨大的影响，但认知和建构主义学习理论通过运用加涅的教学九步法和发现式学习也发挥着它们的作用。通过强调让学习相关，把学员的经历当成一个学习平台，以及给予学员在怎样学习和学习什么内容方面一定的话语权，马尔科姆・诺尔斯的成人学习理论也渗透到了大部分培训中。

在学习设计方面，基本 ISD 模式发展起来，可以应用于不同情形及具有不同侧重点的新的模式也被开发出来，如快速成型法和学习模块。然而，通过首先确定学习类型——知识、技能或态度——然后是行为、环境和程度，布鲁姆的分类和梅格的学习目标模式仍旧继续影响着如今确定学习目标的方式。

测量是在培训和发展领域的又一重要主题。柯克帕特里克经典的四级评估体系——反应、学习、行为和结果——以及杰克和帕蒂・菲利普斯的投资回报率研究仍旧在学习的测量和报告的方法中占主导地位。但是，对于大多数组织来说，还有其他办法。2009 年由 ASTD 和企业生产力研究院（i4cp）进行的一项研究发现，92%的企业称它们至少使用模型的一级。但在以后的每一级评估方面，该模

	第二次世界大战	20 世纪 50 年代	20 世纪 60 年代	20 世纪 70 年代	20 世纪 80 年代	20 世纪 90 年代	21 世纪初至今
培训	系统培训、培训培训师项目（J 项目）、管理培训、ISD 奠基	程序化教学、布鲁姆的分类、柯克帕特里克的四级评估	HPI/HPT、OD、梅格的培训目标模型、教学机器	案例教学法、敏感性训练/实验方法（克里斯·阿基里斯）	自信培训、成本效益分析、电子工作站和笔记本电脑、跨文化培训、以能力为基础的培训	电子化学习、学习型组织（彼得·圣吉）	即时化学习、移动学习、技能差距、认证、社区、协作、虚拟教室、大数据
理论基础	马斯洛的人类动机理论，列文的群体动力学理论	B. F. 斯金纳的行为主义、激励理论	约翰·皮亚杰的认知发展、认知主义，理查德·贝克哈尔德创造了术语“组织发展”	马尔科姆·诺尔斯的《成人学员》（成人教育学）、加涅的教学九步法（行为主义）、杰罗米·布鲁纳的教育理论（建构主义）			
社会影响	产业转移至战争生产，大批 40 岁以上男女进入工厂	涉及培训中高层管理的思想出现	民权运动兴起	社会技术系统、女权主义、环保主义、同性恋维权运动	大批妇女进入职场、全球经济竞争、全球化		新技术快速扩展、游戏、移动设备、社会化媒体平台增加

图 1-1　培训和发展时间表（第二次世界大战至今）

型的使用状况显著下降，这表明管理者可能没有完全掌握应该如何使用这一模型。事实上，只有大约 1/4 的受访者表示，他们认为他们的组织从培训评估工作中得到了“物超所值”的好处（ASTD 和 i4cp，2009）。承诺帮助、倡议，如由人才报告中心制作的人才发展报告原则（TDRp）等的出现，为培训业提供了使其更像业务运营的模板。

TDRp，一个行业领先的草根举措，确立了人力资本的内部报告原则和标准。TDRp 旨在为人力资源领域提供指导，就像 GAAP（公认会计准则）给美国会计师提供指导，或者 IFRS（国际财务报告准则）能为其他地区的会计师提供指导一样。指导包括一个简单但全面的框架，用来规划、收集、定义和报告传递结果所需的、有助于该组织成功的关键产出、效率及效率的测量手段。

TDRp 回答了以下常见的问题：

- 应该收集哪些数据？
- 应采用什么测量手段？
- 应该如何定义测量手段？
- 应该如何报道测量结果？
- 领导希望看到什么？
- 如何展示人力资本的价值？

测量在促进对于业务的理解并让学习和绩效成为组织的一个战略部分方面起着重要作用。

其他学习方面的显著发展包括在整个企业中广泛应用的社会和非正式学习，以及利用用户生成的内容进行学习。在赞扬经常被引用的 70-20-10 模式时，公司的培训部门已经从内容独家提供者和传送者的角色，慢慢转变成促进知识在组织中共享、促进人们之间相互连接的角色。根据 ASTD 和 i4cp 在 2012 年进行的对 351 名受访者的研究，97%的受访者都认为非正式学习在组织中获得了不同程度的认可。27%的受访者称，非正式学习占其所在企业正在进行的学习活动总数的一半以上。

技术促进了培训的发展。易于使用的内容生成工具使得员工能够分享知识，并且增强了以绩效支持为中心的环境。智能手机和平板电脑等移动设备的“爆炸”式使用加快了移动学习的应用和对信息的即时获取，而这又进一步拓展了绩效支持的概念。根据国际电信联盟的数据，2013 年“移动电话用户数量几乎和地球上的总人口一样”（国际电信联盟，2013）。这一惊人的用户数量，68 亿人次，表示人类第一次可以通过其指尖的移动工具以前所未有的便利来获得资源和信息。

ASTD 和 i4cp 在 2013 年进行的另一项研究发现，通过移动设备提供学习内容的公司比例不断增长，但速度比较缓慢：从 2012 年的 28%仅仅增长到 2013 年的 31%。然而，人们对移动学习潜能的前景非常乐观。半数以上的受访者认为，移动学习将为他们的组织的整体学习带来改善。

其他技术，如模拟、虚拟现实、游戏化等，也已开始在组织中浮现。2013 年 ASTD 和 i4cp 进行的一项游戏化研究发现，23%的企业采用了游戏化的学习方式。那些使用游戏化学习方式的企业积极性也非常高，企业利用游戏化方式学习的受访者中的 99%表示，这一措施是有效的，其中超过一半的受访者认为非常有效。此外，即便组织中没有使用游戏化学习方式的受访者对游戏化学习的兴趣也非常大。超过 40%的受访者表示，他们目前尚未把学习游戏化，但正在考虑在未来一年中这样做（ASTD 和 i4cp，2014）。

人才管理时代

1997 年，《麦肯锡季刊》发表了一篇题为“人才争夺战”的开创性的论文。其总前提是企业需要参与人才竞争。虽然因互联网经济泡沫破灭和 21 世纪初经济出现衰退，此次人才竞争迅速降温，但人才管理的概念自此诞生。

在大多数组织中，人力资源管理部门犹如发射井般孤立地在组织中运行，这意味着人力资源管理的不同部分极少共享部门数据或协同工作以便形成一个更全面的人才观。例如，以下就是一些通常存在于公司中的战略领域：

- 招聘（选拔和评估）；
- 总报酬（薪酬、福利）；
- 参与；

- 领导力发展；
- 学习/培训；
- 绩效管理；
- 继任计划。

组织已迅速采取措施来整合这些功能，以便形成一个不仅限于现在的组织人才也包括人力资源规划的更统一、整合的观念：我们的人才风险是什么，以及我们如何获得、发展和留住合适的人才，从而能在未来取得成功?

在本人与帕特·盖拉干共同撰写的著作《人才管理整合高管指南》（2011）中，我们提出了一个案例：学习专业人士往往充当合作伙伴的角色——与他人组队或与职能部门负责人一起工作以支持对人才的整合管理——或充当促进者，为人才整合工作提供指导和支持。ASTD 和 i4cp 于 2010 年进行的一项研究发现，占最大比例的受访者在被问及合作伙伴的角色时提到了领导力发展、高潜力员工发展、员工敬业度和继任规划。人们发现，作为一项职能的绩效管理的整合性最强。当被问及试图整合个人专业发展、员工学习和绩效管理方面的工作时，绝大多数受访者说学习职能在这些工作中起到了促进作用（ASTD 和 i4cp，2011）。

这种思维转变为培训专业人士提供了机会，他们已准备好在整个组织的人才管理中发挥主导作用。许多人认为这是专业相关性增加的又一个标志。

培训与发展行业的未来

培训与发展的演变历程显示了该行业反复呈现的一个主题：扩张和增长。随着企业逐渐认识到培训对企业整体扩张和业务增长的重要性，培训专家在企业中的重要性将继续凸显。这个行业将不断创造新的历史，而我们能做出的对未来最简单的预测是，培训行业将继续变化，并在意想不到的领域发生改变。本书的读者也将不仅能够想象这一未来，还可以在培训与发展行业的历史上留下自己的印记。

作者简介

凯文·奥克斯，企业生产力研究所（i4cp）的首席执行官和创始人，该公司是全球最大免费网络供应商，专注于提高员工的工作效率。在成立 i4cp 以前，凯文是 SumTotal 系统公司的创始人。在合并 Click2learn 与 Docent 后，SumTotal 系统公司成为世界最大的学习管理系统公司。在 SumTotal 公司成立前，凯文是 Click2learn 公司的董事长兼首席执行官。凯文的最新著作是《综合人才管理执行指南》。他是 2006 年度 ASTD 董事会主席，经常担任主题演讲报告发言者，并且是人力资本领域的作家。

参考文献

ASTD. (2006). *Designing Learning*. Module 1 of the ASTD Learning System. Alexandria, VA: ASTD Press.

ASTD and i4cp. (2009). *The Value of Evaluation: Making Training Evaluations More Effective*. Alexandria, VA: ASTD Press.

ASTD and i4cp. (2011). *Learning's Critical Role in Integrated Talent Management*. Alexandria, VA: ASTD Press.

ASTD and i4cp. (2013a). *Going Mobile: Creating Practices That Transform Learning*. Alexandria, VA: ASTD Press.

ASTD and i4cp. (2013b). *Informal Learning: The Social Evolution*. Alexandria, VA: ASTD Press.

ASTD and i4cp. (2014). *Playing to Win: Gamification and Serious Games in Organizational Learning*. Alexandria, VA: ASTD Press.

Bernthal, P.R., et al. (2004). *ASTD 2004 Competency Study: Mapping the Future*. Alexandria, VA: ASTD Press.

Chambers, E.G., M. Foulon, H. Handfield-Jones, S.M. Hankin, and E.G. Michaels Ⅲ. (1997). The War for Talent. *The McKinsey Quarterly*, number 3.

Clark, D. (1999). World War I—Show, Tell, Do, and Check. *Knowledge, Performance, Training, & Learning*, www.nwlink.com/~donclark/hrd/history/war1.html.

European Communities. (2007). Vocational Training. *Europa Glossary*, http://europa.eu/scadplus/glossary/training_en.htm.

Gagné, R.M., and L.J. Briggs. (1974). *Principles of Instructional Design*. New York: Holt, Rinehart, and Winston.

Haneberg, L. (2005). *Organization Development Basics*. Alexandria, VA: ASTD Press.

International Telecommunication Union (ITU). (2013). The World in 2013: ICT Facts and Figures, www.itu.int/en/ITU-D/Statistics/Pages/facts/default.aspx.

Knowles, M.S. (1973). *The Adult Learner: A Neglected Species*. Houston, TX: Gulf Publishing.

Lindeman, E.C. (1926). *The Meaning of Adult Education*. New York: New Republic.

Lewin, K. (1948). *Resolving Social Conflicts; Selected Papers on Group Dynamics*, ed. G.W. Lewin. New York: Harper & Row.

Mager, R.F. (1962). *Preparing Objectives for Programmed Instruction*. Belmont, CA: Fearon Publishers.

Maslow, A.H. (1943). A Theory of Human Motivation. *Psychological Review* 50(4): 370-396.

McLagan, P.A. (1983). *Models for Excellence: The Conclusions and Recommendations of the ASTD Training and Development Study*. Alexandria, VA: ASTD Press.

McLagan, P.A. (1989). *Models for HRD Practice*. Alexandria, VA: ASTD Press.

Miller, V.A. (2008). Training and ASTD: An Historical Review. In *The 2008 Pfeiffer Annual Training*, ed. E. Biech. San Francisco: Pfeiffer.

Oakes, K., and P. Galagan. (2011). *The Executive Guide to Integrated Talent Management*. Alexandria, VA: ASTD Press.

Pasmore, W.A. (1988). *Designing Effective Organizations*. New York: John Wiley & Sons.

Senge, P. (1990). *The Fifth Discipline*. New York: Doubleday.

Shaw, H.W. (1994). The Coming of Age of Workplace Learning: A Time Line. *Training & Development* 48(5):S4-S12.

Skinner, B.F. (1953). *Science and Human Behavior*. New York: The Macmillan Company.

Sleight, D.A. (1993). A Developmental History of Training in the United States and Europe, www.msu.edu/~sleightd/trainhst.html.

Steinmetz, C.S. (1976). The Evolution of Training. In *Training and Development Handbook*, eds. R.L. Craig and L.R. Bittel. Sponsored by the American Society for Training and Development. New York: McGraw-Hill.

Thanasoulas, D. (2002). Constructivist Learning. *Karen's Linguistic Issues*, www3.telus.net/linguisticsissues/constructivist.html.

Zuboff, S. (1984). *In the Age of the Smart Machine: The Future of Work and Power*. New York: Basic Books.

↘ 延伸阅读

Arneson, J., J. Naughton, and W. Rothwell. (2013). *ASTD Competency Study: The Training & Development Profession Redefined*. Alexandria, VA: ASTD Press.

Oakes, K., and P. Galagan. (2011). *The Executive Guide to Integrated Talent Management*. Alexandria, VA: ASTD Press.

第2章

新 ASTD 胜任力模型

珍妮弗·诺顿（Jennifer Naughton）

本章要点

- 了解在培训和发展职业中如何使用新 ASTD 胜任力模型
- 回顾在过去 10 年中导致 T&D 领域发生变化的因素
- 对于 T&D 领域的新手，了解如何制订自己的行动计划

“一个组织的学习能力，以及把所学迅速付诸行动的能力，是组织的终极竞争优势。”

——杰克·韦尔奇，GE 前首席执行官

让我们开始这个大问题。很简单，如果得到有效实施，一个具有明确定义的能力框架可以最大限度地帮助提高员工绩效和改善企业业绩。但是，与大多数事情一样，成功需要行动。

本章提出了对新 ASTD 胜任力模型的新见解，指出了我们可以将其用于提高自身在培训与发展（T&D）领域的职业能力的方法。总之，新模型捕捉了 T&D 领域中当前和新兴的实践做法。它有助于回答以下问题：为取得成功，在 T&D 领域我们有什么需要了解的和需要做的？为保持领先，我们需要在哪些方面集中开发力度？

胜任力研究方法的发展历史

从第二次世界大战以来，在工作场所中胜任力的研究和实践方面有三个主要的流行流派：差异心理学方法、教育和行为心理学方法及管理科学方法。每种方法都从自己的哲学框架发展而来，并有自己的语言和应用的重点。以下是对各种方法的简要说明和区分。

差异心理学方法

这种方法侧重于人的差异，尤其是很难提升的能力。那些实施这种方法的人往往接受过心理学专业的训练。他们强调智能、认知能力、难以发展的体能、价值观、人格特质、动机、兴趣爱好和情感特质。也就是说，他们专注于过程能力和驱动力，而不是主题或知识。他们也往往挑选出能够区分卓越表现者和平均表现者或典型表现者的那些特质。在这里，钟形曲线是一个重要的概念，因为其潜在信念是，人类的才能是以钟形曲线分布的，极少数人在该曲线的顶端和底端。丹尼尔·戈尔曼、大卫·麦克利兰、理查德·赫恩斯坦和米尔顿·罗奇契是这种方法的一些思想倡导者。

教育和行为心理学方法

虽然差异心理学方法强调人在工作时所具备的独特和更先天的能力，教育和行为方式却是由塑造和发展人以使其成功驱动的。差异心理学支持者也关注这一方面，但这不是他们关注的主要焦点。支持教育和行为心理学方法的人往往有教育和培训背景。他们的模型和条目包括主题和知识领域，以及上述差异心理学方法中的某些过程和情感领域。另外，他们的模型通常包括所有那些对产生优异绩效重要的胜任力，无论这些模型能否区分卓越绩效。通常情况下，这种方法的支持者也关注绩效环境。他们认为，环境（包括教育）是比遗传因素更强大的决定行为的因素。而对于差异心理学方法的实践者来说，他们强调的则正好相反。阿尔伯特·班杜拉、斯金纳、托马斯·吉尔伯特、基尔·拉姆勒、本杰明·布鲁姆和大卫·克拉斯沃尔是这种方法不同方面的主要倡导者。

管理科学方法

这种方法产生工作描述和工作评价。所以，它主要定义需要被完成的工作，通常在工作和任务分析及记录上花费大量的时间。产生于这个过程中的模型包括：任务和活动列表，以及对为有效完成绩效所需的工具和流程的描述。工作所必需的知识、技能和其他个人特质可以加入该描述中，但它们的重要性通常是排在第二位的。工作评估顾问、人事管理人员和薪酬专家、重组和全面质量专家及分析师是这种方法的主要实践者。弗雷德里克·温斯洛·泰勒、迈克尔·哈默和艾略特·贾克斯是这方面的重要思想倡导者。

新 ASTD 胜任力模型延续了 ASTD 30 多年来发布那些既界定又塑造了培训与发展行业的开创性模型的历史。与以前的模型类似，新模型所依据的研究确认了对当前和未来的 T&D 领域实践具有重大影响的关键趋势和驱动因素。

警世钟

ASTD 上一个胜任力模型发布于 2004 年。自那时起，世界发生了空前的变化。单看技术本身，2004 年，Facebook 在马克·扎克伯格的手中刚刚起步，2007 年 iPhone 出现，Twitter 甚至还不存在。

在过去 10 年中，T&D 领域已经发生了实质上的转变。在推动这一变革方面 4 个熟悉的因素发挥了主要作用：

- 经济的不确定性和波动性；
- 数字技术、移动技术、社会化技术的进步；
- 劳动力中人口结构的变化；
- 日益加深的全球化。

新 ASTD 胜任力模型如图 2-1 所示。

T&D 的发展趋势，如整合的人才管理、员工敬业度、众包及协作和移动学习已经打破了 T&D 职能的传统观念，改变了成功需要的胜任力。毋庸置疑，在这个快速变化的商业环境中，如果 T&D 从业人员想与环境保持相关，也必须不断地适应环境、不断发展。

图 2-1　新 ASTD 胜任力模型

T&D 胜任力的启示

T&D 从业人员应该对一些行业中出现的最新转变做好正面准备。从广义上讲，这些转变包括：

- 不断掌握新的和正在出现的技术，并将特定的学习机会或挑战与相应的技术进行匹配；
- 超越培训提供者的角色，转变为学习的促进者、内容策划者、信息管理者和学习社区的建设者；
- 围绕着通过移动和社会化技术学习来培育一种相互连接和协作的文化；
- 不再将学习作为一个独立的事件来设计和讲授一门培训课程，而是通过正式和非正式渠道让学员以各种方式不断参与到学习过程中来；

- 利用正在步入职场的新一代员工的学习风格和偏好，保留住离开该工作领域的人们的知识；
- 发挥整合人才管理的作用，使学习能影响到所有创建组织能力的过程和系统，理解学习职能的角色和贡献；
- 预见并满足全球化程度不断提高的员工队伍的培训与发展需要，对组织最需要的人才发展做出贡献；
- 通过采用对于业务有重要意义的测量手段，来展示学习的价值和影响，并利用数据分析来衡量培训与发展的有效性和效率；
- 按照组织的业务战略和目标调整培训与发展活动，并向企业展示培训与发展活动的投资回报（特别当企业处境艰难之时），以持续地成为企业的合作伙伴和领导者。

解构新胜任力模型

让我们对新 ASTD 胜任力模型进行更加深入的探索。新 ASTD 胜任力模型定了 6 个基本胜任力和 10 个具体的专业领域（AOE）。基本胜任力包括企业和个人能力，而这是建立更具体的专业能力的基石（见表 2-1）。该 AOE 是在 T&D 领域特定角色所需要的专业知识、技能和行为要求（见表 2-2）。值得注意的是，基础胜任力相对比较通用，多个行业都需要，而 AOE 对 T&D 行业是独一无二的、具体的。

表 2-1　基本胜任力

基本胜任力	描　　述
商业技能	展示业务理解和推动业务结果和成果
全球思维	和跨越国界、文化、时代的人有效合作
行业知识	拥有相关行业和行业分支的知识
人际技能	通过建立影响和信任的方式与人交往
个人技能	表现出适应能力和持续学习能力
技术素养	表现出对现有和新兴技术的了解和熟练度

表 2-2　T&D 专业领域

专业领域	描　　述
变革管理	应用系统的程序将个人、团队、组织从目前状态转变为预期状态
教练技术	应用系统的程序提高他人设立目标、采取行动、最大化优势的能力
评估学习影响	使用学习的衡量和分析方法，测量培训和发展解决方案产生的影响
教学设计	采用不同的方法设计和开发正式、非正式的学习方案
整合人才管理	通过获取人才和发展员工来打造一个组织的文化、能力、才能和员工敬业度
知识管理	通过对智力资本进行获取、分配、归档来鼓励知识的共享和合作
学习技术	应用各种各样的学习技术来满足具体的培训和发展需要
管理学习项目	提升执行组织人员战略的领导力，实施学习项目和活动
绩效改进	采用系统的程序来分析人员的绩效差距，缩小绩效差距
培训实施	以具有吸引力且有效的方式提供正式和非正式的学习解决方案

注：1. 本资料基于 ICF（国际教练联合会）道德规范和 ICF 核心教练胜任力。更多信息可以在 ICF 的网站 www.coachfederation.org 上找到。

2. 定义摘自 ASTD 出版的研究成果《学习在整合人才管理中的关键作用》。

相比 2004 年的模型，新 ASTD 胜任力模型在 AOE 有了重要变化。这些变化反映了移动和社会化技术、学习分析方法和整合人才管理日益重要的影响（见表 2-3）。

表 2-3　2004 年以来专业领域发生的变化

2004 年名称	2013 年名称	变　　化
设计学习	教学设计	更强调涉及与移动学习、社会化学习、非正式学习、快速设计有关的方式
提供培训	培训实施	更加注重社交媒体和非正式学习工具和方法
人力绩效改进	绩效改进	变化不大

续表

2004 年名称	2013 年名称	变　化
测量和评估	评估学习影响	更加重视学习分析方法
管理学习职能	管理学习项目	变化不大
管理组织知识	知识管理	更加重视社会化学习和选择适合的学习管理系统
职业生涯规划与人才管理	整合人才管理	更加重视人才管理作为一个集成系统及学习在其中的作用，较少关注职业生涯规划
教练技术	教练技术	变化不大
促进组织变革	变革管理	变化不大
	学习技术	强调学习技术的重要性及对学习技术的恰当应用

新模型既有广度又有深度，注意到这一点很重要。每一个体需要掌握各种能力的程度取决于其目前的角色和未来抱负。

例如，职能专家可能希望把其发展精力集中于掌握 AOE 的一两个方面。企业管理者或领导可能希望花更多的时间来掌握广泛的基础能力，并确保他们涉猎 AOE 的所有领域。所有的培训专业人士需要对该模型中的所有方面都有所涉猎，而他们需要在多大程度上集中精力以及深入挖掘却因人而异，并和这些能力与他们的企业工作的相关性有关。

但是，与大部分事情一样，成功需要行动，对我们也是如此。使用 ASTD 提供给我们的工具是帮助实现该模型的全部价值的关键。当我们开始为实现自己的职业发展和职业理想努力时，下面的“制订你的行动计划”是一个很好的开始。另外，为辅助完成这个任务，本书的网站 www.astdhandbook.org 也提供了高层次的工作支持。其他资源在本章结尾有列举。

制订你的行动计划

对于 T&D 领域的新手，所面临的关键问题是：应该发展哪些领域，以及应该从哪里开始。下面是主要的步骤：

1. 查看模型中显示基本胜任力的列表，并根据目前的工作评估其重要性。

2. 根据其对现在工作的重要程度，列出胜任力发展的优先顺序（那些会产生最大影响的能力）。

3. 检查模型中列出的专业领域，并选择那些对现在的工作和所追求的未来工作都重要的领域。

4. 列出现在和未来专业领域发展的优先顺序。

5. 与雇主、导师、教练或主管讨论选择及其先后顺序，开始制订行动计划。

作为会员的好处之一，ASTD 还在 www.astd.org/careernavigator 网站上提供了 ASTD 职业导航在线工具，来帮助你识别个人优势和发展机遇。这个工具能够让会员制订一个特定的、个性化的行动计划，来缩小特定技能差距，并列举了相关的、优先的资源。

经历这一过程有什么好处？打个比方说，如果某个会员在技术领域工作，被要求制订这方面的培训计划。或者另一个会员一直在提供课堂培训，而且做了很长一段时间，并想开始使用技术和社交媒体工具来补充这一角色。

在这些情况下，完成一个基于该模型的自我评估可以帮助识别实现自己职业目标所需的能力和专业知识。另外，通过把雇主单位纳入这一对话中，我们可以按照能够增加对雇主的价值和相关性的方式来调整个人的发展。

对于一个培训经理或主管，可以把同样的过程用于团队成员中。甚至可以用它来指导在单位中负责员工发展的培训经理之外的其他经理。

胜任力及其未来

由于 T&D 领域的不断发展，胜任力模型也将不断进行修订以反映不断出现的新实践。使你的发展计划与目前和未来的模型一致，并更快地为未来做准备，这样你就可以保持敏捷性并领先于钟形曲线上的其他人。通过获知从哪里能够找到自己的所需，来在职场中保持领先。

新 ASTD 胜任力模型捕捉了 T&D 专业实践所需要的新的和正在出现的胜任力。它为人们审视 T&D 行业提供了多个视角。我们可以用它来指导自己或团队的发展，获得目前工作的方向或者来创建你未来工作的路线图，以及作为确定优势、劣势和能力的基准。

如果要寻找	请访问以下资源
支撑新胜任力模型的研究及把模型转化为行动的方法	ASTD 胜任力研究：重新定义培训和发展职业 www.store.astd.org
与新模型一致的工作辅助工具和实用的人力资本规划工具	ASTD 胜任力模型 www.astd.org/model
帮助个人及团队开发 T&D 发展行动计划的在线评估工具	ASTD 职业生涯导航 www.astd.org/careernavigator

对于那些想要进入 T&D 这一领域的人们，以及希望深化对该领域的了解并根据最新趋势调整自己职业发展规划的人们，或者希望通过参加 ASTD 认证机构的学习与绩效专业人士认证（CPLP）获得资格的人们来说，ASTD 胜任力模型可以作为一个指南。

T&D 行业的质量标准

目前，优秀资格认证学院（ICE）和 ASTM 国际对于 T&D 领域中基于评估的资格认证项目提供质量标准，相关标准和认证流程的更多信息请参考如下标准：

ASTM E2659-09，认证项目标准实践：由 ASTM 国际（一个自愿性标准制定组织）开发。

ICE 1100：2010（E），基于评估的认证项目标准：优秀资格认证学院（ICE）（一个致力于资格认证机构质量标准的组织）制定。

作者简介

珍妮弗·诺顿，ASTD 能力与资格认证的高级主任。在职责内，她负责为 ASTD 胜任力模型的研究及资格认证计划提供愿景和方向。她是一个人员系统架构师，拥有超过 20 年人力资源和培训领域的从业经验。她的兴趣是将人力资源战略用于解决组织的挑战。她撰写了许多这方面的文章。她拥有乔治·华盛顿大学的人力资源发展专业的硕士学位，也是一个经人力资源认证协会认证的人力资源资深专家（SPHR）。《ASTD 能力素质模型：构建学习发展项目的基础》中文版由电子工业出版社出版。

参考文献

Arneson, J., W. Rothwell, and J. Naughton. (2013, January). Training and Development Competencies: Redefined to Create Competitive Advantage. *T+D*, 44-47.

Arneson, J., W. Rothwell, and J. Naughton. (2013). *ASTD Competency Study: The Training & Development Profession Redefined*. Alexandria, VA: ASTD Press.

ASTD and i4cp. (2011). *Learning's Critical Role in Integrated Talent Management*. Alexandria, VA: ASTD Press.

Bernthal, P.R., K. Colteryahn, P. Davis, et al. (2004). *ASTD Competency Study: Mapping the Future*. Alexandria, VA: ASTD Press.

ICF. (2011). ICF Core Competencies, www.coachfederation.org/icfcredentials/core-competencies.

Oakes, K., and P. Galagan. (2011). *The Executive Guide to Integrated Talent Management*. Alexandria, VA: ASTD Press.

Rothwell, W., J. Graber, and D. Dubois. (2013). *The Competency Toolkit*. 2nd edition. Amherst, MA: HRD Press.

Spencer, L.M., and M. Signe. (1993). *Competencies at Work: Models for Superior Performance*. Hoboken, NJ: John Wiley & Sons.

延伸阅读

Oakes, K., and P. Galagan. (2011). *The Executive Guide to Integrated Talent Management*. Alexandria, VA: ASTD Press.

Rothwell, W., J. Graber, and D. Dubois. (2013). *The Competency Toolkit*. 2nd edition. Amherst, MA: HRD Press.

↘ 相关推送

ASTD Career Navigator: Create Your Personalized Learning Plan (http://tinyurl.com/pd4tcod), June 25, 2013.

Building Talent: Applying the ASTD Competency Model in Your Organization (http://tinyurl.com/mkwj3rh), September 15, 2013.

Training & Development Competencies: Redefined to Create Competitive Advantage (http://tinyurl.com/p37of86), March 27, 2013.

第3章

认证的重要性

凯莫·凯朋（Kimo Kippen）
科林·颂恩·李（Coline T. Son Lee）
杰夫·托恩斯特（Jeff Toister）

本章要点

- 理解认证和 CPLP（学习与绩效专业人士认证）的价值
- 确定认证对用人单位、证书持有人和 T&D 行业的价值
- 了解雇主和候选人的经历

你见过某些人名字后面的 CPLP 标志吗？考虑过这意味着什么或这到底有什么意义吗？本章将探讨为什么认证（特别是 CPLP）对个人、雇主及培训和发展行业具有如此大的意义。

ASTD 胜任力模型（详见本书第 2 章）是 CPLP 的内容基础。CPLP 认证实际上是一个更大的以能力为基础的生态系统的一部分，该系统旨在向培训从业人员和培训领导者提供发现自身技能差距、展示自身能力并最终提高其相关性和价值所需的工具。

以 ASTD 胜任力为基础的生态系统主要包含以下几个方面：ASTD 胜任力模型、ASTD 职业导航和 CPLP 认证。ASTD 胜任力模型规定了培训和发展专业人士需要掌握哪些知识和技能及如何做才能成功。ASTD 职业导航是一个发现专业发展行动计划相关的技能差距和结果，从而弥补差距的对应评估工具（通过推荐

相关的出版物、教育课程、在职经验等）。CPLP 认证能够通过消除差距后的测试，使个人验证自身的能力。

CPLP 认证不仅需要通过严格的考试，还需要持续的教育和三年一次的更新来让认证对象的技能既能相关又能紧跟时代。

什么是认证

认证是指对符合行业标准的技能的综合评估。工业和贸易协会，如 ASTD、CSTD（加拿大培训与发展协会）和 CIPD（人员发展特许协会），将提供全行业范围内的特别是有关培训和发展的认证。

CPLP 的价值何在

ASTD 和 ASTD 认证协会在 2006 年首次推出了 CPLP 计划。如今全球范围内成千上万名培训和发展专业人士非常自豪地获得了这一最高专业级别的认证。此外，越来越多的职位在招聘中打出“CPLP 优先录用”，其中包括全球 500 强企业以及来自各行业领域的其他公司。我们甚至可以说，市场上供应的 CPLP 职位数量甚至超过了 CPLP 证书持有者的数量，这确实是一个热门认证。

那么，获得这一认证需要什么条件呢？CPLP 拥有一个严谨的评估过程，包括表 3-1 所列的要求。

表 3-1　CPLP 要求

申请资格	申请人必须拥有该行业 5 年的从业经历
知识考试	申请人必须通过知识考试。考试内容基于 ASTD 胜任力模型集中在 10 个专业领域（AOE）的 150 道选择题。申请人必须通过考试后，才能进行下一步
工作产品评估	要想获得认证，申请人必须提交一个成功的工作样本。工作样本必须聚焦于 4 个专业领域中的一个：教学设计、培训交付、绩效改进或管理学习项目
重新认证	CPLP 证书的有效期为 3 年。CPLP 证书持有者在 3 年有效期内必须重新累积 60 个认证点数，来维持证书的有效状态

为什么 CPLP 如此重要

CPLP 的重要性并不是仅仅在某个人的名字后添加几个字母。从战略角度看，认证对整个行业有利，也对证书持有者所服务的雇主有利。它创造了全行业的标准，并设定了绩效的标准。

具体来看，CPLP 设定了培训和发展行业的绩效标准，为行业实践提供了具体衡量标准。通过对照标准和进行测试，个人必须证明他们能够满足这些标准。这有助于个人更好地履行工作职责，并做出更大贡献，这反过来又有助于提高员工的绩效。这也将推动组织提升经营成果，并最终增加行业和专业人员的相关性（见图 3-1）。

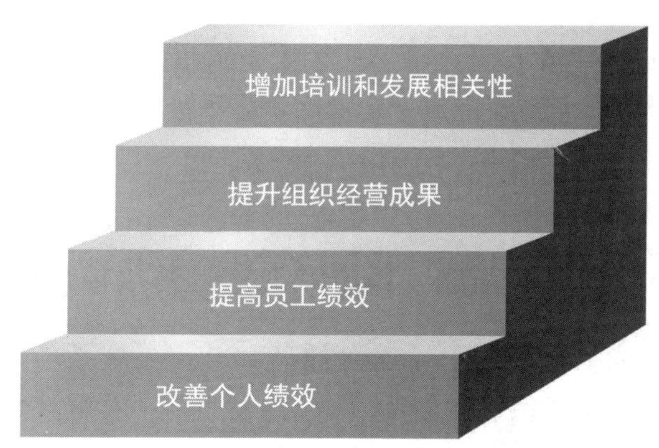

图 3-1 CPLP 的重要性

谁会受益

尤其对证书持有者来说，CPLP 能够使证书持有者展示自己的能力：战略性地领导培训和发展职能，管理所涉及的项目，设计和提供培训，以及提高组织绩效。它还可以使招聘经理、雇主及证书持有者受益。

- **招聘经理：**对招聘经理的好处是可以更快地筛选申请人，以及做出更好的聘用决定。当一个行业充斥着自我宣扬的“专家”时，证书可以帮助招聘经理识别和选择合适的申请人。
- **雇主：**对雇主的好处包括改善个人绩效，提高员工绩效，并展现出承诺为员工发展和整个行业负责的形象。这种支持和承担责任的承诺往往会提高员工的忠诚度并留住优秀员工，更不用说对整个组织所产生的积极连锁效应。
- **证书持有者：**对证书持有者的好处包括增强竞争力和信心，增加职业发展和收入及个人的成就感。它还可以通过提供一个有意义的差异点来帮助职位申请者脱颖而出（特别是在竞争激烈的就业市场中）。

CPLP 案例故事

认证的真正价值表现在它对个人的生活和职业生涯以及其所服务的组织的影响上。以下内容将从雇主和证书持有者的角度来展示有关 CPLP 价值的第一手资料。

↘ 雇主的角度：凯莫·凯朋，首席学习官，希尔顿全球酒店集团

我们公司是行业中的佼佼者，在全球拥有 30 多万名员工，涉及多个业务领域。为满足日益增长的业务需求，我们致力于人才的发展，并将其作为全球人力资源战略的一个关键要素。我们的 T&D 团队曾通过为 CPLP 提供支持来向学习人员的发展做出了类似的承诺。

作为发展战略的一部分，我们鼓励学习人员认真考虑获取 CPLP。我们拥有一个可以帮助学习人员进行职业规划和发展的专门团队。通过应用基于 ASTD 胜任力模型的技能评估工具——ASTD 职业导航，我们为所有的学习人员启动了这一认证过程。

我们与我们的团队一起制订了个性化的发展计划，并鼓励大家获得 CPLP。目前的 CPLP 证书持有者通过分享经验和最佳实践，来训练新人通过这一认证。在整个过程中，我们都为他们提供支持，鼓励他们作为一个团队一起为获取 CPLP

证书而努力，并为其提供 CPLP 学习材料及一个 CPLP 教练，以支持他们努力考证。我们为他们报销全部的备考费用及考试注册费。

在他们整个学习过程中，我们不断地与申请人沟通，以了解应该如何支持他们。如果他们在某项能力上存在困难，我们会推荐合适的人来指导他们，加深他们对特定领域的理解。我们会为考生提供时间来准备考试，我们的研究小组也发现考试的前一周对考生特别有帮助。我们也实施激励措施，以保持我们的团队精力集中！我们的目标是提供学习和备考支持，同时激励和认可我们团队做出的奉献以及为了促进自己发展所做出的努力。

我们在增加 CPLP 证书持有者（约占员工数量的 15%，并且还在不断增长）方面的成功在于我们的资深领导者提供的学习氛围和支持。辅导、备考、资金支持以及可能获得的认可和职业发展等结合在一起，为 CPLP 项目创造了巨大的热情并使我们的组织学习专业化。

CPLP 证书持有者在我们的学习型组织中被认定为高潜力人才。我们战略性地调整他们的工作重点，以便使他们更有效地运用通过 CPLP 获得的知识。目前的 CPLP 证书持有者被分配了更多的全球工作、高水平的项目管理，以及与厂商和内容专家密切合作的机会。其中的一个高潜力的拥有 CPLP 证书的学习专业人士最近从高级经理被提拔到了能与组织最高层的战略业务合作伙伴一起工作的关键总监级别的岗位上。

我们的 CPLP 证书持有者不断为实现组织的学习目标贡献价值。最近的一项调查数据显示，在这项计划被引入后，培训和开发团队更加敬业，并对他们在组织中的贡献和价值非常自信。

他们能够充满信心地谈论理论和实际应用，这已使我们的团队能够调动起整个组织的学习主观能动性。我们也从与 CPLP 证书持有者直接合作的内部业务合作伙伴那里看到了他们对学习专业人员增加了信任。在持续地工作以转变他人看待培训与发展职能带给我们组织的价值的时候，这种信任的增加尤其重要。

↘ CPLP 证书持有者的角度：杰夫·托恩斯特，2006 年 CPLP 证书获得者

我在 2006 年获得了 CPLP。当时，我的事业正处于一个十字路口。我刚刚启动自己的培训及咨询业务，并试图决定怎样做来提高我的信誉。

CPLP 就好像重新回到学校一样，是一个伟大的选择。它代表了我所掌握的东西将得到认可的一个机会，而不是再花费 2 年左右的时间学习新的东西。我几年前已获得了另一个认证，知道证书具有多少可信度。当认识到这一证书代表了我们行业的未来时，这让人感到兴奋。

获得 CPLP 认证确实物有所值。我在客户和同事之间的公信度确定无疑增加了，而且我也获得了其他意想不到的好处，其中最主要的是持续再投资自身学习和进入联系紧密的 CPLP 社群的动力。以下是我的有关这些好处的观点，它涉及我的可信度、持续学习和社群。

可信度

获得 CPLP 帮助我赢得了业务。第一次是在我获得认证后投标一个大项目时，有 8 家企业同时竞争。一项小调查显示，我的竞争对手的团队中没有 CPLP。我把此作为自己的优势，把 CPLP 定位为一个主要的资格并告诉客户："即使您不选择我的公司，也请您一定要选择至少有一人拥有行业标准认证的公司。"

我赢得了合同，我的客户后来告诉我，作为唯一一个拥有行业认证的公司是影响他们决策的一个主要因素。

CPLP 为我带来了很多可信度。它帮助我与现有客户和同事建立信任。很多人把我拥有这样的认证当作一个行业许可证。

持续学习

CPLP 每三年必须重新认证，这意味着持续的学习是必需的。换证要求促使我更加关注自身的发展。有些人担心这一要求，我不把这看成一种负担。如果我每天都花费时间培训他人，为什么我不能花时间提升自己呢?

举例来说，长久以来我一直在从事培训管理工作，但还没有得到任何正规培

训。这促使我去参加了一个为期两天的教练技巧证书课程。这一课程教会了我可以马上用来帮助我的客户的技能。只要这次参加课程获得的分数和新的在职时间结合起来，它也会带给我下一次换发新证所需分数 25%的分值。

社群

CPLP 最大的收益是社群的建立。我们成立了一个小组，为各种 CPLP 项目提供志愿服务，小组成员也成了好朋友。我们住在不同的地区，如果不是因为 CPLP，我们可能根本不会认识。如今，我们的关系也已超越了培训。我们知道彼此的家庭，并有计划性地规划商务旅行和休假，这样我们每年都可以见几次面。

终生的友谊是最大的收益，但我也从我的 CPLP 社群中获得很多职业帮助：

- 我的几个 CPLP 朋友也是我的客户。我赢得了他们的生意，因为他们了解我，他们相信我，他们知道如何才能成为一个 CPLP。
- 通过一个 CPLP 朋友的联系，我为我的客户的一本书籍《服务之败》找到了一个出版商（CPLP 相互之间联系密切）。
- 我的 CPLP 朋友是我最值得信赖的顾问，每当我解决一个复杂的培训问题需要帮助时，我就会向他们寻求帮助。他们确实非常专业，会给出很棒的建议。

成为整个 CPLP 社群中的一员，也有其他一些可观的好处。CPLP 领英小组是提供帮助信息的源泉，可以提供大量帮助 CPLP 的志愿者的机会。我最喜欢的好处是在参加 ASTD 国际会议和博览会时，前排嘉宾座位会预留给 CPLP 证书持有者，可在会议之前五分钟内进入并且可以选择最好的座位，从而获得一种摇滚明星般的认可和待遇。

可信度、持续学习和社群所有这些好处汇聚一处。我正在和我认识的一些最聪明的人共享一个舞台，他们也正好是我很好的朋友。我们是推崇不断学习精神的聪明、热情、雄心勃勃的培训专业人士。我们的努力也得到其他 CPLP 的支持，他们理解我们壮大队伍的重要性。这真是太棒了！

CPLP：你适合吗

正如很多有价值的东西一样，我们需要有决心和毅力才能获得 CPLP 证书。在着手前进行一个现实的自我评估非常重要。本书的网站（www.astdhandbook.org）提供了两个自我评估工具。你可以下载一个或全部进行自我评估。我们还提供了 CPLP 申请人自我评估和认证价值评估工具。这些工具将帮助你确定这一项目是否适合你。以下也为你提供了 CPLP 申请人和学习小组领导者的视角。

↘ 理想的 CPLP 申请人：科林・颂恩・李，2010 年 CPLP 证书获得者

对追求 CPLP 的决定不能掉以轻心。每个人都应该花时间来评估自身的情况。

意愿

首先也是最重要的，选择获得这一认证的个人必须有内在的、取得认证的意愿，并坚持到底。如果你是因为分配的任务或被要求这么做，那么你可能会失去动力。

时间投入

第二个要素是你在决策过程中的时间投入。获得 CPLP 需要大量的时间投入。从申请人开始准备算起，获得 CPLP 至少会持续六个月甚至更长的时间，这取决于你的成果和倾向的速度。

请问问你自己：目前我生活中有没有发生的或在不久的将来可能发生的会影响我获得 CPLP 的事情？例如，如果你正在处理一件私人事情，需要你花费很多工作之外的时间和精力，那么也许现在还不是时候。

准备知识考试，即使做最少量的准备，仍然需要时间投入来研究考试信息的广度和深度。当评估时间限制时，考虑一下你的学习习惯及从上次需要准备考试以来已过去多长时间。也许已经好多年没有参加过正式的考试。考虑一下你需要多久时间才能调整到一个新学习状态中。现实、诚实地评估自身将帮助你做出更好、更明智的决策。你的学习习惯是怎样的——你的快速记忆能力强吗？你需要

进行多少次阅读才能掌握概念？这些问题的答案也将帮助确定需要在这上面投入多少时间。

使用图 3-2 中 CPLP 备考日历进行倒计时，以帮助你制订一个个性化的学习计划。你也可以在本书的网站（www.astdhandbook.org）上找到这个工具并下载下来。

支持网络

通过考虑时间限制和责任要求，成功地制订计划是申请人取得成功的方法之一。另外一个方法是发展一个值得信任的支持小组。支持可以采取多样的形式，但只有开放和坦诚的沟通才能促进成功。

小组成员只有了解目标是什么，目标对个人和职业意味着什么，需要做什么才能实现成功及何时期待成功，支持小组才会发挥作用。换句话说，他们需要知道正在进行的事情是什么，他们如何融入大局，以及他们如何支持你。

获得 CPLP 是一个长期的过程。在整个过程中，你希望大家并肩作战。帮助他们了解所要经历的一切，整个过程意味着什么，你需要从他们那里得到什么，在准备过程中，你在家中或工作中会少做什么，以及什么时候这个过程将结束。这样做的好处是，只要你按照学习计划按部就班进行，他们将继续鼓励你，为你的投入感到自豪并且提供持续的支持。

毅力

对 CPLP 申请人来说，第四个影响成功的因素是你在逆境中坚持的能力。墨菲定律告诉我们，如果事情可能出错，它就会出错；追求 CPLP 也不例外。你能而且应该制订学习计划，但是在这个过程中意想不到的事情可能会发生并使你的计划脱轨。你会发现自己突然处于个人过渡时期或接手新的工作中，两者都会干扰你准备 CPLP 考试的注意力。也许一个家庭紧急事件或在工作中一个新的高负荷的项目需要更多的精力。不论事情的起因是什么，事情的发生都会影响你的成功之路。

1 第一步：评估你的时间资源

- 对未来 8~12 个月的时间进行现实考量
- 在日历上筹划可以承诺用于 CPLP 应试的时间
- 决定每周可以承诺用于 CPLP 应试的时间
- 写在这里____________

2 第二步：获取学习资源

- 利用 CPLP 实务测试来为自己的知识水平找到参照，帮助发现差距所在
- 浏览一下 CPLP 手册和全部学习资料，来决定掌握每个主题需要多少小时，牢记差距所在
- 为所有学习主题增加需要的小时数
- 用每周可以承诺用于 CPLP 应试准备的小时数（见第一步）除以总的小时数
- 在此写出结果：____________这是你要投入 CPLP 应试的周数

3 第三步：设定一个时限

- 设定想参加知识测试或提交工作产品的目标日期
- 利用 ASTD 贴出的考试小测试窗口和提交时限来帮助做出决定
- 在日历上标注这个日期

4 第四步：设定倒计时日程

- 利用日历，从目标日期往回倒数需要承诺用于应试准备的周数（见第二步）
- 暂时在这个日期上写上“开始”
- 检查一下预计在开始日期和目标日期之间出现的个人和工作义务及生活计划安排
- 一旦遇到无法灵活调整的日程冲突，就将你的开始日期回调同样的时间

5 第五步：预测未来时间占用

- 研究一下自己未来的日程中可能发生的事情
- 问一下自己的家人、爱人和老板是否制订了在应考的这一年中需要参与的计划
- 检查一下其他的目标和计划：其中有没有会发生在开始日期和截止日期之间的
- 一旦发现任何一个希望或不得不参与的活动或计划，请将开始日期回调同样的时间

6 第六步：严格执行计划

- 一旦对开始日期进行了定稿调整，就坚决执行
- 按照承诺的每周时间投入应试准备中（见第一步）
- 允许自己参加在第四步和第五步中承诺给自己的活动
- 帮助家人和老板记得自己对他们和对 CPLP 做出的承诺

为确保自己在计划好的日期参加考试，一定要记得在定稿开始日期前提交你的认证申请！

图 3-2　CPLP 备考日历倒计时

唐娜的故事

唐娜是一个带着两个年幼孩子的母亲。为了获得知识考试的学习准备支持，她加入了一个 CPLP 学习小组。她的孩子在做家庭作业时，她就学习。这让她感觉自己是这个过程的一部分，这也鼓励了孩子们的学习。她向他们解释说，如果她能过关，她能找到更好的工作；如果她可以挣更多的钱，他们就可以一起做更多事情。她解释说，在她准备考试时她会需要更多安静的时间并且远离他们。唐娜还向他们保证她完成测试后他们的生活就会恢复正常。她在冰箱上贴了一个 12 个月的日历，并把她考试的日期、工作产品提交截止日期和预计取得认证的日期圈了出来。她在最后几个星期，在孩子们计算妈妈的考试日期和工作产品提交截止日期倒计时之际，和孩子们做了一个游戏。

那么，你该怎么处理呢？一些成功的 CPLP 申请人把这些逆境当成机遇。新项目给了他们一个在现实世界中运用他们所学的 CPLP 知识的机会。新工作开启了向领导报告 CPLP 将给组织带来好处的大门。工作过渡提供了更灵活的学习时间。风雨之后总会有彩虹，关键是要保持正确的心态并坚持下去。

约瑟的故事

当约瑟第一次参加考试时，他意识到相对于其以前练习的题目，他没有为考试中的题型做好准备。虽然他没有完成考试，但获得了宝贵的经验：要有针对性地学习。当他转变思维进行复习准备后，他再次参加了考试。他的得分比较高，但还不够高。然而，他下定决心一定要拿到 CPLP。

他再次开始了考试的准备，并鼓励自己：学习步入正轨，希望这次可以一展雄风。在他第三次准备知识考试时，他的车在考试前夜遭到抢劫，州身份证也被偷了（美国的驾照带有照片通常当身份证使用，也可以本州单独申请签发身份证，两者全美国通用。——译者注）。他非常生气，因为他知道参加考试需要携带身份证。

他决定进行第四次尝试。150 分钟后，他提交了试卷，然后坐在那里注视着闪烁在计算机屏幕上的字："通过！"三个月后，他提交了他的工作产品。经过两年多的坚持、毅力和决心，约瑟获得了他的 CPLP。

专业的思考

收到已获得 CPLP 的电子邮件让人有一种令人难以置信的振奋人心感，并觉得付出终于获得回报。无论你是花费了仅仅数月，还是花费了两年时间等到了邮件，所获得胜利的喜悦与你在整个过程中体验到的付出、投入相当。

对你想要获得 CPLP 的决定不能掉以轻心。仔细考查你的个人、专业和情绪状况。只有你才能做出决定何时才是追求 CPLP 的最好时机。你正在阅读本章的事实也证明了你对培训和发展的认可，以及明白 CPLP 所代表的一切。你已经迈出了第一步！

这是一件大事

获得 CPLP 的过程是严谨的，而且它是值得的。这是培训和发展专业人士达到优秀的标杆。如果名片上在你的名字后面加上了 CPLP 四个字母，那将绝对是不一样的。

作者简介

凯莫・凯朋，硕士，是位于弗吉尼亚州麦克莱恩的希尔顿全球酒店集团首席学习官。此前，凯莫负责万豪国际酒店学习卓越中心。凯莫领导企业的参与管理，在此之前是北美万丽酒店及度假村人力资源部副总裁。他拥有罗彻斯特理工学院职业和人力资源发展的硕士学位和夏威夷大学的学士学位。凯莫于 2007 年度担任 ASTD 董事会主席。他是美国天主教大学人力资源硕士课程的兼职教授。

科林・颂恩・李，CISA，PMP，CPLP，是 Everest CS 学习策略专家及执行合伙人，与《财富》500 强企业合作，提供能够满足学习和业务需求的客户方案。通过以能力为基础的学习、电子化学习和基于网络的课程、视频/互动学习和非正式的社会项目，把人力绩效与战略目标联系起来。科琳拥有信息系统科学学士学位，获得了项目管理专业人士（PMP）、学习与绩效专业人士认证（CPLP）和 IS

审计（CISA）认证。自从她获得了 CPLP，科琳就大力倡导这一认证，宣传其对组织和个人的价值，并在整个过程中为申请人提供辅导和支持。

杰夫·托恩斯特，CPLP，PHR，是《服务失败：员工挣扎于客户服务的真正原因以及你能做什么》的作者，该书揭示了出色服务背后的隐藏障碍。他的公司——Toister 绩效解决方案公司主要帮助客户识别这些障碍，使他们能够改善客户服务。杰夫持有 ASTD 签发的 CPLP。他是 ASTD 圣地亚哥分会的前会长，在那里因出色的服务获得了 WillaMae M. Heitman 奖。

↘ 资源

ASTD Career Navigator: www.astd.org/careernavigator.
ASTD Competency Model: www.astd.org/model.
CPLP: www.astd.org/cplp.

第4章

掌控你的职业生涯：进入 T&D 行业，实现一番作为

安娜贝尔·瑞特曼（Annabelle Reitman）

本章要点

- 评估你目前的工作和职业状况
- 制订职业发展计划
- 了解如何创建个人品牌

无论从业者是在寻找第一份培训与发展（T&D）职位，朝着职业道路前进，还是满足于现状，或者准备退休并计划继续运用专业知识和经验，其实每个人都不知道未来将发生什么。在今天这个不确定和混乱的时代，“居安思危”是一条很好的箴言。

对于进入 T&D 领域及希望保持行业内的竞争力的每个人，仅仅具备一些资格条件（如任职资格要求和具备胜任能力的意识）是不够的。能否成功取决于主动、坚定、积极、雄心和自信，也就是掌控个人职业生涯。另外，还需使用一些策略，形成整体化的方案来有意识地推动个人沿着所选择的职业路径前进。

让我们从两个基本的评估开始：目前的工作状况和职业状况。如果没有这些评估结果，怎样规划？策略是什么？如何、何时及在哪里使用策略，以实现 T&D 的职业目标呢？

评估目前的工作状况

回顾一下工作兴趣和重点发生了哪些变化，是和原来一样，还是发生了改变？在工作中出现了什么让我们感兴趣、有热情的事情了吗？让我来问几个基本问题：

- 你觉得你的工作是有意义和有价值的吗？
- 你的技能、知识和能力被充分利用了吗？
- 你在做自己的工作时，有一定的独立性吗？
- 你和组织价值观之间的一致性达到了何等水平？
- 你如何描述你和上司之间的关系？
- 你如何描述你和同事之间的关系？
- 你有晋升机会吗？
- 你的工资与职位级别和职责相匹配吗？
- 你有足够的资源和预算可以有效满足工作目标吗？
- 你的努力和取得的成就能够得到赞赏和认可吗？

你对自己目前工作状况的评估是怎样的？工作满意度和成就感处于何种水平？它是巨大的、满意的、可以容忍的，还是贫乏的？对于下一个工作机会的工作内容，你有什么想法？对于正在进行中的专业发展计划，需要进行怎样的修正或更新？有一个成型的、思虑周全的计划吗？

评估目前的职业状况

将现在的职业状况与你理想的职业状况进行比较，发现关键差距。喜好和重点发生了怎样的变化或转移？你认为下一个挑战是什么？一些需要回答的基本问题包括：

- 你认为你所选择的领域、职业或行业怎么样？不喜欢？在现在的位置上你是否感到平衡？
- 对于在你的选择内所取得的一切，你的满意度如何？为什么？
- 你对职业生涯的投入增加了、保持不变，还是减少了？

- 你的职业生涯有没有达到你可以或愿意考虑 T&D 的其他领域（如做讲师或创业）的阶段？
- 你觉得你需要进一步深化和扩大你的业务领域吗？
- 你得到你想要的职业发展机会了吗？
- 你觉得你正在为你的职业群体做贡献吗？
- 你看过新 ASTD 胜任力模型并考虑过这些变化可能会对你未来的职业生涯决策和工作产生的影响吗？
- 你知道如何才能最好地实现自己的职业使命和终极理想工作状况吗？

你对自己目前的职业状况的评估是怎样的？觉得它的进步和发展如何？它是巨大的、满意的、可以容忍的，还是贫乏的？你目前的状况在哪些方面可以与你的理想职业形象相匹配？你考虑过要进行一些工作调整吗？为什么？本书网站（www.astdhandbook.org）的工作表可以供你去探索对你的工作重点来说什么是最重要的。

工作变动

经历至少两次主要的职业变化或专业转换及几个小的工作变动，是非常正常的事情。其中的一些工作变动可能由于以下原因：① 典型的工作经历发展（从员工晋升到管理层）；② 专业目标重新进行了调整；③ 个人重大事件或情况（初为父母、配偶调动）；④ 其他外部原因（裁员）。

职业变化是非常普遍和广泛的活动，也是更频繁或更普遍发生的调整。T&D 领域常见的职业变化的例子包括：

- 为新雇主工作。
- 在目前的组织中变动。
- 被调到新的地区工作。
- 退休或进入半退休状态。

另一方面，专业转换在范围上比职业变化更窄、更深。这涉及重新调整你的专业技能和知识，并将其应用到不同的领域。一些常见的专业转换情况包括：

- 自己进行 T&D 咨询业务领域创业。
- 加入一家咨询公司或承包制组织。
- 从一个能力/专长领域转换到另一个领域。
- 在 T&D 或 HRD 的研究生项目或认证项目中做教学人员。

当你考虑下一份工作时，要决定它是一种职业变化还是专业转换。工作变动可能导致职业路径出现曲折，甚至倒退。从专业发展计划开始，确定一个具体的行动将如何影响你的行动路径的调整或对这种调整是否必要做出判断。

职业发展计划

使用基本的规划工具，认真制订一个行动路径，即职业发展计划（Professional Development Plan，PDP）。此工具反映了你对 T&D 的未来、工作场所和经济趋势、不断变化的从业资格、你现在的实力和弱点的认识，而你的认识会影响你对自己职业发展计划（甚至包括具体的步骤和活动）的设计。

在《职业变动》中，我们将 PDP 定义为“如何、何时、何地把你的梦想变成现实的蓝图。就如同一个建筑项目，你会不断修正、修改、缩小或扩大，这也反映了你的需求、兴趣和环境的变化”（威廉姆斯和瑞特曼，2013）。实际上，这是一个处于不断变化中，对市场变化、业务发展趋势及不可预见的机遇进行反应的带有博弈性质的计划。

通过制订 PDP，你将建立一个结构，以便：

- 使你能够制订和细化策略，来管理你的职业道路和职业经历。
- 为你实现职业目标提供可行的、综合性和实践性的行动计划制订的手段。
- 使你能够创建一个方案，用以反映你的需求以及何时想得到并向自己和他人表明你的意图。
- 凸显你需要做什么来消除自己在能力、知识和技能方面的差距。
- 精确定位一组相关的任务，让你按照逻辑顺序安排这些任务。
- 通过提供可以把你的想法和愿望变成现实的模式来让你做出行动承诺。
- 定位优先级任务，将它们放置在你的待办事项列表的前面。

- 作为测量工具来监控计划的进展情况、评估需求的修正。

一个 PDP 由 7 个基本部分组成。

1. 理想职业生涯的总结：有助于推动你前进，积极转化为投身 T&D 领域的行动的愿景。该愿景包括工作职责、任务、工作场所、同事及所服务的人。

2. 长期和短期的目标声明：展示宏大的（3~5 年）成就计划（例如，启动自己的 T&D 咨询业务）和为实现大的计划任务所需的较短的（12~18 个月）计划（例如，参加商业课程和聘请业务教练）。

3. 已经建立起来的独特专业能力：包括特定的专业区域、技能、知识、教育背景和成就等，形成独特的专业形象。当出现需要变动或调整的情况及需要调整独特的专业能力时，你可以重新组合、减少或扩展这些项目。

4. 明确的现实因素考虑：① 个人和家庭生活状况（例如，照顾年幼的孩子或年迈的父母）；② 需要的资源（例如，研究生院的财政支持）；③ 现实的限制因素（例如，工作出差，因配偶的工作不能更换工作区域）。

5. 制订的行动计划：这是 PDP 的核心，规定了你完成每个短期目标并让你专注于目标的策略。这包括每周的任务/活动，如参加专业会议或更新简历。

6. 过程参照点：监控进展和确定你的 PDP 是否需要进行调整的常规的固定检查点。我们建议你每个季度进行一次回顾。

7. 需要的调整和修订：因未完成任务或错过最后期限（例如，未预料到的工程项目或家中有人生病）造成的 PDP 行动计划的修订。

制订 PDP 是一种职业管理的生存技能，可以让你积极主动地维持职业成长和发展、平衡好工作和个人生活、适应意外情况、意识到各种有关的可能性、防止在计划中遗漏重要的事情。PDP 可以将从业者置于一个不确定的和不断变化的职场的中心，让其保持积极的心态，并且减轻对职场已然失控的危机感。将 PDP 作为指南，可以管理个人职业生涯和专业选择，从而到达目的地。

过渡

无论你在转变来临时身在何处，过渡过程是新的开始的重要一步。怎样处理这个状况决定了能否成功进行转型。能够快速、有效地承担新的或更大的角色和职责是资深专业人员的特征。无论是处于职业生涯的变动中，还是满足于现状，都需要身处当前的 T&D 世界中，并准备采取行动。意外可能出现在面前，或者组织可能决定发起一些将影响个人的变革。如何应对特定事件将取决于灵活性、适应性及随时准备采取行动的水平。

转换过渡期是指用来调整自己的心态，评估这种变化对自己生活的影响，并对摆在面前的挑战认识更加清晰的阶段。在这个暂时的空白阶段，你需要通过形成自己的新看法或改变自我形象来填充这些时间。基本来说，就是需要重新配置自身的参考点。

在《职业变动》这本书中，作者列举了以下自定义的参考点。

- 正在改变的身份：你的职业身份将发生怎样的变化？
- 正在转变的角色：你将做一些什么新的事情，或者以不同的方式做什么事情？
- 正在改变的关系：你与同事、管理者、朋友和家人的互动，在哪些方面将改变？
- 正在改变的日常工作：你目前的工作、社会和家庭活动及实践将怎样进行调整、减少、扩大或改变？

想一想，今天要建构的是推动未来努力的理想职业形象。这个“品牌化”任务需要在启动营销活动之前完成。如果你正经历职业生涯的变化以及正在转向 T&D 领域，如教学培训领域或科技产业，这是特别重要的。这个过渡时间为你提供了一个机会来检讨、反思并计划这种变化将如何影响你的生活，以及对你更新了的职业形象意味着什么。

利用这个停工期写一份声明，并将支持小组作为观众进行实践。询问他们头脑中出现了哪些形象的描述词语，并将其与你的新的理想职业的愿景做对比。别人过去是怎么看待你的？你过去认为别人是怎么看待你的？他们过去对你的看法与你现在对自己的看法一致吗？

在不断变化的、灵活的和包含了新问题、挑战和机遇的不确定的工作环境中，要想安身立命就必须知道，为了完成想要的职业变化或转换以实现成功转型，你应该何时、如何及在何处找到自己的定位。

创建自己的品牌

品牌是一种能够帮助你从竞争中脱颖而出的战略性工具，可以使人们珍惜你的独特的 T&D 素质和经验，主动与你建立工作关系。如果不是最重要的，创建自己的专业品牌也是可以确定你在 T&D 产业中的身份的最重要的宣传手段之一。

品牌手册应该精练、简洁、有针对性，用简短的话讲述你的故事，包括：① 你的专业简历摘要；② 一张能反映你个性气质的形象照片；③ 你的优势和专业特长，即聘用你、与你协作或合伙的优势。

所有的品牌都包括精心编写的故事，用特定的词和短语来反映你正在推销的激情、承诺和真诚，并加强你和观众之间的联系。这一行动会影响你的目标能否成功实现。为确保正在向正确的受众讲述正确的故事，你需要储备各种各样的故事以便可以从中选择。这个故事库应该进行定期检查和更新。通过选择满足上述列出的参考点的两个故事，你要为一次网络活动或其他专业会议、工作坊做好准备。

品牌声明的目的

品牌声明的目的：

- 快速吸引他人的注意力并保持他们对你的兴趣。
- 让你从其他候选人中脱颖而出。
- 聚焦于你想要别人怎样看你。

品牌声明有助于保持你目前的公开存在，并能够带给你职业流动、生存和成功的聚焦点。因此，它必须是最新的，传达的信息要有针对性。如果你有一个品牌声明，现在是时候来修改它，让其他人看，并考虑为了重塑品牌哪些内容需要去除，以及哪些内容需要添加。如果你从来没有写过品牌声明，那么在起草这份声明之前，你需做一些研究，并和市场营销/推广人士谈一下。

一个基本的品牌声明的特征：

- 聚焦你的独特专业能力——个性化的技能和智慧结合。
- 介绍所需的专业形象——描绘可即时得到认可的工作身份和个性。
- 包含特定的词语和短语——精心挑选的可以吸引你的意向市场或观众的词语和短语。

品牌是一种强大的营销工具。想一想你所使用的产品和服务，为什么这些名字被大家所知并记住？当你想到一个特别的名字时，你想到的是什么？现在想一下，你想怎样被人知道并被记住一个……的 T&D 专业人士，或与 T&D……的人。

你怎样才能将品牌用于市场营销情境而不仅仅是求职呢？它可以用于促销推广、团队项目，把自己从一个行业或专业重新定位到另一个行业或专业，从为别人工作到成为自己的老板，从为一个组织工作到加入一家咨询公司等。

把品牌声明想象成一个网络介绍或一分钟电梯演讲。它应该精练、简洁、有针对性，并用短短几个词概述你的职业形象的精髓，反映你所建构的形象的个性，以及与你建立合作关系可以获得的好处。

把自己想象成一个品牌可以为你提供一个职业成功的聚焦点。怎样才能使你的品牌声明与其他人产生共鸣？你现在想怎样花费你的时间来谋生？你想以什么样的方式为参与组织的底线或 T&D 领域的扩张做贡献？创建或改变你的品牌，把它作为一种承认期待的新角色和责任的方式。这实质上是你的新的职业“皮肤”。想一下，如果你正从 T&D 从业人员向带人力资源发展研究生的教授转变，你需要如何做来改变你的心态？

为什么是故事？品牌化“全新的你”

品牌本质上是讲故事，以突出和构建特定的形象（优势、成就、益处、独特性等）。然而，对于一个反映你承诺、热情、诚信和真实的故事，其重点需要从当今指向未来，而不是回顾过去。故事是建立你的品牌的核心。它们对想要了解你、你的产品和服务的人的吸引力很强大。需要特别注意为你的故事选择适当的元素或品质，以便通过非常明显的方式推销自己，需要询问的问题包括：

- 谁应该或必须听我的故事？
- 人们听我的故事的原因是什么？
- 如何选择向哪个个人或团体讲哪个故事？
- 如何确保我的故事会导致理想的结果？

会讲自己的故事真的很管用。它们可以带来活生生的信息。人们可以通过讲述的故事，把相关信息关联起来，并做出反应。他们可以更清楚地将需要的专业知识与你的经验进行匹配。因而，合作就会发生。例如，当应聘涉及教学设计和培训交付的职位时，你的故事会凸显你在这两个专业领域的成就。或者，如果提出晋升的理由，重点将是你对组织的贡献和所做过的项目。

故事是宣传“全新的你”的方式，以便你被认为“哇”（比喻让人拍案惊奇或眼前一亮。——译者注），因此也是一个新职位的首要选择，也使得你能加盟一家咨询公司，或者被一家客户选中来提供他们所需要的服务或产品。

推销自己

想一下你现在所构建的形象：视觉的、书面的或口头的。现在，根据你的更改自定义参考点，设想你的未来形象。另外，让同事、朋友和家人谈谈对你的印象及改进的建议。回想一下上一次你：

- 扩展了你的网络圈子。
- 修改了你的简历。
- 更新了你的 LinkedIn 个人资料。
- 了解了你所在领域或行业的发展趋势和问题。
- 与同事或前同事重新取得了联系。
- 参加了专业活动。
- 参加了一项类似志愿者的专业活动以提高知名度。
- 更新了你的名片、宣传册或网站的外观。

从以上选项中选择这一刻需要解决或感觉应该涉及的具体项目。这些变化中的一些是否可以通过花费两三个小时解决，如阅读 *T+D* 杂志？别人是否需要做出大量时间的承诺，如认证课程，有些项目是否需要完全重新来过或启动一项新举措，如更新你的简历或扩大你的关系网渠道以建立更多的联系？在前进之前，你是否需要通过选择参加一项有益的专业活动或选择与可能对你有帮助的同事建立联系，来做一些回顾或自我评估？你是否需要咨询职业教练或时尚造型师等专业人士或寻求其他人士的服务？哪些行动代价高昂？哪些行动经济实惠？哪些行动免费？

有时候，一个活动，如参加一次专业活动，可以让你同时解决几个问题。例如，在一个工作坊中，你可以学习新的技能，发现专业发展趋势或问题，重新与老同事取得联系，以及增加你的网络联系人。你有没有想过在 LinkedIn 上寻找以前的同学和同事，并与他们联系？另一种选择是加盟你感兴趣的并与工作有关的 LinkedIn 特别兴趣小组，通过贡献或发起讨论获得知名度。

学习怎样进入专业领域

伊莱恩·碧柯

你正在阅读这本书，是否因为你正在考虑职业生涯的培训和发展领域的职业机会？想知道怎样进入这一领域吗？你是否在寻找与从事内容、设计、交付和评价的专业人士建立联系的经验？那么，从下面这些方法入手。

了解 T&D

- 参加 ASTD 培训培训师课程。
- 与教练成为伙伴，跟随下一次训练活动。
- 参加大学的成人学习班。
- 如果你是一位学员，通过你的毕业 T&D 项目完成实习。
- 对于论文或最后一个学期的课题，确定并联系一个组织，进行案例研究或获取内容。
- 主动帮助当地的培训机构，以换取跟他们“随访”一些客户的机会。

体验 T&D

- 志愿给青年小组授课。
- 在社区学院授课。

- 为公司的课程学习提供志愿服务，无论是教室还是电子化学习。
- 联系一个社区或非营利性组织，并提供设计和交付所需培训的研讨会/课程。
- 参加组织的一个试点会议及随后的回顾会议。

寻求建议

- 无论是在工作中还是通过 ASTD 分会，请求别人成为你的老师。
- 对 T&D 部门经理或主管进行信息访谈。
- 带教练去吃午餐，并询问他问题，如：
  — 你所在的职位是做什么的？
  — 你认为这个行业怎么样？
  — 这个行业最大的挑战是什么？
  — 你是怎么学会你需要做的工作的？
  — 如果你退出该行业，你最留恋的是什么？

阅读关于 T&D 的信息

- 了解《培训》杂志（美国）、*CLO* 杂志，或者本章最后所列书籍中有关该领域的内容。
- 订阅 *T+D* 杂志。
- 定期查看你最喜欢的培训师的博客。
- 订阅由 ASTD 赞助的 LinkedIn、电子化学习行会、培训管理者或其他电子资源。
- 查看你的“垃圾”邮件：
  — 你喜欢的 T&D 公司或供应商发来的电子邮件广告。
  — 出版 T&D 书籍的公司发布的书籍目录，如 ASTD、Berrett-Koeler、Wiley 等。

建立 T&D 网络

- 参加 ASTD 国际会议暨展览会，与其他与会者交换名片。
- 加入 ASTD 全国协会和当地的 ASTD 分会。
- 自告奋勇在当地 ASTD 分会担任领导者或主持人。
- 如果你所在的城市举办 ASTD 大会，参加由你所在分会提供的志愿者服务队。
- 参加其他相关专业机构的会议，如人力资源管理学会或 ICF 的会议。

管理职业成功

为了保持对职业生涯的掌控，每半年审查自己的专业形象、工具和活动，特别是在过渡时期。你肯定不想让自己处于一成不变的状态。保持自信和动力是前进的关键。一个感受自己的最方便、快捷的方式是关注自己的衣柜。你的穿戴对你将取得的印象起主要作用。一套全新的专业服装并不是必要的；旧的西装也可以通过与最新的配饰及一件新的鲜亮的上衣或衬衫搭配，取得焕然一新的效果。

决定改变旧的习惯、思维和态度，以及愿意承担一定的风险也很重要。体验成就感和参与感是成功的标志。无论是处于转型中还是满足于现状，你应该总有一只眼睛关注未来的可能性、机会和变化。请注意你的 T&D 选择和切合实际的、实事求是的选择，向理想职业目标迈进。在已建立的时间表上促进期望的移动或变化的一种方法是通过将相关成功因素整合进战略行动计划中。你将把以下哪些因素包括进来？

- 承担风险——愿意赌一把，对结果持积极态度。
- 面对未知——因为你已踏上未知的道路，做好准备并想象新的工作舞台上的自己来减轻焦虑。
- 自我指挥——做出自己的决策，收集信息，评估情况。
- 表达对变化的感情——用语言表达自己的情绪和情感，成立一个支持小组。
- 处理压力——管理紧张和担心，做放松和充满活力的活动。

无论你是否遇到了工作平台或感到倦怠，还是满足于自己的工作，每年一次或两次评估你的工作和职业状态是很好的职业生涯管理实践。（查看前面列出的对目前工作和职业状况的评估。）确定你需要从工作中获得的、使你得到承认的东西：是不是还一样，或者它正在发生改变？对于实现职业目标，已取得了多大的进步？偏离方向了吗？确定行动过程包括考虑你的理想工作环境、职业发展和成长活动，保持积极性并制订计划——基本上掌控并有目的性地管理你的职业通路和方向。

职业管理的挑战

有时，你的职业责任和个人责任可能是不同步的，甚至可能是冲突的。此外，经验和成功也会影响你对职业需求、兴趣和目标不同的看法。有时，生活需求和现实障碍都需要我们去面对和经历。如何保持工作与生活的平衡，从困难的状况中恢复，保持自信心和积极性，解决问题或难点，或者从挫折中回到正轨？

我们通过进行下列实践，积极应对挑战：

- 拥有和保留职业流动性。适应工作场所的创新、工作任务、责任，或影响 T&D 趋势的变化。
- 将职业和专业的管理任务优先排列，并把它们纳入每日日历，将 PDP 作为你高效和有效跟踪的基石。
- 保持你的品牌的可见性。审查和更新有关你的一切公开信息，如你的 LinkedIn 个人资料、名片、独特专业能力声明和网络联系人。
- 保持职业健康。保持对工作领域并非一切都很好的预警信号的警觉并采取预防措施。当有所需要或可能性出现时，做好改变或变动的准备。

综上所述，掌控职业方向并设计职业路径是挖掘你的潜能、燃烧你的激情，最重要的是，富有成效地使用你的技能和头脑的方式。向客户、顾客、组织和 T&D 行业提供服务和输入的质量有所提升反映了你的责任、自信、积极主动性和能量的水平。

引用《职业变动》的最后一段来反映最好的职业生涯管理的核心管理理念：做一个现实的乐观主义者——把积极的心态与现实的措施结合。有一系列职业管理技能可以使你具有优势，保持快速、有效地前进。坚持不懈地追逐你的梦想，当你开始新的一天时，保持热情和精力充沛。愿你在 T&D 行业的工作与你对未来的期待相符！

作者简介

安娜贝尔·瑞特曼，教育学博士，拥有超过 35 年的职业培训/咨询经验，专业从事针对客户个性化专业故事的简历开发工作，并为处于工作过渡期和改变期的客户提供短期培训。安娜贝尔的信条“无假设的可能”总结了她的培训理念和方法。作为一名作家，她最近的出版物有《跨代人才发展》，“信息热线”系列的一部分（ASTD 出版社，2013），并与凯特琳·威廉姆斯合作《职业变动：战略性规划你的未来》（第 3 版）（ASTD 出版社，2013）。自 2009 年以来，她一直担任《过渡期网络简讯》中“职业方向”专栏的作家。

↘ 参考文献

Arruda, W., and K. Dixson. (2007). *Career Distinction: Stand Out by Building Your Brand*. Hoboken, NJ: John Wiley & Sons.

Biech, E. (2005). *Training for Dummies.* Hoboken, NJ: John Wiley & Sons.

Chartrand, J., et al. (2012). *Now You're Thinking: Change Your Thinking, Revolutionize Your Career, Transform Your Life*. Upper Saddle River, NJ: FT Press.

Jones, R. (2012). *Storytelling Pocketbook*. Alresford, Hampshire, UK: Management Pocketbooks.

Maruska, D., and J. Perry. (2013). *Take Charge of Your Talent: Three Keys to Thriving in Your Career, Organization, and Life*. San Francisco: Berrett-Koehler.

Williams, C., and A. Reitman. (2013). *Career Moves: Be Strategic About Your Future*, 3rd edition. Alexandria, VA: ASTD Press.

Worthman, C. (2006). *What's Your Story? Using Stories to Ignite Performance and Be More Successful*. Chicago: Kaplan Publishing.

↘ 延伸阅读

Bolles, R. (2014). *What Color is Your Parachute?* Berkeley, CA: Ten Speed Press.

Hoffman, R., and B. Casnocha. (2012). *The Start-up of You: Adapt to the Future, Invest in Yourself, and Transform Your Career*. New York: Crown Business.

第5章

临时培训师：你必须知道如何帮助他人学习

哈罗德・斯托洛维奇（Harold D. Stolovitch）
艾瑞卡・吉普斯（Erica J. Keeps）

本章要点

- 界定成为一位临时培训师（OT）意味着什么
- 发展你的临时培训师心态
- 确定你的培训计划和培训课程能否产生效果

“玛丽亚，你是整个公司中最好的销售人员之一。我们将聘请更多新人来满足公司业务增长的需求。我们想让你担任在职培训师。新员工将会分配给你。你需要向他们展示我们的规则，教授他们如何工作，并介绍我们的系统，让他们加快速度，并尽快熟悉工作。”

“为了加快内部审计过程，我们将派遣你作为有经验的内部审计人员，去分支机构帮助他们准备审计工作。你不仅有专业知识，还知道每个分支机构应该怎么做才能减少审计时间和错误。在接下来的三个月里，你将为分支机构人员的培训提供帮助。”

“卡洛斯，我不知道如何安装电缆和校准新的单位才能运行压力测试。你能帮助我解决这个问题吗？公司要求我一定保证这些测试运行顺利。”

"既然你已经晋升为团队领导，你应该监控你的每个团队成员在工作转换中的工作表现。除了你的正常工作，你必须训练他们如何进行操作、日常维护、卫生、客户服务、展示柜存储……"

这些场景及类似的场景每天都发生在工作场所的各个地方。知道该如何做好一件事情并表现良好，你迟早会被任命做帮助别人的工作。你可能是一个"医生、律师、乞丐或窃贼"，但是精通你所在的领域的业务，这将不可避免地导致公司让你向人"秀"如何工作（"秀"等于"培训"。——译者注）。

实际上，这是工作场所选择培训师的最常见方式。卓越的业绩通常是向个人分配培训责任的信号。通常情况下，培训任务是除开展常规工作以外的职责。

你做好承担培训角色的准备了吗？本章的目的是让你用饱含激情的"是"来回答这一问题。其目的是帮助你成为一位可以胜任的"临时培训师"，因为你已是现在工作中公认的出色员工。读完本章，你就可以培训"新手"（我们将其定义为那些尚未获得特定工作需要的技能和知识的人），以使他们能够表现出符合你的、他们的和其他利益相关者标准的业绩。

什么是临时培训师

让我们以一些基本的词汇术语来开始你作为临时培训师的旅程。这些术语对于帮助你在心中建立起什么是临时培训师，以及要想获得成功为什么需要重构自己目前的所思所行非常有用。

↘ 临时培训师

临时培训师（Occasional Trainer，OT）是时不时发现自己正处于老师或培训师角色中的人。通常情况下，临时培训师并没有在一开始就把试图成为培训师作为自己职业生涯的一部分。常常是工作经验、实践、摸索和失误，以及最重要的成功在职业绩把像你这样的人呼唤出来。你知道如何把工作做好。你因自身的能力得到认可。这只是一个要求你帮助别人学到你已经获得的全部工作能力中的一小部分或全部的小小的自然步骤。"临时培训师"术语中"临时"的意思是指这一教学角色既不经常也很少有规律可循。

内容专家

内容专家（Subject Master Expert，SME）是掌握了一些专业知识领域的人。这是一个模糊的但非常重要的名词，模糊是因为知与行之间存在很大的区别。真正的内容专家是指那些可以在一个较高水平上成功完成工作的人。内容专家可以是运动员、水管工、营业员、歌手、科学家、软件程序员或餐厅服务员。人们认为他们完成工作的方式及其绩效都是高质量的。

然而，内容专家存在一个问题。大多数专业的“实干家”——那些真正可以胜任工作的人——一般都无法解释究竟是什么让他们取得了成功，我们将此称为“无意识的能力”。另外，一些所谓的内容专家似乎知道很多，可以睿智地谈论一个话题或任务。遗憾的是，这并不一定意味着他们可以真正“做”好。最好的临时培训师是能够执行高级别（执行）的任务或作业，并可以提供有意义的关于他们为什么及如何工作的解释的内容专家。在心中理解和把握知与行之间的差异是绝对必要的。它们是不相同的。夸夸其谈是不够的，当碰到帮助别人完成任务时，空谈也常常令人困惑。能够转换到理想的临时培训师的内容专家是那些能够正确引导新手工作表现的人。随着我们继续展开这一章，他们很快就会是你。

导师、教师、培训师、讲师、教育者、教练、有帮助的同事

以上所有这些称呼有一个共同的目标，就是使缺乏能力（所需的知识和技能）的人能够达到可以取得成功的状态。在某种程度上，上述所有的角色都是临时培训师。他们与你之间的主要区别是：你是组织根据你的业绩记录有意遴选出的，以一种具体方式来完成临时培训师的角色。

学员（又名学员、受训者、学徒、新员工、“失落的灵魂”）

最后，但绝对不是最不重要的（事实上是最重要的），是临时培训师努力的对象——学员。他们就是你负责转化的人。作为临时培训师，你的成功有一个主要的工具评判——基于你的指导，你的学员的绩效表现如何。让我们再回到本章开头的场景：

- 玛丽亚成功的评判标准是新员工销售的速度和数量如何，以及使用商店系统完成工作是否成功。
- 内部审计人员临时培训师的评判标准是分支机构审计准备的速度、效率、精确度和完成度，以及最终的分支机构审计程序的改进。
- 如果卡洛斯年轻的同事能够独立、正确地安装电缆和校准新的单位，并根据技术标准保证压力测试无差错，那么他就会被视为成功的临时培训师。
- 如果在他的每个部门的团队成员能够按照公司的标准行事，这个团队领导就会被认定为合格的领导。

学员是临时培训师的中心焦点。把信息传递给学员不是评判作为临时培训师的你是否成功的标准，经过测量的学员转变的程度才是他的以及你的成功的最终标准。

一些发展临时培训师心态的学习理论

让我们从一些关键概念开始。如果一个人谈论某个话题，你一定会学到什么吗？也许有时候会学到一点儿，但你不可能学到他所说的一切，对吧？那么，接下来就是关于学习的一些关键的“理论”要点。（简单说来，理论是事物如何工作的一个解释，即原因和结果。有足够的证据支持解释，尽管它可能需要更多的测试来确定其完全的合法性。）

1. 学员做的有意义的事情越多，他们学到的就越多，感受的也就越深刻。这里的三个关键词是“学员”“做”“有意义”。请记住，这些都和学员有关。从一开始，临时培训师往往会做很多他们培训角色中做的和说的事情，而不是让学员积极参与。临时培训师也倾向于使用学员无法完全理解的术语，并提供晦涩的解释说明。如果临时培训师所说的对学员没有意义，学员就不会记住很多。在游戏中让学员早早地“做”，然后在当他们尝试的事情不能更快速地构建学习和工作表现时，塑造他们的行为，同时让他们体验自身的进步。他们会对自己的成功感觉良好。

2. 如果学员对自己所获得的技能和知识有能力、有信心，他们将更有可能在真实情境中使用这些技能和知识。这是不言自明的。你做了之后得到了反馈，而后进行再次尝试，进而得到改进，感受到进步和有价值的成就感。其结果是，你觉得自己更能胜任工作，把所学应用到工作的迫切愿望也会增加。

3. 当课程是根据学员的逻辑而非内容自身的逻辑进行组织并且聚焦于绩效时，学习发生得最快。随着时间的推移，内容专家经过不断的尝试和失败，通过做而非谈论必须做的事情获得他们的专业知识。在大多数情况下，内容专家获得的技能和知识并不系统。事件发生，他们做出反应，进行尝试，最后找出办法或发现什么可行及什么不可行。学习的时间很漫长。

在你作为临时培训师的指导下，你的学员没有足够的时间去尝试、经历和吸收。你的任务是需要在很短的时间内把学员从他们现在所在的位置提升到他们应该达到的位置。这意味着，你需要像学员一样思考，而不是像专家一样思考。你有以下三个重要的职责。

- 从你混乱的经验中整理活动，把手头任务分解成简单的合乎逻辑的步骤，使学员从现在的出发点达到他们最后需要实现的预期绩效目标。
- 从“一个新手会怎么想”这一点出发来设计你所有的活动和解释。你需要根据学员的逻辑进行培训，而不是内容的逻辑。只有当学员可以把你提供的新的学习内容和他们先前的知识和经验联系起来时，你的讲授才有意义。
- 聚焦于“做”，只给出有利于加强学习行动的解释、术语和背景内容。规则是：关注绩效，不要纠缠于细节。

4. 专家和新手处理信息的方式不同。你问一个本地人怎样从 A 点到达 B 点。回答是：“好吧，让我来看看。你沿橡树街需要走大约一英里，也许接近两英里。嗯，其实，这条街原来叫蒸汽船街，但市议会决定使用树的名称命名——你知道的，环保，但那是另外一回事儿了——直到你走到菲利普塔。你能认出它，因为它是镇上唯一顶部有一个风向标的建筑。然后，向东转，直到……”很快，你就会被这条路线搞糊涂。最后，“有一个较短的路线，当然，如果你只是……”紧接着“无论哪种路线，你都会找到它”。这时你知道自己是注定会迷路的。

问一个前一天刚到达镇上并且只从 A 点到 B 点走过一次的人。这个新手更可能给出的解答是：“一直往前走 15 个街区到达梅花街，右转，然后走 5 个街区，直到看到你右手边的麦当劳。在麦当劳第一个拐角左转，到达果园街。B 点就在左侧约 10 幢楼远的地方。”比较好理解，不是吗？

作为一位临时培训师，放下你内容专家的身段。成为知道很少缩略语和行话的学员。假设一个更普遍的背景，并感受你的学员经历的对未知的恐惧。我们给予临时培训师的一个通常训诫：“不要成为舞台上的圣人，要成为旁边的一个导师。”为焦虑的、没有尝试过的、没有经验的学员提供他们需要的支持。

一种构建培训的通用模型

如果你有一个简单的易于使用的公式，可以适用于任何培训情况、学员类型和数量、内容和难易程度，以及对取得成功的高概率感到自信，那岂不是非常美好？好消息是这样的公式存在。我们称之为结构化培训 5 步模型。让我们在使用中检验它，然后观察它。图 5-1 展示了该模型本身。

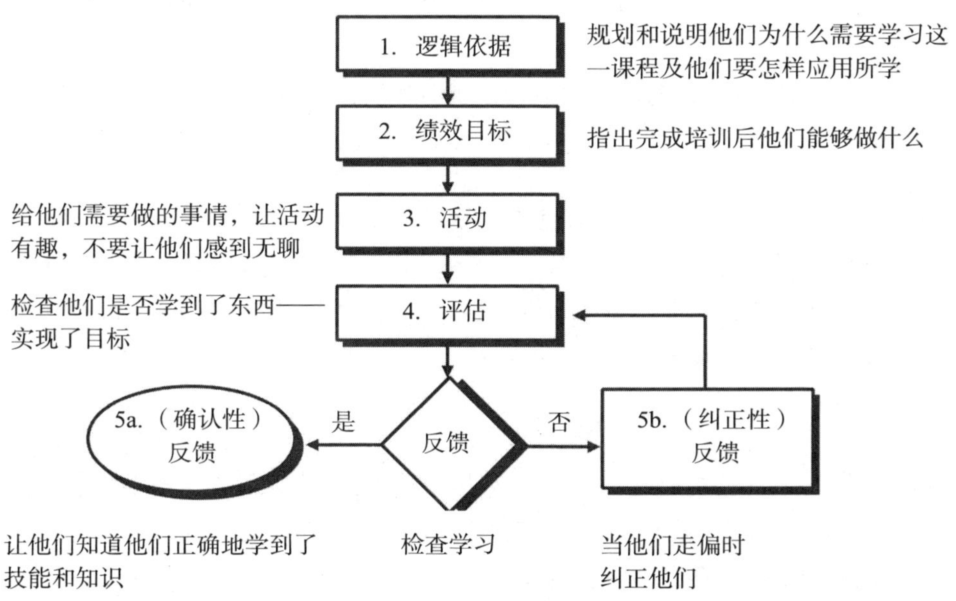

图 5-1 结构化培训 5 步模型

以下是对图 5-1 的解释。

逻辑依据：学员，尤其是成人学员，面临大量相互竞争的优先事项，这些都会分散他们的注意力。作为一位临时培训师，你需要在源头上对此予以解决。你可以通过给出合理的、有意义的理由（依据），说明专注于与你互动他们会得到什么，你可以做好这一点，并吸引他们的注意力。在提供依据上如果你能更多地吸引学员，他们会更容易向你打开他们的头脑，进行学习。

绩效目标：向你的学员提供一个有意义的目标。它必须是可观察的、可实现的，并能够产生有价值的最终结果。下面是几个例子。需要注意的是他们总是以“你将能……”开头。

- 完成 A3 发动机的检测报告，并按《安全法规手册》第 47 页的要求进行逐点核对和注解。
- 以 100%精确度判别易燃和易爆材料。
- 为招聘面试布置办公室环境，使其符合我们《人力资源指导手册》的最佳实践标准。
- 调整符合人体工程学的公交车司机的座位，使其在七个关键压力点上与你的身体相符。
- 生成一份完全准确的、你的主管或培训师认为有说服力的、包含 RFP 所需的所有信息的提议报告。

注意，在每种情况下，学员的责任在于展示其能力——“你将能……”“我会告诉你……”“我们将谈论……”，甚至“你将学会……”这类话出现在目标中。作为一位临时培训师，你应该直入正题。你来起草合同，如果学员参加了学习，他们将能够在特定的标准上表现出真正的能力。

活动：现在你开始了一系列的教学活动，以促使学员从目前的工作能力状态发展到可以展示其目标实现的状态。这些活动必须是引人入胜的、有意义的，并且可以让学员展示其进步的。活动应该包含足够的挑战促使他们想要获得成功，以及提供让他们觉得不会受到威胁的支持。

请谨记每个学员都是独一无二的。每个人可能需要的挑战、鼓励或支持、实践各异。我们应该帮学员在信心不足和过度自信中间找到一个平衡（见图 5-2）。

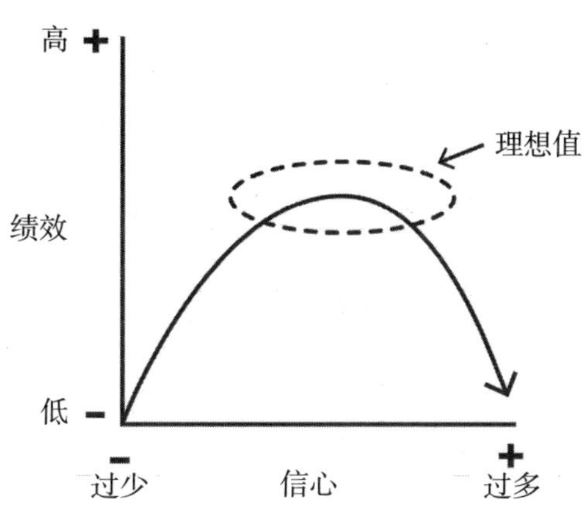

注：过多的信心相比过低的信心往往容易产生更多的错误。

图 5-2　信心和绩效之间的关系

评估：在整个过程中，作为一位临时培训师，在学员朝着达成目标前进的过程中，你要不断鼓励学员去做事情。在该过程中的每个阶段，你要验证他们的表现如何。持续的和最终的工作表现验证与反馈对于帮助学员实现目标是必不可少的。

反馈：根据每个学员的绩效表现，你提供纠正性或确认性反馈。纠正性反馈可以帮助学员改进行为；确认性反馈认可学员已"达到"要求。重要的规则是，你的反馈必须围绕学员的表现而非学员个人。

该模型如何在现实生活中发挥作用

检查图 5-3：从模型到培训计划。该 5 步模型可以实现从图表到工作表的轻松转换。在规划培训时，不论是一对一还是一对多，你选择一个直接的标题，概述课程，按标题或其他有意义的描述符号命名学员（或学员小组），然后运用要点概述你和你的学员将做的事情。你可以根据需要添加细节，但通常关键点已足够了。记住以下两条绝对必要规则。

- 每次培训时，必须以学员为中心和以能力表现为主。即一切都是以学员和他们的特点及能力为中心。过程中的每一步，学员必须积极参与和展示能力。以学员为中心和以表现为主的反面是以教师为中心和基于内容。不要反其道而行之！记住：你的成功来自他们的成功。这是对他们的改造，而不是你的传输。

- 你做得越少，他们参与得就越多，你作为临时培训师也就越成功。

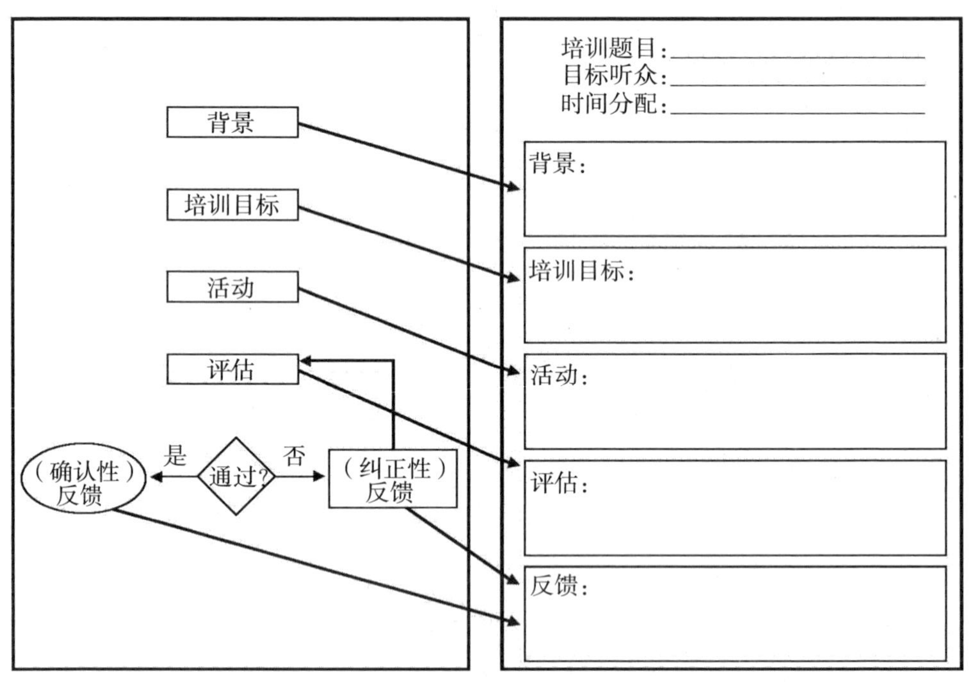

图 5-3　从模型到培训计划

图 5-4 提供了一个培训计划的例子（改编自斯托洛维奇和吉普斯，2011，第 88 页）。在本书网站（www.astdhandbook.org）上，你可以找到一个空白的副本供你使用。

通读一遍。想象一下你正在开展这堂培训课，想象一下课堂上正在进行着什么。对你来说课程生动形象吗？假设你具备一定的专业技能，你可以自己主持这样一个课堂吗？（背景资料：州庙会每年一次，时间为一个月。主办方每年都培训一些场外的雇员完成相关工作。其中一个重要的群体是售票员。图 5-4 是由被指派的临时培训师制订的培训这 25 名兼职售票员的培训计划。检查一下它是否包含了我们在本章中提到的所有关键点。）

培训计划

课程名称：售票，收银，找零

目标观众：州庙会售票员（每次 15 人）

分配时间：2 小时 30 分钟

背景

- 工作中最重要的和最棘手的部分是出售门票和正确找零。
- 虽然有背景噪声，但如果你知道诀窍，就不会出现问题。
- 你需要对失误负责，处罚可高达 100 美元。熟悉工作，你就不会犯错误。
- 我们每天都会为最快和最准确的售票员发放奖金。
- 如果速度缓慢并时常出错，有些员工可能出现抵制情绪。本次培训将帮助你避免这些痛苦。

目标

总体目标：

学员将能够在不出错的情况下，出售数量和类型准确的门票，正确收银找零，每次交易平均时间为 20 秒（每笔交易最大组为 8 人）。

具体目标：

- 确认顾客要求的门票的准确数量和类型。
- 在 10 秒内准确计算总钱数。
- 正确收银。
- 正确找零。

活动

- 向学员了解对于新工作他们最关心的是什么。
- 展示本次培训将帮助他们减少或消除这些顾虑。
- 展示依据的关键点，并对每个关键点进行讨论。
- 展示门票价格/客户工作手册，演示如何使用这些工具。
- 使用不同的声音和入场要求，让学员确定正确的入场要求和费用。
- 先举几个例子，然后进行计时练习。
- 使用游戏币和硬币，让学员练习收钱、出票和找零。这是一种配对活动。
- 在模拟的售票处，创建练习课堂，把各个部分整合起来。大声播放磁带录制的背景噪声。

评估

- 每次活动最后进行计时练习。
- 最后的评估。在模拟售票处，每个学员服务 10 个客户，每个客户都具有不同的特性和要求。
- 大声播放磁带录制的背景噪声。让其他学员与你交谈。

图 5-4 州庙会门票销售员培训计划

在整个培训过程中，临时培训师会尽量与学员对话、澄清目标，要求学员表现出绩效并验证目标实现情况从而增加参与度，临时培训师与学员一起进入了学习的对话过程。

你的培训计划和实际培训课会产生效果吗

布丁好不好，吃了就知道。然而，有一种方法可以检查你的培训计划是否成功。表 5-1 的培训计划清单可以帮助你检测你打算做的事情。你也可以让你信任的人，尤其是经验丰富的培训师，使用清单来观察你的培训。每当一个“否”被选中，你就需要进行相应修改。通过使用培训计划清单，你很快就会发现你的临时培训课程是否每次都能切中要害。在本书的网站（www.astdhandbook.org）上，你可以找到一个清单的复本。

表 5-1　培训计划清单

标　　准	是	否
培训的背景和逻辑依据是针对学员提出的		
学员参与制订逻辑依据并为此贡献力量		
目标是根据学员规定的		
目标是可验证的		
目标适合学员和内容		
活动适合目标（有助于学员实现目标）		
活动要求学员参与度达 50%		
学员在活动过程中可以参与并做贡献		
评估适合目标		
反馈恰当		
培训能够在分配的时间内完成		

整合起来

当你进入临时培训师的角色中，无论是巧合还是精心设计，你必须时刻铭记在心的最重要的事情是：你不再是专业的执行者，也不再是内容专家，而是一位教育者——能力的挖掘者。你知道的一切没有多大价值，除非它有助于可检验的、可观察的学员表现。你是乐团指挥，你的成功取决于乐师单独弹奏（或必要时一起演奏）的效果如何。

成为临时培训师，你就有机会以别人认为有价值的方式帮助别人。我们或许并不都热爱学校，但我们喜欢展示我们学到的以及可以做的。由于你，学员有了闪亮的眼睛和微笑，没有什么比这更有价值的了。

作者简介

哈罗德·斯托洛维奇和艾瑞卡·吉普斯：拥有共同的兴趣——人员开发。为使职场学习与绩效两者皆变得愉快和有效，他们两人加起来已经投入了超过 80 多年的职业工龄。他们的研究和咨询活动使他们参与了许多大型企业的项目及政府、军事和医疗机构的项目。哈罗德和艾瑞卡是 HSA 学习与绩效解决方案公司主要负责人，该公司专业从事教学技术的应用和全球人类绩效技术。他们的出版物包括 14 本书、200 多篇文章和书籍章节。他们是由 ASTD 出版社出版的《交互式培训》《从培训专家到绩效顾问》《培训非绩效》《从培训专家到绩效顾问手册》的作者。另外，他们是获奖图书《人力绩效技术手册：分析和解决组织中的绩效问题与提高全球个人和组织绩效的综合指南》前两版的共同编辑，以及 Jossey-Bass/Pfeiffer 出版社出版的工具包系列《设计高效学习》和《前沿分析和投资回报》的作者。因其对职场学习和绩效方面的贡献，他们获得了无数的奖项。

延伸阅读

Biech, E. (2005). *Training for Dummies*. Hoboken, NJ: John Wiley & Sons.

Goad, T.W. (2010). *The First-Time Trainer: A Step-by-Step Quick Guide for Managers, Supervisors and New Teaching Professionals*, 2nd edition. New York: American Management Association.

Stolovitch, H.D., and E. Keeps. (2011). *Telling Ain't Training: Updated, Expanded and Enhanced*, 2nd edition. Alexandria, VA: ASTD Press.

Stolovitch, H.D., and E. Keeps. (2004). *Beyond Telling Ain't Training Fieldbook*. Alexandria, VA: ASTD Press.

第6章

T&D 行业即将迎来什么

简·哈特（Jane Hart）

本章要点

- 回顾学习的发展方式，包括其历史进程及未来前景
- 了解正在使用的新型工具及社会商业的出现
- 探索下一代的学习实践

工作场所学习正在不断变化！互联网极大地改变了我们的生活方式，现在它也在改变着我们的学习方式。企业正在向社会商业转变，并利用新的企业技术来巩固知识共享和工作的协同方式。

这一切也为工作场所学习的专业人士提供了新的机会，如果他们已准备好并愿意抓住它们。但这也需要改变。T&D 行业的作用将从专注于组织和管理知识转移扩大到与管理者共同合作、使用各种新方法解决绩效问题，通过团队的知识共享和协作及独立的专业学习促进和支持企业员工的绩效持续改进。

本章将考察工作场所学习正在如何改变，以及 T&D 未来将如何演变。

从伊始到如今

自 20 世纪下半叶在组织中成立以来，培训部门的功能几乎没有发生什么变化，培训部门设置初期的作用是控制组织学习。哈罗德·贾谢提醒道：“这是泰勒

式产业模式的一部分，泰勒式模式对工作进行部门化，并确保只有管理者才有权做出决定。因此在这种情境下，只有培训专业人士才有权谈论培训。”

虽然我们看到了自那时以来的一些变化（主要是学习和发展部门的名称的改变），但其功能基本上与原来一样。尽管技术进步已促使培训自动化，如先期的基于电脑的培训（Computer-based Training，CBT）及近期的电子化学习，培训部门的重点仍旧是教学内容的设计、交付、使用和管理。

当然，对于大多数管理者来说，T&D 的功能仍旧被视为创建、提供和管理课程，以解决已知的培训问题。但是现在越来越多的人不再把培训教室或企业电子化学习当作他们学习的主要场所。

在社交网络上学习

那些在社交网络已沉浸数年的人开发了新的学习方式，这一点从“学习工具年度 100 强”调查中已得到清楚的证明（哈特，2013，目前已进入第七个年头），该调查也发现了人们越来越多地使用社交工具促进自己的专业学习的一些趋势：

- 他们使用社交网络构建朋友和同事间值得信赖的网络（经常被称为个人学习网络），他们可以在上面询问和回答彼此的问题，交流资源和想法，进行头脑风暴和解决问题，并随时了解他们正在做什么，以及相互学习（这一点他们往往没有意识到）。
- 他们使用社交工具“学习新知识”，了解他们所在的行业和职业正在发生的事情。
- 他们使用社交工具寻找其日常绩效问题的即时解决方案。
- 他们使用社交工具参与更广泛、开放的在线教育的机会，如慕课（大规模开放式在线课程）。
- 他们使用社交工具和别人分享他们发现、学习、创造及了解的事情。
- 此外，工作团队和其他团体使用社交工具来支持协作工作和学习。

所有这一切都意味着，越来越多的个人和团队都已绕过信息技术、培训与发展，通过强大的新方式和别人分享他们的知识并相互合作来解决培训和绩效问题。

对于那些活跃在社交网络上的人，“学习”将变得不同，因为无论是连续的、自我组织的，还是自主的学习，它都是一种非常不同的体验。它往往是非结构化的，有些人甚至把它称为“凌乱的”学习。这当然与他们在传统的培训（以及电子化学习）活动中的学习方式不同。在传统的培训中，学习内容已被组织化、结构化，并以一种非常可控的方式打包供使用。对于许多在社交网络上学习的人，工作、学习和游戏之间的界限已经变得非常模糊，他们有时甚至没有意识到自己正在学习，因为学习是无心插柳的、偶然的，并且往往在不知不觉的情况下发生。

这些新的学习方式使得人们对当前电子化学习的方法感到越来越大的挫败感，克拉克·奎因将其称为“与琐碎的交流打扮在一起的知识垃圾”（奎因，2013）。因此，解决办法不是仅仅将新的社交工具加入现有的电子化学习中，而是重新反思学习实践，从而更广泛地、以更加现代化和相关的方式支持工作场所学习，吸引那些初入职场的千禧年一代及那些已经体验过社交网络学习新途径的人们。

社会商业的兴起

另一个影响组织学习的显著因素是社交网络和帮助建立社会商业的协作平台的出现。企业社交网络（ESN）是为促进员工之间的协作和知识共享而被设计出来的内部平台，如 Yammer、Jive 或 Socialcast。另外，合作和对话也正在变为下一代工作实践，这一点也显而易见（米切尔，2013）。

德勤（2013）曾预测，到 2013 年年底，将有 90%以上的《财富》500 强企业部分或完全实现企业社交网络。其中许多是员工看到对工作的价值后首先“自愿采用”，然后又被整个公司大规模采用的。

但是企业社交网络为 T&D 提供了一个巨大的机会，因为通过在被用来支持工作流程的极其相似的平台上整合自己的学习计划，T&D 可以以前所未有的方式在整个组织内的启发员工、鼓励员工、为员工提供支持、嵌入学习、知识共享及协作等方面发挥重要作用。

这种创新方式具有许多显著的优势：

- 这意味着思考“学习”不再被限制在支撑传统培训方法的专门的学习平台上。
- 这意味着所有培训中共享的知识和经验不再被锁定在一个单独的“学习”的系统内。
- 这意味着“学习”不仅仅是内部专家告诉人们他们应该做的或应该知道的，还包括同龄人之间分享自己的想法和经验，以及相互学习。
- 这意味着“学习”不再被看作独立于工作外单独的活动，而且这是第一次学习可以真正地嵌入工作流程中。

尽管一些组织正在放弃 LMS 而支持 ESN，但对于另外一些组织，LMS 至少在目前将继续与 ESN 共存，LMS 将主要用于提供自学课程，以及法律和法规培训的追踪。

下一代学习实践

在新技术之外，新的思维模式同样支撑了具有前瞻性的 T&D 部门的新实践。以下是 T&D 部门在知识共享和协作的时代重新思考其学习实践的五种方式，这样他们就能够在企业中发挥更充分的作用，以更具吸引力和现代的方式促使员工参与学习。

从注重学习到聚焦绩效

这包括认识到学习和协作只是达到目的的手段，不是最终的目标，最终目标是改进绩效。虽然创建绩效支持解决方案是其中的一部分，但它是一个更广泛的概念。这意味着培训专家不再是“订单承接者”（从经理那里获得有关课程的要求），而是与其密切合作，通过采用绩效咨询方法，以最佳和最合适的方式支持团队和个人需求。这包括进行绩效分析，找出绩效问题的根本原因及确定能够解决问题的各种方法，而不是自动地假设培训就是答案。（请注意：绩效分析与培训需求分析不同，因为对一些人来说，后者意味着培训就是解决方案。）这也意味着计划的成功是通过绩效成果而不是学习成果衡量的。

↘ 从关注培训到支持工作流程中的学习

这包括认识到导向性学习（如培训或电子化学习）只占知识工作者在工作场所进行的学习的一小部分，大多数的学习是自发组织的、经验性的和社会化的，发生在个人的日常工作过程中。它涉及使用新的工作场所学习模式，如 70-20-10 的框架，形成更广泛的支持组织内学习的策略（詹宁斯，2013）。

这也包括认识到学习不能从工作中分离出来，而是"学习就是工作"（贾谢，2013）。这意味着：

- 帮助开发团队学习的适当的条件，如通过知识共享支持持续的学习。
- 帮助团队来识别当前正在发生的共享实践，以及如何加强、建立或发展这些实践。
- 帮助确保知识共享成为日常工作流程的一部分，这样知识共享不再被视为额外的举措，而是日常工作的重要组成部分。
- 帮助确定适当的业绩指标，来衡量知识共享和协作活动成功与否。
- 认识到你不能使用命令和控制来"获得"参与（辛格尔，2013）。

↘ 从关注教授老技能到创建新技能

这包括认识到一个事实：工作流程中的工作和学习不仅仅关于使用协作技术，还包括开发和应用一系列新的个人的和社会的商业技能。它还为 T&D 提供了在协助建立这些新的技能中发挥关键作用的机会。例如：

- 帮助个人了解分享其知识和经验这一行为的价值，以及从实践的角度来看这在工作小组和团队内部意味着什么。
- 帮助团队有目的和富有成效地合作，以促进工作完成。
- 帮助管理者带领一个相互联系的团队，在团队内他们可以管理复杂性和建立信任。
- 帮助其他工作小组建立能够支持新的工作实践的、有效的实践共同体。
- 帮助个人管理自己的专业学习和发展，将新理念融入他们的团队和工作小组。

然而，开发这些新的技能需要一种新方法，认识到“你不能将人培养为社会化的人，只能向他们展示社会化是什么样的”（哈特，2013a）。换句话说，告诉团队怎样一起工作的传统培训模式在当前的情境下是不合适的；相反，它涉及与团队一起工作，帮助他们在做自己的工作时发展这些新的技能。这是行动中的真正的社会学习，并且只有通过社会学习，员工才能学习如何成为社会化的学员。

↘ 从聚焦于打包内容到搭建学习经历的框架

新的社会技能可以通过新的学习活动得到激发，这些学习活动介于当前结构化的、他人指导型的电子化学习实践中的知识传授方法与工作团队和小组的非结构化的、自我指导型的知识共享方式之间，它是采用旨在知识共创的半指导式、半结构化的方法。我们可以把这个新的设计方法称为连接式学习。连接式学习设计包括以下五个原则。

- 框架（脚手架）：不同于打包的电子化学习内容，连接式学习需要为将要进行的学习建构一个框架。该框架将在不限制个人和社会学习的情况下提供足够的结构。
- 自我管理：它以个人感觉最舒适、最适合他们的方式促进和支持参与；通过这样做，它可以帮助学员对自己的学习负责。
- 社会化第一：社会交往处于连接式学习经历的中心，无论是对话、知识共享，还是其他方式的合作，这样学员可以一起建立他们的理解。换句话说，它不仅仅是把社会互动附加到内容上并强化互动。
- 内容第二：提供关键资源让学员思考、交谈和做事，而且鼓励学员为相关资源的知识基础做出贡献。
- 绩效导向：它的重点是最终学员能够做什么；它不监测活动并将其用来定义成功。总之，活动不等于学习，更不用说绩效。根据内容和情境，绩效可以用多种方法评估——自我、同伴，甚至管理者。

因此，连接式学习方法可能包括非同步学习活动（如在线社交研讨会）和同步学习活动（如反馈学习），以及社会在岗和社会指导的新方法。

从专注管理学习活动到构建企业学习网络

传统的 T&D 职能侧重于在 LMS 内管理学习活动，企业社交网络（ESN）可以让 T&D 考虑建立一个企业学习网络。通过协调正在进行的一系列学习活动（如实时聊天、火爆座位、每日提示或学习资源），T&D 可以在一个学习的连续过程中吸引员工参与其中，反过来也有助于更广泛地促进整个组织的联系和知识分享。

图 6-1 总结了下一代工作场所学习实践的主要特点及 T&D 可能承担的新的活动类型。

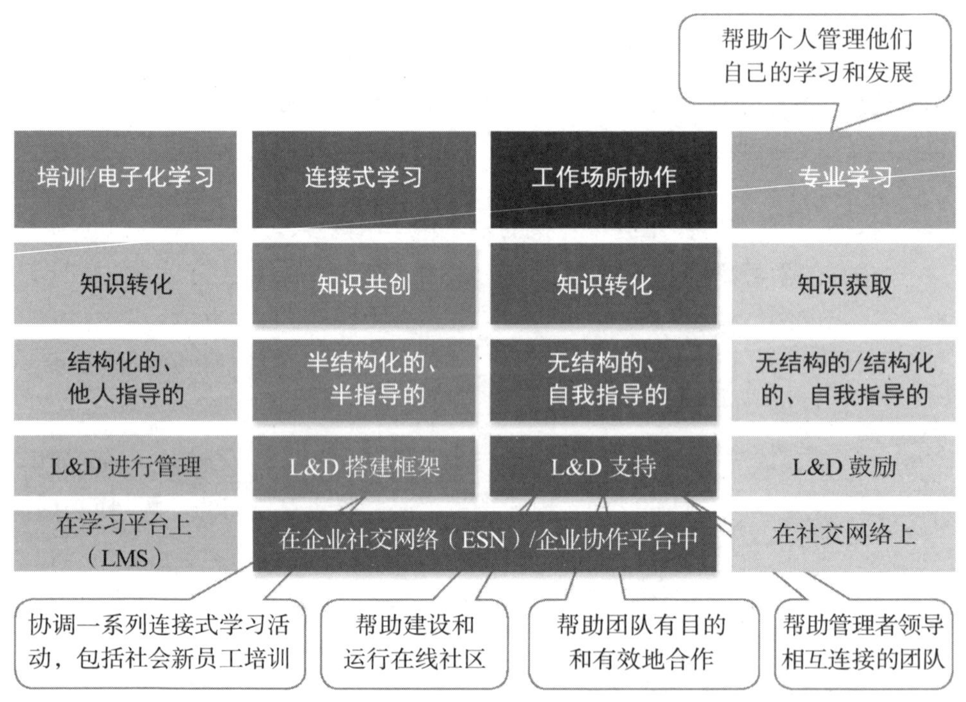

资料来源：C4LPT。未经授权，不得转载。

图 6-1　知识共享和协作时代的下一代工作场所学习实践

对于未来，你准备好了吗

这种新一代的工作场所学习实践需要新的 T&D 角色和技能，特别需要绩效咨询、连接学习设计和促动、共同体管理、协作和专业学习方面的专家。这些新角色将集中于为个人和团队以自我组织和自我管理方式进行学习的过程中提供支持。目前能够帮助开发这些新出现的 T&D 角色和技能的可用的正规课程非常少，但为培训专业人士提供了很多自我发展机会，以便为未来做好准备。

要了解自己是否已准备好，询问以下五个问题。如果你对其中一个的答案是否定的，那么请阅读一下如何开始的建议。

↘ 你是否使用社交网络进行自己的专业学习

了解社交媒体并不只包括学习如何使用这些工具本身；它包括了解社交网络的整体风气，以及开发一套新的个人技能以便在那里茁壮成长。它也包括建立一个能带给你个人和专业价值的包括了同事和其他联系人在内的个人学习网络。为了能够帮助别人了解社交网络对于专业学习的价值，你自己需要成为一个活跃的用户。如果你还没有准备好体验社交网络的强大，那么就跳进来，并找出它提供的一切。这里没有规则，你只需要在那里，就会学到更多相关的信息。

↘ 你的工作和学习与你自己的团队能够相互协作吗

唯一可以有价值地帮助团队分享他们的知识和协同工作的人将是那些自己身体力行并能向自己的工作团队证明其价值的人。因此，最快的启动方式是让自己的 T&D 团队开始协作式的工作和学习；通过这样做，你将获得自己对这些新的社交职场技能的理解，这些技能也是有效的知识共享和协同工作所需要的。

↘ 你有没有参加或管理过在线社区

在线社区的管理不仅仅是建立一个私人群空间，并让成员进入。建立和领导一个成功的社区需要时间和技巧。找出怎样才能形成一个良好的社区的最佳途径是参加一系列的社区，观察社区领袖是如何参与并激励社区的。你无法帮助别人建立和管理在线社区，除非你自己作为参与者体验过社区是什么样的。

你是否参与过任何连接式学习活动

许多可以在组织内部采用的新学习活动都能够很容易地在社交网络上体验。例如，如果你还没有这样做，那么参加定期的在线 Twitter 聊天，并考虑如何将这些活动用于你自己的组织；参加会议反馈，了解这些活动对于在线和面对面活动的价值；以及参加慕课，于在线课程中体验社会参与过程。

你熟悉企业社交网络吗

如果你的组织已经采用了企业社交网络，那么用它为自己的团队创建一个工作组，创建一个跨组织主题的实践共同体，或者创建一个私人群空间，为你的组织尝试一些连接式学习活动。如果你的组织还没有使用企业社交网络，注册一个免费的 Yammer、Jive 或 Socialcast 账户非常容易，然后找出其对你的意义所在。

这种自我评估也可以在本书网站（www.astdhandbook.org）上找到。是的，工作场所学习正在变化。这种变化也为你提供了新的和富有挑战性的机遇。运用本章的理念去为你的组织发现可能的机会。

作者简介

简·哈特，一位工作场所学习趋势、技术和工具方面的独立顾问、作家和国际演讲家。她是学习与绩效技术中心的创始人，该中心是网络访问量最大的学习场所之一。除此之外，她组织了一项学习工具的年度调查，统计出了“学习工具 100 强”列表。简是 2013 年科林·科德学习优秀贡献奖的获得者，该奖项由学习与绩效研究所颁发。她的网站是 www.C4LPT.co.uk。

参考文献

Deloitte. (2013). 2013 Technology Predictions, www.deloitte.com/assets/Dcom-Brunei Darussalam/Local%20Assets/Documents/TMT%20Predictions%202013.pdf.

Hart, J. (2013a). Going Social? It's Not Just About New Social Technology; but About New Skills. *elearning age magazine*, http://c4lpt.co.uk/janes-articles-and-presentations-2/going-social-its-not-just-about-new-social-technology-but-about-new-social-skills.

Hart, J. (2013b). Top 100 Tools for Learning 2013. Center for Learning & Performance Technologies, http://c4lpt.co.uk/top100tools.

Jarche H. (2012). Informal Learning, the 95% Solution. Life in Perpectual Beta, www.jarche.com/2012/01/informal-learning-the-95-solution.

Jarche, H. (2013). Learning Is the Work. Life in Perpetual Beta, www.jarche.com/2013/10/learning-is-the-work-2.

Jennings, C. (2013). 70:20:10 – A Framework for High Performance Development Practices. Learning at the Speed of Business, http://charles-jennings.blogspot.fr/2013/06/702010-framework-for-high-performance.html.

Mitchell, A. (2013). Conversation and Collaboration, the Next Generation of Working Practices. *Wired*, www.wired.com/insights/2013/10/conversation-and-collaboration-the-next-generation-of-working-practices.

Quinn, C. (2013). Yes, You Do Have to Change. Learnlets, http://blog.learnlets.com/?p=3232.

Zinger, D. (2013). 19 Antiquated Employee Engagement Approaches Contributing to Organizational Anxiety. David Zinger, www.davidzinger.com/xx-antiquated-employee-engagement-approaches-contributing-to-the-age-of-anxiety-16386.

延伸阅读

Hart, J. (2013). The Connected Workplace: Building the New Skills of the Networked Business. The Connected Workplace Consultancy, http://connectedworkplace.co.uk.

Hart, J. (2013). Enterprise Learning Networks. Center for Learning & Performance Technologies, http://c4lpt.co.uk/enterprise-learning-networks-how-to-embed-social-learning-in-the-workplace.

Hart, J. (2013). The Workplace Learning Revolution. Center for Learning & Performance Technologies, www.c4lpt.co.uk/blog/2013/05/07/the-workplace-learning-revolution-free-mini-e-book.

第 2 部分

评估和分析需求

名家视角

我确信的东西：从后视镜中回顾

达纳·盖恩斯·罗宾逊（Dana Gaines Robinson）

2011年1月对我来说是重要的一个月。在那个月，我正式退休，离开工作了35年的工作场所学习和绩效（Workplace Learning and Performance，WLP）领域。那些年是我逐渐发现、不断学习、接受挑战的时光，当然也包括一些成功和失望。由于过去一直在开展、管理新的咨询业务，因此很难找到时间来反思。然而在新的生活篇章中，即被我称为“重新定向”的生活中，我有时间从那些以前的成功和失望中找寻经验教训。本着回顾的精神，我来分享我确信的关于需求分析和培训与发展行业的五项原则。

需求分析不是一项选择，而是必须

我太多次注意到，培训与发展专业人士直接从客户需求转向解决方案设计与实施，并谈及他们没有时间去分析需求。针对这一痛惜的回应，我引用了彼得·德鲁克（Peter Drucker）的话：“没有什么比有效地做那些根本不需要做的事更无效的了。”在一个不但不必要，而且关注点错误的学习解决方案上投入时间、金钱和人力资源是一种浪费，并且也会使我们这些提供支持的人感到失望和沮丧。直接跳到解决方案不是我们培训与发展领域应该使用的一种战术。

确定绩效差距的根因是最重要的分析方面之一

我们所有可能做的分析包括前端分析、任务分析、学习评估、绩效分析和内容分析，这里只仅举几个例子。作为培训与发展专业人士，我们熟悉确定技能差距的需求评估。然而，技能欠缺仅仅是绩效问题的原因之一。我们肩负着增强绩效以支撑企业目标的责任。只是去提高人的技能和知识，而不去应用，是一种浪费。而绩效结果几乎从来就不是由单一孤立的因素造成的。因此，我们要做的最重要的分析是确定绩效差距的原因（如果问题存在的话），或者达到成功可能存在的障碍（如果将来有机会）。一旦确定了某项技能差距，进行任务分析或其他分析，以获得所需的教学设计信息就很必要。但首先我们必须确定，技能差距是否真正明显，以及其他可能导致该问题的根本原因。

图 1 的“差距缩小器”确定了影响企业目标绩效和成就的八个根本原因范畴。此工具第一次出现在吉姆·罗宾逊（Jim Robinson）、肯·布兰佳（Ken Blenchard）和我合著的《缩小差距：瞄准更高的绩效并实现它！》一书中。它描述了三种对成功实现组织和业务目标所需的职场绩效产生影响的根本原因。每种类别都提供了例子。这些例子都是绩效促进的有效方法，而缺少这些因素则会造成绩效障碍。

经过我对 WLP 职业生涯所进行的分析的反思，发现三种或三种以上类别的组合最为多见和典型。例如，一个低效的工作流程，再加上缺乏足够的在职培训和技能不足，经常会被确定为导致绩效问题的原因。只解决这三个问题中的一个问题，仅会取得有限的结果或根本不会有结果。

需求分析是一项团队运动

需求分析启动一个进程，而这个进程将最有可能导致一个或多个解决方案的实施。实施解决方案并最终实现工作绩效提高，客户和其他利益相关者的参与非常必要。这里的“客户”是指对实现业务结果和绩效负有主要责任、能通过不同的内外部项目来实现并在这个过程中有能力得到相关权利者支持的人。客户与各员工群体一样，也处于一套严谨的指挥系统中，而且也需要被评估。通常，这意味着从项目开始一直到结束，一个或多个管理人员将需要积极参与评估过程。这些管理人员对于成功也负有重要责任。他们是决策者，我们是影响者。

设想这样一个类比：你和你的客户坐在某个旅程的同一辆汽车上。客户坐在司机位置，因为他是最终决定目标和路线的人。你坐在副驾驶的位置，影响着行进中的一些决定。但如果车上没有客户呢？你就失去了施加影响的机会，承担着失去客户对项目支持的风险，而这种支持对项目成功和持续是必要的。

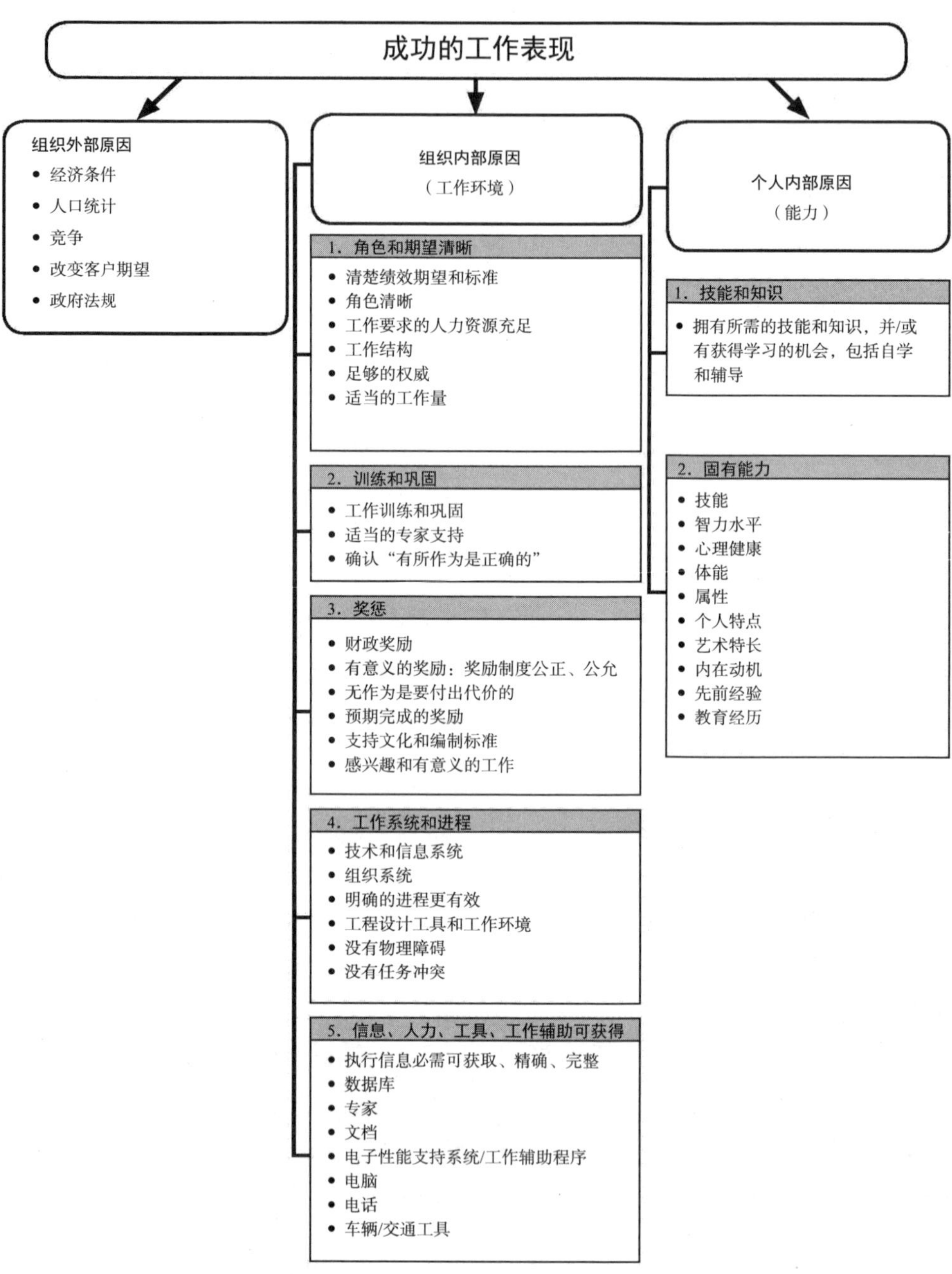

图 1　差距缩小器

数据必须转化为行动，否则只是研究而已

在当今竞争激烈和快速变化的世界中，组织过于注重采取行动，而对收集相关信息不太重视，因为可能进入众所周知的黑洞当中，以后再也杳无音信。只获得相关信息而从不采取行动，也会让员工和管理者质疑，因为他们贡献了自己的想法和时间来分析，但发现从来没有任何结果。

我认为，数据转化处理过程是一个我们把所发现的东西置入漏斗的过程，如图 2 所示。

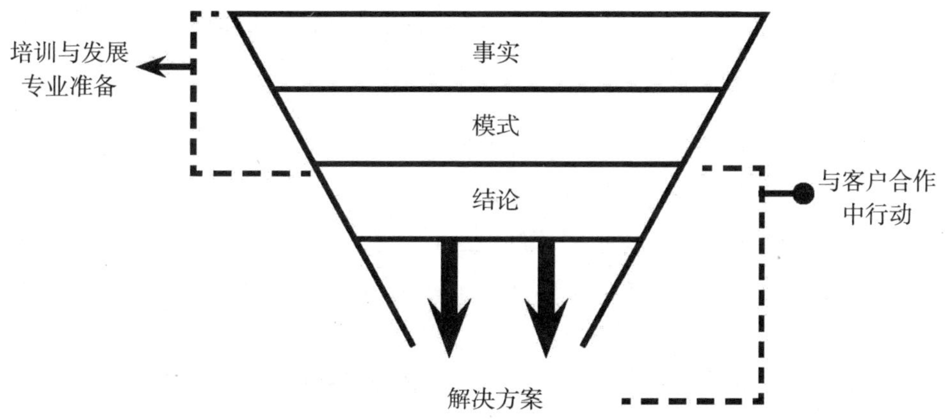

图 2　数据漏斗

我们一般先从获得的数以百计、千计的事实开始。这些都是不争的结果（例如，有 62%的受访者表示，他们在项目领导方面欠缺足够的技能）。为了将这些事实转化为有用的信息，我们需要将事实组织成逻辑模式。我们不是在解释信息，我们是让信息更容易被理解。例如，通过将信息放入一个表格，我们来组织所发现的结果，表格的第一列为等于或低于 3.0 的技能，表格的第二列为高于 3.0 的技能（均以 5 分为标准）。

然后，我们就准备下结论了。结论是多个结果组合成的有意义的描述。不存在正确或错误的结论，只是人们看事物的角度不同。设想一个 240 毫升玻璃杯中

盛有 120 毫升的水，是半空，还是半满？两个结论都是正确的，但也存在差异。涉及需求的解决方案，不同的结论可能导致不同的选择。因此，至关重要的是，决策者、客户从一开始就需要积极参与讨论，这样可以增加解决方案达成一致的概率。鉴于技能欠缺会造成问题，需要提出一个或更多的学习解决方案。然而，正如我前面指出的，技能缺乏在极少情况下是唯一原因；其他的解决方案需要讨论和商定。这些其他的解决方案将最有可能解决工作环境的挑战。做出有关解决方案的决定时，你已经成功地促进了数据结果转化为行动的过程。

需求分析可以快速和高效

进行任何分析时经常被提到的障碍就是会花太多时间。但我可以肯定地告诉大家，其实并非如此。你的实际投入取决于设计。下面我给大家提一些建议：

- **缩小范围。**限制需求评估目标的数量。根据“少即多”的原则进行操作。需求评估的目的应该是范围聚焦且具体。
- **使用自动化。**当前技术和软件无处不在，而且每年都在增加。快速调查，使用电子分析数据的方法传达给工作站和员工，是确保时间和成本有效的方法。
- **先文献检索再进行分析。**有很多可供我们使用的但可能需要进行评估的绩效领域的资料，如领导力、客户服务、项目管理等。尽可能地使用现成而非重塑的内容是高效分析的关键。同时，充分利用搜索引擎来获取相关信息、进行需求评估，使事情变得简单。
- **构建引发讨论的东西。**从本质上讲，我们应该开发一个原型来激励别人去思考，提供想法和建议。对于那些阐明自己想法或方案有困难的人，这种方法可以加快数据收集过程。

我确信的展望

正如前面所说，我在 2011 年年初正式退休，但是，如果你正在阅读这部分介绍，你的职业生涯可能正全速前进。我要说的是，成为一位真正会使他人的生活发生变化的专业人士，你是多么幸运。我还要强调，你正处于该领域的最佳时期，因为全球各地的领导者和管理者都在通过他们的语言和行为表明，人是一个组织中最大的竞争优势。因此，发展员工和管理者是必须进行的投资。作为培训与发展专业人士，你有责任确保在这项投资发生时，它有适当的理由并充分地确信：该投资将产生改进人力绩效的效果。需求分析是实现这一承诺的关键。

作者简介

达纳·盖恩斯·罗宾逊，"Partners in Change 有限公司"的创始人，她在这家咨询公司担任总裁近 30 年。在这期间，她为数百家组织提供咨询服务，支持它们为实现当前和长远的业务目标所做出的努力。达纳长久以来致力于将人力资源和学习职能从传统的战术重心转移到商业链接和战略职能上来。她与丈夫詹姆斯·罗宾逊合著了六本书，包括《绩效咨询》和《战略性业务伙伴》等。达纳与丈夫，以及杰克·菲利普斯（Jack Phillips）、帕蒂·菲利普斯（Patti Phillips）和迪克·韩肖（Dick Handshaw）等，于 2015 年出版《绩效咨询（第 3 版）》（中文版已由电子工业出版社出版）。在她的职业生涯中，她获得了无数的奖项。最近的 2013 年，她和她的丈夫获得了 ISPI 的托马斯·吉尔伯特（Thomas Gilbert）专业成就奖。达纳和詹姆斯住在北卡罗来纳州的罗利（Raleigh，NC）。他们的退休生活非常多彩，包括参加支持创业者的 SCORE 志愿者、旅行、为个人提升到大学去听课、骑自行车、与朋友和家人享受生活等。

参考文献

Robinson, D.G., and J. Robinson. (2005). *Performance Consulting: A Practical Guide for HR and Learning Professionals*, 2nd edition. San Francisco: Berrett-Koehler Publishers, Inc.

Rossett, A. (2009). *First Things Fast: A Handbook for Performance Analyses*, 2nd edition. San Francisco: John Wiley & Sons.

Rothwell, W.J. (2013). *Performance Consulting: Applying Performance Improvement in Human Resource Development*. San Francisco: John Wiley & Sons.

延伸阅读

Blanchard, K., D. Gaines, and J.C. Robinson. (2002). *Zap the Gaps: Target Higher Performance and Achieve It!* New York: William Morrow and Company.

Rothwell, W.J. (2013). *Performance Consulting: Applying Performance Improvement in Human Resource Development*. San Francisco: John Wiley & Sons.

第7章

需求评估如何与底线相符

罗杰·考夫曼（Roger Kaufman）

本章要点

- 讨论需求评估、战略规划和可衡量的成功
- 定义宏大（Mega）及其对需求评估和底线意味着什么
- 回顾与底线有关的进行需求评估的步骤

如果得到正确实施，需求评估能够与底线保持一致。此外，这里存在两个非常重要的底线：

- 一是企业利润表中显示的传统底线。
- 二是对个人、组织和我们整个社会产生效应和价值的社会底线。

两者都非常重要，通过向两个底线努力靠拢并对其做出贡献，可以进一步确保成功。本章确定哪些需求评估方法是可行的，每一种需求评估可以实现什么以及无法实现什么，并提供使需求评估与底线相符的指导。

定义和交付成功是需求评估的主要作用。适当的需求评估——在对满足需求所需成本与忽视需求的代价进行比较的基础上，来发现结果差距并对其进行优先级排序——能够更好地保证你的组织持续成功。需求评估可以提供进行战略规划、决策制订、设计、开发、实施、评估和持续改进的证据。可以肯定的是，需求评估能够为至少一个底线增加价值，最好的情况下可以为两个底线增加价值，这取

决于你使用哪种方法。

你可以选择需求评估方法（沃特金斯、利、考夫曼，1998），不同的评估方法将决定增加何种价值及给谁增加价值。选择基于你想得到什么样的结果，而不是通常的“这是别人用过的，他们说这种方法好”。只有基于证据且被证明具有价值的方法才应予以考虑。

需求评估、战略规划和可衡量的成功

由于存在三个层次的规划，因而也存在三个层次的需求评估。需求评估将为战略性思考和规划提供基本的证据——数据。从哪个层次开始决定你在传统底线或社会底线上得到的结果。每个组织都应该询问几个“承诺”的问题，回答会展现三个层次的结果：

- 社会结果和贡献（宏大）。
- 组织结果和后果（宏观）。
- 个人或团队的结果和后果（微观）。

一个组织应该回答的问题包括：

- 你承诺提供能为外部客户和社会增加可衡量的价值的组织贡献吗？（宏大/结果）
- 你承诺提供外部合作伙伴所要求的质量的组织贡献吗？（微观/输出）
- 你承诺产生内部合作伙伴所要求的质量的内部结果吗？（微观/产品）
- 你承诺产生高效的内部产品、方案、项目和活动吗？（进程）
- 你致力于创建和确保人力、资本和物质资源的质量和适当性吗？（输入）
- 你承诺提供具有积极价值的产品、活动、方法和程序吗？
- 你承诺提供根据你的目标而定义的结果和成就吗？

这些问题与组织要素模型相关，可以用来确定如果一个组织想实现两个底线和社会/宏大底线的结果必须考虑的问题。

什么是宏大及其与需求评估和底线有何联系

无论是从伦理的角度还是从现实的角度来看，宏大（Mega）的产生都是一个必需（摩尔，2010）。如果不向社会加入可衡量的价值，你就是在削减可衡量的价值（布鲁沃，2006）。社会附加值可以并且应该被衡量。“一个理想的愿景”（考夫曼，2011）已经在向几乎全世界的人发问中提出：“你想要为明天的孩子创造什么样的世界？”有趣的是，回答者并不总是老生常谈（在校的时间、医院的病床数量、计划的开支），而是不断地谈到了各种目的（健康、安全和幸福的家庭、生存）。从这些回答中，考夫曼（2012）发现了组织生命体征，即任何组织都会像医生可以帮助调节人的身体健康一样，以同样的方式运作。理想的愿景是宏大（Mega）的一种定义，关键标志的第一级提供了可衡量的标准，从而可以通过选出的变量对需求（结果方面的差距）进行评估。它为组织界定了一种理想愿景，并基于选择的不同理想愿景元素，你可以识别每一个以及所有的需求。你可以查看下面的工具栏，找到这类例子。

工具栏中的例子理想吗？当然。如果一个人并不致力于向完美迈进，他们想在哪里停止？他们将如何证明对于因为不去改进全人类状况而造成的人类和社会苦难所进行的分流是正当的？

宏大和理想愿景至关重要。宏大和理想愿景聚焦于组织对于外在世界增加了什么价值。尽管单独查看传统绩效结果很方便，但德鲁克（沃森，2002）建议：“所有的价值都是组织外部产生的；组织内部只有成本。”传统绩效结果只会抓住组织生存和贡献的一个维度。

一个通用的组织理想的愿景——宏大及相关关键标志

理想的愿景——宏大：没有任何生命的损失；没有在福利、自足水平、生活质量上的降低。成功指标或关键标志包括以下两个层次。

第一个层次——所有人的基本生存：

- 零污染——不存在人类环境的永久性破坏。

- 不存在因为我们提供的产品或服务而造成的死亡或终身残疾。
- 不存在能导致死亡或丧失工作能力的饥饿或营养不良。
- 不存在能导致死亡或致残的身体或心理伤害的伴侣或配偶虐待。
- 不存在能导致死亡或丧失工作能力的疾病或伤残。
- 不存在能导致死亡或丧失工作能力的药物滥用。
- 不存在谋杀、强奸、暴力犯罪、抢劫、诈骗或财产破坏。
- 不存在能造成个人或群体死亡或丧失行为能力的战争、暴乱、恐怖或内乱。
- 不存在能导致死亡或丧失工作能力的意外事故。
- 公民能实现和维持积极的生活品质。

第二个层次——组织的生存：

- 有源源不断的资金或利润。
- 在不违反第一个层次要求的前提下，所有的程序、项目、活动和运作都符合所有的绩效目标。

需求和需求评估

组织应该从宏大与结果、宏观与输出和微观与产品这三个层次收集需求。具体是指，组织可以对关键标准中提出的每一个变量进行评估。这些数据能使组织基于证据进一步推进战略思考和规划，也便于做出有用、有效的决策并提供评估的基础。（格拉-洛佩兹，2007，2008）。

至关重要的是，如图 7-1 所示，需求是一个名词，被定义为结果方面的差距，而不是在资源或流程方面的差距。需求可以而且应该在三个层面结果上进行评估。需求是目前的结果与预期的结果在三个层面（宏大、宏观和微观）上的差距。需求评估是选择、消除或减少培训内容时对需求进行判定和优先选择的过程。组织可以基于对忽视需求的代价与满足需求的成本两者的比较，来对各种需求进行优先级排序。

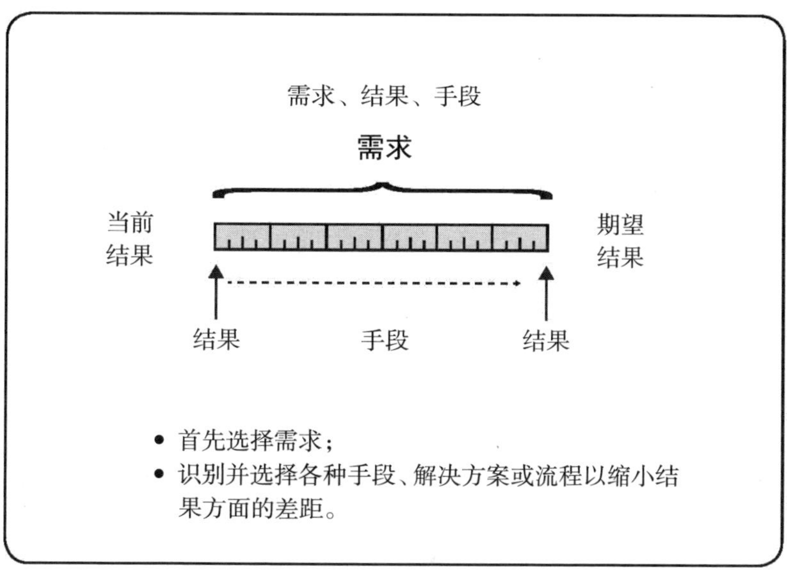

资料来源：考夫曼（2011），《经理人员宏大思考和规划袖珍指南》.Amherst，MA：HRD 出版社。

图 7-1 需求的定义

需求一旦确定，我们就可以借助需求评估摘要格式表来找出结果方面的差距和缩小这些差距的可能方法（有待满足的需求一旦确定后就应该考虑），来进一步明确需求，如表 7-1 所示。这些数据有助于实施战略规划和决策。

表 7-1 需求评估摘要格式表

目前结果	可能的手段	要求的结果	相关的理想愿景元素	需求级别聚焦		
				宏大级	宏观级	微观级

如果你想对两个底线（传统和社会）增加价值，请从宏大的等级开始进行需求评估。如果你只打算对组织的传统绩效结果增加价值，请从宏观级或微观级开始进行需求评估，但要注意到，狭窄的聚焦范围可能不会为社会增加价值或保持组织的长期增长。

确保需求评估将增加底线的价值

每个冲动和渴望都有需求评估。我们说过，存在三种类型的需求评估，另一种虽然被称为需求评估，但实际上是一个解决方案评估。因为“需求”是结果方面的差距，所以有三种类型的需求评估，如图 7-2 所示。该图显示了与组织要素模型相关的不同的需求评估。

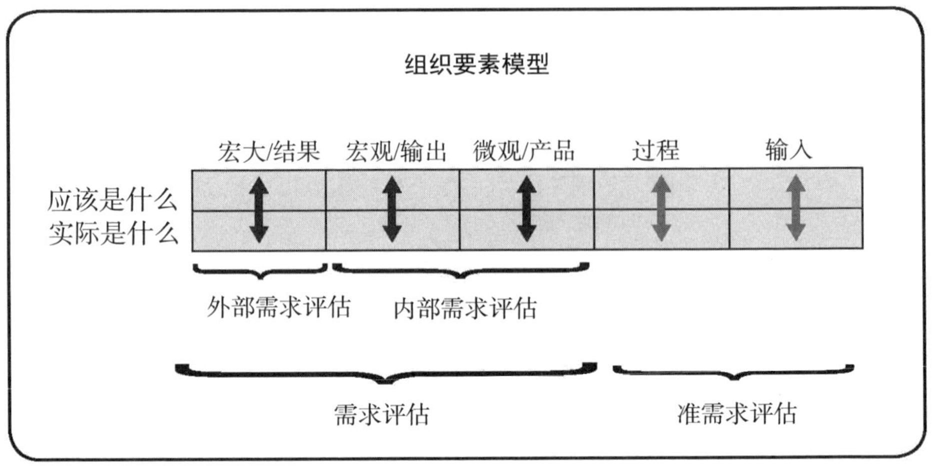

资料来源：考夫曼（2006），《改变、选择和后果：宏大思考和规划指南》，Amherst，MA：HRD 出版社。

图 7-2　三种类型的需求评估和一个准需求评估

使用内部需求评估或准需求评估来进行战略规划是有风险的。内部需求评估可能会对传统底线增加价值，但随着时间迁移，并不对社会底线增加价值。根据戴明和朱兰（考夫曼引用，2011）的观点，如果从“培训需求评估”（它是准需求评估，因为培训是一种手段，而不是目的）开始，你十有八九是错误的。

表 7-2 为选择一个合适的需求评估提供了指南，在选择时，要根据不同条件选择适当层级的需求评估。它还比较了各种知名的模型，用来精准定位你的组织以及你希望从需求评估中得到的分析能力。

表 7-2 需求评估层级和框架

需求评估层级	当组织有以下行为时使用该层级的评估	相关的需求评估模型	分析能力
宏大	• 认识到组织所用、所做、所生产和交付之间应保持一致并应为内外部客户（包括社会）增加价值 • 想确保长期生存和盈利能力 • 正在制订战略规划 • 采取持续的战略思考文化 • 面临着重大变革、威胁或机会	• 考夫曼的组织要素模型	• 考夫曼的组织要素模型使用一系列分析工具，来进一步了解差距和解决方案的要求 • 分析工具 —成本-后果 —方法-手段 —SWOT
宏观	• 认识到组织所用、所做、所生产和交付之间应保持一致并应为内外部客户增加价值 • 假设（而不是确保）它可以为客户增加价值 • 想确保在短期内盈利 • 正在制订战术规划	• 考夫曼的组织要素模型 • 朗姆勒的 AOP 模型	• 朗姆勒的 AOP 模型描绘了全面分析过程，该过程把组织或业务问题与关键工作问题和关键流程问题相关联，包括偶然因素
微观	• 认识到组织所用、所做、所生产和交付之间应保持一致性并应为内部利益相关者增加价值 • 假设（而不是确保）组织所生产的为组织及其他方增加价值 • 引入会对工作要求有影响的变革 • 正在发生与特定岗位或工作人员相关的充满挑战的征兆 • 正在制订经营规划	• 考夫曼的组织要素模型 • 朗姆勒的 AOP 模型 • 哈勒斯的 FEA 模型 • 梅格和皮普模型	• 哈勒斯的 FEA 模型描述了一个综合的分析过程，该过程将个人绩效差距和偶然因素相关联 • 梅格和皮普模型将人的绩效差距与偶然因素和潜在解决方案相关联

续表

需求评估层级	当组织有以下行为时使用该层级的评估	相关的需求评估模型	分析能力
准需求评估	• 认识到组织所用、所做、所生产和交付之间应保持一致 • 假设（而不是确保）组织所用和所为可以为股东及其他方增加价值 • 正在发生与流程或资源有关的充满挑战的征兆 • 即将实施新的流程或资源 • 正在制订资源规划	• 考夫曼的组织要素模型 • 朗姆勒的 AOP 模型 • 吉尔伯特的 BEM 模型 • 哈勒斯的 FEA 模型 • 罗塞特的 TNA 模型 • 梅格和皮普模型	• 吉尔伯特的 BEM 模型在个体绩效差异确定之后使用，提供了一种系统分析方法 • 一旦在需求评估后，培训被确定为所需要的解决方案，就可以使用罗塞特的 TNA 模型

那么，基于为底线增加价值，你应该选择哪一种呢？表 7-3 提供了一个可能的决策指南。

表 7-3　需求评估能增加价值底线的概率

需求评估的出发点	需求评估的命名	增加社会底线价值的可能性	增加传统底线价值的可能性	所用计划的类型	绩效指标样本
宏大/结果	外部需求评估	高	高	战略型	个人和群体生存、自给自足、生活质量、安全
宏观/输出	内部需求评估	中	高（持续时间短）	战术型	传统的 ROI、净利润、价值收益份额（最高线）、品牌价值、智力资本
微观/产品	内部需求评估	中	中（持续时间很短）	运营型	质量、检测合格、有能力的员工、ISO 证书

续表

需求评估的出发点	需求评估的命名	增加社会底线价值的可能性	增加传统底线价值的可能性	所用计划的类型	绩效指标样本
过程/方法/活动/项目	培训或运营需求评估	低	中（持续时间很短）	效率型	培训、计划、需求评估、质量管理、团队建设、收集顾客满意数据
资源	审计需求评估	非常低	低	资源型	人力资本、物理资源、建筑、设备
评价	反应评估	低	低	反应型	哪些有效及哪些无效

如果你的组织打算生存、壮大，首先应该评估社会底线。这既是现实需要，也是道德层面的要求（戴维斯，2005；摩尔，2010）。但是，如果碰上一个不想从宏大层面考虑，而想从传统商业状况做起（从宏观层面考虑）的老板呢？一种方式是使用战略规划协议，如表 7-4 所示。在表 7-4 中，一些结果和后果问题要求规划者用“是”或“否”来回答。

表 7-4　每个问题需要承诺“是”或“否”的战略规划协议

	承诺			
	客户		规划者	
	是	否	是	否
1. 整个组织将有助于客户和社会的生存、健康和福祉				
2. 整个组织将有助于客户和社会生活质量提升				
3. 客户和社会生存、健康和福祉将成为组织及其各机构的任务目标				
4. 每个组织操作功能包含有利于 1~3 的目标				
5. 每个作业/任务包含有利于 1~4 的目标				
6. 需求评估将确定并记录在 1~5 运营层面的任何结果差距				
7. 人力资源、培训和/或运营方面的要求将根据步骤 6 中确定和选择的需求确定				
8. 第 6 步的结果可能提出人力资源开发/培训之外的干预措施				
9. 评估和持续改进的结果将与 1~5 中的目标进行比较				

通过获得对每个问题的积极回应，该系列的九个问题让人们开始了解如果不

从宏大开始及不基于合适的需求评估制订决策将意味着什么。如果他们坚持，会发生什么？既然你已经提供了“知情同意书”，主管就不能因产生的后果而责备你。帮助管理层理解在一头扎进一个解决方案（如培训）之前他们应该使用哪些数据，这既是道德的要求，也是实践的要求。

从泰坦尼克号事件中尚能吸取的教训

1912 年，皇家游轮泰坦尼克号是白星舰队的骄傲。它被设计成不会沉没的轮船，因此也是最安全的轮船（此意图确实宏大）。该轮船由哈兰德与沃尔夫造船厂建造，他们在设计中应用了最新的技术（过程和技术）。轮船被划分为 16 个舱壁，并用 11 个垂直关闭水密门在水面以上延伸，这些垂直关闭水密门可以在紧急情况下封锁船舱（产品）。这艘轮船配备了保证轮船通信的两个 1.5 千瓦的火花隙的无线电报设备（产品）。泰坦尼克号是国际领先的轮船，设置了安全（宏大）和豪华（过程）标准。

它携带 20 艘救生艇，只可容纳 1 178 名乘客的 1/3。这符合规定，并符合当时法律和标准（基准）。其首航是跨越大西洋的旅程，途经英国南安普敦、法国瑟堡、爱尔兰皇后镇和美国纽约。1912 年 4 月 10 日，泰坦尼克号的处女航在中午开始。它在一个阴天离开皇后镇，驶向纽约（微观/任务）。船员皆训练有素（过程），一切都进展顺利（过程）。

前三天在风平浪静中度过，没有发生任何事情；随后船员开始从其他船舶那里接收到一系列的警告（输入）：在纽芬兰大浅滩附近有冰山。虽然轮船没有尝试去创造速度纪录（产品），但计时是一个压倒一切的优先项；并根据现行海事惯例（宏观/任务），通常认为轮船可以全速前进，因为冰块不会对大船构成什么危险（标杆、最佳实践）。人们认为，船只建造过程已经考虑了不会下沉或沉没（输入）。

4 月 14 日 22 时 40 分，舰桥接到绕过障碍的警报。轮船开始后退（过程），但为时已晚。泰坦尼克号在 15 日 2 时 20 分撞上冰山，并很快沉没。令人难以想象。该轮船是达到甚至超越了当时的制造标准的。救生艇的数量尽管不足，但也符合要求。所有传统的智慧也都被证明是错误的。所有的程序和方法都是“最先进的”，所以轮船会很安全，尽管拥有这个出发点，但一切都出错了。

资料来源：http://en.wikipedia.org/wiki/RMS_Titanic，2013 年 10 月 1 日。

强烈的愿望与成就

阅读上面有关泰坦尼克号的内容，泰坦尼克号的业主看起来拥有良好的愿望，但没有以可衡量的宏大指标，而只是以宏大的意图开始。所有的方法、过程、活动和资源都没有基于确认目前是什么和实现真正的宏大之后应该是什么之间的差距。业主对比于当前的最佳实践，并且把一切（产品）建造成传统的和可被接受的。操作任务是在正确的时间到达目的地，这个任务也驱动着旅程，而不是“活着到达”。虽然每个人都能达到工作规范要求，但船员们还没有准备好如何对下沉做出回应。尽管他们在日常工作中训练有素，但在实际的紧急情况下，谁也不知道该怎么做。宏大通常是被谈论而不是被计划的，而且由于他们没有可衡量的安全和宏大定义，因此他们在命运多舛的首航中没法评估需求——结果的差距。

当然，谴责到处都是，但往往不是针对直接指挥的人。同样的事情在哥斯达黎加康科迪亚号（Costa Concordia）沉船事件中再次发生，队长指责船员造成了轮船沉没。如果老板告诉你做什么，你不同意，你通常会受到指责。

两个底线的需求评估

一旦知道组织将进行哪些需求评估，你就可以开始完成它的步骤。

进行宏大需求评估的步骤

为了确保需求评估能在社会底线上增加可衡量的价值，请按照下列步骤，并指定日期和负责每个步骤的个人。

- 确定组织想要提供和不断接近的理想愿景（一个或多个），包括其对外部客户和社会生存、生活质量影响的指标。
- 确定组织的当前状态，以及其对外部客户、社会生存和生活质量的影响。
- 根据忽视需求的代价和满足需求的成本比较的结果，将理想愿景与当前状态之间的宏大层级差距（需求）置于优先地位。
- 书写一个和任务目标相联系的理想愿景，包含为决定采取的每个步骤设定的自我目标（如五年或更长时间以后你会成功做成什么）。

- 把你的任务目标分解成功能性的小目标。
- 为了一致性，向你的客户展示宏观层级需求。
- 列举实现你的宏大层级需求（一个或多个）的可替代的方式方法，识别每个方式方法的优缺点。

在本书网站（www.astdhandbook.org）上提供了进行宏大需求评估的模板和指南，可供下载。

进行宏观需求评估的步骤

如果你的组织专注于传统底线，请遵循下列步骤，并指定日期和负责每个步骤的人。

- 明确组织提供给外部客户的产品的期望质量（请记住，从这里开始假定你已经链接到理想愿景）。
- 确定组织提供给外部客户的工作绩效方面的质量。
- 列出确定的达成一致的需求（一个或多个）。
- 使宏观层级确认的需求与理想愿景和你的组织使命相符。
- 根据忽视需求的代价和满足需求的成本比较的结果，将宏观层级的需求置于优先地位。
- 向你的客户展示宏观层级的需求以获得对方同意。
- 列举实现你的宏观层级需求（一个或多个）的可替代的方式方法，识别每个方式方法的优缺点。

在本书网站（www.astdhandbook.org）上提供了进行宏观需求评估的模板和指南，可供下载。

图 7-3 提供了一个指导你定义、选择和使用需求评估的工作辅助（需求评估将提高你增值这两个底线的可能性），这个工具还能在你连接两个底线并使之一致的时候帮助你检查三个层级的结果。可在本书网站（www.astdhandbook.org）上查找该工作辅助。

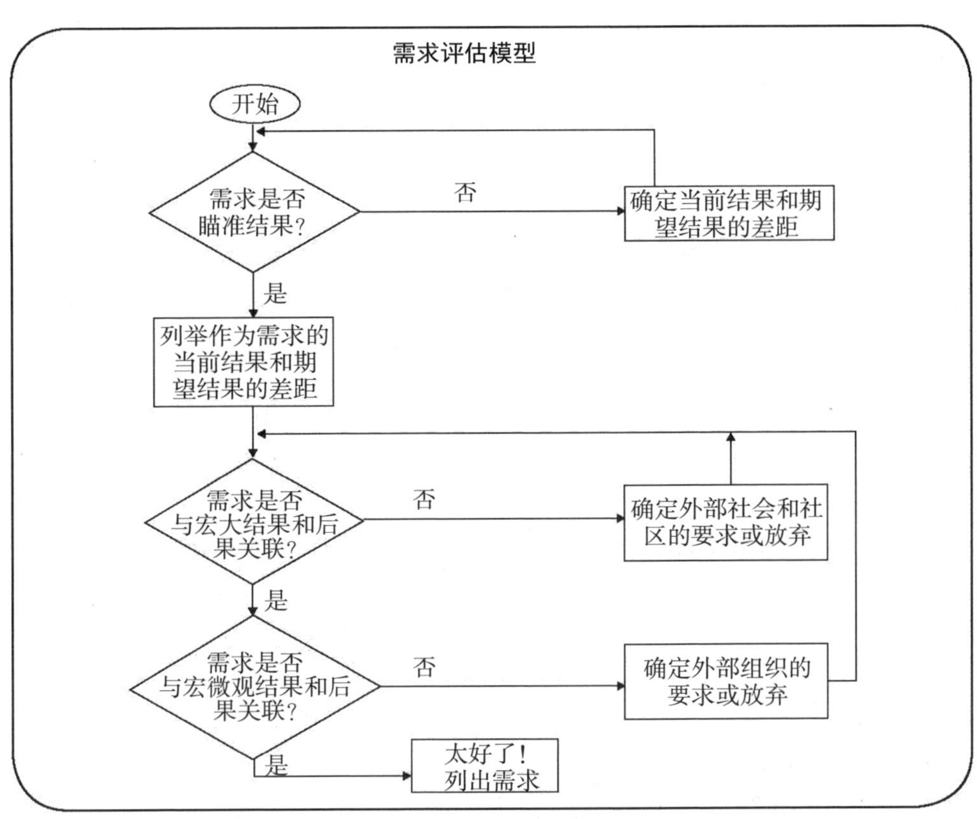

资料来源：考夫曼（2013），《经理人员宏大思考和规划袖珍指南》，Amherst，MA：HRD 出版社。

图 7-3 确保需求评估将为传统和社会底线的价值增加提供有效数据

选择和底线

你可以选择为一个或多个底线的增值寻找有效数据。如果你选择传统方法如商业案例，来满足你的需求，并且你愿意承担无法提供可持续的结果所带来的后果，那就选择宏观需求评估。如果你想更好地确保你和你的组织生存和茁壮成长，那就选择宏大需求评估。需求评估的选择在于你自己。

作者简介

罗杰·考夫曼，博士，CPT，佛罗里达州立大学名誉教授，索诺拉理工学院（Sonora Institute of Technology，墨西哥）特聘研究教授。他曾获得 ASTD 职场学习与绩效杰出贡献奖。他是 ISPI（国际绩效改进协会）的创始人、前任主席、终身荣誉会员和托马斯·吉尔伯特奖得主。他出版了 41 本著作，发表了超过 285 篇关于战略规划、绩效改进、质量管理和持续改进、需求评估、管理和评估的论文。他在国际范围内的许多公共、私人和非政府组织担任咨询工作。他在佛罗里达州创建了需求评估和规划中心，主要开展应用研究和开发。文献中经常将其称为“需求评估之父”。他是美国心理学协会研究员及美国教育研究协会研究员。

参考文献

Bernardez, M. (2009). Minding the Business of Business: Tools and Models to Design and Measure Wealth Creation. *Performance Improvement Quarterly*, 22(2):17-72.

Bernardez, M., R. Kaufman, A. Krivatsy, and C. Arias. (2012). City Doctors: A Systemic Approach to Transform Colon City, Panama. *Performance Improvement Quarterly*, 24(4),41-60.

Brethower, D. (2006). *Performance Analysis: Knowing What to Do and How*. Amherst, MA: HRD Press.

Davis, I. (2005). The Biggest Contract. *The Economist*, 375(8428):87.

Guerra-López, I. (2007). *Evaluating Impact: Evaluation and Continual Improvement for Performance Improvement Practitioners*. Amherst, MA: HRD Press.

Guerra-López, I. (2008). *Performance Evaluation: Proven Approaches for Improving Program and Organizational Performance*. San Francisco: Jossey Bass.

Kaufman, R. (1976). *Needs Assessment*. San Diego, CA: University Consortium for Instructional Development and Technology.

Kaufman, R.A. (1981). Determining and Diagnosing Organizational Needs. *Group and Organizational Studies*, 6(3):312-322.

Kaufman, R. (1991). *Strategic Planning Plus: An Organizational Guide*. Glenview, IL: Scott Foresman, Division of HarperCollins.

Kaufman, R. (1998). *Strategic Thinking: A Guide to Identifying and Solving Problems. Revised*. Washington, DC, & Arlington, VA: The International Society for Performance Improvement and ASTD.

Kaufman, R. (2000). *Mega Planning: Practical Tools for Organizational Success*. Thousand Oaks, CA: Sage Publications.

Kaufman, R. (2006). *Change, Choices, and Consequences: A Guide to Mega Thinking and Planning*. Amherst, MA: HRD Press.

Kaufman, R. (2011). *The Manager's Pocket Guide to Mega Thinking and Planning.* Amherst, MA: HRD Press.

Kaufman, R. (2012). Defining and Applying Organizational Vital Signs for Creating a Better Tomorrow. *Leader to Leader*, 65:21-26.

Kaufman, R., and I. Guerra-López. (2013). *Needs Assessment for Organizational Success.* Alexandria, VA: ASTD Press.

Moore, S. (2010). *Ethics by Design: Strategic Thinking and Planning for Exemplary Performance, Responsible Results, and Societal Accountability*. Amherst, MA: HRD Press.

Sample, J. (2007). *Avoiding Legal Liability for Adult Educators, Human Resources Developers, and Instructional Designers*. Malabar, FL: Krieger Publishing Company.

Watson, G.H. (2002). Peter F. Drucker: Delivering Value to Customers. *Quality Progress*, 55-61.

延伸阅读

Bernardez, M. (2009). Minding the Business of Business: Tools and Models to Design and Measure Wealth Creation. *Performance Improvement Quarterly*, 22(2):17-72.

Bernardez, M., R. Kaufman, A. Krivatsy, and C. Arias. (2012). City Doctors: A Systemic Approach to Transform Colon City, Panama. *Performance Improvement Quarterly*, 24(4):41-60.

Kaufman, R. (2011). *The Manager's Pocket Guide to Mega Thinking and Planning.* Amherst, MA: HRD Press.

Kaufman, R., and I. Guerra-López. (2013). *Needs Assessment for Organizational Success.* Alexandria, VA: ASTD Press.

第 8 章

数据收集和评估：寻找适合的工具

伊桑·桑德斯（Ethan S. Sanders）

本章要点

- 了解数据收集的基本规则
- 理解测量的主体、内容和方法
- 知道不同工具的优缺点

我们可以通过一则笑话来一瞥数据收集的话题。

> 六年级学员："妈妈，我在数学考试中得了 100 分。"
> 妈妈："那太好了。"
> 六年级学员："遗憾的是，试卷上有 200 个问题。"
> 妈妈："哦，对此我感到遗憾。"
> 六年级学员："但是我的成绩是班级第二名。"
> 妈妈："那太好了。"
> 六年级学员："但只有两个人参加了那天的考试。"

就像生活中的大多数事情一样，孩子们经常能够证明我们在工作场所看到的情况。我们常会看到一些缺乏相关性的"企业统计数据"，而这种相关性对于根据数据的意义做出合理判断是很有必要的。数据收集的第一个（也是最重要的）规则就是，只收集那些具有明确目的并能够帮助组织回答有关其运作的根本问题的信息。第二个规则是，每次都要制订一个包括完善的数据收集策略的数据收集计划。本章将探讨一些数据收集的基本规则，并重点介绍一些必须被纳入数据收集策略的重要注意事项。为了有效地收集数据，培训和发展从业人员必须知道他们正在测量的对象、正在测量的群体、不同的测量工具的优缺点，以及如何分析和呈现这些数据。这些主题将在本章中进行分别讨论。

知道你正在测量的内容

“必须采取某种行动的强烈信念是许多糟糕措施的起源。”

——丹尼尔·韦伯斯特（Daniel Webster）

研究的问题

所有好的研究都开始于研究者（或机构）一直试图回答的某个基本的问题。研究问题描述了调研的实施者、内容、地点、时间、原因和方法。在社会科学领域，研究的问题可能是：“如果低收入群体获得更多的教育，他们会更快获得就业机会吗？”在自然科学领域，研究的问题可能是：“DNA 分子的蛋白控制会减少癌细胞形成吗？”而对于解决 T&D 问题，正在开展的研究类型一般属于社会科学范畴。因此，研究问题往往看起来与第一个例子更像。此外，由于组织是一个复杂的经济和社会系统，研究的问题越具体，数据收集工作就会越具有针对性。研究问题必须涵盖以下几个部分：

- 评估的主体（需要评估两个或多个变量之间的什么关系）；
- 用于测量评估对象的数据来源（根据什么数据集合进行评估）；
- 评估对象的标准（成功是何时或通过什么优良手段进行测量的）。

一个好的 T&D 研究问题的例子是：“根据对贷款申请报告的测量，新的绩效薪酬系统会把员工办理的贷款数量增加 15%或以上吗？”

乔·哈勒斯

乔·哈勒斯（Joe Harless）是人力绩效技术（HPT）的早期研发者之一，也是托马斯·吉尔伯特的学员。他继承了吉尔伯特对绩效的诊断方法，认为找到解决办法的最好方法之一是首先揭示问题的起因。

哈勒斯发现，如果分析是在项目前端而不是在最后完成，大多数项目将受益。他也首创了前端分析（Front-End Analysis）这一术语。与吉尔伯特一样，哈勒斯也推导出了自己的绩效方程。

哈勒斯的方程式表明绩效（P）等于员工的固有能力（IC）、技能和知识（S，K）、动机和激励（M，I）、环境支持（E）之和；该公式可表示为 P = IC +（S，K）+（M，I）+ E。哈勒斯也是最先强调工作支持作用的人之一，是提议将工作辅助作为培训解决方案一部分的一位支持者。

哈勒斯的著作《一盎司的分析（值得一英镑的目标）》（1975）概述了他的绩效改进流程，它强调了组织调整的重要性，并对培训解决方案进行持续衡量，以评估其在解决绩效差距方面的有效性。绩效改进流程指出了培训师需要做什么才能真正解决绩效问题。

在上述例子中，要注意到研究问题的主题是“绩效薪酬系统”对员工工作效率的影响。该标准是“增加 15%的贷款办理数量”，而数据来源是“贷款申请报告”。

考虑一下，如果研究问题变成，“根据每年的员工满意度调查，新的绩效薪酬系统能够把员工的士气提高 15%或以上吗”，数据收集工作会发生多大改变。

尽管研究问题的标准（15%）没有改变，主题部分也保持不变（仍旧测量新的绩效薪酬系统的影响），但是这两个研究问题存在相当大的差异。第二个研究问题关注新的绩效薪酬系统对员工士气的影响，而不是对员工工作效率的影响。数据来源是年度员工满意度调查。该差异将极大地影响数据收集策略。数据收集工作的焦点现在集中于验证员工的意见和尝试把感知的变化和绩效薪酬系统联系起来。在一般情况下，培训和发展从业人员当前需要解决的是比第一个研究问题更主观、更相关的信息问题。虽然提出清晰和简洁的研究问题是非常具有挑战性的，但如果对于研究对象没有一个清晰的图景，数据收集工作很可能迷失方向。

目标的层次

一个组织内的各种目标是非常有趣的。它们往往是多层次的，并常常随研究该目标的人的视角发生变化。正如盖里·朗姆勒（1990）在他的开创性著作《改进绩效》中强调的，组织内的目标存在三个层次：组织目标、流程目标和个人目标。为了实现最佳绩效，这三个层次的目标必须保持一致（见图 8-1）。

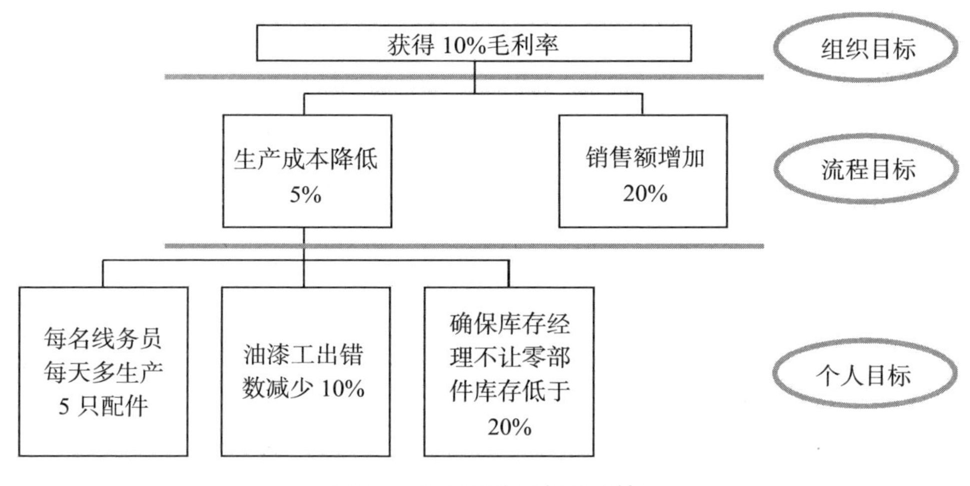

图 8-1　不同层次目标的比较

例如，如果组织目标是“达到 90%的客户满意度”，需要完成的流程目标可能就是“所有产品在接单 24 小时之内准备装船”，个人目标可能就是“在装船日期前以 98%的准确率完成表格填写”。

进行数据收集工作时，有必要仔细考虑需要首先测量哪个目标层次，以及可能需要测量几个层次的目标。例如，如果一个 T&D 项目的目标是缩短向客户交付课程花费的周期，这将是一个流程目标（因为需要检查的是教学设计过程）。通常使用的测量指标的类型包括：① 创建课程大纲的时间；② 大纲审批花费的时间；③ 开发课程需要的时间；④ 完善课程需要的试讲次数。

也就是说，数据收集工作需要详细规划出整个设计过程的所有步骤，并计算出每个步骤需要的时间。反过来，如果需要检查一门课程的客户满意度或利润（这将是一个组织目标），其测量指标的类型包括：① 该课程实际与预期的设计预算；② 1 级和 2 级评估结果；③ 课程资料的总销售额。表 8-1 显示了这些区别。如果项目涉及使个人、流程和组织目标保持一致，变量的数量（和数据集合的数量）将增加。

表 8-1　测量和数据收集技术的样本类型

	目标描述	典型的测量指标类型	数据收集
组织	解决全球饥饿	• 没有足够食物的群体的数量 • 养活此群体所需食物的数量 • 目前提供养活该群体的食物的组织数量 • 所需食物的吨数与可供给的食物吨数	• 检查与食品吨位有关的历史数据 • 检查各种救灾机构的运营能力 • 目标人群食物需求的新闻报道、联合国的报告等
流程	在一周内补满所有食品库存	• 当前此过程中的步骤 • 每个步骤需要的时间 • 最费时的步骤 • 团队成员对于改善过程中哪些步骤已有成熟的观点	• 运营手册的检查 • 访谈救援机构的工作人员 • 各个过程步骤的观察 • 工作表现记录的检查 • 救援机构工作人员的焦点小组
个人	将码头工人装卸时受损物品的数量降低 50 个百分点	• 因地区、位置或个人造成的损坏率 • 团队人员对于损坏原因的观点 • 任务等级的难度	• 损坏报告的检查 • 对模范员工与普通员工的观察 • 损坏发货的检查 • 开展工作任务分析

标准和测量指标

一旦 T&D 专业人士拥有一个清晰的主题问题，以及对他正在对哪个层次（个人、流程或组织）的绩效进行评估有一个基本的认识，下一个步骤就是清楚地确定如何对该主体/受试者进行评估。而评估会涉及两个要素：标准和指标。指标描述的是标杆被设置的高度；标准描述的是标杆本身。表 8-2 介绍了绝对和相对标准之间的差异、客观和主观测量指标之间的差异。

一种有助于思考标准和指标的方法，是将它们等同于举证责任的法律概念。在法律制度中，举证责任根据罪行有所差异：在刑事审判中，举证责任超越合理怀疑；而在民事审判中，举证责任是证据占优势。随着罪案严重性的增加，举证责任也会增加。这同样也适用于 T&D 数据收集，但这取决于基于数据收集的结果的最终决定。当影响重大时，利益相关者需要更具说服力和严谨的数据收集形式来支持他们的决策。如图 8-2 所示，为了实现高度严谨性（以及区隔 T&D 项目影响的能力），你必须使用先进的评估设计（如时间序列或对照组），必须测量结果（无论是柯克帕特里克四级评估还是菲利普斯的 ROI）。表 8-3 定义了不同类型的评估设计，这些设计可以被用来增加评估方案。

表 8-2　绝对和相对标准之间的差异、客观和主观测量指标之间的差异

	绝对标准	相对标准
	例如：我想制造 10 个部件	例如：我希望比我的同事鲍勃制造更多部件
客观测量指标 例如：平均每小时制造的部件	例如： • 每小时制造 10 个部件 • 接到教练任务分派的 24 小时内要求新任务 • 在最后期限前完成所有 HPI 项目	例如： • 每小时比鲍勃多制造 10 个部件 • 至少比所有其他教练快 1 小时要求新任务 • 完成完整项目的速度比平均快“5”
主观测量指标 例如：调查中的客户满意度平均得分	例如： • 有 90%的顶级客户表示他们喜欢我们的部件 • 从教练所分配任务的相关派遣中获得 80%的审批率 • 主管“强烈同意”所有 HPI 项目是准确的	例如： • 顶级客户的满意度相比其他竞争对手至少要高出 15 个百分点 • 在所有教练中获得最高的满意度，达到“5” • 获得最高主管精确度评级

资料来源：菲利普斯（1994，1997，2001），《投资回报测量》，载《行动案例研究系列》卷 1、2 和 3 中，Alexandria，VA：ASTD 出版社。

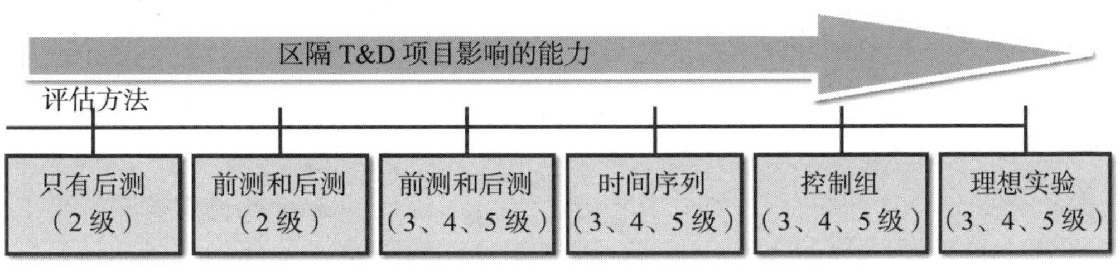

图 8-2　不同类型的评估设计

表 8-3　评估设计

评估设计	特　点
单次案例研究	• 单组 • 只进行后期评估 • 不提供基线测量
单组，前测	• 单组 • 进行前期和后期评估 • 允许评估可测量的知识和/或绩效
对照组	• 两组 • 参与者已经属于给定组（例如，对比“A 区”销售人员和 “B 区”销售人员，而两组相当类似） • 只有一组接受培训，另一组不接受培训 • 进行前期和后期数据收集
理想实验	• 两组或三组 • 参与者被随机分配到一个组 • 只有实验组接受学习干预；对照组不接受学习干预 • 两个小组都接受前期和后期评估
时间序列	• 一组或两组 • 可以包括或不包括对照组 • 项目实施前后的多重措施提供初始结果和长期结果

请记住，所有的数据收集工作都是试图评估“A 会造成 B 吗”或“A 和 B 有关系吗”。评估是为了确定某些解决方案（甚至是缺少某些方案）是否已对人力绩效的某些方面产生了预期效果。根据人力绩效问题的严重程度（或解决办法花费的费用高低），举证责任也会相应增加。例如，如果数据收集工作只集中于确定员工的满意度，相对标准和主观测量指标基本就足够了。可以通过问这样的问题来收集数据，比如：“与去年同期相比，你在如今工作的这家公司工作感到更快乐吗？”这个问题是询问幸福感的主观测量指标，并要求受试者做一个与一年前的相对比较。也可以询问与其他员工的相对比较。（例如：“和你的大多数同事相比，你在这里工作感到更快乐吗？”）

如果此数据收集的最终目的是帮助人力资源经理决定某项旨在提高员工积极性的解决方案是否应该继续下去，员工的主观和相对反应可能就足够了。然而，如果其目的是确定过高的员工流失率的原因，而员工流失已造成公司每年数百万美元的损失，简单地捕捉这些主观和相对的反应可能是不够的。“举证责任”已经增加，因此令人信服的改变理由需要更多的绝对标准，再加上更多的客观指标。这可能包括如今的员工流失率及去年同期的数据（绝对标准、客观指标），查看公司对员工的补偿是否公正的工资分析（绝对/客观数据），以及离职面谈数据（更倾向于相对的主观数据），以帮助佐证这些数据。

尽管开发一个仅仅依靠绝对标准和客观指标的测量系统是不可能的，但其目标应该是标准和指标的良好结合，并总是试图尽可能找到更多的绝对数据和客观数据（见图 8-3）。

举证责任		绝对标准	相对标准
高	客观指标	# 1 选择	# 3 选择
低	主观指标	# 2 选择	# 4 选择

图 8-3　标准和指标的理想结合

知道你正在测量谁

“我愿尽余之能力与判断之所及，遵守为病家谋利益之信条，不做各种害人及恶劣行为。”

——希波克拉底誓言

这句话在医学界已经被信奉了数千年。虽然培训和发展从业人员一般都不会对其数据收集做军令状似的保证，但同样的原则也必须坚持。人力绩效问题的数据收集需要对该调查行为可能对目标人群造成多大的创伤进行审慎评估。例如，调查不应该具有侵扰性，因为受访者可以选择是否参与调查。同样，采访和焦点小组的要求通常也不应给受访者造成焦虑，因为受访者可以控制自己的回答。

然而，在焦虑范畴的另一端，如果观察和文件分析不能被妥善处理，就可能造成严重的影响。观察行为总是带着窥探的意味（即使拍摄对象被告知因为他们是模范员工才被选择作为观察对象）。

同样，在文件柜内翻找员工绩效问题的实证证据的行为肯定也会引起一些不安。一般情况下，数据收集工作要始终力求在最小干扰的方式下进行。这并不是说培训和发展从业人员应避免观察和文件分析，而是在采取这些行动时需要非常谨慎。

目标人群

在创建数据收集策略时，应考虑与目标人群相关的众多因素。这些因素包括目标人群的人口统计数据、以往类似的数据收集经历、受匿名需要、地理分布、在一些特定问题上的敏感性，以及后勤和技术现实。表 8-4 总结了一些与目标人群相关的主要考虑因素。

表 8-4　与目标人群相关的主要考虑因素

因　　素	需要考虑的问题	评　　述
人口统计学数据	• 目标人群覆盖一个较大的年龄范围吗 • 如果是，这会对数据应如何收集产生影响吗 • 有必要区分主管、经理、行政管理者或个人贡献者的数据吗 • 有必要考虑种族、经验、性别或教育背景差异吗	通常情况下，在设计数据收集工具初期，一组简单的人口统计学问题就足够了。避免询问种族、性别、经验等问题，除非该信息对于分析非常必要。这类信息应该是自愿提供的，数据收集时应该解释为什么这类信息是必要的。同时，在数据收集工具底部标明隐私处理声明，特别注明谁有权查看这些信息
以往类似的数据收集经历	• 最近几年目标人群经历过什么相似类型的数据收集 • 那些数据发生了什么（是否有什么建议，目标人群是否曾看到结果，等等） • 数据收集过程本身是有效的、用户友好的、高效的吗	大多数数据收集工作的失败是由于对客户或目标人群设置的不恰当的预期造成的。遗憾的是，随后的数据收集工作也将因此经历失败。关注过去的数据收集尝试，并精心策划有助于区分调查的策略是非常必要的

续表

因　　素	需要考虑的问题	评　　述
以往类似的数据收集经历	• 做过前期数据收集工作的人目前还在岗吗 • 如果是，他们接受目前的数据收集工作吗 • 目标人群对以前的数据收集工作的反应如何 • 如果反应不好，这次应该规避什么或改变什么	
匿名需要	• 匿名回答对目标人群的重要性如何 • 所有目标人群都能保证被匿名吗 • 如果不是，如何确保可能使目标人群难堪的问题被弃之不用呢	匿名与否是关系数据收集成败的一个问题。如果培训和发展从业人员在过程中的任何时间被认为影响保密性，数据收集的参与度将马上减弱。如果他们想知道目标人群的具体身份及他们具体说了什么，职场学习和绩效从业人员必须向目标人群说明所有谈话都将记录在案
地理分布	• 目标人群居住在多少个地区 • 在同一个地点收集目标人群信息合理，还是培训和发展从业人员前往不同的地点收集更合理	随着目标人群分布变得越来越分散，数据收集工作将变得更依赖调查和文件分析，而不是观察、焦点小组和访谈
在一些特定问题上的敏感性	• 组织内部存在一些禁忌问题或话题吗（涉及数据收集工作的） • 目前有可能影响数据收集工作的劳动关系问题（例如，工资谈判、平等就业机会投诉、有关公司的负面宣传等）发生吗	通常情况下，这些问题可以通过与目标人群或适当的人力资源人员交谈获得。虽然最好不要触及这些问题，但如果这些问题和需要分析的大问题相关就不应该绕开
后勤/技术现实	• 目标人群的工作时间（例如，他们大致的工作时间相同，或者他们在不同时间工作）如何	现代科技使数据收集更加容易和高效。仔细考虑将用于存储数据的最终数据库（如 MS Excel、MS Access、SPSS、

续表

因　　素	需要考虑的问题	评　　述
后勤/技术现实	• 他们是否有可支配的旅行费用 • 每个地点都有可以用于访谈或焦点小组讨论的私人空间吗 • 目标人群可以使用电脑、内部网或互联网吗 • 组织对保密数据存储有什么样的政策	SAS 等）。尝试找到一种电子化收集调查数据的方法，但要确定它与所选择的数据库兼容。小心处理在何处存储数据及谁有权访问数据。一般情况下，避免将数据存储于便携式设备，如笔记本电脑、智能手机、平板电脑、闪存驱动器等

↘ 企业类型

正如目标人群在偏好方面有所不同，不同的行业也倾向不同类型的数据收集方法。高度管制的行业，如金融、交通和药物行业，通常由硬数据驱动。随着时间的推移，培训和发展从业人员了解到这些客户将永远不会接受一些将各种选择拼凑起来形成的建议。有些类型的企业节奏很快，对于需要几个月的时间才能完成数据收集工作没有耐心。这种类型的企业不倾向于完美的分析，宁愿在绩效问题上先有初步观点，然后在实施过程中完善解决方案。通常情况下，这种方法在高科技公司、研发公司和军事机构中比较常见。相比之下，许多公益性组织、联邦政府机构和教育机构对可能需要更多时间来收集和分析的丰富、定性的数据更感兴趣。当然，这些都是概括性的说法，而且培训和发展从业人员了解其所服务的各个组织的特定需求是非常重要的。

↘ 客户

在数据收集工作开始前，许多问题需要与客户沟通：

- 完成工作的限期是什么？
- 有什么资源可用？
- 谁是数据收集工作的倡导者？
- 他能够为获得所需要的数据提供帮助吗？
- 客户对最后报告的期望（如演示文稿、报告或数据库）是什么？

- 基于该数据将要做出的重要决定是什么？
- 他们会告知目标人群这些数据吗？如果会，通过什么方式，在什么时候？
- 在数据收集工作中，客户参与度如何？
- 客户想要的数据状态更新频率如何？
- 收集数据或使利益相关者接受推荐的解决方案的可能障碍是什么？

上述是确定与客户工作的最佳方法时需要考虑的问题的简短清单。向客户咨询他们是否还有需要考虑但没有被包括在内的问题，也是很有帮助的。

知道不同工具的优缺点

"如果你正确使用，任何工具都是一种武器。"

——安妮·迪芙兰寇（Ani DiFranco）

在工作场所使用的用于数据收集的工具既不是独一无二的，也不是特别现代化的。然而，它们是数据收集策略和目标人群之间的主要界面。目标人群最熟悉的数据收集工具包括调查、访谈、焦点小组、测试等。如果这些工具设计不完善、不具启示意义、不美观舒适，并且书写不清楚，整个过程将会受到质疑。效度和信度是设计或购买数据收集工具时需要考虑的最重要的因素。如果数据收集工具是有效的，这意味着它正在测试需要被测试的东西。例如，如果一位法语老师对学习德语的学员进行了一次测试，该测试将是无效的。

工具可信意味着使用该工具的数据收集结果应该是大致相同的。例如，如果法语学员在星期一早上接受了测试，在星期一下午又接受了一次同样的测试，那么结果应该是大致相同的（假设在两次测试之间未提供额外的指令）。一个工具可能是可信的但不一定是有效的，知道这点是很有必要的。例如，对于学习法语而参加了德语测试的学员，其结果将是可靠的（学员们参加考试，一次又一次失败），直到他们被教会德语。表 8-5 详细介绍了各种工具的利弊，并提供了确保信度和效度的一些技巧。你可以在本书网站（www.astdhandbook.org）上找到评估行动计划，用它来计划你的下一个评估工作。

表 8-5　数据收集工具的优缺点

工具类型	优　点	缺　点	信度和效度提示
访谈	• 可收集到丰富的定性数据 • 可以不断追问 • 允许观察身体语言	• 非常耗时 • 需要合成大量的数据 • 由于数据是主观的，通常需要其他来源信息的佐证	• 提前写清楚访谈大纲 • 让内容专家审查和修改访谈表 • 提前告知受访者访谈的目的，简要描述会收集什么样的信息
观察	• 是发现工作如何完成的最佳方式 • 通常可发现模范员工的自创工作辅助和其他独特优势 • 是允许培训和发展从业人员真正看到一线工作中的障碍的唯一方法	• 在被观察的过程中观察对象可能调整他们的行为 • 观察对象可能感到不舒服 • 是一个随后需要大量数据分析的耗时的方法	• 确保提前告知观察对象他们为什么被选中，以及希望从他们身上寻找哪些信息 • 站在观察对象周围观察时不要被看作“间谍” • 培训和发展从业人员在观察时感受工作的最好方式是要求尝试做该项工作（假设这样做是安全的）
焦点小组	• 允许受访者基于他人的观点来建构自己的观点 • 使得个体单独的回答得到整合	• 很容易恶化成“诉苦大会” • 如果在低信任度的组织内实施，参与者可能拒绝在他人面前说话 • 如果参与者感觉受到其他参与者的威胁，焦点小组实施效果不会很好（例如，“大老板”在房间里，没有人愿意说话）	• 根据一系列标准仔细选择参与者 • 切忌把作为个体贡献者的员工与其主管混在一起 • 提前告知参与者有关的基本规则（尤其是保密性），记录对话和使用私人空间 • 使用录音设备做记录 • 使用结构化的方法，如名义小组技术
调查	• 能覆盖众多调查对象 • 如果使用在线调查工具，数据收集会自动完成	• 很难预测调查对象如何理解问题 • 不允许大量后续的、探测性的问题	• 只要有可能就进行购买 • 前测、审查、修改和再次测试 • 使用简单的折半信度检验*

续表

工具类型	优　　点	缺　　点	信度和效度提示
调查	• 基于众多调查对象来检验假设	• 往往具有较低的答题率	
测试	• 确定学习收益的最好方式 • 较快速和容易实施 • 当分析学习系统时该工具十分重要	• 设计一个信度和效度都高的测试需要相当多的技能 • 考试焦虑可能扭曲测试结果 • 当语言是一个障碍时，实施测试比较困难	• 只要有可能就进行购买 • 前测、审查、修改和再次测试 • 使用简单的折半信度检验*
文档回顾	• 通常是收集绩效问题硬数据的唯一方法 • 如果数据来自有效的绩效记录，就很难被推翻 • 收集数据的速度快 • 数据解释更客观	• 文档可能难以获得 • 文档必须真实准确 • 审查一些文档可能被视为侵犯隐私	• 仅查看与研究问题直接相关的文档 • 审查敏感文档时要获得书面许可 • 收集客户和利益相关者对这些文档的准确性拥有多大信心的数据（例如，询问员工他们认为该标准操作流程是否准确）

*折半信度检验（信度测试中的一种名词定义。——译者注）可以让调查者确定问题的措辞是否对问题回答者作答造成影响。这种检验需要提供两个版本的调查问卷或测试题。在一个版本中，问题都用肯定语句来表述；而另一个版本中，问题都用否定句来表述。然后，比较两份答案，看提问方式是否会影响答案。

知道如何处理数据

“唯一重要的事是你是否知道如何准备食材。即使拥有世界上最好、最新鲜的食材，如果你的菜烧的没味儿或烧焦了，它也被毁了。”

——马丁·颜（Martin Yan）

收集数据和杂货店购物类似。该过程从界定主要食材开始。在杂货店购物时，需要一份菜谱及购物清单。收集数据时，需要一个数据收集计划。但试想花费一整天在最高档的食品杂货店购物，开车去农贸市场，以及从奶牛场取到鲜奶，然后把所有这些东西扔进微波炉转几分钟，看看会出来什么。直到通过检查和思考的过程合适地预备了“食材”，数据收集的行为才能实现其完美的结果。

这一过程开始时通常是令人生畏的。数据的绝对数量往往具有压倒性，尽管关注一直放在原研究问题上，多余的数据也会悄悄潜入。对于培训和发展从业人员来说，在数据筛选过程的早期阶段就发现模棱两可的数据是一项关键能力。在整个过程的早期，数据看起来比较混乱是很平常的。处理数据涉及三个重要步骤：合成、陈列和呈现。

↘ 合成数据

根据正在进行的研究的类型，合成数据可以通过几种方式进行。一般情况下，该过程包括以下步骤：第一步是熟悉数据。这通常涉及一些初始频率分布，查看数据是否具有初期表面效度。这样做通常意味着数据编码。例如，如果研究涉及访谈、焦点小组或观察，这些数据收集工具的笔记必须被归类，以便发现趋势。表 8-6 给出了归类的一个例子。

表 8-6　员工焦点小组的抽样结果：客户为何对我们的服务不满

编　码	回　答
R1	“我的电话机出故障，不能持续工作，所以客户听不清我的话。”
K1	“我不知道怎样使用客户数据库。”
R1	“电话机不能正常工作。”
R2	“预算缩水，所以我们不能开发新产品来满足客户需求。”
P1	“履行程序一团糟。没有提供让人遵守的标准步骤。”

注：R =资源障碍；K =知识障碍；P=流程障碍。

在这个例子中，对于损坏的电话系统有两个几乎相同的回答。这两种回答都被编码为 R1。和预算相关的另一种来源问题被编码为 R2。该编码能使培训和发展从业人员了解这些看法的普遍性有多大，并把它们放在与潜在的解决方案一致的类别中。一旦培训和发展从业人员熟悉了这些数据，下一个步骤就是从这些信息中挖掘意义。重温研究问题，开始运行测试，查看这些数据提供了什么答案是非常关键的。原来的研究问题可能是“较低的客户维持率的主要的原因是什么”。表 8-6 中的数据可以从员工的角度提供部分答案。当然，员工只能看到问题的一部分。

接下来职场学习与绩效工作者收集数据的角度可能从公司的客户投诉记录出发。这些数据将提供客户不满的具体原因。如果这些数据也显示客户一直在抱怨难以在电话中听清楚员工在说些什么，那么，一个更加强大的改变电话系统的项目就应该开展实施。另一个数据源可能是已发生的退货产品的数量和产品类型。合成数据时重要的是，一个明确的关注点始终在讲述一个令人信服的故事。

要记住，所有数据收集的目标都是提供给客户和利益相关者正确的信息，从而做出正确的决策。如果他们没有有说服力的数据，那么在变革的情况下将很难做出决策。花适当的时间来确定哪些研究问题是可以自信回答的，哪些问题是有数据来支持原假设的，哪些问题是缺少数据支持或拒绝原假设的。记住，没有数据就是数据。如果一个重要的组织问题没有得到任何有意义的跟踪，那么这是一个非常需要揭示的问题因素。一般情况下，组织跟踪问题对其自身很重要。

陈列数据

所有客户都倾向于用眼看。用心感受演示或报告。在报告前面列出报告的大纲是非常重要的。有些客户只想要执行总结和附录中的支持信息，有些客户则希望通览整个调查，有些客户是视觉型的，喜欢表格、图形和照片。以下是起草调查结果报告或演示时需考虑的一些重要的准则：

- 从使客户了解数据收集采用的工具开始。描述简单明了，但要确保有足够的信息，以便使客户对所采用的工具有信心。
- 指出数据收集工具的优缺点。
- 不要让客户淹没在数据中。
- 总结数据，而不是在数据中插入解释。坚持事实。
- 突出明确回答中心问题的数据。不要给出有关数据的个人意见。
- 尝试预见客户可能提出的问题，并在演示中提出。

- 包括提供改进建议的部分。
- 把这些建议和数据结合起来。确保使用数据来证明结论。
- 提供不同选择列表，而不是解决障碍的单一方法。
- 包括“下一步”的一节，其中可以包括成本—效益分析或风险评估。
- 以强有力的结论结束。客户最重视报告的第一页和最后一页（或演示的第一个和最后一个幻灯片）。
- 使用附录支持报告，提供可查找信息的清楚的表格。

↘ 呈现数据

正如有很多种方法来陈列数据，呈现数据的方法也有很多种。同样，呈现数据很大程度上取决于客户的喜好，以及职场学习与绩效工作者写作和口述的方便程度。一个正式的报告承载的意义远远大于一次演示会议。即使客户只要求一次介绍，建议客户留下一份报告也是明智的。另一种可能性是在演示前几周提供报告，然后在演示期间使用报告中的内容。

在演示期间，最好催生一次讨论而非演讲。当数据收集工作正在进行时，如果已经向客户提供了连续状态的报告，那么就不应该在演示过程中出现任何大的意外。相反，演示应该提供一个框架。作为离散项目，有关数据的演示不被看到是有必要的。在正式演示时应该包含很多实例。如果我们有一份正式的演示内容，也可以考虑有多个演示者。让目标人群帮助呈现数据是相当给力的。他们的参与往往是障碍最有力的证词，他们的参与往往是障碍最令人信服的证据。他们的视角让其携带着职场学习与绩效从业者从没有过的可信度。

结论

> “亲爱的，你必须明白，真理和人类之间的最短距离是一个故事。”
>
> ——安东尼·德·梅洛（Anthony de Mello，来自《一分钟智慧》）

收集和呈现数据是结合了缜密推理、综合研究和深刻结论的一场“舞蹈”。它也是一个编织好故事的过程。但是，如果它不能找到中心信息，不能够与依靠它做出决策的决策者产生共鸣，那么技术过硬的数据收集仍然会失败。伟大的故事讲述是一个发现真实信息的过程，而这些信息携带着被描述的物体的真正颜色和气息。如果电影、书籍甚至歌曲试图描述的是作者或音乐人都没有真正理解的一些东西，那么会让人感觉故事是编造的。一位伟大的文学教授曾经说过："如果你在用语言描述一些东西时有困难，那可能是因为你没有理解你想要描述的东西。"当培训和发展从业人员撰写最终报告时，他是否真正理解这些数据很快就会显现出来。如果报告框架很快成型，想写的东西很快流露出来，需要被讲述的故事可能就已经在那里。一个伟大的图景往往从一块空白的画布和一个伟大的想法开始。将数据收集作为发现需要填满这块画布的元素的过程，客户将对这些发现着迷。

作者简介

伊桑·桑德斯，ICF 国际组织研究、学习和绩效部门的一位资深研究员。他是日晷（Sundial）学习系统的前主席、美国海军人力绩效中心组织发展部门的总监。他是 ASTD 教学设计的负责人，他领导了两大能力研究和写作项目，重新设计了一些 ASTD 的课程，同时参加了高规格的调查研究。伊桑是 ASTD 学习技术模型、ASTD 职场学习与绩效模型、HPI 要点和"职场人力绩效提升"等 ASTD 课程的合作开发者。他教授过部分 ASTD 课程。他拥有约翰·霍普金斯大学应用行为学硕士学位。

参考文献

Rummler, G.A., and A. Brache. (1990). *Improving Performance: How to Manage the White Space on the Organization Chart*. San Francisco: Jossey-Bass.

延伸阅读

Kranzler, G., J. Moursund, and J. Kranzler. (1995). *Statistics for the Terrified*. Upper Saddle River, NJ: Prentice-Hall.

Mager, R.F., and P. Pipe. (1997). *Analyzing Performance Problems or You Really Oughta Wanna*. 3rd edition. Atlanta, GA: Center for Effective Performance.

Rossett, A. (1998). *First Things Fast: A Handbook for Performance Analysis*. San

Francisco: Jossey-Bass.
Sanders, E. *ASTD Research Study: 2010 The Impact of Leadership Development Programs*. Alexandria, VA: ASTD Press.
Weisbord, M.R. (1978). *Organizational Diagnosis: A Workbook of Theory and Practice*. Reading, MA: Addison Wesley.
Zemke, R., and T. Kramlinger. (1982). *Figuring Things Out: A Trainer's Guide to Task, Needs, and Organizational Analysis*. New York: Addison Wesley.

第9章

分析需求以选择最佳培训交付方式

简·巴贝切特（Jean Barbazette）

本章要点

- 学习如何确定最合适的培训班人数
- 理解真实和虚拟教室的优缺点
- 学习如何安排培训课程，以获得最佳培训效果

如何确定最佳培训交付方式，以达到最佳的学习效果？你必须从其他类型的需求评估中获取信息，并确定何时、何地、采用何种方式交付培训。而确定最佳培训交付方式的最佳时间是当你进行评估和分析需求时，你可以在组织和学习目标背景下比较不同的培训交付方式，并考察时间安排问题和其他后勤事宜。本章将提供根据班级人数比较选择培训交付方式的工具，并探索有关在真实和虚拟教室内进行培训的问题。

培训是如何实施的

一旦确定了目标人群和学习目标，那么接下来就要选择最佳的手段来设计培训，以达到基于班级人数的培训目标。培训可以提供给个人或一组学员，也可以自学或在工作中进行。例如，人际交往或督导技能培训的学习目标往往要求与其他参与者练习，做到融会贯通。在这种情况下，真实课堂中的小组培训比基于互联网的自学培训更合适。

小组培训可以在真实或虚拟教室中进行。个人或自学培训可以在真实或虚拟教室内通过采用各种高科技（基于计算机的培训）和低技术（完成一个工作手册）的手段实现。在职培训通常在工作场所进行，通常由主管提供给一个学员或一个小的学习组。

确定班级人数

表 9-1 展示了选择培训最佳班级人数时需要考虑的五个因素：成本、一致性、交付时间、培训师的专业性及其他。

表 9-1　选择培训最佳班级人数时需要考虑的五个因素

培训方式	成　本	一致性	交付时间	培训师的专业性	其　他
小组	中	高	短	高	差旅费
自学	中	中	中	高	中途离开率
在职	高	低	长	中	浪费和延误

- 在职培训是三种选择中培训成本最高的，因为培训师或主管的培训总是不断重复，而每次只能培训一个人或一个小组。
- 当整个团队接收同样的信息并经历同样的培训时，一致性能够得到最好的保持。培训重复的次数越多，各种消息给予和获得的机会就越大。当几个培训师提供同样的信息，而教学计划模糊或未书面明确时，一致性就会降低。自学培训的一致性取决于所学材料的质量。
- 培训交付时间取决于短期内多少人能够接受培训。如果 200 人可以一同或分成 8 个小组接受培训，那么培训很快就能完成。相反，如果 200 人都被要求参加自学培训，那么可能产生很多的不自觉问题。如果给 200 人单独培训或分成太多的小组，那么就会需要更长的时间。
- 当与内容专家小组会谈时，培训师的专业性必须达到很高的水平。培训师的专业知识提供给自学培训的学员时必须嵌入资料中，当个人阅读自学材料时通常没有机会与培训师当面澄清对内容的理解。提供在职培训的培训师的专业性需要达到中等水平，因为大多数在职培训师拥有相关专业技能，但很少拥有成人学习相关的知识和技能。

- 其他考虑因素包括增加的差旅费（如果目标人群需要去外地参加小组会议）。自学培训相比课堂培训会出现较高的中途离开率，学员需要具有内在的动力来完成自学课程。在职培训则会消耗真材实料，实施培训时也会延误正常的生产工作。

真实和虚拟教室

在确定最合适的班级人数后，接下来需要确定是真实教室还是虚拟教室有利于实现学习目标。考虑目标人群的位置，以及离开工作岗位去参加培训的时间是否过长或相比在虚拟教室接受培训的花费更高。虚拟培训有两种方式可供选择：讲师授课同步培训（教师和学员在同一时间但不同地点）或非同步培训（学员通过录音从培训师那里接收信息的单向沟通）。例如，美国联邦政府某机构通过卫星为 80 个下属机构的 200 多名员工举办了一个四小时的工作坊。相比为 200 多名员工提供到达同一地点的差旅费用，这种选择更划算。

表 9-2 展示了真实和虚拟教室培训方式的比较。在决定真实或虚拟教室能否最好地实现学习目标时，考虑一下这五个因素：场地成本、差旅费、培训时间安排、培训师的专业性及其他。

表 9-2　真实和虚拟培训方式比较

培训方式	场地成本	差旅费	培训时间安排	培训师的专业性	其　　他
真实教室	中	高	简单	高	注意力分散或干扰
虚拟教室 讲师指导	中	低	非常简单	中	注意力分散或干扰
虚拟教室 非同步	中	低	非常简单	中	中途离开率

- 一旦真实教室建成，其唯一的成本就是每平方米的使用费和维护费。而选择虚拟教室时，一旦购买了学习管理系统，其唯一的成本就是系统使用费和维护费。
- 对于居住分散的目标人群来说，如在前面的例子中提到的，当选择真实教室培训时差旅费就会很高。然而，如果目标人群居住相对集中，差旅费就不是选择真实或虚拟教室时需要考虑的因素。

- 培训时间安排取决于真实教室的可利用性。在给定的设施内能够提供的培训方案越多，该空间的竞争力就越大。通常虚拟教室的培训比真实教室更容易安排。
- 在真实教室中，培训师可以与学员面对面直接交流，对培训师的专业性要求往往比较高。在虚拟教室中，培训师必须努力克服因不在现场而造成的障碍，使培训有效。
- 真实和虚拟教室都存在注意力分散的困扰。在真实教室中，不专心的学员可能会进行私下交谈、进入和离开课堂、使用手机等。在虚拟教室中，最大的干扰是那些觉得无聊的学员同时利用计算机处理多个任务或在培训结束前就退出。

真实教室的考虑

如果你选择在真实教室中进行集体培训，需要确定组织是否有可供利用的空间作为教室使用。其他培训场地包括酒店、会议中心或学习实验室。有些工作坊，如战略规划和团队建设，为避免在公司产生干扰和分心，最好在异地举办。表 9-3 比较了进行公司内部和外部培训时需要考虑的四个因素：场地成本、安排便利性、食物和服务的质量及其他。

表 9-3　进行公司内部和外部培训时需要考虑的四个因素

培训地点	场地成本	安排便利性	食物和服务的质量	其　　他
公司内部	低	视情况而定	视情况而定	干扰
外部酒店	中	中	中	出行时间
外部会议中心	高	视情况而定	高	兴趣干扰出行时间

- 相比酒店或会议中心，利用公司内部场地的成本较低。
- 相比具有更大空间竞争的外部场地，内部场地的安排更便利。然而，如果内部场地存在很大的竞争，这些评级将会改变。
- 一般来说，采用会议中心等高端场地时，提供的食品和服务质量会提高。显然，这一说法也有例外。
- 培训地点选择的其他考虑因素包括在外部场地时对学员有较少的干扰、权衡学员到达外部场地的时间。在会议中心和度假区内，运动、购物及其他设施会成为影响培训的因素。

虚拟教室的考虑

虚拟教室交付培训有几种选择，包括讲师指导（同步）在内的交付方式如卫星、视频或电话会议、互联网或通过局域网的企业内部网。通过局域网用于提供培训的软件叫作学习管理系统。

非同步培训（学员在不同的时间段单独参加培训）是一种通过因特网、CD 或 DVD 或局域网进行的自学培训。此外，非同步培训可以是一群人在不同的时间学习相同材料。非同步培训如何实施往往取决于某个组织的可用资源。例如，考虑目标人群是否有权访问桌面，是否有带 DVD 驱动器的笔记本电脑，是否能通过平板电脑（iPad）或其他移动设备高速连接上网。如果高清视频或复杂图表是整体培训的一部分，采用 DVD 或高速网络相比使用拨号调制解调器上网将更能保证传输流畅。如果目标人群在使用互联网的虚拟教室参加培训，请咨询你所在组织的 IT 部门有关防火墙和其他访问问题。

表 9-4 比较了采用虚拟培训方式时需要考虑的六个因素：采购成本、交付成本、一致性、交付及时性、培训师的专业性和班级人数。

表 9-4　采用虚拟培训方式时需要考虑的六个因素

虚拟教室培训方式	采购成本	交付成本	一致性	交付及时性	培训师的专业性	班级人数
卫星	高	高	高	中	中	几乎无限制
视频会议	中	中	中	高	中	最好少于五个
企业内部网（LMS）	高	中	高	高	中	几乎无限制
互联网	高	中到高	高	中	中到高	几乎无限制
CD 或 DVD	低	低	高	高	低	个人

- 技术越先进，初始的购买成本越高。
- 随着技术的成熟会减少个人培训活动的交付成本。
- 所有通过媒体提供的虚拟教室，培训的内容一致性最高。每个人都能够看到同样的信息。

- 交付及时性取决于技术的可用性和参加培训人员的时间规划。单看技术的可用性，使用卫星传输视频比视频或电话会议通常需要更长的时间。通过企业内部网（如 Skype 或 Google Hangout）CD、DVD 开展培训，因为由内部控制，所以通常更容易安排。通过互联网开展培训往往依赖于外部供应商，受供应商的时间表及内部时间规划的影响。
- 对于培训师的专业性，同步培训取决于培训内容和培训师对同步系统操作技术的掌握能力。对同步系统操作技术越熟练，培训师的技能越能够实现从真实教室转移到虚拟教室。即使技术最熟练的培训师在充分利用虚拟传递媒介时也需要技术帮助。对于通过 CD 或 DVD 方式开展的培训，直接与培训师沟通是一个更大的挑战。
- 采用虚拟培训方式的参与人数只受限于技术。五个以上视频或电话会议会导致参与困难。

混合式学习

最后，可以考虑混合式学习方式开展培训满足学习目标。混合式学习使用不止一种传播媒介。例如，类似于指导这种人际关系技巧，先可以提供自学材料，要求学员阅读有关背景信息，完成个人评价（无论是纸质的或在线的），然后小组通过真实教室或互联网同步会议围绕指导问题进行讨论。学员可以先完成布置的作业，然后按步骤开始，并在下次会议上在小组内进行报告与分享。

何时呈现培训

安排一堂培训课时，首先要考虑目标人群的人数，以及培训是强制性的还是自愿的，同时要明确培训课程是不是其他课程的一部分，还是独立于其他培训。培训课程安排是随机的还是按顺序的？

培训师的有效性如何？培训师是内部员工还是外部供应商？满足学习目标并且不超过可用的场地容量的最佳小组人数为多少？例如，信息发布或更新对于大量参与者是比较合适的。但是，如果以技能发展为培训目标，那么学员就需要实践和反馈来发展技能，12~20 人的班级人数将带来更好的学习效果。

最后，还要考虑可能影响培训的其他限制因素。许多组织不在周一或周五进行自愿性培训，因为那时会有太多与工作相关或与私人相关的事情分散学员的注意力。由于业务需求和报告要求，月初和月末通常也是实施培训的困难时期，当然也要避开节假日和休假高峰期。

另外，我们还需要确认培训是否需要在工作时间进行，因为员工需要离开日常工作来参加培训。有些组织在正常工作时间之前或下班后进行培训，通过支付加班费或提供等效时间提前下班来补偿员工。这时需要与上司商讨工作量以确定多少员工能够离开工作岗位作为一个群体参加培训。有时，员工离开工作岗位超过几小时是很困难的，所以为期一天的研讨会可能需要预定两个半天的会议时间，甚至是四个两小时的会议时间。如果员工必须换班而参加培训，还必须考虑替代人员的可用性。

交付培训的其他要求还有哪些

一些培训要求员工在参加培训前完成部分前期工作。那就要考虑这些员工如何完成这些前期工作。员工是暂停自己的日常工作来完成，还是在自己的时间内完成？

一些培训要求在培训期间进行实践练习。员工在何时何地完成这些练习或家庭作业？如果实践包括把课堂上的所学应用到工作中，那么需要为实践提供什么工具？如何使员工的主管参与到实践中？员工将如何使用清单或技能观察表来报告课程实践和进度？

除以上各种因素，还需要考虑其他因素。例如，如果员工是工会的工人，劳动合同的部分条款可能会影响培训。参加什么类型的培训考勤记录是必需的？安排培训课程时，确保考虑这些要求。

结束语

让我们考虑一个如何、何时、何地向 120 名客户服务代表提供“客户呼叫培训”的例子。120 名客户服务代表中有一半从上午 7 时工作到下午 3 时，而剩下的一半从下午 3 时工作到晚上 11 时。这次培训的目标是通过讨论和角色扮演提高人际关系技能。由于所有的 120 名客户服务代表在同一个地方工作，真实（非虚拟）教室的集体培训是最具成本效益的，并且能够达到这一强制培训的目标。

主管要求培训课程按两个四小时的模块进行，每次不超过 20 名客户服务代表参加培训。星期一不进行培训，因为星期一是客户来电的高峰时间。换班之前或之后开展培训额外的加班费用，公司不愿意承担。因此，6 个 20 人班（3 个第一班和 3 个第二班）参加第一模块，然后同样 6 个班再参加第二模块，这样的时间安排似乎符合公司的要求。该部门拥有与其他部门共用的两间教室。接下来两个月的时间表显示，其中一间教室在每星期五的每个班次都可用。为了保持一致性，两名培训师将教授所有的课程。一名培训师被分配给第一班人员，另一名培训师被分配给第二班人员。主管和培训师将通过监听员工与客户的电话找出从课堂学习到工作应用的转化情况。

最后，表 9-5 提供的清单是在选择获得最佳效果的培训交付最好方式时，你需要考虑的因素。你可以在本书网站（www.astdhandbook.org）上下载这份清单。

表 9-5　培训提供方式清单

如何提供培训？

- ☐ 小组
- ☐ 个人或自学
- ☐ 在职

在何处提供培训？

- ☐ 真实教室
  - ◇ 公司的场地
  - ◇ 公司之外的会议中心、酒店或学习实验室
- ☐ 虚拟教室
  - ◇ 教师指导培训（同一时间，不一定同一地点），也称同步培训
    - —卫星传输
    - —视频会议

续表

—电话会议

◇ 非同步培训（不同的时间，不同的地点）

—互联网

—CD 或 DVD

—局域网

—视频

—打印的工作手册

□ 在职

□ 混合式学习

何时提供培训？考虑下列要求或限制：

□ 每周的天数

□ 工作量

□ 本月在高峰时段

□ 节假日

□ 度假高峰期或请假时间

□ 可用空间

□ 小组的最佳人数

□ 工作时间或上班前或下班后的培训

□ 允许离开工作岗位的时间

□ 符合员工集体劳动合同

□ 前期准备工作

□ 培训课程之间要求的练习

□ 培训期间的考勤记录

□ 设备和必要的后勤支持

□ 需要的和现有培训师的数量

□ 经理提供所需指导的意愿和能力

作者简介

简・巴贝切特，加州海豹滩培训诊所的创始人。该培训诊所是美国领先的培训师培训公司。她的公司提供绩效咨询、培训职能的审计和需求评估，设计培训方案，开发教学计划、自学工具包、游戏和模拟等，并举办了超过 30 个不同主题的研讨会。研讨会包括培训师培训、电子化引导、新员工入职培训、沟通、管理和督导、人际交往技能、销售和客户服务及行政助理效能等。美国、加拿大、荷兰、匈牙利和哥伦比亚的 20 多名培训师主讲这些工作坊和课程。简已经撰写了涵盖各种培训师培训主题的书籍，包括《培训职能管理：以绩效咨询技术提升培训价值》《培训完美交付：策略、工具和战术》《培训需求评估：方法、工具和技巧》（此三本书中文版已由电子工业出版社出版），并经常出席 ASTD 的国际会议和《培训》杂志会议。你可以通过 jean@thetrainingclinic.com 联系她或访问网站（www.thetrainingclinic.com）。

参考文献

Portions of this chapter were adapted from *Training Needs Assessment: Methods, Tools, and Techniques* (Pfeiffer, 2006) and used with permission.

延伸阅读

Barbazette, J. (2006). *The Art of Great Training Delivery*. San Francisco: Pfeiffer.
Barbazette, J. (2006). *Training Needs Assessment*. San Francisco: Pfeiffer.
Barbazette, J. (2007). *Managing the Training Function for Bottom-Line Results*. San Francisco: Pfeiffer.
Barbazette, J. (2013). *How to Write Terrific Training Materials*. San Francisco: Pfeiffer.

第10章

什么时候要？设计前平衡时间、质量和期望

珍·拉宾（Jenn Labin）
哈勒莉·阿祖雷（Halelly Azulay）

本章要点

- 识别管理利益相关者期望的三种具体方法
- 获得课堂外员工发展的四种方法
- 考虑设计高影响力的四种方法

员工发展正日益受到更短时间和更少预算挤压高品质输出的影响。这个问题并不是一个新问题。然而，越来越多如花费少、快速、高影响力的发展机会你可能没有考虑到，这些机会可能会突破这些瓶颈问题。工作场所学习专业人士的角色应该包含对利益相关者进行教练辅导，扩大他们对员工发展的定义，并帮助他们思考课堂外的机会。

随着满足员工发展需要的新方式的加入，工作场所学习专业人士必须将自己专注于管理利益相关者的期望和为组织解决关键问题，而不是被最新方法或工具所牵制。

最终，一个成功的员工发展项目将实现或超过利益相关者的期望。本章将介绍管理这些期望的方法，描述有利于员工发展的具体的时间和预算节约的方式，扩展你的工具包，并提供额外的视角帮助你把员工发展到一个新的水平。

管理利益相关者的期望

员工发展成功很大程度上取决于你在合适的时间、有效地与合适的人进行沟通的能力。工作场所学习专业人士必须能够识别利益相关者，制订每个团体的期望，并在整个过程中进行沟通。本节将着眼于如何建立一个利益相关者地图，促进项目启动会议，并设计一个有效的沟通计划。

利益相关者地图是管理期望的关键步骤，因为它能够增加目标受众和组织领导层的透明度，并且明确需要参与过程每个步骤的人员。该工具的目的是清楚地识别在整个项目中分析、设计、开发或寻求审批时需要考虑的每个团体、角色或个人。

图 10-1 展示了一个已完成的涵盖多层审批的领导力开发项目的利益相关者地图部分式样。这个文档可以帮助项目团队的每个人理解关键受众和个人的关系，以及与整个项目的关系。

创建利益相关者地图时，明确哪个团体和个人需要全程参与整个项目是非常重要的。这有助于确保每个人都能够在需要他们的时刻参与进来，并以他们期望的方式沟通。这项工作的一个结果是，组织的人员在整个过程中实现更大的所有权，并且通过有效的沟通减少摩擦。

不要忘记员工的管理者们。利益相关者中最容易被忽视的一个群体是监管受众的人。考虑一下你建议的员工发展方案将如何影响这些主管和经理，以及如何把他们纳入设计过程中。通过扩大他们的视角，你就能更好地联合管理者并赢得他们对你建议的员工发展方案的支持。

管理利益相关者期望的第二种方法是有效引导项目启动会议。此会议的目的是共享关键项目信息，并确保有关该项目的目标、过程、约束和期望完全透明。在会议结束时，每个参与这一项目的个人都应共享该项目最终结果的共同愿景及如何实现这一愿景。

	项目中的角色	我们需要从他们那里获得什么	看法/期望	参与点
首席执行官	• 最终批准重要里程碑 • 汇报月度进展	• 咨询项目原则 • 批准检查点	• 对候选人才池不满意 • 要求 18 个月后测量改善情况	• 启动会议 • 每月邮件交流 • 书面报告审查
人力资源总监	• 项目发起者 • 批准所有可交付成果，沟通 • 告知进展周报	• 做出关键决定 • 代表企业的最佳利益 • 提供资源	• 向执行总裁承诺 18 个月内成功完成领导力发展项目	• 启动会议 • 每周进展会议 • 所有交付成果的审查 • 与首席执行官两周一次会议
高潜力员工	• 目标受众	• 对项目的期待 • 回顾内容 • 内容实验组	• 对有可能的新项目有热情 • 想参与其中	• 启动会议（代表） • 季度电子邮件 • 测试和审查实验组
目标受众的经理	• 为了目标受众，需要被纳入	• 对项目的期待 • 回顾/反馈学习内容	• 担心员工离开工作岗位的时间；犹豫	• 启动会议（代表） • 季度电子邮件 • 反馈实验组
IT/HR	• 支持设计和发展	• 法律咨询、技术限制和机会	• 感觉他们经常很晚才参与项目	• 启动会议（代表） • 月度电子邮件 • 参与测试

图 10-1　利益相关者地图（部分）

项目启动会议可以由个人亲自参加或以虚拟形式召开，这取决于你所在组织的需要。这并不意味着在项目启动前必须严格要求召开这样的会议，但你一定要确保在任何重要的工作开展之前召开。

对于小的简单项目，项目启动会议可以相当快，而较复杂的项目可能需要预留一整天的时间通览所有重要的细节。如果在开始该项目的工作之前，你已经完成了利益相关者地图，就应该清楚谁将被邀请参加本次会议。你肯定希望确保项目发起人和项目经理，以及被单独列出的作为该项目审批的任何利益相关者（如图 10-1 中的首席执行官）都在场。此外，一定要邀请地图中列出的利益相关者群体的代表。你可能希望从目标受众、管理人员，以及信息技术、市场营销、财务或其他部门寻找一个或多个参与者，这取决于受项目影响的人群。

根据组织规模和文化，你可能无法根据所有人的时间来确定会议时间安排。那么，你如何让合适的人集合在一起呢？沟通此次会议的重要性，并确保被邀请的利益相关者明白将在该时间做出的决定和期望，是非常必要的。当参与者知道这次会议的结果会对他们的工作量、发展机会、预算等产生影响时，他们将很难拒绝这样一次邀请。

会议之前提供会议议程也是很重要的，这样就可以更好地管理预期。一定要评估利益相关者地图，在发送出去之前确定应审查或批准议程的人员。图 10-2 是一个项目启动会议议程样本。

项目启动会议：领导力发展计划			
参会人	凯伦·史密斯，首席执行官 简·杜伊，高潜力员工代表	罗布·豪利斯曼，人力资源总监 威尔逊·麦克，经理组代表	西尔维亚·汤姆斯，HR、项目经理 玛丽亚·罗德里格斯，IT 丹尼尔·韦伯，法律代表
会议	星期二，5 月 6 日	上午 8：00—下午 3：00	行政会议室
议程	上午 8：00—9：30 • 根据组织目标确定项目目的和定位（凯伦·史密斯） • 描述项目报告（罗布·豪利斯曼） • 项目团队成员 上午 9：30—11：30 • 目标和成功的衡量标准 • 项目约束 • 项目可用资源 上午 11：30—12：30 • 工作午餐：建立领导力发展的共同愿景 下午 12：30—2：00 • 项目计划、里程碑、时间安排、交付成果 • 沟通计划 下午 2：00—3：00 • 下一步行动		

图 10-2　项目启动会议议程样本

在会议结束后，向所有的利益相关者发送会议总结是很重要的，至少概述会议的关键决策和行动。

管理利益相关者期望的第三种方法是设计沟通计划。精心设计的沟通计划通常是按预定时间及预算完成项目与未按预定时间及预算完成项目间的差异。沟通计划是创建利益相关者地图和项目启动会议期间所做的工作。这两个工具将帮助你完成创建大部分沟通计划。

沟通计划开始于确定需要参与整个员工发展项目生命周期的所有利益相关者。在一些情况下，需要将利益相关者的名单分解成更具体和更具针对性的团体，以进行更有效的规划。一旦利益相关者被确定，你需要确定何时以及通过什么方法与他们沟通。图 10-3 展示了一个沟通计划（部分），可以进一步说明这一点。

	项目立项和规划	进度更新	可交付成果评审/批准	实验
首席执行官	• 引导启动会议	• 每月邮件交流 • 两周一次与人力总监的会议 • 与项目组的定期电话	• 批准项目文件和所有交付物 • 回顾沟通	• 参与实验方案
人力资源总监	• 引导启动会议 • 规划合作项目	• 每周一次会议，下午 • 与项目团队两周一次通话 • 与领导团队定期通话	• 批准项目文件和交付成果 • 复核重要文件	• 观察实验方案
目标受众的经理	• 作为代表参与项目启动会议	• 每月信息更新 • 预启动呼叫	• 代表反馈审查成果	• 代表参与实验
IT/HR	• 作为代表参与项目启动会议	• 两周一次项目团队通话 • 每周信息更新	• 审查交付物，保证质量	• 观察实验方案

图 10-3　沟通计划（部分）

有一个良好的沟通计划有几个好处。利益相关者会感觉自己参与其中，并在这个过程中拥有所有权。你将有一个与利益相关者进行定期检查的积极计划，而不是当项目出现障碍时才做出反应。团队成员和利益相关者将对他们何时沟通及如何进行沟通拥有适当的期望。

所有这三个工具——利益相关者地图、项目启动会议及沟通计划——将有助于有效管理利益相关者期望，以实现员工发展项目的成功。使用这些工具和活动将构建一个强大的基础，并在此基础上开发有影响力的学习项目。

课堂外员工发展的四种方法

管理预期的另一个重要方面是确定员工发展路径，不论员工发展是否需要你和利益相关者确定。其中，管理者、领导者和学习与发展专业人士最常犯的错误之一是寻找满足学习需求的最佳途径时关注范围过于狭窄。作为职场学习专业人士，我们的挑战是要扩大他们的视野，提高他们的意识，并增加知识和技能差距解决方案的多样性。近来，虽然关于非正式学习方法的各种信息激增，但很多人仍不确定如何有效地应用这种方法。

现实中存在许多可用的非正式学习的选择，而且这个数字还在不断增长。此节将简要说明在课堂之外发展员工能力的四种方法。但这绝不是一个详尽的列表。这里描述的员工发展的四种非培训方法是自主学习、辅导、拓展任务和岗位轮换及教授他人。

自主学习

最古老的非正式发展方法之一，也是最基本的方法是自主学习，其中学员在自己的发展计划中可以“独自飞翔”。自主学习是一个随时随地发展员工的很好选择。解决方案如看书或浏览博客、收听播客或有声读物、观看 TED 或 YouTube 教育视频，或者给一位大师或角色榜样当学徒和尝试练习新技能，这些只是自主学习解决方案中的少数几个。图书馆、网络资源及其他员工都是免费的可用资源。正在学习特定技能的员工可以利用商业性出版物、会议或专业协会作为资源。可以通过自主学习发展的能力几乎是无限的，因为它可以涵盖多方面并可以由任何人在几乎任何地方进行。自主学习可以在几乎任何领域成功实现。

帮助管理者和其他利益相关者评估其员工的学习需求、准备程度和风格，以确定自主学习是否合适。自主学习鼓励责任和所有权，并把学员置于他们的经验控制之内。因此，为使员工充分受益，员工必须是自我激励的并具独立性。处于任何级别、任何组织部门的任何员工都可以从自主学习中受益，因为它量体裁衣，以满足每个人的个性化学习水平。然而，自我动机不强或者对主题心存疑虑的员工，就很可能不能发现这种学习的吸引力。

需要注意的是，在真空中学习通常是看不到真实和显著的绩效提升的，不管用什么方法，但这是特别真实的自主学习。要发展到一个新的水平，可以通过安排后续会议、书友会讨论、电子邮件或学习伙伴等强化学习效果。根据哥伦比亚大学布伦特·彼得森所做的一项研究，我们改变并提高行为能力的 50%来自学习活动之后。因此，一个只会自己读书而从来没有机会与他人讨论自己读到的东西的人，会失去一个发现增长的机会。正如本章后半部分的讨论，创建跟进和强化机会能够优化学员从这些（以及所有）开发方法中提取的价值，这是很重要的。

↘ 辅导

另一种常见和重要的非正式和廉价的发展方法是辅导。无论是扮演导师还是徒弟的角色，参与双方都处于一种互利的师徒关系（组织内部或外部）中，这种方法允许员工开发各种新的知识和技能，并索取一些资源（除了一点点的时间）。员工可以学习商业技巧和技术信息，也可以发展“软”能力，如领导力、人际网络和伙伴关系、教练和聆听技能。正式的辅导方案会给已确定差距的学员配备相匹配的且在这些领域具有优势的熟练导师。有效的员工发展也可以通过非正式的师徒关系实现。

辅导关系通常在一对一的基础上进行。然而，辅导也可以发生在小组内或一对多的安排中。虽然大多数辅导关系只会在预定的时间（通常九个月到一年）内保持，但你也可以安排情境辅导，以解决特定学习需求或问题。本书网站（www.astdhandbook.org）上有辅导准备工具供你使用。

无论是导师还是徒弟，该方法对员工的好处都是显著的。通过辅导，导师自己不仅可以了解组织内一线员工能力的障碍，还可以提高自己的教练、辅导、倾听、反馈和行为示范等技能。导师还能够通过帮助别人发展来提高自己。另外，学员可以提高技能和知识，全力以赴追求新目标，克服挑战，并探索新的职业选择。此外，他们的学习曲线可以显著缩短。将接受强化课堂培训辅导的一组与未接受后续辅导的另一组做对比，研究表明，辅导将学习曲线（把一个新员工培育成“通才”角色花费的月数）缩短了 28%，从 18 个月缩短至 13 个月。此外，学员还可以获得职业发展的机会、对业务问题新的或不同的观点和见解，以及了解该组织该做什么及不该做什么和不成文的规则的机会。

辅导也为组织带来了巨大的利益，包括提高的员工敬业度和保留率、更高的生产效率和绩效、知识管理和组织内部多样性及包容性。员工经由师徒关系来达成具体目标可以通过多种方式跟踪。下面有几个示例：

- 日记是最好的工具之一，他们可以反思自己的进步和洞察，这样就能总结发展成就。
- 从 360 度评估或其他来源中获得辅导前反馈数据的员工，可以在师徒关系结束时重新收集数据，以评估他们在自己选择发展的能力上取得了怎样的进步。
- 寻求扩大人际关系网络的员工，也可以通过测量自己新认识的人数，作为师徒关系的结果之一。

↘ 拓展任务和岗位轮换

在课堂之外发展员工，并且不会产生较高费用的第三种方法是将员工置于拓展任务和岗位轮换中。这种类型的任务实现了将员工带出舒适区和促进发展的目的。除了学习新的技能或增强现有的技能，他们必须应付新环境或活动的不确定性和压力。这有助于他们发展心智和增加应变的新技能。岗位轮换涉及将员工分配到组织内不同的位置上，通常是横向岗位，这样员工就能够在规定的时间内通过进入新岗位学习新技能。拓展任务是员工需要将其作为自己当前岗位的一部分而承担的工作或项目，但该工作或项目超出了他们目前的工作描述，提高了他们目前的技能。

处于岗位轮换或拓展任务下的员工需要管理层在任务分配之前、期间和之后提供支持。拓展任务需要在稍微超出员工当前舒适区和不能超出太多之间找到平衡，这一点至关重要。

岗位轮换和拓展任务在多方面惠及员工和组织。对于员工来说，这样的分配不仅有利于学习新的技能，而且可以减少自满情绪，激发创造力，并同时提高工作满意度和参与度。对于组织来说，好处包括员工保留率提高，领导替补潜力增大，组织目标实现能力提高，而且往往更有效，成本较低。

岗位轮换准备

在启动轮岗任务前，考虑以下方面：

- 这一任务分配将使员工走出当前的舒适区。
- 计划要充分考虑当员工的当前角色临时缺席时如何满足业务的需求。
- 新团队在分配任务期间有能力接纳新员工。
- 制订确保员工从一个角色到另一个角色平稳过渡的计划。

在准备进行拓展任务或岗位轮换时，员工必须已经为任务中固有的挑战做好准备。通过确定发展目标，跟踪进度和结果，有助于定位和制定解决措施，用于跟踪员工朝着目标前进。例如，员工发展决断力可以记录他们的决策过程和结果。能够显示决策速度和质量的提升将是一个展示进步的重要方式。另一个有助于维持和促进成功的方法是帮助参与工作的员工建立实践团体。这些团体可以在线建立，提供小组互动、领导和支持的机会。

教授他人

促进员工增加技能和胜任力，并且不给组织增加任何显著成本的第四种发展方法是鼓励他们为其他员工（或在组织团队内）发展或展示学习计划。一句古老的日本谚语："教是为了学。"如果你想帮助员工快速发展，那么就给他们机会教授他人。这可能涉及在现场培训项目中担任共同主持人或助理培训师的角色，或者这也可以帮助他们找到一个机会为自己的同事设计、开发和主持一个小的工作坊。

处于任何级别或来自任何部门的任何员工都可以启动、设计、开发或主持一个工作坊或一个午餐研讨会。员工可能是某个主题的专家，并希望与同事分享知识或某个面临挑战并克服挑战的故事，所以其他人也可以受益于他们的经验教训。

员工可能想了解某个话题、问题、产品、过程的更多内容，或者组织中其他任何可能感兴趣的事情，都可以将内部培训（或午餐研讨会）会议看作一次学习机会，作为他们准备教授技能的催化剂。

最后，对于发展目标是变为优秀主持人或培训师的员工这是一个巨大的发展机遇。在这种情况下，主体是无关紧要的，因为对主持人的好处在于准备工作和主持过程本身。额外的好处包括对感兴趣的话题有了更深入的了解和认识，以及员工作为组织内专家的知名度和美誉度的提高。

通过午餐研讨会、简短的演示等形式发展员工，组织能够获得多重效益。首先，它们现在可以在无成本的情况下为参与员工提供更多的学习课程。其次，由那些执行发展和交付教学材料的人员负责的工作会产生协同知识管理及整个组织的交叉培训机会。最后，组织可实现跨团队/部门的共享问题解决策略，并增强对内部专业知识和组织特定重点领域，如产品和服务、内部系统或运营规程的深入了解。

设计高影响力的四种方法

到目前为止，我们已经介绍了如何评估和管理利益相关者的期望，并扩大他们有关员工发展选择的思考。不管你选择什么类型的员工发展方法，在开始设计之前，都有办法提高效益。在最后一节，我们将分享高影响力设计的四种方法：跨部门工作、让领导参与其中、优化再利用和再循环利用的模板与活动框架，以及创造评估和强化的机会。

提高员工发展设计的方法之一是跨部门工作。员工发展的“非传统”方法需要将精明、敏锐的商业头脑聚集在一起，以及在整个组织中形成一个很好的网络。包含来自不同角色和岗位的个人进行的跨部门工作有助于扩大信度和员工发展计划的视角。员工将受益于参与影响和支持更广泛业务的发展解决方案。

例如，莉娜是一名分公司的经理，她的员工瑞恩正在发展自己的商业头脑技能。莉娜一直与其他部门举行定期会议，所以她知道营销部门正在组建一个竞争对手分析专案组。她与那个团队的领导一起工作，瑞安加入该小组，作为拓展任务每星期固定时间参与。这一发展机遇为瑞恩创造了高效的学习机会，为专案组带来了额外的员工资源，还帮助莉娜用额外资源发展了自己的员工。

跨部门工作的另一个方面是非教学系统设计的方式包含更多角色参与正式学习过程。当处于教学设计模式中时，我们经常依靠内容专家提供的内容。如果我们强化内容专家的角色乃至专门发展他们又会怎样呢？我们可以通过为内容专家创建辅导关系或拓展任务，使他们在作为内容专家期间学习教学设计能力，利用这一机会实现组织的双赢。这一能力将转化为各种各样的项目和人员管理能力。通过成人学习方式增加知识的个人可以利用他们的新知识，成为更好的领导者。

例如，塔里克通晓预算跟踪技术，并且作为内容专家被分配向旺达提供支持，在其教学系统设计项目上提供在线辅导支持。反过来，旺达允许塔里克追踪她的部分设计作品，完善她的思维过程和设计方面的考虑。旺达在实际过程中逐步将塔里克包含其中，并提供绩效反馈。塔里克完成了该项目，扩大了如何发展员工的视角，现在可以使用系统的方法管理项目和变革。

高影响力设计的第二种方法是让领导参与其中。招揽组织中可以提供帮助的领导作为导师，领导拓展任务团队、分配个人学习任务和引导部分工作坊。员工发展方案中有领导的参与，会开阔视野、拓展战略思维，并赋予项目额外的信誉。员工也能够从业务领导那里了解企业，这是一个伟大的成功准则。

一定要强调这项工作对领导的潜在作用。领导得到的好处是，增加了对员工需求和优势的了解。这种方法会从组织内每个人那里聚集更多的投入，也会促使利益相关者看到一个较长的时间线或额外资源的需要。同时，这种方法也会因没有大量使用正规设备而促进成本的降低。最终，项目中的领导，即使通常只是在你的利益相关者地图中承担审批角色的领导，也会加快工作流程并减少交付时间。

使员工发展更有效的第三种方法是优化再利用和再循环利用的模板与活动框架，这样可以优化工作带来的价值。你不需要也不应该每次都做重复性的工作。通常情况下，模板或活动框架可以在新的环境中重复使用，你需要做的就是加入新的内容。例如，一个“拓展任务分配指导方针”文件可以被重新用于辅导或自我发展活动。此外，你可能会发现，在一个特定学习活动中使用的清单和指南可以被重新应用于绩效支持，让额外的学习或强化学习项目继续进行。员工的经理或同事在发展项目中作为观察者可以使用观察表或岗位轮换定期检查任务结果和技能水平并存档。

提高员工发展解决方案实效性和重要性的第四种方法是创造评估和强化的机会。如前面提到的，一个具体的学习事件发生后，当学员将信息整合并转变为行为时，这是提高绩效的一个非常有价值的潜在时期。使用跟进方法的时点应在设计过程中被考虑并作为项目总体规划的一部分。强化方法包括安排团体或个人与导师通话，以及根据发展方案定期发送文章和读物。一个涉及利益相关者同时强化内容的高度有效的方法是，按照员工发展项目每周或每月向参与者和他们的经理提供活动或谈论话题。另一个巩固学习效果而不会增加工作量的好方法是在后续发展项目中使用学习内容、练习和活动或工作辅助。

在实施员工发展项目之前（无论是一本书、拓展任务，还是其他），一定要安排好时间，确保持续跟进你的工作计划。同时准备后续的对话，如讨论的问题、关键点和反思等。

请记住，在设计发展项目之前，应该清晰地认识如何评估过程和结果。考虑一下你将如何评估这两种正规的方法（如辅导方案和面授培训）和非正式或非结构化学习方法（如通过阅读或 TED 视频的自我发展和个人拓展任务）。

确保你的评估方法简单，节省时间和金钱。在辅导或拓展任务中，使用单一的工具用于个人发展计划目标多次评估。你也可以把过程（1 级）和学习成果（2 级）的问题结合为一个工具。最后，当实施强化技术时，考虑为同样胜任力的个体设立一个团队。这些团队可以用作实践团体，如一个个人团体被指定为“自我发展的最佳实践”。相似发展经历的员工形成的同类群体往往可以创建紧密的关系，这会在一个较长的时间内强化重点学习。你也可以使用“一对一”或“学习伙伴”这种强化技术建立更密切的关系。伙伴可以通过教授彼此、承担责任和反思强化学习。

员工发展的创意和创新方法可以以相对低的成本和努力产生较高的价值。实现整个项目跨部门工作、让领导参与其中将有助于确保员工发展计划的高效实施，同时节省时间和预算。此外，还可以考虑通过其他方式发展你的员工，如辅导、自主学习、拓展任务和教授他人，这些方法会在不耗费资源的情况下为你的组织收获相当大的回报。即使拥有创意的方法，项目的成功也需要你有效地识别你的利益相关者，并积极管理他们的期望。

工作场所学习专业人士应该在设计发展机会时发挥咨询作用，并使其与组织和领导的需要保持一致。通过创意、创新和系统的方法来促进员工发展，你的项目就可以产生巨大的效果，同时可以保证在预算内、及时和超出预期地实现。因此，下一次你在设计员工发展项目要求回应“你什么时候想要”时，我们希望你能有信心地说“我能做到这一点”，并且确切地知道如何在预算内及时提供正确的结果。

作者简介

珍·拉宾，15 年来一直与各类组织一道，致力于通过领导力发展和首脑会议、正式和非正式的培训及员工敬业度计划提高员工绩效。珍是《真实世界培训设计》（ASTD 出版社，2012）的作者。她还经常为《Pfeiffer 年鉴》咨询和培训部分及其他书籍和刊物投稿。她的资质包括教学系统设计硕士学位，以及 DISC-PIAV 认证、柯克帕特里克四级评估认证、领导力发展计划和演示设计认证。珍与她的家人居住在马里兰州的巴尔的摩附近。

哈勒莉·阿祖雷，顾问、主持人、演讲家和作家，拥有超过 20 年的工作场所学习和交流的专业经验。她是《高效员工学习发展策略：以较低投入获得较大收益》（ASTD 出版社，2012，中文版由电子工业出版社出版）的作者。该书为管理者提供了课堂外发展员工的工具和技术。哈勒莉是人才增长公司（TalentGrow LLC）的总裁。这是一家咨询公司，专注于所有的组织层次，包括首席高管、一线经理和个人贡献者在内的领导力、沟通能力、团队建设、引导和情商培训。作为一位受欢迎的演说家，哈勒莉也是许多书籍、文章和博客的作者。她的博客网址为 www.talentgrow.com/blog。

参考文献

Portions of this chapter were adapted from “Assessing Readiness for a Mentoring Partnership” in the *2013 Pfeiffer Annual, Consulting* (Pfeiffer, 2013) and used with permission.

延伸阅读

Azulay, H. (2012). *Employee Development on a Shoestring*. Alexandria, VA: ASTD Press.
Azulay, H. (2013, January). Learning Beyond the Comfort Zone. *T+D* 67(1):76.
Biech, E. (2008). *ASTD Handbook for Workplace Learning Professionals*. Alexandria, VA: ASTD Press.
Labin, J. (2012). *Real World Training Design*. Alexandria, VA: ASTD Press.
Russell, L. (2000). *Project Management for Trainers*. Alexandria, VA: ASTD Press.

第 3 部分

设计和开发有效学习

名家视角

设计和开发有效学习的观点

斯瓦塞兰·提亚吉·席阿柯罗俊（Sivasailam“Thiagi”Thiagarajan）

接到撰写本部分介绍的邀请时，我是如此受宠若惊，以至于忘了读小字要求。直到接受了邀请，我才意识到这个介绍应该是实用的，而且必须涉及“最热门的创新或最新的成果”。

保持这种实用性，我是没有问题的，因为这是我培训、学习、设计和写作的唯一方法。在本文中，你会发现几条简短且实用的建议。这些方法或原则故意被排列成随机的顺序，而且没有进行编号。我的建议是，你不需要计算原则的数量，但要明白和真正理解每条原则的价值。

我不知道如何就“最热门的创新和最新的成果”来展开这篇文章。对我来讲，大多数所谓最新或最伟大的趋势似乎只是昨日重现而已，如当年的斯金纳革命（行为主义理论。——译者注）的时候，作为一名新兵，我可以用新的方法将教学做到事半功倍。如今，我已成为一个怀疑论者。

时代在变，一点知天下

通过进一步思考，我发现过去的好日子与今天有着显著差异。当开始培训设计业务时，我和我的同事打包特定的内容，然后把它销售给我们的客户。打个比方，过去内容为王，我们精心设计、囤积，然后卖个好价钱。如今，内容随处可见，不再为王。随便点击几下鼠标，你就可能会获得比你的内容专家知道得更多的内容。

内容与活动

最近，我开始关注学习活动，而不是内容。我专注于整合内容与活动。工具栏中的许多指导原则都涉及这一主题。不过，培训内容和活动之间的关系值得更合乎逻辑的讨论。

内容是信息、事实、示范、讲解、故事等。一个培训师可以通过讲座、阅读作业、录像、互联网上的文字、播客、幻灯片、图表等其他东西来提供内容。

一项活动（更时髦的称呼为“互动”）是一项要求学员彼此互动、与内容和培训师互动的训练。培训师可以使用游戏、模拟、智力题、角色扮演、讨论、辩论、体验式练习、集体项目和其他形式。

没有活动的内容会产生惰性知识。学员以被动的方式盲目地储存事实和信息，需要的时候进行无厘头的反刍，以应付场景。他们缺乏将其应用于工作场所和现实世界挑战的能力。

没有内容的活动就像要求学员进行无头鸡角色扮演。房间内充满骚乱和叫喊声，学员紧张工作并进行激烈的辩论。在活动结束时，学员都很迷惑，想知道“到底是怎么一回事”。例如，在线学习中最流行的活动之一是单击鼠标。网上课程结束后，当你以这种方式工作时，你会成为一个鼠标按键专家。然而，我们忘记了真正的互动是在大脑中，而不是在鼠标上。

提亚吉设计与开发有效学习的指导原则

- 减少阻力。运用变革管理原则，减少或消除客户、培训师和学员方面对以活动为基础的学习的阻力。
- 从现场实况转向录播。开始把你的设计活动从培训师在现场面对面的培训，转变为课堂上录制音频和视频，逐步用录制的内容取代培训师。
- 设计和开发后续活动。计划和执行后续指导，以确保在工作场所中应用。

- 不要重新开发结构或模板。使用现成合适的结构和模板，以呈现不同的内容类型。
- 为学员建立一个在线社区，分享他们对培训课程上所学知识的应用。
- 激励学员。把培训设计过程当成一个设计内在动机系统的训练。
- 在培训过程中，要求学员回忆和应用他们先前所学，并给予适当的反馈。
- 设置一个鼓励团队合作和讨论的房间。在桌子周围安排座位，避免安排剧场式（传统教室）座位。
- 形成一个高绩效的设计团队，将内容专家、设计师、执笔者、排版师、图形艺术家和学员代表包括在内，并确保从一开始每个人都参与到设计活动中。
- 将培训空间化。放弃培训应该在一个完整、大型、连续和自足的范围内进行的想法。相反，设计一系列的短期培训，并安排结构化应用训练。随着学习单元的累积，不断重复这个过程。
- 提供评估清单和评分标准，帮助学员进行自我评估和相互评估。
- 请记住，行为目标难以让学员看到大的蓝图，想办法给学员提供一个内容大纲。
- 将内容整合到活动之中。基于内容资源选择适合的活动类型。
- 使学员与内容、学员、引导师、内容专家、真实的世界进行互动。
- 改善整体的绩效系统。使用不同类型的人力绩效技术进行改进，提高学员的学习表现并应用所学技巧。
- 保持与学员经理的接触。寻求激励、支持和指导学员的帮助。
- 融合、整合一切，包括内容和活动、在线培训和面对面培训、学习和绩效、培训和测试、动机和教学，以及主动和被动。
- 给学员提供选择。让他们自己决定如何学习和如何测试。
- 请记住，成人学员具有丰富的相关经验。使用能够吸引他们投入学习过程并做出贡献的活动。
- 用通俗易懂的语言列出培训目标。不要使用混淆不清的语言让学员摸不着头脑。
- 前后一致。设计培训方案时，应多次调整内容、活动和评估，从而使所有元素与真实世界的结果保持一致。
- 以博大的胸怀对待开放式问题。为开放式答案提供开放式的反馈。

- 请记住，培训并不是一次性活动。前期工作及后续跟踪和实际的培训一样重要。
- 让学员参与培训过程。授权学员协同设计培训方案，开发培训内容，并开展培训活动。
- 在所有培训中开展互动。在课后添加互动环节。
- 鼓励学员创建培训内容。使用结构化的方法帮助学员分享他们的最佳实践和他们的集体智慧。
- 以活动作为培训的开始。注意，该活动要与培训目标相关。
- 做一只蚱蜢，在设计培训方案时，不按照任何固定顺序进行，而是跳来跳去，包括内容、活动、评估等。
- 在设计团队中纳入学员代表。使用敏捷设计技术，在设计时测试和修改原型。
- 为真实世界的结果而培训。培训设计开始时，把重点放在业务成果和个人成就上。
- 不要让录像、幻灯片、挂图和电子白板等占领培训课。有节制地使用它们。
- 经常改变互动模式，要求学员独立工作、与伙伴合作，以及团队协作。
- 在培训课结束后进行检查。利用互动练习来进行，而不是把演讲再进行一遍。
- 鼓励学员提出问题。将封闭式和开放式问题加入培训活动中。
- 鼓励协作学习。让学员互相合作，但要强调单独掌握的必要性。
- 对于讲授事实、概念、原理和程序等使用不同的培训方法。注意选择合适的方法。
- 确保一切，如活动、例子、测试项目、练习和问题等现实而且真实。
- 保存活动、改变内容。使用框架、主体、模式或模板快速设计学习活动。
- 将培训人员变成引导师。鼓励他们变成敏捷和灵活的学习指导人员。
- 授权你的培训师。明确你所要的结果，建议适当的活动，就如何取得结果为培训师提供完全的自由。
- 以学员配对、相互支持的方式组织后续跟进指导课。
- 明白所有的培训都涉及改变学员的行为。学习并应用变革管理的技能。
- 将培训人员转变成设计师。鼓励他们将本地实践应用到培训方案中，以改善现有课程。利用来自培训师的反馈，以增强培训效果。

- 通过娱乐性和参与性的方式进行分析、设计和评估。在实施过程中，使用具有娱乐性和参与性的学习活动。
- 在培训过程中设计、完善培训。
- 在培训中整合工作辅助。
- 模块化设计活动。使用内容单元、活动或评估将培训方案划分成模块。在设计过程中，从一个模块随意跳到另一个模块。
- 改变学员的角色。让他们扮演培训师、教练和测试人员。
- 转换“开始”和“完成”线。最大限度地利用培训预习活动。通过后续活动和网络中心完善终身学习。
- 培训中管住嘴巴。在一堂培训课中，谁说得最多就会学得最多。所以，培训师自己要学会多闭嘴、少说话，要鼓励学员互相交谈、讨论和学习。
- 保证学员参与学习过程的安全性。更重要的是，让学员受益于参与过程。
- 把培训设计过程当成创造性解决问题的锻炼。使用创新的培训方法，要求学员拿出创造性的反馈。
- 避免在学习活动中呈现不使用的、额外的内容。
- 鼓励情境化学习。通过创建一个尽可能反映工作场景的培训环境，提高学习的效果和转移的效率。
- 使用书籍、工作辅助、文章和参考资料强化培训效果。将这些文字材料融入适当的活动中。
- 开展培训活动，让学员彼此授课，互相进行测试。这会强化他们的学习效果。
- 确保培训内容与学员的工作相关，而且整个过程都要相关。
- 鼓励学员分享与培训目标相关的例子、挑战、问题、计划和想法等。
- 开展及时、实时的分析，使分析和设计同时进行。

内容和活动的整合

我们究竟如何整合内容和活动？我们应该从哪里开始？什么是第一位的：内容还是活动？是先有鸡还是先有蛋？

这是进行有效培训的一个简单的指导原则：在培训活动中，不要呈现任何未经整合的内容，不要进行任何不包含相关内容的活动。

你可以在活动之前呈现内容，称为发布。呈现即时应用的事实、原则和程序。也可以在活动后呈现培训内容，称为任务报告。鼓励学员反思活动的经验，获得个人见解，并互相分享。也可以在活动期间呈现内容，称为指导。在休息时间呈现活动、即时呈现、充实内容，以便学员可以立即使用新的工具、新的原理和新的程序。

更快、更便宜、更好

有效的培训设计的秘诀就是更快、更便宜、更好，传统观念决定了你只能取其中两个。但我在世界各地的现场经验表明，更快的教学设计往往更便宜（这并不奇怪）。更快和更便宜的教学设计也是更好的（关于有效学习、记忆和应用方面）。

以下是确保更快、更便宜、更好学习的三个实用原则：

1. 使用现有的内容资源。
2. 使用模板创造活动。
3. 调整内容与活动，并使两者与真实世界保持一致。

对任何工作场所专题培训主题进行搜索，你会发现成百上千条链接。在Amazon.com上进行搜索，你会发现成千上万本书籍。花时间设计和开发自己的内容材料是不明智的。它可以满足你作为内容专家的自尊心，并确保你的工作安全性，但不会产生有效学习。

寻找内容

内容以许多不同的归档形式存在：文本、视频、音频、图形和互联网。我们可以在书籍、手册、文章、工作辅助、表格、测试、问卷调查、样本、案例、图形、信息图表和在线数据库中，找到最新的、有用的内容。如果内容还没有以文档形式存在，那么我们可以从内容专家、专业人士、客户、消费者、信息提供者和学员那里获得内容。

寻找活动

快速设计学习活动的秘诀在于从成千上万个已经存在的现场测试活动开始。我们需要分离活动的结构，保留活动和改变内容。以外，还存在涉及不同内容资源的学习活动。例如，来自内容专家的互动讲座、来自阅读材料的 TEXTRA 游戏、来自录像的双重曝光活动，以及来自互联网的四门模型做法（Four-dour Approach）。我们也可以根据不同类型的学习、不同类型的学员，以及不同类型的学习成果，在工具箱中对活动进行分类。

总结

冒着冗余的风险，最后，我在这里重申一下我的原则：

1. 使用现有的内容资源。
2. 使用模板创造活动。
3. 调整内容与活动，并使两者与真实世界保持一致。

言出必行

关于风险的陈词滥调，这仅仅是个开始。阅读本节的介绍仅仅是第一步。

本部分介绍的一个主要的主题是，我们并不是通过被动阅读（或听或看）来学习的。我们是通过积极参与来学习的。说到做到，我将在本部分介绍的不同地方插入积极的任务。你可以慢慢地参与内容互动，并完成任务。否则，你的大脑将充满惰性知识。

这里有为你准备的四个活动，如下：

1. 回顾我在本部分介绍中提出的原则。选择一个对你来说最重要的指导原则。一旦做到这一点，选择一个正在有效应用于当前的设计和开发活动的一个原则。诸位也可以访问本书网站（www.astdhandbook.org）找到这个列表。

2. 我做了一个让人兴奋的关于更快和更便宜的培训设计可以生产更有效学习的陈述。诸位读者可不可以给我个面子，说出至少三条，来帮我证明一下这些都是真的？！当这样做时，你可以放心大胆地使用讽刺的口吻，对我那些毫无依据的观点进行毫不留情的批判和反驳。

3. 我强烈建议使用现有的内容资源，但我不建议侵犯他人的知识产权。如何才能以符合道德、专业、合理的方式使用现有内容呢？

4. 你有没有遇到过不认识的术语或想更多地了解的概念？很简单——打开网页浏览器！

作者简介

斯瓦塞兰·提亚吉·席阿柯罗俊，是提亚吉（Thiagi）集团的“常驻疯狂科学家”。他曾五次担任北美模拟和游戏协会主席，25 年间，曾两次当选国际绩效改进协会主席。

延伸阅读

Thiagarajan, S. (2006). *Design Your Own Games and Activities: Thiagi's Templates for Performance Improvement*. San Francisco: John Wiley & Sons.

Thiagarajan, S. (2006). *Thiagi's 100 Favorite Games*. San Francisco: John Wiley & Sons.

Thiagarajan, S., and T. Tagliati. (2012). *More Jolts! 50 Activities to Wake Up and Engage Your Participants*. San Francisco: John Wiley & Sons.

第 11 章

成人的设计模型和学习理论

达里尔·森克（Darryl L. Sink）

本章要点

- 定义 ISD 诸模型
- 学习如何扩大 ISD 模型以满足现有的实施系统
- 了解学习理论是如何影响教学设计的

当一个组织需要培训方案时，教学设计师必须了解有培训初衷的企业和个人的需求。这就需要找到制订培训计划的业务驱动力和组织需要或期望的结果。

一旦设计师已经采取了关键的第一步，教学设计模式和学习理论就将为制订有效培训方案提供一个系统的方法（或计划），以满足组织和个人的需求。这些计划被称为教学系统设计（ISD）模型。

从 ISD 诸模型派生出来的学习理论、策略和方法（课程设计）可以帮助培训从业人员为学员开发适宜的教学设计方案——随着学员获得所需的知识、技能、经验和动机的增长，帮助他们为自身和组织创造所需的价值。

ISD 诸模型的设计阶段是学习理论及其伴随的策略和方法相互作用的部分。本章将着重讨论 ISD 中的两个著名的模型：ADDIE 模型及迪克和凯瑞（Dick and Carey）模型，并重点关注学习理论及其对 ISD 诸模型设计阶段的影响。

ISD 的众多模型

ISD 诸模型基于系统的方法，上一阶段的输出为下一阶段提供输入。ISD 诸模型的起源可以追溯到第二次世界大战时期军队中使用的一种系统方法。战争结束后，军队把系统方法应用于培训材料和培训项目的开发。

在 20 世纪 60 年代，该系统方法开始在美国高等教育的教学设计过程模式中出现，并开始在包括雪城大学、密歇根州立大学、美国国际大学和南加州大学（印第安纳大学后来加入）的大学联盟中被广泛教授。最终，这项工作发展成为一个教学发展研究院（IDI）的联合项目。

1973 年，美国国防部委托佛罗里达州立大学绩效技术中心开发能够大幅度提高部队训练水平的训练项目。后来，这些项目演变成一个被陆军、海军、空军和海军陆战队采用的模型，称为“军种间教学系统开发程序”。

在这一阶段，ISD 包括分析、设计、开发、实施和控制。后来，控制阶段更名为评估，并产生了这个著名的缩写形式：ADDIE。对于 ISD 更完整的历史，可参考莫伦达和博林（2007）的著作。

↘ ADDIE 模型

ADDIE 仍然是最受欢迎的 ISD 模型之一，并被不断更新和应用于许多大型组织中。ADDIE 模型的各个阶段如图 11-1 所示。箭头说明了该系统方法的互动性。

该模型的每个阶段都是由不同的程序步骤组成的。例如，分析通常包括需求分析、学员分析、情境分析和内容分析。学习目标是分析阶段的输出，同时又是设计阶段的输入。ADDIE 模型基本阶段像一个详细的程序指南，可参考加涅、韦杰、戈拉斯和凯勒（2005）的著作。

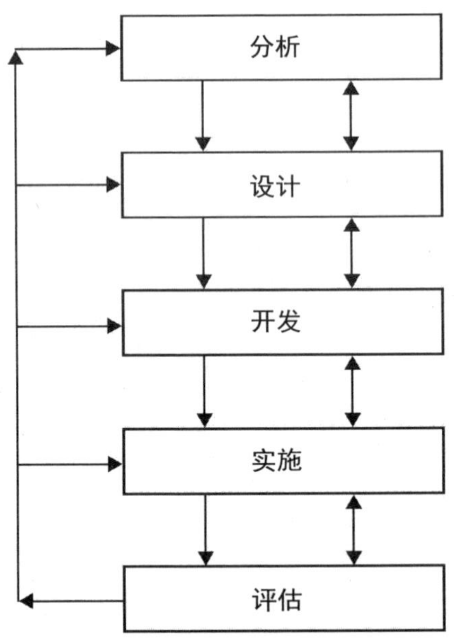

图 11-1　ADDIE 模型的各个阶段

↘ 迪克和凯瑞模型

迪克和凯瑞模型是根据开发者的名字命名的，也广为人知，如图 11-2 所示。一般该模型出现在大多数学院和大学的入门级教学设计课程中。它的两个特点在我们关于 ISD 模型的讨论中特别值得注意。

该模型建议在教学设计和开发之前进行学习目标评估。这与 ADDIE 模型不同，有助于确保学习目标和学习目标的评估保持一致。这种顺序的结果往往会导致不断修正目标的重复过程，以使目标和目标评估保持一致。

迪克和凯瑞模型强调形成性评估，或者实施形式和教学策略的评估。从早期的教学尝试中获得的修正信息将被输送到培训发展过程中，而不是在被完全开发后面对整个程序修正的可能。

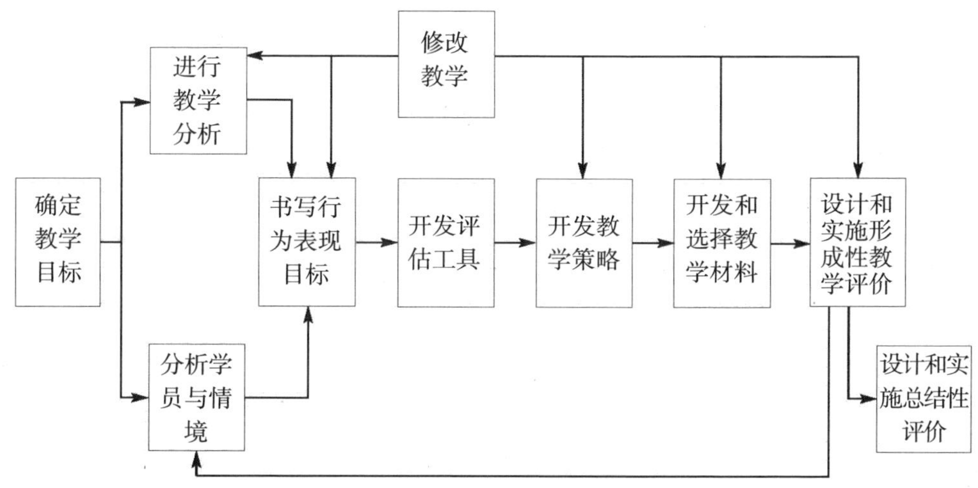

图 11-2　迪克和凯瑞模型

一般的 ISD 模型

在过去的几十年中，许多 ISD 模型已被开发和应用。这些模型的不同之处在于步骤的数量、步骤的名称，以及功能的建议顺序方面。古斯塔夫森和布兰奇（2007）的《教学发展模型调查》包括 18 个模型。他们列出这些模型的目的不是囊括所有的模型，而是说明实施系统的各种方法。

通常，组织使用自己定制的独一无二的 ISD 模型，并经常调整或合并其他模型的概念。

扩展模型以满足当前的实施系统

当一个组织选择一个特定的媒介或实施系统时，扩展、修改，以及将教学设计模型与其他模型和注意事项结合，是非常必要的。图 11-3 展示了一种适合电子化学习 ISD 模型（辛克，2002）。

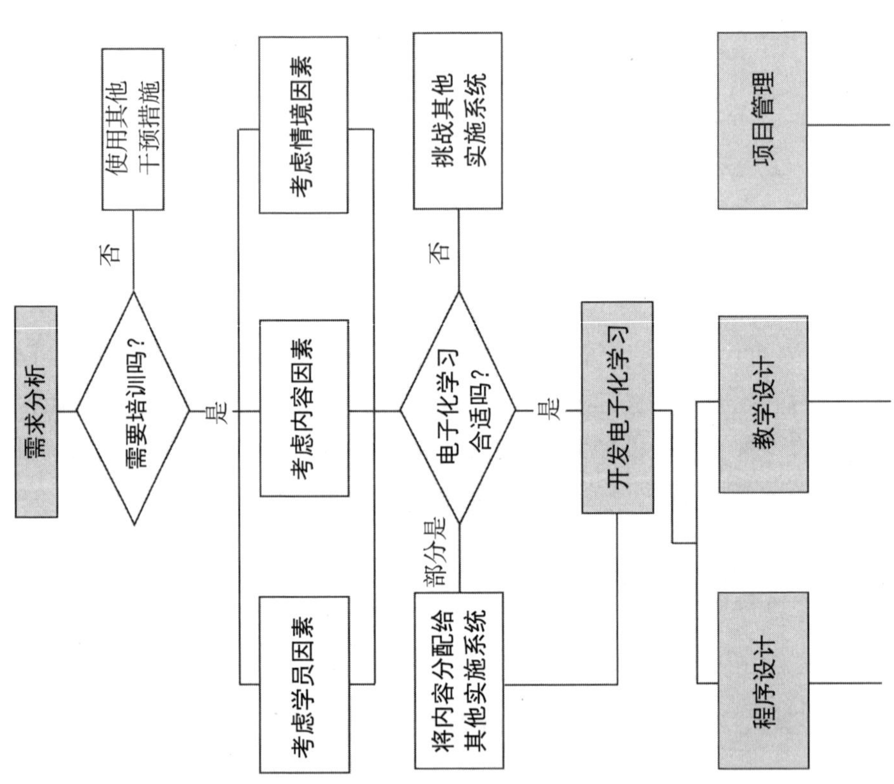
需求分析
需要培训吗？
否
使用其他干预措施
是
考虑情境因素
考虑内容因素
考虑学员因素
电子化学习合适吗？
否
挑战其他实施系统
部分是
将内容分配给其他实施系统
是
开发电子化学习
项目管理
教学设计
程序设计

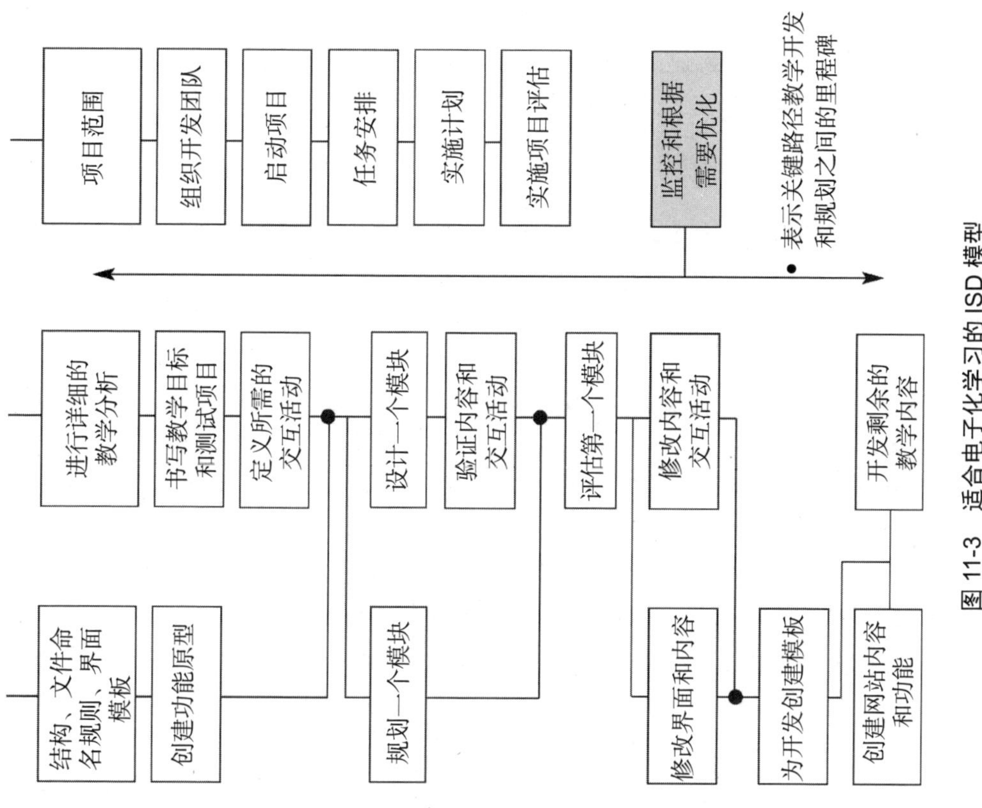

图 11-3　适合电子化学习的 ISD 模型

模型的第一部分描述了 ISD 的基本知识，从需求分析到确定员工培训需求及匹配的解决方案。如果分析确定某种形式的培训是必要的，那么前端分析继续与学员、情境和内容分析一起进行。这些分析的结果能够确定电子化学习是不是一个合适的实施系统选择。

接下来，该模型扩展到三条不同的路径。三条路径分别是程序设计、教学设计和项目管理。该模型的程序设计部分在电子化学习内容指南中非常重要。同时，需要教学设计部分来指导教学程序的开发。由于增加了项目管理任务，所以项目管理部分也是需要的。实施系统非常复杂，可能涉及许多不同的媒体、软件设计、用户界面测试和学习设计策略。较大的设计和开发团队可能需要具备不同类型的专业知识。

图 11-3 中的教学设计路径展示了典型的教学设计过程的基本组成部分。此外，三条路径相互作用、相互影响。

学习理论

学习理论试图描述人们在学习的时候发生的事情。加涅（1997）是这样说的：

> [学习理论]尝试提供一种概念性结构，这种结构帮助我们汲取信息，将其转化为长期记忆，随后以一种可以观察到的人类行为展现出来。这一过程或一整套过程，就是我所见过的学习理论的基础。

学习理论导致了支持该理论的学习策略、方法、经验和学习环境的出现。鉴于 ISD 模型，教学设计师在设计阶段充分利用了学习理论和受其推动的学习策略（见图 11-4）。

通常，培训课程被建构和设计的不同方式（以及教学过程中个别课程、模块或单元的结构和设计），来源于一个或多个学习理论（莫伦达和罗素，2005）。ISD 的设计阶段深受行为主义、认知主义与建构主义学习理论的影响。

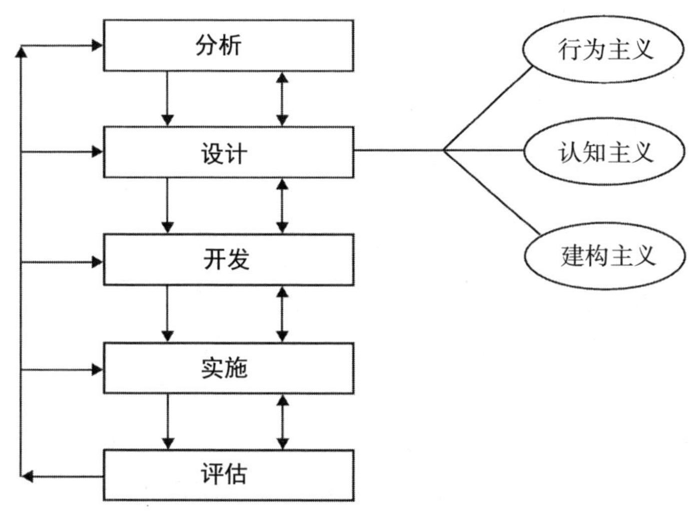

图 11-4　ADDIE 模型和学习理论

行为主义学习理论

行为主义关注什么是学员可观察到的行为。借鉴斯金纳有关刺激—反应学习的研究和理论，行为主义的培训课程聚焦于可观察到的行为，主要任务被分解成更小的任务，每个小任务都被视为独立的学习目标。输入与实践，以及强化（积极的或纠正的），是行为主义方法的基本组成部分。

行为主义学习理论催生了教学机器和程序化教学，并且产生了许多实际和必要的教学设计概念。例如：

- 确定具体的可观察的人力绩效的描述（教学的目标）。
- 应用基于目标的测试，而非以主题为基础的测试（后被称为标准参照测试）。
- 使用目标学习群体成员的培训材料原型和方法的开发测试，不断改进材料，直到学员可以满足预定的标准（试行和修正的过程）。
- 基于学习目标和内容类型，如事实、概念、程序、过程和原则，进行分块教学。

目前使用的行为主义学习理论

在目的为传授智力知识、心理运动和人际关系等知识和技能的培训中（学员需要熟练地应用知识和技能），行为主义学习理论是非常有用的。以下几个例子将阐明这种学习理论的实用性。

- 例 1：教授学员编写软件开发用户需求，说明知识和技能应该被实践，直到学员可以在自己的工作环境中编写用户需求。
- 例 2：教授与冲突解决相关的人际关系技能，要求包含反馈的重复练习，直到学员获得足够的信心，并在自己的工作环境中使用这种技能。
- 例 3：学习开车是一种心理运动技能，在其技能变成自动化前必须被不断练习。自动技能的获得使得学员可以成功驾驶，而不需有意识地关注过程中的每个步骤。

行为主义学习理论的另一个分支是程序化教学领域的研究与发展。教学内容根据行为主义教学理论呈现：先是分模块的教学内容，随后是互动的问题或活动，以便从学员那里获得回应，最后是纠正或确认性反馈。

本杰明·布鲁姆（1968）在其著作《掌握学习理论导言》中提出的理念和概念也深受行为主义学习理论的影响。布鲁姆提出的“掌握学习”教学理论基于这样的假设：或许 95%的学员可以学到我们教给他们的，找出能够帮助学员掌握我们要教授的内容的手段，正是我们作为设计师、教育工作者或培训师的责任。“掌握学习”教学理论充分运用绩效或行为进行参照测试。此外，该理论还强调诊断测试和补救策略。《掌握学习理论导言》在公共教育和军事训练中具有很大的影响力。

罗伯特·加涅

作为教学设计领域的创始人之一，罗伯特·加涅开发了“九步教学法”，它们是：

1. 吸引学员的注意力。
2. 共享课堂的目标。
3. 让学员回忆以前的学习。

4. 提供内容。
5. 利用各种方法提高认知，如案例研究、实例和数字。
6. 提供一个实践的机会。
7. 提供反馈。
8. 评估绩效或表现。
9. 为确保向工作迁移，提供工作辅助或参考。

加涅的理论也提供了将教学理论的概念应用于基于计算机的培训设计与多媒体教学的工具。

加涅是佛罗里达州立大学从事教育研究的荣誉退休教授，对教学系统设计研究生课程的创建和初期运作发挥了巨大作用。他还负责监督绩效、教学方法、教育目标设计等研究项目。

认知主义学习理论

行为主义学习理论几乎只关注外部事件和过程，而认知主义学习理论关注学员内部发生了什么。（克拉克，1999）。

认知主义学习理论把我们对内部认知过程的理解归因于教学设计领域。认知主义学习理论有助于我们为学员提供条件，使其更容易获得必要的思维策略来提高工作绩效。有关学习如何发生的认知观点是基于信息是如何处理、存储，并在脑海中检索的，而不是行为是如何变化的（佛希、塞尔博和斯戴尔尼克，2003）。

培训的认知主义方法通过深层次的策略和方法帮助学员获得认知技能。加涅的九步教学法是许多认知培训设计的基础。

佛希、塞尔博和斯戴尔尼克（2003）提出的认知主义培训程序把学员必须与培训师和设计师一起完成的五个任务并列放入课程中。表 11-1 展示了认知主义培训模型。

表 11-1　认知主义培训模型

学员为了学习必须做的事	培训师把以下要素放入课程中以帮助学员
1. 明确将教授的新知识 吸引学员的注意力，聚焦于将教授的新知识，因为新知识是很重要的	**注意力：**吸引学员的注意力 **对我有何用处：**回答学员的问题“对我有何用处” **你能行：**对于学习新的知识，告诉学员“你能行”
2. 将旧知识和新知识联系起来 通过回顾现有的或与新知识相关的旧知识，以及把新知识和旧知识联系起来，将新知识加入现有的框架中	**回顾：**把作为新知识基础的旧知识放到最前面 **关联：**说明新知识和旧知识之间的相似性或差异，使新知识与旧知识相联系
3. 对将教授的新知识进行设计 以与组织相匹配的方式讲授新知识，使其更容易学习，减少混乱	**内容结构：**展示新知识的边界和结构 **目标：**确定所需的行为和所需学习的知识 **知识量：**限制呈现的新知识的量，以适应人的信息处理能力 **文本布局：**设计文本演示，帮助学员组织新的知识 **插图：**使用精心设计的插图，帮助学员理解新知识
4. 将新知识和旧知识进行整合 将新知识和旧知识进行整合，这样它们可以结合产生一个新的、统一的、扩展的和重组的知识结构	**展示新知识：**对每种类型的知识采用不同的方法，以最容易理解的方式展示新知识 **展示例子：**演示实际生活中的例子，展示新知识如何被应用
5. 强化新知识 强化新知识，使其被记住，并且可以应用于未来的工作和学习中	**实践：**让学员运用新知识 **反馈：**向学员反馈他们对新知识的使用情况，有什么问题，为什么 **总结：**再次展示内容结构，包括知识的整体结构 **测试：**让学员再次运用新知识证明他们已经实现了培训目标 **在工作中的应用：**让学员在工作中以结构化的方式使用新知识

目前使用的认知主义学习理论

认知主义学习理论非常适合帮助学员记忆新的信息、了解事物如何工作，以及记住和使用新的程序（戴维斯，1998）。它一般适用于认知领域的目标，特别是中低复杂程度的任务。

教学设计师可以应用认知主义学习理论生成的学习策略和方法来构建行为方式，从而扩展人们获取和学习认知技能的策略和战术。

↘ 建构主义学习理论

建构主义教学法出现于 20 世纪 80 年代。它的核心概念是“知识是由学员基于原有的经验建构起来的”（德里斯科尔，2000）。建构主义学习理论将学习看作知识的建构，并且基于这样的观点，即在学员主动建构工作记忆中的知识表征时，学习才会发生。根据知识建构的观点，学员其实是经验的感知者，需要完全理解事物；教师提供模拟真实的学习任务的认知指导（迈耶，1999）。

建构主义的学习经历更多地以发现为导向，而不是以说明为导向。建构主义学习经历包括精心设计的活动、多重角度、学员驱动的知识创造。这些任务中包含的技术与学员在现实世界中遇到的相似。

采用建构主义的策略，目的是使学习经历反映现实世界的经验，使学员能够将他们所学的知识更有效和高效率地迁移到工作中。

↘ 目前使用的建构主义学习理论

建构主义教学法结合了基于绩效的培训概念。基于绩效的培训包括基于问题的学习（尼尔森，1999）、基于目标的方案（尚克，伯曼和麦弗逊，1999）和建构主义学习环境（乔纳森，1999）。在更普遍的讨论中，基于绩效的建构主义学习可能被称为情境学习、真实活动。无论采用何种名称，该方法都描述了这样一种学习经历：

- 具有现实相关性；
- 需要学员明确任务和子任务以完成活动；
- 能够让学员从不同的角度检查任务和交付的成果；
- 提供合作的机会；

- 允许竞争的解决方案和不同的结果；
- 目的在于创造对自己有价值的完美产品或与工作相关的工具（里维斯、林顿和奥利弗，2002）。

成人学习理论

根据我们的模型，成人学习理论和原则适用于学习理论和宏观或微观教学方法的选择（见图 11-5）。之前描述的三种学习理论对每个人都适用。主要的学习理论一旦被考虑，我们就可以通过应用成人学习理论，更多地思考宏观和微观层面教学策略的选择。

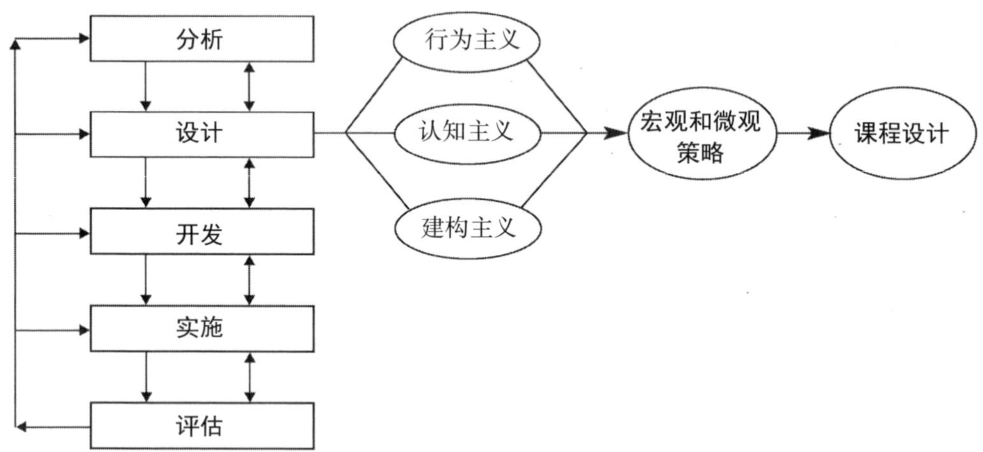

图 11-5　ISD 模型、学习理论、成人学习理论和策略与课程设计

成人学习理论试图解释教学法和成人教育理论的概念和差异。教学法是教育孩子的艺术和科学。在极端情况下，通过教学法，全部任务被分配给指导者或教师，然后由他们做出有关学什么、如何学、何时学和是否已经学会的全部决定。教学是以指导者或教师为导向的，学员只处于听从老师指令的顺从地位。

相反，成人教育理论假定成人进入学习情境时比年轻人拥有更多和更丰富的经验。这些经验上的不同不但会影响教学策略，而且在其他情况下还会促进成人学习。

马尔科姆·诺尔斯（1990）指出了成人学习的六个原则：

1. 成人学员需要知道他们为什么学习。
2. 学员的自我概念。成人是自我激励和自我导向的。
3. 学员经验的作用。成人学员为学习情境带来了丰富的经验。
4. 学习的准备。成人最愿意学习那些现在或在不久的将来能帮助他们的东西。
5. 学习的导向。成人在他们的学习定位上以生活为中心（或以任务为中心或以问题为中心）。
6. 动机。成人学习更多的是内部驱动（增加工作满意度、提高自尊或生活质量等）。

对于与这些成人学习原则相关的教学设计和交付建议，请参见伊莱恩·碧柯（2009）的《成功培训的 10 个步骤》一书第 35~48 页。另请参阅本书的网站（www.astdhandbook.org）寻找策略样本清单，设计师、教师或引导师可以根据自己的学习成果从中选择。

总之，需要注意的是，对成人来说，情境有助于我们确定方法和策略。在某些情况下可能需要更多的教学方法，至少一开始时是这样。在这些情况下，学员可能缺乏他们正在学习的工作或主题的相关知识和经验。在这种情况下，更直接的方法可能更合适。

折中的方法

在设计和开发培训计划时，有经验的教学设计师通常采取一种折中的方法（霍那拜恩和森克，2012）。一种学习理论及其相关的策略可能占据某个特定课程的大部分，但其他的理论和策略也可以在相同的课程中使用。通常，这种灵活多样的方法对所教授内容的类型和多样性、学员、情境和期望的结果更敏感。

图 11-5 展示了教学系统设计、三大学习理论、成人学习理论、学习策略和课程设计之间的联系。设计提供方案，学习理论和成人学习理论有助于教学设计师提出合理的教学方法和策略，从而促成课程的设计。

教学设计师和培训师可以通过学习找出和选择最适合特定学习情境和目标的策略，扩大设计教学的方法（赖格卢特和卡-车尔曼，2009）。例如，在 IT 专业人士称作“收集用户需求”的课程中，总的方针是建构主义。然而，第一天的课程是写作和验证用户需求。这部分培训使用了一种更偏向行为主义的方法，即与写作和确定用户需求有关的强化练习和反馈。然后，课程在两个半天的模拟中转移到建构主义方法，包括阅读和即时的互动讲座（其中也包括实践和反馈）。每天早上，学员获得“组织者引导”，以明确一整天学习经历的心理模式。另外，引发思考的教学游戏（短暂的经历帮助学员打破条条框框，提亚吉和塔格拉迪，2011）也强化了关键流程和概念。

采用不同的学习理论和成人学习原则中生成的策略和方法的设计，不但能够确保适当的指导，而且提供了多种体验，以激发学员在培训项目中的充分参与。

总结

学习理论描述了人们在学习时发生的事情，以及其影响教学设计师规划教学系统设计的方式。在学习设计的情境下，三种学习理论尤其重要：行为主义、认知主义和建构主义。

行为主义观点侧重于可观察到的行为，并认为只有当学员加强或减弱刺激与反应之间的关联时，学习才会发生。因此，该理论通过学习目标、以目标为基础的测试和信息模块影响教学设计。

认知主义着重于知识的获取，并且基于学习是在学员将信息置于长期记忆时发生的观点。强调认知主义学习理论的教学设计师通常考虑信息是如何被处理、存储和检索的，并经常以加涅的九步教学法为依据。

最后，建构主义将学习看作知识建构，并基于这样的观点，即只有当学员积极建构工作记忆中的知识表征时，学习才会发生。因此，建构主义教学设计师强调让学员自己发现知识。

成人学习原则也必须被应用，从而使整个学习环境和经历更适合成人学员。

三种学习理论加上成人学习原则，都具有自身的优势，根据企业和学员的需求，教学设计需要采用一种折中的方法。也就是说，教学设计师要从三种理论中选择最佳实践，基于所期望的结果应用最好的策略，创造能够有效满足组织、企业和个人需求的学习经验。

作者简介

达里尔·森克，教育博士，Darryl L. Sink & Associates（DSA）总裁。DSA 专门从事学习和绩效的咨询、定制培训的设计和开发。他毕业于印第安纳大学，研究方向为教学系统设计和教育心理学。他是 6 部教学设计和开发指导用书的作者，他的成果已被应用于 DSA 的工作坊，以提供基本的教学设计培训和流程。这些流程已经被许多《财富》500 强企业和非营利组织采用。他是国际绩效改进协会（ISPI）《人力绩效技术手册》和《ASTD 培训经理指南》中相关章节的作者。另外，他还是 ISPI 专业服务奖的获得者，并三次荣获 ISPI 年度杰出教学产品奖。

参考文献

Biech, E. (2009). *10 Steps to Successful Training*. Alexandria, VA: ASTD Press.

Bloom, B. (1968). *Learning for Mastery*. Los Angeles: The Center for the Study of Evaluation of Instructional Programs, University of California.

Clark, R.E. (1999). The Cognitive Sciences and Human Performance Technology. In *Handbook of Human Performance Technology*, 2nd edition, eds. H.D. Stolovitch and E.J. Keeps. Silver Spring, MD: ISPI.

Davis, J.R., and A.B. Davis. (1998). *Effective Training Strategies*. San Francisco: Berrett-Koehler.

Dick, W., L. Carey, and J.O. Carey. (2014). *The Systematic Design of Instruction*, 8th edition. Boston: Allyn and Bacon.

Driscoll, M.P. (2000). *Psychology of Learning for Instruction*, 2nd edition. Boston: Allyn and Bacon.

Foshay, W.R., K.H. Silber, and M. Stelnicki. (2003). *Writing Training Materials That Work*. San Francisco: Jossey-Bass/Pfeiffer.

Gagné, R.M. (1997). Mastery Learning and Instructional Design. *Performance Improvement Quarterly* 10(1):8-19.

Gagné, R.M., W.W. Wager, K.C. Golas, and J.M. Keller. (2005). *Principles of Instructional Design*, 5th edition. Belmont, CA: Thomson/Wadsworth.

Gustafson, K.L., and R.M. Branch. (1997). *Survey of Instructional Development Models*, 3rd edition. Syracuse, NY: ERIC Clearinghouse on Information and Technology.

Honebein, P.C., and D.L. Sink. (2012). The Practice of Eclectic Instructional Design. *Performance Improvement* 51(10):26-30.

Jonassen, D. (1999). Designing Constructivist Learning Environments. In *Instructional-Design Theories and Models: A New Paradigm of Instructional Theory, Volume II*, ed. C.M. Reigeluth. Mahwah, NJ: Lawrence Erlbaum Associates.

Knowles, M. (1990). *The Adult Learner: A Neglected Species*. Houston, TX: Gulf Publishing Company.

Mayer, R.E. (1999). Designing Instruction for Constructivist Learning. In *Instructional-Design Theories and Models: A New Paradigm of Instructional Theory, Volume II*, ed. C.M. Reigeluth. Mahwah, NJ: Lawrence Erlbaum Associates.

Molenda, M., and E. Boling. (2007). Creating. In *Educational Technology: A Definition With Commentary*, eds. A. Januszewski and M. Molenda. Mahwah, NJ: Lawrence Erlbaum Associates.

Molenda, M., and J.D. Russell. (2005). Instruction as an Intervention. In *Handbook of Human Performance Technology*, 3rd edition, eds. H.D. Stolovitch and E.J. Keeps. San Francisco: John Wiley & Sons.

Nelson, L.M. (1999). Collaborative Problem Solving. In *Instructional-Design Theories and Models: A New Paradigm of Instructional Theory, Volume II*, ed. C.M. Reigeluth. Mahwah, NJ: Lawrence Erlbaum Associates.

Reeves, T.C., J. Herrington, and R. Oliver. (2002). *Authentic Activities and Online Learning*. Milperra, Australia: HERSDA.

Reigeluth, C.M., and A. Carr-Chellman. (2009). Understanding Instructional Theory. In *Instructional-Design Theories and Models: Building a Common Knowledge Base, Volume III*, eds. C.M. Reigeluth and A. Carr-Chellman. Hillsdale, NJ: Lawrence Erlbaum Associates.

Schank, R.C., T.R. Berman, and K.A. MacPherson. (1999). Learning by Doing. In *Instructional-Design Theories and Models: A New Paradigm of Instructional Theory, Volume II*, ed. C.M. Reigeluth. Mahwah, NJ: Lawrence Erlbaum Associates.

Sink, D.L. (2002). ISD Faster Better Easier. *Performance Improvement* 41(7):16-22.

Thiagarajan, S., and T. Tagliati. (2011). *Jolts! Activities to Wake Up and Engage Your Participants*. San Francisco: John Wiley & Sons.

延伸阅读

Bell-Gredler, M.E. (2008). *Learning and Instruction: Theory Into Practice*. Upper Saddle River, NJ: Pearson Prentice Hall.

Biech, E. (2009). *10 Steps to Successful Training*. Alexandria, VA: ASTD Press.

Duffy, T., and D.H. Jonassen, eds. (1992). *Constructivism and the Technology of Instruction: A Conversation*. Hillsdale, NJ: Lawrence Erlbaum Associates.

Gagné, R.M., and K.L. Medsker. (1996). *The Conditions of Learning: Training Applications*. Fort Worth, TX: Harcourt Brace.

Gagné, R.M., W.W. Wager, K.C. Golas, and J.M. Keller. (2005). *Principles of Instructional Design*, 5th edition. Belmont, CA: Thomson/Wadsworth.

Reigeluth, C.M. and A. Carr-Chellman. (2009). Understanding Instructional Theory. In *Instructional-Design Theories and Models: Building a Common Knowledge Base, Volume III*, eds. C. M. Reigeluth and A. Carr-Chellman. Hillsdale, NJ: Lawrence Erlbaum.

Thiagarajan, S., and R. Thiagarajan. (2000). *Interactive Strategies for Improving Performance: 10 Powerful Tools*. Bloomington, IN: Workshops by Thiagi.

第12章

SAM：实用、敏捷、ADDIE替代品

迈克尔·艾伦（Michael W. Allen）

本章要点

- 比较教学设计的经典 ADDIE 模型与迭代过程
- 确定更短的 SAM 教学设计模型中所发生的行为

设计和生产优质教学产品的确不是一项容易的工作，其中存在很多决定成功的影响因素。对一组开发者来说成功的方法，对另一组开发者来说可能是失败的方法。在这里，请允许我先开门见山地强调一下，如果你对正在使用的流程很满意，即如果它能够生产你想要的东西，并且在预算范围和计划内，那么比较谨慎的做法是继续使用。你是幸运的，确实如此。根据观察和别人的反馈，我相信，通用的做法可能不是最好的。随着我们对学习经验的重要性越来越敏感，我们需要考虑的因素也在增加。

本章讨论的重点不是传统的 ADDIE[分析（Analysis）、设计（Design）、开发（Development）、实施（Implement）和评估（Evaluation）的首字母缩写]，而是 SAM（Successive Approximation Model，连续迭代模型）。ADDIE 有许多资料来源，但这里只对该模型进行一个快速的回顾。

ADDIE 回顾

ADDIE 是为军队设计的加快培训教材开发的模型，主要由在教学设计中无专业背景的人设计。按照最初的设想，该模型是一个连续的或所谓的“瀑布”模型，表示每个阶段都必须在下一阶段开始前完成（见图 12-1）。

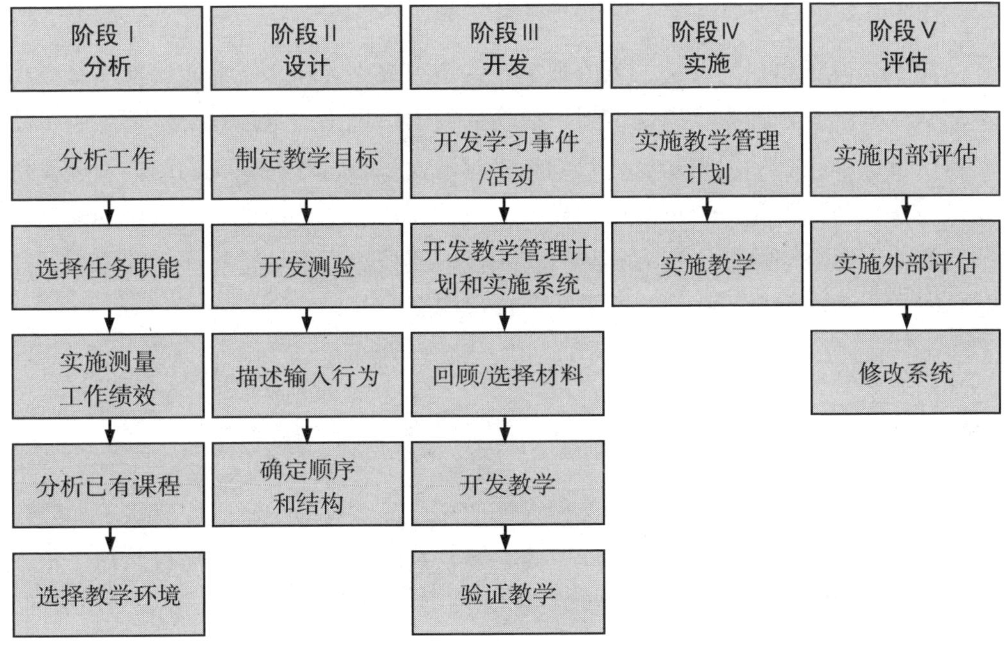

图 12-1　经典 ADDIE 模型

虽然许多概念现在已经发生了偏离，但是按顺序完成各个阶段的重要性已经在很大程度上得到体现。每个阶段都为下个阶段设定了方向并提出要求。如果这些要求在工作过程中发生了变化，那么在预算和范围方面可能造成低效和潜在的混乱。多年来，在教授 ADDIE 的应用时，我经常强调，如果工作过半，经常出现变化会给下游岗位带来麻烦。我经常看到这样的情形。事实上，在我个人使用 ADDIE，以及和团队一起使用 ADDIE 这么多年来，我目睹了相当多的冲突。疲惫和烦恼的团队成员会在要求和接受变化之间勉强妥协，但在某些时候，他们会坚决拒绝做出进一步的调整。最终，很少有人会对所开发的课程感到自豪。没有人认为最终的产品非常接近他们一开始的预期。

ADDIE 是一个合乎逻辑和经过深思熟虑的流程。对一个新手来讲，在其复杂的外表之下，很难看到其存在的问题和缺陷。事实上，这是一个几乎包含了所有基础的完美流程，但在实操中需要大量的时间，而且需要走捷径。

我以前是 ADDIE 的倡导者，但现在工作场所发生了很多变化，这就要求我们超越 ADDIE。改变对于我们所有人来说都是棘手的，因为人们倾向于固守和捍卫自己所熟悉的。承认我们所知和所做的事情存在众多的弱点，通常是比较困难的，就像我们会迷恋于不同方法的各种好处一样。

原有的设计和开发方法，无论被组织运用得多么好和多么彻底，都已经变得不那么令人满意，因为我们认识到，成功的教学远远比信息传输要重要。由于缺少教学设计和人脑学习的知识，我们越来越缺少耐心，并希望我们的培训开发得越来越快。我们需要一个更简单的模型。我们需要一个更快速、更协作的模型。我们需要一个能够培养创造力和具有实用性的模型。出于这样和那样的原因，经过长时间艰苦的努力，我们找到了一个替代模型。

SAM

SAM 是包括 ADDIE 在内的几种模型的衍生品，并且是经过广泛实验和修订的模型。这是一个现代模型，不仅因为它是较新的，而且因为它与目前在工程和软件开发中使用的先进模型是并行演变的。众多模型的许多需求和挑战是相似的。例如，所有的教学设计师都要满足客户的较高需求，客户的较高需求往往会动摇；满足客户的实际需求，即使当客户没有意识到时；在严格的预算和截止日期内生产产品；服务于不是客户的终端用户。客户往往很少能鉴别出项目存在的诸多风险，要确保他们的资源用在刀刃上。

简单地说，SAM 是一个迭代的原型过程，不断将原型演变为最终产品。该过程通过将课程拆分，进行碎片化开发，快速获取用户反馈，以确保工作行进在正确的道路上。它更聚焦于学习体验、学习参与、学习的能动性，而不是内容的组织、信息的呈现和总结性的后测，尽管在某些情况下这些显得相对重要。

让我们来看看基本的 SAM 迭代（见图 12-2）。

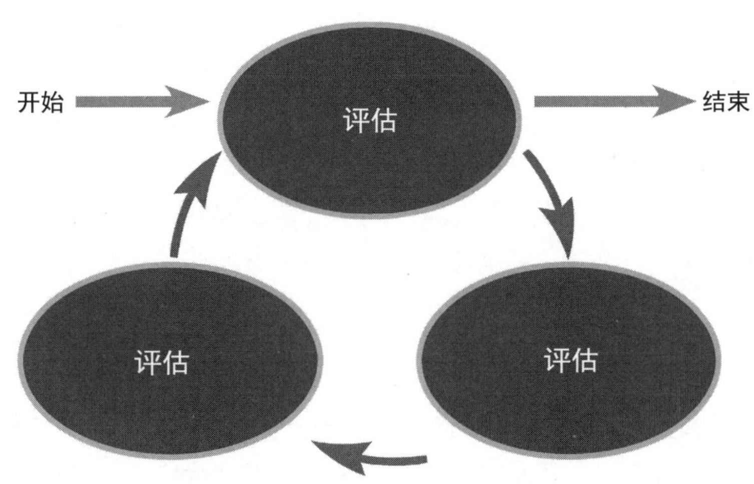

资料来源：艾伦（2012）。

图 12-2　基本的 SAM 迭代

评估

注意，该过程是循环的并且分为几个部分。它始于评估或分析。随着项目被确立，你将知道关于其情境的很多事情——目标、学员、交付平台。但在第一次迭代中，你应该询问以下问题，虽然有些还暂无答案：

- 我们可提供的交付形式是什么？
- 学员是谁？他们的绩效需要做出怎样的改变？
- 他们现在能做什么？
- 当前教学计划的哪些部分是令人不满意的？
- 学员可以从哪里寻求帮助？
- 我们如何知道新方案是否成功？
- 完成项目的预算是多少？
- 可用资源是什么？
- 谁是关键决策者？谁会支持可交付的成果？

↘ 设计

如果你熟悉 ADDIE 流程，那么这一步看起来可能是不寻常的。在这点上，只有有限的分析被完成，并且通常会缺失重要的信息。SAM 设计者经常被鼓励依靠自己的直觉，通过短暂的思考后，想出一个最好的解决方案并展示给利益相关者。实际上，在关键利益相关者参加的头脑风暴项目启动会议上，设计者通常会产生第一个前瞻性的设计，这在 SAM 中被称为“精明启动”。

相比典型的流程，传统的问题“我们应该怎么做”会被问题“为什么我们不可以这样做”替代。前一个问题是如此宽泛，以至于如果不经过广泛的讨论，团队成员很难回答这个问题，而讨论既费时又不会非常有成效。SAM 旨在建立一个快速的过程，并且不允许冗长的对话。后一个问题，“为什么我们不可以这样做”是一个更聚焦、更具体的问题。我们只需要讨论对于这个建议，哪些是好的，哪些是不好的，而不是对于任何人提出的任何问题来讨论哪些是好的，哪些是不好的。假如设计者已经基于一些可用的信息进行了设计，那么在一定程度上建议将是切题和中肯的。利用这个问题激发的对话将有助于填补项目要求和空白。这将帮助设计者了解谁真正负责，对于客户/组织什么是重要的，其中的机会在哪里，隐藏在议程表面之下的是什么，等等。

设计应该是可视的——一个粗略草图。它的目的在于创建一个一次性工具，帮助团队考虑替代方案。第一个设计必将在随后的迭代中被取代。

↘ 开发

SAM 是一个快速成型的过程，以协助正在进行的分析和设计。事实上，开发与设计交叉进行，而不是在其后发生。设计草图是原型的一种形式。我们也经常通过完善草图来帮助团队在未来对我们的工作进行考量和评估。原型只需改善到可以减少误解、增进沟通和澄清哪些需要进一步开发的地步即可。

对于电子化学习，功能原型替代了详细的文档（与敏捷过程相同，需要最少量的文件），以确保时间和精力被最有效地使用，并确保最佳沟通。书面规范需要相当长的时间来建构，即使这样也很容易出现错误解释。人们很容易发现，他们批准了一个书面规范，却导致了与他们想象的完全不同的结果。面对面讨论原型将避免这种情况，而面对面讨论在 SAM 中是必不可少的。

重复两次以上

当第一个原型完成后，就到了评估它的时刻。我们将返回周期的开始端，在那里我们通过细小的修改重复这些步骤。在评估中，我们现在做的是查看以前周期中的原型解决方案，并再次询问为什么我们不可以这么做。许多隐藏的、不完整的、不准确的信息肯定会在这个时刻暴露出来。评估原型的过程中能够披露一些隐藏的信息。

在第二次迭代中，抛开最初的设计是明智的，即使它仍然具有吸引力。强迫自己提出一些全新的想法是具有挑战性的，而且通常看起来既无必要，也极其痛苦和困难，但如此紧迫的做法经常会产生卓越的设计。

在第三次迭代中，尝试全新的东西仍然是明智的，如果前面的评估没有产生矛盾，你想不出什么是更好的，从第一或第二个设计中借鉴某些部分是明智的选择。

比较

SAM 和其他众多模型相比，主要有以下几个特点：① 做很少的前期分析；② 组建一个混合团队，不仅包括具体参与成员，而且包括项目负责人、绩效主管，以及一个或多个潜在学员；③ 以终为始，从最后的教学主题反向推导；④ 快速提出设计方案并询问："为什么我们不可以这样做？"

做很少的前期分析

在 SAM 中，分析是一个持续不断的过程。随着设计在功能原型中不断被审查，一种通常的做法是重新考虑哪些可能对学员和组织产生最大的影响。尽管随着开发工作的进行，这些基本参数，如谁应该接受培训、教学目标应该是什么，都需要重新检查或做潜在修订，但如果将分析阶段置于最前端的话，那么这些参数将不可能被完全考虑到。

组建一个混合团队

精明启动通常可以在一两天内完成。有时候，在这段时间内可以完成的迭代会超过三个，此时组建团队是非常重要的。团队成员的角色与职责如表 12-1 所示。

表 12-1　团队成员的角色与职责

角　　色	示例职责
预算制定者	可以解释预算限制，了解将被（或已经被）确定的预算，并理解所做出的相关假设条件
绩效期望确定者	将帮助确定组织对成功绩效的期望
员工监督者	是最接近真实绩效问题的人，并能提供亟待解决的绩效问题的最具体的例子
内容专家	可以提供内容的简介和教学的方向
潜在的学员	通过用户测试和审查，这些人能够支持课程的持续开发
当前的学员	将帮助团队了解目前教学的优势和劣势，什么是容易学习的和不容易学习的，以及在工作中学习什么是最好的
项目经理	将管理项目所有的资源并进行时间规划
教学设计师	将选择或创建教学方法，并使教学针对学员
原型设计者	将勾画和/或建立原型，使团队有机会将想法可视化

没有关键利益相关者代表在场，可能会使整个项目难以界定。我们可以举办更多超越精明启动的迭代会议，但这取决于需要学习的技能的数量及其复杂性。命令最初的小组参加所有这些会议是不可能的，但精明启动会议将定下基调、确定预期和偏好，并让你知道谁将真正负责。这些信息可以使你在没有他人直接参与的情况下工作时，为你提供相当大的帮助。它也可以让你知道谁应该在项目的发展过程中定期接收进展信息。通过参加精明启动，信息的接收者将更容易理解正在取得的进展。

以终为始

在学员试图自己单独工作前，你想要他们做什么？当然，答案是做与所要求的绩效尽可能相似的东西，并且在学员所具备的条件范围内进行。这样做比抽象地讨论学习目标应该是什么更好。在项目的进行过程中，应该不存在什么解释性的变化，因此不会出现问题性的惊喜。

设计学习体验以确保学员具有掌握最具挑战性的技能的意愿，以终为始的设计考虑学员需要做哪些准备，以参与最后的学习体验。迭代设计将回答这个问题。完成以后，会出现另一个备案，直到为所有学员准备的学习体验设计完毕为止。

询问为什么我们不可以这样做

如上所述，进行一个为什么某个提案行不通的对话，比让一个人设计一个考虑所有可能的替代方案要简单。SAM 使我们几乎可以立即提出设计方案。相比于冗长深入的分析，SAM 建议设计基于直觉，并且包含以下参数的易获取的信息：

- 学员的技能、差异、动机；
- 学员在教学后需要做什么，能够做到什么样的程度；
- 学员预计执行工作的条件；
- 学员执行任务的频率；
- 以前教学的成功和失败，如果有的话。

如果信息被证明是难以收集的，那么可以猜测，因为速度比精度更重要。原型评估将纠正错误的猜测。

SAM1 与 SAM2

实际上，图 12-2 可以作为一个小项目的完整过程。它非常简单、快速和高效。设计和开发与评估交叉进行，从而确保了这个过程处于正确的轨道。但对于较大的项目，特别是那些涉及多人、需要正式预算和项目计划，或者那些由一个独立小组开发完成的，甚至在不同的机构或国家完成的项目，则需要使用 SAM2，如图 12-3 所示。它们主要的不同之处在于，在 SAM2 中，当设计迭代完成后，项目转移到开发阶段；而在 SAM1 中，产品在这些迭代结束后完成。

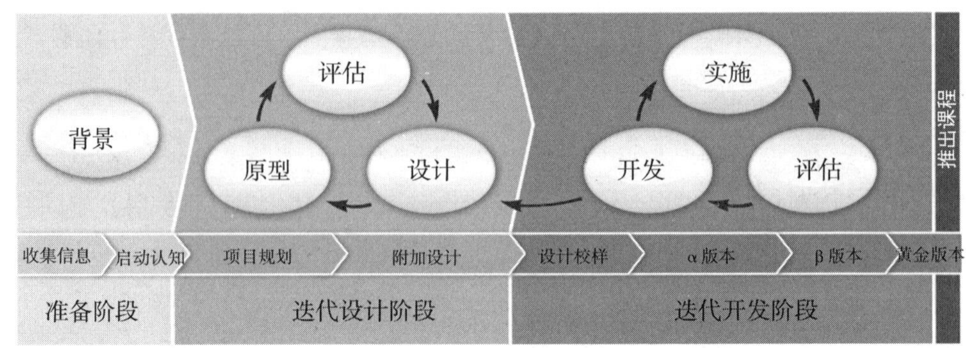

资料来源：艾伦（2012）。

图 12-3　SAM2

SAM2

SAM2 中的工作分为三个阶段：准备、迭代设计和迭代开发。

准备阶段

准备阶段是收集背景信息的阶段。背景信息可以帮助设定目标、确定特殊问题和排除选项。从广义上讲，这是积极探索时刻：组织需求的背景、目标和结果期望。

需收集的背景信息包括：

- 以前的绩效改进项目（如果有的话）及其结果；
- 目前进行的项目（如果有的话）；
- 可用的资源；
- 培训的责任；
- 制约因素，如日程安排、预算和法律要求；
- 最终决策者的身份；
- 项目成功的定义。

关键信息收集目标：

- 关键参与者的确定和他们的参与承诺。关键参与者包括决策和预算制订者、机会拥有者、内容专家、绩效管理人员、当前的学员、目标学员和组织的管理者。
- 组织主要机遇的确定及其对特定的行为改变的依赖。

在 SAM 中，准备工作需要快速完成，寻找阻力最小的路径。这不是因为这项工作不重要，而是因为它使决策立足于准确的信息并避免未经验证的假设，这是非常重要的。但此模型规定了在考虑替代方案的背景下进行绩效分析，避免了面面俱到的研究，因为这样的研究无疑是不完整的，甚至可能无法证明是有用的。

在开始阶段，大量的时间被用来收集相关的信息，但这些信息可能没有什么帮助。我们需要迅速地确定正确的问题。这也许令人惊讶，但确定正确的问题最容易从迭代设计中出现。所以，我们收集现成可用并可直接移动至精明启动的信息，并明白分析还远远没有结束。

精明启动

精明启动确实与 SAM1 的过程相同，即设计团队与关键利益相关者审查收集到的背景信息，并生成最初设计思路的头脑风暴活动。这时，解决方案需要尽快出台，并确定它们是否会成为最终解决方案的一部分，或干脆抛弃。虽然这些很重要，但是这个头脑风暴活动无论从何种角度来讲都是非常有价值的。头脑风暴不是用来决定主要的绩效目标或成功要素的。

通过设计和审查快速构建的一次性原型，我们能够发现进一步的信息。原型能够促进头脑风暴和创造性地解决问题，帮助团队确定什么是重要的和不重要的。

精明启动强调：

- 评估收集到的信息、假设和早期的想法。
- 原型是粗糙的，只用于沟通和测试想法。
- 绩效目标与原型设计一起列出，原型设计用于帮助学员实现这些目标。
- 评估工作仅仅通过讨论完成。重新定义和改变一切也许可行，甚至包括企业需要解决的问题和需要接受培训的人。
- 速度是关键！

和 SAM1 一样，设计、原型和评估继续以小步骤的方式进行迭代。随后附加内容被创建，但即使这样，也是迭代的。

↘ 迭代设计阶段

对于较大的项目或团队，归档管理和协调是成功的先决条件，但 SAM 推动了最少量的文档化。只有最必要的文件才被创建，而且每次都要衡量通过面对面沟通还是原型沟通更好。

注意模型底部的附加设计（见图 12-4）。项目规划确定任务、何时完成，以及谁对它们负责。附加设计是随后通过更多迭代产生的，解决设计中的不一致，或者解决过程中出现的问题等。这些附加设计需求应该被当作问题和机会在开发阶段确定。

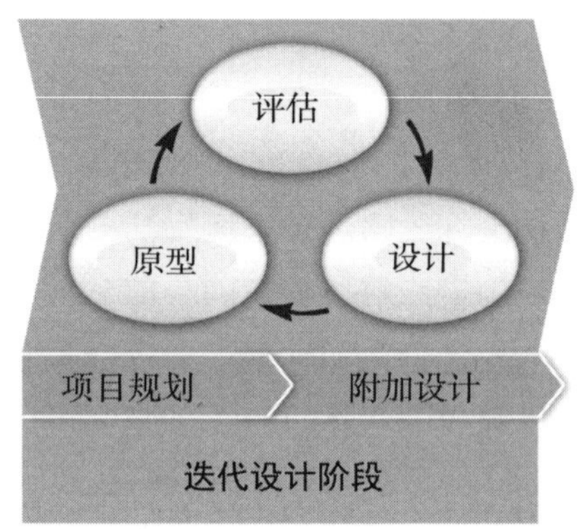

资料来源：艾伦（2012）。

图 12-4　SAM2——迭代设计阶段

项目规划

正如之前的讨论，对迭代非常必要的一个概念是，有史以来没有完美的项目。但经过反复的工作，项目可以逐渐趋向完美，更接近完美。这个概念带来了巨大的实用性。它敦促开发者把教学与运用整合，并基于内部反馈考虑未来的迭代。这与项目规划相关，因为相比其他方法，预设计划日期具有更大的确定性。

从功能原型变得可用开始，SAM 项目就总会拥有可以使用的课件。其质量会不断提升，在任何时候开始教学都可行，项目约束范围内可能的最好产品也将变得可用。为了提高实用性，下面所列的每个任务都为下次迭代赋予了优先级。

临界点：必须在本次迭代中完成。
目标：预计将在本次迭代完成。
未来：被保密直到可用于实施。
史诗：该项目投入使用后考虑。

由于选择精明启动，因此创建完整的项目规划变得可能。当然，在对可靠性做足够的检验前，通常也会有制定时间规划和预算方面的压力，但项目规划确实需要保密直至精明启动开始。一旦完成，通过内容写作、媒体开发和编程，就可以用来估算整个项目规划。

以下是项目规划指导方针的清单：

- 通过准备精明启动总结报告，获取与讨论和决定有关的信息。
- 确定内容写作风格，尽管在设计周期完成前风格可能还会发生改变。
- 可以准备一个内容开发计划的初稿，明确责任并说明需要什么材料。
- 最大的风险在于学习和绩效目标，因为对此还没有任何解决方案被原型化，所以有可能会有一些风险。

附加设计

精明启动会议可能需要半天、整整三天或更长时间。时间长短通常由偶然因素决定，如人员的可用性、会议空间、内容的数量和复杂性等。精明启动更适合头脑风暴。

当好的想法出现后，需要研究和了解更多信息成为必然。此外，虽然关键利益相关者的参与对于真正理解边界和期望是必不可少的，但是这些人可能抽不出时间以达到所需的理解深度及覆盖所有的内容。因此附加设计工作是必要的。

附加设计团队可能比较小，在与他人开会前团队成员可能需要事先准备如即将提的想法。广度规则也很重要。也就是说，考虑所有的内容，从而弄明白各种各样的教学方法是否必要，或者只一个或几个是否可以适用于所有的内容。这条规则比看起来要更难遵守。随着迭代的进行，设计将变得更加具体，达到一定的深度，直到所有的细节被敲定。此时的诱惑是在想法出现时马上跟进。团队可能花费太长时间在一个不寻常的内容片段上，而留太少的时间给更重要的需求和机会。

原型

对于测试和沟通想法，原型依旧是很重要的。一个可用的原型要优于任何说明、规范和故事板。它可以代替读和写都很费时的多页文档。原型通过例子描述特征，让人们容易理解并询问建设性的问题，做出详细的评论。许多类型的原型可能在精明启动后根据选择的交付方式进行开发。

- 媒体原型整合媒体元素来展现所需要的“样子和感觉”。布局、颜色、字体、图像和其他元素被整合到一起，形成一个清晰的设计示例，并为完整的产品开发设置标准。
- 功能原型从精明启动派生出来，通过添加细节，使其对学员可测。在电子化学习的情况下，增加的功能提供了更好的交互性和可用性。
- 集成原型展示了功能、媒体原型，以及具有代表性的内容的整合（反馈文本、声音、视频等）。
- 专门用途原型的创建是为了检测必须在过程的早期完成的技术或设计部分。

附加设计任务指南可能包括：

- 设计—原型—评估的相同迭代过程被使用。关键决策者应在开发开始前审查和批准新的原型。这时，盲目乐观地猜测老板们会对项目进展满意是不靠谱的。
- 除了小项目和那些非常聚焦的项目，我们没有足够的时间为所有行为目标创建功能原型。因此，检查所有的内容并按其相似性进行整理就很重要，这样就可以发现最少量的必要原型。

↘ 迭代开发阶段

利于设计过程的迭代方法对开发也适用。它们使利益相关者拥有评估决策和在项目约束内做出修正的工具。这个优点的重要性不能被夸大，因为功能性产品可以快速获得，所以在做出耗时的改进前，利益相关者可以快速浏览能够变成现实的设计。SAM——迭代开发阶段如图 12-5 所示。

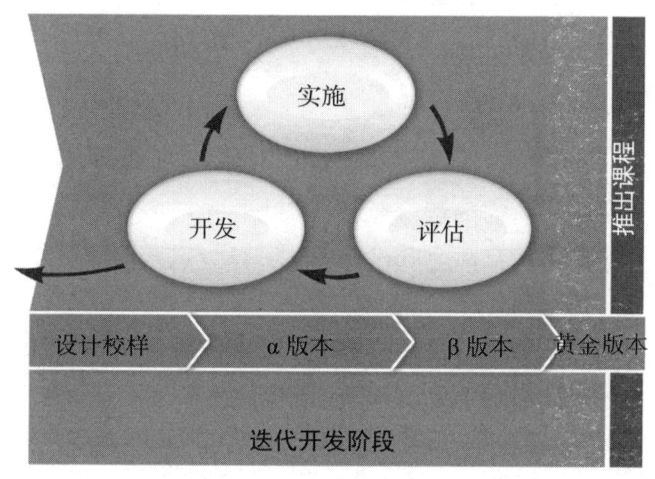

资料来源：艾伦（2012）。

图 12-5　SAM——迭代开发阶段

设计校样

在开发阶段的初期，制订计划是为了产生设计证明。对于每种类型的教学方法，包含大量内容的项目都需要一个周期。批准或者不予批准将确定是否：

- 需要附加设计工作（如果需要，则返回迭代设计，以开发所需的设计）。
- 需要另一个迭代开发，以便做出修正。
- 需要迭代开发，以促进生产最终产品的 α 版本。

基本上，该设计校样是一个所提出方案的视觉化和功能性的示范。它集合了所有组件的样本，以测试和验证其可行性。它比设计原型拥有更强大的功能或可用性，并且通过产生最终交付产品的相同工具而创建。通过这种方式，它不仅能够测试设计的可行性，而且可以测试生产体系的可行性。如果涉及技术，该设计校样就需要在学员使用的设备和网络上运行，并通过学习管理系统演示功能。如果涉及角色扮演、现场示范和其他活动，为了确保所有的细节都已考虑，使活动顺利进行，那么试运行也是必要的。

设计校样评估是这个过程的一个关键。设计校样被用来寻找潜在的问题，这样，这些问题就不会成为最后一分钟的危机。这是设计团队和利益相关者检查课程如何作为一个整体发挥作用的大好机会。设计校样强调：

- 设计可行性；
- 该设计是否能够有效地沟通需求；
- 开发工具的适用性；
- 可靠并重复提供所需的学习经历的能力。
- 设计校样结合了样品内容和设计方法，是大家期待的最终质量的代表。

α 版本

α 是教学应用的完整版本，而且是经设计方案验证过的。如果存在问题，那么在所有的问题得到纠正之前开始评估是非常重要的，因为所有的已知问题已经被列出。一般来讲不会有无证可查的大问题，尽管每个人都尽了最大努力，但如果出现了问题也不足为奇。

α 版本评估有可找到图形错误、写作错误、排序错误、内容缺失等问题。

α 强调：

- 第二个生产周期（或大项目的系列周期）从批准的设计中产生 α 。
- 全部内容开发整合发生在这个周期。样品不再充分。
- α 几乎是完整的教学计划的最终版本，可以对已批准的设计进行验证。
- α 的完成和批准标志着验证周期的开始。
- α 评估有可能找到写作错误、图形错误和功能问题。

β 版本

因为错误几乎都在 α 版本中就被发现，所以，被称为“验证周期”的第二个周期被规划作为产生第二个最终产品候选过程的一部分，即 β 版。β 是 α 的修订版本，包括了评价过程中确定的需要进行的变化。如果一切如期进行，小心做出修正，β 审查不会发现什么错误，而那些发现的错误也只包括轻微的排版错误或制图错误。

β 强调：

- α 版本被修改，以反映评估中发现的错误。随后的 β 版本被视为第一“黄金”版本候选。在这个阶段，不应该再有功能错误。如果有，产生第二个 β 版本的另一次迭代则是必要的；而如果再次发现严重错误，则需要开发其他预期版本。
- 内容专家和目标人群的实际学员代表都应该对 β 版本做评估。

黄金版本

黄金版本的创建是开发的最后阶段。在这点上，虽然迄今为止没有项目可以达到完美，但是在前期批准的项目指导方针范围内，课件变得完全可用。

黄金版本强调：

- 如果发现问题，就必须在 β 版本被冠之金皇冠之前进行矫正。β 的一个修订版本“β2”（有时也被称为“黄金候选 2”），以及如果需要的话，可以产生一系列编号的备选，直到所有问题得到解决。
- 当 β 按预期进行时，如果没有发现额外的问题，就不需要进一步的开发，会直接变成黄金版本，并准备部署实施。
- 我们希望首次推出标志着评估的开始，但这种情况很少发生。这种评估确定目标行为是否已经实现，以及这些新的行为是否能够确保预期的绩效目标的成功。

最后的思考

正如没有项目可以达到完美一样，任何过程也都不是完美的。然而，对于我来说，SAM 比 ADDIE 更好。SAM 并不都是新的东西，而是自 20 世纪 70 年代末以来我们一直在测试和修改的，并且在那个时候，很多人都对其进行了尝试并取得了积极成果。通过灵活的快速原型和其他被用来高效生产优质产品的当代工艺设计，这些概念在它们的共同体内也获得了更大的可信度。它们都有一个共同的目的：帮助那些付出真诚的努力的人来为别人生产最有益的学习体验。本书网站（www.astdhandbook.org）上的视频提供了 SAM 概述和主要步骤的可交付产品。

作者简介

迈克尔·艾伦，博士，艾伦互动和艾伦学习技术两家公司的董事长兼 CEO。他还担任美国明尼苏达大学兼职副教授。他进行领导力研究和开发工作已超过 40 年，他设计了第一个基于互联网的展示解决方案，以减少艾滋病毒的传播、减少学校帮派暴力，以及帮助那些在传统教育中失败的学子成功。他已出版了七本书，曾获得 ASTD 职场学习和绩效杰出贡献奖，以及埃利斯岛荣誉奖章。其著作《SAM 课程设计与开发》和《SAM 课程设计与开发操作手册》中文版由电子工业出版社出版。

延伸阅读

Allen, M. (2003). *Michael Allen's Guide to e-Learning: Building Interactive, Fun, and Effective Learning Programs for Any Company*. Hoboken, NJ: John Wiley & Sons.

Allen, M. (2006). *Creating Successful e-Learning: A Rapid System for Getting It Right First Time, Every Time*. San Francisco: Pfeiffer.

Allen, M., and R. Sites. (2012). *Leaving ADDIE for SAM: An Agile Model for Developing the Best Learning Experiences*. Alexandria, VA: ASTD Press.

Buxton, W. (2007). *Sketching User Experiences: Getting the Design Right and the Right Design*. San Francisco: Morgan Kaufmann.

第13章

使用布鲁姆分类法来翻转课堂和创建最佳混合

珍妮弗·霍夫曼（Jennifer Hofmann）

本章要点

- 验证学习目标和评估技术
- 使用布鲁姆分类法，把学习目标与交付方式相联系
- 翻转课堂，最大化协作效果

作为学习技术的从业者，我们的周围充斥着新的技术和发展趋势。区分哪些仅仅是赶时髦，哪些值得投入时间和资源，是非常困难的。最安全且最方便的做法是继续专注于我们了解的交付方式——传统课堂。但仅仅这样做，不采用任何新的技术对学员来说是极为不利的。相比试图把所有内容塞入一种交付方式，我们更应该努力开发一种更加混合的交付方式，而这种方式可以把特定的内容和适当的交付方式结合起来。

混合式学习的规划

随着新技术的发展，如虚拟教室、电子化学习和社交媒体，我们将继续高枕无忧地开展培训，并试图把这些技术复制到传统课堂上。但这些假设关系到两个问题：

- 传统课堂上之所以被使用了这么久（好几个世纪）并不是因为它是最有效的教学手段，而是因为它是当时可用的技术。传统课堂上通常是传送特定内容的最后选择。
- 随着各种学习技术在培训部门的使用变得司空见惯，一种观点也已经形成，那就是你可以把任何内容强制加入任何技术中。

本杰明·布鲁姆

本杰明·布鲁姆是一位著名的教育心理学家。他通过其影响力巨大的教育目标分类法，改变了整个教育心理学领域。该分类法也被简称为布鲁姆分类法。作为芝加哥大学认知心理学专家委员会的负责人，布鲁姆基于三个领域—认知（知识）、动作（技能）和情感（态度），发展了三种学习结果的思想，并且在《教育分类的目标：手册 1，认知领域》（1956）一书中发表了他的研究结果。这三个领域是学习过程的目标。培训师有时将这三个领域称为 KSA（Knowledge，Skill，Attitude。——译者注）。

随后，布鲁姆和他的同事们通过细分认知和情感领域，创建了学习结果的等级序列。他们将认知和情感领域从最简单行为到最复杂行为分为认知、理解、应用、分析、综合和评价。每个等级都建立在以前的等级之上，这意味着学员必须在理解之前具备认知，在应用之前必须理解，以此类推。这个原理可应用于整个教育界。

布鲁姆在另一本书《在青年中发展人才》（1985）中发展了另一种具有影响力的教育理念，他在其中探讨了环境对人力绩效的影响。布鲁姆认为家长和教育工作者的重视和指导，以及青年自己的机遇和努力，在实现目标方面发挥着比遗传学更大的作用。因此，为学员提供一个他们的自然天性可以被发现，然后被支持和培养的环境，是教育工作者的使命。

布鲁姆杰出职业生涯的亮点还包括他在芝加哥大学担任查尔斯·斯威夫特特聘服务教授，担任印度和以色列以及其他国家政府的教育顾问，协助创建教育成就评价国际协会，担任大学入学考试委员会的主持工作，并曾担任美国教育研究协会的主席。

现在的问题是,你能使用任何技术教授任何内容吗?这里似乎存在一种认识——一个小组购买了 WebEx（或 Articulate，或其他软件），因此所有一切内容都需要以这种方式传输。然而，这种看法存在根本问题:

- 我们正在观察整个程序（如项目管理或销售培训），并试图迫使整个程序都使用一种交付方式。
- 这里也有一个隐含的假设,即所有的交付方式都以相同的方式对待所有类型的内容。

那么，解决办法是什么?从教学设计的角度来看，我们应该开发一种混合方案，而不是试图将所有的内容都放到一种便捷的交付方式中。相比设计一个方案，通过一个特定的工具教授项目管理，我们应该把项目管理分解成各个部分的学习目标，并使每个学习目标和可用的最佳技术匹配。

创建成功的混合式培训需要做规划——在纸上（或数码纸上）做很多规划，而不是开发材料。设计不好的混合式学习解决方案的成本通常会比计划不周的教室方案高。想想看:如果你执行一个不周的为期两天的课堂计划，在两天内你就会知道;重新设计的费用可能仅限于领导者和参与者，受影响的群体也是大概不到 20 人的参与者。

如果执行一个相同内容量的计划不周的混合式学习解决方案，那么你可能在数周内都不知道该方案不可行，并且在你意识到它不可行之前，可能多个小组已经开始了学习过程。变动可能意味着新的故事板、更多的项目、新技术，或者其他一系列行动。你的混合方式越复杂，计划不周的成本就越高。

采取三步法规划你的混合式学习解决方案:

- 第 1 步:验证学习目标和评估技术。
- 第 2 步:使用布鲁姆的数字分类法，把学习目标和交付技术相联系。
- 第 3 步:翻转课堂，最大化协作效果。

下面，让我们详细介绍每个步骤。

第 1 步：验证学习目标和评估技术

在考虑如何构建你的混合式学习解决方案和使用什么样的技术时，首先需要明确定义我们正在教授什么、为什么教授这些内容、怎样评估学员的掌握程度，以及项目的成功需要多少协作。

定义正在教授的内容，首先，要重新审视教学目标。初期教学目标的准确和完整是至关重要的。否则，你可能会进行错误的分类。例如，教学目标可能是开发一个世界级的销售团队。这听起来简单明确，但它不够完整。你会使用不同的设计，来创建一个通过电话销售的销售团队，而不是一个需要在面对面的环境中销售的销售团队。如果你让教学设计师设计一门世界级的销售培训课程，它可能包括面对面呈现技巧、如何着装、如何通过握手留下良好的第一印象，以及其他沟通礼仪，这些都不适用于不需要与客户面对面的销售团队。

目标确定后，查看一下绩效目标。绩效目标会说明在培训结束后哪些学员将能够实现目标。

以下是规划过程中的关键一步：我们怎样评估学习目标是否实现？这一步极其重要，因为评估技术会确定潜在的交付方式。一般来说，将要使用的评估类型和用来交付与评估内容相关的方式之间存在直接相关性。例如，如果评估是测试学员自学的工具，那么学员或许可以以自学形式学习这些内容。如果学员需要与其他学员合作，那么我们可能需要一项协作技术来交付内容。协作技术可以是实时的（传统教室和虚拟教室）或非实时的（讨论板张贴和某些社交媒体的形式）。请记住，混合式学习解决方案不仅使内容和最合适的交付方式匹配，而且与学习目标保持一致。评估技术正好结合了这两个概念。

我们不需要在此时创建评估工具。我不是在建议你创建一个包含 100 个问题的测试或设计一个角色扮演，而仅仅是确定评估的类型。确定了不同的交付方式后，就需要找出混合式学习解决方案中的不同模块。

第 2 步：使用布鲁姆分类法，把学习目标和交付技术相联系

既然已经通过学习目标确定了正在教授什么内容，以及如何评估学员的掌握

程度，现在就需要确定哪种方式最适合每个目标。我所知道的使学习目标与合适的交付方式相匹配的最好的方法是布鲁姆分类法。最初开发于 20 世纪 50 年代的布鲁姆分类法的目的是将不同类型的学习目标进行分类，以定义课堂知识的掌握水平。

运用布鲁姆分类法，根据预期的结果，你可以把学习目标分成六个层次的学习，然后采用对应学习层次的适当活动，以达到所需的掌握水平。例如，在学习的初期知识水平阶段，学员可以通过表演创建定义功能列表这类活动来回忆知识。

这确实有效。事实上，即使我们中那些没有经过该领域的前期训练而已成为教学设计师的人，也可以使用这个简单而功能强大的框架创建一个有效的方案。

由于内容交付已经移出传统课堂，而更多地使用协助学习技术，布鲁姆分类法急需重新整理。2009 年，安德鲁教会（Andrew Churches）重新分解该分类法，充分利用了可以帮助我们掌握不同层次的学习工具的优势，而在过去这是不可能的。安德鲁教会的分类法包括对六个层次学习的总结概括。

识记

“对先前学过的知识材料的记忆。”

识记是当我们对概念足够熟悉，以至于当它们在另一个情境中被使用时我们可以识别出来的学习层次。当我们处理识记领域时，我们会发现自己使用自主学习的工具。Web 技术，如谷歌，可以帮助我们定义术语。我们可以创建一个会发声的故事情节模块，帮助我们列出系列中的重要步骤。我们可以用书籍、PDF 文档和其他网络工具阅读，并随后回忆其中的关键概念。一般情况下，我们不需要与其他人合作来记住概念。由于识记不需要协作，确保识记已经发生的测试可以以自学形式出现。

提供知识型内容的传统、廉价的方式是通过虚拟课堂研讨会。我们都曾参加过这类研讨会（或假装参加过）。一百或更多人同时参加同一个虚拟会议，倾听专家的演讲，如果允许，酌情提问以验证理解。学习的识记层次水平似乎与这些大型网络研讨会非常吻合。（我是说“似乎”，因为我们并没有进行任何形式的评估，以确定实际上内容是否被保留。对于大多数网络研讨会，我们希望人们参加，注意倾听，并记住听到的内容。“希望”可能不能算一种有效的测量技术。）

我们需要记住，这种类型的在线会议不是传统意义上定义的“培训”。这是简单的信息传播。这一点很重要，是非常有用的，但它很少使我们获得超越知识的东西或者架起通向下一层次学习的桥梁。

对这一层次学习的测试，答案可以被很容易地确定为正确或不正确。

识记示例

1. 学习目标：确定大学校园内常见的“滑倒或跌倒”区域。

2. 评估活动：提供一张校园地图，让学员跟着地图前往五大“滑倒或跌倒”区域。

3. 潜在的交付方式：允许学员与校园地图进行互动的自定义进度的电子化学习模块。

理解

“掌握知识材料的意义。”

当学员不仅可以记住知识，而且可以在具体情境中向他人解释知识时，学习的理解层次就会实现。奇怪的是，一般“理解”这个词是在我们谈论学习目标时尽量避免使用的。原因是我们很难对“理解”进行测试。那么，我们如何知道理解是什么样的呢？虽然我们不应该把这个词作为一个学习目标，但是我们可以用它来定义这个层次的学习。学习的理解层次发生在我们回忆知识并能使数据具有意义时。例如，我们采用项目管理的定义，并将其用于项目经理职位描述。

当我们拥有按需要可采用的电子化学习模块时，我们可能正处于促进理解的阶段。我们正在超越单纯的回忆，进入将新知识的碎片连接在一起的阶段。自定义进度的形式通常比实时传输介质更为合适。

相比通过展示实现识记，达到理解时有可能存在更高层次的讨论或结构化思维。数据突然变得非常有用。

理解不是实践一种新技能或试图改变行为。它是对关键概念的基本理解，随后这些概念可以被回顾并进行实际应用。

理解示例

1. 学习目标：根据季节性天气情况，预测某所校园的具体“滑倒或跌倒”危险区域。

2. 评估活动：学员将在校园内拍摄五个“滑倒或跌倒”危险区域，创建一个简短的报告，以便告知校园安全委员会。

3. 潜在的交付方式：讨论板，学员可以得到更多的相关信息，发布自己的个人介绍，并查看他人发布的演示文稿。

什么是第一位的？

就布鲁姆分类法是否需要以线性方式呈现，存在一些争论。例如，应用是否需要发生在评估之前？

我认为识记和理解是学习的基础层次，它们确实需要被放在第一位。然而，接下来的四个层次（应用、分析、评估和创造）可以调换顺序，并且我们可能不需要某个学习层次。

应用

“把学到的知识应用于新的情境，以解决实际问题。”

学习的应用层次使我们超越基本信息，进入培训范围。学员开始练习任务，应用新技术并纠正错误。他们可以执行一个清单，在 Microsoft Word 中创建表格，将数据输入索赔管理系统，或者在 SharePoint 中的文件上进行协作。

请注意，我们使用的动词是动作导向的，并且只能通过学员实际做一些事情才能被测试。一般情况下，当进入学习的应用层次时，我们开始考虑在学习计划中增加更多的合作活动。有关如何应用关键概念的讨论、获得创建的演示文稿的反馈、在独立的房间讨论优化预算项目等活动会支持应用。

当我们走出理解层次进入应用层次时，有些人开始看到学习的社会性被纳入进来。虽然识记和理解层次的学习目标可以通过自学形式或网络研讨会形式传送，但是在这些方式中与其他人的互动是有限的，学员需要自己吸收知识，进入应用则往往需要现场互动。

应用示例

1. 学习目标：确定大学校园内“滑倒或跌倒”危险区域后，提出预防的安全措施。

2. 评估活动：学员将创建一个危险标识，列举危险的原因，并提供如何减少危险的建议。

3. 潜在的交付方式：学员将参加虚拟课堂的讨论，学习如何识别和减少潜在的危险，以及如何创建支持安全措施的有效论据。

分析

“将材料或概念分解，并确定各部分间如何彼此关联或相互关联，如何与整体结构、用途关联。”

如果应用层次允许我们采用新的概念并以协作的形式使用它们，分析层次就开始帮助我们做出认知的决策。相比仅仅创造一个预算和优化预算项目，分析使我们能够在该预算包含的数据基础上做出决定。我们不只是优化项目，而是进行并提供决策背后的分析。

我敢肯定，你可以看出来这比理解类的目标更需要引导。讨论板、虚拟教室和传统教室经常被用来进行分析。

可支持分析的其他学习方法还有模拟。例如，军队使用飞机模拟器帮助飞行员学习，在战斗过程中做出可靠的决策。同样，我们可以使用模拟分析数据，确定是否把某药物推向市场。尽管模拟不一定有帮助，但没有“过关”的影响是显著的：学员可能失败；飞行员可能坠机；药物营销见习生可能在准备就绪之前把药品推向市场；金融实习生可能会创建一个不符合该部门需要的预算。

创建和提供满足学习的分析层次的培训和评估需要更多的时间、更多的资源和更多的质量控制。如果你的目标是“在战斗情况下对喷气式战斗机进行导航”，那么学员需要练习这些技巧，以便成功达成这一目标。没有实践成分，它们将停留在识记和理解的最佳水平。

我们要责怪技术或设计吗?

这是虚拟项目设计开始土崩瓦解的地方。我们希望项目的结果处于一个较高的水平。例如，我们不仅希望学员创建一个预算，而且我们也希望他们能够分析该预算对部门的影响。然而，另一种常见的要求是快速找到解决方案。这两个结果往往是相互排斥的。

最终的结果是，在传统教室内花费了一整天的时间，而相同内容在虚拟教室交付仅需要不到一半的时间。怎么做到的？练习的机会、协作和评估全部都被省略。我们通过填写幻灯片文字满足内容要求。但是，删除所有这些文件后，我们还处于学习的识记和理解层次，因此不能提供促进学习的其他级别的必要结构。

然后，当这些行不通时，我们会将其看作技术的失败，而不是设计和实施的失败。

分析示例

1. 学习目标：决定哪个危险减少措施在这种情况下最合适。

2. 评估活动：学员将比较三种“滑倒或跌倒”解决方案，并进行成本效益分析，以确定最佳解决方案。

3. 潜在的交付方式：虚拟教室并结合视频和工作辅助，提供各种解决方案的背景信息。

评估

“通过检查和评判，基于准则和标准做出判断。”

评估是做出一项决定的手段。决定可以被单独做出，或者作为小组的一部分共同做出。是的，学员可以独立做出这些决定，其中教练或社交媒体工具，如讨论板，可以被有效使用。然而，如果最终学员需要作为小组的一部分共同做出决定，那么学习目标应该是以一种更具协作性的方式教授内容。

评估不是提供做出某项决定的信息，而是实际上做出决定。其结果也不是事实的呈现，而是解释事实，并运用它们做出判断。（由陪审团参加的审判过程经常被用作评估行为的例子。）

要达到评估层次，很明显我们不仅需要对基本概念的理解，而且需要能够查看和分析事实。但我们需要真正创建演示文稿来分析事实吗？可能不需要。

领导力课程的学习目标往往处于学习的评估层次。领导者需要基于事实和特定行为对整个组织的影响提供反馈。管理者需要对于晋升、团队领导角色提出建议。

评估示例

1. 学习目标：确定能减少“滑倒或跌倒”危险的最佳供应商。

2. 评估活动：学员将对供应商进行研究，然后基于他们的研究向校园安全委员会提出建议。

3. 潜在的交付方式：虚拟教室并结合视频和工作辅助，提供不同的供应商的背景资料。网络搜索、全面寻找和推荐人检查将补充更结构化的培训。

创造

“把各元素结合在一起，形成一个连贯的或功能性整体，通过生成、规划或生产将元素重组成一个新的结构。”

如今，由于所有的学习工具都是现成可用的，所以学习的创造层次可能非常有趣。学员可以使用组织通常可用的低成本的技术，如创建视频、维基百科、播客等。

许多从业者所持的一个观点是学习应该从创造层次开始。例如，让人们创建演示文稿，以解释他们目前对特定问题的理解，然后使用其他的学习层次巩固他们的想法，真正确保学习发生。

创造背后的思想是形成一些新的东西，而不是反刍课堂上学到的东西。这是说得通的。

正如我们所知，教室是一个受控环境。当学员进入现实世界并运用他们的所学时，现实不会像模拟或者我们在课堂上向他们提供的案例研究一样简单。对任何课程来说，允许学员创造适合个人情况的新东西都是令人兴奋的学习体验。

创造示例

1. 学习目标：为校园内新的学员中心设计一个减危计划。

2. 评估活动：创建包括预算、设计、供应商土建和评估草案在内的减危计划。

3. 潜在的交付方式：虚拟教室并结合视频和工作辅助，提供背景信息。网络搜索、全面搜寻和推荐人检查将补充更结构化的培训。

旧物换新颜

当我第一次发现布鲁姆分类法时（完全意外，当我试图找到一种方法向课堂参与者解释构建学习目标时），该模型的简洁性吸引了我。但我知道它似乎还缺失一些东西——特别是对当前学习技术和行业发展趋势而言。

这种新的分类方法是质的飞跃，因为它将协作和新学习方法加入这一结构中，而且易于使用。基于一个特定的课程体系来建构课程案例，以说明技术混合的重要性是比较容易的，这使我们能够选择适合我们内容的最佳交付方式。你可以直接访问 http://edorigami. wikispaces.com，从而详细了解分类方法。在本书网站（www.astdhandbook.org）上学习创建目标时，你会发现一个很有用的辅助工具。

第 3 步：翻转课堂，最大化协作效果

最后，让我们来谈谈翻转课堂。翻转课堂的概念起源于教育系统，学员参加一个课堂，从老师那里学习，然后回家完成作业。也许作业是制作一个细胞模型或撰写一篇有关美国历史的报告。因为在家里完成作业，所以他们自然地向他们

的父母和兄弟姐妹寻求帮助，但父母和兄弟姐妹不一定是生物学或美国历史方面的专家。传统的家庭作业没有确定学员成功的目标，但翻转课堂模型试图解决这个问题。在课堂上采用作报告的形式，并将以知识为导向的内容转变为以自我导向的作业。作业内容可能通过在线视频、教材、电子书传送。学员自己学习并到课堂上就内容提出专业问题，完成项目作业，并应用知识。

由于作业不是在真空中完成的，所以我们可以将其提升至更高水平。学员可以进行小组合作，与专家协商，创建小项目和互动，达到比他们自己能够完成的学习的更高的层次。

翻转课堂如何应用于混合式学习解决方案呢？请记住，混合式学习解决方案不仅是将内容与最适当的交付方式匹配，而且与学习目标保持一致。如果按照学习目标和评估技术建议的流程来确定每个目标的最佳交付方式，那么布鲁姆分类法指导模型最有效。该模型使学员更快地掌握知识类学习目标，并很快进入知识、技能和态度的应用中去。

实施翻转课堂并不是一种时尚。当深思熟虑的教学设计应用于混合式学习解决方案时，翻转课堂就是结果。你会在本书的网站（www.astdhandbook.org）上发现很多有用的工具，这些都将帮助你翻转你的课堂。

↘ 作者简介

珍妮弗·霍夫曼，同步学习专家和 InSync Training LLC 公司总裁。InSync Training LLC 是一家专门从事虚拟学习设计和交付的咨询公司。自 1997 年以来，在该领域她具有使用所有主要基于网络的同步交付的经验。珍妮弗是同步和混合学习领域公认的思想领袖。她是《同步培训师的生存指南》《现场和在线！》《量身定制的学习：设计适合的混合》《如何设计在线直播课堂：使用 Web 会议创建大型互动和协同训练》的作者。你可以在 Twitter 上@insynctraining，或在她的博客 www.bodylanguageinthebandwidth.com 和 Facebookwww.facebook.com/groups/insynctraining/上查看她的信息。

↘ 延伸阅读

Aldrich, C. (2009). *The Complete Guide to Simulations and Serious Games: How the Most Valuable Content Will Be Created in the Age Beyond Gutenberg to Google*. San Francisco: Pfeiffer.

Bozarth, J. (2010). *Social Media for Trainers: Techniques for Enhancing and Extending Learning*. San Francisco: Pfeiffer.

Hofmann, J. (2003). *Synchronous Trainer's Survival Guide: Facilitating Successful Live and Online Courses, Meetings, and Events*. Alexandria, VA: ASTD Press.

Hofmann, J. (2004). *Live & Online! Tips, Techniques, and Ready-to-Use Activities for the Virtual Classroom*. Alexandria, VA: ASTD Press.

Hofmann, J. (2011). "Blended Learning," *Infoline*, number 1108. Alexandria, VA: ASTD Press.

Kapp, K. (2012). *The Gamification of Learning and Instruction: Game-Based Methods and Strategies for Training and Education*. San Francisco: Pfeiffer.

第 14 章

通过设计有效的游戏、模拟和活动吸引学员

特雷西·塔格拉迪（Tracy Tagliati）
贝基·普鲁斯（Becky Pluth）
卡尔·卡普（Kar M. Kapp）

本章要点

- 知道如何在课堂上吸引学员
- 学习在所有的交付方式中开发互动练习并兼顾一致性需求
- 了解如何在非同步、同步电子化学习模块保持学员的注意力
- 识别每种交付方式的优缺点

不论何种交付方式，无论是课堂教学、同步电子化学习，还是非同步电子化学习，浸入、交互和参与都可以实现。每种环境都提供了将游戏、模拟和活动纳入其中的机会。通常情况下，这三种交付方式会采用类似的参与技术，但并非总是如此。每种交付方式有不同的特性，设计者应该利用这些特性为学员提供最大的互动。各交付方式之间的差异如表 14-1 所示。

表 14-1 学习交付方式之间的差异

	课堂数学	同步电子化学习	非同步电子化学习
最大内容长度	每天 8 小时	<3 小时	<20 分钟/模块

续表

	课堂教学	同步电子化学习	非同步电子化学习
学员反馈方式	视觉/口头	表情/投票选择	视觉
重放能力	无	根据需要（被录音的课堂）	根据需要
交付成本	中-高	中	低
学员成本	中-高	低-中	低
开发/设计成本	低	低-中	高
主题变化	多种多样	基于事实 解决问题 在线测试	基于事实 程序

本章在介绍三种交付方式时都提供了游戏、模拟和活动的例子。为了对这三种交付方式进行简单的比较，我们在本章的每个小节都选择了一个共同的话题——如何打销售电话。

课堂教学

课堂教学可以通过游戏、模拟和活动等多种方式来吸引学员。这一小节将介绍如何在课堂教学的各个阶段将框架游戏包括在内，如开场白和介绍、内容的交付、回顾和实践、反馈的提供、讲故事、收尾。

什么是框架游戏？框架游戏是生成的游戏模板，能让你加载自己的内容并立即创建量身定制的教学游戏。正如前面提到的，用于本章例子的内容将从如何打销售电话的案例中提取。但是，你也可以使用与你的专业领域有关的主题或内容，进行相同的框架游戏设计。

↘ 开场白和介绍

在培训开始之前，重要的是要了解学员，以及让学员彼此了解。处理这种情况的传统方式是学员一个接一个地进行自我介绍。相比使用这种有些枯燥或落后的传统方式，你还可以尝试使用框架游戏。有助于了解学员及让学员彼此了解的一种有效游戏框架称为“突击调查”。

下面是我们在打销售电话的例子中使用“突击调查”：

培训师把学员分成四组，并向每个小组提出一个问题。

#1 小组：房间内的每个人拥有多少年的销售经验？

#2 小组：你怎样最大化参加本次研讨会的收益？

#3 小组：你对打销售电话有什么担忧？

#4 小组：你有什么基本规则的建议，以使本次研讨会更加富有成效？

然后，在接下来的 3 分钟，学员彼此进行采访，收集与他们的问题相关的数据。之后是另一个 3 分钟的小组工作，以进行数据分析。最后，每个小组在课堂上向大家介绍调查结果。

使用这种类型的启动活动的益处很多。它不仅可以被用作破冰，而且能够促使学员去了解对方，提供收集相关信息的有效方法，并提高学员的积极性和互动性。或许它最大的好处是从一开始就设定了研讨会的基调，以及让学员认识到他们将在整个过程中发挥积极作用。

↘ 内容的交付

在课堂上，通常议程的下一部分是提供与学员手头话题相关的内容。内容可以来自相关记录或现场。记录包括文字材料、图片、音频和视频录制，以及实际的物件；而现场则依赖进行演示的人，如讲座。讲座一直被认为是交付内容的标准方式。然而，讲座是一种被动的学习方式。另一种方法是使用互动式讲座形式提供内容。互动式讲座通常以 7~10 分钟的模块传输，并在整个过程穿插迷你总结活动（框架游戏）。

考虑在如何打销售电话的例子中使用互动讲座。

培训师通过提供打销售电话的六步过程概述，开始本节训练，然后进行第 1 步的详细授课——如何进行专业问候。10 分钟后，培训师停止讲课，插入被称为“本质”的框架游戏。“本质”是要求学员反思到当时为止的讲座，并且分小组讨论将讲座内容概括为八个关键词。然后，每个小组和大家分享八个关键词，并投票选出最好的。

投票结束后，培训师再继续讲授 10 分钟。在这一阶段，介绍第 2 步——如何进行自我介绍和介绍自己的公司。当 10 分钟结束时，培训师再次停止讲课，并插入另一个被称作“艺术小结”的框架游戏。“艺术小结”要求学员独立绘图，展示自己在讲座的第 2 步学到的东西。然后，和小组成员分享并解释自己的图画。

当这项工作完成后，培训师继续第 3 步——如何向潜在客户表达感激之情，等等。

互动讲座是非常有用的教学设计策略，它有利于促进双向沟通。

↘ 回顾和实践

在内容被交付后，下一步就是通过提供实践的机会，帮助学员应用所学。这可以通过使用模拟游戏实现。模拟游戏的设计是为了反映真实的工作场所，使玩家在工作中应用自己的新技能、概念和见解。

下面让我们看一下模拟游戏在如何打销售电话示例中的使用。

课堂部分的模拟游戏活动被称为“快速角色扮演”。在快速角色扮演的第 1 轮，学员需要找到一个合作伙伴。一方被要求扮演销售人员的角色，另一方被要求扮演潜在客户的角色。学员有 2 分钟来练习打销售电话的技术。2 分钟后，他们互换角色。培训师观察每个小组的表演，帮助他们识别打销售电话时的有效和无效行为。在第 2 轮中，学员找到新的合作伙伴，使用他们的新见解再次进行实践。该活动共持续 5 轮。每轮之后都由培训师指导讨论，发现学员在这一阶段对经验的理解。

模拟游戏（如快速角色扮演）的好处是成本较低，但对学习技巧很有效。同时，模拟游戏也很容易调整，在各种现实的工作场所中都可复制使用。

↘ 反馈的提供

如上所述，快速角色扮演的模拟游戏及其他类似的模拟游戏不仅向学员提供了掌握新技能所必需的反复练习，而且提供了获取相关反馈的机会。在这种情况下，反馈是即时的、有用的，并且有多重来源，包括其他学员、讲师及学员自己。反馈时可以使用清单等工具进行进一步提升，以确保其更客观和有效。

↘ 讲故事

有时候，采用模拟游戏的形式可能存在困难或不可行。这可能是因为教室空间太小、没有足够的学员或其他一些不可预测的因素。如果模拟游戏不可行，那么讲故事可能是一个不错的替代选择。

与模拟游戏相比，讲故事是使用详细的故事讲解技巧，向实际或虚构小组描述模拟过程中发生的事情。模拟可以从不同角色的角度进行共享，并在关键时刻暂停，向学员询问他们的输入。当这个故事结束时，讨论的部分可以像在实际模拟中一样进行。这种替代方法能使学员获得相同的有价值的见解，但不是让他们亲身经历，而是通过倾听模拟小组的经验获得替代式理解。

↘ 收尾

一堂培训课的结束提供了另一个将活动纳入其中的机会。此时使用有效的结束活动，可以实现审查学习要点、规划应用和庆祝培训课程的完成。如何打销售电话研讨会的收尾活动提供了一个有效的结束活动的很好范例。

在培训课结束时，学员正经历认知负荷。因此，培训师应该举行一次更好玩和更开放的活动，被称为“背对背”，而不是提供一个沉重的学习要点回顾。在这次活动中，学员被要求和房间内的另一名学员背对背站立。在第 1 轮的开始，培训师提出问题。当出现提示时，学员转身面对他们的伙伴，并在规定的时间内回答问题。在第 2 轮，他们找到新的伙伴并回答新的问题。如此持续 3 轮。如下面的清单所示，每个问题都应该互相关联，并与培训目标有关：

- 你认为销售电话的哪个步骤最有挑战性？为什么？
- 你认为自己已经能够轻松使用销售流程中的哪一步？
- 你最期待使用销售流程中的哪个步骤？

本次活动的好处是，问题的快节奏为整个课堂渲染了气氛，并且营造了庆祝的氛围，也提供了使本次培训令人难忘的回顾。

课堂教学总结

在课堂教学方法中采用何种教学活动取决于学员的数量和培训的时间。请记住，如果设计师拥有创造力和灵活性，那么大部分的活动都可以被简单修改，以适应小组规模，或缩短或延长，以适应培训时间的改变。尝试各种活动，以满足你的情况和个人喜好。

同步电子化学习

让我们再使用一次打销售电话的例子，但这次看一下同步电子化学习环境。同步意味着同一时间。这说明你处于网络研讨会的环境中，也被称为黑板协作会议，它需要使用一个平台，能够让你在线分享你的幻灯片、与学员互动，并展示你的内容。开始设计时，我们需要考虑很多不同的方面。同步设置的挑战是培训师无法看到学员在做什么，无法确定他们是真正参与其中，还是假装参与。我们确实需要把重点放在营造一个能够提供最大参与度的环境、确保学员参与其中和实现学习上。这就要求我们提前将活动设计到虚拟课堂内。想当然地认为我们可以临时添加互动是行不通的。在将互动设计到培训中时，我们必须记住，学员能够从全国各地和世界各地的所有地方登录。文化是我们设计时需要重点考虑的。

在确定我们要把什么类型的活动纳入网络研讨会中时，时刻铭记交互的困难等级——既包括培训师的困难也包括学员的困难。如果你是一个网络研讨会主持人或制片人新手，那么你就需要考虑采用“新手”活动。新手活动的一个例子是使用选择性提问，创建一个场景，让学员从选择题 A、B、C、D 的选项中选择最佳答案。这种交互为作为培训师的你提供了机会，即通过学员的回答了解他们实际掌握多少知识。这也是一种促使培训师和学员互动的简单方法。

在每个学员都做出回应后，你可以公布选择题的答案，让大家查看答案并进行讨论。然后，你可以将每个问题和答案都过一遍，并告诉他们为什么它是正确的或错误的。或许，答案没有正确或错误之分，只是一种好—更好—最好的情况。我确实很喜欢好—更好—最好这种情况，因为它可以让学员看到他们是否选择了最有效的解决方案或答案。我从杰布·布鲁克斯的布鲁克斯销售组获得了一个示例场景。

当通过电话进行联系时，你的潜在客户的助手说：“目前，约翰逊女士不接受潜在供应商的电话。”你应该：

A. 发送电子邮件，尝试提前获得信息。

B. 询问她何时接受来自你或其他厂商的来电。

C. 在她有时间查看你发送材料的一个月后尝试回拨。

D. 当约翰逊女士有空时，让助手给你打电话。

此类情况或基于情境选择的好处在于，你能够讨论最有效和最无效的应答。它会变成一个互动辩论或讨论。因为所有的答案都会受到一定的影响，而你正在培训和教授一些积极的解决方案。将此活动与学员的文本聊天特点结合起来，使他们能够共享为什么他们选择了某个特定答案。因此，这个小活动将在线讲座变成了一个活动。在培训结束时，你想给出正确答案。你可以通过几个不同的选择问题创建一个完整的参与系列。让学员保留他们的得分记录，或者让问题和情境包括在他们的讲义内，这样他们随后就可以反思最佳答案。

同步电子化学习还要考虑其他一些因素。

↘ 反馈

为了使游戏、模拟或活动有效，我们绝对需要反馈。因为除了在有摄像头的情况下，你不能看到学员的脸，你需要确保每个参与者都参与到课程内容中。因为只是培训师讲过，并不意味着学员已经掌握这些内容，尤其是在有很多干扰的同步学习环境中。

同步平台给出和接收反馈的几种方法能帮助你对内容进行必要的重新定向。例如，在大多数网络研讨会平台上，有一种方法能让学员告诉你课程节奏如何。一些平台使用表情符号，用笑脸的形式呈现；一些平台使用前进箭头表示需要加快步伐；一些平台使用反向箭头表示应该放慢速度。如果没有这些功能，你也可以使用选择或测验工具。问：“课程节奏如何？”A. 恰到好处，B. 太快，C. 太慢。

除了想知道节奏如何，我们也希望能够即时纠正学员。当使用这种类型的反馈时，模拟将是一个很好的例子。如果我正在讲授如何打销售电话，那么我可能会让学员去一个独立聊天室，并在这种情况下练习。在分组讨论室内，我让他们使用在线白板对各种情况做出反应，然后将他们的白板复制到主播室，供大家回顾。让他们在自己的独立聊天室单独练习或者有 1~2 个伙伴一起，这就创造了巨大的互动参与机会。但是，我们希望确保他们能很好地进行实践。我们不希望他们带着不准确的信息离开网络研讨会。通过大组，回顾他们的小组工作或个人工作，我们能够做到这一点。注意：一定要提前告知讨论室的各小组，他们将与整个大组进行分享并获得反馈。同时，给出一个例子或示范。你可以把它变成一个游戏，令学员回顾所学的内容，看看他们是否存在改进的地方。当我忘记告诉小组他们的练习将被共享，或者他们将获得反馈时，我经常会得到消极的应答。另一方面，当我在分组讨论开始之前告知规则时，我从来没有收到过消极的应答。

↘ 互动

在举办了上百个网络研讨会并在许多研讨会上对学员的行为进行研究后，鲍勃·派克集团发现，学员如果不能在每隔 4 分钟参与其中，就会开始退出课堂并做其他的事情。威廉·格拉瑟博士在他的研究中发现，有乐趣、自由、权力和归属感对学习的保持有直接的影响。我们确保在网络研讨会中做到这一点的办法是使学员活跃，让他们成为学习环境的一部分。这可以通过选择、白板活动、聊天室练习和活动、分组讨论室的利用、应用程序共享、听音频/音乐，看视频、通过 C3Softworks 玩 Bravo！和 Pronto！游戏，以及倾听彼此的分享实现。我们可以采用多种方法在平台上创造性地使用每个活动。比如，我可以分享获得使用许可的视频，直接分流或通过文字聊天区域向个人发送链接，让他们自己观看。这就打开了一系列的活动和练习，学员可以在观看视频片段时或结束后做这些活动和练习。

↘ 讲故事

讲故事一直是一种广受欢迎的学习形式。在网络研讨会中，让学员分享故事和例子，会增加一种新的声音，这是一个重新介入技术。在《大脑规则》这本书中，作者约翰·梅迪纳解释说，如果没有其他事情发生改变而分散大脑的注意力，那么大脑每 10 分钟就会进行一次检查。如果你在讲故事，那么吸引学员并把他们置于你的故事中，抓住学员的注意力。例如：“想象一下，现在你 4 岁，这是你看到的第一场雪……”虽然它是你的故事，但你现在已经把学员放到了你的故事里。

↘ 内容量

网络研讨会应该只包含“需要知道”的内容。所有其他材料应放在附录中或附加讲义中，并标注“最好了解”。什么是需要知道的内容呢？凡在接下来的 30 天内将被使用 6 次的内容就是需要知道的。如果不使用它，学员就会忘记它。我们遵循 90/20/4 法则。如果中间没有任何形式的休息，我们的课堂永远不会超过 90 分钟。我们将内容分解为 20 分钟或更少的微小信息块。在这 20 分钟内，我们提供一些内容和参与活动，然后再讲材料。这个“4”代表互动。我们每 4 分钟就有一些类型的活动介入。无论填空、在白板上突出重点，还是倾听一个故事，每隔 4 分钟都有一种重新介入技术。我们将研讨会的内容进行扩展的方法是使用一种叫作“mindsetter”的产品。该产品是包含所提供材料的一系列自动提醒。一旦学员离开网络研讨会，这是扩展内容和帮助他们重温内容的很好的方式。

↘ 听众规模

人们常说，一个小教室也可以容纳更多的参与者、吸引更多的关注。确实如此，我们的确已经主持了有数以百计的学员参与的网络研讨会。只需记住，当小组规模变大时，互动也需要扩展。假设有 100 多名学员，你想要使用白板活动，想一下谁将进行书写，还是让每个人都书写。

↘ 了解学员

对你来说，想准确知道谁将参加你的网络研讨会是不可能的。备课时，如果对学员不了解，最好先从新手互动开始准备。没有什么比学员放弃、不参加培训更糟糕的了。为学员提供大量的机会，在培训开始时练习使用工具。我喜欢把他们将要使用的工具截图，这样他们每次都能做对的概率会增大。在整个网络研讨会过程中，随着你逐渐了解你的学员，你可以推进正在进行的活动。

↘ 录音

把每次培训都进行录音。你永远都不知道什么时候可能会重复使用该内容，在非同步电子化学习模块使用它，或者让想要复习的学员进行回顾。作为一名培训师，这也是提升你的培训效果的很好的方法。

非同步电子化学习

当使用（非同步）电子化学习讲授如何打销售电话时，设计者需要考虑几个因素，以确保学员介入的指令有效。非同步电子化学习的挑战是，在现实中没有满足学员需要的指导老师。教学的设计者必须尝试预测学员的问题、需求和知识水平。通过内容，精心设计的非同步电子化学习有很多路径可以帮助不同技能和知识储备的学员收获最多的内容。这不是一件容易的事，需要对反馈的程度、内容量、听众规模等进行慎重考量。

通过非同步电子化学习讲授如何打销售电话的一种方法是，使用分流模拟。另一种方法是通过游戏向他们讲授开始和结束销售电话的概念。使用模拟，电子化学习软件可以向学员呈现某种情境，如试图在潜在客户的办公室内通过一个有效的开场白，继续交谈并最终实现销售。

分流模拟可以展示学员之间的对话：其中一位学员在模拟中扮演销售人员，其他非扮演角色作为潜在的客户。我们把许多问题呈现给学员，学员需要选择最佳答案。根据各个学员提供的答案，模拟会越来越接近有效的开场白，或者离有效的开场白越来越远。

在许多模拟中，都有一个教练角色。通常他们是学员可以通过单击教练按钮"召唤"的人，或者当学员遇到问题时出现的人。教练会提供正确答案的提示，引导学员找到可以提供答案的材料，或者在某些情况下给学员提供答案。

在整个销售电话模拟中，学员的选择都被跟踪和评分。通常情况下，在模拟结束时，会向学员提供反馈，指出哪些决定或选择是适当的，哪些决定是不正确的，接下来做什么可以达到理想的结果。以下是在线自主学习课程中需要考虑的各种元素。

反馈的程度

在模拟中采取一个动作后，学员将获得某种形式的反馈。反馈在非同步学习环境中至关重要，因为在教学过程中没法进行调整。因此，学员的反应和行动必须是可以预期的，并设计到教学中。

就反馈形式而言，学员可以接受真实反馈或人工反馈。真实反馈是自然发生的反馈。人工反馈是，如果文字出现在屏幕上，就是告诉学员，顾客对某个问题的回答不满意。在实际环境中，学员永远不会看到浮动文本。

反馈可以是实时的或延迟的，也可以是肯定的或否定的。模拟的一个要素是提供的反馈量应该是一致的，对学员采取的每个行动都有很明确的反馈。如果一个学员在没有敲门的情况下走进虚拟聊天室，那么非扮演角色——潜在客户可能会很生气，从而导致最终失去销售机会。在线模块可以提供“快乐表盘”（Happiness Meter），如果客户变得生气或失去兴趣，“快乐表盘”就会变成红色，学员就可以及时调整。在非同步电子化学习环境下，在学员的整个学习过程中提供持续的即时反馈是可能的。

↘ 互动

研究证明，使互动的学习经历有效的是学员参与活动时的活动等级。如果学员介入，他们会学到更多并在大脑中保留更长时间。如果非同步电子化学习模块中有大量的被动元素，学员被迫学习，学习效果就会有限。非同步电子化学习可以提供持续的互动机会。学员可以通过拖动窗口和文件或单击查找信息与内容互动。使用好—更好—最好这种类型的问题可以很好地鼓励学员思考内容和应用新学到的知识。

学员可以不断决策，并及时看到行动和活动的结果。在线学习活动能使学员练习学到的技能，并积极参与学习。

↘ 讲故事

在课程中，吸引和保持学员注意力的一个有效的工具是把学员的注意力吸引到一个故事中。这个故事可以提供学习的情境，让学员更容易检索学到的东西。研究人员发现，人的大脑对叙事结构具有天然的亲和力。如果在一个故事中遇到，而不是在一个列表中，人们往往会更准确地记住事实。此外，故事会为学员提供初始的“钩”，并带领他们经历整个内容直到结束。

↘ 内容量

在课程中，需要注意的一个重要因素是不要用太多的内容让学员认知负荷超载。一个将内容组块的方法是在每个屏幕上放置很少的内容量，并且不需要滚动查看。这可以通过学员在屏幕的特定区域滑动让内容“展开”，或者让他们单击以获取更多信息。

↘ 听众规模

听众的数量不会对设计产生影响。通过允许学员在不同时间发布笔记或信息，有可能会使学习过程更加社会化。但总的来说，对听众规模的考虑是最少的。通常设计者创建非同步在线课程的大部分时间会考虑每次只有一个学员参加课程。

↘ 了解学员

对于非同步电子化学习课程，于设计和构建在线模块之前进行学员分析，了解学员是可能的。但也可用一种可以适应不同学员需求的方式，即创建电子化学习。一个简单的例子就是让该课有不同的准入点。你可以在模块内设置三级指令，并且根据参加学员是否是新手、中级或内容专家来确定模块。另一种技术是在内容上对学员进行预测，然后只呈现学员在前期测试中做错的内容。非同步电子化学习模块甚至可以边做边看，以及通过查看学员的理解水平、各授课方法的效率和响应时间等来对课程做出相应的调整。目前，许多电子化学习课程还没有这些能力，但整个行业正在朝着这个方向努力。

↘ 最后注意事项

当采用自定进度的游戏、模拟或活动时，非同步电子化学习的许多元素也应给予考虑并加以确定。

启动/停止

非同步电子化学习允许学员在任何时候根据自己的意愿，停止观看内容或玩游戏或参与模拟。大多数好的设计提供保存和书签功能，因此当学员返回在线游戏、模拟或活动时，可以回到以前停留的确切位置。这意味着，当学员变得很累、思绪开始游离，或者需要起来进行休息时，他们不会错过任何东西。他们只是暂停或停止游戏、模拟或活动，不论何时回来都可以回到完全相同的位置。

节奏

与学员想随时停止和启动游戏、模拟或活动的能力密切相关，节奏也为学员提供了根据需要或快或慢地移动内容的能力。学员可以花费 10 分钟的时间，回顾可能的答案或在进入下个动作前思考。指令的步伐需要以学员为中心。学员并不需要跟上其他学员或教练，可以自己设置节奏。

重放能力

在我们的分流模拟中，学员可以尝试获得模拟的所有正确答案，但如果他错过了正确的答案，那么还有返回至模拟的机会，并通过另一条路径重播。当模拟结束时，因为学员只使用了一条路径，而其他路径仍是开放的，所以有可能呈现新的不同信息，而且可以鼓励学员再次学习内容，同时提供了实践和学习内容的另一种机会。

随时随地

因为课程是自主学习的，所以通常学员可以随时随地访问任何内容。学员不必前往课堂教学的特定地点，也不需要在指定的时间上线。如果他们因为无法入睡而想在凌晨 4:00 查看，那么他们也可以登录该课程。他们不需要等待教练或前往某个地理位置。通常情况下，许多学习管理系统拥有一个“离线”模式，学员可以在有网络连接时下载一门课程，然后即使在没有联网的情况下，也可以在笔记本电脑或平板电脑上查看课程。

嵌入式测试的可接受性

非同步电子化学习高度有效的因素之一就是它们可以在任何时间对学员进行测试，跟踪他们在测验中的表现。虽然课堂教学和同步电子化学习也可以在任何时间对学员进行测试，但是测试在这些环境中似乎是很少见的。在非同步电子化学习中，经常使用嵌入指令中的问题和模块结束测验、考查学员，这已被广泛认可。

小结

总之，课堂教学、同步和非同步电子化学习交付方式为采用游戏、模拟和活动强化学习提供了各种各样的机会。每种交付方式需要考虑的一些附加因素如表 14-2 所示。你可以从本书网站（www.astdhandbook.org）上下载此表的副本。当设计学习体验时，它可以帮助你记住每种交付方式需要考虑的附加因素。

表 14-2　每种交付方式需要考虑的附加因素

考虑因素	课堂教学	同步电子化学习	非同步电子化学习
培训师能够实时监控小组和修改活动	√		
培训师能够在活动中监控学员，并实时提供个别学员反馈	√		
学员可以在同一时间的不同地点参加活动		√	√
活动为学员提供了与教师和他人建立关系的机会	√		
当期待回答/响应时，学员能够被激发	√	√	
学员可以根据需要多次重放和回顾			√
在回答问题和活动之前学员有时间阅读和反思			√
需要技术协调和可靠性。带宽也可能是一个问题		√	√
活动期间沟通主要依赖于书面方式，依赖口语表达的学员可能感觉没有优势		√	√
能够记录所有的互动并提供频繁的测试			√

作者简介

特雷西·塔格拉迪，MS，CPLP，了解如何使学员参与，作为 MOVE 公司的培训经理，她开发和推动了使用快速教学设计方法的个性化学习。她的专长是面授和基于网络的以活动为基础的培训。她与别人合著了三本有关互动学习技术的书籍，并曾在多个国际会议上作报告。她的使命是帮助人们有效和快乐地提升绩效。

贝基·普鲁斯，教育博士，CSP，MPCT，是鲍勃·派克集团的总裁兼首席执行官。她是培训行业四部著作的作者，在过去的 7 年内，她在世界各地和网上对 1 600 名学员进行了 ASTD 培训，也在超员课堂上进行过 ASTD 培训。贝基在 2013 年取得了 CSP（演讲专业认证）认证，这是演讲领域的最高认可。2012 年，她获得《培训》杂志评出的 40 强培训师称号，她也是 ASTD 明尼苏达州分会、教学系统协会和全国演讲家协会的活跃成员。

卡尔·卡普，教育博士，CFPIM，CIRM，是位于宾夕法尼亚州布鲁斯堡市的布鲁斯堡大学的全职教学技术教授，并担任布鲁斯堡互动技术研究所的专员。卡尔共出版了六部著作，其中包括学习畅销书《学习与教学的游戏化》和与之配套的实践类书籍《学习和教学游戏化手册：理论到实践》。你可以从他的博客上了解他，阅读卡普笔记。

参考文献

Brooks, J., and W. Brooks. (2011). *Perfect Phrases for the Sales Call: Hundreds of Ready-to-Use Phrases for Persuading Customers to Buy Any Product or Service*. New York: McGraw-Hill.

Glasser, W. (1999). *Choice Theory: A New Psychology of Personal Freedom*. New York: HarperPerennial.

Medina, J. (2008). *Brain Rules: 12 Principles for Surviving and Thriving at Work, Home, and School*. Seattle: Pear Press.

延伸阅读

Aldrich, C. (2005). *Learning by Doing: A Comprehensive Guide to Simulations, Computer Games, and Pedagogy in eLearning and Other Educational Experiences*. San Francisco: Pfeiffer.

Kapp, K.M. (2012). *The Gamification of Learning and Instruction: Game-Based Methods and Strategies for Training and Education*. San Francisco: Pfeiffer.

Kapp, K.M. (2013). *The Gamification of Learning and Instruction Fieldbook: Theory Into Practice*. San Francisco: Pfeiffer.

Pluth, B. (2007). *101 Movie Clips That Teach and Train*. Minneapolis: Pluth Consulting.

Pluth, B. (2010). *Webinars With Wow Factor: Tips, Tricks and Interactivities for Virtual Training*. Minneapolis: Creative Training Productions.

Pluth, B. (2014). *SCORE! Super-Openers-Closers-Revisiters-Energizers for Enhanced Virtual Training*. Minneapolis: Creative Training Productions.

Thiagarajan, S., and T. Tagliati. (2012). *Interactive Techniques for Instructor-Led Training*. Bloomington, IN: The Thiagi Group.

Thiagarajan, S., and T. Tagliati. (2013). *More Jolts! Activities to Wake Up and Engage Your Participants*. San Francisco: John Wiley & Sons.

第15章

创建精彩、快捷、经济的媒体学习内容

乔纳森·霍尔斯（Jonathan Halls）

本章要点

- 为什么说视频是新型白板纸
- 学习创建精彩的学习内容
- 学习视频、编辑、音频、文本和播客设备的一些小技巧

20年前，培训师培训课程为刚刚进入我们领域的新人讲授如何在白板纸上书写。他们谈论使用什么颜色的笔书写、字体应该多大，甚至如何翻页，以保证学员不受干扰。白板纸一直是培训师必不可少的辅助工具之一，但这种情况即将改变。

视频是新型白板纸

对于很多培训师来说，很快多媒体将是必不可少的工具。未来的培训师培训项目将探讨如何无缝地将多媒体整合到学习中，以及如何创建视频。在选择培训师的标准中，其工作描述将包括“多媒体制作经验”。

多媒体能够使我们将学习扩展至课堂以外，这样任何人都可以随时随地参加。对我来说，这听起来像自主学习——符合经典的成人学习原则。对此，马尔科姆·诺尔斯可能会感到自豪。

多媒体还允许课堂教师将外部世界的内容引入课堂，否则课堂内容将变成幻灯片上的枯燥图表。当你使用带有完整特写镜头和慢镜头回放的实时视频展示如何更换轮胎时，为什么还要用图表展示呢？

随着新技术使媒体变得更低廉和更容易生产，一些学习专业人士可能出于恐惧不愿意接受它。是的，制作好的内容确实很复杂，并且需要大量的工作。但相比其他任何职业，我认为学习专业人士应该从掌握最好的一套基本技能开始。

什么才是精彩的媒体

传统意义上的媒体是指广播、电视和类似报纸、杂志的印刷品。媒体是媒介的复数形式。早在 500 年前的古典大学里，讲师就是媒介。而几千年前，媒介可能是一个草纸卷轴。我们传统地认为媒体是指广播、电视和报纸，媒介也可以指海报、明信片及其他可以传递信息的物体，如工作簿和工作辅助程序。当然，互联网也是媒介。

传统媒体被沟通驱动。沟通是创造共同理解的过程。信息的生产者操纵信息，并将其组建成快速、易理解的数据包。你在探索频道看到的纪录片已经被组建得非常易于理解。当你收听收音机中的新闻时，无线电专业人士也将其进行了结构化，这样你就不会感到困惑和不理解。

这种工作听起来很熟悉吧？其实作为培训师你早已经这么做了，虽然你做的还不止这些。学习专业人士的目标是使主题不仅容易理解，而且便于记忆和应用。媒体传播其实是分享共同的理解，而学习是理解、记忆和应用的过程。这就是为什么许多学习专业人士发现媒体非常容易被接受。

很多教学设计原则实际上就是创建媒体内容的完美基础。正是在此基础上，学习专业人士需要提升制作和编辑技能。其中的一些技能对所有媒体都普遍适用，有些则具有针对性。

传统媒体包括广播、电视和印刷品三种媒介。在当今的新世界，我们拥有互联网。而当我们在互联网上消费音频、视频和文字时，它们本身就不再是媒介。

凭借媒体融合，这些都是现今存在于互联网介质上的通信方式。在本章余下的部分中，我们将其称为方式，而不是媒介。

互联网也支持其他通信方式，包括图像、动画和数据。许多人对图像和动画很熟悉，但数据很少被提及。这里的数据指的是基于数据讲述一个故事的动态应用程序。事情的发展会根据数据的更新而发生改变。在媒体的世界里，它被称为数据新闻。例如，在大选之夜制表和展示实时选举数据的 Flash 网站。

在本章中，我们将专注于音频、视频和文字。这就会引出一个问题：是什么促成了精彩的或具有吸引力的媒体内容？好的学习内容，无论是视频、音频，还是书面文本，都应该被快速理解，这样它们就容易被记住并应用到真实的世界中。为了实现这一目标，我们必须确保规划是科学合理的，生产是符合规范的。

我们如何创造精彩的学习内容

打造强大视频的一个秘诀是规划。如果你不花费大约全部时间的 40%进行规划，最后你就极有可能把时间浪费在编辑阶段、修复错误或追赶前期忘记的东西。规划对音频和视频同样重要。

创建引人入胜的学习内容的第一步，是设立一个学习目标。

一旦拥有了学习目标，你就需要考虑什么样的沟通方式最适合你的主题。

快速视频工作流程

按照这个流程来加快创作你的视频作品：

1. 设立学习目标。
2. 确定起促进作用的音频、视频或屏幕文字。
3. 把学习目标分解成块。
4. 使用目标块创建结构，使目标容易理解。
5. 基于结构绘制故事情节。

6. 基于故事情节编写脚本。
7. 拍摄视频。
8. 编辑视频。
9. 审查视频。

一般来说，视频对包含视觉行动的任何学习都是好的方式。如果你有行动及有趣的图片，这个话题与视频就会非常匹配。然而，视频不太关注细节或复杂的学习点，因此应该把视频用于不需要学习很多新细节的说明性任务。

音频对叙事学习较为适用。它能激发听者的想象力，创造有意义的长期记忆。然而，音频对于输送详细的信息是非常糟糕的，如统计。它只适用于输送基本的形式。所以不要将其用作人力资源薪酬政策，但可以用它来分享销售策略和领导力课程。

对于细节和复杂性事物，屏幕文字是非常好的方式。相比于暂停和倒带视频，学员停下来重读一个句子会比较容易。不过，当涉及动作时，这种方式也不是很好。例如，视频可以告诉你如何在一分钟内更换轮胎，但文字需要大段的话来捕捉与画面尽可能一样多的细节。

一旦确定了学习内容，不论使用音频、视频，还是文字，都是时候把它分解成信息块，并将其排列成容易理解的模式了。每个人都有不同的做法和方式，因此如果你是一名教学设计师，遵循最适合自己的方式。

如果你仍在挣扎，查看一下学习目标，并问问自己，完成这个任务需要哪些知识？把它们写下来。完成这个任务需要哪些技能？把它们写下来。这些信息块需要形成容易理解的结构。

怎样做到这一点？通常，当你处理这些信息块时，一种模式将会出现。你可能会看到这些信息块如何讲述一个故事，并成为你所使用的记忆结构。也有可能出现一个流程，你可以用来创建一个循序渐进的记忆结构。

在记忆结构形成后，你需要考虑如何使用你的沟通方式来促进学习。如果是视频，你会使用什么样的照片？如果是音频，你会使用访谈、角色扮演，还是独白？如果是文字呢？

一个经典的学习原则是，记忆保留会通过演练得到加强。演员通过排练记住台词，但媒体不允许我们排练学习，因为它是一个单向的媒介，但我们可以重复内容。当制订教学计划时，应寻找机会不断重复教学关键点，以确保学员记忆能够保留。

一旦计划好内容，你就可以决定如何将它与你所选择的沟通方式匹配。让我们仔细查看这一点。首先，我们将讨论视频，然后转至音频和文字。

使用视频学习

视频主要是视觉沟通方式。观众往往先观看，后倾听。这就是为什么当人们在电视上观看天气预报时，往往会记住雷达图和曲线图，却很少会记住气象学家说的话。

视频依赖（移动的）图片传达信息。创建视频学习的第一步是画一个故事板。相比使用语言来解释主题，你需要思考这些传达信息的图片。视频的其他元素被层叠在图片顶部，以支持图片携带的信息。

即便你是一位经验丰富的作家，如果从来没有处理过视频，那么规划图片中的信息也将是很艰苦的工作。摄影师能很快地拍照，但仍需要了解运动线路和后续镜头。好消息是，使用图片的沟通技能是可以学习的。

比如，你需要传达“保罗在参加和约翰的会谈时迟到了”这个信息。使用书写文字，我们仅需简单地写一个句子，如“保罗在参加与约翰的会谈时迟到了，约翰非常生气，因为那天他的时间安排非常紧张”。如果在视频中传达这个信息，你可以拍摄一个保罗穿着西装在大街上奔跑的广角镜头。然后，你可能切换到保罗汗流满面的脸部特写，保罗面部表情非常紧张。接着，你可以切换到约翰恼火地坐在会议室里的镜头。最后，再切到约翰在会议桌上敲击铅笔或不时看手表的特写。

这就是视频作品，画面携带着信息。一旦选择好携带信息的图片，你就可以考虑一下可以加入的和能够填补图片遗漏信息的其他信息。例如，你可以让约翰录制混合声音的画外音，这样看起来就像我们正在倾听他头脑中的想法。他可能会说："保罗又迟到了！"同样，我们也可以对保罗做同样的事情。他可能会说："约翰会杀了我，我知道他今天的时间很紧。"为了加大信息的力度，我们可以在保罗奔跑的镜头后面再加入一些音乐。音乐对心情有很大的影响作用，因此我们可以选择听起来比较紧张的音乐。

我们对图片如何传达信息的思考越多，我们的视频看起来就会越好。这就是为什么在写脚本之前，写一个视频故事情节非常重要。你可以在本书的网站（www.astdhandbook.org）上找到故事板示例，并可以用它来创建自己的故事板的模板。

视频的重要原则之一是不断变化拍摄。这也是为什么保罗和约翰的例子可行，拍摄不断变化，同时每个镜头传达了一个信息。如果一个镜头持续时间过长，观众很快就会厌倦。这就是为什么研讨会和讲座视频通常都不会很有效，观众会在 15 秒内开始走神。

但是，我们并不总是拥有充裕的时间来拍摄大量参与镜头。老板可能会向你索要讲座或演讲的视频，你很少有机会在该类视频的无效性上影响她。所以，你会怎么做？有时你不得不提取信息，而且基本上没有时间进行较大程度的加工。在这些情况下，应该创造性地思考如何在此基础上添加幻灯片并不断变化拍摄尺寸，这样观众就会看到屏幕的变化。例如，如果你正在拍摄一个讲座，可以使用广角拍摄，然后使用编辑程序中的裁剪工具在广角镜头和特写之间进行切割。

使用视频时需要考虑如何通过图片来传达信息。对它们规划得越多，它们就会越好。

拍摄视频——快速制作视频

本章的目的之一是思考如何快速制作媒体内容。制作一个故事板会加快视频制作，因为它会集中你的精力。

如果拍摄的视频质量较差，很多时间可能会被浪费在产品的编辑阶段。视频可能会曝光过度或曝光不足（过亮或过暗）。如果没有三脚架，拍摄视频时需要时间适应以便消除不稳定的特效。

因为我们总尝试过快的拍摄动作，因此错误会经常发生。有时，利用两分钟检查环境和相机设置就可以避免这些问题，而这些问题一旦发生，可能需要在编辑过程中用几小时来弥补。

拍摄视频时，应确保有充足的光源，并确保光线照到正在拍摄或将要聚焦的重点对象上。人们习惯于将相机安装在三脚架上，这样不会出现抖动镜头。如果你的相机有手动功能，那么使用这项功能，不要自动对焦、自动曝光。如果你的相机只有自动功能，那么设置相机的广角镜头。如果你需要一个特写，那么靠近拍摄对象，不要使用变焦控制。

虽然视频主要是关于图片的，但嘈杂的声音也可能毁掉你的视频，因此要注意音频。专业人士使用外部麦克风。但是，如果你有一个携带内置麦克风的轻量级相机，录制一个人说话时要靠近些，而且要避免在有背景噪声的区域录制，因为在编辑时修复嘈杂的声音是非常困难的。虽然也有一些技巧可以掩盖糟糕的声音，但是这些技巧也存在一些严重的问题。

编辑

编辑过程就是采集所有的录像、音乐、音效和其他音频元素并将其整合成一个整体。这些元素通常被称为媒体资源。在编辑过程中，你还可以添加视觉效果以纠正不良的拍摄结果，或者添加效果支持叙事。添加过渡，就像在幻灯片中加入动画一样。

你可以阅读许多编辑技术书籍。编辑技术的要点是你应该裁剪图片，这样图片会自然流动，以没有干扰的方式传递你的信息。你可能会不小心加入大量的特效和过渡，但要注意，学员会把注意力转移至你的技术上，而不是你的内容上。特效应该只在特殊场合使用。

目前，市场上有许多视频编辑软件。它们都有各自的优势和劣势。选择一个你用起来顺手的软件是很重要的。但也要记住，好的视频并不是单靠编辑软件得到的，这点很重要。所以，应该在学习软件之前学会编辑技能。即使使用入门级软件包，专业的图片编辑师仍然能创作出杰作。

音频

正如好的学习视频始于明确的学习目标，音频合成也是如此。把学习目标分解成块并将其结构化，这样学员就可以理解它们，剩下的就是规划音频作品。

再强调一次，规划很重要。音频传播者有三种讲故事的工具，即口头语言、音乐和音效。口头语言对于传输细节是非常重要的。音乐会影响听者的心情。音效对于激发听者的想象力，在头脑中构思场景是非常有效的。

视频和音频的主要区别是，视频画面存在于屏幕上。它可以是计算机、移动设备或数据投影机屏幕。音频图面往往驻留在听者的头脑中，听众会用他们的想象力和长期记忆中的经验构建图片。

音频本身就是一种非常强大的通信方式。如果你创建了一个播客，那么你可以为领导力培训创建角色扮演，这比我们可以在视频中加入的任何东西都强大。你可以把你的听众带至世界的任何地方。相比把一个摄制组带到棒球比赛现场，一些精心挑选的声音效果能直接把听众带至比赛现场。凭借记忆，听众可以体验比赛并获得比观看视频更多的激情。

音频是在线学习的一个重要组成部分，在线学习通常支持 Camtasia 等程序创建的幻灯片放映。

音频为信息传输提供了丰富的选择。你可以创建一个简单的学习独白；你可以与内容专家进行一系列的访谈；你可以录制角色扮演，以及制作广播剧，就像在 20 世纪 50 年代制作的电视肥皂剧一样。

在拿起麦克风或录音机之前，规划一下你的播客结构。这意味着设置元素的顺序，并计算每个部分需要花费多少时间。你可以通过口头介绍开始，然后切换至对内容专家的访谈，再过渡到角色扮演。音频内的声音越多，该音频就会越动态，越具有吸引力。确保每个元素都忠实于你的学习目标。考虑一下在元素之间转换时使用的音乐和音效。

确定了结构，接下来需要规划一下加工过程。作为一般规则，在整合之前单独录制播客中的每个元素会更有效。对角色扮演录音，对采访单独录音，然后记录每个评论。

一旦完成这些，你就可以将它们整合进音频编辑软件程序中。你应该使用能够提供多轨的录音软件，这样你可以叠加所有的元素，并在画外音中加入音乐。与视频类似，市场上也有许多音频编辑软件。如果你喜欢价格低廉又令人愉快的程序，Audacity 就非常好，并且可以从互联网上免费下载。

播客设备

许多人花时间搜索网络寻找合适的设备，以创建音频学习播客。通常，设备会发生变化并不断更新，所以我们不会推荐特定的播客设备，但也有一些需要注意的事项。最重要的工具是麦克风。头戴式麦克风对于游戏和 Skype 通话很实用，但对音频播客不是最好的。

投资购置一个录音室电容麦克风，你的播客会立刻变得更专业，你听上去就像坐在听众旁边一样。使用头戴式麦克风，你永远听起来像 Skype 通话。你可以从亚马逊购买一个 60 美元的 USB 录音室电容麦克风，这将是最好的投资。

播客设备

你可以仅仅使用一个头戴式麦克风和一些耳机就创建一个播客或者一段音频。然而，更多的设备可以给你带来更多的选择。下面是一些必要设备和值得拥有的设备。

必要设备

- 电脑：需要用它来录制和编辑音频。

- 麦克风：避免头戴式麦克风，考虑 USB 录音室电容麦克风。
- 耳机：佩戴舒适、优质的耳机。
- 音频编辑软件：Audacity 是免费的，但 Adobe 有试听，还有其他很棒的软件包。

值得拥有的设备

- 数字录音机：现场录制对内容专家的采访来说非常好。不要使用办公录音机，其质量不够好。
- 电话录音盒：这是一个连接电话和电脑的盒子，能使你录制电话采访。如果你不能亲自对内容专家进行访谈，那么使用这个设备非常好。一个便宜的替代方法是使用 Skype 的电话录音软件，尽管其质量不够好。
- USB 混合器：如果打算录制小组讨论，那么你可以使用 USB 混合器，整合多个麦克风。但是，你需要购买相应的麦克风。

有些麦克风，尤其是头戴式麦克风，具备诱人的“噪声去除”功能，能够减少背景噪声，如空调声或人的说话声。获得良好的音频的唯一办法就是找到一个安静的房间，因为噪声清除技术会清除录音的其他部分，使录音听起来很假。避免在正方形房间或有许多玻璃的房间录音，因为可能会产生回声。最好找一间有柔软家具的房间，这些家具可以吸收噪声。如果房间内有窗帘，那么拉上窗帘也能减少回声。

创建播客时你会发现，编写媒体脚本并在麦克风前阅读它比即兴创作更省时。编写媒体脚本的一些重要原则对音频也适用。请参阅工具栏，了解详细信息。

媒体脚本编写

比起写论文，编写音频或视频脚本需要不同的方法。这是因为我们是从写到说，而不是从写到读。以下是编写媒体脚本的一些原则：

- 编写的基调要口语化。写的时候就好像你正在和一个人讲话一样。当你说“我的观众”时会破坏默契。
- 使用短语。这意味着每个分句只有一个短语，没有从句。使用主动语态编写，并确保所有的话连在一起说出来的时候不会产生其他的意思。

- 尽量使用较短的词。单音节词是最好的。
- 使用具体描述词。注意“它”等词或“这些事情/东西”等短语。用你所指的对象替换它们。

文字

学习专业人士需要了解的媒体技能的最后一部分是屏幕上的文字。在纸上书写和在屏幕上书写是不同的，因为人们阅读屏幕文字的方式不同。屏幕是一个非常不同的媒介。在纸上，我们的眼睛在反射光下阅读。在屏幕上，光线射入我们的眼睛。尽管屏幕技术发展令人吃惊，但屏幕仍会造成眼睛疲劳。

因此，屏幕阅读者往往容易分心和变得懒惰，扫描文字时往往寻找关键词，而不是像读纸质书一样仔细。通常情况下，他们不会把一个句子从头读到尾。屏幕阅读者会变得没有耐心，特别是当他们在手机这样的移动设备上阅读时。如果你以学校教你的方式进行屏幕书写，那么极有可能没人会阅读你的内容。那么，我们该怎么做才能使屏幕文字吸引人并更易阅读呢？下面是一些建议。

- 结构：文字尽可能少。使用标题和副标题引导读者。在一开始提供大纲，这样学员就会知道接下来将要讲什么。
- 基调：基于对话的形式，但语气要表现出尊重。
- 段落：读者会跳过大块的文字。最好是每段两句话，并确保段落之间有空行。
- 句子：要保持简短，避免从句，使用主动语态，使用动词而非抽象名词。
- 词语：最好使用较短的语句。确保词语是大家熟悉的，避免使用技术术语。
- 内容的大模块：使用列表和表格来展示内容块，这样更容易进行阅读。

学习专业人士成为媒体专业人士

随着向后工业时代过渡，每个人都变成了媒体制作人，学习专业人士将依赖音频、视频和文字等媒体通信方式，而他们以前依靠的是可靠的老式白板纸。媒体使我们可以随时随地向任何人提供学习内容。

↘ 作者简介

乔纳森·霍尔斯，在 20 个国家从事了 20 多年的媒体和学习教学。如今，他将时间在媒体培训和组织发展工作之间进行了分割。他为企业客户提供咨询，同时是位于华盛顿的乔治·华盛顿大学的兼职教授。乔纳森曾在电视、广播和报纸等行业工作，他也是 BBC 的学习高管。他曾担任脱口秀主持人、记者和媒体主管。乔纳森拥有成人教育学士学位和硕士学位。

↘ 延伸阅读

Begleiter, M. (2001). *From Word to Image*. Studio City, CA: Michael Wise Productions.

Friedmann, A. (2010). *Writing Visual Media*. Burlington, MA: Focal Press.

Halls, J. (2012). *Rapid Video Development for Trainers*. Alexandria, VA: ASTD Press.

Malamed, C. (2009). *Visual Language for Designers*. Beverly, MA: Rockport Publishers, a division of Quayside Publishers.

Ratcliffe, M., and S. Mack. (2007). *Podcasting Bible*. New York: John Wiley & Sons.

第16章

与内容专家合作

查克·霍德尔（Chuck Hodell）

本章要点

- 了解五种类型的内容专家
- 选择和评估内容专家
- 与内容专家回顾最佳实践

在培训领域，我们要与内容专家建立和培育更加重要的战略关系。矛盾的是，在利用这一宝贵资产的过程中，也存在可利用的最佳实践的真空状态。现在，是时候在我们的培训工作的初期和中间阶段去推动与内容专家的合作了。

随着教学设计的过程变得越来越专业，培训领域变得越来越复杂，一种更加缜密和开明的整合内容专家的方式已经发展起来。现在，我们已经超越了主观直觉，拥有了评估和评价内容专家的基础，包括基于不同类型内容专家的客观分类、内容专家候选人评估的标准，以及对所有内容专家群体绩效进行评价的方式。

下面介绍五种类型的内容专家，这有助于我们确立评估潜在内容专家的标准，以及我们如何在培训中评估内容专家并与他们更好地合作。

五种类型的内容专家

尽管内容专家在各领域拥有无数不同的职责，但内容专家在培训领域发挥着值得我们重视和聚焦的特定作用。对于我们而言，可以将其分为五类：技术型、混合型、教学型、功能型和稽查型。每种类型都有其自身的具体特点，并以独特的方式辅助我们的工作。不是所有的内容专家都是一样的，而这是培训师真正的优势。

技术型内容专家

内容专家的第一种类型是技术型。这一群体主要侧重于技术，而不过多涉及或关注教学设计过程等方面，如实施。技术型内容专家被引入培训过程，目的是提供内容知识和确保与内容有关的每个细节都是正确的。他们经常以小组和较大规模的项目形式工作，涉及的人数比你想象得多。

技术型内容专家包括原始设备制造商代表、工程师、科研工作者、律师、医疗专业人员、熟练业务的工人，以及其他。这一群体在内容领域拥有相关证明文件，而且通常拥有证书、学位或其他专业等级证明。

混合型内容专家

混合型内容专家这个独特的类型是指那些既是内容专家又是实施专家的人。这些内容专家不仅可以在课程或方案的内容方面提供支持，而且能够以最好的方式来实施。当然，这假定了他们是这两个领域的可被证明的专家。

在大多数情况下，混合型内容专家是比较好的选择，但当考虑内容专家的资质时，你需要意识到意外的存在。例如，如果你正在设计网络课程，一个从未讲授过或设计过网络课程的大学教授，可能就不是一个内容和实施专家的好的选择。大学教授具有内容深度，但缺乏实施知识，这可能会成为摩擦的来源。因为其观点可能与在网络课程设计方面经验丰富的设计团队的意见不一致。在这些情况下，你要特别小心。

↘ 教学型内容专家

促进者、导师、教练和教师都属于教学型内容专家范畴。虽然这一群体可能拥有某个主题的专业知识，但其主要作用是在培训的教学环节。不参与设计、开发或培训管理的人员也可能教授技术课程。

教学型内容专家包括拥有大量在线课程经验但没有相关内容知识的教师，也包括一些才华横溢的讲师，他们能够帮助实施课程开发，能为课程设计带来相当大的价值。

↘ 功能型内容专家

在你的设计团队内部，有些专家不是内容专家或实施专家，但对你的项目仍然至关重要。他们可能包括程序员、软件设计师、摄影师、艺术家、作家，以及大量的非内容专家。在大多数情况下，我们不把这些宝贵资产当成内容专家，但他们在各方面都是其专业内的内容专家。通常，以对待内容专家的方式对待他们会发挥设计团队的优势。

↘ 稽查型内容专家

内容专家的最后一个类型留给那些在我们的领域管理和监控很多项目，但可能不具备较高的相关性或内容知识过时的群体。这些稽查型内容专家通常是管理委员会、授予委员会或高层组织领导成员，或者属于监督或技术委员会。尽管他们可能对内容没有直接贡献，但他们觉得有必要对内容涉及的各方面技术发表评论。

稽查型内容专家可能对计划和课程做出判断，并期望他们的知识影响内容决定。如果他们坚持对设计团队和其他内容专家做出的决定施加影响，而设计团队和其他内容专家更有发言权，他们的意见可能成为过程的干扰。在其他情况下，技术型和混合型内容专家也在项目中发挥审查作用，他们可以从技术专家和项目稽查领导的角度审查内容。

在确定工作中所需的不同类型的内容专家时，不要陷入这样的思维中，即在工作中一个人只能扮演一个内容专家角色。确保内容专家在每种情形中都能够充分发挥其能力。

选择和评估内容专家

一般而言，选择和评估内容专家是平行的活动，因为它们都基于这样一套标准，即内容专家需要满足一些可观察和可测量的关键标准。比在设计过程中做出选择更重要的是，确认你已经在选择和评估内容专家这两个方面阐明你的期望。

内容专家的资质最好分为两大类：特定内容和非特定内容。这样可以对基于内容的标准和基于非内容的通用技能标准做一个彻底和全面的 360 度扫描，而这些是内容专家在设计环境中必须拥有的。

基于内容的标准

在评估内容知识时，需要对内容专家进行多维度评估。内容知识涉及一系列复杂、常常令人困惑的技能，这些技能基于成就的五个层面。

你至少需要对基于内容的专家拥有的主题知识的五个要素进行审查并确定其专业知识水平：

- 经验的相关性。
- 经验的深度。
- 经验的时效性。
- 经验的地域性。
- 培训/教学经验。

经验的相关性

虽然表面看起来误导性明显，但相关性是每个内容专家都必须满足的标准，只有这样才能获得资质认可。希望你不要认为对于项目的特定内容需求，每个内容专家在内容方面都是合格的。对内容需求来说，一个尺度不能适合所有人，甚至不能适用大多数人。不要让自己在这一判断中偷懒。

内容专家评估中的相关性是内容专家能够在特定内容领域较为放松地分享内

容知识的能力。为了被认为具有相关经验，内容专家还必须有你正在从事的特定内容领域的大量工作经验。例如，你可能需要内容专家负责一个特定的工程流程。虽然相关领域经验丰富的工程师可能更容易找到，但你需要确定某位候选人是否可以在不降低你的期望的情况下满足你的内容要求。

经验的深度

在评估内容专家的经验深度时，你可能认为深度和相关性看起来没有什么区别，但这是一个代价巨大的错误。内容专家的深度是他们深入内容需求必要的细节的最低层级的能力。例如，如果你在从事一个与印刷业务和颜色选择相关的项目，那么你更需要一个了解专业色彩图表（包含 1 114 种颜色）的人，而不是一个认为红色、绿色和蓝色等主要色调是你真正需要全部了解的人。这个道理同样适用于与深度相关的所有问题——内容专家可以在多大程度上深入细节？

经验的时效性

选择内容专家的第三个评估要素，对一个教学设计师来说有时是最重要的。因为让过时的内容出现在新课程或计划中是培训的重大失误之一。通过与掌握当前流行知识的内容专家合作，可以确保你拥有最新和最相关的内容。

内容的保质期是你需要快速确定的。相比随时都可能发生变化的尖端和潮流内容，那些只随时间逐步变化、完善和稳定的内容受到的影响会小很多。

想象一下，你正在负责一个要求最新统计数据的项目，如与失业、创业和生产力有关的经济报告。选择一个具有博士学位、在重点大学教授经济学但对本周的失业数据一无所知的内容专家不是一个好的选择，而选择一个当数据公布时能分析这些数据的经济学家则更为合适。同样的道理，作为内容专家的大学教授可能最适合一门经济理论课程。

经验的地域性

在选择内容专家时考虑地域似乎看起来令人费解，但你会认识到即使地点上微小的变化也可能对内容产生重大影响。未能根据项目考虑专家经验的地域性可能对你的工作造成轻微影响，也可能彻底影响到你的工作。让我们来看几个例子。

如果你正致力于一个区域或国家范围内的医务人员培训项目，每个司法管辖区可能有不同的技能要求、执照要求和参与者临床要求。有些地区可能需要 180 小时的临床实践，而有些地区可能需要 80 小时。在设计培训方面，这是一个巨大的差异。来自不同标准的知识输入是至关重要的。

在设计技术和技能培训时，地域可能是一个关键因素。影响内容的地域元素包括天气变量，如温度和湿度；土壤和地面条件变量，如黏土与沙土；地震、飓风、洪水和其他潜在自然灾害。在外行人看来，这些变量是不重要的，但事实可以证明一切。一个只在温暖气候中工作过的内容专家没有寒冷气候的相关信息；地震多发地区的建筑规范肯定与那些很少发生地震的地区不同。这些只是例子，但根据具体情况，有可能存在很多你需要向委员会展示的差异。

涉及内容专家委员会层面的其他地域变化往往是行话/行业术语。这不仅适用于工具和设备，而且可能出现在过程和步骤的名称上。完全相同的过程和步骤在加利福尼亚州和康涅狄格州的叫法可能完全不同。如果不在流程早期告知，这可能成为向下传达的大问题。不应该让你的绝大部分学员绞尽脑汁来猜测你用的术语到底是什么意思。

还有一个间接的考虑是，预算可能无法支付分散的委员会成员的成本。

培训/教学经验

如果你正从事的项目有培训急于交付，这时拥有培训经验的内容专家能够成为整个过程中的宝贵财富。在实施过程中知道哪些可行及哪些不可行，可能是一个重要的补充维度。有时，正是这个最终讲授内容并且在进程的本阶段具有连接作用的内容专家，能够减少从设计到实施阶段的脱节问题。某些拥有这些技能的人是混合型内容专家的理想候选人。

确定培训和教学经历与内容和最终的实施选择相关，是非常有用的。如果你正在使用学习管理系统设计在线学习，那么一名以传统授课方法教学的讲师可能对你没有帮助。

教学方法和理念也存在不同。正确匹配是很重要的，因为经验丰富的教师和培训人员可能在实施中形成他们的观点，也可能无法融入内容和群体。

↘ 非内容的通用技能标准

除了基于内容的标准，你也应该熟悉内容专家的通用技能标准。非内容的通用技能标准与基于内容的标准同等重要。虽然在这方面你可以使用一系列的标准，但你可能发现需要考虑的最重要的通用技能标准包括：

- 沟通能力。
- 写作能力。
- 社交能力。

沟通能力

有一个可以与你和其他委员能够有效沟通的内容专家是至关重要的。有时候，一些经验丰富的内容专家，不太愿意或不能在需要的时候有效沟通，从而造成过程中出现瓶颈。另外，口头表达过度的内容专家可能将内容淹没在细枝末节中，使事情进展缓慢。这是一个公认的主观标准，但可能是实现结果的一个隐患。

写作能力

委员会成员的一个真正的附加能力是与内容相关的补充材料的写作能力。有时候，一些内容专家能有效地将一个过程通过写作的形式描绘出来。

如何写作也是一个需要考虑的因素，因为许多学术和技术型内容专家以学术和技术风格写作，可能并不适合你的工作。有时你需要花费比预期更多的时间重写他们提交的内容，因为把有些内容从专业术语翻译成大众语言并不是一件容易的事情。

虽然我们不期望内容专家成为很好的作家或能够将项目科研整合到一起，但是喜欢做这项工作的临时内容专家能够让你的项目更高效，而且通常会提升产品的质量。某些时候，如果你可以确定谁喜欢写作并且非常擅长写作，你就会发现这是一种有用的资源。

社交能力

虽然这个标准也是主观的，但我们需要一个不属于团队却和团队成员一起合作的委员会成员把关。尽可能谨慎地进行选择。

内容专家的最佳实践

当前，培训领域内容专家的运用已经发展到一个与内容专家的选择、评估和保持有关的“最佳实践”阶段。这些最佳实践的一般准则可被修改，以适应特定的情况和环境，但它们是确保内容专家成为工作中的有用资产的有力起点。

↘ 不吝赞赏

一个将内容专家引入设计团队并将他们留在团队中的最简单却最有效的方法，是向他们展示你多么欣赏他们的参与。相比其他小组，当他们为项目的成功做出贡献时，内容专家常常感到无法融入团队或不被赏识。竭尽全力让每个与你一起工作的内容专家都知道你是多么欣赏他的工作。

↘ 提供清晰的角色和职责指引

不知道大家对他们有什么期待及他们适合设计过程的哪个部分，是更令内容专家感到困惑的。在第一时间解释大家的角色和责任可以消除误解，从而使大家特别是内容专家集中于自身职责范围内的工作。

↘ 使内容专家成为设计团队的一部分

将内容专家融入设计团队，对与专家建立成功的合作关系是至关重要的。如果已为项目中的所有人提供了角色和职责有关的信息，下一个合乎逻辑的步骤就是确保内容专家感觉自己是设计团队的一部分，而不仅仅是附属于此过程。这个步骤不必复杂，但让每个人都感觉到自己是平等的合作伙伴，会为组织提供很多有形和无形的好处。

↘ 关注内容专家的需求

内容专家，像任何忙碌的专业人士一样，都需要一些特别的关注，这样才能让他们更好地支持你的项目。这可能包括需要改变会议计划、复制工作材料，或者其他特殊的需求。这些合理的和预期的需求满足得越多，内容专家就越能专注于他们的工作。

庆祝项目的里程碑

一个经常被忽视的与内容专家的最佳实践做法，是和他们一起抽时间庆祝他们所支持的项目的里程碑。虽然这对一些人看似微不足道，然而对于将知识、时间和精力投入项目中的内容专家来说，从一张简单的卡片，到一顿午餐或晚餐庆祝活动，都具有很高的价值，并且能够为他们今后的工作打下坚实的基础。在时间和资源上的一个小投资，通常会在以后获得巨大回报。

结论

找到与内容专家合作的最佳途径不再只是一个无计划的命题。现在可以使用客观的方法来分类、评估，并把最佳实践融入我们与内容专家的合作中。使用这个知识库为基础，与内容专家的合作将更加高产和高效。

作者简介

查克·霍德尔，博士，《内容专家从头做起》的作者，也是畅销书《ISD 从头做起》的作者，同时为 *T+D* 杂志、部分 Infolines 和 ASTD 的其他出版物写作。他目前是马里兰大学巴尔的摩县校区（UMBC）ISD 研究生项目的副主任。他拥有安提阿大学（Antioch University）学士学位及 UMBC 硕士学位和博士学位。

延伸阅读

Hodell, C. (2011). *ISD From the Ground Up*, 3rd edition. Alexandria, VA: ASTD Press.
Hodell, C. (2013). *SMEs From the Ground Up*. Alexandria, VA: ASTD Press.
Hodell, C. (2013, October). Five Considerations for Selecting SMEs. *T+D*.

第 17 章

内容的策展

本・贝茨（Ben Betts）

本章要点

- 定义策展员的角色
- 了解如何在学习中使用策展
- 了解数字策展的四种角色：灵感、聚集、整合和应用

我最喜欢的学习地点是英国伦敦的自然历史博物馆。漫步在博物馆的新哥特式大厅内，好像数百年间收集的各种文物都在静静地给你讲述有趣的故事。策展员会通过翻找档案寻找化石、录像、绘画等任何有助于讲述故事的事物。通过将这些不尽相同的对象编织成一个引人入胜的故事，策展员使观众享受了一次旅程，帮助他们在一个更广阔的情境中理解各个部分。单独来看，每个对象都讲述了故事的一小部分。总体来看，它们的价值却超过了各部分之和。更重要的是，不同的策展员可以用不同的方式重新使用这些对象。通过专业技能和个人经验所带来的独特视角，每个策展员可以使用相同的内容编织出不同的故事。

我想把这个比喻从博物馆转移到网络上。在这里，我们共同制作大量的“事物”：视频、博客、新闻、研究、辩论、微博、图片，以及其他形式。随着内容创作的障碍逐渐减少，创作的内容量将大大增加。这也给我们带来了一个问题：信息到处堆积。

内容丰富，情境差

毋庸置疑，我们拥有的内容非常丰富。使用谷歌搜索“策展”，会出现 430 万条结果。“信息超载”会出现 1 820 万条结果。这是一个内容丰富的世界，当然，里面也有很多垃圾。策展大师罗宾·古德（Robin Goode）分享的一个词叫“快餐”，它被谷歌所收录。它可以为你快速提供答案，但也会出现随之而来的健康警告。如果你想要高质量的信息，那么你需要通过个人推荐实现。你需要的是一位策展员或信息策展顾问。

谷歌认识到了这个问题。同时使用 Google+平台和谷歌作者工具，如今搜索引擎允许署名作者在搜索结果中展示他们的内容并附上图片。通过关联权威作者的专家意见，谷歌正在合法化某些内容。我们也可以获得究竟是谁提供了这些内容的个人建议。因此，我们看到为了此目的，Facebook 社交图谱或 LinkedIn 正在应用于更大范围。然而，提供建议仅仅是策展员所扮演角色的一小部分。从小处讲，策展员这样做其实是在授权一个物品的价值以匹配某些目的。讲述一个故事或编写一组故事并无大碍。正是在这个情境中，策展员给内容带来了真正的价值。

想象有两个策展员，我们称他们为吉尔和杰夫。吉尔和杰夫都从事会计师培训工作。他们的专业领域都是税收，并利用社交媒体广泛宣传自己和各自的工作。吉尔经营着一家小企业，专门帮助高收入群体利用他们的收入尽可能地实现高效税收。杰夫在国税局（IRS）工作。当新的法律条例颁布时，吉尔和杰夫都会快速做出反应，更新专栏博客及发布微博链接。作为杰夫的策展活动的追随者，我对新条例参考框架的解读与我从吉尔那里得到的解释非常不同。吉尔认为机会无处不在，她广泛收集的链接和博客都会框定她对新条例的看法及如何利用它。吉尔挑出希望读者看到的文章，她使用工具逐字引述已发表的文章中的话，并在自己的文章中把它放到一个不同的情境中。渐渐地，吉尔越来越多地发布越来越易于理解的微小信息。从原文中提取这些信息非常容易。在网上，推文/微博、图片和短片也更容易在博客中重新呈现、嵌入，甚至分享。现在，如果我属于高收入群体（哈哈，我希望），我在互联网的第一站通常会是吉尔的网站或她每周电邮推送的通信文摘。因为我知道吉尔和我有相同的兴趣点，所以她是一个更好、更相关的信息源。

策展员的角色

策展员的角色已经被重视了几个世纪，却只留给了那些在现实世界的博物馆和画廊内实践其黑暗艺术的专业人士。认为数字策展员带来了和专业策展员同样深度和广度的知识可能有点跑题了。但谈到策展，就是指从馆藏构建中创造价值。相比可以在现实博物馆采取的方法，互联网提供了一种更精细地构建馆藏的方法。你并不需要吸引成千上万名参观者，只需少数志同道合的人。针对少数受众的馆藏构建越来越普遍。只需要看到某些网站的崛起，像 Pinterest 等，你就会知道策展内容的流行度正在飙升。

在进入策展的逻辑程序之前，策展员首先需要明确自己感兴趣的领域。数字策展员有一个用于寻找信息的特别视角。正是在这种情境下，数字策展员开始增加他们的附加价值。他们有目的地接近某项内容，观察某项内容是否与他们的兴趣领域相关，如何影响他们的个人意见，以及如何帮忙讲述一个更广泛的故事。

信息收集工作可能会有点儿杂乱无章，但最好的策展员把收集信息当作重要的工作。正如《内部学习技术》的编辑安妮·格尔福特一样，策展员会建立流程和系统，将信息直接发送到他们的收件箱。利用谷歌快讯，安妮通常会在搜索结果出现几小时前收到信息。这符合安妮作为学习技术领域策展员的工作流程。作为谷歌快讯的替代品，许多策展员在出版时使用 RSS feeds 从出版商那里接收信息。出版后，RSS feeds 会自动向用户“推送”信息。其他人使用推特/微博执行类似的行为。使用智能设备或台式电脑上的推特/微博客户端“追踪”关键词是可能的。我自己也这样做，时不时关注“推特信息”，看看哪些文章正在被发表。一些策展员每天只会花费一点儿时间查看互联网，寻找他们想要分享的有趣信息，浏览内容聚合网站和行业门户网站的更新。

不论他们接收新信息的方式是什么，所有的策展员都执行三个基本行为：存储、转换、分享。策展员根据个人喜好选择在何处及如何存储信息。因此，我们能够简化（实现完全自动化）过程，如收集信息的程序同时可以存储、转换和分享信息。“个人报纸”应用程序，如 Paper.li，通过检查策展员发布的推特/微博和被转载的链接，把这些转化成“报纸”形式，每天为成千上万的用户提供信息。

然而，这种自动化有可能会产出存在问题的结果。我们使用策展员来获得基于个人情境的内容，如果这部分过程也变成自动的，那么策展作品的真正价值就会遭到质疑。策展员增加价值，他们创造故事，但他们不只是传递信息。为了做到这一点，策展员必须能够在存储库中储存信息。对于一些人来说，策展作品可能成为最受欢迎的推特；而对另一些人来说，它也可能发挥书签的作用，被添加到 Google+或 Facebook 中或用于订阅大量的信息。它可能是一个简单的 Excel。只要允许策展员能在以后再次访问这些内容，就没关系。要明确的是，我们的最终目标是通过“共享”形成你在这个阶段做出的决定。相比 Excel，用基于网络的书签工具进行分享更加容易，如 Digg。

利用收集到的信息，数字策展员着手把其中一部分改造成一个更大的故事。增值的形式有许多种，但通常体现在馆藏建设和重新整合内容上。作为收藏品馆藏建设者，策展员有机会展示支持他们主张的更多证据，不只是收集一个博客，还包括收集能够支持他们观点和看法的一些视频和其他事物。实际上，这个过程是一种非常有用的学习锻炼。把别人的作品重新混合或转化成新的东西是一种既定的教学实践。西摩帕尔特及其建构主义理论——建构和再次建构的行为是一种学习过程——能够解释这一点：让你的学员做策展/策展活动是一种加深理解的好方法。

数字策展员的最后一个作用是分享。通过馆藏建设和再次整合，存储了大量内容和增加了价值后，这些策展员通过社交媒体来传播信息。让自己了解自己所在的行业正在发生什么，需要做的就是追踪一位多产的策展员。职业博主，如克里斯·布罗根和达伦·卢维斯，从每日的策展内容中创造了高利润的生活方式。Pinterest 等网站都显示出策展内容共享的普及，这是达到 1 000 万名注册用户的最快的社交媒体网站。分享也给它带来了一些风险：策展内容在共享和剽窃之间只有一线之隔，尤其是当你试图从中盈利时。了解著作权法并能够快速引证来源是成为一个成功的策展员的关键技能。

学习中的策展

如上所述，我们已经看到了策展被运用于相当广泛的范围内，将个人视角带至了存在于网络上的信息世界中。现在，我们可以集中精力讨论策展在培训与发展中的应用了。

我们认为，数字策展在灵感、聚集、整合和应用（数字策展的四种角色）中也非常有用。灵感是我们如何定义他人在正式的学习环境外为你实施策展。聚合也是如此，但在一个正式的学习情境中进行。整合是一个个人化的策展过程，指个人如何将新的学习经验与现有的想法融合。应用是个人如何在现实世界中运用新的见解，即我们如何进行每日的知识处理。我们用一个简单矩阵（见图 17-1）描述这个过程，演示这四种数字策展角色如何在一个持续的学习圈内循环。

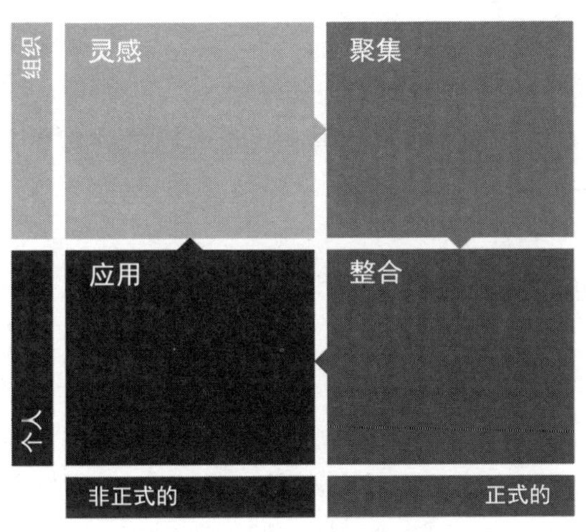

图 17-1 学习中的策展

↘ 灵感

随着网络内容的大量增加，现在我们越来越需要能够以系统的方式梳理、维护内容和重新赋予内容意义，这毫不奇怪。很长一段时间内，我们一直采用搜索作为从一大堆信息中进行筛选的主要手段，但目前我们越来越转向把著名专家作为我们的内容过滤器。在专家们花费时间存储、转换和共享世界资源的地方，实际上他们也在承担着策展员的角色。这些专家存在于每个行业。在我们自己的行业，内容策展员有很多，很多人也因他们的策展工作而被众所周知。如果你在过去三年内曾参加过会议，那么你已经从大卫·凯利“LnDDave”的策展技能中获益。凯利存储有关事件的微博、博客和演示文稿，并把它们整合到一个网页上以供参考。追随像凯利一样的策展员，我们能够从与我们的工作有关的一套内容中汲取灵感。这就像把最好的行业见解直接发送到你的邮箱一样。

当然，组织也可以得益于这种方法。在这里，数字策展员的作用是资源的守护者，存储、转换和分享内容的人。有些公司在内部实施数字策展：将新的洞察发布到公司的内部社交网页上或用以实践最佳想法的社区。为了客户的利益，有些公司在外部实施数字策展。如 Spiceworks 等 IT 支持公司将其业务模式建立在它们的社区内，策展最好的问题和答案，以推动协作和提供有帮助的服务。

↘ 聚集

在学习部门，我们正面临挑战——如何传递“少即多”的信息。或许，策展能为我们所面临的某些时间和成本的限制提供有趣的答案。当我们能策展时，为什么要建构新的内容呢？

在正式学习的情况下，组织可以利用策展聚集内容，作为学习设计过程的一部分。这意味着利用从组织内部和外部获得的洞察观点作为内容的基线，并从中开发新的课程。有时这些资源被改写并转化，而有时使用其最初形式就足够了。随着网络教育内容质量的提升，经常制作新的材料变得有点儿多余。你没必要做一个比 TED 更好的视频。在每次需求出现时，创建新的学习内容已经没有必要。外界的混合资源与从防火墙内部选择的资源，可以为培训与发展部门提升交付速度并大幅削减成本。

进一步讲，一些机构开始倡导“资源而非课程”策略。培训与发展部门不再提供高度结构化的课程，代之以工具、图表等资源。英国石油采用了这种方法。在非正式学习和在线负责人尼克·沙克尔顿-琼斯的领导下，英国石油专注于提供高品质的绩效支持工具、视频、信息和图表，这些资源主要通过简单而有效的门户网站获得。英国石油并不开发传统课程。资源的聚集和呈现已经被证明比以往任何课程都更成功。

↘ 整合

策展本身可以而且应该被用作教学和学习工具。学习过程是一个需要将新旧经验整合的复杂过程，特别是对于有经验的学员。在许多方面，当我们试图“教育”他人时，我们真正希望实现的目标是将新旧经验进行“整合”。对于大多数人来说，这将是一个策展过程：将好想法收集起来，加以转化，以适应现有的经验和心智模式，并且在未来的某个时刻通过行为进行分享。据此，我们可以认为策展是学习过程的一个重要组成部分，一项当前和未来的所有知识型员工都需要的关键能力。只是告诉大家还不够，那太初级了。在当前的工作情境中，策展对于问题解决和创新也是必要的。这需要批判性思维。

采用这种方法，我们可以在正式的学习活动中构建教学框架，鼓励个人用批判的眼光看待知识，并且对他们的学习方法进行更多的反思。在这种情况下，学员通过存储、转换和分享他们的理解，清晰地展示他们对一个学科领域的掌握。如果我们不允许这样做，就是亏待学员。简单地向经验丰富的学员呈现在线幻灯片演示文稿，并希望他们能产生有意义的、持久的学习经验，根本不会达到学习效果。学员必须能够策展正式的学习，整合新的见解与现有经验，并反过来向老师展示他们将如何改变。

↘ 应用

超越课堂进入日常工作中的世界，我们可将策展设想成不断提高个人学习效果的工具。在这里，策展可以帮助个人捕捉对他们重要的信息，并将这些信息纳入一个情境中，此情境能够给出的信息要更丰富。很多人在博客、推特和其他知识集合中这么做。渐渐地，我们看到这个概念以“个人知识管理”的形式崛起。根据哈罗德 · 亚尔什的观点，当个人试图明确说明他们对世界的认知时，他们会寻找、感知和分享。这一过程可以被看作用户生成内容的基本驱动力，即越来越多的人愿意分享内容来激励他人。这个过程不仅仅是书签作用或馆藏建设。对于许多人来说，策展代表一个“学习更衣室”，允许进行反思及对其所知道的内容进行展示。正是这些人培育和创造了组织通常希望策展的内容。因此，我们鼓励采用个人知识管理的工具和技术，我们将看到策展可利用的内容总量的增加。这个循环周而复始。

策展列表

为了启动策展，表 17-1 展示了一些网站和资源，你可以根据教学要求，免费利用它们。你也可以从本书的网站（www. astdhandbook.org）上下载这个列表。

表 17-1 开发内容基线的网站和资源

名 称	网 址	描 述
公开教育资源	www.oercommons.org/browse/general_subject/business	链接 1 000 多个与商业相关的学习内容
学习资源交流（学校）	http://lreforschools.eun.org/	初级水平的、多学科的开放和免费教学资源
斯坦福商学院	www.youtube.com/user/stanfordbusiness	斯坦福商学院视频
哈佛工作知识	http://hbswk.hbs.edu/	一些领域内重要专家的著名管理主题论文
Udemy	www.udemy.com/	涵盖多个主题的免费视频课程
ERI HR 远程学习	http://dlc.erieri.com/? FuseAction=Main.Home#List	人力资源的各个方面的在线免费资源
YouTube 教育	www.youtube.com/education	涵盖许多主题和多个学习层次的策展视频
公开课程图书馆	http://opencourselibrary.org/	可以免费下载、编辑和使用的用于教学的课程
TED Ed	http://ed.ted.com/	TED 视频被制成包含讨论的有意义的课程
《时代》100 个商业案例研究	http://businesscasestudies.co.uk/	带文本、MP3 及其他内容的免费商业案例研究
麻省理工公开课程	http://ocw.mit.edu/	新颖的公开教育资源网站，麻省理工学院的免费课程和教学

续表

名　称	网　址	描　述
可汗学院	www.khanacademy.org	可汗学院专门从事数学教学，但拥有数百个其他科目的视频课程
科罗拉多大学 PhET	http://phet.colorado.edu/	免费的互动模拟，主要关于初级水平的科学主题
公开图书馆	https://openlibrary.org/	带有详细描述和电子副本的免费书籍
Coursera	Coursera www.coursera.org/	大型开放式网络课程（MOOCs）的头号供应商
学习 CPR	http://depts.washington.edu/learncpr/	华盛顿大学医学院运行的一个免费公共服务网站

小结

即使在一个很小的领域，如培训与发展，策展也有多种形式。我们可以在组织层面使用它，以激励我们的员工和我们的客户，或者利用范围广泛的内容帮助我们设计和提供更正式的学习经历。我们也可以在个人层面使用策展，从而帮助我们在正式学习过程中加深理解，并帮助我们证明从日常工作中获得的知识和洞察力。实话实说，我们领域的策展还处在初期阶段。尽管这些实践比较陈旧，但技术是新的，并且当我们抓住新技术带给我们的机遇时，更多存储、转换和共享资源的机会将变得显而易见。策展正在变成员工区分于他人的关键能力。知识工作者被期望将他们的策展见解带到下一个工作角色中。人们通过策展他人的工作，使自己也成为业内专家。

作者简介

本·贝茨，博士，企业家、技术专家及社会学习专家。他是 HT2 的执行总裁，擅长企业学习中以游戏为基础的学习应用和社会学习方法。其客户包括埃森哲、英国石油、巴克莱银行、培生教育、杜克 CE、牛津大学和其他机构。本最近完成了他在英国华威大学的博士学习，他的研究课题是工作场所电子化学习的新方法，特别是策展的作用。他在世界各地的会议上做过发言，并在英国和美国的各种学术项目中担任教学工作。

↘ 延伸阅读

Bingham, T., and M. Conner. (2010). *The New Social Learning: A Guide to Transforming Organizations Through Social Media*. Alexandria, VA: ASTD Press.

Rosenbaum, S. (2011). *Curation Nation: How to Win in a World Where Consumers Are Creators*. New York: McGraw-Hill.

第18章

培训的法律问题：保护己物，避免占有他物

琳达·拜尔斯·斯温德龄（Linda Byars Swindling）
马克·帕曲里奇（Mark V. B. Partridge）

本章要点

- 制订将知识财产转化为受保护产权的规划
- 了解知识产权的关键权利
- 学会利用合法权利来保你的知识产权
- 避免侵犯他人的权利

无论是在大型企业、独资企业，还是在介于两者之间的任何商业实体工作，大多数培训专家都同意他们需要了解人力资源法律的基本知识，以防止培训或咨询时的歧视或骚扰。大多数人也同意，他们应该了解签订合同、制订协议和明确对方期望的基本知识。这些聪明的培训专家经常和他们的内部法律顾问或自己的律师进行讨论，以审查他们正在起草和签署的协议。当谈及防止财产损失或人身伤害，特别是当客户自身需要保险或补偿协议时，很多专家甚至想了解责任、风险规避和保险。然而，值得注意的是，许多培训专家没有投入时间去了解他们最重要的资产——知识产权。

什么是知识产权？维基百科将知识产权定义为“与某些名称、书面和被记录的媒介及发明相关的各种法律权利的统称”。

更简单地说，我们正在谈论与你的业务相关的思想、信息和创新。对于大多

数提供服务的学习专家来说，存在于我们企业中的最大的资产不是设备、存货或员工，而是我们的知识和专业技能，以及我们如何提供它们。因此，保护你的智力资本资产，对于你的事业是非常关键的。对于内部学习专家，确保你拥有对材料的适当所有权并且正确地使用别人的材料，对于保护你的组织和自己的声誉是最重要的。

当企业那些无形的资产和智力资本——品牌、内容、数据、信息、网址、创新、系统和方法等被转换成受保护的财产时，知识产权就出现了。这种保护通过特定法律权利的作用实现，如专利、商标、版权和商业秘密，这些统称为知识产权。这些法律权利是把你的智力资本转化成财产的工具，可以防止被侵权、售卖和获取盈利授权，也可以用来提高企业价值。

本章将提供一个将智力资本转化成被保护的财产的规划，讨论企业的关键知识产权，并展示如何使用这些法律工具保护和执行关键的资产权利。本章还将介绍如何避免侵犯他人受保护的作品。

品牌

品牌是企业的终极象征。它代表了企业的性质及企业如何开展业务。它可以体现在名称（如福特或迪士尼）、符号（耐克旋风）、广告语（“你今天应该休息”）、声音、颜色（奥因斯-康宁玻璃纤维的粉红色），或其他标志特定来源的设备中。

保护品牌的主要法律工具是商标法。商标法的目的是防止市场中的混淆和错误。

权利的创造

当用于商业目的并具有特定来源时，商标有权利受到保护。事实上，独特性作为一个艺术术语，指的是一种指示特定来源的能力。独特的名称或设备，如像艾克森或柯达等创造的名称，或苹果电脑或骆驼香烟等任意名称，一旦用于商业目的就受到了保护。其他名称，如福特或迪士尼等姓氏、《体育画报》杂志等描述性用语或加州比萨厨房等地理名词，只有在使用足够频繁并在公众心中产生了与特定来源相关的第二个意义时，才能受到保护。

商标权利不是垄断。它们无法阻止其他企业使用该名称。该名称必须与所涉及的特定商品或服务相关联。用于不相关的商品或服务的名称，可以在不发生冲突的情况下共存。例如，丽兹酒店、丽兹饼干及丽兹相机专卖店。虽然使用相同的名称，但是每个名称所代表的产品或服务都具有鲜明特色。

（美国）联邦注册的好处

商标权只能通过使用确立。然而，联邦注册有额外的好处。例如，联邦注册能使企业获得美国范围的权利，并作为法律创建权利通知。这个通知可以阻止侵权。

可通过美国专利和商标局进行注册。申请可以在线（www.uspto.gov）提交，政府申请费大约为 280 美元（2014 年生效）。有效的申请需要申请人的确认，提交标志绘图、适用的商品或服务描述，以及目前使用或打算将该商标用于商业目的的声明。

申请程序包括以下几个步骤：

- 提交申请。申请可以在线提交。必填的信息包括申请人的身份信息、商标的描述、商品或服务的描述，第一次用于商业目的的日期或申请人将该商标用于商业目的真实意图的声明。
- 商标局审查员的审查。商标审查员对申请进行审查，确定申请信息是否完整具体，标志是否独特并且不与现有的申请或注册冲突。
- 发布，查看他人异议。如果审查员批准，那么该申请将被发布。如果其他方认为其会因此商标的注册遭受损害，则允许他们提出异议。
- 申请的最终批准（如果没有有效的反对意见）。如果在发布期间没有异议，该申请将被允许注册。如果申请基于使用过的商标，那么它会直接进入注册。如果申请基于将要使用该商标的目的，申请人需要在注册发布前提交一个声明。
- 注册证书的颁发。当所有的步骤都完成后，最终将发放注册证书。整个过程可能需要 18~24 个月或更长时间，但注册规定的权利始于申请日期。

国际注册

我们建议在海外也要保护你的品牌。自 2003 年以来，美国一直是《马德里议定书》（*Madrid Protocol*）的一员。只需提交一个申请，你的品牌就可以在各个成员国受到保护。《马德里议定书》范围内的国际注册和联邦注册的程序相同。虽然每个国家保留拒绝商标本地注册的权利，但是《马德里议定书》提供了一种在国际上获得权利的有效机制。另外，你也可以在外国司法管辖区直接提交文件，但这个过程的效率非常低。

使用许可和转让

商标可以出售或许可使用。常见的例子包括帽子和服装使用大学或体育运动项目的标志或特许权名称，如麦当劳和汉堡王。你可能曾看到，当厂商未获得使用球队注册商标的许可时，在球赛中被没收体育用品的新闻故事。这种对商标拥有者权利的触犯称为侵权。

侵权

当非首次使用该商标的同行或某人随后使用相同或类似混淆的商标，用于相同或相关的商品或服务，在市场上很有可能造成混淆、误认或欺骗时，商标权就受到了侵害。法庭上使用的典型救济是阻止侵权标记使用的命令和因该商标使用造成的实际损害的赔偿。当一个商标在联邦政府正式注册后，这些损失和救济可能增加。

案例研究

1985 年，欧莱雅（L'Oreal）认为年轻人渴望粉色和蓝色的头发。为了满足预期的需求，欧莱雅创建了一条名为 Zazu 的美发用品生产线。显然，年轻人拥有比预期更好的品味。最后，该产品以失败告终，但不是在诉诸联邦诉讼之前。伊利诺伊州的 Hinsdale Zazu 美发沙龙以商标侵权为由将欧莱雅告上了法庭。审判法院授予原告——伊利诺伊州的 Hinsdale Zazu 美发沙龙——超过 200 万美元的损失补偿加上 76 000 美元的律师费用。显然，商标可以拥有令人难以置信的价值，即使对于一个小企业来说。

遗憾的是，这个故事还在继续。欧莱雅上诉，声称该美发沙龙的使用不足以建立美国范围内的权利。上诉法庭同意，取消判决。Hinsdale Zazu 美发沙龙什么也没得到，只剩下了巨额的律师费用。Hinsdale Zazu 美发沙龙没有进行商标注册。如果他们花费几百美元进行注册，就会实现美国范围的权利，从而避免这个令人悲伤的结果。

作为一名培训专业人士，注意在你制作海报、T 恤衫或培训产品之前，拥有展示某个品牌的适当权利。同时，也要格外小心使用别人的品牌在网上吸引访问量。对别人商标的某些合理使用是允许的，但什么是允许的和什么是侵权的，界限很难确定。有疑问时，请咨询法律顾问。如果你或你的公司拥有品牌，不要因为未能及早采取适当的行动确保你的品牌的知识产权，把你宝贵的权利置于危险中。

内容

内容是向世界传递知识和信息的关键。对于培训师、演说家和顾问来说，内容典型的形式是书籍、文章、简报、练习册、CD、DVD、媒体录音、软件、播客和网站。每种都可能成为创收来源或自由配置于宣传目的的作品。在这两种情况下，开发者希望控制使用，获得信誉，防止未经授权的复制，以及阻止他人以不正当的方式使用其资料而获利。保护内容并将其转变为受保护财产的主要工具是著作权（版权）法。

版权可以为你和你的企业创造极大的价值。滥用其他人的版权可能导致灾难。1996 年，励志演说家安东尼·罗宾斯创建了一门包括 300 页工作簿的新的金融课程。陪审团发现他的工作簿中的两个关键短语是从韦德·库克的一本书中复制过来的，韦德是《华尔街赚钱机器》的作者。法院判给库克超过 65 万美元的损失赔偿。尽管这个结果可能有些极端，但这种情况并不罕见。

想象一下某些培训师从其他来源“借”材料的频率。他们把自己喜欢的卡通形象复制到讲义中，在社交媒体账户发布励志名言，从电影中截取片段或讲述别人的故事。很多情况下，他们没有对原作者的引用。而其他时候，培训专业人士忘记了材料的来源。甚至，有些人开始相信这是他们自己的材料。这种“借”他人作品的行为也是不道德的。一些专业组织，如 ASTD 和全国演讲者协会，在其道德条例中对这种行为进行了禁止，一旦违反甚至会失去会员资格。

未经授权的使用属于另一种可以构成侵权或剽窃的行为。这两个术语经常互换使用，但应准确认识到侵权行为是对法律权利的侵犯，而抄袭是不道德或不诚实的行为。换句话说，侵权是偷窃别人的财产。抄袭是一种学术欺骗：当某样东西不属于你的时候，却声称它是你的。这两个概念有重叠，未经授权的使用可能既是侵犯，也是抄袭。无论哪种方式，风险都是很大的。

↘ 版权的主体

版权保护原始、有形的表达。版权不保护概念、想法或事实。这意味着保护只针对体现在作品中的实际表达，如文章、录像或录音、软件程序。但对于有形的表达背后的想法或概念，保护并不适用。版权保护也不包括短的话语，如简单的书名。

↘ 创建和拥有版权

版权从创造的时刻起就存在，属于作品的作者。虽然有利（原因随后讨论），但对于为内容创建版权来说，版权通知或注册并非必需。

确定著作权对你的权利很重要。如果作品是由员工在他的工作范围内创作的，通常作者或拥有者是用人单位。但是，如果你雇用一个外部人员，如摄影师、网站设计师或代笔者为你创作一个作品，那么他就拥有该作品的版权，除非有书面雇用协议或其他书面形式的权利转让。如果两人一起创建一个作品，那么他们共同拥有整个不可分割的权利，除非有书面协议有其他规定。这意味着，如果你和别人一起或依赖他人为你创建作品，如一个营销计划或一个网站，对所创作作品的所有权和使用权有清晰的理解是非常关键的，而且要确保有创造力的人员有权力使用照片、图片、网站音乐等模式。使用并非版税免费的未经授权的音乐或图片是一种不道德的行为或缺乏教养的图形艺术家省钱的一种方式。

有用的链接

www.uspto.gov

美国商标局。在线搜索和注册商标。

www.uspto.gov /trademarks/law/madrid

国际商标注册和马德里协定书。

www.copyright.gov

美国版权办公室。获得版权注册的形式和指导。

www.allwhois.com 或 www.betterwhois.com

提供域名注册记录。检查域名的所有权记录。

www.wipo.int

世界知识产权组织。投诉域名抢注者使用侵权领域的名字。

www.aipla.org

美国知识产权法律协会。寻找处理专利及其他知识产权问题的律师。

www.inta.org

国际商标协会。商标保护的信息。

www.bmi.com 和 www.ascap.com

音乐许可协会。获得提升研讨会和培训的音乐公开播放的许可。

www.PartridgeIPlaw.com/partridge-blog

帕曲里奇 IP 法律博客。获取马克·帕曲里奇和帕曲里奇 IP 法律其他成员合写的当前知识产权信息。

如果你正在购买资料，确保了解正在购买的权利。确定你是否可以自由复制资料，你或其他人是否可以在作者不在场的情况下呈现信息，或者资料是不是为你的组织单独开发的。你不想为专门为你的团队开发的资料支付一大笔费用，除非你发现培训师计划把同样的课程用于你的竞争对手。

如果你是一个外部供应商，一些公司希望承包所有为其创建的作品，以变成他们的财产，这是非常普遍的。在签署这样的协议之前，确保你已了解你所让渡的权利及未来你使用此资料的限制。很多时候，如果你花时间去解释对协议的疑虑，组织将与你谈判。例如，一些公司主要关心的是你是否能够保护他们的商业秘密，不会向他们的竞争对手透露内部信息。如果你说明你也存在类似的担忧，担心你的竞争对手或内部培训师未经允许使用你的资料，那么精明的商务人士就会明白。

客户通常是很灵活的，可能会同意使用你发表的资料，或者让你来呈现你创建的项目。但是，你必须确认并询问某些例外。在签字之前，请检查该协议不与你拥有的其他协议发生冲突。例如，你与出版者的协议可能要求允许使用你撰写的书中的资料。这些问题的答案可能会决定你是否情愿做这项工作及你收取的费用。

专门权利

版权为版权拥有者提供了一系列专门的权利，包括：

- 进行复印和再生产的权利。
- 创作修改和衍生作品的权利。
- 公开表演或展示的权利。

权利的范围包括控制相同的及与原版本包含的受保护的表达基本类似的副本的权利。判断相似度的依据是，通过相似性是否会使普通的观察者得出侵权作品是从原始作品复制过来的结论。

期限

版权具有较长的使用寿命。版权保护的实际期限随时间变化并取决于作品创作的时间。一般情况下，对于 1978 年以后创作的作品，保护持续至作者的寿命再加上 70 年的时间。匿名作品或被租用的作品，版权期限为首次出版起的 95 年或从创作起的 120 年，以第一个过期的日期为准。

要询问准律师的问题

你可以就有关本章中的任何问题向律师询问意见。下面是需要咨询准律师的一些问题：

- 你专注于和我的问题有关的法律领域吗?
- 你以前处理过这类问题吗?
- 你为我的行业中的其他人服务过吗?
- 完成这项工作需要多长时间?
- 这是一件简单的事情吗? 或者你是否需要做研究?
- 你每小时的收费是多少?
- 这项工作有固定费用或起价费用吗?
- 你能给我类似情况下的时间和费用方面的最好案例和最坏案例吗?
- 需要定金吗?
- 谁还有可能负责这个项目? 他们的比例是什么?
- 我需要支付哪些额外费用（复印、交付、申请费等）?
- 你会对我的每个电话都收费吗?
- 你将如何与我联系? 多长时间一次?

公告和注册

正如前面提到的，你不需要通过使用版权声明或注册你的版权来拥有这项权利。然而，这两种做法都会带来巨大的好处，简单且花费较少。

一个恰当的版权公告包括著作权索赔、创作日期和所有者姓名：2014 Jane Doe。有关版权的一个错误认识是，如果没有版权公告，作品就可以自由复制。这是不对的，但因为它被普遍认为是对的，所以使用版权公告可以帮助阻止侵权。当你被迫对侵权采取法律行动时，版权公告也可以帮助你避免无辜的索赔。此外，一个好的做法是在每页都写上你的联系信息，如你的手机号码和网站，方便希望使用材料的人与你联系：©2014 Jane Doe. All rights reserved. Doe & Associates，www.doeassociates.com；972-555-1212。

通过提交一个两页的申请书和美国版权局的作品标本，注册就可以简单完成。目前，普通索赔的申请费用为 35 美元（2014 年生效）。该程序在版权局的网站（www.copyright.gov）上有解释。

在侵权发生之前进行注册有两个关键的好处。第一，著作权法中规定的赔偿是为权利人挽回损失的法定数额，每个被侵犯作品的赔偿将高达 15 万美元。如果没有事先登记注册，权利人仅被补偿实际损失或利润。第二，侵权前的注册许可著作权人从侵权中寻求律师费用的赔偿。否则，通常的规则是，每方各自负责自己的律师费用。知识产权诉讼的律师费用是非常高的。美国知识产权物权法协会于 2011 年的调查发现，对于小于 100 万美元的版权标的，版权侵权案件的平均诉讼成本要超过 35 万美元，而且超过 100 万美元后的成本会急剧上升。

获得研讨会和讲习班音乐使用许可

情形：音乐能激发人们的情绪，因此安利公司在大会和视频中使用音乐去激发其经销商，包括披头士、迈克尔·杰克逊、惠特尼·休斯顿，凯莱·斯特芬及迈克尔·波顿等人演唱的 100 多首流行歌曲。

问题：遗憾的是，安利及其代理人未能获得使用这些歌曲的许可。

结果：1996 年安利被提起诉讼，原告寻求超过 1 000 万美元的版权损失赔偿。

教训：面向大众表演的音乐需要获得授权。

弥补：获取音乐授权协会的许可，如 BMI 或 ASCAP。

版权拥有者是否能够保护他的财产，主要区别往往在于其获得法定赔偿和律师费的能力。例如，一个培训师发现，她的 10 篇文章未经许可就在竞争对手的一本书中被使用。实际的赔偿金额很可能会较低（文章的特许权价值或竞争对手从书中获得版税部分），并且会比追求索赔的法律成本少得多。虽然她有诉求，但获得诉求在经济上是不可行的。如果该培训师在侵权发生前已经进行了版权注册，她就有权获得每篇文章最高 15 万美元的赔偿，并能收回索赔的费用，显然这足以证明保护自己权利的注册和法律行动的成本是值得的。

合理使用

合理使用是著作权人的专有权的一个例外，允许另一方将版权所有者作品用于工作目的，如评论、新闻报道和教育。这种使用是否被允许取决于四个因素：

- 侵权作品的类型。将原来的东西转化成新的东西使用极有可能是被允许的。非商业用途比商业用途更有可能得到允许。
- 原作品的类型。相比表达作品，事实作品如诗歌或歌曲，会获得较少的保护。
- 盗用的数量。即使很少量的盗用也可能是一种侵权行为。
- 对原作品市场的影响。如果取代了原作品的市场需求，那么侵犯是不被允许的。

确定某个特定情况下的合理使用是很困难的。被允许合理使用的一些例子包括：

- 罗伊·奥比森的歌曲《俏佳人》的嘻哈恶搞。
- 在流行音乐文化历史书中使用《感恩而死》海报的缩略图副本。
- 照片拼贴的一部分使用艺术家罗伯特·劳森伯格的拼贴技法。

不被允许的使用包括：

- 被发现与歌曲《他真好》相似度极高的乔治·哈里森的歌曲《我亲爱的主啊》。
- 基于《帽子里的猫》对辛普森的模仿。
- 纪录片中猫王的视频剪辑。

当有疑问时，最好的做法是寻求原作品主人的同意或从合格的律师那里获取不构成侵权的意见。注意，培训与发展专业人士在这个方面的一个常见误解："教育"这个术语是被狭隘定义的。例如，你不能通过声称作品用于企业教育或贸易行业协会项目的教育来绕过受版权保护的作品。

重要的清单

商标清单

- ☐ 保护指定来源的独特名称、商标、设计或其他设备
- ☐ 不保护通用术语

- ☐ 权利源自使用
- ☐ 注册可以提供全国范围的权利和增加损失赔偿
- ☐ 侵权基于混淆的可能性

版权清单

- ☐ 保护原始表达
- ☐ 不保护事实、概念或想法
- ☐ 权利源于创作
- ☐ 注册可以提供收回律师费用和法定赔偿的权利
- ☐ 侵权基于受保护言论的复制

域名清单

- ☐ 保护网络品牌标识
- ☐ 先到先用
- ☐ 权利通过与域名注册者的合同获得
- ☐ 侵权基于恶意使用或注册

专利清单

- ☐ 保护发明和业务方法
- ☐ 只有发明新颖和不一般才可用
- ☐ 权利只能通过注册实现
- ☐ 20 年的保护期
- ☐ 侵权是基于专利所覆盖的声明范围内使用

商业秘密清单

- ☐ 保护商业秘密、信息和数据
- ☐ 信息被当成秘密时才出现商业秘密
- ☐ 不用注册
- ☐ 侵权基于秘密信息的盗用

在线保护

就像其他所有原始表达的作品一样，网络作品也受版权保护。认为网络上免费的作品可以被自由复制和用于商业目的，是一个严重的错误。正如前面指出的，对于网络作品的保护并不需要公告。版权声明的缺失并不意味着该作品可以被随意获取。大多数发布内容的网站也有限制使用条款。例如，YouTube 在网站上公布了防止未经授权的商业用途的条款和条件。因此，YouTube 的内容未经授权就用于商业用途可能违反了合同权利和版权。

特殊的程序可以帮助版权所有者停止受版权保护的作品未经授权就在线上使用。《美国千禧年数字著作权法》（DMCA）为发布他人内容的在线服务提供商，如谷歌和 YouTube，创建了一个安全港。如果版权人发现侵权作品被传到网上，他就可以向服务提供商提交 DMCA 投诉，要求撤下作品。如果服务提供商尊重该需求，那么它将不用承担版权侵权责任。因为这个“安全港”，大多数服务提供商声明他们将遵守 DMCA 的下撤程序。这些程序可以成为管制在线版权的廉价方式。

国际保护

通过美国版权办公室注册也可以帮助你在国际上保护你的内容。根据 TRIPS 协议，所有的世贸组织成员国都需要保护其他成员国的版权所有者的权利。尽管这些权利存在，执法却很困难。

域名

对于许多演说家、培训师或培训公司，网站是一个重要的市场营销和产品交付工具。因此，域名，即查找网站的网址也成了关键的业务资产。

域名权利通过与域名注册者的合同实现，如 Verisign 或 GoDaddy。通常域名每年更新一次，所以，确保你的注册信息是最新的非常重要。否则，有价值的域名可能会失效并被别人抢购，这对小型和大型企业都是一个常见的困扰。（微软就曾遭遇过两次！）通过域名注册者或在信息网站，如 www.allwhois.com 或 www.betterwhois.com，登记记录可以检查其准确性。此外，当从出售“流行”名字的公司或个人收购域名时，搞清楚你是否拥有实际所有权，或者仅获得在一段时间内使用该名称的权利。

域名在市场上的重要性刺激了一个与他人类似域名的注册和使用的行业。和另一个注册商标混淆性相似的域名的恶意使用和注册，即域名抢注，是对美国域名注册合同和商标法的违反。域名抢注的受害者有以下恢复侵权域名的选择。

- 向域名的注册者发送需求信，可能会促成自愿的域名转移，从而解决纠纷。通常情况下，注册者想要一些付款，以支付其费用。
- 作为域名注册合同的一部分，可以依据《统一域名争议解决政策》（UDRP）提交投诉。UDRP 是解决域名抢注纠纷的行政程序，而非法律行为。UDRP 可用于全球范围内的争议。因此，美国的培训师也可以使用该程序，以挑战中国注册者持有的域名。该程序没有现场聆讯或审讯。争议由争议解决服务供应商任命的中立方的书面意见确定。提供的唯一方案是争议性域名的转移或取消。更多信息可从联合国世界知识产权组织网站（www.wipo.int）获得。
- 在美国可以依据《反域名抢注消费者保护法》（ACPA）提起诉讼，该法案包含在美国商标法内。联邦法院的诉讼比较昂贵，并且时间漫长，但可能也是域名抢注极端案例的正确选择，特别是涉及系列侵权行为时。ACPA 可帮助原告获得律师费补偿及每个侵权域名高达 10 万美元的赔偿。如果相关域名注册管理机构位于美国，那么 ACPA 也可用于从较远的域名抢注者那里恢复域名，这主要是针对.com，.NET 和.org 域名。

从 2013 年开始，互联网逐渐扩大至包括新的通用顶级域名（gTLDs），“dot”权利名称的一部分。这种“.anything”的扩展形式为在线营销提供了许多机遇，也造成了侵权的潜在问题。聚焦性的策略对品牌拥有者是很重要的，那就是定义和保护他们在这个新空间内的身份。

数据和信息

成功的培训业务往往依赖客户和潜在联系人信息的积累。许多培训任务还可能涉及保密协议条件下客户信息的获取。在其他情况下，培训方式可能是专属产品，仅在保密协议下才能泄露给客户。这些情况都涉及受商业秘密法律保护的数据和信息。

商业秘密是秘密信息：① 对于获得实际或潜在的经济价值是足够秘密的，不可以被能从披露或使用该信息中获得经济价值的他人普遍获知；②主体在合理的情况下能保持其秘密性或机密性。商业秘密存在多种形式：公式、数据库、客户名单、图纸、技术资料或制造流程。最有名的商业秘密之一就是可口可乐的配方。

商业秘密法不保护第三者独立创作的商业秘密。相反，它可以防止他人挪用或非法获取商业秘密。一般情况下，法院会在两种情况下认定商业秘密被盗用：① 商业秘密通过不正当的手段从公司被窃取或获得；② 依法取得的商业秘密以违反保密关系的形式被使用或披露。在商业秘密案件中，损失可以获得赔偿，而且在适当的情况下，法院可以责令违反方停止任何进一步的使用或披露。

为了确定某些东西是不是作为商业秘密受保护的，法庭通常会审查信息是否在行业以外被周知，保护其秘密性的到位保障措施有哪些，其对企业和竞争对手的价值有多大，开发信息有多么困难及花费如何，以及通过合法的手段进行复制有多简单。

和先前讨论的商标法和版权法不同，不存在注册商业秘密的机构。

商业秘密的所有者必须采取积极行动，以保护商业秘密的保密性。有商业秘密访问权限的员工采取措施防止秘密未经授权就被披露，无论是在网上、口头上，还是其他文字形式，是非常重要的。所有的所有权材料都应注明，表示它们应该是保密的及被认为是专有的。商业秘密的访问权限应限于那些有必要知道的人。如果向员工和第三方披露是必要的，那么那些被授予商业秘密访问权限的人应该执行保密协议。

当你雇用培训专家时，确保他们不会因商业秘密、竞业禁止或保密协议而拒绝与你合作。许多组织已经开始调查某项协议是否会阻止申请人与他们合作。有些组织要求申请人签署一份文件，明确规定聘用组织不希望新员工做任何违反保护协议或侵犯其他公司权利的事情。协议可能要求顾问保守他们自己公司的商业秘密，其中包括采取特别措施保证信息密码受保护，使用单独的文件柜，并避免与员工和分包商讨论。

系统和方法

传统观点认为专利适用于技术发明，如一个更好的捕鼠器，而不适用于演讲家、培训师和咨询师的业务。而事实上，专利保护的范围非常广，可覆盖培训专家开发的系统和方法。例如，最近在税务筹划方法上也公布了专利。

专利是政府为让发明公开而提供的专门权利许可。该许可包括排除他人在 20 年内制造、使用、售卖或主动出售该发明的权利。在此之后，此发明将进入公共领域。

当 15 年前负责专利诉讼的高级法院承认“天底下任何由人创造的东西都可以申请专利”时，有关专利仅限于技术发明的狭隘看法开始消亡。该法院拓宽了专利法的保护范围，认为任何能产生“有用的、具体的、有形结果”的方法或过程都应是受保护的。虽然这一判决备受争议，但众多商业方法已获得专利，其中包括亚马逊的“一键式”的方法和租用视频的 Netflix 方法。

可以获得专利的商业方法必须是新颖的（非当前的技术）、非显而易见的。在美国，专利保护必须在发布一年内取得。获得专利的过程可能比较复杂，并且花费较高。专利最好在有经验的专利律师的帮助下获得，律师也应该拥有该专利主题的相关知识。可以通过设在华盛顿的美国知识产权法律协会或当地的专利法协会寻找合格的律师。

利用知识产权赚更多钱的四种方法

知识产权的讨论往往聚焦于法律权利：专利、商标、版权、商业秘密。当然，这些都是很重要的，但它们只是保护关键业务资产的法律工具。培训专家的出发点应该是其标的资产：信息、创新、内容、品牌、名称、声誉、网站等。

可以通过四种方法将知识产权运用于这些关键资产，从而创造价值。

1. 让你的商品和服务获得溢价

考虑一下普通可乐与可口可乐。为什么其中一个更值钱？可口可乐使用其知识产权提升了一个简单商品的价值。因为它有秘密配方和特色的知名品牌，就可以收取额外费用。普通可乐也有配方，但它不是秘密；它也有名字，但它没有特色。任何人都可以制作可乐，并使用可乐名称。知识产权能够防止可口可乐被复制。其配方作为商业秘密受到保护，其品牌作为商标也受到保护。

2．赚取额外收益

考虑一下普通软件开发商与微软。软件开发商是通过其劳动赚钱的知识工作者。如果开发商不工作，他就赚不到钱。没有他的工作，开发商的业务就没有价值。微软利用知识产权把许多知识工作者的产品转化成了可以被授权和出售的产权。一旦做到这一点，在没有知识工作者更多的时间和精力投入的情况下，微软也能赚钱。版权和专利是防止他人复制微软产品的知识产权。

3．提高市场估值

商品企业的市场价值通常是其硬资产的账面价值。而一个标准普尔 500 强公司的市场价值通常是账面价值的几倍。差异在很大程度上是知识产权的价值。相同的规则也适用于可以利用知识产权来增加商业价值，使其超越单纯的账面价值的专业人士。

4．创建可市场化的资产

市场因知识产权的转售而存在。品牌和域名可以被出售或用作贷款抵押。借由发行唱片的版税，大卫・鲍伊募集了 5 700 万美元的抛售债券。这些财务策略让知识产权所有者可以通过知识产权资产谋利。

在上述讨论的所有领域内，寻求有能力的律师的建议，以帮助你了解自己的权利及如何避免侵犯他人的权利。给律师打一个电话，让其对合同进行审查或到其办公室进行拜访的费用可以帮你节省随后成百倍的代理费，或帮你避免一些对你不利的交易。当寻求法律咨询时，请记住，律师和医生一样，都有专攻方向。你不会去找眼科医生做心脏手术。同样，当地的房地产律师也不太可能成为知识产权需求的最佳选择。律师的收费一般按小时计算，专业律师的收费比率会比经验不足的一般律师高很多。与处理过类似问题的经验丰富的专业律师合作，你会获得最大的价值。你不需要为律师的学习曲线买单，而他应该知道哪里需要给予最多关注，以及事情可能出错的地方。工具栏建议了可以向准律师询问的问题。你也可以在本书的网站（www.astdhandbook.org）上下载此清单。

与其他拥有自己律师的培训专家交流，并询问他们的经验和法律代理。培训专家的主要资产是智力资本。保护这一资产并且对自己使用他人的资产有清晰的认识，这是成为专家的一个重要部分。

作者简介

琳达·拜尔斯·斯温德龄，JD，CSP，是高责任沟通、工作场所谈判和影响决策做出者方面的权威。她的专长是推动高绩效的谈判策略。琳达的第一份工作是律师和调解员，主要解决就业和工作场所的沟通问题。在和伊莱恩·碧柯合写《顾问的法律指南》后，琳达离开了法律工作，全身心投入她位于达拉斯的专业开发公司 Journey On。除了培训和咨询，琳达也就其发表的著作 *Stop Complainers and Energy Drainers: How to Negotiate Work Drama to Get More Done* 做了主题演讲。欲了解更多信息，请访问 www.JourneyOn.com 或 www.StopComplainers.com。

马克·帕曲里奇，一位国际公认的知识产权法专家，拥有超过 30 年的大型公司、企业主和创意专家的代理经验。他毕业于哈佛法学院，是帕曲里奇 IP 法律的管理合伙人。帕曲里奇 IP 法律是著名的律师事务所，在国际范围内帮助企业维护品牌、内容和想法。作为众多文章和四本知识产权法书籍的作者，他被公认为世界 250 强 IP 战略家之一。欲了解更多信息，请访问 www.PartridgeIPLaw. com。

延伸阅读

Biech, E., and L. Byars Swindling. (2000). *The Consultant's Legal Guide: A Business of Consulting Resource*. San Francisco: Jossey-Bass/Pfeiffer.

Blaxill, M., and R. Eckardt. (2009). *The Invisible Edge: Taking Your Strategy to the Next Level Using Intellectual Property*. New York: Portfolio/Penguin Group.

Charmasson, H., and J. Buchaca. (2008). *Patents, Copyrights & Trademarks for Dummies*. Hoboken, NJ: John Wiley & Sons.

Chisum, D., et al. (2011). *Understanding Intellectual Property Law*. LexisNexis.

Eyres, P.S. (2006). *The Legal Handbook for Trainers, Speakers, and Consultants: The Essential Guide to Keeping Your Company and Clients Out of Court*. New York: McGraw-Hill.

Ginsburg, J., and R. Dreyfus. (2006). *Intellectual Property Stories*. New York: Foundation Press.

Partridge, M. (2003). *Guiding Rights: Trademarks, Copyright and the Internet*. Bloomington, IN: iUniverse.

Ward, F. (2007). *Staying Legal: A Guide to Copyright and Trademark Use*. Alexandria, VA: ASTD Press.

第 4 部分

交付能够产生影响的培训和发展解决方案

名家视角

培训发展，功在改变

鲍勃·派克（Bob Pike）

请重读本部分的标题。有一个词是我特别想强调的，猜猜是哪个？如果你猜的是“改变”，那就对了。再猜猜，这个词是从哪里来的？出处太多了。但在我看来，最频繁使用并且最重点强调这个词的，是唐·柯克帕特里克（Don Kirkpatrick）的四级评估模型，也就是下面这个模型（见表 1）。当然，模型的后面增加了我个人的一些理解和说明。

表 1　柯克帕特里克的四级评估模型

	柯克帕特里克	我的理解和说明
第一级	反应评估	他们喜欢吗？（评估问卷）
第二级	学习评估	他们学到东西了吗？（考试）
第三级	行为评估	他们应用所学吗？（工作观察）
第四级	结果评估	培训有无带来改变？（培训前后的结果对比）

大约 10 年前，我在一篇文章中提出，四级评估模型需要反过来理解。之所以这样讲，是因为大多数业内人士太过关注第一级评估，而对第四级评估关注不足。唐的观点是（也包括他的儿子吉姆和儿媳温迪），如果希望培训带来变化，那么每一级的评估都是必要的，但同时对下一级的评估来说又是不充分的。换句话说，如果学员开心，他们可能会学习，学习之后，才有可能付诸实践，实践之后，才有可能发生改变。对此，我全心认同。

我认为需要反过来理解四级评估模型，是因为就我自己的经验而言，我们经常倾向于用培训来解决与知识、技巧和执行不足没什么关联的问题。所以，如果我们希望通过培训与发展活动推动改变，就需要从第四级评估入手。甚至在设计方案之前，我们就需要通过清晰界定问题来开展第四级评估的应用。

确保培训引发改变的基本原则

把握以下三条基本原则，有助于我们在实施培训时将重心放在推动改变方面：

- 培训是一个过程，而不是一个事件。培训始于实施之前，持续进行，直至工作中出现我们期望的结果。
- 培训的唯一目的是推动结果出现。
- 如果是绩效表现有问题，那么培训在可用的解决方案中只排在第六位。

为什么培训只排在第六位？因为绩效表现问题的根源有很多，而培训只能解决一小部分。为帮助引导师设计和实施促进改变的培训，我开发了一个“绩效方案六面体”，其中两面的内容与我们现在讨论的话题紧密相关。第一面用于识别绩效需求，基本分为三类。

1. 有问题或不足。绩差者做不到，绩优者代劳。

2. 有改进的机会。汤姆·彼得斯（Tom Peters）在他的《乱中取胜》[1]一书中说道：“不要等到无法收拾才想起补救。”意思是说，改进的最佳时机是自己做出主动选择的时候，而不是应对外力不得不进行回应的时候。本书的这部分内容是关于如何利用多种不同的实施方法（包括教室内或虚拟途径）来推动结果的出现。回想那些曾红极一时现在却销声匿迹的工具和技术，就如同弗兰克·辛纳屈（Frank Sinatra）的歌中唱道：“如同王者屹立山巅，高高在上，万众仰望。”[2] WordStar是曾经的王者，但最终被 MS Word 打败；Lotus 1-2-3 也曾垄断电子表格领域，但仍被 Excel 所取代。现如今，Facebook、Twitter、LinkedIn 及 YouTube 在社交媒体领域占据统治地位，而几年前这一地位则属于 Geocities、theGlobe、Sixdegrees 及 MySpace，其中可能有些还在运营，但也已经被严重边缘化了。为什么？因为它们改进和演进的速度不够快（或者根本没有），同时出现了更好的替代者。远在谷歌和必应出现之前，搜索引擎就已经存在了，但你还能说出它们的名字吗？Archie

---

1 原英文书名为 *Thriving on Chaos: Handbook for a Management Revolution*。——译者注

2 语出《纽约，纽约》一曲，为 1977 年同名电影主题曲。弗兰克·辛纳屈（1915—1998 年），20 世纪最重要的流行音乐人物之一，集歌手、演员、电视节目主持人、唱片公司老板等多重身份于一身的娱乐界巨头，曾三次获得奥斯卡奖。——译者注

（Archive 的简称）作为首个网络搜索引擎于 1991 年问世，紧跟着还出现了 Veronica 和 Jughead。婴儿潮一代[1]几乎马上就能认出这些名字，至于其他人，找谷歌吧。当然后续还出现了 Excite、Infoseek 和 Altavista，还记得吗？它们可都是搜索引擎领域曾经的弄潮儿。足够多的示例已经说明，如果不进行持续的改进，我们就一定会面临被边缘化的危险，甚至直接被淘汰而退出舞台。

3. 未来规划引发新的事物出现。我们需要让自己所在组织做好准备，无论是部分，还是全体。这种准备或许很简单，只是安装一套新电话系统、更新一下软件；也可能很复杂，如搬迁新址、发布新的产品或服务。

六类绩效解决方案

“六面体”的第三面包括了六类绩效解决方案，下面采用我为客户服务时通常遵循的顺序逐一介绍。

1. 系统。当前系统是否支撑你所期望的绩效产出？或者系统本身就是绩效的阻碍之一？例如，所有的网络研讨实施系统都不尽相同，很多时候学员参加我们举办的网络研讨，用网络电话（VoIP）参与分组讨论而不是打字聊天。或许他们不知道有某些功能，或许知道但不会使用，或许系统根本就没有这些功能。如果属于功能缺失的情况，而恰巧你认为这些功能可以有效辅助以学员为中心的网络研讨会的实施，那么，这就是一个系统问题，这时实施再多的培训都没有用。然而，如果系统功能齐备，你面对的可能是一个绩效改进的需求，可以通过教练或培训解决。

2. 制度 / 流程。有时制度和流程对绩效表现起到阻碍甚至惩罚的作用，而不是鼓励和奖赏。如果员工因为工作出色而获得的回报是做更多的工作，而且他们清楚知道，之所以被分配这些工作是因为别人没有做好，那么他们的工作表现下滑指日可待，因为他们并不希望总是帮别人干活。如果员工的出色表现换回的是惩罚，那么培训再多也没用。这时他们仅会把手头工作做得过得去就算了，或者

---

1 由 Baby Boom 翻译而来，特指美国第二次世界大战后的“4664”现象：从 1946 年至 1964 年，这 18 年间婴儿潮人口高达 7 600 万人，这个人群被通称为“婴儿潮一代”。——译者注

直接转投那些真正奖励杰出表现的组织机构。

3. 招聘。有时我们太急于填补人员空缺，指望通过后期培训进行人才培养。但是要知道，现在企业裁人面临越来越多的困难，全球很多地方都是如此。所以，有无基于岗位技能、知识和其他素质方面实际需求的招聘策略非常关键。我曾经的一个快餐业客户，在进入一个新市场时用的就是这一策略。根据过往经验，他们需要招聘的人，其技能和资质需要超出当前岗位的工作要求——因为人人都需要成长的机会。但他们发现，在新进入的市场，很难在当地找到符合要求的人才。当地人才可以胜任前台迎宾的角色，但在计算和阅读技能方面有所欠缺，而这些技能却是晋升更高职位所必需的。整整两年，他们一边从附近区域引进符合要求的人才，一边在当地社区提供免费教育课程，提升当地人的计算和阅读技能，以备将来之需。在以前，他们曾忽视了“为未来选人”这一指导原则，结果造成早期聘用的员工（计算和阅读技能不足，所以无法晋升）对后期聘用员工的怨恨（因为他们具备计算和阅读技能并得到晋升）。当然，这是以前的问题，现在已经不存在了。

4. 员工安置。有时候我们招来很棒的人才，却把他们放错了位置。有人明明是外向型性格，我们却偏偏让他（或她）做一些不需要社会交往的工作。或者某些新聘员工希望能聚焦那些自己可以独立完成的个人任务，结果却被分配做一些需要大量面对面交流的工作。这些情形都会让员工整天精疲力竭，而不是神采奕奕。培训，哪怕再多，也无法改变个人的天性和偏好。

5. 教练辅导。有时候员工需要的可能只是一次简短的教练辅导，而不是完整的培训项目。那么问题在于，组织内是否有人可以胜任教练的角色？我们中的多数人可能从未接受过教练辅导，也就意识不到教练辅导其实是我们的工作要求之一。记得 20 世纪 80 年代中期，当时我正在写作《创意培训技术手册》[1]一书的第 1 版，使用的是当时最新的一种文字处理软件，叫作 WordStar。那时候，鼠标还未出现（读到这里，可能有人会认为我在开玩笑），也没有文字自动换行功能。我正在编辑书内的一章内容，在其中一个段落内加了几行文字后，发现文字跑出了屏幕范围。所以我移动光标，然后回车。这一行的问题解决了，但下一行又跑出

1 原英文书名为 *Creative Training Techniques Handbook*。——译者注

了屏幕。我不断回车调整，直到快到段尾。这时我的助理跑过来查看我在忙什么，听完我的解释，她说："试试这个办法。"然后她接过键盘，把光标移到段落当中，同时按下了"Ctrl+Q"组合键，就见整段文字即刻整整齐齐。我问："你是怎么做到的？！"她说："我输入了一个'格式重排'命令"。我根本没听说过还有这样一个命令，但接下来我的效率马上实实在在提升了 25%。这时候，我需要的不是一整个培训项目，即时的教练辅导就够了。

6. 培训。以上这五种解决方案基本可以解决 95%的绩效问题，剩下的可能就需要用某种培训来解决了。不过如今的培训与 1969 年我刚刚入行时相比较，既有相同之处，也有不同之处。成人学习的机理是不会变的，因为我们的大脑没变。但能够辅助我们学习工作所需的知识和技能的工具，却已发生了重大变化。

在我写这篇内容简介的时候，曾使用信息图提醒自己需要涉及的各种技术和时间表。我们多数人都在开发移动应用程序，供人们在移动设备（手机和平板电脑）上使用，获取即时的指导意见、图表、视频及其他辅助材料，以便使工作更快、更好、更容易。

我们也在企业内部使用社交媒体软件的改编版（如 Wikis）来汇总、收藏内容专家及那些负责汇集整理最佳实践、常见问题答案及其他内容线索的知识管理者产出的知识。

读到本书的这一部分，我能给你的最好建议（由 15 位领域内最出色的专家精心准备），就是不要停止思考以下这些问题（假设你已最终确认培训是适用的解决方案）：

- 怎样才能让学员的学习效果最佳？
- 哪些部分可以在线上讲授？（提示：如果能做到线上考试，就可以进行线上讲授。）
- 需要多久更新一次内容？
- 是否记得预留时间让学员掌握学习工具的使用？多数人对课室培训的操作很了解，但在虚拟学习环境下的做法是有别于课室培训的。例如：我如何举手？我如何使用白板？我如何提问？分组讨论室如何操作？所有这些也只是冰山一角而已。

- 学员的网络经验如何？不是每个人都上 Facebook、LinkedIn 或 Twitter，也不是每个人都用 Pinterest、Instagram 或 Foursquare，或者关心自己的克氏分值[1]有多高（尽管有些公司已经开始用这一指标作为招聘时的参考）。这些工具确实可以用来促进学习，但在让人们使用这些工具之前，我们可能需要先给他们补补课。

这些问题可以用作学习此篇内容的指引，此篇包含大量实用的方法和理念，相信你会受益匪浅。

↘ 作者简介

鲍勃·派克，美国国家演讲人协会认证演讲专业人士及演讲名人堂卓越大奖获得者，同时是美国培训与发展协会 CPLP[2]院士，长期以来被誉为“引导师的引导师”。全球五大洲总计超过 15 万名引导师曾参加过他的创意培训技术培训引导师（TTT）项目。他的《创意培训技术手册》已卖出超过 30 万册，是目前最为畅销的 TTT 用书。在培训领域，他曾独自或与人合作出版超过 30 本书籍，荣称教学系统协会思想领袖及培训行业公司评选的人力资源发展领域全球最具影响 20 人之一。鲍勃每年在全球多个论坛发表主题演讲，在超过 25 届的美国培训与发展协会年度国际会议会展上，无论是从参加人数，还是从评价结果来看，他都是排名前五位的演讲嘉宾。

---

1 即 Klout Score，是一个 1 ~ 100 范围内的分值，用以衡量用户在 Twitter、Facebook、Google、LinkedIn、Foursquare、Wikipedia 等社交网络上的影响力。主要通过排名算法和语意分析对用户在社交网络上的活动进行分析，从而得出一个可以具体量化其影响力的分数。影响分数高低的因素包括许多方面：活跃粉丝数量、转发率、原创率、与粉丝的互动等。

2 英文 Certified Professional in Learning and Performance 的首字母缩写，意即“学习与绩效专业人士认证”。——译者注

第19章

循证培训：教学实施领域的最新研究进展

露丝·克拉克（Ruth Clark）

本章要点

- 什么是循证培训
- 关于教学实施的媒体、图像、文本、音频使用方面的研究问题探讨
- 通用教学策略的价值思索

图 19-1 是电子课“身份盗贼”中的一幕。看后请判断：下面哪种说法是正确的？

- 这一幕对学员是有帮助的，因其包含了适用于各种学习类型的图像、文字、声音等。
- 这一幕能激起学员的兴趣，因其图像看起来很吸引人。
- 这一幕对初学者尤其有用，因其包含了很多细节。

这一章主要讨论循证培训在图像、文字、声音这三种基本教学模式方面带给我们的最新启示。图 19-1 是电子教学的一幕，当然也可以是课室培训的讲师的一张幻灯片。我们先来介绍一下教学实施的概念，总结不同教学方式优劣的一些实证。因为这一章主要讨论的是实证，所以我们会探究实证的种类，以及在认知负荷理论中的心理学依据。关于不同的模式，我们会围绕下列问题回顾有关的最新实证：图像对学习有帮助吗？图像于学习的助益，是否会因学员个体不同而产生差异？图像类型不同是否也会影响其对学习的促进作用？文字描述和语音描述，

哪种方式对于解释同一张图像的效果更好？

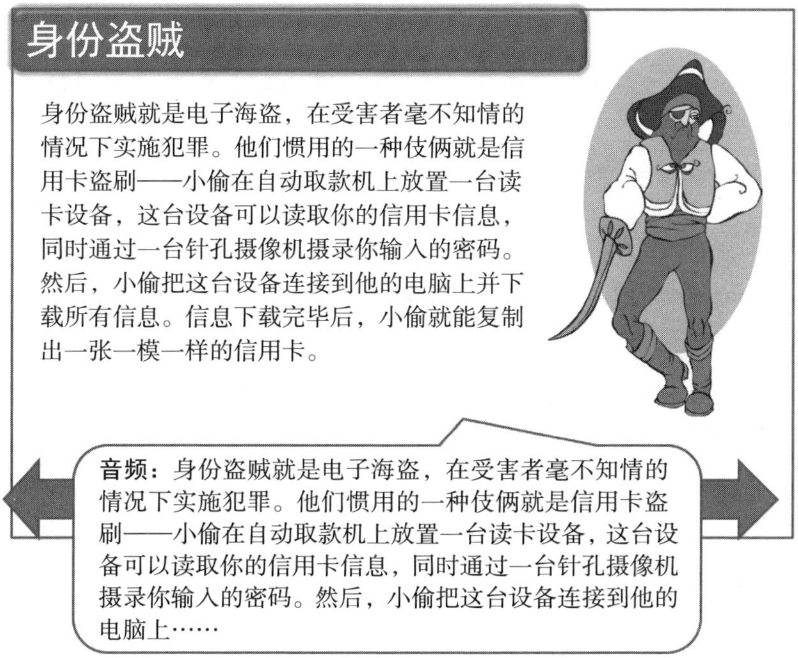

身份盗贼

身份盗贼就是电子海盗，在受害者毫不知情的情况下实施犯罪。他们惯用的一种伎俩就是信用卡盗刷——小偷在自动取款机上放置一台读卡设备，这台设备可以读取你的信用卡信息，同时通过一台针孔摄像机摄录你输入的密码。然后，小偷把这台设备连接到他的电脑上并下载所有信息。信息下载完毕后，小偷就能复制出一张一模一样的信用卡。

音频：身份盗贼就是电子海盗，在受害者毫不知情的情况下实施犯罪。他们惯用的一种伎俩就是信用卡盗刷——小偷在自动取款机上放置一台读卡设备，这台设备可以读取你的信用卡信息，同时通过一台针孔摄像机摄录你输入的密码。然后，小偷把这台设备连接到他的电脑上……

图 19-1　电子课“身份盗贼”中的一幕

什么是教学实施

教学实施是指教学内容和教学方法在学员面前的呈现。教学实施的技术有很多种，如通过电脑自学或者导师引导下的远程学习，又如使用讲义和幻灯片讲授，辅以印制的学习材料和工作辅件的课室印刷品或工作指南等。大部分教学方法都可以使用图像教学（通过幻灯片、荧屏、印刷品等），并且可以加入文字或声音，或者二者兼用以解释这些图像。在电脑自学中，也可以加入导师的语音讲解。本章重点介绍在不同教学环境中，图像、文字、声音应用最佳实践的相关研究结果。

什么是循证培训

我认为，循证培训是指将基于数据的指导原则应用于教学设计、开发、实施有关的决策，以最大化实现个体及组织目标。作为培训专业人士，你在工作中可能会面对各方面的局限，如准备时间、实施时间、实施技术、预算等。在教学准备和实施过程中，实证也仅仅是需要考虑的一个方面。在我们工作的各个主要阶段都存在相关实证，本章重点关注实施环节，尤其是图像、文字、声音在教学实施过程中的应用。虽然有大量的教学研究结论，但大部分业内人士没有足够时间去搜索、阅读、理解这些研究例证。所以，本章可以说是在教学研究与教学实践之间架起了一座桥梁。

↘ 什么是实验证据

实证分为很多类型，如调查数据、个案研究、质化研究等。但在这里，我会主要采用实验研究进行说明。在实验研究中，一组学员（通常是大学生）被随机的分成两组，通过不同的教学方法学习相同的课程。例如，25 个研究对象组成一组，采用文字教学；25 个研究对象组成另一组，除了采用相同的文字进行教学之外，还辅以图像教学。一个学习周期之后，测试所有研究对象对课程内容的回忆和理解水平。考虑到员工学习主要依赖于应用而不是回忆，我们在研究中同时采用了对于理解和解决问题能力的测试。然后，从测试结果中得到的平均数和标准差用来做统计分析，检测两组研究对象是否存在显著差异（排除随机误差），以及分析结果是否有意义（换句话说，差异是否大到具有实践意义）。

有时候，围绕某一种教学方法进行了足够多的研究之后，我们可以应用元分析（Meta-analysis）的方法对这些研究结果进行总结性研究。元分析是很多实验结果的综合体现，并且这些实验通常被研究团队细分为更小的单元，帮助我们理解某种特定的教学方法在什么条件下效果最好，所以是非常有用的一种分析方法。例如，关于图像应用的元分析不仅可以提供其有效性的数据，同时能提供更细致维度的子数据，如实验对象是成人还是儿童，针对哪些不同的教学主题，研究的图像是静态的还是动态的，等等。有了这些子数据，我们便可以进一步确定在哪些条件下使用图像进行教学的效果更佳。

↘ 实证和认知负荷理论

实证固然有用，但对实证的解读需要一定的理论基础。认知负荷理论（Cognitive Load Theory）就是一种现在很流行的且具有实践指导意义的理论模型，该理论模型基于我们工作记忆的局限性。你可能听过“7 ± 2”这样的表述。是的，我们的工作记忆区对信息的保存量是有限的，如果工作记忆被填满了，其处理能力（学习、思考或解决问题的能力）就会下降。认知负荷包括有益形式和有害形式。和本章关系最密切的形式是外在认知负荷。外在认知负荷会造成工作记忆区心智活动超负荷，从而阻碍学习的发生。在这一章，我们重点讨论由图像、文字、声音使用不当而造成的外在负荷。作为培训发展专业人士，你的目标就是尽量降低外在认知负荷，以释放足够的工作记忆用于学习。

在明确了教学实施和循证培训的定义之后，本章剩下的内容会聚焦于 7 个研究问题，涉及如何合理使用教学媒体、图像、文字和音频等。

研究问题 1：哪些教学媒体是最佳的

从无线电广播和胶片（对你来说都是老古董了）出现时开始，每一种新技术被引入教学实施都会引发这一问题：对学员来说，新的教学技术是否比传统的教室教学效果更好？首次关于教学媒体比较的研究由美国军方于 1947 年实施并公布，该研究试图验证胶片教学是否比课堂教学效果更好。研究比较了胶片教学、纸质讲义及课堂教学三种模式下学习一项基础流程的效果。在三种教学环境中，均使用相同的文字和图像，唯一不同之处在于，胶片教学和课堂教学中使用的是动态影像，而纸质讲义只有静态影像。

那么，哪一组的学习效果最好呢？令人吃惊的是，三种教学方式学习效果是一样的。在这一开创性的研究之后，大量的比较研究相继发表，大部分都是将某种形式的电子化教学媒体和传统教室教学相比较。根据伯纳德等人于 2004 年发表的一篇元分析报告，总体来说，当使用相同的教学方法时，传统课堂和电子化教学媒体在教学效果方面并没有显著差异。而美国教育部于 2010 年发布的一份最新的元分析报告指出，与单纯的课堂教学或计算机教学相比，使用多种媒体的混合式教学效果更佳。混合式教学的优势在于，在一系列的教学事件中，多种媒体的不同特性得以融合。

比如，学员在电脑上预先自学之后，参加面对面的课堂教学，然后还可以继续参加虚拟课堂进行学习。对于信息类的内容来说，与其在面对面的课堂上宣讲，倒不如将其转移至自学媒体完成学习，如计算机上的教程或书籍等。这样，面对面的课堂时间就可以用来进行讨论、动手训练、角色演练等这样一些在其他教学环境中无法实现的教学事件。后续的环节，如讨论、引导学员学以致用等，可以通过虚拟课堂进行。通过这种混合模式，每种教学媒体的优势都能得以发挥，最优化实现学习和学习转化。

研究问题 2：什么是可增值教学法

除了分析比较不同的教学媒体，近期的研究重新聚焦于不同教学方法的应用，看哪些方法可以为基础课程的学习带来更明显的改进作用。例如，你在文字说明的基础上增加一幅图像，学习效果会不会变得更好？这一波研究潮流所关注的问题，不只是停留在“游戏是否有助于学习”方面，而是进一步探究“游戏中增加哪些元素会使学习效果达到最优”。

↘ 图像会促进学习效果吗

为了回答这个问题，有一项实验比较分析了同一课程的两个不同版本：有图像和无图像。该实验是理查德·梅耶（Richiard E. Mayer）博士所做的一系列实验之一，所涉及的课程内容包括自行车打气筒的工作原理、刹车的工作原理、闪电的形成机制等。有些实验采用纯文本形式的文字以及静态图像；而有些实验采用动态图像和语音旁白形式的文字。但所有的实验都是针对课程中有无图像进行对比分析，结论是：有图像的课程版本带来的学习效果更佳。

研究问题 3：图像对学习的促进作用在不同学员之间是否有差异

你或许已经听过学习风格这一概念。一般认为学员有三种风格类型：视觉型、听觉型和动觉型。根据这一概念，视觉型学员在图像密集的教学环境中学习效果更好，而听觉型学员在强调听觉的课程中学习效果更佳。人们针对不同风格类型学员的学习投入了大量资源，做出很多努力和尝试，例如，开发学习风格量表、学习风格课堂，以及针对多种学习风格的课程设计等。

学习风格是个体差异的一种反映形式。针对个体差异方面的研究，是为了验证同一教学方法对具备不同特质的学员的影响，如学习风格的不同、相关背景知识水平的不同等。那么图像教学与个体差异存在哪些关联呢？在使用多种学习风格测量方法进行多次实验后发现，不同的测量指标之间并不存在相关性。

关于不同知识基础的研究，却显示出不同的结果。在前文关于课程中是否使用图像的比较研究中，同时包括了对课程主题熟悉程度不同的研究对象。为了检验图像对于初学者和有经验的学员的不同效果，后续又针对两组学员进行了同样的实验：一组对学习主题不熟悉，另一组对学习主题有一定的了解。图 19-2 显示了比较结果。你会怎样解释这些结果？下列哪种陈述是正确的？

- 初学者比有经验者从图像中学得更多。
- 图像降低了有经验者的学习效果。
- 图像把初学者的表现提升到了有经验者的水平。

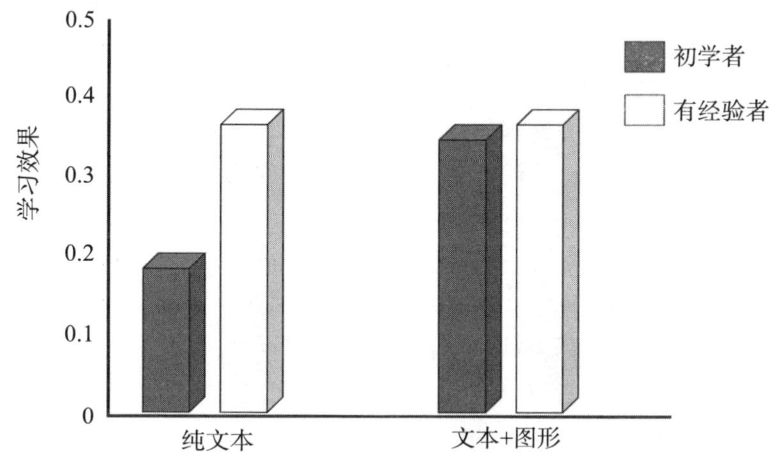

注：数据源于梅耶和加利尼 1990 年的研究报告。

图 19-2　初学者和有经验者学习有图课程和无图课程的学习效果比较

从这些实验中，我们可以得出结论：为初学者提供图像比为有经验者提供图像更有意义。有经验者通常可以凭借文字在头脑中形成印象，所以，为有经验者的课程添加图像没有太大的意义。我们前面关于图像教学的结论可以修正为：你应该为初学者的课程添加图像。

研究问题 4：某些类型的图像是否比其他类型更有效

在课程中加入图像对初学者效果最好。那么，各种图像的效果都是一样的吗？在这一节，我们会介绍关于装饰图相对于说明图、静态图相对于动态图的研究例证。

装饰图与说明图

课程中插入装饰图是为了使课程更加有趣，或者更能调动学生的积极性。哈普和梅耶于 1998 年分析比较了“闪电是如何形成的”课程的两个版本。其一是基础版本，包括了简单的说明图及关于过程的文字解释。另一版本增加了一些关于闪电的有趣事实和视觉元素。比如，加入一张飞机被闪电击中的照片，让学员就闪电对飞机的影响展开讨论。哪个版本的课程学习效果更好？不加装饰的基础版本，还是增加了有趣事实和图片的趣味版本？

答案是无装饰的基础版本效果最好。要注意的是，趣味课中的事实和图片与闪电是相关的，但和整体教学目标是不相关的，整体教学目标是学习闪电是如何形成的。因为趣味性过强，有趣的事实和图片反而分散了学员对主要目标的关注度。

比起装饰图，我更建议使用说明图辅助文字描述。例如，树状图和流程图可以为文字中的各个概念提供定性总结；彩色地图可以显示出不同地理区域的温度；而交互式地图可以在使用者选择不同月份时显示出温度随季节变化的规律。科学类课程中有很多使用说明性图示的例子。

动态图是否比静态图更有效

假设你想要准备一节简短的用电脑教学的课程来说明厕所冲水的原理，或者某种设备的工作原理。你可以使用一组动态图或者一系列静态图来说明，哪一种效果更好呢？

尽管我们直觉以为，动态图会比一系列的静态图更逼真，但研究表明静态图其实比动态图教学效果更好。回想我们前面讨论过的认知负荷理论，动态图产生了大量的瞬时视觉信息，为了搞清这些信息的意义，记忆必须在新图像出现的同时保存先前的图像。这样一来，动态图就比静态图造成了更多的认知负荷。

当然也有一些例外。如果你的教学目标是让学员掌握某些事物的工作原理，正如我们刚刚描述的，使用静态图或许是更好的选择。但是，如果你的教学目标是让学员掌握一个程序，例如，如何执行一项任务，那么并没有足够证据表明静态图的效果更好。假如，你的目标是实现绩效支持，而不是学习，那么情况又会如何呢？例如，用以指导工人完成装配任务的工作指引，其文字版本、静态图版本及动态图版本的效果有何差异呢？沃特森等人在 2010 年分析比较了使用这三种方式指导工人安装一个小型设备所花费的时间。他们发现，在第一次安装时，使用文字指引的效果最差，使用静态图和动态图指引的效果更好。而在安装几次以后，三种指引的效果渐渐趋同，因为工人们已经掌握了安装程序，不再依赖于工作指引。所以，选择哪种类型的绩效支持手段，除了考虑环境是否支持其展示形式，还要考虑工人执行某特定程序的频繁程度。从上述研究可以得出结论：采用一系列静态图的性价比可能是最高的。

如果你想采用动态图，近期的研究主要关注的是如何帮助学员更好地处理动态图。视觉提示是其中一种方法。你可以把动态图中的重要元素设置为高亮来进行视觉提示，或者通过一条彩色的线来指示设备安装的进度。另外，你要确保动态图的播放进程是可以控制的，以便学员能够随时暂停和重复观看。但到目前为止，你要记住：系列静态图对学习的促进效果在很多情况下跟动态图没有分别，甚至还要优于动态图。

研究问题 5：解释图像的最佳方式是什么

通常，我们需要对图像进行解释说明。那么使用文字、音频或文字结合音频，哪种效果更好呢？

回答这一问题，我们需要测试一门图像教学课程的两个或三个版本。一个版本使用语音对图像进行说明，一个版本在屏幕上加载文字对图像进行说明，而另一个版本则使用文字和语音结合的方式对图像进行说明。多次实验所得出的结论是一致的：使用语音版本的课程，其学习效果最好。因为工作记忆分为两个存储区域：一个是视觉存储区，另一个是听觉存储区。使用文字说明一张复杂的图片会加重视觉存储区的负担，与此同时听觉存储区却处于闲置状态。相反，如果在课堂上既有图像又有声音，学员就可以一边看一边听了。

↘ 关于音频辅助的例外情况

但在某些情况下，单纯使用声音来解释图像并不是最佳选择。首先，如果图像非常简单，或者学员对学习主题很熟悉，那么学员的认知负荷就会降低，这时使用文字说明和使用声音说明的效果差别不大；其次，如果解释内容很长，文字说明会更有效，因为声音在记忆中的保存期很短。研究表明，如果解释内容超过四五句话，那么使用文字辅助的效果更好。另外，有时候学员需要反复回头参考说明内容，比如，关于某些练习或响应性反馈的指引信息，此时用文字性的说明效果更好。最后，学员或教学实施媒体自身的一些因素，决定了音频可能不太适用。例如，如果学员在非母语环境或纸媒环境中工作，此时文字类的说明内容可能是更好甚至唯一的选择。

↘ 何时同时使用声音和文字

研究表明，使用语音复述幻灯片或屏幕上同样的文字内容会降低学习效果。但研究结果也显示，如果在使用图像教学的同时辅以简短的文字解释，再配以语音旁白进行拓展说明，则不会妨碍学习效果。

研究问题 6：文字放在哪里最合适

你可能也碰到过这种情况：读一本书时，一张重要的图片在一页，关于它的解释说明在下一页。你需要来回翻页以搞清楚上下文的意思。我们大多数人感受到的这种挫败感，源自工作记忆不得不保存过量信息所带来的负担。这也是心理学家所谓的“注意力分散”概念的一个实例。在任何情况下，只要是需要学员存储新知识的同时回顾旧的知识，就会发生注意力分散。例如，如果屏幕下面是图像，顶部采用滚动方式播放文字说明，这时就会出现分散注意力的情况。即便在显示重要图像的幻灯片或屏幕的底部放置文字，也同样会导致注意力分散。总的来说，文字的最佳位置是紧挨着图片中和它意义相关的部分。你可以使用文字换行或标注框的方式确保文字和图像一起出现。

研究问题 7：语言风格需要正式些还是非正式些

撰写说明文字时，你可以用比较非正式的语气，例如，使用“你”“我”“我们”等措辞；当然，你也可以使用正式一些的语气。不同的语气是否会给学习效果带来不同的影响呢？答案是肯定的。在多次分析比较不同类型的说明文字（包括用于游戏或教程当中的文字）之后，梅耶得出了相同的结论：与更为正式的版本相比，使用第一、第二人称和礼貌用语的较为口语化的版本会带来更佳的学习效果。梅耶称为“个性化效应”，并将其归因于人类基本的社交沟通本能。

循证培训：成功无定式

关于循证培训方法，目前极少有绝对正确的指导方针。回顾关于图像应用的研究结论，我们发现学习中图像作用的发挥，有赖于图像的种类、学员已有的知识基础，以及教学内容本身。我们也看到，虽然使用语音对图像进行辅助说明通常会带来更好的学习效果，但同时存在一些例外情况。就这一点而言，声音和图像并不是特例。在考虑任何通用教学策略（如图像、游戏或社交媒体等）的价值时，我们很难找到普遍适用的指导原则，反而你需要认真思考以下问题：

- 学员的相关知识基础怎样？熟悉学习主题的学员，其认知负荷会相对较低。
- 教学方法或技术本身的特点是否会增加学员的外在认知负荷？
- 教学方法和技术是否依据学习目标来设计？
- 教学方法和技术是否比传统教学方式更有效？

在本书网站（www.astdhandbook.org）上你可以找到一份清单，指引你如何在教学实施过程中更为有效地使用图像、文字和声音。

图 19-1 的效果如何

在本章的开始，我们让你审视图 19-1 并对下述陈述做出判断。现在你已学习完本章，请重新回顾一下图 19-1，然后再次判断下列哪种说法是正确的？

- 这一幕对学员是有帮助的，因其包含了适用于各种学习类型的图像、文字、声音等。
- 这一幕能激起学员的兴趣，因其图像看起来很吸引人。
- 这一幕对初学者尤其有用，因其包含了很多细节。

迄今为止的实证研究表明，第一种和第三种说法都不正确。首先，海盗的图片很有趣，但对学员来说没什么用。虽然海盗图像和主题有一些松散的联系，但其对于教学目标，即了解信用卡盗刷过程，并没有什么帮助。其次，声音说明的内容和文字内容是一模一样的。最后，太多的细节描述会使初学者无所适从。然而现实中很多学员都会给这样一屏内容打上更高的分数，认为比只有一张说明图或没有图像的形式要好，尽管他们实际的学习效果会打折扣。在很多研究中，都出现了学习效果差的课程版本比学习效果好的版本评分高的情况。总体来说，学员对一种教学方法喜欢与否与其是否对学习有帮助之间并没有必然联系。因此，虽然学员的评价很重要，但是你要记住，千万不能使用学员的评价来评估教学效果。

作者简介

露丝·克拉克，博士，30 多年来一直致力于协助员工学习领域的从业人士，将循证方法应用于传统课室教学以及电子化教学的设计与开发工作。露丝迄今已出版 7 部著作，将教学研究领域的重大发现转变为教学实践领域的指导准则，包括与理查德·梅耶博士合著的《电子化学习和教学科学》[1]及《基于情境的电子化学习》[2]。本章大部分内容均选自她的《循证培训法》[3]一书。作为一个理科本科生，露丝于 1988 年在南加州大学获得了教学心理学和教育技术的博士学位。她曾

1 英文原书名为 *e-Learning and the Science of Instruction*。——译者注

2 英文原书名为 *Scenario-Based e-Learning*。——译者注

3 英文原书名为 *Evidence-Based Training Methods*。——译者注

出任国际绩效改进协会（ISPI）会长，并于 2006 年荣获“托马斯·吉尔伯特杰出职业成就奖”。

参考文献

Bernard, R.M., P. Abrami, Y. Lou, E. Borokhovski, A. Wade, L. Wozney, P. Waller, M. Fixet, and B. Huant. (2004). How Does Distance Education Compare With Classroom Instruction? A Meta-Analysis of the Empirical Literature. *Review of Educational Research* (74):379-439.

Clark, R.C. (2013). *Scenario-Based e-Learning.* San Francisco: Pfeiffer.

Clark, R.C., and R. Mayer. (2011). *E-Learning and the Science of Instruction,* 3rd edition. San Francisco: Pfeiffer.

Harp, S.F., and R. Mayer. (1998). How Seductive Details Do Their Damage: A Theory of Cognitive Interest in Science Learning. *Journal of Educational Psychology* (90): 414-434.

Kratzig, G.P., and K. Arbuthnott. (2006). Perceptual Learning Style and Learning Proficiency: A Test of the Hypothesis. *Journal of Educational Psychology* (98):238-246.

Mayer, R.E., and J. Gallini. (1990). When Is an Illustration Worth Ten Thousand Words? *Journal of Educational Psychology* (88):64-73.

U.S. Department of Education, Office of Planning, Evaluation, and Policy Development. (2010). Evaluation of Evidence-Based Practices in Online Learning: A Meta-Analysis and Review of Online Learning Studies. Washington, DC.

Watson, G., J. Butterfield, R. Curran, and C. Craig. (2010). Do Dynamic Work Instructions Provide an Advantage Over Static Instructions in a Small Scale Assembly Task? *Learning and Instruction* (20):84-93.

延伸阅读

Clark, R.C. (2010). *Evidence-Based Training Methods*. Alexandria, VA: ASTD Press.

Clark, R.C. (2013). *Scenario-Based E-Learning.* San Francisco: Pfeiffer.

Clark, R.C. (2014). Multimedia Learning in E-Courses. In *Cambridge Handbook of Multimedia Learning,* 2nd edition, ed. R.E. Mayer. New York: Cambridge Press.

Clark, R.C., and C. Lyons. (2011). *Graphics for Learning,* 2nd edition. San Francisco: Pfeiffer.

Clark, R.C., and R. Mayer. (2011). *E-Learning and the Science of Instruction,* 3rd edition. San Francisco: Pfeiffer.

Hattie, J., and G. Yates. (2014). *Visible Learning and the Science of How We Learn.* New York: Routledge.

第20章

保持学员的学习参与度

辛迪·哈吉特（Cindy Huggett）
迈克尔·威尔金森（Michael Wilkinson）

本章要点

- 保持学员学习参与度的五种引导[1]（Facilitation）策略
- 在课室或虚拟工作坊中均能确保成功进行学习引导的策略

无论你主持的工作坊是面对真人的还是虚拟的，如果你不从一开始就抓住学员的心思，令其始终保持全情投入，那么实现期望结果和学习转化的机会将大打折扣。在你看来，学员一般需要多长时间就能做出判断，你的表现究竟值不值得他们花费时间？应该不超过 15 分钟，有时甚至两三分钟就够了。

引导——保持学员学习参与度的关键

你是如何在开场时引导学员参与的？在我们看来，学习引导是关键。Facilitate（Facilitation 的动词形式）一词来自拉丁语 facilis，意思是“使……容易”。出色的培训工作坊主持人不只是“交付”培训，他们还会“易化”学习迁移的过程。虽然有些引导师的追求是成为“讲台上的智者”，但我们认为，最出色的引导师会寻

1 英文原意为“易化”，即“使……变得容易”，此处沿用业内习惯用法，译为“引导”，相关说法还包括“促动”“催化”等。——译者注

求成为“贴身向导”，帮助学员获取洞见并学以致用。当学员自己探索出答案时，他们会更易理解和接受，并在培训结束后更有可能学以致用。

关于引导的定义有很多种，在本章，我们将其定义为“在创造、发现和应用学习洞见等方面促进学员投入参与的举措”。以引导方法实施的培训，往往会获得显著高水平的学员参与度、接受度，以及训后行动的承诺。

有效引导的五个关键原则

作为本文的两位作者，我们培训过引导技巧的学员已经超过 20 000 人。这些经验教会我们，出色的学习引导师无论是在实施虚拟培训还是课室培训时，都会把握五个关键原则：

- 定义成功（Define Success）。
- 不懈准备（Prepare Relentlessly）。
- 始于影响（Start with Impact）。
- 全程锁定（Engage Throughout）。
- 管理异动（Manage Dysfunction）。

下面就以上这五个关键原则在课室培训和虚拟培训中的运用提供策略和建议。

1. 定义成功

在培训中能引导学员投入参与，那很好；不过，如果能引导他们投入参与提前设计好的活动，以达到特定的目的，那就更好了。出色的引导师会清晰定义每次培训的目的，并确保每个培训模块和每个模块中的每次学员参与活动的设计都围绕预期目标的实现。为了清晰定义培训的成功标准，引导师需要弄清楚四个问题：

- 培训的最终目标或期望的结果是什么？
- 有何现象表明培训是有必要的？
- 学员如何利用本次培训？

- 有哪些事情是学员在参加培训前不会做而参加培训后就会做的？

清晰定义培训成功的标准同样有助于确定培训实施的类型——应该用课室培训还是虚拟培训？通过幻灯演示并进行集体研讨，还是一对一教练辅导，或者小规模的企业内训？每种类型都有其特定的目的，所以你需要根据期望的培训产出结果来确定选择哪种类型的培训。

如果实施虚拟培训，那么提前确认清楚所在组织对虚拟培训的确切定义也很重要，因为人们常常对什么是“虚拟培训”存在不同看法。有人认为任何类型的远程学习都可被视作虚拟培训，而另一些人则坚守更为狭窄的定义。确认清楚你所在组织对“虚拟培训”的理解，有助于你提前做好计划，有效管理各利益相关者的期望。

“虚拟培训”的其中一个定义是：“一种定义了学习目标的，高度交互式的，同步、在线、讲师引导的培训方式，在培训中，学员从不同地理位置通过某种网络学习平台单独接入而参加学习。”

虚拟培训通常每次有 10~15 人参加，包括每个时长 60~90 分钟的若干培训模块，以及每 4~5 分钟一次的互动。相比之下，一次 60 分钟的营销专题网络研讨会可能有 50~200 人参加，其间有少量的互动，而一次 30 分钟的幻灯片演示网络直播可能有数以千计的参与者，互动则非常有限。

2. 不懈准备

可能有人听过鲍勃·派克（Bob Pike）讲的一句话：“事先准备好，表现差不了。”[1] 这句话几乎是普适的，所以当然也适用于学习引导的准备工作。顶尖的学习引导师通常花费大量的时间去准备每一次培训，其不懈的准备工作通常聚焦在四个特定方面：准备内容、了解学员、营造环境及自我准备。下面我们依次介绍这四个方面。

---

1 英文原文为 *Proper Preparation Prevents Poor Performance*。——译者注

准备内容

如何让学员在培训后学到所学并改变行为？我们发现，影响行为改变的最佳方式就是向学员提供我们所说的“什么（What）、怎样（How）、为何（Why）及参与（Engagement）”，如表 20-1 所示。

表 20-1　学习引导中的“什么”“怎样”“为何”“参与”

什么（What）	学员需要学习的概念、工具或技巧
怎样（How）	学员应用“什么”的步骤
为何（Why）	学员应用“什么”的价值所在
参与（Engagement）	引导师如何引导学员持续参与对“什么”的学习

好的引导师会兼顾“什么”和“怎样”。但只是这两个方面还不足以带来课堂外的行为变化。而优秀的引导师会刻意向学员解释“为何”，并利用各种参与引导策略来保持学员的学习兴趣。“为何”能帮助学员认识到“什么”的重要价值，令其觉得值得花费时间来学习并在培训后学以致用。因此，在培训准备过程中，一定要定义清楚每个培训模块中的“什么”“怎样”“为何”“参与”。下面用一个“开场提问”的培训专题举例说明（见表 20-2）。

表 20-2　学习引导中的“什么”“怎样”“为何”“参与”示例

什么（What）	开场提问：如何提问才能得到回应如潮，而且屡试不爽
怎样（How）	• 用富于画面感的词汇开头 • 通过至少两个词汇拓展画面，引导听众“看到”答案 • 问直接问题
为何（Why）	• 提问：“谁曾有过这样的经历，在培训中问了一个很重要的问题后，学员却寂寂无声？” • 解释：可能是引导师提问方式的问题。因为如果用“B 类”方式提问，你总能得到热烈的回应
参与（Engagement）	• 假设一个场景，提供同一问题的两类问法（A 类和 B 类） • 让学员指出他们各自倾向于用哪类提问方式，为什么 • 向学员展示 B 类提问方式的强大力量，及其如何让听众“看到”答案

续表

参与（Engagement）	• 向学员提供构建 B 类问题的三步法 • 给学员预留演练时间，构建自己的 B 类问题并获得反馈

你也可以到这本书的网站（www.astdhandbook.org）上下载一份工作表，对你准备下一次的培训会很有帮助。

了解学员

成功的引导师在课程开始之前会尽可能多地了解学员。方法有很多，如利益相关者访谈、学员调查，或者逐个打电话。如果学员所在地理位置比较分散，那么用电子邮件获取回应可能会是一个好办法。即便引导师确实做不到事先与学员沟通，也至少应该做些功课，挖掘到以下信息：

- 参加本次培训的学员都是哪些类型？
- 关于本次培训的主题，他们了解多少？
- 他们可能问到哪些问题？

引导师在课程开始前对学员了解越多，对课程的预见和准备工作就做得越好。

营造环境

成功的引导师会做好学习环境方面的准备，包括课室环境和技术环境。在必要时他们还会准备好后备方案。

所有的引导师必须确保以下几点：

- 选择合适的教室并进行合理布置。课室培训需要合用的物理空间，而线上学习则需要合用的虚拟空间（学习平台）。
- 针对“什么”和“怎样”的需要，准备充足的物料。在课室培训中学员会用到马克笔、记录纸和便贴纸，而在虚拟培训中学员需要用到电子课件和耳麦。
- 电子设备全部准备就绪。课室培训中经常会用到投影仪和音响系统，课室培训和虚拟培训都可能会用到电脑或移动设备。
- 后备方案也要准备就绪。例如，需要多打印几份学员课件以备不时之需，或者在出现技术问题的时候能有其他办法共享画面。

此外，在虚拟培训中，成功的引导师还要额外确保以下几点：

- 每个技术环节都需要经过测试并准备就绪。
- 引导师的音频必须清晰，网络连接必须稳定，备用笔记本电脑或连接设备必须可以随用随取。
- 学员端的技术设备必须经过测试并准备就绪。

在虚拟培训中，引导师的作用是让学员更容易地加入培训和使用平台工具。从本质上说，他们需要认识到，当培训的焦点是实现学习目标时，技术要素就会淡出，直至成为培训的衬托背景。

制作人的角色

制作人，是指在直播虚拟培训中为引导师提供支撑的技术专家。有些制作人专门提供技术支持（协助学员建立网络连接或使用学习平台），而有些制作人会全程介入，与引导师合作实施培训。有时候，制作人也会被冠以培训主持人的头衔。

由于引导师和制作人必须在虚拟培训过程中紧密协作，所以事先他们需要有充分的互动，以确定各自的责任分工。有的引导师在与学员沟通时习惯于自己控制技术设备；有的引导师则倾向于让制作人协助。在引导师和制作人合作实施虚拟培训的情况下，每个人都必须清楚了解如何在每个适当的时间点实现平稳过渡。

自我准备

做好前几个方面的准备后，引导师自己还要充分准备以做到最好。以下是需要特别注意的几项内容。

- **时间规划：**预估培训中每个模块所需的时间，做成时间表打印出来。有了这个时间表，在培训过程中你就可以知道自己在进度上是提前了、落后了，还是时间控制得刚刚好。
- **开场陈述：**梳理出培训开始时你要讲的开场白。

- **培训预演**：提前预演，确保自己对培训内容和学员参与的引导策略满意。
- **学员名册**：如果是虚拟培训，一定要准备一份学员名单，以便在引导学员参与时进行核查，从而确保在培训中照顾到每位学员，让他们都有公平参与的机会。

3. 始于影响

用于培训开场的活动有很多，但先进行哪项活动才是最重要的呢？

- 学员互相介绍吗（如果大家互相不认识的话）？重要，但还不是最重要的。
- 预览培训日程？这是很常见的一个错误。
- 宣布培训中的基本准则？还不到时候。

无论是课室培训还是虚拟培训，学员参加学习时通常带着两个问题。他们想知道：

- 值不值得花费时间参加这次培训？
- 能学到对自己有用的东西吗？

因此，在培训一开始，进入其他话题之前，回应这些问题相当重要。用 IEEI 缩写提醒自己开场白里需要包含哪些要素，对有效回应这些问题会有很大帮助。

- **告知**（Inform）。让学员了解培训的目的和他们将得到的收获："本次培训的目的是……当培训结束你们离开时将收获……"
- **激发**（Excite）：向学员解释参加本次培训的好处，为什么参加这次培训对他们那么重要："这太令人兴奋了，因为……"
- **授权**（Empower）。向学员描述他们在培训中将扮演的角色或他们在培训中有哪些权力："在培训过程中，你们有权……"
- **调动**（Involve）。用一个引导学员参与的问题，如询问他们的个人目标或询问其他能够推进本次培训目标达成的信息，即刻调动学员参与："在开始培训之前，我想了解一下……"

引导师通常在"告知（I）"方面做得都很棒，但有时在"授权（E）"和"调动（I）"两方面做得不是很好，"激发（E）"往往是 IEEI 要素中最容易被引导师忽略的一个。所以，接下来我们重点讲一讲这一要素。

我们用来激发学员的陈述内容，需要能够回答学员这样一个问题："这对我有什么好处？"你可以对比下面两个开场示例，看哪个对学员更能起到激发的作用。

> **激发示例一：**"早上好，很高兴和大家在此相聚。首先介绍一下我们为什么开展这次培训。本次培训的目的是提供一些工具，以便让大家可以更好地开展会议。通过本次课程，在座的各位将学到令会议更有效进行的多种工具。本课程为会议的准备与开始、保持与会人员的专注、管理会议中的异动、解决分歧，以及有效结束会议提供对策。"

> **激发示例二：**"早上好，很高兴和大家在此相聚。首先介绍一下我们为什么开展这次培训。本次培训的目的是提供一些工具，以便让大家可以更好地开展会议。想想你们自己有多少时间花在那些没用的、低效的和不必要的会议上。本课程提供的工具将能帮你把这类会议的数量砍掉20%~50%。你将学习如何提问以避免参加不必要的会议，而对于那些确实有必要参加的会议，你将学到的技巧会确保会议高效进行，即便不是由你主持的会议！本次培训就是你们的一个好机会，让你们学到实用的技巧，以确保你们花在会议上的时间高效、高产出。"

两者比较，大多数人都会认为第二个示例在有效激发学员方面优于第一个，因其在描述培训带给学员的好处方面做得更好。但你有没有注意到，"你"和"你们"这两个词在这两个示例中分别出现的次数？第一个示例中一次都没有，第二个示例中出现了 8 次。所以，要想确保在开场白中解释清楚对学员有什么好处，一个关键秘密就是在 IEEI 的"激发（E）"环节至少 4 次用到"你"或"你们"这样的称呼。

培训课程何时开始

如果你认为培训课程在计划的时间一到就开始，那么请再考虑考虑。其实，从第一位学员走进教室，或者登录到虚拟学习平台的那一刻起，课程就应该已经开始了。

因为如果往回追溯一段时间，学员在首次看到课程描述和接收有关课程的沟通信息时，就已经开始建立对课程的印象了。所以，对学员的邀请、欢迎和相关指引对于培训带给学员怎样的感知起着很重要的作用。

当培训开始的时候，也就是第一位学员走进教室或登录上线时，引导师应该即刻用某种参与活动将其锁定。这类参与活动可以很简单，比如让学员回答关于培训主题的一些问题。如果是虚拟培训，可以让学员参与一项调查，在虚拟白板上留言，或者试用一下状态指示器。其目的是建立起一种互动的基调，促进学员在虚拟培训中的持续参与。另一个目的是在需要时提前让学员熟悉虚拟学习平台的使用。这段时间并非用来学习与培训主题有关的新内容，而是用来营造一种积极参与学习的氛围。这类参与活动也是向学员授权的开始，可以让他们在培训过程中主动参与，并对各种技术工具的使用轻松上手。

关于培训开始时如何建立影响力的其他好点子，你可以访问这本书的网站（www.astdhandbook.org）进行下载。

---

4. 全程锁定

你如何让学员在 60 分钟的虚拟培训或全天的课室培训中全程参与？为保持学员的持续专注，我们在设计和实施环节会把握以下四大原则。

- **多样**（Variety）：策划各种不同的学习体验以保持学员较高的兴趣。
- **调动**（Involvement）：通过提问、角色扮演、练习实践及其他可以保持课程互动性的策略，调动学员高度参与。
- **分享**（Sharing）：提供机会让学员们分享他们各自的经验并相互学习。
- **关联**（Relevance）：通过与学员实际生活和工作经历相关联的示例和案例分析，确保课程内容与学员的相关性。

为了确保学员的持续参与，我们一般会把时间较长的培训拆分成 60~90 分钟的若干个模块，并在每个模块一开始就用一个参与性问题第一时间将学员调动起来。借助这样的提问机会，我们让学员分享他们对当日培训主题有多少了解，从而体现我们对集体智慧的尊重。这一技巧同时让学员从心理上做好准备，接纳即将学到的新方法。

表 20-3 列举了"引导式咨询"（Facilitative Consulting）技能培训中的三个小模块所用到的参与性问题。这些问题可以由学员单独回答，或者分组讨论以提高学员参与度。课室培训和虚拟培训都可以应用这一技巧。

表 20-3　参与性问题示例

模　　块	问　　题
何为咨询	这四种情形（例如，你可以描述一下你电话邀请来解决问题的一位独立软件专家，其四种不同的做法），他在哪种情形中是作为顾问角色出现的
关系管理	在以下各方面（如对"成功"的定义），项目经理和客户关系经理之间的区别是什么
需求定义	一位潜在客户要求你与其高管团队的成员面谈，了解他们的问题，并在一周之后提交建议书。你会问哪些问题

在以参与性问题开场之后，需要使用各种策略保持学员的持续参与。一般的引导师经常使用"演示—提问—回答"的模式，先演示，然后让学员提问；学员提问后，引导师进行解答，然后进入下一个话题。每个模块都是如此，千篇一律。

优秀的引导师明白，最重要的一点是需要拥有一整套的策略工具，并利用多种工具组合来保持学员的参与度，令其积极、主动地学习。

如果是课室培训，你需要每 15~20 分钟就发起一次有意义的学员参与活动。如果是虚拟培训，如前文所述，则需要每 4~5 分钟就发起一次互动。在本章结尾的"延伸阅读"部分，你可以找到专门介绍引导策略的书目，这些策略都可以用来丰富你自己的工具箱。

虚拟培训一个独有的特点是，学员通常看不到对方。因此，一名优秀的引导师必须引导看不见的学员进行参与。此外，由于学员一般都是待在自己的座位上参加学习，引导师就需要让课程本身比学员的周边事物更有吸引力才行。要实现学员在培训中的持续参与，优秀的引导师需要保持学员对课程的持续专注，而不是将其注意力引向他方。

当学员说……的时候，就证明你的引导策略成功了

课室培训："我从没乱涂乱画！"

虚拟培训："你让我如此投入，以至于整堂课我都没有时间查看电子邮件。"

（以上是作者本人收到的实际学员反馈。）

5. 管理异动

无论在虚拟培训还是课室培训中，异动行为都会带来巨大的负面影响。我们将异动行为定义为："在对培训目的或内容、培训方法或外界因素不满时，学员用于表达不满的任何有意识或无意识的替代行为。异动行为是表象，而不是本因。"

一次培训中可能出现多种不同的异动行为，从放弃参与，到口头攻击他人，甚至带着厌恶情绪退出培训。在管理各种异动行为时，可参考遵循这三个步骤：主动预防，早期发现，充分解决。

主动预防

最好的情况当然是不出现异动行为。因此，我们建议你在培训之前就采取行动，有意识地预防异动行为的发生。基于你在准备阶段获得的学员信息，提前考虑好预防异动行为的相关策略，如设置基本规则、学员分组、在培训前与个别学员进行沟通互动，以及在课间休息时跟某些学员私下聊聊。

早期发现

一旦异动行为出现，我们需要在情况变得更糟糕之前提早处理。因此，我们建议你主动留意那些异动行为的早期迹象，一经发现，你应该马上采取行动。异动行为的早期迹象可能包括：

- 有学员一直保持沉默。
- 有学员抱怨或公开反对所在小组。
- 有学员发言似乎意指其不接受讲师的观点。
- 有学员的肢体语言似乎表明培训引发其不安情绪，如双臂交叉抱于胸前。

虚拟培训的挑战之一就是你通常无法看到在课室培训中显而易见的学员的表情或肢体语言。因此，虚拟培训中的引导师必须加倍努力保持学员的参与，让那些参与度不高的学员更容易被识别。

充分解决

如何应对异动行为取决于异动行为的类型，以及其他一些因素，包括发生时间、影响范围、可能的根本原因等。无论哪种情况，以下这些通用方法都会有所帮助：

- 私下或公开接触。要么利用课间休息时间与相关学员私聊，要么面向全体学员公开处理（异动行为，而不是人）。
- 突出你对有关迹象的关注。要对有关行为的合理一面进行肯定，或者对有关学员认为其所处境况表示关切。
- 针对异动本因。通过有效提问获得学员反馈，以发掘问题的实际症结所在。
- 就解决方案与学员达成共识。就如何处理当前状况使培训得以继续进行与学员达成共识。要确保解决方案针对异动行为的本因，而不是表象。

技术障碍

在虚拟培训中可能出现不可预见的挑战：如有学员中途掉线，课上活动可能未按计划产出预期结果，或者工作场所中出现不得不进行处理的干扰因素（如同事打断，或者音频背景中出现狗的叫声）。

优秀的引导师会预见到某个或某些此类挑战的出现。虚拟培训中本来就可能出现这类状况。如应对合理，这些挑战对引导师来说就是一个机会，保持冷静，处理问题，尽快引导学员的关注焦点回到学习中来。

当然，优秀的引导师会把握好第二个原则，在培训前做好充分准备，这样，在出现某些不可预料的技术问题时，他们的后备方案就能即刻派上用场。如果网络中断，他们可以切换到另一个网络连接；如果音频中断，他们可以迅速重连；如果课上活动效果未达预期，他们可以灵活应对并尝试其他做法。在这些状况下，他们对后备方案的充分准备将得到应有回报。

当出现不可预料而且本就无法预防的状况时，一名优秀的引导师同样也会从容应对。他们会保持冷静，处理状况，然后继续。具体来说，他们会：

- 保持冷静，做一次深呼吸。
- 让学员了解发生了什么（如果适宜的话）。
- 启用后备方案。
- 花少量时间分析问题所在。
- 安排短时间的课间休息，借此时间解决问题。

如果出现的状况对虚拟培训产生整体影响，导致无法继续，那么引导师需要首先通知学员，在必要情况下安排短时间的课间休息，在问题解决后重新组织学员学习。幸运的是，大多数状况都不会持续太久，也比较容易解决。

根据我们的经验，如果你能把握好本章介绍的这五项关键原则——定义成功、不懈准备、始于影响、全程引导并管理异动，相信大多数学员对你的培训评价都会是“最佳”或“最佳之一”，这是你应得的回报。

作者简介

辛迪·哈吉特，CPLP，在咨询、演说、教学设计、学习引导及职场培训与发展领域拥有超过 20 年的经验，是《虚拟培训指南》和《虚拟培训基础》[1]两部著作的作者，曾两次作为共同作者在美国培训与发展协会出版的 *Infoline* 月刊[2]撰文发表。她拥有美国匹兹堡大学（University of Pittsburgh）公共与国际事务专业硕士学位和詹姆斯·麦迪逊大学（James Madison University）学士学位，是美国培训与发展协会国家理事会前成员，并作为首批专业人士之一获取 CPLP 资格认证。

迈克尔·威尔金森，现为 Leadership Strategies 公司的常务董事——作为一家学习引导专业机构，该公司是全美最大的学习引导领域专业引导师及培训供应商，而迈克尔本人也是学习引导领域的全美领军人物。包括《引导的秘诀：通过团队合作获得结果的 SMART 指南》[3]《共创式战略：经理人战略业务规划引导指南》《虚拟引导的秘诀》（三本书的中文版均由电子工业出版社出版）在内，迈克尔迄今已出版五部著作。他目前是国际学习引导学院的董事会成员，曾被评为 2003

1 原英文书名分别为 *The Virtual Training Guidebook* 及 *Virtual Training Basics*。——译者注
2 现已更名为 *TD at Work*。——译者注
3 原英文书名为 *The Secrets of Facilitation and CLICK: The Virtual Meetings Book*。——译者注

年的年度引导师。他创建了引导师数据库 FindaFacilitator，本人已为美国以外超过 15 个国家的多个行业数百家机构提供过培训服务。

↘ 延伸阅读

Huggett, C. (2010). *Virtual Training Basics*. Alexandria, VA: ASTD Press.

Huggett, C. (2013). *The Virtual Training Guidebook: How to Design, Deliver and Implement Live Online Learning*. Alexandria, VA: ASTD Press.

Pike, R.W. (2002). *Creative Training Techniques Handbook*, 3rd edition. Amherst, MA: HRD Press.

Wilkinson, M. (2012). *The Secrets of Facilitation: The SMART Guide to Getting Results with Groups*. San Francisco: Jossey-Bass.

Wilkinson, M. (2013). *CLICK: The Virtual Training Book*. Atlanta, GA: Leadership Strategies Publishing.

第21章

体验式学习的价值

罗伯特·卢卡斯（Robert W. Lucas）
克里斯·基里奥斯（Kris Zilliox）

本章要点

- 定义体验式学习的不同种类
- 明确确保体验式学习成功所要求的过程
- 推敲能够提升体验式学习效果的要素

体验式学习对不同的人来讲意味着不同的事情，并且它被应用于各种不同的学习机会，这些学习机会在某些方面都引进了“体验”。它可能是在课堂中创造的“体验”，或者是电脑上进行的模拟。体验式学习也可能会非正式地发生在工作中，如当一个同事提出一个方案或一位主管规定额外“延伸任务”时。高等教育也会涉及，尤其是在商学院，雇主更喜欢这类学校的毕业生他们具备从工作中获得的“职业素养”的能力。在所有的例子中，体验式学习的重要特点包括以下三个。

- **体验**：一些行动或事件必须发生，最好是能够导致知识、技能或态度发生改变的有意义的事件。学员必须投入进去或做了一些事情。
- **反思的机会**：必须有时间允许学员去思考自己的体验并且能够分析效果。在许多情况下，学员写出或分享所发生的事件，发生这些事件的原因及学到的内容。对学习内容从情感和感受方面进行反思，这在体验式学习中起着重要的作用。

- **将来的行动：** 学员必须运用分析技能去概括自己的体验，然后决定是否要持续地运用或不运用所学的内容。最关键的是学员做出了决定。

体验式学习利用学员的生活、工作知识、经验和能力来实现学习和成长，以便他们能够为真实生活中所遇到的新情况做好准备。学员在确保学习的发生及接下来的知识和技能转化中发挥着重要的作用。体验式学习也有其他名称，如探索式学习、交流式学习、转换式学习、主动式学习、行动式学习或基于大脑式学习。

当学员投入活动中，解决各类事件、挑战和问题的时候，他们识别出潜在的选择，获得新的知识和见解来帮助自己制定方案。在某种程度上，学员促进自己的学习、确认解决方案或制定策略，以便将所学内容进行应用。

体验式学习背后的理论

很多研究都支持体验式学习及如何最好地帮助个人获取知识、技能和影响自身心态的观点。其他一些与群体动力的重要性和环境对人与学习的影响（见第 53 章）的相关研究也为目前体验式学习背后的理论做出了贡献。很多突出的理念在多个成人学习实践者和教育工作者的著作中出现，包括大卫·库珀、吉恩·皮亚杰、约翰·杜威、库尔特·勒温、罗伯特·梅杰、彼得·杰维斯和马尔科姆·诺尔斯。例如，诺尔斯提到成人教育（学）的假设，认为成人学员：

- 基本为自我引导。
- 带着许多过往的经验去进行任何当下的学习体验。
- 当发现需要将生活中某些方面变得更加有效率时，他们能够随时准备去学习。
- 在学习过程中总是着眼于问题本身。
- 总是想要立刻去运用自己已经学到的内容。

所有这些成人学习的倡导者都主张在学习过程中能够积极参与，以便使学习潜能和知识、技能在工作中或实际转化中能够最大化。这一观点已得到了广泛支持并经由很多学习和研究项目的扩展。这些学习和研究项目涉及基于大脑的学习，以及如何让大脑在遇到事件时能够最好的收获、保留、回忆和使用所接触到的信息。

根据贝克、延森和科尔布 2002 年的研究，体验式学习理论“提供了一个整体的学习过程模式和一个成人发展的多线性模式”。体验机会是帮助人们学习新知识和技能的主要因素。人们将当下学习事件中的新信息、数据和过程等任何涉及的内容与自己已有的知识经验做对比来达到学习的目的。他们通过吸收新的内容来得出有效的观点、想法、策略或结论来解决当下的问题。最后再将这些从学习事件中得到的新的理解转化到现实世界并从学到的内容中受益。

科尔布是体验式学习的主要倡导者，并且创造了体验式学习理论模型（见图 21-1）。他将体验式学习看作一个圆，认为它可以从这个模型中的任何一点开始，但是又经常始于一个具体的体验。科尔布的体验式学习理论模型描述了人们能够获取新知识和技能的各种途径。

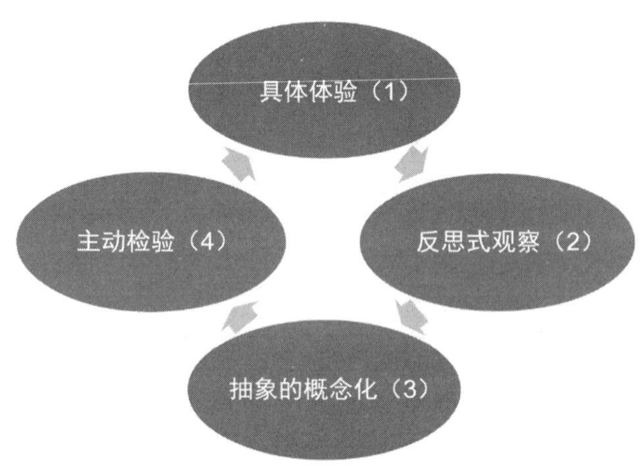

图 21-1　科布尔的体验式学习理论模型

有效的学习发生在学员通过科尔布的四个阶段取得的进步，以下是对四个阶段的具体介绍。

- **具体体验：**做事情——有体验。
- **反思式观察：**回顾发生的事情——思考或讲述体验。
- **概念的抽象化：**进行总结——从体验中吸取教训。
- **主动检验：**为下一步做计划——对从体验中学到的内容进行验证。

↘ 具体体验

根据科尔布的理论，一个以数据、信息、活动或任何形式出现的体验为学员观察和反思提供了平台。在培训课程中，这种体验会采取小组活动的形式，通过小组活动学员能够一起想出解决挑战、事件和问题的办法，也可能是以对于在工作上遇到困境进行讨论的形式，或者是能够让得到的结论与现实事件联系起来的一次练习。后者的情况如让一个在金融企业工作的学员参与定制版本的“大富翁”游戏。在游戏中，学员体验各类事务的重要性，包括财务策划、资金管理、战略投资，以及如何应对逆境和其对于财务的冲击，以及很多其他的教训。

↘ 反思式观察

在此模型的这个阶段，学员对自己的体验进行反思，通过对比自己已知的类似的事情进行分析来将他们的体验与以往的知识和技能进行对比。反思式观察可以由一个引导师辅助完成，或者与其他学员一起完成，也可以由自己独立完成。提出合适的问题对于促进反思、对比和分析是至关重要的。在上面提到的“大富翁”游戏中，学员可能被问发生了什么和他们对此的感受。

↘ 概念的抽象化

对体验成功的反思能够让学员产生新的想法或对已有行为做出改变，从而能够吸取经验、挖掘潜质来形成创新的策略、技巧并在现实生活中实践自己所学的方法。个人喜好（如学习方法、个性等其他因素）对个人倾向选择的途径有很大的影响。在上文列举的“大富翁”游戏体验中，学员可能会被要求将自己的感受与现实生活中的经历做对比。

↘ 主动检验

上一步得到的结论和学到的内容使学员准备好去检验新的选择，当然，如果没能立刻这样做，也会去制订一个计划能够在将来实施。他们能够基于“大富翁”游戏体验来制订一个如何与客户协作的计划，明确一些改变使将来能够更加成功或对客户更加有帮助。

探索体验式学习过程

在学习绩效领域专业人士中，有许多体验式学习的拥护者，所以引导师在创建一个有效的学习环境时会选择不同的过程模型也是很常见的事。

↘ 法伊弗和琼斯的体验式学习圈

一个非常著名的模型是法伊弗和琼斯的五阶体验式学习圈。你会发现这个模型与科尔布的体验试学习模型有相似之处。然而这个模型独特的地方在于法伊弗和琼斯着重于每个阶段中所问到的问题。这些问题都是为体验式学习活动精心设计的，包括课堂上或网上在线学习，同时为促进与共事的同事、监管的下属，甚至自己的孩子之间的交流提供了好的例子。引导过程很具挑战性，但在整个体验中问合适的问题并且引导反思式对话将是非常有效的。

1. 体验

体验是活动阶段。在这一阶段，学员在引导师的少量帮助下或无帮助的情况下完成任务或活动。这一阶段非常需要主观能动性，学员独立体验一个过程、学习事件、活动或演示，然后解决问题或完成其他规定的任务，在这一过程中学员都变成了积极参与者。体验的目的是复制或重现一个真实事件，让学员能够学到知识、技能或改变心态。引导师要避免提示期望获得的结果，让学员能够体会到惊喜。

如果在此阶段结束，那么学员是否能够学到东西就完全取决于运气了。在接下来的四个阶段中，精心设计的问题能够保证以上的体验转化为学习成果。这些问题环环相扣，能够促进批判式反思、有价值的发现和最终的成效。

2. 分享

在这一阶段，学员分享他们的在之前活动和培训体验中的反应和观察。正如科尔布指出的，学员感觉是同等重要并且需要探索的。这一阶段的问题包括：

- 发生了什么事？你观察到了什么？
- 活动过程中发生了什么？
- 你感觉如何？

3．处理

第三阶段给学员提供了一个机会来检查和讨论他们经历过的动态或模式。这一阶段所提出的问题用来鼓励学员进行假设检验，可能包括以下内容：

- 你为什么觉得有事情已经发生了？
- 你学到了什么？对自己有什么认识？
- 基于此次体验，有什么原则你认为是正确的？

4．总结

在第四阶段，学员甄别出与以往个人的情况是否有相似之处，如在工作中或生活中的其他方面。这一阶段有时候也叫作“又能怎样”（So What）阶段。在对活动的解析过程中，引导师通过问如下的问题来进行总结：

- 这和……有什么关系？
- 关于……对你而言意味着什么？
- 如何帮助你去理解……

5．应用

最后一个阶段也叫作“现在怎样”（Now What）阶段，这个阶段的问题帮助学员将上述的总结应用到实际情况中去。学员制订行动计划或有效的方法来实践所学内容、改变自己的行为或应用到真实生活中。这些问题包括：

- 此次体验过后你将有什么改变？
- 你会如何将所学内容转化到工作中？
- 所学内容将如何在未来对你有所帮助？
- 下一步有什么计划？

↘ HRDQ 体验式学习模型

HRDQ 出版社，即人力资源开发季刊出版社（位于美国宾夕法尼亚州），开发出了一个更为复杂的体验式学习模型（见图 21-2）。

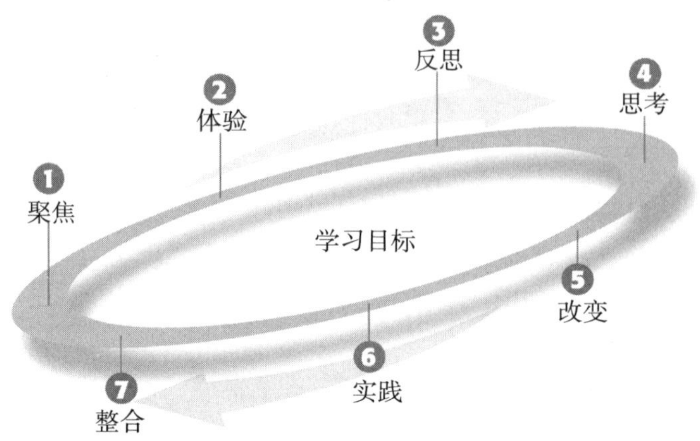

图 21-2　HRDQ 体验式学习模型

1．聚焦

引导参与是课堂上或工作中所必需的，也是这个模型所独有的关注点。让学员做好准备，是否让学员感觉到舒适，或者让学员知道有引导师会协助、支持他们。

2．体验

与其他模型相似，学员必须实际体验一些事情，HRDQ 强调体验必须是有吸引力且有意义的。

3．反思

HRDQ 强调了对激发学员批判式思考技能的需要，由此学员能够回忆起之前的情境和实例。

4．思考

增加一次理论性的讨论，帮助认识到体验是对于科尔布模型的一种反映。

5．改变

这一步也和其他模型相似，HRDQ 体验式学习模型大胆地强调学员应该考虑反馈并通过讨论来决定做出什么改变。

6．实践

其他模型没有公开地主张去实践，但当体验式学习发生在工作中时，这是自然而然的一步。

7. 整合

这一步也是 HRDQ 体验式学习模型所特有的，鼓励学员在将来一个特定时间重新诊断自己的改变，探索对学到的新技能、新知识和新态度应用到什么程度。

你可以在 www.hrdq.com 网页上下载更多关于此模型的信息。

无论你是使用科尔布的四阶段模型还是 HRDQ 的七阶段模型，或者介于两者间的模型，无论你是在有 25 个学员的课堂中使用，还是在工厂中对员工一对一使用，按步骤来做，提出合适的问题，允许学员去体验、反思和探索，就可以确保体验式学习的成功。

以下是一些简单有效的小贴士，可以更容易取得成效或让学习更为有效。

让体验式学习更简单有效的小贴士

体验式学习可以在课堂上或在工作中进行。此类体验在工作中会更自然地发生（见第 25 章）。如果计划在课堂中或网络上应用体验式学习，那么对学员来说，设计的内容必须尽可能现实且有意义。体验式学习的环境要求在整个学习过程中能够吸引参与者，这样他们才能融于事件或游戏，更有助于获取知识、技能或观念。设计者或引导师需要考虑以下几个方面才能确保体验式学习的成功。

↘ 确保学习是有前后关联的

帮助学员将体验的内容与工作或生活联系起来，便于学员能够确认如何立刻运用学到的内容。如果只提供给学员信息、事实、数据和工具而不帮助学员看到与学员自己和其工作之间的联系和重要性，那么学习间的关联性就被忽略了。引导师在体验式学习环境中的关键作用就是充当一个管道，帮助学员在工作中将学到的内容加强应用，这可以通过对所学内容进行适当的提问、反馈、辅导或给予提示来进行。通过鼓励学员对学习内容进行反思和思考，引导师能够帮助学员努力观察理论和实践的应用情况。

采用不同的学习形式

谨记学员有视觉型、听觉型和动觉型等不同类型，所以在设计体验内容和形式的过程中，要保证活动和内容对所有的学员都有价值。体验式学习的环境能够为学员在整个学习过程中提供各种机会，使学习的内容和活动能够与不同的形式有效结合起来，以此使学员的学习潜能发挥到最大。本章后面提到的康尼格拉食品公司案例研究就是一个很好的例子。

创造积极的学习环境

一个轻松的能够促进学员社交关系、情绪、身体和精神的学习环境可以更好地鼓励和辅助学员学习。当在学习环境中感觉到自在和安全时，学员就能够自由地去实验，尝试新的事物，开放思维，产生新想法、新问题和新关切，并且能够在整个学习事件中探索不同选择。

鼓励学员相互协作

成年人在一个易于合作、频繁合作并能分享想法的环境中收获更多。在课堂中通过持续提供一系列能够让学员共同学习的活动和练习，找到能够让学员在组内或活动中互动的方法。可以通过以下技巧实现，包括头脑风暴、分组、临时讨论小组、项目团队协作、角色扮演或模拟演习；在工作中，则可以通过激励团队协作、社交网络和同伴互助等方式。

鼓励学员积极参与

马尔科姆·诺尔斯认为儿童和成年人学习方式最主要的差别在于成年人有更多的经验和知识，因此能够更加主动地获取学习成效。当让成年人参与到培训中，并且使他们在培训中成为活跃分子的时候，他们通常会在取得设定的学习成果上承担更多责任。因为体验式学习更倾向于基于行动，更不是基于内容或信息，因此参与者会在精神上和身体上更加积极。基于大脑的学习的研究表明，在这样的环境中，大脑经常受到更多刺激，从而能够更好地加工各类信息和观念，产生新的框架，并且开始与当前的记忆、知识和技能更好地联系起来。因此，通过参与，学员更能够吸收学到的内容并形成认知联系，使之应用到工作中。结果是，学员从培训中学到的内容将高度转化到现实应用中。

↘ 采用自我评估

自我评估手册往往根据个人诸如交流、领导和行为方式等情况，由计算机生成报告，报告中包含个人见解，这些个人见解则能够轻易作为“经验”使用。自我评估也能够被用来制订个人行动计划，进而将在体验式学习圈中学到的内容进行实践。

↘ 跟踪过程

引入写日志的观念，对所学内容和教程进行的记录能够作为学员日后的参考。同时这也会帮助学员在将来回顾笔记内容时能够强化学习效果。这增加了学员使用从培训中学到的内容的可能性，也增加了学员在工作中牢记所学技巧的可能性。

↘ 融入脑研究成果

对大脑的相关研究表明，运用对人的五感有影响的技术和学习策略，可以有效提高学员更好地记忆和对体验做出实时响应的概率。学员有很多机会可以将已有知识和技能与所学内容进行联系，从而形成新的模式，构建新的联系。而这些联系可能通过以下方式进行强化，如类比、模拟、比喻、叙述、举例和其他不同的互动技巧。在设计一个基于大脑的学习环境时，学习材料和教学实施都必须以学员为中心，并且要以一种快乐的、有意义的和能够实现自我充实的方式实施，同时还必须有很多机会能够让学员有时间对其经历进行加工，以便使他们能够在精神上实现联系、形成记忆、掌握课程内容，并最终为实践所学内容找到方法。本章后面的康尼格拉食品公司案例讲述了此公司所使用的确保其体验式学习有价值的创造性方法。

体验式学习独特的地方在哪里

对体验式学习有一点需要注意，那就是个人对于自身的学习负有很大责任，需要将内容和活动与自己知识和经历相匹配。学员被鼓励去做决定如何吸收新的内容和技巧到日常行为，同时还要接受挑战去分析学习内容、找到解决办法和制订能够将所学内容应用到工作和生活中的计划。学员在学习中积极参与，结果是能够更好地获取、保留、回顾和应用自己的经验。

关键是学员自身对学习成果的好坏起到了重要的作用，体验式学习具有以下独特的特点：

- 有时直到总结汇报体验的时候，内容才被学员揭示出来。
- 学习建立在提问之上，适当的提问能够鼓励学员进行反思和探索。
- 体验式学习可以在任何地方进行。
- 体验式学习可能是最个性化的学习方式。在工作中，体验式学习可以随时随地响应工作所需。在课堂上，学员收集自己所需要的内容，并且内容因人而异。

体验式学习的发展

体验式学习在过去的 20 年间迅速发展，近些年因为各种原因继续保持快速发展的势头。

更多学习与绩效领域专业人士接受体验式学习

因为与体验式学习的价值和成果相关的知识在成人学习教育中传播开来，所以许多引导师和教学设计师开始在其培训方案中添加体验式学习的相关元素。同时他们也努力接受以支持体验式学习和工作为宗旨的研究性教育，以此寻找方法在他们的学习活动中穿插体验式学习。就像之前提到的，高等院校很乐意为学生创造机会来参与体验式学习。下面简要地讲述了一所大学如何向在校学生提供体验式学习。美国长岛大学的学生不只简单地学习商业理论，而是亲自实践包括市场营销、广告宣传、财务核算、做明智的商务决策和其他一些技能。长岛大学的校长金佰利 · 克莱因（Kimberly Cline）表示“我们希望确保学生们能够把这些体验放到简历中去”。

技术进步

能够用来补充课堂教学的培训器材和仪器因技术进步已经获得了巨大的发展，如电子游戏、在线学习平台和在线解答、在线访问的培训和电子记账、创新的智能计算机模拟、视频等其他更多的工具。现在的培训可能直接传送到学员的电脑或手持设备上，不再需要远赴异地参加培训。

学员的能力和偏好发生改变

因为生于 20 世纪 70 年代和之后的员工能够接受生活中的大部分技术并且可以熟练地使用，创建体验式学习的应用来满足其学习偏好和需求已经是一个自然的发展过程。亲自参与的培训方法让学员自己来控制节奏和内容的难易程度已经变得有意义了，尤其是培训是否以他们乐于接受的方式进行，如游戏、活动或其他形式。基于技术的培训内容能够提供一种方法来实现本章下一节讲述的三种主要的学习方法。

高等教育中的体验式学习：给学生一次必要的体验

长岛大学校长金佰利 · 克莱因

综合的体验式学习在高等教育中是一次新的实践，能够通过创新和各种创业活动加强传统的课堂式体验。长岛大学是一个早期的实践者，为学生提供机会在校园里去创建和经营业务，校园里涉及的店铺从服装店到艺术馆礼品店，再到电脑专卖店，都有。学生委员会管理和运营这些店铺来补充他们的学习领域。学生们为自己的简历增添了有价值的体验，而且所有的利润都被用作奖学金和支持学生将来创业的资本基金。

学生在创业的过程中变得能够熟练地进行规划、批判性思考和解决问题。一个额外的好处是将来的雇主看重这种知识和实践的结合。通常大学生能够从实习中获得经验，但建立和经营一个店铺的实践活动能够为学生们提供一些更丰富的经验，而这种经验是不能从普通的实习中获得的。

长岛大学不断向前推进，从管理学生运作的企业到发展他们自己的公司就是一个自然的进化。为了促使这种转变，长岛大学与很多处于孵化阶段的高科技企业合作。除了成立基于校园的企业，长岛大学的学生还有机会与很多历经

> 考验的企业共事，如 FATWIRE 软件公司。这种体验式学习的完全一体化为学生创造了挑战性和创造性的学习环境，使学生能够在实践中学习。长岛大学的毕业生已经是做好充分准备的劳动力了。

成本已经下降

前端成本仍然很高，这取决于你想采用的体验途径的类型，如果你想创建自己的活动和学习材料并且拥有技术资源去设计和开发，那么总体费用将比课堂培训低很多。

信息唾手可得

伴随着各种基于大脑的学习及创建体验式学习材料、活动和内容的效果和过程的研究完成，通过学员的主动参与，引导师和组织者现在有更加廉价的方法来了解能够获取更大影响的体验式学习的价值和过程。现在有数以千计的文章和书籍来阐述如何开发各种体验式活动和策略，以应用于课堂或电子化教学。

在本书的网站（www.astdhandbook.org）上有一个体验式学习活动工作表，可以用来创建你自己的体验式学习练习。

课堂外的体验式学习

体验式学习让学员能够随时随地在需要的时候拥有和掌握所学到的内容。很多学习都发生在课堂之外。在课堂上或通过一个在线学习，引导师和设计者在为学员创造反思的机会和加强所学内容的运用上扮演了重要的角色。如果符合现实并且可以为学员提供机会去运用那些能够反映在职活动的模型、模拟和设备，那么一个精心设计的练习环节常常能够像真实生活中的事件一样有效。飞行员通过各种航空模拟练习就能够成功学到如何在各种天气状况下降落和起飞的技巧，而不一定非要在高成本和高潜在安全风险的实际飞行中去学习。

一旦学员回到工作中，主管和团队领导就要充当引导师的角色，确保学员能够运用学到的内容并从中受益。我们有责任确保这些主管是很好的教练，能够明白体验式学习的步骤。这包括为他们自己提供工具来帮助学员在工作中运用新知识和技能来完成任务，然后收到高效的绩效反馈，如果需要任何改进，也可以获得建设性的修改意见。

在理想的状态下，主管和团队领导将经历其员工在体验式学习中学到的内容，从而了解员工所经历的体验，并且他们将更有效地重视、支持和引导员工对于学到的观念和体验的应用。

主管通过讨论如何将学习目标和内容应用到工作中来帮助员工。通过讨论，员工能够和主管或团队领导一起制订一个行动计划和绩效目标。在工作上，主管扮演观察、部署和支持的角色，同时提供定期绩效反馈。他们亦可进行恰当的培训，为员工和专家牵线搭桥，或者引导员工参与角色扮演。

在线的或基于技术的支持系统是强化和支持之前的学习的另一种优秀的方法。如果组织没有这些支持系统，很多网站和博客上有很多免费的在线研讨会和播客及其他与工作主题相关的内容。例如，如果你在 YouTube 网站上键入“售后服务”，就会有很多与服务技能相关的短视频可以被用来引用或强化知识和技能。当主管在与员工一起工作时，可以用这些资料作为讨论媒介。一旦员工查看了这些资料，主管就可以引导相关讨论来创造机会，使员工能够实践所学到的技能。

所有这些学习体验应该是有效且目的明确的，以使学员能够看到价值，并且接受学习和运用信息及技能带来的成效。康尼格拉食品公司案例研究就提供了一个有意义的且目的明确的创新性体验。

从农场大门到餐盘

康尼格拉食品公司的体验式学习案例

克里斯·基里奥斯

康尼格拉食品管理企业学习

对于许多学习专业人士而言，其中最大的挑战之一是如何让学习方案对于学员而言变得有吸引力和有影响力。我们经常感觉到时间和预算受限，阻碍了我们能够注入培训中的创造水平。我们的课堂培训总是在会议室内通过 PPT 演示文稿进行，时间被小组练习和休息分成若干段。尽管这种课堂培训对一些主题来讲是有效的甚至必需的，但在如今的数字化时代，我们在吸引学员注意力上正面临着比以前更大的挑战。就像很多我们的同行，我们（康尼格拉食品公司）也在努力寻找方法使学习变得更吸引人和更令人难忘，并且让学到的内容能够最大化应用到学员的工作中去——直到最近，2013 年我们通过整合以前没有结构化的和基于经验的学习事件，开始重新设计我们的高管领导力发展项目。我们致力于向高管层级提供一种体验式的、全局的业务视角——直白地说，就是从农场大门到餐盘的全流程视角。

领导力发展需求

巨大的发展也带来了巨大的挑战，康尼格拉食品公司已经从 1919 年创立之初的谷物碾磨和家畜饲料业务发展到现在北美最大的食品公司之一。并购是康尼格拉食品公司成长最主要的发展战略，而且也是非常有效的战略，也带来了各种挑战。并购起初是一次财务转移，但很快就变成了一次人员变动。达成和完成一笔交易很容易，但最重要的工作实际是如何让交易发挥作用。我们没有豪华、悠久的历史来培养一种单一的公司文化，因为我们是一个许多文化的大熔炉。改变是一定的，每次新的并购都带来新的人员、政策和公司文化。2011 年，康尼格拉食品公司上层领导团队在首席执行官加里·罗德金的带领下引进了我们的“增长秘诀”，这是一个五年的战略路线图，规划了如何来经营我们的业务和为股东创造价值，而此战略路线的目标是截至 2017 年使我们的公司变成增长最快的公司。公司过去五年经历的高速增长验证了发展企业领导团队的巨大需求。我们具有竞争力的优势源于我们领导团队实现业务目标的创造性方法。随着整合并购的业务进入新市场和与新客户建立联系，我们必须不断地提高领导团队的能力来解决巨大的挑战和应对意料之外的业务状况。

卓越领导系列培训回顾

随着康尼格拉食品公司在过去五年中的改变和发展，我们越来越明显地发现领导力发展项目并没有与公司发展需求保持同步。卓越领导系列作为我们的高管领导力发展项目，第一次对领导力培训课程进行了评估和修正。第一步就是确定我们需要努力去解决的问题有哪些。通过与高层领导面谈，来明确我们当下领导力所缺乏的东西，以及如何最好地为将来的快速消费品行业培养领导团队。另外，我们最近还进行了一次公司内部调查，使用调查得到的总结数据来明确公司那些与领导力相关的重要挑战。一个持续出现的机会是帮助领导团队通过一个更全面的角度来审视我们的业务，从而更好地看到大局。我们保留着项目最初的框架，包括三次为期三天的会议，每次会议都着眼于领导力发展的不同层次：提高自我理解力、领导他人、引导业务的增长。本课程遵循康尼格拉公司“学习、应用、保持”的学习方法论。学员被引导通过学前任务来学习，学前任务包括个人阅读和在指定小组中完成工作。接下来学员要将在课程中学到的内容进行应用，可以通过参与交互式的亲身实践活动和讨论来实现行为的改变和学习的转化。最后，学员通过自我反思和在小组中进行后期跟进，使学到的内容能够持续运用。

新改进的卓越领导系列在 2013 年春启动，其中，有 45 位代表康尼格拉食品公司不同业务的跨职能部门领导参与。这一组学员在 2013 年 8 月底完成了他们的卓越领导培训之旅，并且给出了极高的评价。我们通过一次最终会议对此次培训进行了总结，整个体验式学习是非常严谨的，并且被证实对我们的学员是非常有价值的。

卓越领导系列：第三阶段——引导业务的增长

卓越领导系列课程中最大的改变出现在最后一个阶段，此改变着重强调对业务形成一个战略性的了解。正如在我们之前的分析阶段所明确的一样，我们需要帮助领导团队全面地看待我们的业务。像许多大的公司一样，我们也面临着挑战，不同职能部门不能理解或领会其他职能部门在“以最好的方式提供日常食品（康尼格拉食品公司的目标）”中所扮演的角色，以致产生了冲突、低效和冗余。我们许多副总（卓越领导系列的主要学员）在自己的职能管理中非常专业，不管是信息技术、人力资源、供应链、调研、质检或研发，然而他们大部分人对于其他职能部门如何在公司内实现“增长秘诀”了解有限。以帮助领导团队着眼于全局为目标，我们重新设计了卓越领导系列培训的最后一个阶段。我们重新开始并且淘汰了之前的设计。我们转换了思维，从以前告知学员我们业务上的挑战到现在从源头上让学员自己置身于当下的挑战之中。我们致力于为领导团队提供体验式的和对于业务有大局观的培训——从农场大门到餐盘。

康尼格拉食品公司是北美最大的包装食品生产商，在 99%的美国家庭中都能发现康尼格拉食品公司生产的产品，同时，康尼格拉食品公司实力雄厚，其在全球范围内服务于餐饮业和食品行业。我们的产品圈始于农场，直至餐盘——要么是作为家庭烹饪食物的一部分，要么是作为餐馆配餐的一部分。消费者通过购买来支持我们的产品。如之前所说，我们的目标就是“以最好的方式提供日常食品”。当我们的员工能够领会从农场到餐盘的食品生产过程，他们就会形成更好的商业敏锐度，与公司内部和外部股东结成更稳定的关系。在设计之前，我们与康尼格拉食品公司的一些领导进行了面谈，问他们整个食品行业尤其是康尼格拉食品公司如今面临的问题及将来持续面临的问题是什么。我们所得到的答案多是与公司内部和外部相关的问题。消费者对转基因和动物保护的关注持续增长。从生产车间员工较低的参与感调查得分来看，他们感觉和“公司”关联性不强。另外，我们产品的消费者的购买习惯变化也很快，吸引消费者的竞争也更加激烈，而我们的业务需要依赖我们与消费者之间建立更好联系的能力。这些问题促使我们产生灵感，将“从农场大门到餐盘”纳入我们最终卓越领导系列课程，包括农场之旅、工厂之旅、浸入式购物体验和烹饪体验。

↘ 农场之旅

没有农学家种植用于生产消费者喜爱食品的原料，我们以最好的方式提供日常食品的目标就不可能实现。农场之旅的学习目标是增加我们卓越领导系列学员的农艺知识。农艺知识包括对农业发展史和当前经济、社会和环境重要性的了解。这些理解包括食品知识、纤维生产、加工、国内和国际市场营销，以及这些知识如何对康尼格拉食品公司造成影响。这些知识为领导团队和主要股东间以事实为基础的对话做好了准备。

尽管农场之旅的设计对于参与学员来讲是极其简单的，但是我们做了很多幕后的准备工作来确保学习目标能够实现。第一步就是找一个多样经营的农场，既种植农作物又有畜牧的农场可能有助于对转基因和动物保护问题的讨论。此外，我们需要找到一个距离酒店比较近的农场，并且愿意为领导团队安排一次参观。最后，我们与一个奶制品兼农作物种植农场合作，这有助于与我们的加工工厂之旅联系起来，因为牛奶是我们加工工厂需求量最大的原料。我们在农场之旅之前和农场主进行过几次通话和实地探访，以此向农场主解释我们的农场之旅的学习目标，并与他们一起寻找最好的方式来进行接下来的参观以达成学习目标。

除了农场主及其家人，还有几个代表植物与动物的农业生产专家与我们一道进行了此次参观。作为州立大学、政府和各种农业团体的代表，我们发现这些农学家非常容易相处并且热心分享他们的故事。这些专家与我们的领导团队进行了交流并且在食品生产和食品加工之间构建了共同点。最后我们分享了共同的目标：生产和加工安全又价廉的食品。

坚持“学习、应用、保持”的学习方法论，学员要提前查阅有关转基因和动物保护相关的评论观点为农场之旅做好准备。他们同时还要回顾关于康尼格拉食品公司如何采购牛奶，以及联邦和州政府对于乳制品行业制定的法规的演示。另外，我们还为学员提供了随行手册，内容包括农场之旅开始前及结束后进行反思的各种问题，并且手册还有空白处供学员在参观中做笔记。我们的领导团队在参观中运用之前准备的知识去直接鉴别经营一个奶牛厂和农作物农场需要准备些什么，同时提出一些有依据的问题。学员在参观中看到农场中种植着玉米、大豆和料草，然后提问与转基因、杀虫剂残留、除草剂残留和有机农场相关的问题。他们也看到奶牛场管理的所有环节，从产仔栏到挤奶间，并且询问如何将小牛和母牛分开、去牛角、奶牛的饲料，以及挤奶的步骤等问题。学员在参观中提出的问题要么由农场主回答，要么由同行中的农学家回答。像许多消费者一样，很多学员从来没有到过农场，对于农场没什么概念，也不知道如何去经营一个农场。他们学到了很多农耕方面的知识、农民眼中主要的农业问题和许多规范行业的法律和法规。作为学习保持的措施，第二天他们进行了书面的反思并在一个大组里对学习体验进行总结。总的来说，学习目标达成了，领导团队怀着敬畏之情结束了参观，并且被美国农民的辛勤工作所激励。

↘ 工厂之旅

下一步是跟随生鲜农产品到生产车间，在这里它们被加工成消费者喜欢的食品。康尼格拉食品公司是一家在全球有 80 个加工厂的食品生产商。我们把在农场和牧场种植和饲养的原料加工成安全可销售的产品。工厂之旅的学习目标是让我们的领导团队对工厂流程、产能，以及在生产中不同的分工角色进行熟悉。加工厂是我们业务的核心，然而很多在管理岗位上的员工并没有到过我们任何一个加工厂。许多领导每天做决策来指导如何生产我们的产品，以及对公司上下层进行改进，但他们和这些岗位上的员工联系很少或根本没有联系。提高工厂的参与度是康尼格拉食品公司最需要优先考虑的事情。

工厂之旅是卓越领导系列培训中非常重要的一部分。我们选择了两个距离较近的加工厂进行了此次学习。其中一个是食品加工厂，另一个是为我们几条生产线产品生产包装的工厂。安全及时间上的连贯性是我们进行此次工厂之旅主要优先考虑的问题，所以，尽管我们的学员没在生产线上工作过，但他们可以进行完整的参观并向生产线上的员工了解工作内容。每次参观前都要举行一次会议来让学员了解要去的工厂，包括工厂的员工、取得的成就、在当地社区的投资等。工厂的员工坦诚地分享所在工厂面临的一些挑战，并且开放地回答我们领导团队提出的问题。

继续坚持“学习、应用、保持”的学习方法论，参与的学员在参观工厂之前都提前做了准备，提前学习了每个工厂的历史、现状、领导情况、安全要求、经营介绍、每个岗位员工的职责等。这些知识在参观过程中都得到运用，之前了解过的工厂设备、加工过程在加工厂中都能亲眼所见。学习能够持续，则是通过接下来在一个大组中的反思和体验总结。像之前在农场参观一样，他们事先会得到一本指导手册，里面有参观前和参观后的思考问题，以及空白处供学员在参观过程中做笔记。因为参与的学员对于从头至尾的生产过程有一个全局的认知，同时对于一周七天、一天二十四小时进行生产工作的员工有了深刻的认识，也就意味着学习目标最终达成了。

浸入式购物体验

在 2014 财政年度之初，康尼格拉食品公司执行总裁加里·罗德金提出挑战，要求我们的员工“精通零售以赢得顾客”。这一挑战通过一次浸入式的购物体验，被整合进卓越领导系列培训的设计中。本次体验的学习目标是让我们的领导团队了解在不同的顾客人生阶段如何促进消费行为，以及领导团队如何将所学到的内容与康尼格拉食品公司的大局进行联系。

本次内容的设计非常简单，但很有影响力。在课堂开始前，我们的学员通过视频来完成培训前准备，视频内容包括顾客人生阶段的相关内容，以及由康尼格拉食品公司顾客洞察力小组所做的关于顾客在不同人生阶段的独特行为研究。这些知识在整个浸入式购物体验中得到运用。我们的学员按不同的特定人生阶段被分成几个小组，被告知每周需要完成的购物。每组分配到一套真实而独特的顾客资料，资料里描述了家庭构成及其购物预算，每个顾客都处于不同的人生阶段。学员将自己完全融入资料中，顾客描述对学员来讲是至关重要的，分配给学员的顾客资料中，顾客的采购地点、采购物资及预算都要考虑。学员的每个决定都必须参照被分配到的顾客资料，如他们会在哪里购物，购物会花多长时间，他们是否会使用购物券，他们会买超市自有品牌还是名牌产品等。每一组学员事先都会分配到一张银行卡，卡里会预充与分配到的顾客家庭预算一致的金额。这次的购物体验对于许多高管来说是忙乱而又具有启发性的，尤其是对于那些被分到的顾客家庭成员很多但预算非常有限的小组。当各小组回到酒店后，将买到的商品与被分到的顾客资料一起放置在桌子上，然后去参观其他小组的成果。最后各小组通过完成整个卓越领导系列培训中最为有效的汇报讨论环节来保持学习的效果。我们发现，当领导团队将自己置身于顾客的一周购物之旅时，他们能够看到顾客眼中认为购物时重要的东西，如品牌、价格、便利性、包装、折扣等。学员将所学内容与当前公司的经营策略进行对比，然后用新学到的视角来讨论这些策略是否有意义。各学员急于将浸入式购物体验中学到的内容带回自己的团队中。这次活动所采购回来的食品都捐献给了一个饥饿救援组织。

↘ 烹饪体验

一个教授食物是如何种植和制作的食品公司如果没有让学员进行一次亲身实践的烹饪体验，那将是失职的。卓越领导系列培训的最后一个傍晚，我们所有学员聚集在一所烹饪学校进行一次亲身实践的烹饪体验，此次体验将学员之间的友情与烹饪教育结合在一起，最终我们做出了一顿美好的晚餐。尽管我们唯一的学习目标是用康尼格拉食品公司的产品做一顿令人难忘的餐食并在其中寻找乐趣，但它是我们卓越领导系列培训最后阶段体验式学习之旅中一次额外的有价值的补充。

↘ 卓越领导系列培训的总结

在卓越领导系列培训第三阶段完结时，我们的领导团队增加了农艺知识，能够更好地为行业问题相关谈话做好准备，他们感激在工厂中所进行的培训，也感激工厂员工的能力和想象力，同时他们也被激励去开发和销售能与消费者联系更加紧密的产品。我们已经找到了对下一期卓越领导系列培训学员课程进行改进的方法，也期待能与我们的领导团队继续培训之旅。我们想变成增长最快的食品公司的雄心能够实现的前提是，我们必须建立卓越的领导团队来应对客户和市场千变万化的需求。像我们卓越领导系列培训这样的体验式学习能够为我们的公司创新提供思路、生产满足消费者需求的新产品，让我们走在行业的前端。

↘ 为什么体验式学习如此重要

作为学习和发展从业人员，我们应该经常谈论怎样更好地促进学习而不只是呈现信息。通过引导，我们努力维持在正确的轨道上进行学习，而不是直接给学员所有的答案。我相信体验式学习是引导式学习的缩影。学习和发展从业人员可以为学员提供合适的引导，但是学员的学习由自己驱动。

体验式学习能够为旧的教学方式提供一种新的思维方式。亲身实践的学习已不再是什么新鲜事，就像实验室已经成为许多教育思想重要的组成部分。在历史上，亲身实践学习对于训练任务型或技能型工作都是非常重要的。没有多少人愿意乘坐一个仅从演示文稿中学到驾驶技术的司机的车，也没有人愿意让一个仅从电脑模拟中学习的医生来做脑部手术。很明显，体验式的或实验室型的培训对某些领域是必需的，但是我劝读者要继续解放思想。实验室不应该仅仅作为常规的科学、医药和职业技能领域的专属。当设计学习课程时，我们需要考虑的应该远远超出标准的引导式课堂培训。比如，我们要考虑到为学员提供哪些体验能够引导他们完成学习目标。作为学习和发展从业人员，我们如何真正地以学员为中心来促进整个学习过程？

由于我们学员的注意力持续时间变得越来越短了，对于培训有趣的期望变得更高了，我们要继续努力让学员能够投入并且收获最大的学习效果。现在比任何时期都重要，需要我们摆脱典型的课堂式学习的束缚而去接受能够为学习注入更多价值的体验式学习。作为体验式学习的引导师，我们能够在学员中唤醒求知欲和情感，以此来增加他们固有的积极性去学习并最终将学到的内容转化到工作中。

总结

体验式学习对于学员和企业需求并非万灵药，然而在为员工进行知识和技能的培训时却能够提供一种潜在的工具来确保时间、金钱和努力有所值。通过在学习过程中让学员积极投入，引导师和设计者能够更有效地挖掘到成年学员所具备的信息财富和生活经验。这最终能够促进和增强对所学知识的吸收、理解和应用。

备受世人尊敬的中国哲学家孔子（公元前 551—公元前 479 年）曾经很好地描述过体验式学习的优点："生而知之者，上也；学而知之者，次也；困而学之，又其次也。"有时候通过体验来学习是非常痛苦的；作为企业培训专业人士的工作，就是用最小的痛苦换取最大的学习成果。

作者简介

罗伯特·卢卡斯，CPLP，国际知名作家及学习与绩效专家，在以绩效为基础的职场培训和咨询领域有 40 年经验。他在各企业及国际会议中对数千名学员进行了引导师培养、售后服务、沟通和管理等方面的培训。他运用体验式学习和基于大脑的学习理论来确保学员能够积极、全身心地投入学习。他所著及参与编辑的书有 32 本。

克里斯·基里奥斯，康尼格拉食品公司学习和发展经理。对和食品有关的事物有很大的热情，大到农场，小到餐叉。作为康尼格拉食品公司学习和发展团队中的一员，她的工作就是通过人才的开发来激发和实施公司业务战略。另外，她还是美国 Agri-Women 的教育副总裁，这是一个由美国 50 多个州的农场和农业综合企业组建的女性非营利组织，也是整个美国商品和农业经济联盟组织。她目前与她的丈夫住在内布拉斯加州的奥马哈市。

参考文献

Baker, A., P. Jensen, and D. Kolb. (2002). *Conversational Learning: An Approach to Knowledge Creation.* Westport, CT: Quorum.

Biech, E. (2005). *Training for Dummies.* Hoboken, NJ: John Wiley & Sons.

Glaser, R., and B. Roadcap. (2007). *Designing Experiential Learning in Adult Organizations.* King of Prussia, PA: HRDQ.

Jacobson, M., and M. Ruddy. (2004). *Open to Outcome.* Oklahoma City: Wood 'N' Barnes.

Lucas, R. (2003). *The Creative Training Idea Book: Inspired Tips and Techniques for Engaging and Effective Learning.* New York: AMACOM.

Lucas, R. (2007). *Creative Learning: Activities and Games That Really Engage People.* San Francisco: Pfeiffer.

Lucas, R. (2010). *Energize Your Training: Creative Techniques to Engage Learners.* Alexandria, VA: ASTD Press.

Pfeiffer, W., and J. Jones. (1975). *A Handbook of Structured Experiences for Human Relations Training.* La Jolla, CA: University Associates.

Silberman, M. (2007). *The Handbook of Experiential Learning.* San Francisco: Pfeiffer.

延伸阅读

Glaser, R., and B. Roadcap. (2007). *Designing Experiential Learning in Adult Organizations.* King of Prussia, PA: HRDQ.

Lucas, R. (2010). *Energize Your Training: Creative Techniques to Engage Learners.* Alexandria, VA: ASTD Press.

Silberman, M. (2007). *The Handbook of Experiential Learning.* San Francisco: Pfeiffer.

第22章

电子化学习的正式宣言

迈克尔·艾伦（Michael W. Allen）
朱丽·德克森（Julie Dirksen）
克拉克·奎因（Clark Quinn）
威尔·塔尔海默（Will Thalheimer）

本章要点

- 回顾为何电子化学习（E-Learning）重新聚焦高质量学习体验如此迫切

虽然对电子化学习的研究、发展和应用已经有 50 多年的历史，技术的进步仍在不断推出新的兴趣点和机遇。技术的进步在促进电子化学习应用稳步扩张的同时，部分科技的进步也使电子化学习领域偏离了它最初的使命。为了迅速提供被动吸收的内容，教学设计原理的严格审核似乎越来越被人们忽视。人们似乎更关注制作时间而不是学习时间的品质。学习技术的独特似乎让步于传递没有适切学员意愿和需求的内容。

这些及许多其他观察结果都让我们忧心忡忡。我们相信是时候大家一起齐心协力通过采取颠覆性的行动使焦点回到对于质量的需求，甚至包括发表有关电子化学习的严正宣言上了。除了在本章，你也可以在 seriouse-learningmanifesto.org 这个网站上看到这份宣言（见图 22-1）。我们希望你，亲爱的读者，可以认同我们的价值观和理念，并与我们一起宣誓致力于提供更好的学习体验。

迈克尔 · 艾伦 / 朱丽 · 德克森 / 克拉克 · 奎因 / 威尔 · 塔尔海默

我们认为学习技术提供了创造具有独特价值的学习体验的可能性。

我们也沉痛、失望地认为，过去及当下的电子化学习方法未能充分兑现其承诺。

我们进一步认为，除非采取彻底的行动扭转局势，否则当前趋势只会使学习设计停滞不前。

最后，我们的结论是，提升电子化学习的效果至其应有水平的唯一方法是开始承诺遵循一套新的标准。

通过持续评估学员表现，学习体验可以最优化学员的时间利用、个性化全身心投入体验、解决需求、最优化练习，并为从学习到绩优工作表现的转化做准备。

通过我们自己及帮助别人优化电子化学习体验的工作实践，我们发现需要实现高质量学习体验的如下要求，并缩减的一些有问题的实践：

高质量学习体验的要求	有问题的实践
• 创造实际效果 • 对学员有意义 • 情感投入 • 真实情境 • 现实决策 • 个性化挑战 • 间隔实践	• 专注于内容 • 强调编写速度 • 被动投入 • 知识传递 • 测试事实而不是技能的掌握 • 一体多用 • 一次性活动

保障原则

1. **答案不总是学习**。我们不要假设学习干预就是解决方案。

2. **答案不总是电子化学习**。当需要学习的时候，我们不要假设电子化学习是唯一的（或者最好的）解决方案。

3. **学习应该和组织层面的影响联系起来**。我们要把正在开发的技能和组织需求结合起来。

4. **绩效改进才是目标**。我们要帮助学员收获优异的表现，让他们能够获得能力、技能、信心和绩效准备度方面的提升。

5. **现实实践是必要的**。我们要为学员提供充足的不同层级的现实实践机会，包括模拟、基于情境的决策、案例评价和真实练习等。

6. **要有真实情境**。我们要为学员提供足够的真实情境下的决策体验。

图 22-1　面向所有培训发展专家的电子化学习正式宣言

7. **指引和反馈是必要的**。我们要为学员提供指引和反馈，以更正他们的错误概念，强化他们的理解并培养有效的绩效技能。

8. **提供真实的结果**。在学习过程中提供绩效反馈时，我们要为学员创造一种真实世界结果的感受。

9. **适切学员需求**。我们可以也应该运用电子化学习的能力去创建一个适切学员需求的学习环境。

10. **关联学员目标，鼓励参与**。我们要为学员提供与他们当前目标相关联的，或者可以促进他们高度参与学习过程的学习体验。

11. **目标是长期影响**。我们要创建有长期影响的学习体验——远远超过教学活动结束的时间——直至学有所用。

12. **互动性引发高度参与**。我们要运用电子化学习的独特互动能力来支持反思、应用、演练、详解、情境化、辩论、评价和整合等活动——而不仅仅是体现在导航、翻页、翻转和信息搜索方面。

13. **培训后全程跟进很关键**。我们要适当加入培训后跟进来支持教学，提供学习机会，强化学习要点的掌握，为学以致用提供管理支持，创建可以推动进一步在职学习的机制。

14. **诊断根因**。在接到培训要求的时候，我们要判断培训是否可能产生收益，是否有其他影响提升的因素。我们也要努力积极地评估影响组织绩效的因素，而不是等待组织内的利益相关者提出要求。

15. **运用绩效支持**。我们要考虑提供工作辅助、核查单、向导、计划工具和其他绩效支持工具，作为标准化电子化学习互动的补充（当然也可以替代）。

16. **评估组织层面的结果**。理想情况下，我们要衡量学习活动有否为组织带来收益。

17. **评估实际绩效结果**。理想情况下，学习结束 2～6 周后，我们要衡量学员有否学以致用、成功的程度、成功因素和遭遇的阻碍，以及管理支持的程度。

18. **评估学习过程中的学习理解和决策能力**。至少在学习活动过程中，我们要衡量学员的理解情况和决策制定能力。理想情况下，我们还要在学习结束至少 1 周后再次评估。

19. **评估有意义的学员感受**。在衡量学员感受的时候，我们要衡量他们应用所学知识的能力、动机水平和在实践活动中获得的支持。

20. **重复是必要的**。我们不认为第一遍就是正确的，但我们将一直评估、改进，直到我们实现设计目标。

21. **支持绩效准备**。我们要在电子化学习活动中激励学员做好运用所学知识、规避障碍、处理特殊情况的准备。

图 22-1　面向所有培训发展专家的电子化学习正式宣言（续）

22. **为学员理解概念模型提供支持。**我们认为绩效源于概念模型指导下的决策，而此类模型应在反馈中演示，与反馈示例中的步骤进行关联，结合反馈进行练习，在反馈中使用。

23. **运用丰富的正例和反例。**我们要提供正例和反例，同时结合示例背后的思考。

24. **错误也可以有积极意义；失败也是一种选择。**我们要在适当之处让学员犯错，这样他们就可以从错误中学习。另外，在适当之处，我们也要模拟犯错和错误处理。

我们承认，这份清单虽然重要，但并不完整。

图 22-1　面向所有培训发展专家的电子化学习正式宣言（续）

你可以在本书网站（www.astdhandbook.org）上下载一份完整版的宣言，还有一份提醒你如何执行每条保障原则的核查单。

来自作者的留言

作为对本次团队合作的支持，此宣言的作者们也进一步证实了电子化学习重新聚焦高质量学习体验的迫切性。以下是他们的个人陈述。

迈克尔・艾伦

今天有太多的电子化学习都不符合标准。但愿我没有正在变成（或者已经是）一个爱抱怨的糟老头儿。我从事电子化学习大约有 45 年了，并且一直兴趣盎然。我一直兴趣盎然的原因是我见证了电子化学习给个体带来的收益。

我见过有的学生甚至在老师密切、关怀备至的指导下依然不及格，但是一有机会接触具有适应性的电子化学习，（成绩）便突飞猛进。我见过一些暴力团伙在电子化学习的帮助下发现隐藏在自身的智力特长从而洗心革面，并成为数学竞赛的赢家。我见过一些自认为没有能力学习新本领的成人变得欣喜若狂，通过借助符合他们需求的电子化学习，几乎成为学习狂热分子。我也见过一些销售团队在接受设计精良的电子化学习后，获得更显著、巨大的成功，尽管他们先前曾接受过优秀的培训。

但是，让我感到沮丧的是，我接触的很多案例，代表了电子化学习早期很多人的好的做法，现如今已经不常见了。他们可以很轻易地针对不同的学员群体、不同的内容和技能进行复制。反观现在，我们看到如此多的引人入胜的翻页演示文稿，很露骨地伪装成教学互动。学员没有挑战，没有进行足够的练习，没有机会看到自己错误的结果，错过了如此多的机会。

设计问题

当然，不考虑实施方法的话，成功的关键就是设计。我们的行业正在经历一个内省阶段，在这个阶段，有些人甚至怀疑教学设计是否有意义。除非我们关心是否有人还在尝试它，要不然那真是个愚蠢的话题。这是一个严肃的问题。看看今天制作出的课件，我们不得不承认，很少见到设计方面的用心。

为什么会这样呢？是因为有效的教学实施太难了，我们宁愿去浪费每位学员的时间而不去认真地进行设计，还是设计者根本没有接触过任何优秀的设计因而只是进行有限水平的模仿？

干脆告诉我该怎么做

几年前，美国一家最大、最负盛名的公司曾邀请我去讲授关于电子化学习的教学设计，一天的课程非常紧凑。当我被领进一座宏大、近乎奢华的礼堂时，我有点儿被震惊了。整个房间，甚至连阳台都坐满了人，我开始展示我能塞进去的尽可能多的优秀的课件。我对设计进行了分解，解释了运用到的一些关键的原则。虽然这不是一次互动性很强的经历（有点讽刺，我知道），但从现场热情的摘录笔记情形来看，我似乎完成了目标。

大约在我们计划结束前一小时，阳台上有人叫喊，说明有人有问题要问，但因为讲台灯光的原因，我看不清楚。谢天谢地，终于有人提问了。但他说："我猜还没有人告诉你，我们刚刚进行了一次大范围的重组。"这一点我是知道的。"直到上周五，我们的名片上都写着'软件工程师'，这周一我们收到了新的名片，上面写着'教学设计师'。我们没剩下多少时间了，你能不能直接告诉我们怎样做设计？"我一时语塞——尽管关于这个话题可以说很多。

无趣很糟糕

在这次烦心事发生很久之前，我尝试了很多次，希望确定一些核心的教学设计理念，这些理念可以确保一些高质量的设计。促使我做这项工作的动力是，我观察到，很多获得名校高等学历的人虽然参加过一些令人印象深刻的关于人类学习和教学设计的讨论，但是设计不出甚至几分钟的有趣的教学内容，或者至少他们没有这样做。看来“了解”与“会做”有很大不同。

因为看起来有些难以置信，我花费了几年时间才发现，大多数接受传统教育的教学设计师从来没有想过无趣的教学设计是很糟糕的，并且没有效果。无趣和参与之间的关系并不是一个专业的话题，当时还没有人讨论过这个话题，也许认为那是娱乐界的设计师们需要考虑的。不，在技术层级（所有有趣的内容都在课程末尾）和正式结构化行为目标（对大多数学生没有一点吸引力）的背景下，把设计做好与实际建立学员联系没有多大关系。

回到 1966 年

电子化学习设计者极少重视自己的责任及履行责任的方式，这是错误的。事实上，电子化学习是在新一轮教学科学的希冀下衍生出来的。保持讲师引领式学习法，以进行有意义的教学法比较，这一点很难。但电子化学习为因素控制和结果评估提供了新的可行的机会。

帕特里克·萨匹斯（Patrick Suppes）是一位多产的科学家、物理学家、数学家和教育家，他通过无数次的实验，来验证基本算法如何成功地进行教学调整，以适应学生个体的需要。他于 1966 年发表在《科学美国》杂志上的论文可以被视为电脑教学方面的醒世之作。其基本的观点是，通过反复的科学研究发现，我们不仅可以提高课件的有效性，也可以明确教学设计的关键组成部分。通过电子化学习，我们可以为每个人预设高效的学习体验，在这一点上，没有任何一种教学形式可以做到。

互联网摧毁了一切

利用早期的教学系统，我们只能希望传播高清图像、动画、声音和视频。我们可能想象不到今天最小设备的计算速度。移动性？（那是什么？）无处不在的、廉价的、世界范围的连接？（在讲科幻吗？）即便没有这些能力，我们也在认真地研究并开发一些很棒的学习体验。每一样都需要很多时间、精力，这是肯定的，但是学员也真的受益很多。成本很高，但是值了。

借助多媒体和计算机的力量，我们可能会以为通过使用先进的软件工具，教学设计也会一样的先进和发达，这些软件可以更加便捷、迅速地促成有意义的、难忘的、激发性的学习体验。在你许愿的时候还是要谨慎一些。即便我们已经拥有了所希望的一切（甚至更多），我们对技术的应用情况又如何呢？我不得不有些失望地承认，我们没有利用好机会。

破坏性团队

我很感激本文的其他作者，他们多年来一直体恤我，当然也说过很多次“我们受够了”。他们并不是说某人需要采取行动，他们说的是我们需要采取行动——我们一定要有破坏性！

我们一直在竭尽全力呈现更好的帮助学员的方法。我们以能想到的各种方式分享。我们一直在写、在说、在做咨询。我们说过：“如果我们的工作中有任何可以改善你的学习体验的方法，请拿去用吧。”现在我们又做出进一步的努力（也许有些孤注一掷），因为我们真的想要加入一场可以改善每个人的学习机会的运动中去。改革的时刻到了。

宣言

我们认为专业人员使用教学技术时必须达到的要求是，赢得学员的时间占用权。我们知道电子化学习可以是一次有意义的体验，但它并不因为科技的存在而有意义，而仅仅当科技被用来做有益的事情时它才有意义。因此我们列举了一些必要的行动。

但仅仅制定原则并不是什么革命性的开始，所以我们做得更进一步。我们要把宣言变为誓言。通过提出这一宣言，我们宣誓：无论何时何地，我们都会在可能的时候做一些具体的事情。我们知道其中的局限性，我们也知道我们中一些人的客户也许并不赞成我们的设计成分，尽管我们认为是重要的。但是作为专业人员，我们将克服局限，竭力找到可以为学员提供有益的学习体验的方法。

我们邀请你加入我们，这是我们的网址：seriouselearningmanifesto.org。

朱丽·德克森

电子化学习行业基本上瓦解了。我知道，这是一个很大胆的言论，但是让我解释一下为什么我这样认为。

这种现象有很多，最明显的是电子化学习行业并没有壮大，也许正在越来越糟。我从事这个行业至少有 20 年了，除了一些特例，相比基于网络的千禧时代，1993 年基于计算机的 CD-ROM 课程中频繁出现更加优秀、有创意的作品。

造成这种现象的原因有好几个，但是我认为最基本的是：缺少反馈回路、与学术文献脱节、缺少设计指引、技术主导设计而不是设计主导技术的倾向。

原因之一：缺少反馈回路

看过马尔科姆·格拉德维尔（Malcolm Gladwell）《异类》一书的人都熟悉 10 000 小时法则。它指的是真正学会一样东西需要 10 000 小时的刻意练习。这可以用来解释泰格·伍兹（Tiger Woods）的学习，他在妈妈子宫中就开始打高尔夫；披头士乐队（the Beatles）在德国的夜店练习了几千小时后回到英国，专辑大卖。尽管具体的数字也许并不精确，但至少学习源于大量的时间和练习的观点是得到支持的。

这是不是说，一个做了几十年电子化学习设计的人可以成为电子化学习设计领域的“泰格·伍兹”？未必。

问题在于刻意练习。刻意练习包括强有力的反馈回路，反馈回路允许人们练习以判断他们的尝试效果并据此做出调整。反馈可以通过可见的表现、观众的反应或专家指导体现出来。

如果你坐在一个有讲师引领的课堂上，你立刻就会知道自己面前的是不是专家。讲师自信大方、语调抑扬顿挫、解释简单清晰、话题切换自如，这些都可以成为学习效果很好的依据。

如果你曾经现场教过课的话，面对前方的学生，你很快就会知道哪样有效，哪样无效。如果出了问题就会立刻很明显——如活动指导不清晰或解释没有意义。如果发生这种事的话，你视情况调整就可以了。

电子化学习一直都缺少这种反馈回路。事实上，电子化学习对于设计者来说一直都没有任何有意义的反馈。电子化学习课程通常被上传到学习管理系统中，然后就被抛弃在一边了。近期我在参加一个电子化学习行业座谈会时，询问房间内在座的有多少人看到有人在使用他们的作品，只有少于一半的人举手。学习管理系统报告作为一种反馈机制，对于设计者来说基本是没有意义的，它基本就是包括完成情况、得分和可能的完成时间。

因此，看不到设计的有效性也意味着 10 000 小时也许并不能使设计者熟练掌握。通常，人们在见识过之后才有可能有进步，所以，电子化学习人士在获得更多可视化的经历后，学习过程会更好。遗憾的是，有些人设计了 10 年的电子化学习，却设计不出比他们刚开始的时候更加有效的作品。

结果是，我们设计了一套反馈系统，它可以使电子化学习教学设计更加擅长设计的过程，而不是电子化学习的设计。反馈系统的缺失使得教学设计师很难展示他们对于组织的贡献。

原因之二：与学术文献脱节

我不清楚电子化学习领域在与学术文献脱节方面是不是比其他领域更糟糕。我怀疑这在很多行业都是通病，但我鲜少看到学术研究进入一线电子化学习设计者的实践应用中。大多数情况下，我真的不认为这是他们的错。除了几个有名的特例，像鲁兹・克拉克（Ruth Clark）和威尔・塔尔海默，能帮助实践者探索学术研究深海的解读者少之又少。

除了可以设计更好的学习这个明显的好处，对研究的探索也是建立信任机制的非常重要的工具。有些行业用考试和证书来建立信任机制，但即便拥有高学历的电子化学习设计者也发现自己只是被动地接受命令，而不是绩效和学习的专家。

原因之三：缺少设计指引

教学设计主要是基于过程模型。第二次世界大战中很多人都被征召入伍，这时候就需要一个更加快捷、高效的训练人的系统过程。

所以，如果真的是过程模型，就如同 ADDIE 模型，你会看到一系列的后续步骤。系统化教学设计的步骤可以用来构建从沙堡到战斗机的一切事物。没有任何要素表明它只是针对教学设计所用。

很多人都是很好的教学设计师，但他们不得不凭着直觉摸索，而没有很好的可以使他们进步更快的设计框架。再加上没有第一个原因中所描述的必要的反馈回路，行业产出的设计框架经常得不到严格的验证和修正以提升其有效性。

组成职业的重要部分包括知识、规则、指引、实践和经验的积累。教学设计领域的管理者需要提供更加优秀、与时俱进、以试验为基础、经过验证的设计指引和实践。

原因之四：技术主导设计而不是设计主导技术的倾向

正如上面提到的，当我刚开始从事电子化学习（我们当时称作基于计算机的培训）时，我们利用技术做了一些非常棒的工作，如 Authornare 和 Director，包括富媒体。然后互联网来了，当时我们觉得可以展示一个大小合适的图像，或者进行翻转，这真的太幸运了。后来，技术有些进步，差不多无处不在的闪播插件告诉我们，一些有意思的东西正开始为电子化学习所创造。然后几家公司研发了快速编写工具，电子化学习的互动性和类型都被严重削减了。快速编写程序最终有所改善，但这个时候手机开始兴起，大多数为闪播插件开发的工具都不得不被撤回制图板。

电子化学习行业以循环为特征，循环中的进程会受到某些发展的阻挠，这使得设计师不得不从头开始，造成习得性无助。在发现共享内容参考模型应用的局限性之后，我们尝试提升其依附性（我们通常用互操作性换取对用户行为的了解，这样我们还不如用吸管来盯住我们的目标受众），就这样，我们一直推着电子化学习这块大卵石上山，却没有取得任何显著成就，真的很令人沮丧。

在社交媒体学习中一直有希望和创新的微光，但主要还是依靠主流科技的使用。如果我们都被迫等待社会化学习功能嵌入电子化学习技术（如创作工具和学习管理系统），那我们很多人可能仍然要一直等待。

这一宣言如何帮助我们

通过与迈克尔·艾伦、克拉克·奎因及威尔·塔尔海默的交流，我知道我并不是唯一一个为我工作并热爱了这么多年的行业不再继续走下去而感到沮丧的。我们需要采取行动。

我也许与我的同事们有些不一样的观点，但我并不认为问题是关于态度或动机的。我一年中会给电子化学习设计师提供若干次的教学设计工作坊，他们高度专注自己的工作，我也想做得更好。我也听他们说过关于他们面临的技术和资源方面的局限。人们想要工作绩效更好，但是做不成时他们也会觉得沮丧。我看到想要做得更好的渴望，但是没有更好的指导原则很难专注。

尽管如此，我确实认为宣言是走向变革的第一步。我认为它有以下几方面的真实、具体的优势：

- 它是基于我们所知道的最好的科学，并提供以实验为基础的、经过验证的指引。
- 它提供了一个评估基准，这在任何反馈系统中都是必要的。
- 它发出了具体的号召，不仅仅针对实践人士，也针对管理者。

↘ 克拉克・奎因

我一直积极支持人类活动应用新技术，尤其是为了实现学习和绩效的目的。我很幸运能够在学习技术前沿工作了超过 30 年，在游戏、移动化、自适应系统、性能支持、内容架构等方面领导设计和方案开发。其间我花了大量时间了解学习的成因、调查可以优化成果的设计流程，以及实施这些流程的组织系统。在我的职业生涯中，我一直提倡优秀的学习设计，这一点不足为奇，但是现在迫切需要正式的学习宣言了。下面解释一下我的担忧的来源。

我攻读的是认知心理学博士学位，因为我想要理解我们的大脑是如何工作的。我进一步了解了行为习得、社会化学习，甚至机器学习！我越过传统学习范围，研究了学习的情感和意动方面，也包括元学习（学习如何学习）。假设我们的大脑几千年来没有变化并且被理解得很好，我们便非常好地掌握了一些必要的因素。

我很幸运，可以在职业生涯初期从事计算机行业，获得了设计和研发大型主机、小型计算机、微型计算机、便携式计算机和互联网的经验。我研究过程序语言、人工智能、计算机功能结构、算法、网络标准等。我从事过自适应系统、移动方案和互动计算机游戏的开发。我自己不再编程后，深刻地理解了技术可以怎样来支持学习，并且这样做真的有优势。

为了取得持续进步，我也花了很多时间研究设计。我教过界面设计和教学设计，了解其中的相同点和区别。我也看过一些关于设计的心理学文献，掌握了一些有用的知识。我甚至调查过其他领域的一些设计过程，包括建筑、软件工程和工业设计，了解了可能带来更好成果的东西。

最重要的是，我了解过组织是如何运营的，尤其是它们是如何设计、开发和实施学习方案的。我的工作越来越多集中在策略层面，帮助组织实现无论是内部还是外部的学习目标。我了解了阻碍并不总是存在于理解方面，也与像过程和练习这样的结构问题有关，我也看到并提出了解决办法。

我向你介绍了这么多，是为了帮助你理解，当我离开学术、组织的角色开始参加企业学习和技术活动时，我非常肯定地知道可能要发生的事，并且真的为此兴奋。我终于有机会利用所知道的与运用最新技术以满足真正需求的人一起学习。我们在科技和深刻理解学习作用方面仍然有很多新的机会。

当我逐渐地意识到在组织学习方面做得并不理想时，可以想象一下我有多失望。我曾去过一些公司，他们的要求就是把 PDF 和 PPT 转化成课程。他们对学习体验并没有兴趣；在可能的最低的成本条件下，他们期待的只是知识转储和知识测试。他们希望看上去很光鲜，但是对深度学习并不感兴趣。

我接着看到的是，电子化学习看上去很不错，但从根本上欠缺设计：设计内容对组织真正的需求没有意义，内容对行为变化不起任何作用，制作内容很好（如果没有过度制作的话），但是设计很差。我看到一些获奖的电子化学习产品实际是在浪费时间和金钱。我曾经非常乐于持怀疑的态度批判客户内容，系统地指出为什么他们重视的内容没有任何意义。当一直谈论策略和概念（如浸入式设计、语义技术、高阶系统和其他一些支持真正高阶学习体验的元素）时，我甚至开设了一个高阶学习设计的工作坊，因为那时有明显的需求。

当又一次参加学习会议、又一次同情我的同事时，我再也坐不住了。看到同样陈旧无力的概念，但又有新的视窗修饰，这令人太不悦了。我们注意到更多将“内容”（PDF / PPT）转化为知识转储和知识测试的工具、更多改善内在无意义互动的方法，以及更多追踪内容使用的方式，而不是检查是否产出任何学习的成果。

我们没有看到的（除了极少特例）是人们在讨论如何实现真正的商业效应，以及创造真正有成果的学习经验。我们没有看到人们对于迭代设计和评估、有意义练习及目标和内容一致的需求。除了包装，展览会的主题可能来自十几年前，甚至更久之前。

我理解许多反对声音，然而那并不意味着我必须忍受它们。处在听从命令的模式比专注绩效和组织影响更容易。我没有假设所有的设计师都掌握了必要的学习技术。我知道有时间和金钱的问题。我也知道我们的工具会限制思维。我也知道有可以解决的办法，如果我们不解决这些问题，我们所创建的内容就不会起到任何作用，我们最终也会使自己边缘化。

我知道我有优势。当任务需要有些创意的时候，我的客户会邀请我，专注真正技术支持下的结构和过程。并且我一直在从事一些真的非常有趣的项目，如自动关联内容的绩效支持系统、深度游戏、内容模型、移动应用，以及他们愿意让我做的真正的优秀设计策略和学习方法。然而我知道这很稀有，大多数行业中发生的事完全不同，并且也没有必要一定要这样。

我们更了解情况。除了我们自己的著述，现在有越来越多的人尝试去记录现存的关于我们如何学习、如何设计学习的研究。然而，不知为何，影响不是很大。这种结果就是我们所担忧的。我们的电子化学习，人们不喜欢并且也没有效果，然而行业内还在花很多的钱去实现同样的结果。

我们需要更好的学习。我们的学习效果需要改善，否则我们就会落后于我们要去适应的变化，请你阅读并理解这个宣言，并且我鼓励你加入我们以实现有意义的学习。

威尔·塔尔海默

为什么是我？为什么是现在？为什么我是电子化学习正式宣言的发起者之一？

“现在的电子化学习将走向何方？不远了，不远了，如果我们一直盯着小鹰围着森林绕圈子。”

——我在 iPad 上听到屹耳[1]沉思自语

自我介绍

我今年 55 岁了，在职场学习和绩效领域工作了将近 30 年。我没有真正遇到过屹耳，除了存在意义上，但是我在这片森林走了很长一段路。我做过引导师、教学设计师、模拟架构师、项目经理、产品经理、研究人员和咨询顾问。我于 1985 年个人电脑时代刚刚来临时入行。在我的第一份工作中，我有一台 30 磅重的手提电脑，它有绿色和黑色两种颜色。我的在职时间是从第一个商业性的电子化学习项目产生后不久到电子化学习行业开始繁盛之前几年。

当然了，这些都没能使我胜任很多事情，除了让我再次去看了验光师——帮助我看得更清楚。另外，我确实记得早期电子化学习的神圣愿望、郑重承诺和无限乐观。我也清晰地记得早期的成功与挑战。我是第一个商业性质的计算机领导力模拟项目的经理，我们在犯很多错的同时曾非常愉快。那时我们创造的产品——用今天的标准来衡量是单调难看的，却受到热烈好评。行业喜欢我们诚挚的努力。我们的学员们也喜爱我们的模拟——并且，有了电子化学习，他们可以学习得更多。那是一轮狂潮、盛大的聚会！一次永远的电子化学习盛宴。

大约 10 年前，作为研究型的学习顾问，我被邀请到一个大型医药公司去为其优秀的学员们讲授电子化学习。在工作坊的末尾，学员们对我说：“威尔，我们真的很感激。我们原以为你会强迫我们接受电子化学习。但电子化学习真的很有意义。”

在过去的五年里（一直在一个社会学论坛主持电子化学习工作坊），反响变得非常不同。我的学员们并不抗拒电子化学习，但是非常想了解电子化学习对于学习的贡献。

当然，电子化学习一路走来取得很多进步，如维基平台、微博、社交媒体、

1 《小熊维尼》系列中的灰色小毛驴（Eeyore）；但同时作者在英文原版做出说明，这一情境是杜撰的。——译者注

绩效支持、移动学习、大规模在线开放课程等。最好的开发人员正在创造很棒的电子化学习，但是大量的电子化学习比原先并没有很大进步。坦率地讲，进步的缓慢曲线对行业发展和总体的效率来说并不是个好兆头。我们必须把握一些基本的东西，这样才可以使电子化学习朝充分有效的方向发展。

缺失了什么

为什么我要帮忙发起这一正式宣言呢？因为电子化学习的承诺和执行的差距困扰了我很多年！因为真的太容易看到我们需要提升的地方了。我永远天真、乐观地相信大家一起可以学习得更快、更容易，并且可以记住并融合新的技能。

但是很遗憾，世界并不这样运行，我通过艰难的方式学习到这点。1998 年我开始了工作——关于学习的研究。我认为组织学习研究、传播结果并见证学习行为变化会相对容易。我错了。首先，组织研究非常困难。其次，传播有说服性的经过验证的信息很困难。但更加困难的是，让人们记住他们所理解的，把这种智慧融入实践中并免受其他观念的干扰，一直坚持他们新的理解和技能。

这就是我过去 15 年的生活，尝试结合实践和研究，因此我见识了改变电子化学习行业的实践有多么困难。但是，这项工作使我看见我认为缺失的东西。缺失的是在学习和绩效领域的我们并没有一套我们完全相信的知识体系。几乎所有的培训都没有充分支持学员记忆。几乎所有的培训都没有计划和使用训后跟进。也许最糟糕的是，很多培训是在培训和预期结果没有因果联系的情况下进行的。

我提供了一份我认为最重要的 12 个学习因素的清单，希望可以帮助人们专注于可以改善学习情况的关键因素上。我用了一些像学习和遗忘曲线这样的隐喻来传递信息。尽管我坚定地坚持自己的工作，很显然时机还没有到来。我的总结？我们从业人员需要一个多层面的方法来指导我们自身的进步。正式宣言对我们每一个人都很重要。

正式宣言的重要性

虽然电子化学习时代来临，但很明显，大多数的电子化学习建构并不好。翻页一直是个问题。PPT 转换无处不在。我们呈现、测试、重复。不那么明显的是，甚至连获奖的电子化学习也没能提供学员实现学习效果的架构。我们用的实践练习太少了。我们没能推行间隔学习。我们没有辅助程序整合到电子化学习中来。

我们没能让学员做好训后应用的准备。电子化学习在很多方面都没有达到最佳标准。

我支持正式宣言，是因为行业中的个体需要知道伟大的电子化学习是什么样的，并且我们每个从业人员都要担起发展好电子化学习的责任。宣言的 24 项原则非常清晰地说明了世界级的电子化学习应该是什么样的。当然了，不是每一项电子化学习干预都会满足每个原则。但是，如果我们记住这些目标原则并努力去实现它们，大多数的电子化学习都会受益。有宣言做指导，电子化学习领域更可能发生以下现象：

1. 电子化学习开发者在设计电子化学习时将有更加清晰、有力的基准。

2. 电子化学习购买者将更清楚从供应商那里要求什么。

3. 电子化学习供应商将更容易引导客户和潜在客户使用好的电子化学习设计。

4. 电子化学习专家更能指导组织利益相关者了解关于有效的电子化学习的组成部分。

5. 企业领导和组织经理将有一系列原则引导自身对于电子化学习设计的理解，使他们能识破遇到的各种炒作和市场信息，做出更好的决定。

6. 研究生院能运用宣言的原则去检查并优化他们的课程。

7. 教授和电子化学习讲师将有一套更有力的指导原则与学生分享。

8. 研究生将有一套更清晰的指导目标。

9. 认证项目将有清晰的目标。

10. 贸易协会将能更好地选择项目、演讲者、书籍和材料来引导电子化学习从业人员。

11. 就业律师将有指导原则为客户提供有效培训设计的建议，包括合规培训。

12. 联邦、州和地方层级的立法者将有指导原则帮助起草法案，这些法案可以更加有效地引导电子化学习的开展。

13. 政策制定者和拥护者将有一套原则指导自己的工作。

14. 营销人员更可能去强调他们的在线产品和服务中与宣言的原则一致的方面。

15. 电子化学习供应商更有可能去投资宣言原则中可以确保高水平设计的练习、步骤和工具。

16. 行业奖项更有可能颁发给那些依据宣言原则开发电子化学习的人。

17. 雇佣者更有可能去雇用可以证明自己能设计与宣言一致的电子化学习的新人。

18. 应聘者更有可能得到工作，如果他们证明自己可以设计与宣言原则一致的电子化学习。

19. 研究人员将可以验证假设、进行实验，使行业可以持续良性发展。

20. 电子化学习的从业人员将有一个讨论的起点，渐渐地，我们从研究和实践中学到更多，科技也带来另外的力量，正式宣言中的原则将被探讨、解析、辩论，并最终得到完善。

当然，这些书面规定也许太多，但宣言给予我们力量去联合应对目前碌碌无为的情况。

我参加这个宣言不是因为我认为我们可以轻易地实现这里规定的最高目标，而是因为我知道我们可以实现比制定的目标更好的电子化学习，并且我们应该为我们的学员、我们的组织、我们自己做出努力。

作者简介

迈克尔·艾伦，PhD，艾伦互动和学习科技公司的主席兼 CEO。他也兼任明尼苏达大学的副教授。超过 40 多年的时间，他一直在努力研究和开发可以理解、创造并实施帮助个体充分发挥潜力的方式。在艾伦互动的定制电子化学习演播室，他曾为很多优秀的组织制作了获奖课件。他的工作包括从事国立卫生研究院、国家科学基金会和数据控制公司资助的项目。他出版过 7 本书籍，其中，《SAM 课程设计与开发》《SAM 课程设计与开发操作手册》中文版由电子工业出版社出版。他获得了美国培训与发展协会的职场学习与绩效特别贡献奖及埃利斯岛荣誉勋章。

朱丽·德克森，MS，作家、演讲家和有 20 年经验的教学设计师，她为广大客户创造了互动式的电子化学习体验。她写作了《为学习而设计》这本书，是明尼阿波利斯艺术设计学院的客座讲师。她也是一个学习方面的狂热分子。你可以在网站（www.usablelearning.com）上与其互动。

克拉克·奎因，PhD，超过 30 年时间一直在帮助组织开发策略性学习技术方法。他将学习技术的雄厚背景与技术应用的广泛经历结合起来，并应用到公司、政府、教育机构和非营利组织。作为国际知名的咨询顾问、演讲者和作家，他著述了《参与式学习：设计电子化学习模拟游戏》《移动学习设计：组织绩效的移动革命》《移动学院：打造高等教育移动学习》，以及一本即将出版的关于学习发展策略的书籍。你可以在 www.quinnovation.com 上进一步了解他，他的博客地址是 www.learnlets.com。

威尔·塔尔海默，PhD，是工作—学习研究机构的总裁。他是一位学习专家、研究员、教学设计师、企业战略家、演讲者和作家。他曾经为世界 500 强公司的经理们提供领导力训练。1998 年，为了缩小研究与实践的差距、组织学习研究、传播研究发现，以帮助工作—学习专业人士创建更加有效的学习绩效干预和环境，他成立了工作—学习研究机构。威尔拥有德雷塞尔大学 MBA 学位，哥伦比亚大学教育心理和人类学习与认知博士学位。你可以在 www.work-learning.com 和 www.willatworklearning.com 上进一步了解他。

↘ 参考文献

Suppes, P. (1966). The Uses of Computers in Education. *Scientific American* (215):206-208, 213-220.

↘ 延伸阅读

Allen, M. (2003). *Michael Allen's Guide to e-Learning: Building Interactive, Fun, and Effective Learning Programs for Any Company.* Hoboken, NJ: John Wiley & Sons.

Bransford, J.D., A. Brown, and R. Cocking. (2000). *How People Learn: Brain, Mind, Experience, and School.* Washington, DC: National Academies Press.

Dirksen, J. (2012). *Design for How People Learn.* Berkeley, CA: New Riders Press.

Koedinger, K.R., A. Corbett, and C. Perfetti. (2012). The Knowledge-Learning-Instruction (KLI) Framework: Bridging the Science-Practice Chasm to Enhance Robust Student Learning. *Cognitive Science* 36(5):757-798.

Quinn, C.N. (2005). *Engaging Learning: Designing e-Learning Simulation Games*. San Francisco: Pfeiffer.

Thalheimer, W. (2013). *The Decisive Dozen: Research Background Abridged*, http://willthalheimer.typepad.com/files/decisive-dozen-research-v1.2-1.pdf.

第23章

全球虚拟课堂

达琳·克里斯托弗（Darlene Christopher）

本章要点

- 探讨给跨国学员提供虚拟培训的挑战
- 学习成功实施全球虚拟培训所需的技能
- 学习如何通过分析学员、关注后勤及调整培训内容和练习来创建成功的全球虚拟课堂

在日益全球化的商业环境中，越来越多的组织通过使用虚拟课堂来让个人和团队一起进行培训学习。不管成员是来自不同国家分公司的全球销售团队，还是在不同时区上班的经理人，都能够通过同一个虚拟课堂把他们连接在一起并向他们提供培训，这无疑是虚拟学习日益得到广泛应用的主要原因。

虚拟课堂培训是一种通过互联网在虚拟环境里进行的培训。跟所有引导师和学员都集中在同一个物理空间里的面对面培训不同的是，虚拟课堂里的引导师和学员通过电脑实时连接到网络教室。

开发和实施面向跨国学员的虚拟课堂培训需要细致的准备和策划。如果只是简单地拿着现场培训用的幻灯片和其他培训材料来给跨国学员进行虚拟课堂培训，那么学员的学习体验将是非常糟糕的。用在虚拟环境中，培训内容和练习都需要做相应调整。此外，针对国内学员的虚拟课堂培训，如果未对其教学技巧、内容和练习进行调整，直接拿来给跨国学员进行虚拟课堂培训也无法达到效果。

全球虚拟课堂的引导师需要从学员的视角考虑并做相应调整。

全球虚拟课堂培训团队的技能和能力

全球虚拟课堂培训给习惯于面对面培训的引导师带来了一系列的挑战。比如，在全球虚拟课堂培训中，引导师必须克服自己对肢体语言的依赖，因为你无法看到你的学员，而你的学员也看不到你。同时，引导师也会发现，促进虚拟课堂培训的有效实施需要一些额外技能，而要使这些技能更好地发挥效果，你需要其他人，也就是制作人的帮助。

如果你已经在进行虚拟课堂培训，并且准备把跨国学员加进来，那你必须关注语言和文化背景。无论是哪种情形，引导师都要在原有教学技巧基础上，再根据远在他方的跨国学员的独特需求做调整。没有调整会带来一些风险，那就是跨国学员会产生困惑或被疏远的感觉。下面让我们看看全球虚拟课堂培训中两个关键角色（引导师和制作人）所需要的技能。

引导师

除了以下所说的一般教学技巧和专业学科知识，全球虚拟课堂培训引导师还需要掌握跨领域的多种技能。

文化技能

我们自身的文化背景影响着我们与他人的沟通和合作方式，以及我们对别人提前预设的印象。所以，对自身文化背景有深刻的认识对国际引导师来说显得尤其重要。比如，你成长、读书和工作的地方都是在美国，那你的文化假设可能包括下述内容：

- 开门见山是最好的。
- 赞美他人是对他的鼓励。
- 当团队以合作的方式解决问题时，生产率可以得到改善。

而来自世界其他地方的学员可能是这样认为的：

- 不应该向老师提问。
- 被单独赞美不是件好事。
- 集体利益比个人需要重要。

有自我文化意识的引导师了解自己的文化假设，也明白来自其他文化背景的学员也有其不同的文化假设。

有经验的引导师使用的“国际”英语是不包含方言或俚语的，不会讲如“保持你的鼻子贴紧磨刀石（要努力不懈）”“把你的鸭子排成一行（把事情弄得井井有条）”这样的谚语，也不会有类似“I need my coffee（我需要咖啡）”或“beats me（我不知道）”这样的口语出现，更不会有“y’all（你们大家）”或“my bad（是我的错）”等此类俚语表达。如果学员来自德国、阿拉伯或其他非英语母语国家时，也应遵循上述的国际化英语原则。

沟通技能

在面对面培训中，学员可以根据肢体语言、手势、面部表情，甚至利用读唇语来填补语言隔阂。而在虚拟课堂培训里，学员能获取的这些非言语线索很有限，甚至没有，所有引导师必须更加清晰、准确地传达他的教学信息。全球虚拟引导师要更加注意用词，要用类似“莎莉，使用你的话筒并告诉我们第 6 题的答案”或者“翻到第 9 页并就教材内容仔细思考 2 分钟，完成思考后，把你对问题的答案输入对话框里”这样的语句。作为虚拟课堂培训的引导师，你也可以通过放慢讲话速度来帮助与你不同母语的学员，让他们有时间消化你的讲课内容。

提示

提前练习学员名字的发音，即使你的发音不够完美，学员也会很欣赏你的努力。

多重任务处理技能

在虚拟课堂培训中，有很多动态组成模块：演示分享区、聊天区，以及即时反馈区，学员可以在这些模块举手发问或告知后退出学习。成功的引导师能从一项任务迅速转向另一项任务，同时密切关注屏幕中各个模块正在进行的活动。

技术技能

全球虚拟课堂培训的引导师应能熟练使用虚拟课堂培训的技能，从而能在培训中专注于内容讲解，而无须过于关注技巧的使用。了解虚拟课堂培训的各项特点如何运作，有利于引导师设计课堂讲解和互动内容。因此，很多引导师会选择跟一个精通技术的制作人（如下文所述）合作。

↘ 制作人

以团队力量共同实施的虚拟课堂培训，其效果远超过独立个人主持的虚拟课堂培训。一般来说，引导师跟一个制作人搭档时，制作人提供全方位的专业技术来支持虚拟课堂培训的引导师。制作人一般需要具备以下技能。

技术技能

制作人应掌握虚拟课堂培训工具的专业知识，并知道所有的工具如何运作。在实时培训环节，制作人发现并解决各种技术问题，包括学员遇到的具体问题。

多重任务处理技能

制作人的工作是保证课堂上所有的要素得到有效的协调，因此制作人的多重任务处理技能就很关键。这位“表演领班”可能与一个学员单独在聊，以便解决一个技术问题，也可能同时在寻找并解除网络连接故障、发起投票，或者准备下一节练习的屏幕内容。

对基本成人学习技巧的理解

虽然引导师是课堂上的主要发言者，他拥有更多的关于该堂培训所涉及学科的专业知识，并知道如何进行成人教学，但制作人也应该掌握一些关键的成人学习技巧。

快速打字技能

制作人一般负责管理聊天区，并回答聊天区里提出的问题或者把问题转给引导师回答。这就要求制作人能够快速、准确地打字，同时还要监看屏幕，因此他必须会盲打（只会用两个手指的“打猎”式打字水平远远不够）。

跨国学员分析

在开始设计虚拟课堂培训之前，你需要收集你的远程学员的一些背景信息，以便可以相应地设计出较适合他们的培训。学员信息的潜在来源包括当地管理人员、人力资源管理者、当地现场学习团队的成员、IT 人员，甚至目标学员等。接下来让我们看看四个重要的核心领域和就这四方面进行课堂调整所带来的影响。

↘ 语言

确定学员各自所讲的语言，以及他们彼此之间能否以一种共通的语言（如英语）流畅沟通（流畅程度如何）。另外，询问学员是否有参加以英文为教学语言的虚拟培训经历。这条信息有助于你确定培训内容语言调整的程度，以及对所提供材料的口头表达和文字描述的简化程度。

↘ 文化差异

在国际化的培训环境中，学员根据自身的文化总会对培训有其他维度的期望，包括对引导师和其他学员的期望。

确定学员是否熟悉美国常用的典型企业培训技巧，以及他们对引导师和其他学员的期望。同时，看看是否需要注意有关性别或宗教的问题。

↘ 回顾虚拟课堂培训参加经历

确定学员是否有参加虚拟课堂培训的经历，如果没有，给他们一个简短的介绍，让他们先熟悉一下虚拟课堂培训。这个介绍环节的目的是减轻学员可能经受的技术使用焦虑，以及明确在培训环节中对学员的期望。如果有学员无法参加培训，给这部分学员发送一份引导环节的记录，详细说明培训屏幕截图、注解和提示文件的关键要点。

↘ 环境

提前了解虚拟课堂培训学员所处的物理环境（包括是否具备计算机、电话和耳机等），以便有时间来减少潜在的干扰因素。比如，如果有学员在一个开放的办公环境里使用话筒和耳机来参与虚拟课堂培训，这就需要保证其他不参加培训的同事和管理人员知道这位学员正在参加培训项目。同时，与现场 IT 人员反复确认，保证有足够的带宽支撑已设计好的虚拟课堂培训环节。

关注后勤

进行全球虚拟课堂培训意味着你不用考虑一些传统的与长途旅行、签证获取等相关的后勤问题。然而，一些新的后勤问题也随之产生，如不同工作周、公共假期、宗教节日及时区。

选择培训日期

首先，你要确定计划实施虚拟课堂培训的日期与目标学员参加培训的工作周相符。例如，世界上很多国家，包括美国、巴西和中国，一般的工作周是周一至周五，但在埃及、伊拉克和利比亚等国家，工作周则是周日到周四。

其次，查看一下公共假期和宗教节日，并找出目标国家大多数人放假的时间段。比如，在感恩节那天安排在美国培训，恐怕引导师要一个人唱独角戏了。其他国家也有类似的重要节日，所以安排虚拟课堂培训要避开这些日子。

全球后勤的帮助资源

时间与日期查询

www.timeanddate.com

世界时间服务器

www.worldtimeserver.com

全球夏令时

www.webexhibits.org/daylightsaving/g.html

全球公共假期

http://qppstudio.net

工作周

http://en.wikipedia.org/wiki/Workweek

移动应用程序

除了网站资源，你还可以在适合移动设备的应用程序商店里找找相关资源，如世界时间和全球假期等商业应用程序就是很好的资源。

选择培训时间

在确定好合适的培训日期后，接下来就要开始关注培训时间的选择。保证选到合适时间的最容易的方法就是把你邻近时区的目的地做一个排序。然后做一些调查工作（通过互联网搜索或与当地同事/合伙人沟通），保证你能获悉学员的正常工作时间，并且知道应该避开一天中的哪些时间（需进行宗教仪式的时间段或午饭休息时间等）来实施培训。

调整培训内容和练习

跨国学员的参与让人兴奋的一点是给虚拟课堂带来多样性。在世界各地成长和受教育的人们来到你的虚拟课堂学习，他们有着不同的学习风格，对于引导师和学员的期望也不尽相同。此时你应该已经根据之前的学员分析获得了宝贵信息，对学员的期望也有所了解。提前设定期望值，包括提供清晰的指引，让学员知道整个培训流程及会遇到的练习类型。重点说明学员将如何受益于该培训，然后通过向学员提供各种各样的练习，并让他们选择回复方式（在对话框里打字或用话筒说出来）来满足拥有不同背景的学员需求。由学员自己选择感觉舒服的方式，利用投票和即时反馈工具来让学员参与，这样也能帮助克服用非母语表达或打字带来的羞怯感。

没有灵丹妙药来消除因文化差异而导致的学习风格差异。但重要的是，引导师要意识到文化差异，并运用一系列的活动来满足跨国学员的差异化要求。如需更多详情，可访问 http://stuwww.uvt.nl/~csmeets/，该网站上有文化大师吉尔特·霍夫斯蒂德（Geert Hofstede）教授关于文化差异所做的研究介绍。

调整培训内容有助于改善你的全球虚拟课堂培训。就像布置一个教室课堂一样，有一系列的方法可供选择，以保证该堂课有效，同时学员又能享受其中。要关注课堂设置选择，你必须考虑以下因素。

↘ 演示幻灯片

虚拟课堂培训需要设计精良的幻灯片来作为讲课内容的背景。如果将要进行的虚拟课堂培训之前以面对面的培训形式实施过，那么一张有关上次面对面培训的幻灯片可以作为本次课堂一个很好的开场白。但是你仍然需要做一些调整来最大限度优化你的幻灯片，使其更适合全球虚拟课堂培训。

首先，检查你的幻灯片和讲义等其他支持材料，调整或移除文化不当的内容和示例。所有学员，包括来自其他国家的学员，希望看到有意义的培训内容和他们能够理解的示例。去除政治或娱乐新闻（如流行的国家电视节目、演出者，或者其他有限流行文化）等内容。如果你的幻灯片包含人物图像，要根据你自己的文化敏感度保证这些图像绝不会冒犯他人，然后还要征询熟悉目标文化的人员的意见。

在练习和互动环节，你的学员需要口头和书面指导。增加一些幻灯片来简单介绍和清晰描述你的要求，告诉学员要如何做该项练习，这项练习会持续多久，哪些互动功能他们应该利用，以及他们完成练习所需的所有材料。

↘ 简化文本

简化幻灯片和讲义上的词汇，让课堂内容更容易被母语非培训语言的学员所理解。简化意味着你把文本变得更精简，保证幻灯片上的每个词对于传达课堂内容来说都是必不可少的。必要时，简化的文本也有助于母语非培训语言的学员在复习课堂内容时使用字典或网上翻译工具查询关键词。

↘ 翻译

如果需要，将教材翻译成一种或多种语言，使用简洁和精确的术语可以让翻译更准确。培训内容经翻译之后，需要找一位来自你的目标国家的当地语言使用者，并且他也熟悉培训内容和概念，让他审核翻译后的内容。记住，相同的语言在不同国家使用，含义也不尽相同。比如，请一家办公室在墨西哥城的公司把将在马德里使用的培训内容翻译成西班牙语就不是一个最佳的选择。

另外，如果学员说同一种语言，但来自不同的国家，你需要保证培训内容的翻译代表了该语种的“国际化”版本。

↘ 虚拟课堂培训中工具的调整使用

让学员参与学习是虚拟课堂成功的关键，因此精心设计的、每隔几分钟就能提供足够互动性的练习就显得尤其重要。教室课堂引导师所设计的练习用于虚拟课堂培训时必须做相应调整。可以根据虚拟课堂培训中工具所有可用的功能来进行调整（见表 23-1）。

表 23-1　从面对面到虚拟课堂：练习调整

面对面培训中的做法	虚拟课堂培训的相应调整
口头测试	投票
小组活动	分组讨论区
举手	即时反馈
在活动挂图或白板上书写	电子白板发布
开放式提问	聊天

关于最大限度提升学习转化能力和为跨国学员创造积极的学习体验的建议有很多。在这里列出的几个建议能帮助提高效率和效果，而且可能只需要在你现在的基础上做出微调整。

聊天

跨国学员能通过聊天来支持口头评论。方法是引导师一边讲，制作人一边在对话框中输入关键信息、概括内容和重点。母语非培训语言的学员可根据这些文本信息确认自己对课堂内容的理解。要使这个工具运行流畅，需要提前准备包含关键信息的文本文件。制作人会在引导师讲解时剪切和复制这些信息到聊天区。以该培训语言为母语的学员也可以受益。

投票

投票可以让学员参与进来，并帮助母语非培训语言的学员克服使用该语言带来的羞怯感。如果你的虚拟课堂培训投票环节是以匿名投票形式进行的，请预先让学员知道这一点。保证投票所使用的问题和答案简洁且易于理解，并为跨国学员预留足够的时间来回答。

即时反馈

很多引导师经历过第一次网络引导尝试后意识到，他们在教室课堂曾经多么依赖视觉提示（如肢体语言），这在他们主持网络引导之前可能根本意识不到。利用即时反馈工具来弥补眼神交流的缺失。要想知道是不是每个人都读完了这个文档，或者是否可以继续下一环节，只要要求学员在即时反馈工具里选择“同意”就可以了。要找一位志愿学员来大声朗读文章时，直接要求学员使用即时反馈工具中的“举手”，然后选择第一位举手的学员即可。

提示

如果培训是用非英语语言进行，检查你虚拟课堂培训工具的语言设置，一些工具可以让你把语言切换到用户界面。

视频

提供培训中用到的所有视频的文本内容，以便母语非培训语言的学员可以通过文本内容跟上课堂节奏。文本也可以帮助理解并可供学员后续参考。

分组讨论区

一些学员不习惯参与个人练习，而倾向于小组协作活动。考虑利用分组讨论区来作为个人练习的补充，并给你的培训环节增加多样性。可以的话，按语言把学员分组。如果该培训的共同语言是英语，并且你要求学员在分组讨论区内分享他们的看法，那就得要求其他小组成员用英语做笔记。

排练的重要性

在对真正学员实施实时虚拟课堂培训前，花点儿时间去排练，排练的重要性无论怎么夸大和强调都不为过。即使你已经在无数的面对面培训中熟练掌握了课堂内容，排练还是非常重要。排练也是找出和修正国际培训项目中不妥的文化内容的最容易的方法之一。此外，排练也为你提供机会测试目标国家的网络带宽限制。

在即将使用的实际培训环境中排练。如果在实时培训时，培训团队需要待在一个会议室里，那么就在这个会议室里排练。选择一个安静的、有网络连接和音频功能良好的房间。如果培训团队是在家中实施虚拟培训，那就在家里排练。你也要用实际实施培训时要使用的计算机或笔记本电脑来进行排练。一些虚拟课堂培训工具要求下载应用程序，你肯定不想在真正培训开始时才发现这一点，然后还要等待安装程序，或者出现更糟糕的情况，如你的计算机被阻止安装该程序。遵循以下三个步骤能给你提供充足的时间来排练，并能最大限度地消除各种隐患和潜在问题。

第 1 步：与培训团队一起排练

首先从与你的培训团队练习开始，适应团队成员的角色和职责。为了确保这是一个有效的学习活动，必须确定好谁说什么、做什么。你的培训引导需包括这条信息，你的排练也必须按该信息执行。在排练时注意哪些信息漏掉了或哪些内容还不清晰，需要补充。

第 2 步：与模拟学员排练

为了熟悉虚拟课堂培训的互动特点，必须让模拟学员全心参与进来。你的模拟学员中需要包括来自目标国家的人员，让他们认真听课并找出一些文化不当或国际化学员无法理解的内容。要求他们对虚拟课堂培训工具的回复时间提供反馈，特别是当你打算在培训中使用视频和网络摄像头的时候。

如果你找不到来自目标国家的人来排练，找在目标国家有生活或工作经验的人也可以。实在没办法的话，找一位来自与你成长的地方不一样的人也行，他能看出最明显的错误。

记住在模拟排练中有两个重点需要注意：培训开始后的前 3 分钟和练习。如果你时间很紧，没办法排练完整个培训，那么就练习开始后的前 3 分钟，保证这 3 分钟是完美和充满能量的，这能为整个培训设定一个积极的基调。另外，你给出的引导必须是清晰的，自己也要对课堂上的互动功能感觉舒服，同时所分配的时间是充足的，做到这三点，你要着重排练练习和互动环节。

第 3 步：整合反馈

排练完后，把培训团队集合在一起讨论你收到的反馈。这些反馈包括排练反馈表和培训团队做的笔记。

模拟排练完成后，尽可能地安排时间即刻根据获取的反馈信息改善培训计划，否则你很可能忘了你的笔记说的是什么，或者丢失掉一些收集来的宝贵信息。

结论

全球化趋势加上有效实施培训的需求不断增加，意味着培训部门需要合格的人员来开发能够以全球虚拟课堂模式实施的课程。如果你不知道如何开始进行全球虚拟课堂培训，先找一个内容相对简单的短课程试试。除了调整培训内容和练习，还要预留足够的时间来排练，让自己熟悉适应虚拟培训的环境氛围。表 23-2 在你的准备过程中可以提供指引，你也可以在本书网站（www.astdhandbook.org）上下载。

表 23-2　全球虚拟课堂计划表

主　　题	行　　动
培训团队	确定引导师具有全球虚拟培训技巧并拥有制作人搭档
后勤	选择适合不同时区学员的日期和时间
环境	确定学员是否可以用到必要的设备，与 IT 人员核实一下带宽限制

续表

主　　题	行　　动
语言	选择语言；如果培训语言是英语，使用国际化英语并调整你的语速
文化考虑	确定学员对引导师的期望，提供多样化的练习来满足多样化的学员需求
演示幻灯片	使用文化方面适合的图像和简化文本
练习与互动性	按照虚拟课堂的实施要求对练习做出调整；每隔几分钟安排一次互动
翻译	邀请目标国家的当地语言使用者来审核
虚拟课堂功能	针对跨国学员特点对虚拟课堂培训功能使用方式进行调整（如讲师一边讲话一边在聊天对话框中输入关键信息）
排练	与来自目标国家的人进行排练

出色的引导师会调整自己的培训风格、语言及内容来满足跨国学员的独特需求，同时有效利用虚拟课堂培训的所有互动功能。通过考虑跨国学员的看法并根据他们的看法进行调整，学员会感受到参与感，从而最大限度地提高学习转化能力（不论他们来自哪里，是什么样的文化背景），并吸引他们对此类培训产生渴望。

↘ 作者简介

达琳·克里斯托弗，有 10 年为跨国学员设计、实施虚拟培训项目的经验，并发表了很多关于这方面的文章，出版一部著作《成功的虚拟课堂》[1]。她在位于华盛顿特区的世界银行担任知识和学习干事，负责主导员工的区域学习项目，也为国际政府机构的远程学习项目提供技术指导。在此之前，达琳还在迪士尼互联网集团（Disney Internet Group）、3Com 公司和网信通讯（Nextel）担任技术开发和管理方面的相关职位。她拥有蒙特雷国际研究院的国际管理硕士学位和加州大学戴维斯分校的西班牙语学士学位。达琳的博客地址是 www.darlenechristopher.com，你也可以在推特上关注她的个人账号@darlenec。

1 英文原书名为 *The Successful Virtual Classroom*。——译者注

参考文献

Portions of this chapter are adapted from chapter 1, Introduction; chapter 4, The Virtual Classroom Team and Roles; and chapter 8, Working With Global Participants, from *The Successful Virtual Classroom* by Darlene Christopher (AMACOM, 2014). Used with permission.

延伸阅读

Christopher, D. (2014). *Real-Time Online Training*. New York: AMACOM.

Edmundson, A. (2010). "Training for Multiple Cultures," *Infoline* number 10 volume 2. Alexandria, VA: ASTD Press.

Huggett, C. (2014). *The Virtual Training Guidebook*. Alexandria, VA: ASTD Press.

Lewis, R.D. (2006). *When Cultures Collide*. Boston: Nicholas Brealey International.

McClay, R., and L. Irwin. (2008). *The Essential Guide to Training Global Audiences*. San Francisco: Pfeiffer.

第 24 章

泛在学习：正式、非正式与社会化

丹·庞蒂弗拉克特（Dan Pontefract）

本章要点

- 定义什么是泛在学习
- 探讨 70-20-10 和 3-33 模型

“知识有两类，一类是我们要掌握的学科知识；另一类是我们知道哪里可以找到关于这些学科知识的信息。”

——塞缪尔·约翰逊（Samuel Johnson）

再读一遍开篇引用的这句名言，当你停下来仔细揣摩这句话的时候，你不认为他说得很对吗？塞缪尔·约翰逊，是著名的诗人、散文家和演说家，1775 年 4 月 18 日在参观他的同事理查德·欧文·坎布里奇（Richard Owen Cambridge）家的图书馆时发表了上述言论。约翰逊热衷于钻研图书馆书架上的书，当坎布里奇问他为什么他的兴趣如此高涨时，他说出了这句至理名言。在 235 年之后的今天，这句话仍然是真知灼见。我们获得的信息、知识和帮助同样还是来自图书馆。当然，在 2014 年的今天，这个“图书馆”是一种比喻的说法，包括了我们在网上检索或求助于他人。

这句话多么有预见性，尽管尼古拉斯·卡尔（Nicholas Carr）在他的《浅薄：

互联网如何毒化了我们的大脑》[1]一书中提出反对意见，质疑快速、便捷获取知识的方式是否有用。尽管我从他的书中学到了不少，但是我和他的心态不同。在互联网主导的时代中，我们要么有能力具有不同深度的专业知识，要么就用我们的互联网和社会协作工具去找到它。

我们学习的速度要跟上时代的步伐。约翰逊是对的。卡尔则像一个小男孩面对网络、人群和获取信息的便捷方式等时代变化不知所措。我们要赞美英属哥伦比亚教育部，在认识到这一急需解决的矛盾之后，便着力于废除几十年来老师像圣贤一样高高在上地教导并期待他们的学生去死记硬背的模式。一篇名为《改革英属哥伦比亚的课表》的报告中如此写道：

> （课表）倾向于关注教会孩子们事实内容，而不是概念和流程，强调的是“学什么”而不是“如何学”，这与现代教育的追求背道而驰。在如今这个技术推动的世界，学生几乎在瞬间就能接触到无限的信息，教育更大的价值不在于让学生了解信息本身，而在于他们能够自己成功地找到、消化、思考及如何将其应用于生活。

本章的首要目标是定义“泛在学习”。更为重要的是本章要引入一个模型，领导者可以利用这个模型去加强参与和协作的行为。遗憾的是，一些领导者并没有关于学习的先见之明；他们仍然相信学习只发生在有常驻专家的教室里。他们无意识地在教室学习和僵硬的领导方式之间建立联系。为什么会这样？

我认为，通过几百年来的旧的教育体系层级束缚，我们已习惯性地像孩子一样认为教室里最年长的人才是最具智慧的。这种影响如此深远，以至于我们进一步深信，如果我们特别聪明，就会因为漂亮的成绩单而被最高权威——校长慧眼相中。相反，如果我们犯了错误，那么老师（如同公司的经理）或者校长（总裁或副总裁）就会语气严厉地给我们打电话，批评我们的任性、糟糕的成绩或诸如此类的事情。你还记得被叫去校长办公室时那种极端恐惧的感觉吗？如果你不知道为什么当广播里叫自己去校长或训导主任的办公室时，你会感到非常害怕、紧张，那就想想企业在做年度绩效评估时你的感觉。

---

1 英文原书名为 *The Shallows: What the Internet Is Doing to Our Brains*。——译者注

我们在很小的时候就已经适应了这一切，从幼儿园到高校，贯穿整个教育过程，我们相信只有取得了优异的成绩，才有机会获得成功。但是，现实世界的成功并不仅仅取决于理论知识或学习成绩。成功不是力量、贪婪及“堆积如山”的知识；成功也不是等级森严、命令和控制。

如果我们从儿童和青少年时期就被灌输了跟着老师好好学习才能成功的思想，那么大学毕业后又怎能指望大学生在工作中表现出协作精神，去建立一个有创造力的、创新的、思想开放的组织？正如艾默生所说：“你把孩子送到校长那里，最后是学校里的学生们教育了他。”

我很反感“培训”这个词。每次当我打这两个字的时候，就让我想起年轻时在足球训练课上无休无止的练习——那些为了提高某项技巧而重复了一遍又一遍的无聊的动作。“培训”一词在谷歌上的搜索量超过了 20 亿次。我们经历过很多种“培训”，但是斯坦福大学心理学教授卡罗尔·德韦克（Carol Dweck）有一个著名的论断：“培训”所培养的是一种固化的而不是成长的心智模式。

为了更好地促进领导者和组织机构成长，我提出了“泛在学习”的概念：从“培训是一个事件”这种固化模式，跳转到“学习是一种协作式的、持续的、联结的、基于社区的”成长模式。

我把这一过程比作从“讲台上的智者”到“贴身向导”。看一看我的朋友丹尼斯·卡拉汉（Dennis Callahan）创作的这幅图（见图 24-1）吧，虽然简单，但含义非常贴切。

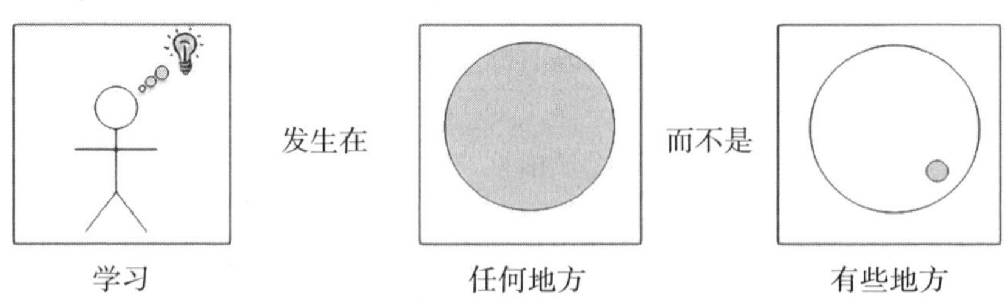

图 24-1　学习发生在任何地方而不是有些地方

的确如此——学习发生在任何地方。就好像一种有渗透性的液体，漂浮在我们四周，只要需要，无孔不入。这应该是鼓舞人心的。约翰·希利·布朗（John Seely

Brown）在与保罗·杜基德（Paul Duguid）合著的《信息时代背景下的社会生活》[1]一书中写道："人们因为需要才学习，如果人们看不到所学的知识对他们来说有什么用，他们就会忽视学习、拒绝学习，即使老师教得再好也是对牛弹琴。"

换句话说，"需要有多迫切，学习就有多快"。如果有迫切的需要，人们会在任何地方展开学习，通过他人学习，和他人一起学习，在他人的周围学习。

↘ 组织学习重要吗

马德拉大学的圣地亚哥·巴德里亚（Santiago Budria）和圣路易斯大学的巴勃罗·斯威德伯格（Pablo Swedberg）在 2010 年发表了一份研究报告，题目是《雇主所提供培训的影子价格》[2]。通过引用欧洲社区家庭事务委员会提供的数据（一份针对家庭和个人的调查，包含劳动力市场特性），研究者们共收集了 17 632 份关于组织学习的调查数据。他们想要验证组织学习是否真的重要，即是否有真正的收益。他们的研究结果在我的意料之中。以下是他们得出的四个重要结论：

- 员工有机会参加组织学习的效果与增加 17.7%的收入的效果相当。
- 短期学习机会与员工工作满意度提升关联显著。
- 业余时间参加的培训课程和工作时间参加的全天课程，学习效果大致相当。
- 公司培训对那些工作满意度不高的员工特别有效，针对这类员工的培训，对员工工作满意度平均值提升有很大影响。

卡利·布卢特（Cagri Bulut）和奥斯曼·丘尔哈（Osman Culha）的研究也支持了巴德里亚和斯威德伯格的观点。他们于 2010 年发表题为《公司培训对于公司认同感的影响》的研究报告，希望验证公司培训是否对公司本身有利。基于对伊兹密尔（土耳其在爱琴海沿岸最大的城市）的四星和五星级酒店的研究，他们形成了四种主要观点：

- 如果员工乐于参加公司培训，那么他们的公司认同感就会提升。

---

1 英文原书名为 *The Social Life of Information*。——译者注

2 英文原标题为 *The Shadow Value of Employer-Provided Training*。——译者注

- 如果有参加培训的机会，或者说员工认为公司愿意在他们身上投资，员工会更加努力的工作，更依恋公司，更有工作荣誉感。
- 那些希望从公司培训中获得进步的员工对公司的忠诚度更高。
- 如果上司支持下属参加公司培训，那么下属对公司的忠诚度会更高。

通过上述两个案例，我们可以得出结论：公司培训是有效果的。那么这个结论普遍适用吗？

在加拿大研科（TELUS），公司培训同样产生了正面效应。员工敬业度从 2008 年中期的 53% 跃升至 2013 年年末的 83%。有趣的是，在这五年间，职业培训和学习内需这两项和员工敬业度密切相关的指标也急剧上升，都达到了很高的水平。看起来像研科公司给予了员工更多的培训机会，导致员工敬业度的上升。两件事之间可能没有直接的因果关系，但肯定会有间接的影响。在这五年期间，公司员工正式的培训机会增加了 83%，非正式的培训机会增加了 200%，而社会化学习互动从无到有，现在已经超过 800 000 次。

为了证实这种效果，研科公司继续深入地开展正式课程的培训，但是用巴德里亚和斯威德伯格的话说，更重要的是学习机会和社会化学习方式的增加才造就了工作满意度的提升。当公司培训被正确地贯彻执行下去（可以充分发挥想象力，采取各种方式）时，它就成了公司可持续竞争优势的决定性因素。公司培训是在员工身上的投资。通过不断改进培训模式、培训方法和增加培训机会，公司的财务状况和员工敬业度（及生产力）都得到了改善。这就是在研科公司发生的案例。员工辞职率下降、财务指标上升、深层次的组织认同感正在形成。研科公司的故事印证了研究人员前面的结论。

70-20-10 和 3-33 模型

凯伦・克歇尔（Karen Kocher）是一位出色的组织管理者。美国信诺保险集团（CIGNA）是一家有 200 亿美元营业收入和 3 万名员工的国际化公司。作为信诺首席学习官的凯伦，其工作是确保员工足够聪明，能胜任工作，并且能随时以不同的方法适应外在环境的变化和挑战。凯伦认为学习中的灵活性和分享的心态是其中的关键。事实上，她的邮件签名就说明了这一切：“让我们去社交……合作、成长、互相学习。”

为什么凯伦和她的团队这么出色？信诺相信学习与合作的实践活动在员工整体的敬业度方面发挥着独特的影响。凯伦说：“对于绝大多数的人来说，工作绩效是会随着与同事一起工作和学习而提高的。”凯伦不认为员工在任何时候都要去合作、去分享，但是她确信积极的倾听、主动的合作和持续的学习可以提高员工的敬业度。信诺认为学习不但来自即时通信工具、博客、微博的大量信息，而且来自员工日复一日在网上的交流和面对面的沟通。信诺的学习方式不是唯一的，也没有确定的章法。

凯伦告诉我，公司业绩之所以能一直如此突出，不仅仅因为他们的组织是学习型组织，而且他们能把所学的东西积极地应用，从而促进了业绩的提升。如果员工没有参与其中的话，那么他们不仅不能学习，而且不能实现有效应用。

无论是作为首席学习官凯伦，还是信诺公司，都没有把时间花费在单一的教室学习模式方面；教室学习虽然很重要但并不唯一，还有很多方式可以用来学习、参与、改善绩效。信诺有一种学习的文化，我们据此创建了一个叫“3-33”的模型，如图 24-2 所示。

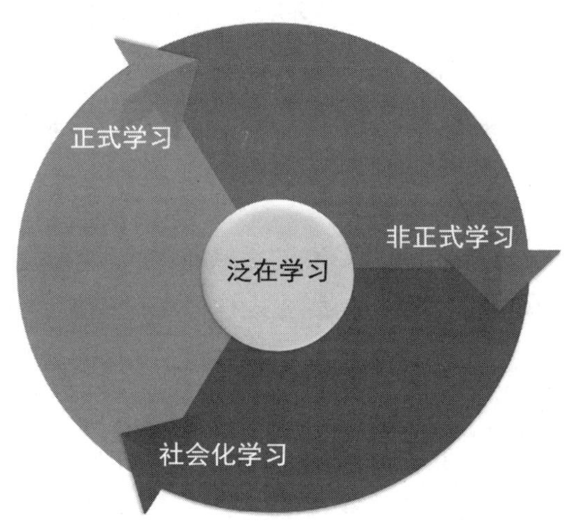

图 24-2　泛在学习（3-33 模型）

泛在学习模型表明了学习发生在三个不同的领域。

- 33%是正式学习。
- 33%是非正式学习。
- 33%是社会化学习。

“3-33”模型是在“70-20-10”模型的基础上提出来的，“70-20-10”模型由创新领导力中心的罗伯特・艾兴格（Robert Eichinger）和迈克尔・隆巴多（Michael Lombardo）在 20 世纪 80 年代首先提出。

“70-20-10”模型被分解为：

- 70%的学习来自在职经验。
- 20%的学习来自他人。
- 10%的学习来自正式的课程。

为了建构“70-20-10”模型，隆巴多和艾兴格采访了很多高层管理者，让他们去反思其作为领导者的职业生涯中，有意义的学习、发展、能力的提升到底源于哪里，其中包括他们自己、他们的团队及整个公司的学习。本来，这个研究关注的是高层领导者如何管理和领导团队，但渐渐地，学习专家开始用这个模型来描述职场学习是如何发生的。对这一点我有些困惑。斯科特・德鲁（Scott DeRue）和克里斯多夫・梅耶（Christopher G. Myers）也曾有过类似的质疑：“尽管学者和实践人士经常引用‘70-20-10’模型，但实际上没有任何实验性证据支持这一假设。”

高层领导接受艾兴格和隆巴多采访，反思他们的领导风格和他们是怎样通过学习成为领导的。对我来说，今天的研究仅仅以关注领导者如何学习领导风格为基础是远远不够的。首先，这个研究是在 20 世纪 80 年代做的，那个时候只有军方才知道什么是互联网，而且也没有研究机构对其进行过正式的研究。其次，在 80 年代似乎过于重视“命令和控制”领导系统的重要性。我们抛开冷战话题不谈，回想里根总统、撒切尔夫人、李・艾柯卡、杰克・韦尔奇及罗杰・史密斯那个年代，这些人都不符合我书中所定义的协作型的领导者。所以说，现今组织的学习模型是基于 80 年代那种领导风格的。现在是时候向前发展了。

研科公司对这一确切概念进行了深入调查，实施了一项新的绩效模型，以期在学习和领导力之间建立关联。在两年的实施期内，研科公司通过季度性的调查来询问员工学习是通过正式的方式、非正式的方式，还是社会化的方式。结果 80%的人说他们学习是通过正式的方式，82%的人通过非正式的方式，55%的人认为他们通过社会化的方式。通过对他们总体学习时间的回顾，研科公司发现每种方法都占用了总体大概 33%的时间。也就是说，如果团队成员确信他每年花在学习上的时间是 120 小时的话，那么 33%是通过正式的方式，33%是通过非正式的方式，33%是通过社会化的方式。在这个例子中，每种方式所花费的时间是 40 小时。

当被问到哪种具体的方式提高了他们的领导绩效时，研科团队的答案是：

- 82%的人认为正式学习提高了他们的领导绩效。
- 84%的人认为非正式学习提高了他们的领导绩效。
- 56%的人认为社会化学习提高了他们的领导绩效。

平均计算，他们的绩效回报从 2010 年的 62%增长到 2013 年的 74%。当领导被问到他们分别分配在正式学习、非正式学习和社会化学习方面的具体时间时，不出意外，研科公司的成员花在这三种方式上的时间是一样的。这就是说，研科公司的成员虽然认为正式学习、非正式学习、社会化学习对领导绩效的提升作用可能不同，但是所用的时间是大致相同的。这就是“3-33”模型。

非正式学习

阿纳托尔·法朗仕（Anatole France）曾经说过，“教育的 90%是鼓励”。把这种方法用于探索泛在学习模型里的非正式学习是最好不过的了。我们疯狂地响应当下很多人的预言，认为发生在教室的正式学习都将消失，学习仅仅会以一种电子化的形式存在，但是我们忘了学习是通过什么发生的——动机，或者像法朗仕所认为的，学习要通过鼓励。非正式学习才是连接正式学习和社会化学习的关键，但是它常常被忽视。

参考图 24-3 中的非正式学习，思考其中的一种非正式学习的方法——导师辅导。凯伦·维尔耶（Karie Willyerd）是成功因素机构（Success Factors）的首席学习官，她和珍妮·麦斯特（Jeanne Meister）合著了《职场 2020：创新型企业如何吸引、发展和保留未来的员工》[1]一书。书中提到，与正式学习、非正式学习和社会化学习相比，千禧一代更喜欢导师辅导的学习形式。对从小和手机等电子产品一起长大的这一年龄段的人来说，他们喜欢在网络上做任何事情。

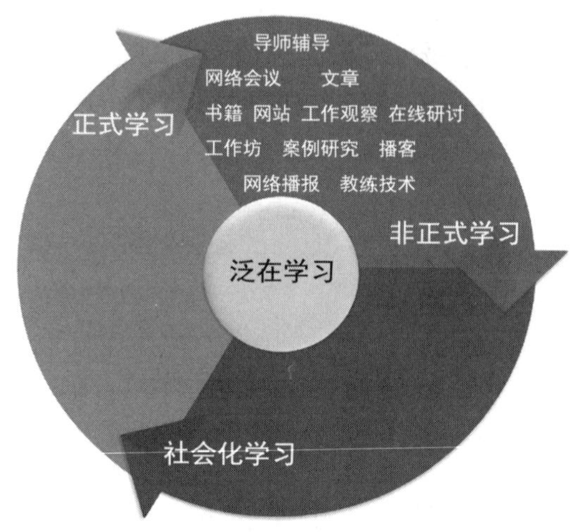

图 24-3　泛在学习：非正式学习

事实上，维尔耶认为导师辅导很快会成为职场中相当重要的机制，因为这些人的总体数量将很快达到劳动力市场的 50%。导师辅导，像其他的非正式学习一样，采用非正规的方式，对个人、团队或组织进行激励、鼓舞、帮助和教育，没有任何基于网络的互动。关系不够深入，用人际互动来弥补；形式不够正规，用创意来弥补。我们可以将导师辅导定义为两人之间（不是指管理人员和团队成员之间那种关系）一种非正式的关系，在这种关系中，导师针对各种问题、情境变化或目标为学员提供帮助。这实际上是一个鼓舞双方共同学习的非正式机会。

为了更好地阐述泛在学习模式，我们把非正式学习定义为“在非正规环境下脱离传统的学习方式，可提供指导、灵感、专业知识或洞察”。

教练技术也是非正式学习的一种重要方式——通过和员工之间不断地进行沟

1 英文原书名为 *The 2020 Workplace: How Innovative Companies Attract, Develop, and Keep Tomorrow's Employees Today*。——译者注

通，达成以下几种目的：

- 为目标和所要采取的行动提供咨询和意见，分类改进结果。
- 对当事人行为的进步和改善给予反馈。
- 对当事人的个人和职业发展或机会提供建议。

教练技术不同于导师辅导。教练技术作用于团队成员之间，而导师辅导是指从无从属关系的人员那里获得忠告和建议。当然，二者同样重要。

其他非正式学习方式，如网络播报、在线研讨和播客，提供机会让你记录下任何主题的信息、内容及自己的想法等，而这些内容又可以为小组内其他成员所共享。这些内容要求精简，以便于分享。内容可以是上一季度财务数据更新，也可以是关于最近一桩收购案的想法，或者是帮助员工提高效率的一个启发性的概念。无论在哪个领域，都可以将趣味、简短、有料的内容变为激发学习动机的好机会。

非正式学习给领导者提供了很多途径去引导组织学习。你的领导者是否会分享他最近阅读的一篇有趣的文章或一本发人深省的书？他们是否探讨过一个网站，在那里你可以了解到公司业务的每个细节？他们有没有分析过竞争对手的例子，以帮助团队了解自己所在的行业？

网络会议是非正式学习的另一种方式。服务供应商如思科 WebEx 和 Adobe Connect，以及微软旗下的 Live Meeting 和 Skype 等，这些网络会议的软件产品有很多性能都非常好用。无论使用哪种网络会议软件，都可以激发员工的工作积极性，每种网络会议软件也都是一种非正式的学习方式。你不需要去教室，也不需要注册学习电子课程，它是一种既简单又充满热情的举动，鼓励所有员工提升自己的能力。

我很喜欢路易斯·弗兰泽兹（Louis Franz）（美国赫兹汽车租赁公司劳动关系和人力资源副总裁）对杰特瀚·贾诺夫（Jethham Janor）说的一段话，刊登在 2012 年 6 月的《人力资源》杂志上。当谈到工作观察时，他对员工说："去尝试一下清洗汽车、站柜台吧。你可以体验到什么叫工作。" 研科公司就愿意雇用那些有一线工作经验的、更理解顾客感受的人。在公司里实行一年 1~2 次的轮岗（几小时就够了），可以让员工更好地理解公司里正在发生什么。大学校长为什么不能花一点儿时间和信息技术支撑团队在一起，看他们每天如何为全校几千名老师和学生提供支持？市场营销副总裁和他的团队能否到门店里体验一下一线零售商的工作？因为他们的营销方案是在那里接受检验以证明其是否有助于增加销量的。工作观察是一种文化的建立，也是非正式学习的重要组成部分。

苏格拉底式学习

苏格拉底式学习也是泛在学习的一种重要方式。这种方式认为通过提问、探索、协作、自我检验及互相检验可以唤醒人类的才能。

基于学习要求（个人、团队、组织等），我们要根据实际需要来确定学习方式，是正式的，还是非正式的，或者社会化的。我们要探寻哪种学习方式提供了最恰当的深度和广度，同时还提供了最佳的速度保证我们及时获得信息和新知识。如何更好地组合各种学习方式应该是我们学习策略的重点。

请闭上眼睛想象一下大写字母 T 的形状。如果上面的“横”代表知识的广度，下面的“竖”代表知识的深度，你就能更好地理解组织学习的表现形式，看起来就像图 24-4 那样。知识的广度更多来源于非正式学习和社会化学习，知识的深度来源于正式学习和一小部分非正式学习和社会化学习。我们可以将其称为 T 形教育模型。

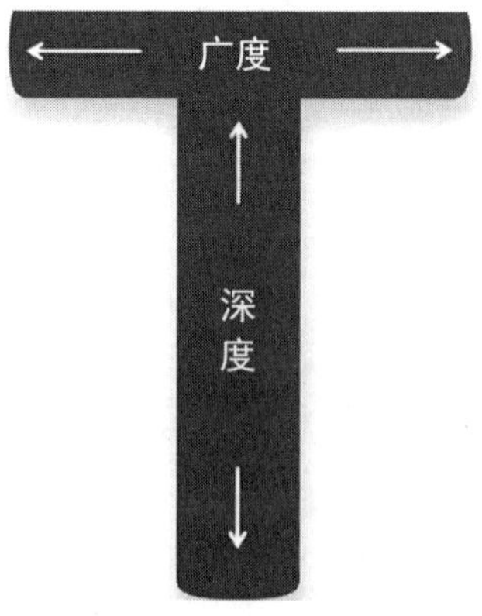

图 24-4　T 形教育模型

T 形教育模型在组织的学习中又是如何应用的呢?

马修·怀尔德是研科的一名工程师，负责关注与公司业务有关的各种技术创新。他遇到的一个难题是 IPv6——和新版本的互联网协议有关。现在的情况是，全球互联网地址越来越不够分配，马修的工作除了帮公司找到这一问题的解决办法，还要培训员工如何使用。在公司内部做了一番调研后，马修决定先建立一个开放的维基平台，描述 IPv6 是什么。在平台上，他还建立了一个讨论区、一个微博通道、一个视频通道，以及与 IPv6 相关的文章、书籍和网站的链接。作为补充，马修还建立了一个正式学习的课程表。这是一个很好的例子，马修提供了多元而非单一的学习渠道，既有知识的广度又有知识的深度。他把正式学习、非正式学习和社会化学习有机地结合在一起。我曾经采访过马修，问他为什么会选择这种方式，他答道："这样做很有意义，这是我们研科公司培训和领导员工的最好方式。"如果马修能通过使用泛在学习法和 T 形教育模型成功地克服 IPv6 的难题，我们把这种学习方法推广到其他地方又有何不可呢?

泛在学习不是商品，而是一种存在方式。马修没有开发培训课程。你也不需要去参加培训班，你可以随时随地用各种方式学习。培训发展领导者应该采用这种学习方式及图 24-5 中所有的学习方法，建立一个魅力十足的对新的知识充满渴望的团队。这种学习方式在本书网站（www.astdhandbook.org）上有详细的描述。

图 24-5 泛在学习

向约翰·加德纳致敬——他是《自我更新：个体与创新型社会》[1]一书的作者。领导者们该好好研究一下泛在学习了。

作者简介

丹·庞蒂弗拉克特，《扁平化队伍：创建人人连接、参与的组织》[2]一书的作者（2013 年，Wiley 出版社），也是研科旗下改革办公室（一家组织文化变革咨询公司）的领导人。本章大部分内容改编自他的著作。他曾在研科负责领导力开发、学习和协作技术策略的制定，除了在研科推行大量的社交工具和泛在学习模式，他还将研科领导理念（一种开放的、基于协作的领导力框架）传播给全体超过 40 000 名员工。员工敬业度在五年间从 53%提升至 83%。他还是一个著名的演讲家和身体力行的未来主义者，在他看来，如果将员工敬业度放在第一位，组织成就将不可限量。

参考文献

B.C. Ministry of Education. (2012, August). Transforming BC's Curriculum, www.bced.gov.bc.ca/irp/transforming_curriculum.php.

Boswell, J. (1993). *The Life of Samuel Johnson*. New York: Everyman's Library.

Brown, J.S., and P. Duguid. (2000). *The Social Life of Information*. Boston: Harvard Business Review Press.

Budría, S., and P. Swedberg. (2010). The Shadow Value of Employer-Provided Training. *Journal of Economic Psychology* 33(3).

Bulut, C., and O. Culha. (2010). The Effects of Organizational Training on Organizational Commitment. *International Journal of Training and Development* 14(4).

Carr, N. (2011). *The Shallows: What the Internet Is Doing to Our Brains*. New York: W.W. Norton & Company.

DeRue, D.S., and C. Meyers. (2012). Leadership Development: A Review and Agenda for Future Research. In *Oxford Handbook of Leadership and Organizations*, ed. D.V. Day. Oxford: Oxford University Press.

Dweck, C.S. (2006). *Mindset: The New Psychology of Success*. New York: Random House.

Emerson, R.W. (1860). *The Conduct of Life*. Boston: Ticknor and Fields.

Gardner, J.W. (1995). *Self-Renewal: The Individual and the Innovative Society*. New York:

1 英文原书名为 *Self-Renewal: The Individual and Innovative Society*。——译者注

2 英文原书名为 *Flat Army: Creating a Connected and Engaged Organization*。——译者注

W.W. Norton & Co.
Janove, J. (2012). To Know the Business, Start in the Trenches, *HR Magazine* 57(4).
Lombardo, M.M., and R. Eichinger. (1996). *The Career Architect Development Planner.* Minneapolis: Lominger.
Willyerd, K., and J. Meister. (2010). *The 2020 Workplace: How Innovative Companies Attract, Develop, and Keep Tomorrow's Employees Today.* New York: HarperBusiness.

Portions of this chapter were adapted from *Flat Army* (Wiley, 2013) and used with permission.

延伸阅读

Clow, J. (2012). *Work Revolution: Freedom and Excellence for All.* Hoboken, NJ: John Wiley & Sons.
Grant, A. (2013). *Give and Take.* New York: Penguin Group.
Gratton, L. (2011). *The Shift: The Future of Work Is Already Here.* New York: HarperCollins.
Logan, D. (2008). *Tribal Leadership: Leveraging Natural Groups to Build a Thriving Organization.* New York: HarperCollins.
Shirky, C. (2010). *Cognitive Surplus: How Technology Makes Consumers Into Collaborators.* New York: Penguin Group.

第25章

职场非正式学习

杰伊·克罗斯（Jay Cross）

本章要点

- 描述非正式学习
- 思考日益重要的职场非正式学习
- 探讨智力资本的无形收益如何评估及其如何为组织非正式学习提供助力

非正式学习是人们学习做好本职工作的主要方式。多次研究发现，人们通过非正式的途径获取工作中需要的技能，如交谈、观察别人、反复试验、与消息灵通的人一起工作等。正式培训和工作坊在人们多种学习方式中只占 5%～20%。

非正式学习是一种非官方的、事先未安排的、即兴的学习方式，大多数人通过这种方式学会如何做自己的工作。非正式学习就像骑自行车：自己选择目的地和路线。车手可以即兴地选择绕路骑行来欣赏风景或者帮助后面的车手。

就像学习骑自行车一样，大部分非正式学习是体验式的，并且自然发生。你可以设想非正式学习体现的是一种漫不经心和随意的自然状态，“自然”是一种非常好的方式。大多数公司的学习是体验式并且自然发生的。请参阅表 25-1，其中列举了一些可能发生在工作中的非正式学习干预措施的例子。

表 25-1　满足工作中常见学习需求的个人非正式学习干预措施

使员工适应工作的技术层面	让员工了解公司文化和价值观	扩大员工可从事工作范围	培养员工的胜任能力	帮助员工应对新的挑战	更新员工的技能和知识	帮助员工选择职业目标	让员工为他们的下一岗位任务做好准备	致力于推行持续的措施
• 文件归档 • 引导参观	• 广而告之 • 案例研究 • 指导	• 广而告之 • 案例研究 • 发展型任务 • 文件归档 • 游戏模拟 • 引导参观 • 独立研究和学习 • 指导 • 绩效支持 • 提示和窍门 • 试错	• 广而告之 • 案例研究 • 发展型任务 • 文件归档 • 游戏模拟 • 引导参观 • 独立研究和学习 • 指导 • 绩效支持 • 提示和窍门 • 试错	• 广而告之 • 案例研究 • 发展型任务 • 文件归档 • 游戏模拟 • 引导参观 • 独立研究和学习 • 指导 • 绩效支持 • 提示和窍门 • 试错	• 广而告之 • 案例研究 • 文件归档 • 引导参观 • 指导 • 绩效支持 • 提示和窍门	• 广而告之 • 案例研究 • 发展型任务 • 文件归档 • 游戏模拟 • 引导参观 • 独立研究和学习 • 指导 • 提示和窍门	• 发展型任务 • 文件归档 • 游戏模拟 • 独立研究和学习 • 指导 • 提示和窍门	• 广而告之 • 案例研究 • 文件归档 • 游戏模拟 • 引导参观 • 绩效支持 • 提示和窍门

资料来源：卡尔莱纳（Carliner）所著《非正式学习基础》（*Informal Learning Basics*）一书，第 147 页，美国培训与发展协会 2012 年版。

非正式学习并不是完全非正式

非正式学习是由学员自己主导，没有课程安排。换言之，学习是拉动式的，学员自己全权负责。正式学习刚好相反，课程通常被设定为一位讲师、一份时间安排表和一份培训评估报告。正式学习是推动式的，由学员之外的人发号施令。

所有的学习都包含非正式部分和正式部分。以大学哲学为例，很正式的一门课程，有讲座、考试和教材，但是学习并没有就此结束。正式、推动的部分通过深夜的寝室闲谈和偷偷上克利夫笔记（CliffsNotes）[1]的非正式学习得以补充。

再以学习如何销售为例。学习过程包括师带徒、模仿有经验的销售人员、实践中的惨痛经历等，这些都是非正式的学习活动。职业销售人员可能会听米勒-海曼（Miller-Heiman）的课程，学习 SPIN 销售法[2]或顾问式销售法来补充他们的非正式学习。销售经理可能让人他们阅读金克拉（Zig Ziglar）或奥格·曼迪诺（Og Mandino）的书籍。正式学习与非正式学习相结合。

这个问题不在于学习经验是正式的还是非正式的，而在于比例问题。通常情况下，非正式学习更有效而且成本更低，但是两者结合才是最理想的。

拥抱非正式学习

约翰·哈格尔（John Hagel）和约翰·西利·布朗（John Seely Brown）为我们解释了公司学习流程从“推”变为“拉”的过程是如何产生不可预测的影响的。设想 20 世纪中期的一家典型生产型公司，一般会对未来需求做出预测，然后生产产品来满足生产需求，最后把产品销售（推）给顾客。

世界不再那么简单。所有的一切都被联系在一起，任何事情的发生都不再是孤立的，复杂取而代之——未来变得模糊不清。制造商再也无法预测未来的需求，

---

1 一个集合课程笔记、备考心得、学习指南的网站。——译者注

2 S 是指询问状况（Situation Question），P 是指询问问题（Problem Question），I 是指询问含义（Implication Question），N 是指确认需求（Need-pay off Question）。——译者注

此时的公司不再生产足够多的库存，转而创建更灵活的流程使它们能处理突发状况和按订单生产。客户需要（拉）他们想要的产品。

哈格尔和布朗用的是软件行业的类比。平台（运行环境）替代程序（单独个体）。以前，软件开发商只提供单独的程序（如 Word，微软文字处理软件）。旧的“推”的模式正迅速变得过时。越来越多的供应商提供的应用程序是能嵌入现有的平台的（互联网的 TCP / IP 协议）。用户可以在这个平台上转换或删除应用程序而不必改变所有的一切。

因为平台提供了标准，单个应用程序可以通过应用程序接口连接起来。这样，无须购买整个新程序，但能做得更多。

从积存到流动、从“推”到“拉”、从制度控制到人身自由、从死板的工业制度转向灵活、更人性化的工作环境，这是一项宏大的社会运动，而从程序到平台的转变只是其中不可避免的一部分。

总体来说，商业正变得更加网络化。网络上的每个新节点创造的价值与其大小不成比例，因为它可以连接所有之前的节点。作为结果，网络快速倍增壮大。网络连接密度越高，它的循环也会变得越快。因此，商业的步伐也正在加快。

商业的不可预测性及其快速增长的速率，这两个因素使得“推动”式培训不再可能跟上变化的速度。

培训部门一般来说都只提供“推动”式培训。他们提供课程、工作坊和研讨会。为了跟上发展的步伐，培训与发展部门必须重新思考他们所做的这些。在许多情况下，你没有时间为新的学员大量炮制“推动”式课程。相反，培训与发展部门必须做好准备，培育“拉动”式的学习平台，形成组织的学习生态。

“提前学习”在现实世界中并不奏效，所以工作和学习融合了。学习不过是做好工作的一部分。学习新鲜事物（有时需要先发明出来）是员工的义务。这样的学习大部分发生在工作场所。所以说，学习平台就是组织本身，而不是孤立的个体。

工作就是学习，学习也是工作。

创建学习型工作场景

组织的学习平台即其工作场景（Workscape）[1]。工作场景是一个比喻性的空间，包括饮水机、周五啤酒狂欢会、办公室的谈话角落、员工餐厅的无线网络、公司文化、内部沟通、信息渠道、围绕分享和披露行为的文化规范、对特立独行的宽容、风险厌恶、组织结构、员工自主性等公司任一方面，可以人为调整，从而让员工可以更加舒适地工作。

你可以将工作场景想象成一个花园（此处的“景”是指“地景”的“景”）。园丁清理土地并将周围的一些垃圾移开。他们清除石头并准备好土壤。最终他们可能播下种子，然后他们浇水或偶尔施肥。没有人可以强迫植物生长，同样，也没有人可以强迫人们学习。

植物出土时总会带来一些惊喜。园丁可能需要将一些植物移栽到更合适的地方，除草是在所难免的。他们可能为那些从来没有发芽的种子遗憾，但还是要继续照料花园，不断修剪以使其看起来郁郁葱葱。就像组织中的学员一样，植物自身自然会茁壮成长。

大部分组织都不乏“肥料”，所以工作场景的“园丁”不需要为此担心。对于这些有特殊“园艺”技能的“园丁”来说，需要关注的反而是创建一种环境和文化，为以下这些原则提供支持：

- 大部分学习是自我学习。工作场景应该给予人们自由规划自己学习课程的权利。正如温斯顿 · 丘吉尔（Winston Churchill）所说：“我热爱学习，但是我讨厌被教导。”确保资源是现成的、容易获得的。

---

1 Workscape 是一个合成词（work+scape），是指物理工作环境与虚拟工作环境的集合，其本意为我们执行工作时所处的不同层级，即位于具体地点（如办公大楼、城市街区、街道、家、机场、公交车等）的特定空间（如会议室、项目区域、茶水间等）内的、现实和虚拟工作环境（如家具、IT 系统等）的集合。此处根据 scape 的本意译作工作场景（Harrison，Wheeler 及 Whitehead，2004）。——译者注

- 设置高期望值，人们可以做到。帮助人们在这个世界和工作场景里实现自己的意义，快速成长。推动建立社交网络，让人们可以同他人的状况进行比较。
- 交谈是学习的组成部分。在虚拟环境和面对面环境中都需要培养开放的、频繁的、坦诚的对话。要赞美积极向上的对话。
- 人们从实践中学习。鼓励大家勇于尝试。
- 确保管理人员和导师理解延展型任务的影响力。学习是经验的累积，而延展型任务带给学员新的经验。
- 让员工明白独立解决问题需要做的最小努力是什么。
- 让员工可以最快、最容易地找到需要找的人，获得曾经的经验教训、工作方法方面的信息，以及绩效支持。
- 学习是社会化的。鼓励大家参加社区活动，让协作成为一种规范。将你的工作与他人分享。社区和同业公会除了吸纳知识，也创造知识。如果你还没有一个充满活力的社交网络，那么赶快建立一个。
- 我们有超过半数的人，有一部分工作时间是在办公室以外的。工作场景一定是移动的。
- 我们只是想要我们想要的，没有其他。在任何可能的时候，请为大家提供选择的机会，让员工获得个性化学习的体验。
- 学习应是全员参与的，并不只是为新手和有进取心的人准备的。你不能指望不学习就获得成功，确保每个人都参与。
- 不断强化才能增强学习的“黏性”。寻求反馈。用博客、推特和其他的一些方式分享你的反馈。重温所学内容可以帮助巩固记忆。
- 创新源自不同领域的概念混搭。鼓励创造性思维。
- 提供关于团队、部门、公司、行业和技术发展方面的最新进展信息。
- 人们常将学习和学校教育相混淆。培训员工如何在工作场景内实现有效学习。

这 15 条原则也可以从本书网站（www.astdhandbook.org）上下载。

促进非正式学习的 10 种方法

索尔 · 卡尔莱纳（Saul Carliner）

大部分的学习并不是发生在教室里或网络上，而是在同事间和工作中。组织的企业学习系统能够为员工提供学习支持，并让他们参与你可能没想过的非正式学习活动。以下这 10 种方法有助于拓展员工知识与技能，提高员工的成功机会。

1. 鼓励学员在正式课程之后继续学习。大多数企业学习系统在一门课程的实施过程中具备多种沟通能力，可以分享课程的管理信息和课程教材，便于该课程结束后学员继续进行非正式学习。这些沟通能力包括：

- 预先设置的备忘录，当讲师预期员工可能需要备忘录时，就可以及时提醒员工使用培训中所学的技巧。
- 课程资源的发布，如可以在员工工作中提供帮助的教辅读物、参考文献、工作辅助等。
- 学员之间随时讨论让他们可以互相分享学习转化中遇到的挑战。

2. 在组织内为“社区”提供空间。企业学习系统允许培训管理人员在授课过程中发布信息，促进学员间的交流，也可以根据学员能力的共性建立“群组”。有了这些群组，培训管理人员可以分别在不同类型的社区内（如职业社区、兴趣社区、不同人的社区等）有效促进学员交流。

3. 设置自我评估环节。自我评估帮助员工评估自己的兴趣和技能，并在组织内自行参照。自我评估可以内部实施，也可以借助第三方资源实施。

4. 针对关键岗位建立并维护技能档案。企业学习系统的“技能管理”功能可提供多种方式，推动各项技能在组织内的有效应用。其中一种是针对特定岗位需要的技能（能力）进行归档的工具。技能档案的建立有一定的挑战性，因为其所需的研究工作需要非常透彻，如同深入的需求评估一般，而且还需要验证过程，以确保技能档案的准确性。即使有严格的流程，档案的建立也是一项艰巨的任务，因为如果只列出有限数目的宽泛能力，可能过于笼统而不实用；而如果列出庞大数量的具体能力项，甚至可能超过 100 项——如此大的数目在很多情形下是没办法操作的，往往给人感觉太过严格。多数大型的专业服务机构在技能管理方面的投入非常可观，很多更大规模、更成熟的政府机构和科技公司也是如此。非正式学习的重点恰恰是能力的发展，而技能管理这种手段既能引导能力的发展，又能在发展出能力之后给予认可。

5. 评估员工目前掌握的技能。有些企业学习系统根据岗位工作描述评估员工的技能。员工可以使用此分析来决定自己的个人培训和发展需求。员工可以阅览每个特定岗位所需的技能清单，并表明自己在每项技能方面的自我感知水平。系统将每项技能及该岗位每位员工的技能水平与其个人档案进行匹配、对比，进而生成技能差距清单，表明该员工在哪些能力项下离该岗位的胜任水平还有差距。

6. 跟踪技能的发展。如果企业能在通过培训开发出的能力和一个或多个技能档案记载的能力之间建立关联，那么就可以自动更新员工的技能档案以反映在项目后获得的新技能。大多数系统还允许手动更新技能档案以反映通过非正式学习得以开发的能力。理想情况下，系统应该要求员工在更新档案之前向管理者证明他们真正具备并能应用某项技能，否则，有可能出现某项技能系统认可而实际上本人并不具备的情况。

7. 为员工职业规划提供协助。职业生涯路线图，确定了特定职业所需要的技能，允许员工评估他们目前的资历并将这些技能项与发展机遇相结合来填补空白，其中包括参加面试、培训、发展型任务和专业组织。

8. 为特定的员工量身定制所需。所谓动态发布，这个功能根据员工的特定工作环境需求为员工提供相应的信息。这些系统为每位员工维护档案，将员工特点与当初建档人储存信息进系统时的建立的标签相匹配。新兴的系统有望能够提供进一步定制化的服务，如同亚马逊和其他电子商务系统，可根据之前的使用记录精确地匹配内容。

9. 记录非正式学习活动。由于大多数非正式学习发生在内部活动或某些类似的可测量的活动范围之外，人们通常需要手动跟踪。经理人员和员工有可能需要添加参加行业会议、完成大学课程和其他第三方的课程、读过的书籍、非营利组织的领导角色和类似活动的记录。这样，员工在非正式学习中获得的技能有更大可能会被识别。

10. 针对一个特定的目标追踪进度。企业学习系统不仅可以追踪非正式学习，还可以追踪更大目标的活动。例如，一家生产定制化助听设备的公司，通过让员工参加培训和指导下的实践，在其能够为客户进行定制安装后给予认证。系统可以在培训完成后实现自动记录，然后，经理人员在员工完成每次指导下的实践活动后，将该活动信息手动录入系统。当员工完成所有要求的活动之后，他们就可以获得资格证书。

使用这些功能

如果你想促进组织内非正式学习的开展和参与度，请尝试使用这些功能。毕竟在很多情况下，你可能已经为之付过钱了。看看你的系统能提供哪些功能，然后选择一个即刻开始；当组织接纳之后，再进行下一个。

索尔 · 卡尔莱纳（Saul Carliner）是蒙特利尔康考迪亚大学的一位副教授和在线学习的教务长，同样也是 8 本书籍的作者，其中包括最近刚刚出版的《非正式学习基础》[1]。本篇部分内容选自《首席学习官》2013 年 10 月刊，已获授权刊载。

跳出粉红色的盒子

你会把客服中心的墙壁漆成粉红色吗？想都不要想。在 20 世纪 70 年代末期，科学家发现粉红色调可以使激动或生气的人冷静下来。粉红色的房间能够瓦解顽固囚犯的意志力。于是警察将拘留室刷成粉红色。一些足球教练也将客队更衣室刷成粉红色（目前这一行为已被职业比赛明令禁止）。

有些很不起眼的事情也会使人迷惑，进而阻碍他们学习的能力。考虑如下情形：

- 把电灯泡的图片展示给人们看过之后，人们可以想到两倍之多的关于一个回形针的创造性使用方法，有的想法甚至闪得太快而无法被辨识。
- 如果飓风受害者名字的首字母和飓风的名字首字母一样，人们会为其捐献得更多。
- 如果告诉老师某些学生是“学术人才”，那这些学生的智商在上完一年的课程之后会增加 10~15 个点。
- 下意识地向人们展示苹果的标志，他们的想法会比看到 IBM 标志的人更有创意。
- 如果咖啡间挂上有凝视眼神的图片，在无监控自行付款的情况下，不付款（或少付款）的人数会减少。

---

1 英文原书名为 *Informal Learning Basics*，美国培训与发展协会 2012 年出版。——译者注

- 日本人在火车站安装蓝色灯泡后，犯罪率下降，自杀现象消失。
- 奥林匹克摔跤手如果穿着红色比赛服更有可能赢得奖牌。
- 人们认为往南行驶更容易，因为在地图上南方是向下而不是向上。
- 字体较难辨认的文字信息更容易让人主动、专注。
- 天气炎热时人们会更有攻击性，在天气寒冷时人们会更多情。

无论你喜欢与否，环境因素对人们的学习效果会产生巨大的影响。提高学习效果，除了教学设计，还包括设计色彩理论、心理学、群体动力学、社交网络、信息架构、工作场所设计、价值网络分析，以及其他很多领域，而培训发展专业人士通常不会认为这些是他们工作的一部分。明智的管理者会对那些曾经看似多余的因素进行投入。

你的责任不是煮沸大海，而是做出并贯彻明智的决定，即便这些决定是超出常规的。我们本就生活在一个非常的时代。

解决方案和结果

自 1976 年以来我致力于学习和发展研究，但我不是一个“搞学习”的。我的背景是商科。我走出大学校门的第一份工作是卖计算机，与六台冰箱放在一起一样大小的计算机。后来，我成了一个市场研究员。我的 MBA 专业方向就是市场营销。我是以商业的视角来看这个世界的。

在我看来，唯一重要的结果就是业务结果。这也适用于正式和非正式学习。我会接受一个不受欢迎但产生利润的方案，而不会接受一个受欢迎但每次都毫无结果的方案。当使用四级评估时，第 4 级结果才是对业务有真正意义的。遗憾的是，培训与发展部门没有掌握第 4 级评估的标准，这些标准在业务管理人员的手中。我们寻求的是什么样的业务结果——收入增加、成本降低、客户服务更好、创新和可持续性的想法？

管理者希望人们不只是今天表现好，而是明天表现得更好。他们希望看到不断完善和坚持不懈。他们希望人们更聪明地工作。学习是一个长期的投资。只有傻瓜才会要求立竿见影的效果。

在我开始劝服他人开始非正式学习和在线学习的时候，人们会问我：你怎么能证明这和传统学习一样是有效的？我的第一个回应是询问他们如何评价传统学习。

学校体制使我们习惯性地认为考试和分数是学习效果的证明。研究表明，并不是这么回事。分数对学校体制外的任何事情来说毫无意义。你如果认为成为一个优等生能给你自信，那你就错了。

离开学校，优等生并不比那些几乎被退学的学生更开心、更富有，过得更好。考试结果既不能表明一个人生活的智慧，也不能体现其与他人相处如何。大多数的考试都是不切实际的。

不信的话，你可以问问身边的人，他们是如何学到生活中的重要教训的，然后你就会和我一样，颂扬非正式学习。

真正重要的是什么

我不鼓吹大力投资学习以引发改变，但我前面所讲的园艺并不是免费的。我希望看到，呈现给高管的预算申请是合理的、有证据支持的。请用逻辑性、连贯性和结果来说服培训发展活动的出资人。

我说的结果，并非记账结果。商业世界已被记账系统所充斥，但它并不记录最重要的东西。

一些顾问建议人们不用考虑无形资产。这就好像扔掉香蕉只要香蕉皮一样。无形资产才是最重要的部分，而正是体验式学习成就了无形资产。

汤姆·斯图尔特（Tom Stewart）在他的经典著作《智力资本》[1]一书中问道："发生了什么新变化？"很简单，因为知识已经成为生产的一个最重要的因素，管理智力资产已经成为企业的一个最重要的任务。在 20 世纪最后的 20 年里，华尔街的投资者确定公司价值的方法也发生了改变。这就是为什么无形资产回报才是

1 英文原书名为 *Intellectual Capital*。——译者注

培训发展工具箱中最重要的指标。

在工业时代，有形资产产生财富，因此投资者将自己的钱投资在厂房和设备上。在网络时代，专业知识、创新和人际关系成为盈利的关键，因此投资者开始重视这些无形之物甚于有形资产。你看不到的东西（无形的）变得比你能看到和触摸的东西（有形的）更有价值。

1980 年，标准普尔 500 指数表明，有形资产占公司市场价值的 80%。但仅仅不到 20 年的时间，这一比例就发生了惊人的逆转——1999 年，无形资产占市场价值的 80%。投资者不再依赖过往的预期，而是开始押注未来。

投资者所关注的价值的改变对理解投资回报率至关重要，但是许多培训发展管理人员仍然背负着过时的思想、20 世纪中叶的概念和流程，他们完全不重视无形资产。

简单来讲，智力资本是一家公司的市值（其在股市上的价值）减去账面价值（资产负债表标明的价值）。我在 20 世纪 70 年代读商学院时，没有人指出这一反常之处。股东权益难道不应该按市值计算？资产负债表中的历史数据并不能表明公司的实际价值。

智力资本在很大程度上与心态和人际关系有关。这些是不可能直接测量的，但是你内心知道它们是真实存在的。什么是更重要的，工厂还是人？真正的价值从何而来？最大的好处是多掌握诀窍、人际关系和流程，这能带给投资者增加赌注的信心。

业务人员喜欢具体数字带来的安全感——因为看起来客观，即便有时数字未必正确。将无形资产从计算公式中抹去，不利之处在于，（几乎可以肯定）他们不会得到应有的重视，结果是不平衡的次优决策。

多数的业务管理人员认识到，他们在管理一个活的组织，而不是一张资产负债表，但许多培训发展管理人员仍然处于迷雾中。为什么？因为他们就如同银行贷款员一样，已经习惯了使用投资回报率的狭隘视角。

培训发展专业人士应该注重无形资产的增长，因为这才是最大的利益所在。

在推动组织学习过程中定义好自己的角色。你如何确保组织具备应有的环境因素，让人才可以茁壮成长？无形资产为组织内的非正式学习带来回报。

作者简介

杰伊·克罗斯，变革专家和作家，他在非正式学习和网络方面的理念改变了组织学习的世界。他认为自己的使命就是帮助人们改善他们的岗位绩效并提高生活的满意度。克罗斯毕业于普林斯顿大学（社会学文学学士）、哈佛商学院（MBA）。他说经验才是最好的老师。他为菲尼克斯大学设计了第一个商业学位课程。作为早期采取网上学习的成功者，他是第一个在网上使用电子化学习术语的人，并担任电子化学习论坛的首任首席执行官。他和四位伙伴共同创建了互联网时代联盟（Internet Time Alliance），以帮助组织更高效地工作。他们编著的《聪明工作实践手册》[1]认为知识型工作和学习是不可分割的。

参考文献

Carliner, S. (2012). *Informal Learning Basics*. Alexandria, VA: ASTD Press.

Cross, J. (n.d.). *Where Did the 80% Come From?* Informal Learning blog, http://www.informl.com/where-did-the-80-come-from.

Cross, J. (2013, October). Return on Intangibles. *CLO*.

Hagel, J., and J. Brown. (2012). *The Power of Pull*. Wiley.

Stewart, T. (1997). *Intellectual Capital: The New Wealth of Organizations*. New York: Doubleday.

Portions of this chapter were adapted from columns that appeared in the August 2013 and October 2013 issues of *Chief Learning Officer* magazine and used with permission.

延伸阅读

Cross, J. (2006). *Informal Learning: Rediscovering the Natural Pathways That Inspire Innovation and Performance*. San Francisco: Pfeiffer.

Cross, J., and L. Dublin. (2009). *Implementing eLearning*. Alexandria, VA: ASTD Press

Cross, J., J. Hart, H. Jarche, C. Jennings, and C. Quinn (2011). *Working Smarter Fieldbook*. Raleigh, NC: Lulu Press.

---

1 英文原书名为 *Working Smarter Fieldbook*。——译者注

第26章

移动思维：总有一款移动应用适合你

克拉克·奎恩（Clark Quinn）

本章要点

- 定义移动设备和移动学习
- 了解设计和开发移动学习方案时的决策需求
- 探索移动技术发展的未来

现在几乎每个人都有一台移动设备，那么问题来了：我们如何应用以发挥其最大的作用？在此背景下，我们关注的是培训和发展应该如何借助这些设备，以推动实现组织期望的绩效结果。

本章从系统的视角探讨移动技术。第一部分阐明移动设备和移动学习的意义，第二部分着眼于设计移动解决方案，而第三部分讨论设计之后的开发工作，第四部分讨论移动战略问题，第五部分则展望未来发展趋势。

关于移动学习的思考

如果你问别人，你如何使用移动设备让自己更聪明？你可能会听到如下答案：

- 查找信息，如会议中使用的单词或短语、商店里的产品信息或天气预报。
- 使用一个应用程序来帮助完成任务，如使用计算器来分析账单或算出小费数目、为你的茶歇时间设定闹钟提醒、获取导航信息等。

- 记录信息，如做笔记、待办事项清单或安排预约。
- 通过短信或致电联系其他人获得答案。
- 对状况进行拍照以获得帮助，如看是否有合适的衣服，或者记住一些东西，如停车位或酒店房间号。
- 找出哪里有餐厅、咖啡厅、酒店或地铁站。

如果你随后问："这些有多少成分属于课程范畴？"答案将是："没有"。"移动"的本质是可以提供基于情境的绩效支持——使用移动设备在需要的时刻提供帮助。这就是移动学习的机会——帮助员工在任何时间、任何地点都能高效工作。

如果你才开始思考移动策略，那实在是太晚了。现在移动设备遍布，平板电脑的销量已超台式计算机，而且每人几乎全天候都随时携带一个移动设备。唯一剩下的问题就是如何利用这一趋势来满足组织的培训和发展需求。简单来讲，答案就是，跳出课程来思考。

要总体了解移动学习，我们需要给出一些定义。我们必须清楚移动设备是什么、不是什么。我们也需要清楚了解移动学习是什么、不是什么。

↘ 移动设备

围绕移动设备如何定义的辩论仍在继续。到底笔记本电脑属不属于移动设备？这让情况变得更复杂，因为我们是以连续性的一系列功能，而不仅仅是以分类来理解移动设备的。

移动设备的原型是我们称为"可放在口袋里的"东西，一个适当大小的口袋就能装下，无论移动电话、智能手机或掌上电脑（Personal Digital Assistant，PDA）。平板电脑和上网本的出现使情况变得更复杂。我们如何弄明白这些差异？

根据《掌上设备研究》早期的观点，笔记本电脑使用规律是一天几次、每次长时间使用，而 PDA 则是一天多次、每次使用时间很短。然而，随着设备和形态多样性激增，这些区别变得越来越模糊。另外，看设备是否基于时间和地点发挥作用，而不是受到地点限制，由此来看，笔记本电脑只是便携式的台式计算机，而不是真正的移动设备。

人才发展协会的移动应用

贾斯汀·布鲁西诺（Justin Brusino）

我们生活中一个移动的世界。我们都习惯了随时随地在需要时获取信息。人才发展协会（前美国培训与发展协会）致力于为其会员和客户提供优质的移动体验。人才发展协会的活动应用程序为经常开会的人提供了最先进的会议和主题信息，甚至更多；T+D 应用程序为读者提供移动版的杂志，其中包括其他渠道没有的优惠内容。

一年一度的国际会议会展、科技展、分会领导论坛等所使用的移动应用，可以让参会者通过移动设备和平板电脑自行规划日程、分享内容、预览演讲嘉宾信息、获取主题会议资料等。

T+D 应用程序提供每期杂志的精华版，外加只有移动应用才有的特惠内容，如播报、边栏、图片和外部资源链接。使用移动应用，你可以阅读杂志文章、听播报、浏览时下流行的系列访谈记录，以及和朋友、同事分享文章。免费的平板电脑应用程序可适用于 iPad、Android 和 Kindle 系统。

为了有效区分，我建议把移动设备划定为可以自然手持使用且不需要额外支持的设备。我的意思并不是用一只手拿着一台笔记本电脑或一个上网本，然后用另一只手操作，而是在站立或移动的时候能完全使用一只或两只手来操作。这些条件制约使得移动设备必须是可随身携带和平板式的。那么，我们怎样理解这两者的区别？

这里提出的区别在于典型的移动设备是可放在口袋里的；看看人们如何使用就知道，“可放在口袋里”意味着人们可以随处使用。人们很少会携带平板电脑去购物或参加聚会，但是“可放在口袋里”的设备一定会随身出现。

平板电脑什么时候有用？在下面三种情况下，平板电脑是首选。

- 第一种情况是当大量数据需要同一时间呈现给用户，而可放在口袋里的设备无法做到这一点。我们的认知结构，其优势是模式匹配和意义形成，有时候我们需要更多的数据才能做决定。这种情况可能发生在内容或数据密集型的环境中，如医药领域。

- 第二种情况是当我们的移动性没有那么多限制的时候。当一个人进出出租车或乘坐拥挤的电梯时不大可能会使用平板电脑。另外，在更宽敞的环境，如医院或工厂车间，或者用户觉得相对稳定的地方，如机舱，人们更有可能使用平板电脑。
- 第三种情况是当设备正被同步共享的时候。当人们需要一起使用设备或一起协作时，更大的屏幕是再好不过的了。销售演示就是一个典型的例子。

澄清什么是移动设备之后，接下来的问题是，移动学习是什么？

移动学习

本章提出的观点是，移动学习与传统意义上的课程无关。公平地说，考虑到内容密集型的特点，课程可能适用于平板电脑，但对于“口袋”设备来说，实在是不太适合。作为美国政府高级分布式学习项目（Advanced Distributed Learning Initiative）的领头人，吉森·哈格（Jason Haag）这样区分移动学习（M-learning）和移动的电子化学习（Mobile E-learning）：后者是将课程放在移动设备上，而移动学习是充分利用移动设备的固有特性。所以，如果我们不是在讨论移动的电子化学习，那我们在讨论的究竟是什么？

我认为，使用移动设备促进组织绩效有四类用法：

- 巩固正式学习。
- 提供绩效支持。
- 建立人与人之间的联系。
- 基于特定情境的上述应用。

我们需要将这些要素进行区分。这里有两个独立的维度：正式学习或绩效支持，内容或社交（见表 26-1）。

表 26-1 使用移动设备提高组织绩效

移动学习	内　容	社　交
正式学习	概念、举例、练习	解释、反馈
绩效支持	工作辅助、导引	答案、线索

这里第一个重要的区别在于实施正式学习和巩固正式学习。前文说过，移动学习并非移动的电子化学习，这意味着什么？如果内容被多次瞬时激活，那么学习会更有效；而间隔学习法（Spaced Learning）更优于集中练习（Massed Practice）。我们有很多种方法扩展正式学习，包括介绍相关概念的具体表现、列举相关概念在其他环境中的示例，以及提供新的实践机会。这些方法都能激活并扩展学习成果。移动设备，虽然不适合完美地演示内容，却是传递碎片化内容和体验的理想工具。移动设备也可以应用于正式学习过程。简·博扎特（Jane Bozarth）在《培训中的社交媒体应用》[1]一书中讲得很清楚：移动设备不只能够将学习互动拓展至课外与课后，还能促进课堂上的学习互动。这实际上是在扩展，而不是实施移动的电子化学习。

然而，移动设备的典型应用是提供绩效支持。看看人们如何使用移动设备就知道，大部分都可归为绩效支持范畴。移动设备提供内容和互动性，从而巩固正式学习的效果，其实现的是即刻需求的满足，而不是长期的学习。我们更（确实应该）关心的是对组织效能的最终影响，而不仅仅是学习的效果。很多时候最好的解决方式不是试图将信息传达给用户，而是在其需要时可以及时获得。我们的大脑真的不擅长记忆随机的大量信息，但这正是数字化技术的所长。同样，与依赖我们头脑中的记忆相比，很多时候及时的外部支持反而会让我们做得更好。

除了获取信息，另一个主要需求是与人建立联系。我们的绩效反馈信息可以通过正式途径获取。而对于其他的需求，我们能得到的可能是一些答案、应该寻找谁的建议，或者其他有帮助的一些内容。我们可能会使用短信、语音、电子邮件、网络电话或各种社交媒体应用程序（推特、领英、脸书等）。社交媒体既可用于巩固正式学习，也可用于绩效支持，但是无论应用于什么，都要注意从概念层面分离其中的社交因素，这是值得的。快速获得问题答案和在需要时提供协助的能力是绩效支持的另一种形式，只是要留意：通常这种支持都是即兴发生的，并不是预先设定好的。然而，再次强调这一说法对大家有益无害：我们给组织带来的价值不再仅仅是我们能记住什么，而是我们的社交网络以及在需要时这一社交网络所能发挥的作用。

---

1 英文书名为 *Social Media for Trainers*，2010 年出版。——译者注

以下这些都属于移动学习的解决方案：巩固正式学习、提供绩效支持，无论是提供内容还是建立人与人之间的联系。这些机会的价值显著，但不是移动学习所独享的。你也可以通过台式计算机访问有关内容或互联网，无论是想满足正式学习需求，还是出于绩效支持的需要。而这种能力扩展至随时随地需要时使用，便是一种有价值的延伸，这种延伸为移动学习提供了用武之地。还有一个机会点，是专为移动学习而设的——在个体学习背景下提供正式学习和绩效支持，无论是提供内容还是社交。

所谓个体学习背景，可能是因为其所处地点，也可能是因为特定时刻而形成。移动设备普遍安装有全球定位系统（GPS）芯片，用以确定所处位置。利用位置的另一种机制是通过接近，无论是用无线网络、蓝牙连接还是无线射频识别来找出设备的具体位置，也可以基于学员的活动计划，利用日历和时钟功能来了解他正在做什么。在任何一种情况下，偶然出现的使用需求都可以得到支持，要么通过利用环境中的可用资源，要么通过提供与环境有关的信息。

移动学习备选方案如表 26-2 所示。

表 26-2　移动学习备选方案

基于环境	内　　容	社　　交
正式学习	与环境相关或交换经验	环境中，或者熟悉环境的导师提供的指引和联络信息
绩效支持	与环境相关或增加资源	环境中，或者熟悉环境的协作者

如此来看，我们可以提供有关本地资源或活动的具体信息，而这些信息可以协助拓展学习体验，使之与学习目标更加紧密相连（如另类实境游戏[1]）。对绩效支持来说，与当前环境相关的具体信息可以加强可用的资源，提供获得本地资源的线索，甚至增强现实亦可实现。对于社交来说，可以提供满足需要人员的索引

1 Alternate Reality Game（ARG）是一种把真实世界当作平台的交互式剧情，通常会包含多媒体与游戏元素，另类实境游戏的故事情节可以被参加者的想法或行动改变。另类实境游戏中需要玩家的大量参与，剧情的发生是即时的，而且会受到玩家反应的影响。相对于传统电玩中角色是被游戏中的人工智能所控制的，角色在另类实境游戏中是被游戏的设计者所控制的。玩家们直接与另类实境游戏中的角色互动，一起解决设计好的挑战或谜题，也经常以一个社群的方式来分析剧情并协调现实生活与进行中的活动（维基百科）。——译者注

信息，无论是正式的导师还是绩效协作者。在特定事件发生时，导师甚至可以被自动联系到。在更为复杂的情况下，还有大量可观的潜在价值有待我们发掘。

当然，有效利用这些特点，还需要我们重新思考移动学习方案的设计流程。

关于移动设计的思考

因移动学习的特性，我们现在需要考虑如何系统地利用这些好机会。我们采用的是提问的方式："需求在哪儿？"然后探讨绩效差距存在的情况下，组织的需求是什么。这时，你需要一个"双管齐下"的方法。

↘ 首先考虑绩效支持

首先要重点关注绩效支持。短时间内的快速访问模式更适用于提供快速协助，而不是延伸学习。当然，对于将绩效支持整合到培训与发展部门的日程中这一大型转变来说，这只是一部分内容而已。

起点应该是聚焦工作现场绩效不佳的情况。假设你是一名流动的工作人员，你可能在开会，在实地考察或去参加一次论坛，就如同假设你是一位现场销售代表或工程师。组织对你的期望一定是可以随时联系到你，能胜任工作——无论你在哪里。

这里的一个关键是找到当前绩效水平的度量指标，以及期望绩效的描述信息。你的分析应该不仅是确认需求，还要找到根因，以及移动干预方案所产生影响的量化方法。虽然这并非移动学习所独有，但值得一再重申。

接下来，如果问题源于技能不足，那么学习干预就是适用的。你可以在干预方案中增加移动解决方案，但千万不要将其作为主要实施内容，而是旨在延伸学习体验，并在可能的情况下将后续绩效状况转变为新的学习体验。所以，对于你随后开发或改进的每一门课程，你都应该考虑一下，如何融入移动解决方案才可以增强学习效果。

如果问题源自知识不足，那么可以考虑创建一个绩效解决方案。康拉德·高佛森（Conrad Gottfredson）和鲍勃·莫舍（Bob Mosher）合著的《创新绩效支持》[1]一书，针对工作流和潜在绩效支持类型的思考提供了指引，尽管他们的首要关注点并不是移动学习。然而，他们在书中的严谨观点完全可以为绩效支持方案选定后的后续步骤提供指引。

理想情况下，我们需要采用反向设计的方法——先描述清楚最优的增强绩效水平应该是什么样的，然后开发出来。如前所述，我们的大脑不擅长死记硬背或进行复杂运算，却善于模式匹配和意义形成。出乎意料的是，数字技术刚好相反。两相结合，我们便可以做到“1+1>2”。正是这一优势曾引领了个人计算机革命，而现在正推动移动技术的广泛普及。

我们的绩效解决方案应该假定人类和技术系统之间任务的良性分布。特别是在环境驱动需求的情况下，我们应该寻找环境驱动的解决方案。从我们需要提供的支持的描述来看，我们可以设计技术解决方案（无论是工作辅助、移动应用，还是连接到适当的社交网络），然后设计一种学习体验，以整合该技术解决方案。

↘ 迭代测试的重要性

优秀设计的另一个组成部分是规律性的迭代测试。用户界面设计领域沿用了几十年的评估流程，学习技术亦应采用：迭代开发、系统成型和投入使用。这意味着你要开发原型、测试、改进和重复。测试应该始于那些离你近、很容易或廉价获得的东西开始。你的原型应该拥有保真度，测试也一样。当然，在实施真实环境测试之前，你的工作还不算完。

当然，还有一个贯穿所有的规则，就是“最少协助原则（The Least Assistance Principle）”。你要问自己：“我能做的最小努力是什么？”这么问并不粗鲁，而是基于务实和用户友好性的考虑。用户要的不是尽你所能所提供的所有东西，他们只要自己需要的。你能提供的最少协助能够帮助他们成功完成任务，这就是最佳选择。这也是非常务实的做法，通过这种做法，你可以做到资源的最优化配置。

---

1 英文原书名为 *Innovative Performance Support*，2011 年出版。——译者注

移动方案设计的关键是聚焦需求，无论出现在何时、何地，寻求最低限度的解决方案，反复测试并优化设计。

本节内容已转化成一个可以操作的工具放在本书网站（www.astdhandbook.org）上供大家下载，以备不时之需。

关于移动开发的思考

在设计阶段，你的原型应该是一个低技术版本。你应该将突然冒出的想法写在餐巾纸背面或即时贴上。最终，你会设计出原型并使用图形包将它们打印出来或使用演示软件模板。我的一个早期设计"真言"——"编程推后，独爱纸张"，现在依然适用。一旦开始开发工作，你可能仍然要在最简陋的基础上起步。

人才发展协会引导师的工具包移动应用

贾斯汀·布鲁斯诺（Justin Brusino）

人才发展协会的引导师工具包移动应用能为课堂教学和在线引导师提供活动、练习和工具。伊莱恩·碧柯汇集、分类整理了超过 40 位作家、演说家和其他专家提供的活动内容。除此之外，应用程序还包含了 *T+D* 的文章、其他与学习引导相关的内容，以及一个创建自己原创活动的工具。其中，还有一个内置的定时器来帮你跟进进度，还可以协助你创建笔记、标记喜欢的活动等。这个免费的移动应用适用于 Android 系统和 iOS 系统，新的功能和活动会定期更新。附加的活动包可在应用程序内购买使用。

对于移动解决方案来说，最简易的开发方法之一就是基于移动网络。现在基本上所有移动设备都安装了浏览器。因此，基于移动网络实施开发可以让你创建易于投放和优化的解决方案。另外，优秀的网页设计（如使用层叠样式表[CSS]和可延伸标记语言[XML]）意味着网页可以根据屏幕大小和设备方向进行自适应调整。更精心的设计可以模仿出移动应用程序的外观和感觉。

事实上，HTML5 的最新演进方向（仍在进行中）是推动交互性在移动设备上实现，这样就使得移动端的正式学习和绩效支持互动成为可能。电子书标准也有类似的进展，这意味着在移动设备上传递内容的机制将更为丰富。网络应用也可以通过类似的方式与数据库和应用程序接口（APIs）相连接，从而实现对社交和更丰富功能的支持。电子化学习和开发工具也越来越多地采用 HTML5 标准，虽然结果还不是很理想，但其发展是相当快的。内容的机械搬运并非移动学习的本质，内容和交互性的结合方能实现移动学习的核心功用，即巩固正式学习、提供绩效支持。

有一种新方法，称作响应式网页设计（Responsive Web Design，也称自适应网页设计），专门用来创建可以根据屏幕完美调整大小的界面。除了创建网页，这种方法还可以通过移动网络建立和典型元素（如字段、按钮和其他控制）之间的真实接触界面。响应式设计方法仍在快速发展，绝对值得你深入了解，以发现有哪些原则有助于提升解决方案的跨平台适应性。

在很多情况下，移动网络可能是最适合你的最终解决方案的。移动网络的优点是，如果数据是波动的，你不用修改应用程序或处理整合在一个应用程序里的复杂数据。当然，有得必有失。移动网络还不是那么完美，毕竟其需要互联网连接才能工作。在某些场所，如地下、水下或一些边远地区，连接可能存在问题。在这些情况下，可能应用程序就是必要的了。

即使需要开发应用程序时，我们也还有三种选项可以考虑。我们通常希望基于操作系统甚至移动设备开发特定的定制编码应用程序。全面开发的模式当然能提供最完美的解决方案，但初始投入和优化成本也更高。另一个选项是，选择一款移动网络解决方案，用包装（Wrapper）的方式解决移动设备上的本地化功能实现问题。包装的方式删除了数据访问需求，尽管这种访问可以实现，而且如果某些数据可能有所变动，或者数据量足够大且只需要一小部分数据在任何时间快速应对访问需求时，我们也建议开通数据访问接口。第三个选项是采用第三方解决方案，提供工具让你可以将数据录入系统，移动设备上使用的应用程序由供应商提供。

这里同样也要有所取舍。定制化的应用程序可以激活移动设备的全部硬件功能，如环境应用传感器，也可以实现最快的操作速度和无缝衔接。与之相伴的是更高的成本和更长的开发时间。包装选项可以让用户使用最常用的硬件功能及本地化操作，开发工作也不会太繁重。采用外包的方式，需要付出的只是内容开发成本，但最终实现的功能可能会比较有限。

根据产出成果的重要性，你可以判断是否要采用移动应用，无论采用哪种机制。然而，在很多情况下基于移动网络的原型开发仍然只是一个说得过去的过渡步骤。如前文建议，快速迭代测试的能力有助于实现设计的快速优化和成型。完成初始设计的测试之后，就可以考虑接下来是包装还是开发了。

最后，关于培训与发展部门乃至整个企业的技术方案来说，我们都应问这样一个问题："该解决方案能否通过移动技术实现？" 2010 年，谷歌宣布实行"移动优先"策略，很多企业软件供应商也都在尝试提供基于移动设备的解决方案，包括社交软件、绩效支持和学习管理系统等。移动技术将以各种方式无处不在，而如果大部分功能无法通过手机访问，那么供应商会很难拿到订单。这表明，移动规划已成为一个策略决策，而非战术决定。

关于移动策略的思考

本质上，移动设备提供了一个平台，这与台式机没什么不同。所以，正如台式机最初只提供特定功能，而后续蓬勃发展直至如今成为办公室的主力，移动设备也必将由最初有限的功能最终发展出更为广泛的用途。所以说，在第一次考虑使用移动技术的时候，你就应该同时规划好自己的移动策略。这一视角涵盖了多重含义。

首先，你需要确保自己的移动策略不跑偏。移动学习策略需要和学习策略及移动策略保持一致，就如同电子化学习策略需要和学习策略及信息技术（IT）策略保持一致一样。最后，移动学习策略要和整个组织策略保持一致。

这其中也隐含着合作伙伴的利益考虑。移动学习策略最终会对 IT 策略产生影响。所以说，IT 部门应该是基础的合作伙伴。一般而言，合作伙伴有两种类型：对你的策略起着基础支撑作用的合作伙伴，以及组织安排的、会协助或阻碍你成功的合作伙伴。你需要让这些人参与，了解并应对他们各自的问题和诉求。那些可以被你说服提供支持的，就是你的策略合作伙伴。

策略中的一个基础要素就是管控治理，它提供了获得所需支持的一个潜在机制。策略不仅需要协助，还需要监督，监管委员会就起到这个作用。其组成不仅要包括你的基础合作伙伴，还应包括临时性的策略合作伙伴。你要告诉他们你的计划，吸取他们的意见并确保他们参与到执行过程中。通常情况下，他们都会从自己的视角提出有价值的观点，帮助你改善计划。

对移动解决方案的抵触仍可能存在。解决办法之一是向利益相关者提出本章开始那个问题："你如何使用你的移动设备？"毫无疑问，他们都在使用移动设备。一旦大家意识到这些设备可以在多大程度上帮助到我们个人，那么思考其可能带给组织的利益将变得更容易。

移动策略的其余要素是通用的，如需要建立愿景、推销价值主张、制作相应的预算、预测风险因素并拟好对策、对期望的行为进行奖励、庆祝成功等，这些组织变革领域需要考虑的要素都是移动策略的一部分。移动策略的实施本身就是组织变革，所以也要按照组织变革来实施。

有一个领域，虽然不是移动策略所独有，但在移动策略中扮演着独特的重要角色，这就是内容策略。移动学习需要的是与电子化学习相关联，但又独立其外的精简内容，这时内容工程学（Content Engineering，专注于内容开发细节的一项协作工作）的价值就体现出来了。作为更为系统的内容开发手段，内容工程学带来很多好处。其一就是内容开发工作量大大减少，其二就是内容归档更容易管理。其长期优势在于为更高端应用的开发奠定基础。

一些必要的步骤包括：建立内容模型、基于此模型修改内容开发流程、开始内容管理（如通过内容管理系统）、围绕内容生命周期分配角色和责任。

随着移动技术的普及，移动策略已经不再是一个"要不要"的问题，而是"何时"的问题。未来已来，并不是说未来就如现在。[1]

1 这是指未来还会有更多新事物出现。——译者注

关于移动未来的思考

移动技术的潜力已经令人印象深刻，但仍然有相当大的进步空间。我们也看到技术的持续发展，其日益普及更是具有深远的意义。

移动设备上的传感器集成才刚刚开始。人们已经在广泛使用其中的位置感知功能，但是关于日历和时钟的使用仅仅处于起步阶段。其他功能，如知道什么（谁）在附近、温度、海拔高度、天气变化等，也逐渐进入人们的视野。这些传感器提供的不只是了解人在哪里这样的重要信息，还能了解到此人正在做什么，附近目前有什么。在此基础上的定制化信息，可以让我们做到当初韦恩·霍金斯（Wayne Hodgins）所说的“六个正确”——在正确的时间、正确的地点，以正确的方式，通过正确的设备，将正确的能力赋予正确的人。

有效开发和利用环境感知功能，需要我们在前文提及的内容模型方面多下功夫，充分借助语义网页技术（Semantic Web Technology），让合适的内容伴随位置即时呈现给合适的人。必要的步骤包括理解并运用内容的语义标签来支持规则驱动的内容访问，而不是硬线（Hard-wired）内容访问。要做到这一点，除了初期的准备工作，还需要有系统的设计方法，但更为重要的是你要明白一点，打好基础才是鼓舞团队勇往直前的重要策略步骤。

我们对移动方案设计的理解仍然处在起步阶段。我们至今尚未开发出真正解决学习体验延伸问题的学习设计策略，更不用说环境感知领域。采用模拟游戏并通过另类实境游戏将其扩展至现实世界，其可行性的探索工作才刚刚开始。

最终，“移动”这个说法也将消失。借助我们的位置信息，利用现有数字技术对行动进行辅助，以便为我们的工作增加独特价值，使我们更加高效，同时实现个人的发展与成长。如此，学习将变得完美，无处不在。实现对内容、能力的访问和传递，将提供组织必备的要素，也就是既支持即时最优执行，也支持持续创新的能力。现在就有，或者即将有一款移动应用能帮你做到这一点，你要做好功课，抓住这一机会。你准备好了吗？

↘ 作者简介

克拉克·奎恩，PhD，30 多年来一直致力于帮助组织制定战略学习技术解决方案。克拉克有着学习科学专业领域的深厚背景、技术应用领域的广泛经验，以及在企业、政府机构、教育行业和非营利机构的丰富管理实践经验。他曾从事学术研究并在一些学习技术机构内任职。作为国际知名顾问、演说家和作者，他曾出版三本书籍，经常受邀去世界各地进行主题演讲。克拉克的个人网址：http://quinnovation.com；其博客地址：http://blog.learnlets.com。

↘ 参考文献

Bozarth, J. (2010). *Social Media for Trainers.* San Francisco: Pfeiffer.

Cross, J., and D. Dublin. (2002). *Implementing eLearning*. Alexandria, VA: ASTD Press.

Gottfredson, C., and B. Mosher. (2011). *Innovative Performance Support: Strategies and Practices for Learning in the Workflow.* New York: McGraw Hill.

Gundotra, V. (2010). *Barcelona: Mobile First,* http://googlemobile.blogspot.com/2010/02/barcelona-mobile-first.html.

Haag, J. (2012). *Mobile eLearning Is Not Mobile Learning,* http://www.adlnet.gov/from-adl-team-member-jason-haag-mobile-elearning-is-not-mobile-learning.

Hodgins, W. (2002). Are We Asking the Right Questions? *Transforming Culture: An Executive Briefing on the Power of Learning.* Charlottesville, VA: University of Virginia: The Batten Institute at the Darden Graduate School of Business Administration.

Pagano, K.O. (2013). *Immersive Learning: Designing for Authentic Practice.* Alexandria, VA: ASTD Press.

PalmSource. (2003). *Zen of Palm,* http://www.cs.uml.edu/~fredm/courses/91.308-fall05/palm/zenofpalm.pdf.

Quinn, C.N. (1995). Designing the Design Process. *Proceedings of the Australian Computers in Education Conference*. Perth, Australia.

Quinn, C.N. (2005). *Engaging Learning: Designing e-Learning Simulation Games.* San Francisco: Wiley.

Quinn, C.N. (2011). *Designing mLearning: Tapping Into the Mobile Revolution for Organizational Performance.* Pfeiffer: San Francisco.

Quinn, C.N. (2012a). *Mobile Learning: The Time Is Now.* The eLearning Guild Research.

Quinn, C. (2012b). Content Systems: Next Generation Opportunities. *Learning Solutions,* http://www.learningsolutionsmag.com/articles/976/content-systems-next-generation-opportunities.

Quinn, C. (2012c). The Next Step for Learning: Practical Contextualization. *Learning Solutions*, http://www.learningsolutionsmag.com/articles/1028/the-next-step-for-learning-practical-contextualization.

Quinn, C. (2013a). Mobile Learning. In R. Hubbard (ed.), *The Really Useful eLearning Instruction Manual: Your Toolkit for Putting eLearning Into Practice*. Chichester, UK: Wiley.

Quinn, C.N. (2013b). *Redesigning Learning Design*, http://eli.elc.edu.sa/2013/sites/default/files/abstract/Dr.%20C.%20Quinn%20FULL%20FINAL%20PAPER%20TH2.pdf.

Tozman, R. (2012). *Learning on Demand: How the Evolution of the Web Is Shaping the Future of Learning*. Alexandria, VA: ASTD Press.

Udell, C. (2012). *Learning Everywhere: How Mobile Content Strategies Are Transforming Training*. Nashville, TN: RockBench Publishing.

↘ 延伸阅读

Quinn, C.N. (2011). *Designing mLearning: Tapping Into the Mobile Revolution for Organizational Performance*. Pfeiffer: San Francisco.

Quinn, C.N. (2014). *Revolutionize Learning & Development: Performance and Innovation Strategy for the Information Age*. San Francisco: Wiley.

Udell, C. (2012). *Learning Everywhere: How Mobile Content Strategies Are Transforming Training*. Nashville, TN: RockBench Publishing.

第27章

学习中的社交媒体应用

简·博扎特（Jane Bozarth）

本章要点

- 熟悉常用社交媒体工具及其使用方法
- 理解社会化学习与社交媒体之间的关系
- 学习如何使用社交工具扩展正规培训，并学会选择最适合自己需求的社会化学习工具

随着大众社交工具的出现，以及智能手机等掌上设备的普及，大家对于“联系”在社会化、协作化学习中的支持作用有了全新的认识。我们早已不像早期使用电子化学习那样，由于工作本身的性质，或者员工所处的位置（在交通工具上或在野外），导致其在工作中无法使用计算机而引发诸多争论。我们也不再处于传统的知识管理实践时期：明知让员工记录工作详情效率低下，却找不到更好的办法来替代。如今，我们采用新的方法来捕捉工作机遇，分享工作经验，在工作过程中不断学习，便于我们连接人才库，跨越信息孤岛，同时减少以往会议的数量，避免劳动力的重复付出，使我们转变成为新新人类，在工作单元中进进出出，扩大系统知识的存储能力。

社交时代的开启，为培训与发展专业人士提供了无数精彩的机会，使他们能够延伸自身的实践，扩大培训与发展的功能。

社会化学习由来已久，但正是社交媒体将其推向更大的舞台

新的工具能通过人与人之间的对话、知识的共享及互助的方式，使学习变得显而易见并得以延伸，而这一切，已然发生。社会化学习和母语学习一样：在现实世界生活，融入自身环境，倾听父母和兄弟姐妹的表达，同时用新学的语言进行反馈。就像古时候大草原上的猎人，需要互相交流来学习如何制造尖锐的箭头；也如刚入职的新员工，要通过对新公司领导和同事的察言观色和交谈来判定该公司的政治有多复杂。

社交媒体是指能帮助跨组织、跨学科、跨国界扩展学习的工具。当我们在考虑使用社交工具的原因和时机时（或者说什么样的工作场所能支持社会化学习或非正式学习时），要问一问："我想要解决什么问题？" 你是否想走出传统课堂，打破教室或课表带来的限制？你是否能在学员回到工作岗位使用他们所学的新技能时与他们保持联系？你把自己摆在参与者的位置，还是摆在只知道喊口号的管理者的位置？还是你只关心投入产出比？有多少次你完成一个项目时，却发现早已有人做了类似的工作？又或者你在某个领域花了大量时间学习才拿到的学位，却发现某某拥有更快捷的办法？所有这些问题，都促使你去探索更好的选择。但是，实施"社会化"并不是一项策略，而且你会发现，在推广、支持并维持社会化努力的过程中，还会遇到很多困难。

对社会化学习和情境式学习的研究已经非常广泛，尤其是我们所熟知的让·莱夫（Jean Lave）和爱丁纳·温格（Etienne Wenger）两人围绕学徒制的研究。温格在实践社区（Communities of Practice）方面的研究已是享誉世界的权威之一，他最近提出了评估在线互动价值的新概念框架（详见本章末的延伸阅读清单）。除此之外，约翰·布朗（John Seely Brown）和他的同事保罗·杜基德（Paul Duguid）及艾伦·柯林斯（Allen Collins）等人也发表了一部巨著，主要涉及社会化学习、情境认知、社区学习及学习文化等，帮助我们对当前的学习领域有更为广泛的认识。近期简·哈特（Jane Hart）和我一起，通过出版物、会议演讲、工作坊及研讨会等形式，也做了大量的工作，介绍并推广新兴社交工具在工作场所中如何同时对正式学习和非正式学习进行支持。

什么是社交媒体

维基百科对社交媒体的定义：人们在虚拟社区和网络中进行创作、分享、交换信息及观点的交互工具。对培训与发展来说，社交媒体是用来帮助扩展社会化学习的工具。过去，身处异地的员工需要通过电话、见面，或者正式一些，通过预约见面或视频会议来进行沟通。新工具的出现，使我们在任何一天的任何时间，都能通过语音、短信、照片、视频、音乐和其他由这些东西转变而来的方式取得联系。由于有人比较抵触“社交”一词带来的软效果，所以越来越多的人把这些工具叫作“协作媒体”或“协作工具”。

现在流行的社交工具主要包括：档案型网站，如脸书（Facebook）和领英（LinkedIn）；微博工具，如雅米（Yammer）和推特（Twitter）；协作平台，如维基（Wikis）和谷歌文档（Google Docs，基于谷歌存储）；照片处理和分享工具，如 Flickr 和 Instagram；图片社交工具如 Pinterest；以及音乐分享工具 Spotify。当然还有很多组织在使用它们的内部工具，包括 SharePoint，内部开发的产品，以及雅米或其他学习管理系统内嵌的社交工具的加载防火墙的内部版本等。随着社交工具、用户及设备（如智能手机）的日益成熟，更多用途及多种工具的融合得以实现。虽然很难预测用户的需求，但很显然他们已经接纳了照片共享的功能。目前，语种和方言会造成沟通障碍，但随着语音转文本软件的不断优化，不难想象在不久的将来，人们只需对着手机讲话就能迅速将信息发布到社交网站上。

我们能用社交工具做什么

首先，我们来看看社交工具的使用方法。

- **信息发布**：单向的对特定或未知的观众群进行交流。可以通过多种形式实现，例如，博文或具较少评论功能的新闻；脸书上的培训活动或当日特别课程的更新；或者以营销为目的且没有任何目标群体的推特账号；另外，还包括课程任务布置、阅读或推荐视频。缺点？你可以发布，但缺乏社交互动，相应收益可能也较少。

- **交谈**：一对一、一对多或多对多的交流。与邮件不同，使用社交工具进行的一对一交流是其他人可见的，甚至是可参与的。曾有人说："组织中的知识死于邮件交流。"与简单的信息发布不同，这种交流能够创造对话、寻求反馈。而发表的博文可以以问题作为结尾，并邀请一些访客做简评。除了告诉读者"请点击链接 www.yyyyy.com 观看视频"，还可以邀请读者回答以下问题："如果是你，你会怎么做？"或"你认为顾客会做出何种反应？"或"该主管可以做哪三件事来帮助员工觉得自己受到重视？"
- **分享**：包括档案、链接、图片、幻灯片、文档等。基于平台的差异（如在 Slideshare 上），还可以包括对话与评论。
- **协作**：实时访问和使用如维基、谷歌文档一类的网络协作工具。

用社交工具支持职场学习：正式培训

本章曾提过，"社交"一词由来已久。对于培训与发展专业人士来说，社交工具最显而易见的用途是用来扩展正式培训。其实，我们在工作中已经广泛采用了大量"社交"方式，包括集体活动、游戏、案例研究、读书俱乐部，以及课堂讨论或在线讨论等。出色的虚拟课堂引导师会邀请学员通过白板、聊天工具和分组聊天室进行互动参与。社交工具可以复制以上所有的活动，而且在多数情况下，选择哪种工具取决于学员的喜好及所在组织正在使用什么或允许使用什么。例如，你可以利用博客、雅米、领英、维基或其他协作平台来组建并管理一个关于时间管理的读书俱乐部；你也可以将传统的团队任务放到维基或其他协作工具上进行管理；学员可以通过任何具有照片上传和评论功能的工具，如维基、档案平台、贴图平台或者照片分享平台，分享和搜索有关客户服务问题的图片；在课程进行中，可以请那些爱做笔记的学员用可分享文档将课上所学要点与其他人共享；鼓励学员用手机分享课堂中的"恍然大悟"时刻以及所需掌握要点；培训结束后，邀请学员分享其学以致用的具体事例，讨论过程中遇到的意外复杂情况，或者可供下期学员借鉴的经验教训。

做个决定：你是想针对一次性的活动使用一两种工具，还是想要建立更加全面的体系？要知道，那些报名参加三天课室培训的学员，他们可能只是想通过公司内部的即时通信平台做个自我介绍；而对于那些参加为期几周的学习项目的学员来说，参与更为全面、系统的在线社区互动，其收效可能会更高。

社交工具的选择

在有大量工具可供选择的情况下，很难找出最适合自己需求的那款。仔细考虑你要达到什么样的目标，对于学员、组织，以及你要培训的内容来说，哪些要素更为适合？由于这些工具不断地演变和融合，追根溯源了解清楚某项工具的初始定位与特性就显得尤为重要。例如，博客原本就是一个非常简单的带有评论功能的网页制作工具。表 27-1 概述了几种常用工具类型及其使用方法，在本书网站（www.astdhandbook.org）上也可以找到并下载，供个人参考使用。

表 27-1　社交工具的选择

工　具	举　　例	描　　述	用　　途	局　　限	备　　注
微博	• Twitter • Yammer • SocialText	信息发布工具，通常针对群体或大众，具有快捷评论功能	快速但结构松散的讨论；有益于思维敏捷者	会比较混乱，思维缜密者使用起来比较有难度；大部分工具都有字符限制（如 Twitter 限 140 字），但多数人认为这也是其优势所在	需将问题或评论结构化，以在空间/字符限制情况下得到回复
博客	• Blogger • Wordpress • SharePoint	易于编辑的网页制作工具	在线期刊；“发布—回应”式的对话；课程支持	通常在对话方面有局限，在所有的社交工具中，具有最高私密性和可控性	随时呈现给用户可能较困难；更为有趣的是，人们通常认为这是最“正式”的社交工具

续表

工　具	举　　例	描　　述	用　　途	局　　限	备　　注
社交档案	• Facebook • Google+ • LinkedIn • MySpace	个人兴趣、求职、教育、状态更新、群组等	建立连接与关系；参与不同的社区；发现具有共同兴趣或技能的其他用户	学员在使用隐私设置来理解私人/职业人脉的局限性方面可能需要额外协助	大部分工具都有群组分级（例如，Facebook 的群组可分为公开、私密、秘密等级别）；可花些时间了解这些功能并尝试使用隐私设置
维基平台	• PB Works • Seedwiki • Google Docs	共享文档	一种协作与共创工具，能够实时共享	对话方面的局限	最简版的维基就是共享文档，如谷歌文档
照片分享平台	• Flickr • Pinterest • Instagram	线上图书馆，用户生成或其他以图像为核心的解决方案聚合平台	记录机器维修、组织文化事宜；叙述工作过程，尤其适用于文化程度较低的员工或多语种团队	有效搜索取决于有效标签定义	• 易于使用；成年网络用户习惯于照片分享 • 有助于发掘群组能力；用户需在使用标签的描述上达成一致 • 非常有助于和不同层级、不同能力、不同语言的用户建立联系
社交书签	• Diigo • Delicious	易于接入的精选内容链接的网络图书馆；可公开或与特定群组共享	共享线上资源；围绕工作兴趣或专题领域实现资源集展（Curating）	与照片网站一样，其成功很大程度上取决于有效的标签定义	如同照片共享，可发掘群组能力；用户需要在使用标签的描述上达成一致

续表

工具	举例	描述	用途	局限	备注
视频网站	• YouTube • Vimeo	集合公共或用户制作的视频资源的网上图书馆	传播信息；针对特定情境或场景寻求学员反馈；邀请学员自行制作并提交作品；叙述工作过程		可发掘评论功能的策略或教学潜力；注：Google Hangouts 可实现实时视频聊天

资料来源：选编自 Bozarth, J. (2013). “Social Media for Government Learning,” Infoline number 13 volume 14. Alexandria, VA: ASTD Press。

培训与发展专业人士的一个关键挑战是如何拓展正式学习，在各项计划好的学习活动之间“见缝插针”。这恰是学员回到工作中学以致用的关键时刻。请参考以下建议：

- 一个在线领导力读书俱乐部能够打破其领导力学院的组织架构限制，实现持续性学习；建议邀请组织内的所有领导参加，而不只是学员。
- 特定课程的毕业学员社交网络，是支持新的学习内容实现课外转化的非常棒的方式。
- 培训部门能否协助新员工创建并管理“常见问题解答”网页？精英销售是否可以提供经验提示？
- 为集体项目创建一个维基平台，新员工自己创建动态更新的“常见问题解答”页面，或者创建集体课程笔记存储空间。
- 与培训课题（如客户服务或商业伦理等）相关的关键事件讨论站点。
- 为所在组织中的所有高管或制药行业的所有高管，或者其他各行各业的高管安排一场基于微博的聊天直播。
- 在培训课程中创建一个推特主题，要求参与者将关键点和笔记分享给那些未能出席的人。其额外好处是：经理们能更好地理解培训包含的核心内容（很多人总是搞不清楚）。
- 另一个可以有效推动学习延伸的成熟领域是绩效支持。清晰定位企业自身的培训与发展职能，以便有效利用社交媒体工具提供工作辅助与实时的指导和教练辅导。建立并维护好近期受训学员和新员工的网络社区，是在学习与学员之间建立并强化关联的非常有效的手段。

- 想办法激励学员之间的相互支持与成果展示行为。例如，当一位明星销售员完成一笔大型交易后，谷歌公司的朱莉亚·博考斯基（Julia Bulkowski）会举荐该员工做一场演讲，分享销售过程中的关键、所遇到的困难、做出的回应及销售成功的要点，并用共享工具或者公司网站作为辅助工具将演讲内容发布出来，供他人参考。
- 如前所述，很多讲师都会为学员（如领导力学院的毕业生、呼叫中心员工或银行的全体出纳员等）创建讨论社区。这种讨论的好处在于可以提供额外的学习材料，如与课程内容相关的阅读材料和视频等。
- 留意各种机会，很多 10 年前不能办的事情，现在却可以。在欢迎新员工入职时，首席执行官可以用 Skype 或 Google Hangout 与其进行 10 分钟的实时对话，可以邀请作家参与半小时 Skype 聊天或者加入你的推特读书俱乐部，还可邀请用户阅读你的培训大纲并对其进行星级评分，也可以提供实时的专家咨询等。

成功提示

准备好开始了吗？从别人的经验中学习非常必要。以下要点能帮助你有一个顺利的开始：

- **忌过度操控或过度管理。**使用组织中已有的沟通策略。如果有人发表了不得体的言论，私下处理。如果有员工滥用电话，没必要禁用所有电话。事实上，几乎从未有哪场大面积的社交媒体灾难起因于一名要赖的员工。想一想，如不使用社交工具，其代价会有多大？
- **尽量公开。**试想，如果学员可以和不同地区相似岗位的同僚或不同行业所有的新主管进行交流，其价值会有多大？你需要基于公司的沟通政策来决定哪些信息需要恪守机密。让学员学会辨别哪些事情属于隐私性质，应采用诸如 E-mail 一类的渠道进行沟通，而怎样的网上讨论已经过热，需要转到线下进行。
- **嵌入工作流。**现在我们可以用更新型的工具来代替之前的 E-mail 交流，可以选择最易定位或最易使用的工具。不要设置过多的用户名和密码输入步骤，否则只会让学员跳过。始终建议更好的工作方式。团队在策划项目时是否一波三折？如果有，则需要为他们建立一个维基平台。是否有大量员工抱怨工作中需回复的邮件太多？如果有，帮他们单独建一个线上讨论组。同时，你需要亲自使用这些工具，以身作则，率先做出改变。

- **帮助他人建立联系。**培训与发展专业人士的独特定位，让我们更善于发现人才及其兴趣领域。我们可以帮助人们建立有意义的联系。请使用社交平台来支持当前正在进行的学习和交流。请鼓励组织提供空间和时间来促进这些关联的发生。
- **招募大使。**成功应用社交媒体于学习的组织，认为其中一个关键因素是让使用这些社交媒体的员工参与其中。这不单单只是找出那些谈论社交媒体最多的人。要观察周围的学员，谁正在使用博客，谁能熟练运用推特，或者谁热衷于使用维基平台。这些人能够帮你选择工具、起草对话，同时影响他人。
- **不神化别人。**各行各业都有非常多的使用社交媒体工具支持学习的例子，包括政府机构、金融机构、医疗机构、军队及监管领域。最新的应用案例包括美国国防部、疾病控制中心、退伍军人事务部、马约诊所、太阳信托银行等。记住：你的竞争对手已经开始付诸行动了。通常，“做不到”一词更多是代表不能提供逻辑支持、实施策略及真实需求的明确描述。试着与公司高管、IT 部门和其他利益相关者进行有意义的对话，然后付诸行动。
- **帮助学员学会学习，真正关心其学习。**太多的学习都是非正式的、无意识发生的。可以通过社交渠道询问学员：“你今天 / 本周 / 本月都学到了什么？”“你是如何学会的？”“你能教我你的学习方法吗？”用这样的方式来帮学员回顾其学习方法，尤其是在学习发生于社交互动过程中时。
- **你无法让任何人做任何事：他们究竟想谈论什么？**众所周知，你无法唤醒一个装睡的人，你也无法改变别人的兴趣。如果他们觉得某件事既没有意义也很无聊，那么他们就会拒绝参与。正如 Wenger 所说，享受其中是人们参与一件事情的原因之一。
- **审视自身的技能。**你能做些什么来帮助组织在该领域立足当下，走向未来？把自己放在策展员和社区经理的角色中，评估自己是否拥有相应的能力。未来对这些能力的需求只会有增无减。

- **紧跟技术进步。**一直都会有新工具出现。有建立共享网络图文壁画的工具，有使用颜色和位置可选的虚拟即时贴的协作工具，有在地图上添加声音剪辑的工具，有将笔记和涂鸦直接传到 iPad 上的新型可书写 iPad 封套，等等。
- **要警惕，有些规则只会让对话很快关闭。**信息发布指南和参与规则中长长的列表只会隐约告诉用户："我们不希望你在这里多说。"记住：信任的成本要远低于控制的成本。

两个可以即刻实施的最佳举措

要开始行动了，可以先做什么呢？

倾听。人们总在谈论工作，总在与人交流。他们想谈些什么呢？什么样的谈话对他们来说是有意义的呢？《培训中的社交媒体应用》[1]一书提供了一个非常著名的例子：一群监狱看守创建了一个 Facebook 私聊群组，他们在群中聊天的主题是如何在组织中出人头地。培训、工作角色、如何提升在新工作领域中的能力，以及怎样学习更多关于职业晋升的知识是他们比较感兴趣的话题。但有谁没参加这个群组讨论呢？恰恰是培训部门。作为培训与发展专业人士，我们通常习惯于根据既定议程来推出内容并引导讨论。但"社交"是双向的，远不只是把社交工具安插到现有的"堡垒"之上。如果要了解他们到底想要谈论什么，需要我们学会倾听。

参与。你无法袖手旁观就发展出一个社群，你也无法只看书就完全了解推特。支持社会化学习意味着你需要成为学习过程的参与者，而不是站在旁边对讨论者评级打分。使用社交工具学习需要你亲身使用，来理解它们的功能、细微的差别、典型的和不典型的用途，以及其私隐设置——如何选择何时使用何种工具。培养和发展一个社群，需要你经常在社群中出现——尽管你之后可能会退出。你是没法一个人"社交"的。一定要参与。

---

1 英文书名为 *Social Media for Trainers*，博扎特著，2010 年出版。——译者注

什么是真正的变化

除了基于网络的工具和硬件，我们在另一个地方也看到了巨大的变化：那就是学员本身。不管是家居水管还是汽车修理，不管是工艺制作还是软件项目任务的执行，你都很难在工作场所中发现不使用 YouTube 的人。学员正在自我识别自身的学习需求，寻找解决方案，如从 900 个水龙头修理的视频中选出三个最有用的。他们意识到学习可以是零碎的，并不需要花几百美元去听一整天课。他们在各种社群中出没，这些社群中遍布能帮他们解决各种问题的人。换句话说，我们越来越多面对的是要支持这样一群人，他们深知自己的需求，并想要立刻得到满足。同时，他们也清楚满足这些需求的方法。

最后需要牢记，社交工具要用来方便人与人之间的交流，使其变得更为自然。我们所要做的，是帮助人们在工作中学习，而不是给他们增加更多的工作。

作者简介

简·博扎特，MA，PhD，拥有培训和发展专业硕士和博士学位，从事培训行业 20 余年。著有 *E-Learning Solutions on a Shoestring*、*Better Than Bullet Points*、*From Analysis to Evaluation: Social Media for Trainers*，以及 *Show Your Work*。她设计开发了 The Challenge Continues 工作坊，在 ASTD 的 *T+D* 中发表过多篇文章。她曾获 LOLA 奖、《培训》杂志编辑推荐奖、NASPE 政府服务创新鲁尼奖，以及北卡罗来纳州立大学杰出校友奖。她目前居住在北卡罗来纳州达勒姆市，可以通过她的个人网页 www.bozarthzone.com 或者推特@JaneBozarth 与她取得联系。

参考文献

Bozarth, J. (March 2012). From Traditional Instruction to Instructional Design 2.0. *T+D* 65-68.

Bozarth, J. (2013). “Social Media for Government Learning,” *Infoline* number 13 volume 14. Alexandria, VA: ASTD Press.

↘ 延伸阅读

Bingham, T., and M. Conner. (2010). *The New Social Learning*. Alexandria, VA: ASTD Press.

Bozarth, J. (2008). The Usefulness of Wenger's Framework in Understanding a Community of Practice. NSCU Libraries, http://repository.lib.ncsu.edu/ir/handle/1840.16/4978.

Bozarth, J. (2010). *Social Media for Trainers*. San Francisco: John Wiley & Sons.

Hart, J. "Learning in the Social Workplace" blog at http://www.c4lpt.co.uk/blog/.

Pastoors, K. (2007). Consultants: Love-Hate Relationships With Communities of Practice, *The Learning Organization* 14(1):21-33.

Wenger, E., B. Trayner, and M. DeLaat. (2012). *Promoting and Assessing Value Creation in Communities and Networks: A Conceptual Framework*. Heerlen, Netherlands: Ruud de Moor Centrum. Also available at http://wenger-trayner.com/resources/publications/evaluation-framework/.

第28章

员工绩效支持

帕蒂·尚克（Patti Shank）

本章要点

- 回顾培训与绩效的关系
- 列出可能导致绩效问题的因素
- 回顾培训与发展在定义和实施绩效解决方案过程中的角色

“正确的判断源自经验；但经验源自错误的判断。”

——佚名（谁说的无关紧要，但这句话是真理）

传统上，培训与发展专业人士认为自己是教学的设计者和推动者。协作网络的壮大和互联网的兴起，使得一些教学活动的场所和方式发生改变，但是教学活动本身仍被视作首要的产出成果。然而，业务运营所看重的并不是教学活动本身，而是绩效。

从培训到绩效

培训与绩效有什么不同？图 28-1 展示了培训与绩效之间的关系，并提供了二者的精简定义。本章更详细地阐明上述关系并解答相关疑惑。简而言之，直到现在，培训是影响绩效的因素之一，但是其影响并不充分，这是我们早晚需要面对的问题，当然，越早面对越好。

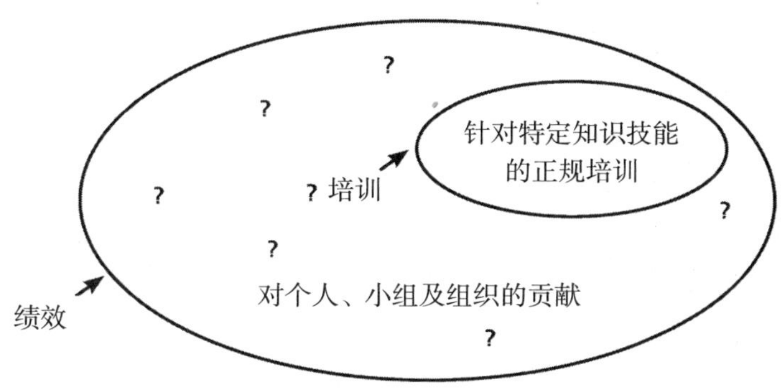

图 28-1　培训与绩效之间的关系

事实上，商家只在乎绩效推动的运营结果。对绩效的评价，视其在多大程度上能够产出客户愿意以带给商家足够投资回报的价格进行购买的运营结果。足够的投资回报取决于商家在原材料成本、绩效成本（薪资与福利、供应商成本等）及行政管理方面的投入（设施、办公用品、硬件和软件、建筑成本等）。

企业领导也许并不认为培训可以带给他们所期望的投资回报或结果。这也是培训部门权力和预算都比较有限的原因之一。

这并非意味着培训没用，而是说培训本身很难成为绩效问题的独立解决方案。但是，当与其他的绩效干预措施组合实施时，培训常常会带来很好的收效。我们不该再把自己视作教学的提供者，而是绩效问题的预防者和解决者。

让我们通过下边的例子来熟悉绩效而非培训的思考方式。

有一个生产小型厨房设备（诸如搅拌机、食品加工机、华夫饼烘焙模子、吐司面包烤炉等，以及其他类似产品）的大型企业，其广受欢迎的一款吐司面包烤炉在最近遇到了问题。近几个月以来，买家的来电次数、投诉和退货明显上升。主要的投诉集中在烤炉会把面包和其他食物烤焦，即使把温度调低或缩短烘烤时间也无济于事。

高层领导认为可能是生产工人没有依照产品的质量标准要求组装发热元件，已经要求培训团队提供培训以达到质量要求。

请在下列 10 个任务里选出 2 个你认为首先要做的。

1. 确定有哪些培训内容可提供。
2. 回顾生产质量标准。
3. 确定由哪位引导师授课。
4. 物色一位内容专家。
5. 与生产线员工谈话。
6. 回顾买家的来电、投诉和退货数据。
7. 确定课程能否在线学习。
8. 确定生产线员工是否能够依照生产质量标准要求组装发热元件。
9. 询问决策团队对结果的期望。
10. 员工工作观察。

让我们分别从“以培训为焦点”和“以绩效为焦点”来考虑上述任务。在图 28-2 中，任务 1、3、4 和 7 是“以培训为焦点”的角度，剩下的是“以绩效为焦点”的角度。记住，以绩效为焦点，其包含的范围更广泛。为什么开始时需要更宽泛的视角？因为可能的解决方案有很多。也许是原材料有缺陷，或者某零件不能正常工作。如果一开始就假设培训是这个问题的解决方案，我们往往会一叶障目，忽略掉可能效果更好的解决方案。对照绩效任务，问问自己，从这些行动中你可以获得哪些信息？

培训 / 绩效焦点

1. 确定有哪些培训内容可提供。
2. **回顾生产质量标准。**
3. 确定由哪个引导师授课。
4. 物色一位内容专家。
5. **与生产线员工谈话。**
6. **回顾买家的来电、投诉和退货数据。**
7. 确定课程能否在线学习。
8. **确定生产线员工是否能够依照生产质量标准要求组装发热元件。**
9. **询问决策团队对结果的期望。**
10. **员工工作观察。**

图 28-2 “以培训为焦点”与“以绩效为焦点”

绩效体系

培训无法解决所有的绩效问题，原因之一是，培训仅仅作用于知识与技能方面。然而员工绩效表现不好的原因远不止知识与技能不足。想象一下，一位酒店前台人员无法回答客人问题的可能原因有哪些？当然，他们可能不知道答案。如果是这样，他们需要培训。但是，还有许多其他可能的原因。他们也许没有足够的工具应对被问到的问题（如计算机系统没有升级 / 有故障 / 缺少足够信息）。管理层可能设定了不当的期望，或者聘请了不以客户为中心的人。这些问题没有一个可以通过培训，或者说仅仅通过培训就可以解决。

图 28-3 列出了影响绩效的常见因素，以及通过绩效需要达到的运营结果。表 28-1 更详细地解释了这些因素。

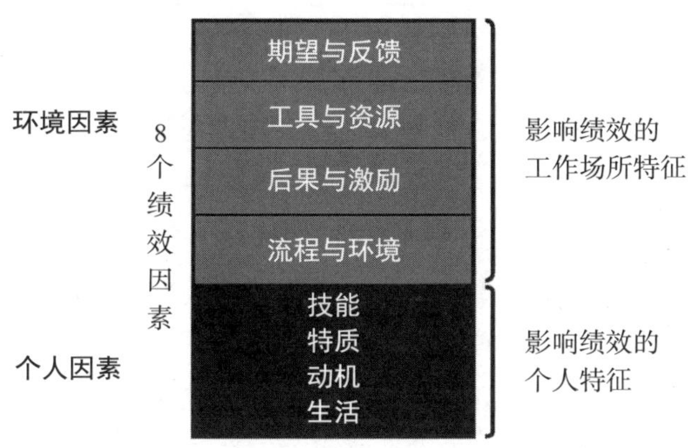

资料来源：基于卡尔·宾得（Carl Binder）于 1998 年发表在《绩效改进》（*Performance Improvement*）杂志的 *Six Boxes™ Model* 一文整理。

图 28-3　影响绩效的常见因素

表 28-1　有关绩效如何受到影响的一些示例

	因　素	描　述
工作环境	1. 期望与反馈	清晰的绩效期望及实现期望绩效的方式方法，及时的绩效反馈
	2. 工具与资源	可以获得实现绩效所需要的工具和信息，包括硬件、软件、参考资料
	3. 后果与激励	就员工某种行为表现，所提供的预期或非预期的金钱和非金钱形式的激励与后果。可预期的后果，如认可、奖励、提拔、工作分配和处罚等。非预期的后果如惩优奖劣等
	4. 流程与环境	流程因素包括时间、复杂性、困难与阻碍等。环境布置与人体工程学因素，包括灯光、噪声、工作压力源、障碍物等

续表

	因　素	描　述
个人表现	5. 技能	指员工个人应用于工作从而对组织期望结果产生贡献的技能
	6. 特质	指员工个人带入工作的个体特征及职业特征，包括性格、才智、倾向和局限性等
	7. 动机	个体做好一项工作所基于的价值，包括情绪、态度、补偿、认可等
	8. 生活	工作以外的条件和状况，包括睡眠、饮食、家庭、个人问题和个人压力源等

资料来源：基于卡尔·宾得（Carl Binder）于 1998 年发表在《绩效改进》（*Performance Improvement*）杂志的 *Six Boxes™ Model* 一文整理。

罗伯特·马杰

罗伯特·马杰（Robert F. Mager）在人力绩效技术（HPT）领域做出了重要的贡献，并为设定可测量的目标建立了标准。1962 年，在其开创性的著作《为教学项目设定目标》[1]（后改名为《设定教学目标》）中，他提出了行为类学习目标应包含三个关键要素：员工必须做什么（绩效），工作必须在何种条件下完成，以及可接受绩效的标准或规范。

马杰的另一个重要贡献是开发了“基准参照教学法”（Criterion, Referenced Instruction，CRI）。CRI 是关于培训设计与执行的框架，其中包括学习需求识别、绩效目标定义及衡量方法，以及基于特定绩效目标的学习开发。

马杰和同事彼得·派普（Peter Pipe）还提出了人力绩效等式，发现绩效（P）等于资源（r）加后果（c）、技能和知识（s,k），以及任务难度（t），即 $P = r + c + (s, k) + t$。马杰和派普还开发了一个人力绩效模型，用以确定绩效问题的重要程度，以及解决与否的后果。如果问题确实很重要，下一步则是确定其是否缘于技能不足。

1 英文原书名为 *Preparing Objectives for Programmed Instruction*，后更名为 *Preparing Instructional Objectives*。——译者注。

为了更好地理解这些因素，我们可以思考，这些因素是如何导致期望绩效与实际绩效之间的差距的。

- 运营问题：客户退货超过预期。已经证实，其中一个意料之外的问题是我们发错了货。
- 绩效要求：我们必须用正确的方法提货、包装并寄送客户所购货品。
- 当前绩效：3.27%的货物被发错了（数据源于客户退货记录）。
- 细节描述：对于每个订单，都有个显示货物和运输信息的表格被交给仓库，以便入账。计算机存货清单指明货物存放在仓库里的什么位置及余货数量。库管员查询、找到并提取货物，然后装箱，填好运货单，依据最终目的地和运输类型把包裹放在合适的地方，等候派货员来取。老员工会教会新员工怎么做。每月有一份报告详细列出提货和运输方面的错误。

表 28-2 中的两个例子阐释了每个因素是如何影响绩效的。

表 28-2 每个因素是如何影响绩效的

	因 素	该因素如何影响绩效
工作环境	1. 期望与反馈	
	2. 工具与资源	仓库存货清单可能包含错误数据
	3. 后果与激励	
	4. 流程与环境	
个人表现	5. 技能	
	6. 特质	
	7. 动机	
	8. 生活	工人严重缺乏睡眠

我们不指望会去干预所有因素。例如，我们不太可能对最后一个因素施加直接影响。你也可以访问本书网站（www.astdhandbook.org），下载一份电子档的清单作为日常提示。

绩效因素的组合作用

在分析实际绩效为何不能达到期望水平时，人们倾向于抓住某个因素作为“根因”。在考察系统行为时，我们发现系统的特征是从系统内各组成部分的相互作用中浮现的。绩效系统遵循同样的机制；大多数绩效问题源自各个因素之间的相互作用和配合。换句话说，绩效问题通常是综合因素所导致的，因此，在尝试弥补实际绩效与期望绩效之间的差距时，必须考虑多个因素的组合作用。以下用两个示例说明。

1. 我们在一所医院培训护士和护士助理使用一套新的患者用药追踪系统（以消除过失用药）。这个系统要求将用药信息扫描进患者的数字档案里，但是每个护理区只有一台扫描仪。很多时候扫描仪在护理区的一端，护士和护士助理没时间总是为了用扫描仪而跑来跑去。于是扫描仪常常闲置。

2. 迪安德拉希望收银员一小时最少能做到 60 笔收款。于是培训部门开发了工作辅助来帮助收银员提高效率。但与此同时，开发这一工作辅助的绩效分析师却警告说：“干活快的人可能会得到负激励，如比别人干得更多。”

我想说明的是，我们需要能够透过表象进行分析，因为产生影响的因素往往不是孤立的。很多时候确实是相当多的因素在同时起作用，如工具太差，干得好却换来负面激励；工作环境导致难以完成绩效；员工没有得到足够的培训。在解决绩效问题时，你可能发现需要解决的问题不止一个。

因素干预

因为本章并不打算讨论怎样实施干预措施，图 28-4 只显示了与各影响因素相对应的干预措施选项。

工作环境	期望与反馈	提供清晰与可达到的绩效标准，及时反馈
	工具与资源	配备足够的工具与资源
	后果与激励	设立与期望绩效相匹配的后果和激励措施
	流程与环境	减少阻碍，提供合适的环境（如照明、噪声水平等）
个体表现	技能 特质 动机 生活	提供培训与支持 雇用合适的人 不要打击员工，让大家劳有所得 别施加不必要的压力

资料来源：基于卡尔·宾得（Carl Binder）于 1998 年发表在《绩效改进》（*Performance Improvement*）杂志的 *Six Boxes™ Model* 一文整理。

图 28-4　绩效因素对应的干预措施

也许有人盯着这些干预措施心想："这不是我的工作！"但我希望你能有不同的回应。分析绩效问题，确定需要哪些干预措施，设计干预措施，都恰恰是我们要做的。正如你所看到的，培训和支持只是绩效难题中的一小部分，我们不做谁做？

请思考：你能做的最小努力是什么

当被要求应对绩效问题的时候，许多培训与发展专业人士立刻就会想到培训。但是现在，大家应该能够认识到这种想法可能有"牛刀杀鸡"之嫌（因为培训需要巨大投入，而且还有可能解决不了问题）。我们应该问自己："我们能做的最小努力（以解决某一特定绩效问题）是什么？"即便属于技能方面的需求，大部分人都是通过实践而不是去听课来获得最佳学习效果的（请参考艾宾浩斯遗忘曲线，详见链接内容：http://en.wikipedia.org/wiki/Forgetting_curve，解释了为何实践对于学习来说如此重要）。

举一个如何学习使用 Word 里的标题的例子。你可能通过一些课程学习过 Word，但你是在哪里真正学会并记住如何使用标题的？是的，能真正掌握，是因为你一遍又一遍地实际操作。如果你问别人他们怎样学会工作技能，答案是在工作中，而不是在课堂上。这并不是说课程没用，但在很多时候，人们需要在工作中马上知道如何做某件事情，但他们上过的（或将要去上的）课程并不在身边。如果希望员工表现出色，就必须提供他们随时能拿来用上的（知识、技能、工具等）。

所以，我们应该提供的协助之一就是绩效支持。绩效支持本质上是一种学习资源，通常嵌入工作流之中，让员工能够即需、即取、即用。比如说，如果我是一间杂货店的收银员，需要知道价格查询（PLU）代码，我并不需要记住价格查询课程上的内容（当然了，那也是不可能的）。我可以使用价格查询工作辅助，或者收银机上的价格查询按钮。这些都是绩效支持工具。注意，工具和资源属于影响绩效的工作环境因素，还要记住，影响绩效的因素不是孤立的。

什么是绩效支持

绩效支持（工具）可以是印刷版的，也可以是电子版的。我们通常把基于印刷版的绩效支持称作“工作辅助”或“快速参考”。有趣的是，你常常看到人们会创建自己的“快速参考”（看看他们的显示器上面，或者办公桌旁边都有什么）。在任务执行过程中，电子版的绩效支持可以起到提供信息和指引的作用，协助任务顺利完成。现如今，信息和指引大多已被置于线上，而且越来越多的人会依赖移动设备。

歌莉娅 · 盖瑞

歌莉娅·盖瑞（Gloria Gery）被认为是电子化学习领域和绩效支持系统的开拓者，因为她围绕界定电子绩效支持系统做了大量开拓性的工作。电子绩效支持系统（Electronic Performance Support System，EPSS），可以是与另一应用同步运行的一种计算机应用软件，也可以是一个软件包的一部分，用来引导员工在目标应用中完成一项任务。诸如网络教程或超文本链接等，这些都是 EPSS 的应用实例。EPSS 可通过最少的人力提供及时的信息。

EPSS 的独特之处在于其以绩效为中心的设计，目标是训练员工用最少的付出创造最大的产出。

> 早在 1976 年任职于安泰人寿的时候，歌莉娅就开始尝试实施各种电子化学习工具。在过往的培训经历中，她注意到，对于复杂任务，在执行任务前为员工提供任务导向的培训大多对任务绩效的帮助不大。这成为她写作《电子化绩效支持系统》[1]一书的灵感，“呼吁人们思考是否以技术直接支持工作流程的新方法比传统培训方法更有力”。此书成为引发 EPSS 运动的火花，被公认为培训发展领域的经典之作。
>
> 歌莉娅设定了绩效支持的三个层次：外部支持（External Support）、外在支持（Extrinsic Support）和内在支持（Intrinsic Support）。外部支持是最基本的支持辅助系统。它通常被开发出来协助组织里的低效者，如“工作辅助”和“桌面帮助文档”等。外在支持系统不需要使用者停止工作以获得支持，但是要求使用者决定怎样使用某个特定工具，如“在线数据库”或“帮助中心”。内在支持是一套智能辅助系统，可以根据使用模式进行调整，以适应使用者的需求，如 Word 内嵌的帮助资源和某些工具条。

绩效支持的例子包括医生接诊时查询患者的医保范围、工程师借助工具排查车辆的问题、店员查询货品的价格信息，以及出行前下载地图和路线指引等。这些信息可以是文字、图表、音频或视频。这类信息和指引可能包括：

- **信息**，如合同编号，错误代码、价格、仓库位置、名称、地址等。
- **辅助**，如决策树、提问后给出最佳行动建议的专家系统等。
- **教学支持**，如告诉你如何完成任务的视频链接、简单的行动步骤清单、练习模拟等。
- **工具**，如电子表格、数据库、在线计算器、用于特定目的的公司程序等。

通常由员工自己来决定什么时候需要得到帮助，由手头的任务来决定当时的需求。这意味着绩效支持必须具备以下特点：

- 容易发现和获得（否则就用不上）。
- 只提供特定情况下的针对性信息（否则就用不上）。
- 是正确的和最新的（否则就不正确）。

---

1 英文原书名为 *Electronic Performance Support Systems*，于 1991 年出版。——译者注

- 容易维护（否则就不正确）。
- 因应使用者知识水平的不同而不同（要根据员工的需求进行调整）。
- 因应不同的使用者而不同（要根据员工的需求进行调整）。
- 不同接入方式的友好性（移动、线上、线下）。
- 最好是使用者可以自行维护，这样本地专家便可以增加信息或做信息维护。

结论

本章是论述绩效解决方案的入门章节。下次在使用培训作为解决方案之前，请先考虑是否应该使用绩效支持工具。当有人请你帮忙解决问题的时候，仔细想一下是否有其他的原因和选项。培训被人诟病的原因之一就是我们经常使用培训去解决培训无法解决、甚至跟培训没有任何关联的问题。

即使针对技能相关的问题，培训也是一种昂贵的解决方案。其实还有很多其他相对便宜的选择，如绩效支持或通过社交媒体获得答案。在今天的很多工作中，知识往往变化太快，以至于来不及对员工进行培训。所以我们常常无法让知识在员工个人的头脑中保存。我们能够培训员工的，恰恰是让他们知道如何有效应用绩效支持与社交支持。

我们必须分析导致绩效问题的根因。在搞清楚绩效问题的起因之前，利益相关者就常要求我们提供培训（这一针对员工个体的绩效解决方案），用这种办法解决问题显然是不专业的，也是不明智的。就像看病一样，医生需要先诊断，然后再开药。

研究表明：大部分绩效问题是与工作环境有关的。即使你发现的是技能不足问题，关于“最小努力”的思考也会确保你不会用“牛刀杀鸡”。事实上，这种方法通常更有效些。

作者简介

帕蒂·尚克，PhD，CPT，Learning Peaks LLC 主席，该公司为享誉国际的教学设计咨询公司，提供学习与绩效咨询、培训与绩效支持解决方案。帕蒂同时担任 eLearning Guide 研究总监，荣登“教学技术名人录”，常受邀在培训与教学技术会议上发言。帕蒂之名亦常被培训出版物所引用，曾独自或合作出版的著作包括 *Making Sense of Online Learning*、*The Online Learning Idea Book*、*The E-Learning Handbook*、*Essential Articulate Studio'09* 等。

参考文献

Binder, C. (1998). The Six Boxes™: A Descendent of Gilbert's Behavior Engineering Model. *Performance Improvement* 37(6):48-52.

Fuller, J., and J. Farrington. (1999). *From Training to Performance Improvement: Navigating the Transition.* San Francisco: Jossey-Bass.

Gilbert, T. (1996). *Human Competence: Engineering Worthy Performance,* 2nd edition. Silver Spring, MD: International Society for Performance Improvement.

Gottfredson, C., and B. Mosher. (2010). *Innovative Performance Support: Strategies and Practices for Learning in the Workflow*. New York: McGraw Hill.

Hale, J. (1998). *The Performance Consultant's Fieldbook.* San Francisco: Jossey-Bass/Pfeiffer.

Mager, R.F., and P. Pipe. (1997). *Analyzing Performance Problems*. Atlanta: The Center for Effective Performance.

Martin Ryders' Performance technology links, http://carbon.cudenver.edu/~mryder/martin.html.

Road Maps: A Guide to Learning System Dynamics, http://www.clexchange.org/curriculum/roadmaps/.

Robinson, D.G., and J. Robinson. (2008). *Performance Consulting: Moving Beyond Training,* 2nd edition. San Francisco: Berrett-Koehler Publishers.

Rossett, A., and J. Gautier-Downes. (1990). *A Handbook of Job Aids.* San Francisco: Pfeiffer.

Rossett, A., and L. Schafer. (2006). *Job Aids and Performance Support: Moving from Knowledge in the Classroom to Knowledge Everywhere,* 2nd edition. San Francisco: Pfeiffer.

Rummler, G.A., and A. Brache. (1995). *Improving Performance: How to Manage the White Space in the Organizational Chart.* San Francisco: Jossey-Bass.

Stolovitch, H.D., and E. Keeps. (2004). *Front-End Analysis and Return on Investment*. San Francisco: Jossey-Bass.

Sweeney, L.B., and D. Meadows. (1995). *The Systems Thinking Playbook: Exercises to Stretch and Build Systems Thinking Capabilities*. Sustainability Institute.

Teodorescu, T., and C. Binder. (2004, September). Competence Is What Matters. *Performance Improvement* 43(8).

↘ 延伸阅读

Robinson, D.G., and J. Robinson. (2008). *Performance Consulting: Moving Beyond Training*, 2nd edition. San Francisco: Berrett-Koehler Publishers.

第 5 部分

学习迁移和影响评估

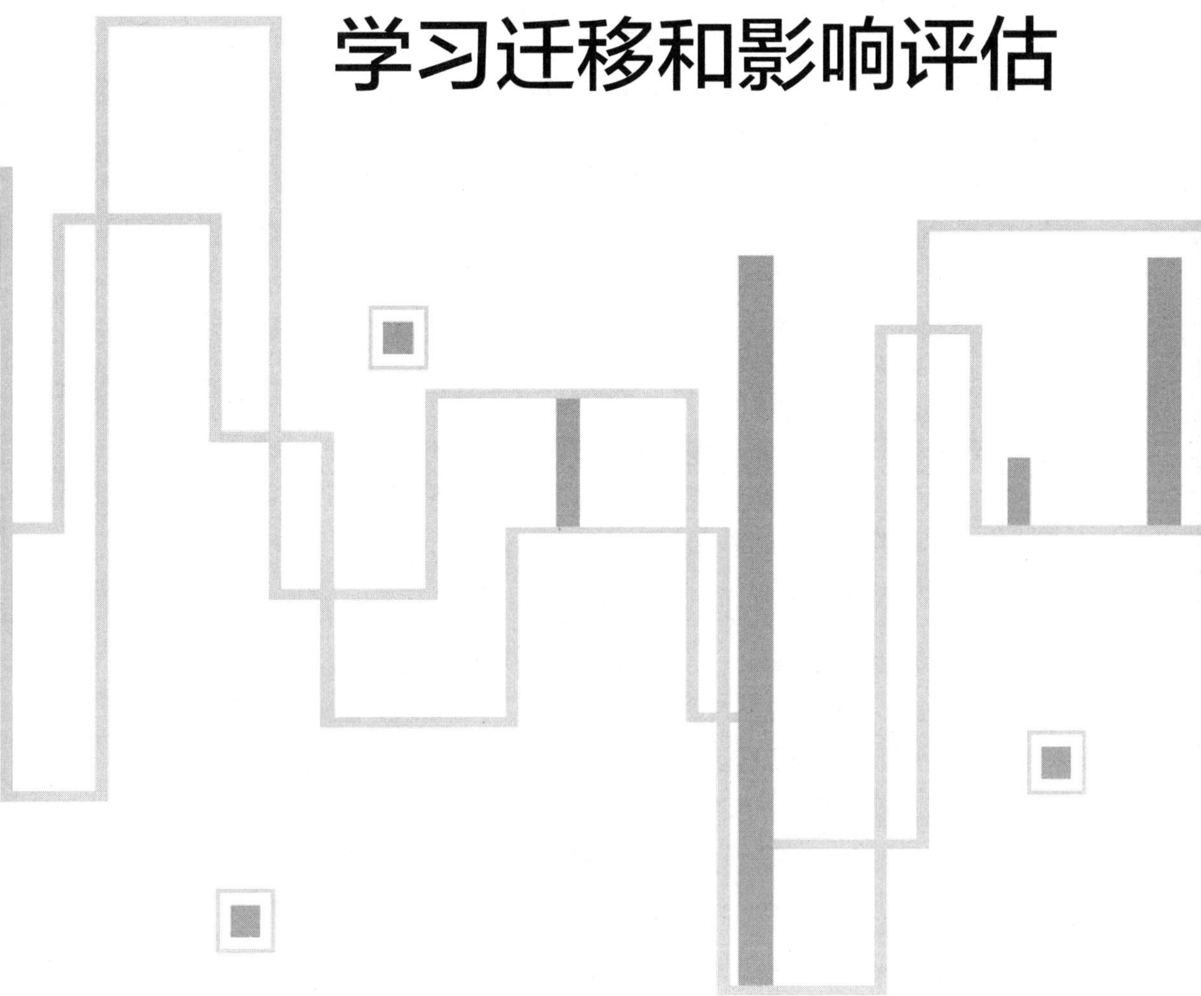

名家视角

结果与影响评估的日益重要性

罗伯特 · 布林克霍夫（Robert O. Brinkerhoff）

任何人只要从事过与培训发展相关的工作超过几个月，都会知晓这一简单的事实：培训有时有效，有时却无效，在这一领域深耕多年的老培训人对此有更深的感触。在我超过 40 年的培训与发展评估生涯中，我进行过从领导力开发到技术技能的各层次培训与发展评估，服务的对象包括基金会、企业和政府机构等各种主体。我曾经历过培训发挥巨大影响的许多实例，培训带来的新绩效价值是培训成本的许多倍，且为组织创造了丰硕的成果。同时，我也看到过几乎同样多的培训失败的例子，这些培训要么根本没有让受训人员学到什么，要么他们的所学从未获得施展而转化为工作中的绩效。

是不是有的培训发展项目好得不得了而获得了 100%的成功，而其他的项目失败得一无是处呢？这不是事实。对于更成功的项目来说，所带来的绩效改进较多；而较差的项目所带来的绩效改进较少，事实上这两类项目你都参与过。但平均来说，培训与发展项目的成功率并不高。

如果我们将成功（影响）定义为带来了与组织绩效改进目标相一致的持续性行为改变（100 分），那么几乎所有培训与发展项目就成功方面来说得分都低于 50 分，而且许多项目的得分远低于 50 分，根据我们的评估经验，20~25 分十分普遍。有些项目在成功方面的得分很高，但令人苦恼的是，这类项目的数量着实不多。正如我以前在会议上发言所指出的，典型的培训与发展项目投入（学习）产出（影响）比仅有 1/16（甚至更低）。

在我看来，评估后我们应努力实现这样一个简单的目标：应让上述投入产出比的分母与分子调换过来，即努力使 1 份投入（学习）带来 16 份的产出（影响）。

我相信这种努力是明智的，也是至关重要的，因为组织的成功取决于这一点。

培训与发展的成功为何至关重要

所有培训都不尽相同。有些培训与发展活动旨在帮助员工提升工作绩效，其中作用最大、效果最佳的是帮助员工获得有助于实施战略的技能和知识。这一类培训与发展项目需要进行彻底的评估，并且必须尽可能做好评估。其他一些培训与发展活动旨在实现一些较次要的目标，而不需要进行这么仔细的评估。知道何时以及为什么进行培训评估，是一种极其重要的和战略性的能力。

旨在为员工带来个人收益的培训与发展活动，不需要进行深入评估。例如，如果组织在员工招募和保留过程中不能提供足够多的学习与发展机会，那么组织就不可能获得成功。因此一些学习与发展活动都与员工招募和保留有关。对于复杂的组织而言，如果不能向员工提供培训和发展投入以帮助他们进步并获得公平的晋升机会，那么组织就不可能获得成功。其他一些培训和发展投入是为了避免法律风险，或者为了满足行政法规要求（要求就某些主题进行规定小时数的培训）。这些培训和发展活动不要求产生能带来收益的行为改变，只不过是在当今市场中进行博弈所必须投入的筹码罢了。公司运作不能缺乏这类培训和发展活动，它们是必需的日常开支，性质类似于为员工提供停车场、保险、学费补贴等。对于组织成功来说，这类活动是必要条件但非充分条件，不要求进行评估，只需要时不时看看员工是否看重这些活动，以及这些活动是否设计良好并获得了有效的管理。

对战略实施至关重要的培训和发展活动并非参与市场竞争的准入证，而是帮助组织兴旺、成长和获胜的保证，能使生产和绩效跨越到新的高度并建立起制胜的竞争优势。培训和发展的最高和最佳目标是促使战略的加速执行。这些培训和发展活动的开展是基于另一个事实，大多数组织失败的原因并非他们的前进目标有误，而是其员工的工作绩效没有紧随战略规划的要求。根据大量研究成果和专家的估计，组织失败的案例中多达 70%是由于没有充分实施预定战略造成的。

战略不仅需要执行，而且需要快速地执行。在许多行业中，竞争对手采用了几乎相同的战略。美国的一些全国性连锁药店（如沃尔格林、CVS 和来爱德等）都采用了类似的成长战略，如都提供了流感疫苗接种和链球菌检测等基本医疗服务。那些最好、最快地执行了战略的公司才能在竞争中取胜。

此时即需要培训和开发的干预。新的战略一旦确立，要求员工必须快速接受这种变革。但新战略的实施需要时间，且往往要求员工实施新的工作行为。此时至少需要学习这些行为的细节和原理，且通常还要求员工掌握新的知识和技能，以便能有效地实施这些行为。图 1 描述了此时最理想的员工状态。

在图 1 中，横轴显示的是时间，纵轴显示的是已执行战略的员工百分比。最理想的状态是，组织在周一宣布了新的战略转变后，截止到周二（第二天）上午，所有的员工都采取了必要的新工作方式以执行这一战略——这种理想状态是可望不可即的，只是一种幻想而已。

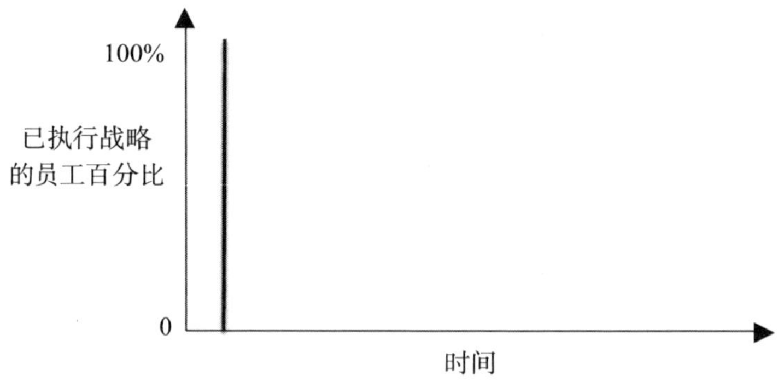

图 1　最理想的员工状态

图 2 揭示了这样一种事实，接受变革往往需要相当长的时间，最开始是早期采纳者接受变革，然后经过几个试错阶段，直到有足够数量的员工接受了新战略所要求的工作行为和绩效结果，从而能实现预期的成果。但经常发生的是，当有足够多数量的员工符合新战略下的工作要求时，这一战略却已经过时，必须再次调整战略目标，重新开始变革周期。

图 2 描述了有效培训和发展提供的附加价值。培训和发展可使曲线变陡，加快战略的有效执行并缩短有足够多员工接受变革的时间。加速接受曲线（有利于新战略执行）与较慢接受曲线之间的差异即价值所在。在较慢接受曲线状态下，不能快速为客户提供服务，且提供了让竞争对手超越的机会，从而最终导致组织消亡。

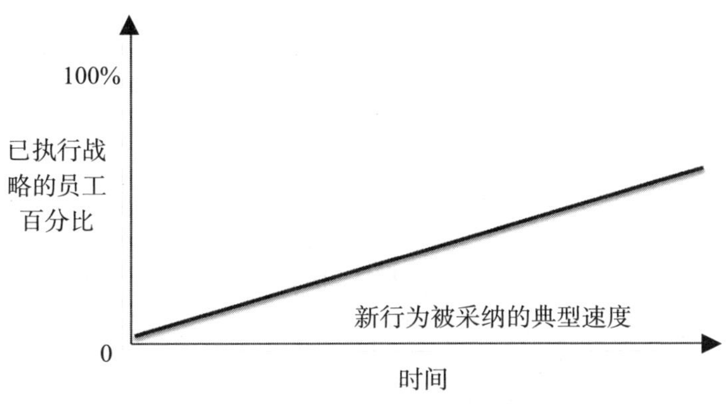

图 2　现实：新战略执行的较慢进程

评估：如何学习才能令培训更具效果

培训和发展的惯用方法只能使绩效达到 20%左右的改进，这对于实现图 3 中所描述的价值来说速度太慢了。这种学习转化为绩效的低效率无法使组织欣欣向荣，并可能使组织遭遇生存危机。作为培训与发展专业人士，我们所提供服务的组织及我们的国家在这方面都必须做得更好。公司和其他类型的组织必须在学习速度上超越其竞争对手。技术、市场、产品和服务创新及客户需求的快速变化，要求我们更为频繁地进行战略转变，也要求我们将新学识更快地转化为职场绩效。

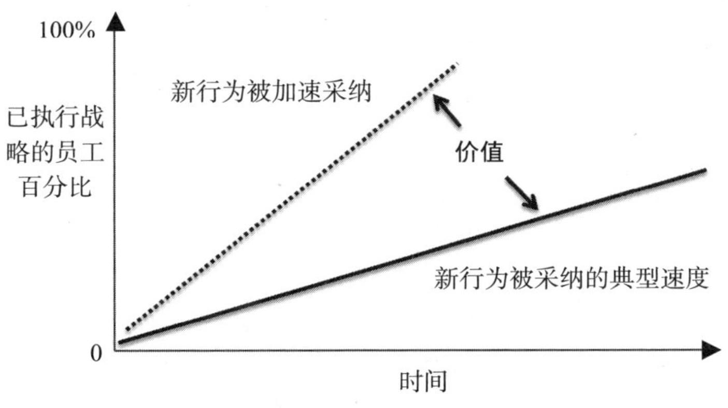

图 3　新战略的加速执行

正如我前文中提到的，我曾服务过的一些公司中的培训与发展部门，在培训和发展方面的表现远优于平均水平。这些部门在执行数量不多的关键任务型培训

（定义为帮助员工改变其行为以执行新战略）中，成功率达到了 80%以上。他们成功的原因，部分是由于更有效地管理了培训和发展流程；例如，在训前让经理们督促学员认真做好训前准备，在学习中应用绩效支持工具，帮助经理们制定学员在工作中应用学习成果的目标，以及在训后提供教练辅导和其他绩效支持。简言之，他们使组织变成了真正的学习型组织，此时从培训中获得成果变成了整个组织的责任，受训员工及其经理、高层领导、培训与发展团队，都在将新学识转化为新绩效的过程中发挥了各自应有的作用。

通过评估来讲故事，并将故事讲给合适的人

帮助他们成功实现这种转化的另一个秘密武器是评估。他们不仅评估培训本身，还评估培训在帮助将学识转化为绩效时所起的作用大小。他们还评估经理们如何及何时支持培训，学员如何及何时运用其所学，学员在尝试使用所学时遇到的障碍，哪些人及什么促进或阻碍了学习及学识转化为绩效改进的过程。

评估过程可归结为一套简单的做法。当培训起作用时，他们会注意到这一事实并加以赞扬和鼓励；当培训不起作用时，他们也会注意到这一事实，并找出谁应该做点什么从而使培训发挥作用，他们还会告诉相关人员什么行得通、什么行不通。例如，如果员工在运用自己的所学时很少得到经理的支持，这一事实将会上报，不只是报告给培训与发展团队，还会报告给管理团队的各级别成员。如果有效培训带来的价值已明确，培训不起作用从而造成资金浪费的事实已明确，或者在帮助培训起作用方面谁做了什么或没做什么已明确，那么人们就会采取行动以进行某些改变。

总之，培训评估及将学习转化为职场绩效必须携手并进。如果不评估培训的作用大小，不清楚培训为什么会奏效或为什么不奏效，那么就不可能在以后使培训真正达到有效。每一项培训和发展行动都提供了机会，使我们能知晓如何使下一次培训更加有效。组织中发生了什么事使得绩效目标加速达成，或者发生了什么事减缓了绩效目标的达成，如果培训与发展专业人士能发现这些并清楚无误地进行上报，那么组织就具备了在竞争中脱颖而出的能力。评估即一种组织学习行为，培训与发展专业人士是让其得以发生的恰当的人。

↘ 作者简介

罗伯特·布林克霍夫，博士，国际公认的评估和培训效果专家，曾荣获 ASTD 2007 年职场学习和绩效杰出贡献奖及 2008 年霓虹大象职场学习创意贡献奖。布林克霍夫博士发明了用于培训评估的成功案例方法，写作了多本评估和培训方面的书籍，并担任了全球多家机构的国际顾问及数百次学术会议的主讲嘉宾和发言人。

↘ 延伸阅读

Broad, M. (2005). *Beyond Transfer of Training*. San Francisco: Pfeiffer.
Brinkerhoff, R.O. (2007). *Telling Training's Story*. San Francisco: Berrett-Koehler.
Kirkpatrick, D. (2006). *Evaluating Training Programs*, 3rd edition. San Francisco: Berrett-Koehler.
Mooney, T., and R. Brinkerhoff. (2010). *Courageous Training*. San Francisco: Berrett-Koehler.

第29章

用四级评估呈现价值

吉姆·柯克帕特里克（Jim Kirkpatrick）
温迪·柯克帕特里克（Wendy K. Kirkpatrick）

本章要点

- 介绍柯氏四级评估模型的起源和全新的柯氏四级评估模型
- 学习全新柯氏四级评估模型的维度与四级评估模型中每一级的联系
- 如何实施四级评估
- 理解柯氏五条基本原理

所有培训的目的都是通过相应的培训知识应用提高在职绩效并影响组织成效。柯克帕特里克模型，通常被称为四级评估模型，是被用来保证培训所获得的知识能被应用并改善组织成效的主要方法之一。

运用柯氏四级评估模型最有效的方式是在设计、开发培训阶段就把所有四级评估内容考虑进来。如果等到培训后才确定学员会如何在工作中运用所学到的知识及如何评估该培训对公司业务的影响，那么很可能这些行为根本达不到可靠的效果。

在本章中，你将学习四级评估内容及其改进版，即全新的柯氏四级评估模型。而柯氏基本原理提供了有效应用四级评估的指引。

柯氏四级评估模型

柯氏四级评估模型是唐纳德 · 柯克帕特里克（Donald L. Kirkpatrick）博士在 20 世纪 50 年代中撰写他的博士论文时提出的。当时的目的是有效地评估他在威斯康星大学管理学院教授的管理开发课程的效果。

20 世纪 50 年代后期，老柯克帕特里克博士的研发成果开始为人所熟知，不久便被一本商业杂志刊登出来。在随后的 50 年里，该模型的全球范围运用也系统地增加。如今，柯氏四级评估模型（见图 29-1）是评估培训项目有效性中最被认可、最广泛使用和看重的方法。

第 1 级：反应　　参训学员对培训喜欢程度的反应

第 2 级：学习　　通过参与培训，学员获得了多少应当获得的知识、技能和态度

第 3 级：行为　　学员在多大程度上将培训中所学到的应用到工作中并带来相应的行为改变

第 4 级：结果　　由培训及后继强化措施所带来的期望的业务结果

图 29-1　柯氏四级评估模型

唐纳德 · 柯克帕特里克

唐纳德 · 柯克帕特里克被认为是培训评估的鼻祖，因发明了四级评估模型而出名，他首先在《如何为你的培训项目做客观评估》这篇文章中阐述了自己关于培训评估的观点，该文章在《美国培训总监协会杂志》(后改为 *T+D* 杂志）1956 年 5~6 月刊中登出。他的这些观点随后被整理在他的经典书籍《如何做好培训评估：柯式四级评估法》(1994 年版）中。柯克帕特里克的四级评估内容如下：

第 1 级：反应

第 1 级评估关注学员对培训项目的反应。虽然这是四个层级中最低一级的评估，但是关于学员满意度评估的一个重要维度。

第 2 级：学习

这一层级的评估可以确定学员是否从培训中真正学到该学的东西，帮助评估学员对认知知识和行为技能的掌握程度。

第 3 级：行为

这一级主要评估学员在工作岗位上对培训所学知识的运用程度。

第 4 级：结果

最后一级评估不再停留在学员身上，而是重点评估培训对组织绩效带来的影响。

2010 年，老柯克帕特里克博士的儿子吉姆和儿媳温迪对柯氏四级评估模型做出改进，以达到以下目的：

- 加入被老柯克帕特里克博士遗忘或忽略掉的学说。
- 更正人们对该模型普遍的误解和应用偏差。
- 阐明该模型如何应用于现代职场培训和绩效评估。

全新的柯氏四级评估模型（见图 29-2）向经受时间考验的四级评估模型致敬，并延续了该评估模型的内容，增加了新的元素来帮助人们更为有效地进行应用。

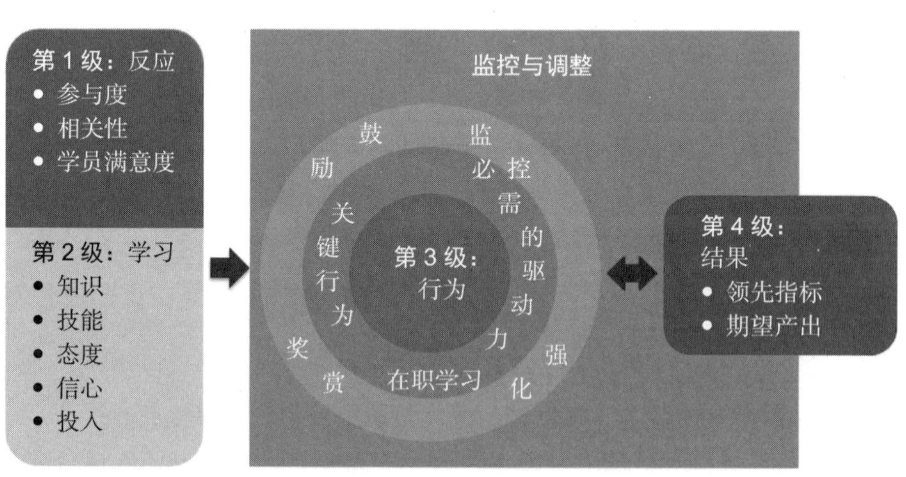

资料来源：© 2010-2013 Kirkpatrick partners, LLC. 版权所有未经许可不得使用。可访问网站 kirpatrickpartners.com 获取更多信息。

图 29-2　全新柯氏四级评估模型

全新柯氏四级评估模型：第 1、2 级

全新柯氏四级评估模型的第 1 级和第 2 级评估被称为“有效培训”。这两个层级是评估培训项目的质量，以及能被应用到工作中的知识和技能的掌握程度。这些指标主要用于内部对培训项目设计、开发和实施的有效性进行评估。

↘ 第 1 级：反应

第 1 级是评估参训学员对培训喜好程度的反应。

大约 78%的培训项目都在以某种形式使用第 1 级反应评估。目前对于收集此类数据的投入比这一层级评估所带来的意义要大得多。这种投入以牺牲第 3 级和第 4 级评估为代价，而恰恰是这两个层级的评估数据对于业务更具意义，但这两个层级的评估只分别占用了 25%和 15%的时间（ASTD，2009）。

全新柯氏四级评估模型的第 1 级反应评估具有三个维度：参与度、相关性和学员满意度。

参与度

参与度指参训学员积极参与并促进培训项目实施的程度，它直接关系到学员所获得学习内容的多少。

个人责任和项目兴趣均是评估参与度的因素。个人责任与学员在培训中的出勤率和专注度相关。项目兴趣则更多的是关于注意力，包括引导师如何让学员参与进来，并抓住他们的注意力。

相关性

相关性是参训学员在工作岗位中使用或应用培训中所学到的东西的可能性。相关性对于最终培训价值来说非常重要，因为如果学员在他们的日常工作中根本没运用培训所学，即使最好的培训也是资源的浪费。

学员满意度

第 1 级评估的最初定义是仅评估学员对培训的满意度。老柯克帕特里克博士

把它称为培训的客户满意度评估。

实施第 1 级评估的小贴士

- 第 1 级评估的工作投入应与课程级别和该培训项目对组织的意义相匹配。
- 第 1 级评估对于各利益相关者来说是最不重要的，因此尽可能地让它简短、有效。
- 利用多样化的方法来进行第 1 级评估，包括形成性（在课堂中进行）观察。把调研和面试提问留到后面更重要的评估层级。

第 2 级：学习

第 2 级学习评估的最初定义是通过参与培训，学员获得了多少应当获得的知识、技能和态度。全新柯氏四级评估模型在这一层级中增加了两个维度：信心和投入。这两个维度帮助去除学习和行动的隔膜，并在为获得了所需知识和技能但没能在工作中运用的学员重复提供培训时防止循环浪费。

知识和技能

知识是指学员知道某些信息的程度，即短语“我知道”所表述的。

技能是指学员知道如何做一些事情或完成某项任务的程度，用一句短语表述就是：“我现在能做这件事。”

很多组织常犯的且代价颇高的一个错误就是认为绩效不佳是知识和技能不足导致。表现不佳者反复地接受培训，认为自己不知道该做什么，而实际上，表现未达标的更常见原因是动机不足或其他环境因素。

只有约 10%的学习转化失败（学员完成培训后没能在工作中应用所学技能）与培训有关，而这些学习转化失败中的 70%或以上源于应用环境中的某些因素。（ASTD，2006）

态度

态度是指学员多大程度上相信值得把培训所学运用到工作中。以一句短语表述就是:“我相信值得在工作中这么做。”

信心

信心是指学员多大程度上认为自己在工作中能够运用培训所学到的知识。用一句短语表述就是:“我认为我能在工作中这么做。”

在培训中表现出信心能让学员离期望的在职绩效更近。这也能主动地让在职应用的潜在障碍浮现,因而能提前消除它们。

投入

投入是指学员多大程度上打算把培训所学到的知识和技能应用到工作中,用一句短语表述就是:“我打算在工作中这么做。”投入源于学员的动机,即接受这样一种认识:即便学员已经很好地掌握了相关知识和技能,也要每天坚持在工作中实际应用才行。

实施第 2 级评估的小贴士

- 主要采用在课堂上进行测试、活动、展示和讨论来实施第 2 级评估。
- 只有当培训项目可根据培训测试结果调整或当利益相关者有这方面信息的特别需求时,才进行培训前和培训后测试。
- 保持第 2 级评估紧靠重点,以保证资源投入与它相对于第 3 级和第 4 级评估较低的重要性保持一致。

全新柯氏四级评估模型:第 3、4 级

第 3 级和第 4 级评估针对的是培训效果,包括:

- 在职表现和后续业务结果的出现,部分是因为培训和后续强化措施导致。
- 培训对组织有益的价值呈现。

第 3 级:行为

第 3 级评估是指学员在多大程度上将培训中所学到的应用到工作中。全新柯

氏四级评估模型的第 3 级行为评估由关键行为、必需的驱动力，以及在职学习组成。

关键行为

关键行为是指如果在工作中稳定呈现，则会对期望结果产生最大影响的一些具体行动。

某个员工在工作中可能采取上千种行为，而关键行为是那些确定能促进组织成功的最重要的行为。

必需的驱动力

全新柯氏四级评估模型在第 3 级中增加了必需的驱动力。必需的驱动力是指能够强化、监控、鼓励和奖赏学员在工作中进行关键行为改变的流程和系统（见图 29-3）。

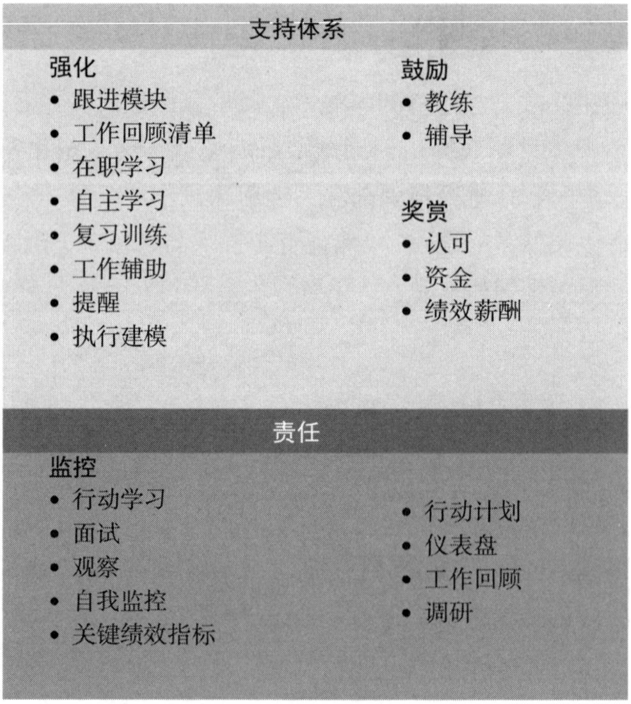

支持体系

强化
- 跟进模块
- 工作回顾清单
- 在职学习
- 自主学习
- 复习训练
- 工作辅助
- 提醒
- 执行建模

鼓励
- 教练
- 辅导

奖赏
- 认可
- 资金
- 绩效薪酬

责任

监控
- 行动学习
- 面试
- 观察
- 自我监控
- 关键绩效指标
- 行动计划
- 仪表盘
- 工作回顾
- 调研

图 29-3　必需的驱动力

使用责任和支持体系来强化在培训中学到的知识和技能的公司预期可以实现高达 85%的应用达成率。相反，仅仅寄希望于培训项目能带来极佳工作表现的公司则只能获得 15%左右的应用达成率。

必需的驱动力对将培训所得知识进行在职应用非常关键。它减少了人们忽略掉培训应用或因对实施期望的行为不感兴趣而故意忽略的可能性。

对必需的驱动力的积极监控和调整也许是任何活动项目成功的最重要指标。

在职学习

全新柯氏四级评估模型也在第 3 级评估中加入了在职学习，源于当今职场的两个事实：

- 高达 70%的学习发生在工作中。
- 个人责任和动机是达成最佳绩效的外部支持和强化措施的关键搭档。

个人需要保持具备能提升自己工作绩效的知识和技能，通过创造这样一种文化，组织能够授权并鼓励员工更具责任感。在职学习为员工和雇主提供了一个达成卓越绩效的责任共担机会。

实施第 3 级评估的小贴士

- 与即将参加培训的员工的上级进行培训前对话交流，一起要确定哪些关键行为在工作中出现才让他们觉得培训是值得的。
- 根据关键行为设置学习目标。
- 提供工作辅助来帮助学员在工作中实现关键行为，在培训中就向大家介绍这类工作辅助，并在培训活动中使用。
- 在设计培训材料时也一并设计培训后的跟进计划，这是为了保证任务完成。利用技术手段来安排和发送提醒、复习和练习、鼓励信息等。
- 在你的日历上做好笔记（或者给自己设置自动提醒）来跟进某个或所有参训学员的情况——这时，他们已经有相当一段时间可于工作中尝试新的行为。
- 把培训后项目实施和支持计划开发作为设计和开发培训过程的一部分。这样的培训框架设计可以增加所投入资源真正能产生可量化的绩效提升的可能性。

↘ 第 4 级：结果

第 4 级有着在四个评估层级中最容易被误会的特点。第 4 级评估指的是由培训及后续强化措施所带来的期望的业务结果实现情况如何。

一个常见的应用偏差就是专家和职能部门以他们所在的较小的组织范围来确定效果，而不是从全球或全公司范围。这就形成了对促进组织绩效有反效果的孤岛，最后的结果就是层层的资源浪费和不作为。

对第 4 级结果是否有清晰定义异常关键。从定义来说，它是组织目的和使命的某种结合。对于一个以营利为目的的公司来说，它代表着向市场提供盈利的产品和服务，而对非营利性的政府或军事组织来说，它代表着使命达成。

每个组织只能有一个第 4 级结果。“这是不是就是这个组织所要做、提供或贡献的？”这个问题可以有效地测试你是否已准确定义了第 4 级结果。虽然结果的定义很直接，但是没法因应高层级的组织使命来提供与之关联的一堂培训课程的情况很普遍。业务结果是广泛和长期的，由个人和部门大量的努力成果构成，并受环境因素影响，而且不是一时半会儿就能展现出来的。

以下主要介绍领先指标这一维度。

领先指标

领先指标帮助消除个人主动性和努力与组织成效之间的隔阂。它们是短期的观察值和衡量标准，能够帮助显示关键行为是否如常展现，并对期望的结果产生积极影响。组织一般有很多包含部门和个人目标的领先指标，每个领先指标都有助于高层级结果的达成。常见的领先指标包括：

- 客户满意度。
- 员工敬业度。
- 销售量。

- 成本控制。
- 质量。
- 市场份额。

虽然领先指标是重要的衡量标准，但它们必须与专注高层级结果保持平衡。比如，一个客户满意度极好的公司如果无法保持盈利能力、遵守法规，以及让员工开心，它就有可能随时倒闭。注意，客户满意度是无法给“这就是组织所要做的”这个问题提供肯定答案的一个例子，没有任何组织是仅仅为了提供客户服务而存在的。

实施第 4 级评估的小贴士

- 在每个活动或培训项目的前期，从考虑你的组织要达成的高层级结果开始。把第 4 级评估作为你对这个活动的部分或所有努力的目标。如果你不能解释计划中的培训能在一定程度上积极推动整体目标的达成，那你就不在正轨上。
- 每一个重大的培训项目均需要与组织的最高目标和关键方针紧密联系。以下是发现组织最高目标和关键方针的一些方法：
  - 浏览公司网站“关于我们”一栏的内容。
  - 看看使命和愿景声明，还有张贴在办公室墙上的各种信息。
  - 问一下你的老板这个季度或今年每个部门的最优先考虑的事项或方向。
  - 在适当情况下，要求参加战略和规划会议，即使刚开始只是以观察者的身份参加。或者跟你的老板要一份会议纪要。
- 一旦对关键方针和目标很清晰，你就要开始看看哪些培训项目是最花时间、金钱和资源的，它们之间是否有直接关系？如果没有，重新评估培训资源是否得到合理分配。

柯氏基本原理

柯氏基本原理开发于 2009 年，也就是在柯氏四级评估模型面世后的第 50 周年。由于柯氏四级评估模型已经系统地发展了 50 年，应用偏差和误解的情况不时出现。该原理阐明老柯克帕特里克博士在一开始发布他的研究成果时的真正含义。以下是柯氏五条基本原理：

1. 以终为始。
2. 预期回报率（Return-OnExpectations，ROE）是价值的终极指标。
3. 业务伙伴关系对于提高预期回报率来说是必需的。
4. 价值必须先被创造，然后才能体现出来。
5. 底线（财务）价值需要强有力的证据链支撑。

柯氏基本原理 1：以终为始

有效的培训和发展早在项目启动之前就已开始。唐·柯克帕特里克说得很好：

> 引导师必须从期望的结果（第 4 级）开始着手，然后确定获得期望行为（第 3 级）所必需的态度、知识和技能（第 2 级）。最终的挑战是实施的培训能够让学员不仅学到该学的东西，还能对该培训项目产生满意反应（第 1 级）（见图 29-4）。

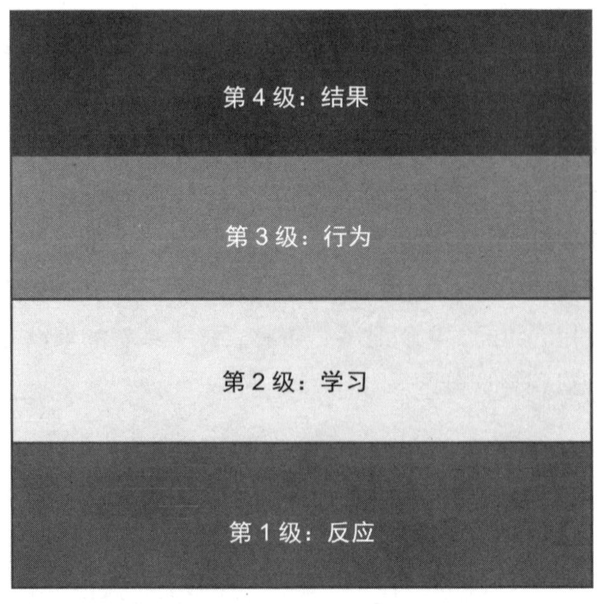

图 29-4　以终为始

结果要体现在组织层级并能以可量化的标准定义，这样所有参与人员都能看到最终目标，这一点很重要。清晰定义的结果可以使资源高效率、高效果利用的可能性大大增加。

在计划完活动后才企图应用四级评估会把创造重大培训价值变得很困难，甚至不可能。必须在项目设计、实施和评估的每一步都把所有的四级评估考虑进来。

柯氏基本原理 2：预期回报率是价值的终极指标

预期回报率是成功的培训行动提供给主要利益相关者的指标，能体现他们的期望被满足的程度。当公司高层要求新的培训时，很多学习专家回到自己的领域开始设计开发合适的项目。可能会进行一个粗略的评估，而对培训带给第 4 级评估的贡献的期望很少能达到完全清晰的程度。

利益相关者的期望决定了学习专业人士应该提供的价值。专业人士必须向利益相关者提问题，以清晰了解并重新定义他们对柯氏从领先指标到第 4 级结果评估的所有四级评估的期望。

培训活动的成功将由领先指标衡量，而确定这些指标是一个谈判的过程，在这个过程中，培训专家保证培训期望对于利益相关者来说是比较满意的，并在可用的资源前提下是可以达成的。

利益相关者的期望一旦清晰了，学习专业人士接着需要问这个问题："你认为怎样才算成功？"以便把通常泛泛表达的需要转化成可观察的、可测量的领先指标。当然，可能需要问一系列的问题才能定义清楚项目成功的最终指标。

项目开始时就围绕领先指标达成一致意见，可以去除后续去证明这项活动价值的需要，因为从一开始大家就明白，如果领先指标的目标达成，那这个培训活动就是成功的。

柯氏基本原理 3：业务伙伴关系对于提高预期回报率来说是必需的

如先前已注意到的，培训项目本身会产生 15%的在职应用。为提高应用，从而改善项目效果，在正式培训前和培训后都必须采取额外的行动。

从以往来看，学习专业人士的角色主要是负责完成第 1 级和第 2 级评估，或者仅仅是完成培训。学习专业人士大多数的时间毫不出奇地都花在了这里。提供预期回报率需要一个有力的第 3 级评估实施计划。因此，不仅需要业务伙伴确定他们所定义的成功培训，还要在整个学习和绩效过程的设计中互相协作，以最大化成效。

培训之前，学习专业人士需要跟主管和经理合作，帮助学员做好培训准备，他们是通过支持和责任帮助强化新学的培训知识和技能的关键人员。这种强化和辅导的实施力度与绩效改善和积极结果产生有直接关联。

↘ 柯氏基本原理 4：价值必须先被创造，然后才能体现出来

高达 90%的培训资源都花在了设计、开发和实施培训活动中，而这种培训活动只产生前面所说的 15%的在职应用。培训后的强化措施能产生最大程度的学习效能，其次是培训前的活动；但这两项分别都只占用了 5%的培训时间和预算。

很多学习专业人士把大部分的资源花在产生最低层级的业务或组织成效的一部分培训过程中，而花相对来说极少的时间在培训前和后续跟进活动中，其实这部分活动才是能转化成组织寻求的积极的行为改变和后续结果（第 3 级和第 4 级）的关键。

正式培训是绩效和结果的基础。要创造终极价值和预期回报率，实施者必须更多地关注第 3 级的活动。学习专业人士必须重新定义他们的角色并把他们的专业知识、参与度和影响拓展到第 3 级和第 4 级评估中。

↘ 柯氏基本原理 5：底线（财务）价值需要强有力的证据链支撑

培训行业正在接受“审判”，商业领袖控诉其消耗过多资源，而没有给组织带来相应的价值。一连串的证据包括四级评估每一级的数据、信息和证供，如果按照顺序提供，就能展现从一个业务伙伴关系中所能获取的价值（见图 29-5）。

图 29-5　证据链

遵照柯氏基本原理并使用柯氏四级评估模型可以创造一条证据链，这条证据链展现了整个业务合作的组织价值成果。它包括定量和定性的数据，这些数据连接四个层级的评估并展示学习和强化措施对组织的最终贡献。

当职场里的学习专业人士与他们的关键业务伙伴齐心协力一起合作时，这条证据链可以支持这种伙伴关系并展示一个团队合作完成整体任务时带来的组织价值。价值证据链实现了学习和业务职能的统一，而这种统一对于产生组织价值的第 3 级评估实施，以及基于此的组织价值推动来说至为关键。

在展示证据链时，记住什么对于利益相关者来说是最重要的。一般来说，他们对第 3 级和第 4 级评估的数据是最感兴趣的，而第 1 级和第 2 级的相关数据应该适当控制，除非有特别要求需要提供详细的数据。

来自唐的一条信息

当我五年多前开发四级评估的时候，老实说我不知道这个模型会演变成什么样。我很高兴它一直到现在都还可行。我已正式退休，但这并不意味着我已经对柯氏四级评估模型的未来失去了兴趣。

在过去的几年里，看到我的儿子吉姆和儿媳温迪，跟全球所有的全新柯氏四级评估的代表一起把四级评估推上新的高度，我感到很自豪。企业评估、重要政策和流程，以及个人目标达成都出现了对该模型的新的应用，每一级的评估质量也得到大大的改善。

有人问我："唐，你对吉姆和温迪赋予四级评估模型的新发展方向满意吗？"

省得你们又问这个问题，我直接回答吧，答案毫无疑问是肯定的。任何能使四级评估模型得到应用，使其更有力地帮助更多人的方法，我都赞同！

> 学习、享受、应用！
>
> ——唐 · 柯克帕特里克

结论

如果实施得当，柯氏四级评估模型是用于支持学习转化及评估培训对业务影响的一个有效并经得起时间考验的方法。在整个培训设计和开发过程中都必须考虑每一层级的评估，确定能体现培训带来绩效提升和关键组织成效改善所必需的信息。

对于提升任务执行能力的培训，一定要把资源重点投放在第 3 级评估的实施计划和第 4 级的跟踪和评估战略实施中。把少量的评估时间、金钱和资源运用在第 1 级和第 2 级评估中。

遵循这些指引，你可以最大化培训效果，并让投入的资源对组织产生最大影响。为帮助你做得更好，本书网站（www.astdhand book.org）上提供了“混合评估工具概述”（Hybrid Evaluation Tool Outline），里面给出了开发所有四级评估的混合评估工具的问题举例。

作者简介

吉姆 · 柯克帕特里克，博士，柯克帕特里克伙伴机构（Kirkpatrick Partners）的高级顾问，他是培训评估方面的思想领袖，也是全新柯氏四级评估模型的创造者。吉姆为全球范围内的企业、政府、军队和人道主义机构提供培训和咨询服务。他热心于帮助学习专业人士重新定位为战略业务伙伴，以保持在职场中的竞争力。吉姆与其开发了柯氏四级评估模型的父亲——唐 · 柯克帕特里克博士合著了三本书，可通过电子邮箱 jim. kirkpatrick@kirkpatrickpartners.com 联系到他。其著作《如何做好培训评估：柯式四级评估法》（第 2 版）中文版由电子工业出版社出版。

温迪 · 柯克帕特里克，现任柯特帕特里克伙伴机构总裁。她是一位认证教学设计师，有着 20 年的培训、零售和销售经验，这些经验令其项目因可量化的结果而更具针对性、更具影响力。可通过 wendy.kirkpatrick@kirkpatrickpartners.com 联系到她。

吉姆和温迪合著了三本书:《柯氏评估的过去与现在》《培训审判》《赋予业务伙伴关系活力》[1]。他们为自己能够通过现公司——柯特帕特里克伙伴机构——延续唐·柯克帕特里克的里程碑式的研究工作而感到自豪。他们把所取得的成功归结于散布于全球的、强大的柯克帕特里克社区成员网络,这些成员不断地应用柯氏模型,柯氏夫妇也从他们的成功故事中得到启发。更多信息的获取请访问 www.kirkpatrickpartners.com。

参考文献

ASTD. (2006). *State of the Industry Report.* Alexandria, VA: ASTD Press.

ASTD. (2009). *The Value of Evaluation: Making Training Evaluations More Effective.* Alexandria, VA: ASTD Press.

Brinkerhoff, R.O. (2006). *Telling Training's Story: Evaluation Made Simple, Credible, and Effective.* San Francisco: Berrett-Koehler.

Kirkpatrick, D.L., and J.D. Kirkpatrick. (1993). *Evaluating Training Programs: The Four Levels,* 1st edition. San Francisco: Berrett-Koehler.

延伸阅读

Kirkpatrick, D.L. (2010). *Evaluating Human Relations Programs for Industrial Foremen and Supervisors.* St. Louis: Kirkpatrick Publishing.

Kirkpatrick, D.L., and J.D. Kirkpatrick. (2005). *Transferring Learning to Behavior.* San Francisco: Berrett-Koehler.

Kirkpatrick, J.D., and W.K. Kirkpatrick. (2009). *Kirkpatrick Then and Now.* St. Louis: Kirkpatrick Publishing.

Kirkpatrick, J.D., and W.K. Kirkpatrick. (2010). *Training on Trial.* New York: AMACOM.

Kirkpatrick, J.D., and W.K. Kirkpatrick. (2010, August). ROE's Rising Star. *T+D*, pp. 34-38.

Kirkpatrick, J.D., and W.K. Kirkpatrick. (2013). *Bringing Business Partnership to Life: The Brunei Window Washer.* Newnan, GA: Kirkpatrick Publishing.

1 英文书名为 *Bringing Business Partnership to Life*。——译者注

第30章

投资回报率基础

杰克·菲利普斯（Jack J. Phillips）
帕蒂·菲利普斯（Patti Phillips）

本章要点

- 介绍投资回报率评估方法
- 运用投资回报率评估方法证明培训课程的价值

“我要看到经济收益”，这是全球通行的商业咒语。每家公司都想从投资中获得经济收益——包括资本投资和非资本投资。事实上，一家公司 85%的资金预算都是非资本投资，这些投资的价值如何体现值得关注。非资本投资包括培训与发展项目，这样的项目为公司创造了多少经济价值，长久以来一直为人们所争论。

当管理者要求从培训与发展项目中获得回报时，实际上是想要得到经济收益，或者寻求最佳的投资回报率。大多数领导者认为一项计划是否有经济价值应由第三方评定。因此，经济价值的计算必须考虑到所有相关者的利益以及能否为改进投资决策提供信息。本章主要介绍投资回报率的评估方法。投资回报率这一概念由杰克·菲利普斯于 20 世纪 70 年代提出，并详细记载于 1983 年美国出版的《培训评估和测量方法手册》[1]一书中。书中定义了什么是投资回报率，以及如何通过其他方法获得最佳的投资回报率。本章还介绍了如何使用一种可靠的方法生成六种不同类型的数据，从而绘制出衡量一个项目是否成功的要素图。首先从重新定

1 英文书名为 *Handbook of Training Evaluation and Measurement Methods*。——译者注

义价值开始。

价值的重新定义

你是否看到价值所在？

在过去的一年，香农·瑞恩女士担任了 UA 公司的首席执行官。她在达成积极进取的会议目标、务实和公平方面享有盛誉。在之前任职的公司里，香农·瑞恩取得了增加公司利润和提升顾客满意度的骄人业绩。尽管经历了裁员风波，但是员工敬业度不降反升，公司也荣登“全国最佳雇主”的名单。香农·瑞恩正在对 UA 公司进行重组，在做任何重大决策之前，她都要求她的团队提供佐证，说明每种选择能给公司带来什么价值。今天她和 UAM 学院的首席学习官厄尔·贝德福德展开了一场对话。

厄尔是一名广受赞誉的讲师。他已经准备好了和香农会面并向其介绍 UAM 学院所取得的成果。

香农走进了房间。

香农：你好，厄尔。这里看起来很棒，每个人看起来都很忙。

厄尔：香农，你好。是的，我们有一些新的培训项目正在开发。迄今为止有 12 个新的培训项目，主要集中在软技能领域。

香农：是吗？你说的软技能指的是？

厄尔：软实力课程指的是一些新型的沟通课程和领导力开发项目。3 个月之前我刚参加过的一次领导力开发项目，课程很不错，使我受益匪浅，我相信参加该课程的其他经理人也会有同样的感受。此外，还有一些新的神经科学课程，借助这些课程我们的教练可以为经理人提供更好的协助。

香农：开发这些课程需要多少时间？

厄尔：时间并不长，一天的课程最多用一周就能开发完。我们有 4 位开发人员，每人负责 3 个项目，估计 12 个培训项目全部开发完需要几个月的时间。

香农：我明白了。

厄尔：香农，我们去会议室谈吧，我想向你展示一下我们迄今所取得的进展。

香农：太好了，我已经迫不及待了。

厄尔带上了他的演示文案，并递给香农一张图表，上面绘制了他待会儿要讲解的数据。

厄尔：过去 9 个月的时间，我们开发了 10 个新的培训项目，实施了 750 小时的培训，有 1 500 名员工参加培训，培训满意度评估平均分为 4.5 分，5 分是满分。所以基本上可以说，我们在开发新课程的同时，还提供新课程及以往受欢迎课程的培训，参训员工的评价表明我们现在的方向是对的。

香农：你如何确定你们带来了价值？

厄尔：是基于我们收到的反馈。很多学员告诉我们他们有多么喜欢这些课程，并且享受课程中融入的交流机会。

香农：那么学员是如何把学到的东西用到实践中的呢？

厄尔：他们不止一次表明我们的课程很符合他们的需要，参加培训的时间没有白费。

香农：你有没有正式的数据表明学员如何运用培训所得，以及培训如何帮助他们提升部门的关键业绩指标？

厄尔：我们没有实行正式的后续跟进，但我们和大部分学员都保持联系。

香农：我明白了。谢谢你的介绍，厄尔。我们下周再联络，进一步讨论你们为公司创造的价值。

请问厄尔的培训项目是如何给公司带来价值的？

价值的转变

一直以来，培训与发展项目的价值被局限于学习活动本身。人们习惯于接受为了培训而培训，甚少关注学习活动实施所带来的收益。而实施培训的实际出资人（公司）就会问：培训之后又能怎样？

如今，绩效结果才能体现学习的真正价值。一项学习投资的最终结果与整个项目投入的成本相比，就得出了投资回报率。

虽然以关注经济效益为特征的投资回报理论兴起于 20 世纪 70 年代，但它已经发展成为应用最广、最有说服力的培训价值计算方法。很多人指出，投资回报率过于关注培训的经济价值。但是，经济效益才是公司或个人价值的体现，也是公司可持续发展的关键，以及公司对社会的最大贡献。经济资源是有限的。如果我们不能合理地分配经济资源，就会造成资源的浪费或过度使用。面对经济资源我们应做出正确的选择，这就需要一种方法来计算每项投资的价值。投资回报率提供了最好的选择，它使用货币的形式计算了项目收益和成本的比率。

价值至上的一代

今天的领导者要求培训部门和其他部门一样，证明自己创造的经济效益。过去，董事会只是要求培训部门为公司多做贡献，今天，公司的领导者希望看到可测量的经济效益。这就要求培训专业人士把自己创造的价值转换为货币的形式，但这种跳跃太过巨大，新生代的利益相关者强烈希望看到培训项目的货币价值，也就是说，他们要看到培训项目和经济效益之间的直接关联。这就要求在评估过程中要单独展示培训项目的影响。今天的利益相关者更加精打细算，培训部门不仅要列举培训项目的效益，还要同时考虑成本。他们希望看到更有说服力的数据。图 30-1 列举了他们的新需求。

虽然经济效益是判断价值的重要因素，但是计算价值必须考虑经济因素和其他因素相平衡，既要有量的计算，也要有质的反映。这些数据会反映战略问题，如投资回报率等。价值不能一次只反映一个方面，要有完整的、对所有利益相关者都有益的评估体系。数据来源必须可靠，而且要使用性价比高的方法进行测量，评估得出的价值要有行动导向性，说服人们做出调整和改变。

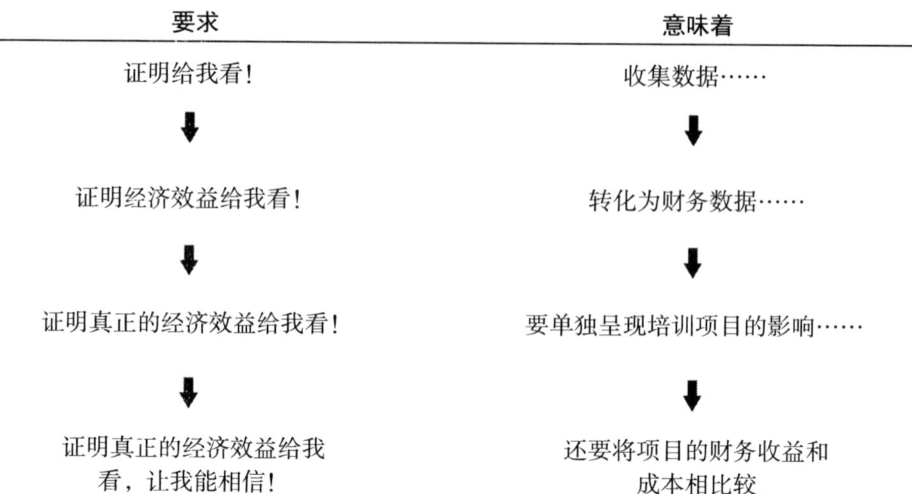

图 30-1　新生代利益相关者的新需求

判断价值的方法要有可迁移性，有科学统一的标准，以便进行比较。这些方法能提供基本的数据，供决策者参考。为人们熟知的以首字母缩写代表的财务术语能清晰地反映内在的含义。表 30-1 列出了决策者经常参考的财务术语。

表 30-1　决策者经常参考的财务术语

缩　写	全　　称	含　　义
ROI	投资回报率（Return on Investment）	• 用来评估一项投资的价值，或者比较不同投资的价值 • 计算方法：项目的纯收益除以项目的成本 • 投资回报率=项目纯收益/项目成本
ROE	净资产收益率（Return on Equity）	• 通过计算公司运用自有资本产生的利润来衡量公司的盈利能力，也用来比较同一行业不同公司的盈利能力 • 计算方法：纯利润除以所有者权益 • 净资产收益率=纯利润/所有者权益
ROA	资产收益率（Return on Asset）	• 比较公司利用总资产盈利的能力。衡量公司利用总资产盈利的管理能力 • 计算方法：净利润（年收益）除以总资产 • 资产收益率=净利润/总资产

续表

缩 写	全 称	含 义
ROAE	平均净资产收益率（Return on Average Equity）	• ROA 的衍生词汇，衡量公司在一个财务年度的绩效 • 计算方法：和 ROA 计算方法相同，只是分母由总资产变为平均净资产。平均净资产也称股权价值，在年初和年末各计算一次 • 平均资产收益率=净利润/平均净资产
ROCE	已动用资本回报率（Return on Capital Employed）	• 衡量公司运用已动用资本盈利的效率和能力。已动用资本回报率应超过企业借款的利率，否则借款越多，亏损越大 • 计算方法：息税前利润（EBIT）除以总资本和流动负债的差 • 已动用资本回报率=息税前利润/(总资本–流动负债)
PV	现值（Present Value）	• 现值是如今和将来（或过去）的一笔支付或支付流在当今的价值，是考虑货币时间价值因素等的一种财会计算，如计算净现值、公债利息、养老金义务等 • 计算方法：现金量除以一段时间的利率 • 现值=现金量/(1+年利率)^{年数}
NPV	净现值（Net Present Value）	• 衡量现金流入和现金流出的当前价值，指投资方案所产生的现金净流量折现之后与原始投资额现值的差额 • 计算方法：比较 1 美元今天和在将来的价值，考虑一段时间的利率 • 净现值=$\sum_{t-1}^{t}$[现金流入/(1+利率)^t–现金支出(t=0,1,2,$\cdots n$)
IRR	内部收益率（Internal Rate of Return）	• 是资金流入现值总额与资金流出现值总额相等、净现值等于零时的折现率，用于资本预算。它是一项投资渴望达到的报酬率，该指标越高越好 • 计算方法：净现值等于 0 时的利率就是内部收益率 • 净现值=0，内部收益率=利率
PP	折现回收期（Payback Period）	• 计算一项投资收回的时间 • 计算方法：项目投资除以年度收益 • 折现回收期=项目投资/年度收益
BCR	收益成本比（Benefit Cost Ratio）	• 用来评估项目所需成本和潜在的利润，分析项目的财务可行性 • 计算方法：项目收益除以项目成本 • 效益成本比=项目收益/项目成本

资料来源：Phillips, P.P. (2012). The Bottomline on ROI. HRDQ, pp. 9-10.

投资回报率评估方法符合以上所有的标准。它在新的价值体系中使用六个级别的数据来反映问题：反应和有计划的行动、学习和信心、应用和实践、影响和结果、投资回报及无形收益。这种方法由五个关键部分组成，构成了稳定的测量和评价体系。这五个部分是：

- 评估框架（Evaluation Framework）。
- 过程模型（Process Model）。
- 操作标准（Operating Standard）。
- 案例应用（Case Application）。
- 实施策略（Implementation Strategy）。

评估框架

计算投资回报率有很多种方法，针对项目实施的不同过程有不同类型的监测数据。评估框架起到三个作用。首先，对评估结果进行分类。这种方法对于培训专业人士来说并不陌生。其次，为确立发展目标提供依据。最后，区分不同部门的不同需求。

评估结果

评估框架可将评估数据分类，以确保满足利益相关者不同视角的需要，从而可以保证每位利益相关者都能得到自己想要的结果，这样对于决策的帮助作用也会更大，否则，数据结果仍然只是对讲师和项目管理人员才有用。

0 级评估考察的是培训的投入，包括培训人数、培训时间、培训重点和培训成本。这些数据体现了围绕培训项目本身的活动内容，而不包括项目的成果。0 级数据标志着培训投入的范围、力度，以及对特定项目的支持。有人认为这就是培训的价值，但是要知道，投入是以费用的形式体现的，并不足以证明组织从培训中收获了价值。投入只是告诉我们培训和发展活动花费了多少组织成本。所以说，0 级评估结果体现了学习方面的投资多少。

反应和计划（第 1 级）标志着培训价值流的开端。这一级别的数据揭示了学员对培训内容有什么反应，其关键点在于对反应的测量，重点包括培训的实用性、相关性、重要性、适当性。这一级别的数据初步反映了培训是否能够取得成功。管理者参考这些数据，可以对培训的设计和实施进行必要的调整，确保后续期望结果的出现。

下一个评估级别是学习和信心（第 2 级）。学习是项目中不可或缺的成分。对某些项目来说，如引进新技术、体系、能力、流程等引发的培训，学习是相当重要的。而对另一些项目，如推行新政策或新流程，学习只是一小部分，但也是不可或缺的。在任何情形下，对学习情况的评估都是至关重要的。这一级别的评估重点包括技巧、知识、素质、信心、态度和意识等。评估内容还可以包括学员在互动环节实现互动联系的数目和质量。知道如何找到合适的人，对于其后续能否为组织带来改变来说，是一项重要的能力。

应用和实践（第 3 级），评估的是学员将学习内容和成果付诸实践的程度。如果项目的目标是实现财务价值，那么有效的实践就必须实现。这一级的数据是最重要类别之一，也是出现问题最多的评估级别。研究结果表明，近一半的培训和发展项目，学员在项目过后的工作中并未表现出期望的水平。这一结果显然会拉低投资回报率。这一级别的评估需要收集的数据包括新知识和新信息的应用水平、任务的完成情况、新技能的使用率和使用频率、应用成功与否，以及行动的完成情况，当然，还包括成功应用或工作绩效的阻碍因素和促进因素等。这一级别的评估数据清晰呈现出组织体系对期望的知识 / 技能转化和态度变化的支持情况如何。

第 4 级，业务影响，其重要性在于能让我们看到培训与发展项目为公司业务方面带来的结果。在这一级，培训与发展专业人士搜集的数据要能吸引投资人和其他高管的注意力。这一级别的数据呈现的是项目带来的产出、生产力、收入、质量、时间、成本、效率及客户满意度水平方面的变化。对某些人来说，这一级别的数据体现出学习项目的终极意义，即其在组织内对各群体、各系统带来的影响。没有这些数据，他们就会断言项目将失败。在这一级别，获取数据后还有必要分析项目本身（去除其他因素影响）对某些特定指标的影响。如果做不到这一步，就无法体现项目的实际价值。

第 5 级，投资回报率。投资回报率表明项目的经济收益和投入成本的对比结果。这一数值通常以收益成本比或回报期的形式来表示。这一级评估包括两个重要步骤，首先要把第 4 级的数据转化为货币价值，然后计算项目的成本。

除了五级评估的结果和初始级别（0 级）的活动，还有计算投资回报率过程中生成的第六种类型的数据（不是第 6 级）。这类数据体现的是无形收益，即无法量化为货币却能代表成功的成果指标。通过获取以上所有级别的数据，项目管理者才可以完整描述项目是否成功。表 30-2 总结了以上六级评估以及每一级所关注的重点领域。

表 30-2　评估的级别及关注的重点领域

级　　别	测量重点	典型指标
0=投入	包含项目范围指标在内的所有投入	• 类型 • 次数 • 人数 • 时间 • 花销
1=反应和计划	包括项目价值感知在内的所有反应	• 相关性 • 重要性 • 实用性 • 适当性 • 公平性 • 动机
2=学习和信心	学习如何利用项目所学、素材、体系等，也包括学以致用的信心	• 技巧 • 知识 • 瓶颈 • 素质 • 信心 • 人脉

续表

级　　别	测量重点	典型指标
3=应用和实践	项目内容、素材、体系等在工作环境中的应用情况，也包括实践进展	• 应用的程度 • 任务的完成情况 • 应用频率 • 行动的完成情况 • 应用成功与否 • 应用的阻碍因素 • 应用的促进因素
4=业务影响	学以致用的结果，体现在业务影响指标方面	• 生产力 • 营收 • 质量 • 时间 • 客户满意度 • 员工敬业度
5=投资回报率	项目的货币收益和成本之比	• 收益成本比 • 投资回报率 • 回报期

项目目标

项目目标代表了期望的结果。目标在项目中地位突出，在激发兴趣、承诺、预期之外，还起到了指引培训方向、汇聚培训焦点的作用。培训与发展专业人士在制定教学目标方面是专家。但近年来，更高级别目标的重要性越来越为人们所认同。这些高级别目标着眼于组织的需要。只有实现了高级别目标，培训发展项目才算取得了圆满成功。此外，高级别目标对项目设计和开发者来说，也是确保其最终成功的蓝图。而且，高级别目标还可以指引我们发现评估的指标和成功的判断标准，这在一定程度上会降低评估的难度。

用五级评估框架指引目标的制定，可以确保各利益相关者的期望得到回应。只要项目最终达到或超越这些目标，也就意味着你达到或超越了利益相关者的预期。

反应级别的目标体现的是学员对项目的感受。设定反应目标的关键，是不要树立错误的行为导向。这一级别的目标着眼于学习内容指标和促进学习的要素，可以对后续学员能否成功应用与实践提供初步预判。虽然反应目标只代表了人们对于项目及其内容的反应，但正确的目标（如相关性、重要性、应用倾向等）也会告诉学员将来在工作实践中成功的可能性。

学习目标明确了学习者的学习内容。学习目标可以设定为对所学知识、技能、信息、态度变化、意识的考量。学习目标至关重要，但也有局限，因为学习目标只是侧重在习得层面，并未体现出学员如何在工作中学以致用。后者的实现需要靠实践目标的设定与达成。

应用目标体现的是对某些行动在工作中出现的期望，描述了学员实际上如何在工作中应用所学，而不只是停留在“知道可以做什么”层面。通过设定应用目标，项目设计者和开发者可以在项目中融入更多与实践应用相关联的活动。引导师会把关注焦点放在训后的行动研讨方面，评估人员可以根据应用目标确定培训后设置哪些回访问题。但是要想获得积极的投资回报率，仅仅把眼光局限在应用所学是不够的，更重要的是学员做与不做的影响是什么。这就指向了下一级的目标，即影响目标。

业务影响级别的目标可以告诉利益相关者关键指标方面的情况，如产出、质量、成本、时间、客户满意度、工作满意度、工作习惯及创新等。这一级别的目标使得项目的整个开发、实施、落地、评估过程都紧紧围绕终极业务结果。影响目标为投资回报率目标做了最后的铺垫，只有投资回报率目标才能真正告诉我们是否达成了最终预期。

投资回报率目标传递给利益相关者的是培训和发展专业人士对其计划和项目的信心。投资回报率和其他级别的目标一起构成了衡量一项计划是否成功的最低标准。下面给出了设置投资回报率目标的指导方针。

有很多种方法可以用来设置投资回报率的目标，这里列举 4 种：

1. 参照其他投资的水平设置投资回报率。
2. 尽可能高地设置投资回报率。

3. 设置投资回报率应满足收支平衡。
4. 基于客户期望设置投资回报率。

利益相关者的需求

要开发有力的、有针对性的目标，并确保项目与组织的需求保持一致，你必须评估利益相关者的需求。以这里介绍的框架为基础开展需求评估，你可以确保能以合适的投入引入合适的合作伙伴，在合适的时间为合适的对象开发出合适的项目。

如图 30-2 所示，利益相关者需求评估的起点是考察解决一个问题或抓住一次绩效改进机会的潜在回报。这一问题是否值得解决？是否值得推行员工绩效技术项目？有时候，答案是显而易见的：是的，这个项目非常必要，因为其内容非常关键，对当前问题的针对性很强，或者对于解决对公司有重大影响的问题非常有效。例如，客户服务方面的问题就非常值得关注和解决。

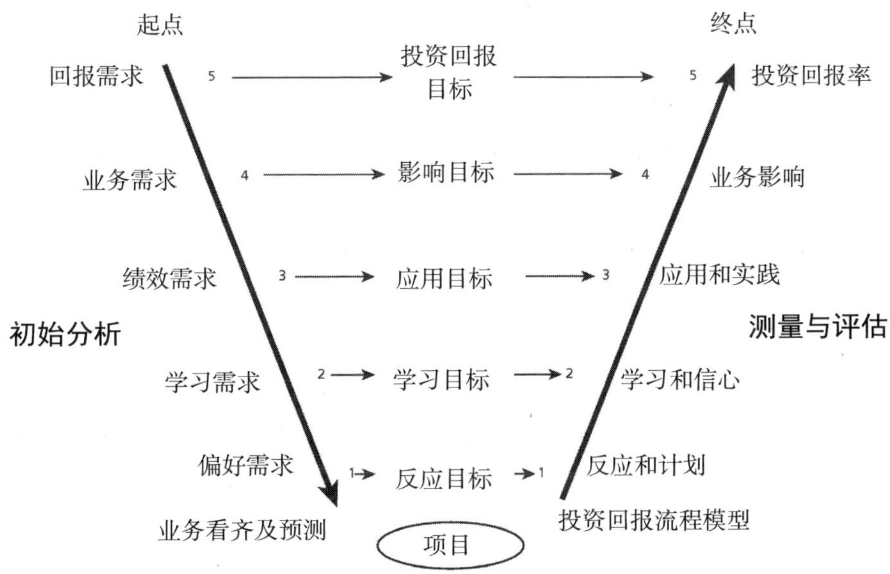

资料来源：ROI Institute, Inc.版权所有。

图 30-2 业务看齐流程：V 字模型

下一步是确保项目和一个或多个业务指标之间的关联。这时你需要定义清楚哪些指标必须提升，方能体现项目的整体成功。有时候这些指标是显性的，有时候却不是。

接下来，你需要通过一个问题来考察岗位绩效需求："哪些绩效必须改变才能影响之前定义的业务指标？"如此才能做到项目与业务需求一致。这一过程可能会用到一系列的分析工具和提问以解决问题，需要分析问题的原因，确保项目以某种方式与业务改进建立关联。

确定岗位绩效需求之后，下一步是考察学习需求："需要提升或改变哪些方面的技能、知识或观念，才能改进岗位绩效？"任何解决方案都或多或少包括一些学习的内容，这一步就是要确定学员或用户必须掌握什么才能使得项目取得成功。所需知识可能很简单，如理解一项政策，也可能很复杂，如学习并掌握新的能力。

最后一步是项目的整体设计。呈现信息，确保必要的知识、技能或信息为学员所掌握，从而使岗位绩效得以改进，最终解决业务问题。这一层级的分析包括项目实施所围绕的范围、时间计划、结构、方法、预算等问题。

通过评价体系澄清利益相关者的需求、订立项目目标、评价项目结果，可以让你与组织需求保持一致，降低失败的风险，并评估组织看重的结果。

过程模型

对培训管理人员来说，接下来的挑战是沿着影响链条收集各种数据来证明项目的价值。图 30-3 展示了如何收集这五级评价结果的数据，以及投资回报率的计算方法，从目标开始，到数据呈现为止。该模型假定已经通过适当的分析方法确定了需求。

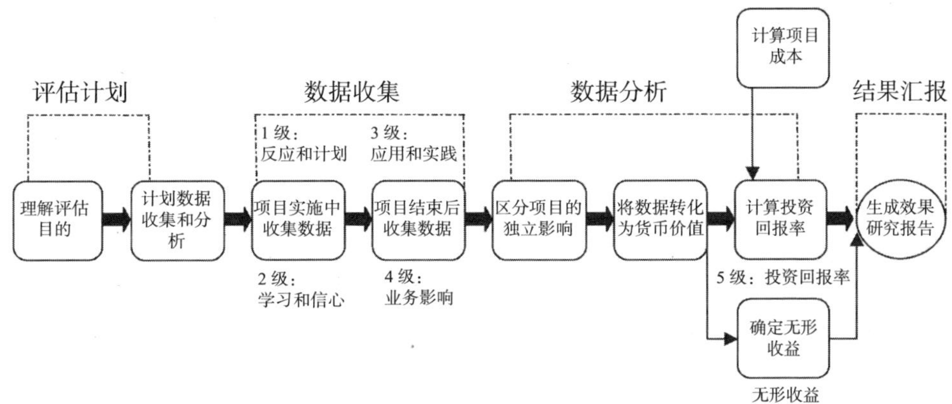

资料来源：ROI Institute, Inc.版权所有。

图 30-3　投资回报率流程模型

评估计划

投资回报率方法的第一阶段是评估计划。这一阶段包含这几个步骤，如理解评估目的、计划数据收集和分析等。

评估的目的有很多，例如：

- 改善项目质量和结果。
- 判断项目是否达到了预期目标。
- 总结项目的优势与不足之处。
- 为后期的成本效益分析打下基础。
- 有助于后期营销项目和计划的开发。
- 判断项目是不是适用的解决方案。
- 确立项目资金的优先性。

要在制订评估计划之前首先确定评估目的，因为通常评估目的决定了评估范围、所用工具及需要收集的数据类型。对于任何一个项目，都需要明确的评估目的作为大家关注的重点。评估目的明确更容易获得他人的协助。

下一步要建立三个简易的计划文档：数据收集计划、投资回报率分析计划、项目评估计划。这三个文档应当在评价计划的过程中，先于评估实施完成——理想情况下，应当是在项目设计和开发之前完成。适当提早关注这一工作，会为之后的数据收集阶段节省一些时间。可下载工具中的投资回报率应用指南包含了这三个文档的模板。

数据收集

数据收集是投资回报率方法的核心。既要收集硬数据（包括产出、质量、成本、时间等），也要收集软数据（包括工作满意度和客户满意度等）。收集方法有很多，包括：

- **调查法**。调查法可以用来了解学员对项目的满意程度，对所学知识和技能的掌握情况，以及对所学知识的应用情况。调查法反映的情况代表了学员的知觉感受，和真实情况会有所出入，比较适合用于收集 1 级和 2 级数据。
- **问卷法**。问卷法比调查法更详细，可以发掘更多不同的数据。学员需要回答一系列开放式问题和必答题。问卷法可以用于收集 1、2、3、4 级数据。
- **测试法**。测试法用于检验知识和技能的掌握情况（2 级），包括正式测试（标准参照考试、绩效测试、模拟、技能实践等）和非正式测试（教学评估、自我评价、团队评估等）。
- **观察法**。用以了解技能应用和实践情况，尤其适用于售后服务培训的评估，观察者以隐蔽方式观察的效果会更好。观察法可用来收集 3 级数据。
- **访谈法**。访谈法通过对员工访谈了解他们所学知识在工作中的应用情况。访谈法用于探索知识的具体应用，通常用于收集 3 级数据，也适用于收集 1、2 级数据。
- **焦点小组法**。焦点小组用于了解一组学员学以致用的情况，通常用于收集 3 级数据。
- **行动计划和项目任务**。行动计划和项目任务由学员在学习中自行开发，并在培训后落实于工作中。对行动计划和项目任务的落地跟踪可以揭示培训成功与否。此方法适用于收集 3、4 级数据。
- **绩效契约**。由学员、业务主管、引导师共同商讨、达成并遵守的关于训后岗位绩效成果的协议，适用于收集 3、4 级数据。
- **绩效监控**。在分析多种绩效记录和运营数据以判断改进结果时，这是一种行之有效的方法，尤其适用于收集 4 级数据。

数据收集工作最重要的一点是在时间和成本允许的范围内，为每个项目选择最合适的数据收集方法。

数据分析

包括 5 个具体步骤：① 区分项目的独立影响；② 将数据转化为货币价值；③ 计算项目成本；④ 计算投资回报率；⑤ 确定无形收益。

区分项目的独立影响

这是经常被忽视的一项工作。实际上，这一步工作是探索培训对公司业务产生影响的关键环节，不可或缺，因为组织绩效的变动受到很多因素的影响，我们需要找出哪些影响是因培训产生的。通过这一步工作，我们可以确定项目直接推动的改进结果和水平，使投资回报率的计算更精确可信。可参考以下方法实施：

- **对照实验法**。可以用对照实验法（控制组）甄别培训的独立影响。一组作为实验组参加培训，另一个类似小组作为对照组不参加培训，培训后两组的绩效差异可以理解为培训所产生的影响。对照实验法是甄别培训独立效果最有效的方法，当然，前提是这种方法得到合理的设计和使用。
- **趋势线法**。用于在培训实施前预测特定结果变量的价值，培训后将预测数值与实际数据进行比较，二者的差别就代表了培训的效果。在特定条件下，使用这种方法可以精确地甄别培训的独立影响。
- **预测模型法**。如果我们知道了输入变量和输出变量之间的数学关系，就可以使用预测模型法来甄别培训的独立影响。使用这种方法，先假设培训没有进行，由预测模型推算出输出变量的值，然后和培训后输出变量的实际值进行比较，二者的差异就可以认定为培训的独立影响。
- **学员预估法**。由学员提供培训带来的绩效变化的预估值。使用这种方法，先告知学员在培训前后公司绩效总的增加量，然后要求他们指出这里面有百分之多少是由培训带来的。
- **主管预估法**。由学员的业务主管预估培训对输出变量的影响。使用这种方法，先告知主管培训前后公司绩效总的增加量，然后要求他们指出这里面有百分之多少是由培训带来的。

- **高管预估法。**由高层管理人员预估培训的影响。使用这种方法，由高层管理人员对培训的效果进行估计或做出修正。虽然这种方法不是那么精确，但在过程中引入高管的参与还是有好处的。
- **专家预估法。**由专家对培训的效果进行预估。因为这种方法取决于专家的个人经验，这就要求专家对特定类型的培训和情形必须非常熟悉。
- **他因排除法。**如可能，先确定其他的影响因素及其对培训项目的影响，剩下的不能得到解释的输出结果就可以被认定为培训的独立影响。
- **客户参照法。**有时候，客户数据可以体现出培训在多大程度上可以影响他们的购买决策。尽管这种方法的应用有限，但对于客户服务和销售培训的评估非常有用。

区分项目的独立影响非常重要，也是非常关键的一步工作。以上这些方法都是确证有效的，可以用于这一步工作的开展。

将数据转化为货币价值

把培训带来的回报转化为货币形式，然后和培训的支出相比较，就可以得出投资回报率。这种方法需要给每项结果数据赋予经济价值，方法有很多。选择哪种方法取决于数据类型和具体情形。这些方法包括：

- 将输出数据转化为利润贡献或成本节约的形式。根据其单位利润贡献值或单位成本节约贡献值将输出数据的增加值转换为货币形式。大部分组织都有现成的计算标准。
- 计算质量成本（Cost of Quality），直接将质量改进量转化为成本节省额。同样，大部分组织都有相应的计算标准。
- 对于那些可以帮助员工节约时间的培训项目，因节约时间而减少的员工薪酬与福利都可用来计算培训的价值。因为很多工作都要求尽快完成，所以节约时间就显得尤为重要。大部分公司都有把时间转化为货币价值的计算标准。
- 如果有的话，可以用成本报表中的实际成本项计算特定变量的货币价值，即基于组织成本数据确定某项改进的具体成本节省金额。
- 如果有的话，可以邀请内部或外部专家来预估某项改进的货币价值，此时预估的可信度依赖于专家个人的专业知识和声誉。

- 有时候也可以找到外部数据用以预估某个结果数据项的价值或成本。研究数据、政府数据、行业数据等都可以作为确定这些金额的重要参考信息。这种方法的难点在于很难找到最符合自己情形的数据。
- 可以由学员来预估结果数据项的货币价值。前提是学员必须能够指出每项改进的经济价值。
- 也可以由学员的业务主管和经理人员来预估改进结果的价值，前提是他们愿意并且能够做到。当学员对改进价值无法预估，或者在某些情况下，主管需要对学员的预估值进行调整的时候，这种方法非常有用。这种方法尤其有助于确定高管们更关心的绩效改进项的价值。
- 在难以量化的软性指标和易于量化的指标之间建立数学关联。对于那些难以量化的指标，如客户满意度、员工满意度、员工抱怨与投诉等，这种方法尤其适用。
- 最后，还可以考虑用全员预估的方法确定某个结果数据项的经济价值。使用这种方法的关键是要注意摒除或减少个人偏见的影响。

计算培训项目或解决方案的经济价值是投资回报率评估的重要环节。这一过程充满挑战，尤其是对一些软性数据来说。但通过综合运用以上各种方法，你一定可以有条不紊地做好。

计算项目成本

投资回报率评估的一个重要步骤是计算项目成本。所有与项目有关的成本都应该被考虑在内，并列表显示。以下是成本列表中应包含的内容：

- 初始分析成本（通常按比例分摊）。
- 项目设计与开发成本。
- 全部项目材料成本。
- 培训和发展团队支出（如引导师和组织协调人员成本）。
- 培训设施的支出。
- 学员和团队成员的交通、食宿费用。
- 学习期间学员的误工工资（包括福利）。
- 行政支出和人头成本分摊（以适合的比例）。
- 评估费用。

比较保守的方法是把以上所有条目相加，以保证没有成本被遗漏。

计算投资回报率

投资回报率的计算需要用到项目的经济收益和投入成本两项数据。项目收益除以项目成本，就得到了项目的收益成本比：

$$\text{收益成本比}=\frac{\text{项目收益}}{\text{项目成本}}$$

而投资回报率的计算是用项目净收益除以项目成本。项目净收益等于项目收益减去项目成本。投资回报率的计算公式如下所示：

$$\text{投资回报率}(\%)=\frac{\text{项目净收益}}{\text{项目成本}}\times 100\%$$

这一公式与其他类型投资的投资回报率计算公式没有什么分别，只不过，其他投资的回报率表示回报额与投资额的关系。

确定无形收益

培训项目的收益都能转化为货币价值，困难在于这一过程中的成本问题，以及转化方法的可靠性问题。在计算货币价值的基础上，我们要进一步探究培训项目的无形价值。无形收益属于业务影响指标，我们通常选择不转化为货币价值。这并不是说无形收益不如投资回报率重要，相反，对于一些培训与发展项目来说，无形收益同样非常重要，可以更完整地描述培训项目的成功。无形收益包括以下几种：

- 工作满意度的提升。
- 组织认同感的提升。
- 团队合作改进。
- 客户服务改进。
- 投诉下降。
- 冲突减少。

↘ 结果汇报

最后一步是采用恰当的方式汇报结果。这一步很关键，却常常被忽略，缺乏计划性。这一步工作需要在效果研究和其他简报中呈现适用的信息，其核心是用不同的技巧向不同的目标听众传递信息。大多数情况下，投资回报率分析都会引起一些听众的兴趣。精心设计与不同听众的沟通方法，对于确保信息有效传递和推动后续行动来说非常关键。

操作标准

建立投资回报率评估的操作标准保证了结果的稳定性和可重复性。在评估过程中做出决策要以操作标准为准则。在实践的基础上，我们总结出 12 条指导原则以确保评估结果的有效性和可靠性。评估结果应当是独立的、稳定的，不应因为操作者不同而结果不同。

投资回报率评估的 12 条指导原则

1. 向所有利益相关者汇报投资回报率分析结果。
2. 高级别的评估需要低级别的数据支持。
3. 高级别的评估规划无须综合体现前一级别的评估。
4. 收集和分析数据时，只使用最可信的数据来源。
5. 分析数据时，选择最保守的计算方法。
6. 使用一种以上的方法甄别项目的独立影响。
7. 如果没有明确的数据支持，则假设没有改进或改进很少。
8. 分析可能存在的误差，修正预估结果。
9. 计算投资回报率时，避免使用极端的数据和没有数据支持的结论。
10. 对于短期项目，计算投资回报率时只采用第一年的年度收益。
11. 计算投资回报率时，要把项目所有的成本都包括在内。
12. 将无形收益指标明确定义为无法货币化的指标。

案例应用

好的方法要在应用中产生价值，不去实践，再好的理论也只是一堆符号。投资回报率评估方法在大量的案例中得到实践。大部分案例是对这种方法的初次尝试，也有一部分案例是对这种方法的高级应用。无论从哪个方面来说，投资回报率都为证明培训与发展项目的价值提供了最好的依据。

案例研究提供了一系列数据，不仅显示了评估结果，还解释了这些结果是如何得到的。更重要的是，对实际影响的研究还有助于项目和流程的持续改进。没有沟通的评估毫无用处——研究案例的开发使得好的评估方法有用武之地。在下载工具包里，你可以找到我们最喜欢的案例之一，关于国家酒店的案例。这个案例展示了在一个高管教练项目及其投资回报率计算中，如何运用行动计划获取 4 级数据。

实施策略

迄今为止，已有 7 000 多人获得了投资回报率评估方法的资格认证，这还不包括参加了一到两天工作坊的学员，以及通过图书或其他形式学习这种方法并加以应用的人。投资回报率评估方法的成功在于人们的不断实践和支持。投资回报率的计算过程会受到环境和其他事件的影响，因此，需要运用合理的策略确保整个过程更好地得以实施。以下要点和行动供参考借鉴：

- 确保基于结果的培训和发展方针得以批准。
- 为评估过程的不同阶段设计不同的步骤和指导方针。
- 正式采用投资回报率的方法发展员工技能。
- 运用适当的战略获取管理层对投资回报率方法的投入与支持。
- 确立机制，为工具设计、数据分析及评估策略提供技术支持。
- 运用具体技巧对结果予以额外关注。

在投资回报率评估方法实施过程中，要进行定期回顾。年度回顾有助于确定这种方法的附加价值。回顾内容包括评估过程是否让人满意，评估方法是否得到正确的理解和有效的执行。回顾工作发生在 5 级评估之后，包括对投资回报率评估方法的投资回报评估。

结语

在过去的 10 年里，投资回报率评估方法在成千上万家公司里得到了持续、规范的实践。在某些领域和行业内，投资回报率评估方法取得了显著的成功。投资回报率评估方法被越来越多的人所接受，也为公司带来了成功和回报。投资回报率评估方法的成功之处在于可以提供稳定的测量方法和严谨的评估流程。投资回报率评估方法作为一个纽带连接了各种评估方法，并在理论与实践之间实现了平衡。这一方法兼具灵活性和可靠性，为各利益相关者提供所需数据。需要谨记的一个关键点是，虽然每个项目都可以计算投资回报率，但并不是所有项目都需要计算，要知道，评估方面的投入也是项目投入的一部分。本书网站列出了相关的一些标准，告诉你应该选择哪些项目进行评估，以及是否需要对 4 级的业务影响和 5 级的投资回报率进行评估。阅读完本章后，你可以清点一下手头的项目，判断哪些适合计算投资回报率。

更多关于投资回报率评估方法的知识，请到本书网站（www.astdhandbook.org）上下载相关工具，你也可以访问我们的网站（www.roiinstitute.net）进行了解。

↘ 作者简介

杰克·菲利普斯，PhD，一位在责任管理、测量和评估方面享誉世界的专家。菲利普斯博士为《财富》500 强企业及多个知名全球性组织提供咨询服务。此外，他还撰写、编辑出版了 50 多本著作，在世界范围的相关会议上作报告并组织研讨。他丰富的测量和评估经验植根于他在航空航天、纺织、金属、建筑材料和银行等行业长达 27 年的服务经验。菲利普斯博士曾经担任两家《财富》500 强公司的培训与发展经理、两家公司的高级人力资源主管、一家地区银行的总裁，以及一所州立大学的管理学教授。菲利普斯博士是 ROI Institute, Inc.公司现任董事会主席，你可以通过电子邮箱 jack@roiinstitute.net 和他取得联系。

帕蒂·菲利普斯，PhD，现任 ROI Institute, Inc.公司总裁兼首席执行官。她是测量与评估方面的知名专家，曾帮助来自全球 50 多个国家的公司实施投资回报率评估方法。她目前还担任世界大型企业联合会的首席杰出研究员，以及位于都灵的联合国系统员工学院（位于意大利都灵）的教员、美国南密西西比大学的实践教授。她和丈夫杰克·菲利普斯一起，以责任管理和投资回报率为主题，发表了大量文章并出版了很多著作。帕蒂·菲利普斯博士的电子邮箱是 patti@roiinstitute.net。

参考文献

Phillips, J.J. (1983). *Handbook of Training Evaluation and Measurement Methods*. Houston: Gulf Publishing.

延伸阅读

Phillips, J.J., and P.P. Phillips. (2007). *Show Me the Money: How to Determine ROI in People, Projects, and Programs.* San Francisco: Berrett-Koehler.

Phillips, J.J., and P.P. Phillips (2008). *Beyond Learning Objectives: Develop Measurable Objectives That Link to the Bottom Line.* Alexandria, VA: ASTD Press.

Phillips, P.P. (2012). *The Bottomline on ROI.* Prussia, PA: HRDQ.

Phillips, P.P., and J.J. Phillips (2007). *The Value of Learning: How Organizations Capture Value and ROI.* San Francisco: Pfeiffer.

Phillips, P.P., and Phillips, J.J. (2012). *10 Steps to Successful Business Alignment.* Alexandria, VA: ASTD Press.

Phillips, P.P., and J.J. Phillips (eds.). (2012) *Measuring ROI in Learning and Development: Case Studies From Global Organizations.* Alexandria, VA: ASTD Press.

第31章

培养学员的学习转化能力

卡尔霍恩·维克（Calhoun Wick）
凯瑟琳·格兰杰（Katherine Granger）

本章要点

- 讨论培养学员学习转化能力的 8 种方法
- 学习协助学员提升能力、绩效及商业结果的具体行动

我们认为学习转化是在培训与发展项目中创造价值的关键。在学员真正将所学知识转化和运用到工作中之前，培训是没有价值的。只有当学员学到了新技能或者使用新知识并导致绩效提高时，培训才有了价值。当他们做到的时候，学员将体会到成功的自豪感，而他们也会从业务结果的提升中受益。

学习转化的核心问题是如何让学员将所学知识用于实践，从而提高他们的绩效。我们的研究表明，激活学习转化的一个关键因素就在我们眼前，却没有被培训与发展专业人士清楚地阐明和运用。这个关键因素就是将学员变为自身行为改变的发起者，而不是做一个被动的内容接受者。

培训与发展专业人士常常提及"让学习更有'黏性'"，但实际上"黏性"并不足以成功实现学习转化。学员记住所学知识并不足以确保他们会付诸行动从而提高绩效。《将培训转化为商业结果：学习发展项目的 6D 法则》一书为学习转化提供了一个更好的定义，即"将学习用于工作中从而提高绩效的过程"。要提高绩效，仅仅学习一些知识是不够的，无论学习的"黏性"有多强。相反，如果想要

实现绩效的提升，“知道如何做”“知道做什么”，甚至“知道结果是什么”，都是必不可少的。

本章内容重点讨论如何提升学员有效学习转化的能力。《韦氏词典》将能力定义为“成功或者有效完成一件事的能力”。因此，如果要实现学习转化，学员需要具备将新的学识成功并有效运用于工作中的能力。

本章将介绍 8 种用于培养学员学习转化能力的方法。其中包含了具体的措施来帮助学员运用所学知识，从而提高他们的能力、绩效及组织的商业结果。

培养学员学习转化能力的 8 种方法

确保学员能够学以致用是非常关键的。这 8 种方法将向你展示如何提高学员的能力和绩效。

1. 将心智模式转变为“学习、应用与实现”

提高学员学习转化能力的第一步是改变其对待学习的心智模式。当前企业培训的心智模式是，当学员参加一个学习项目或一个电子化学习模块时，他们将课程本身看作终点线。这是一种“学完即走”的模式，而不是“学习、应用与实现”。

如果是在高校的学术教育框架内，如今大多数企业的学习项目都应该被重新“审计”。学分不过是作秀的工具而已。很多时候，学员对于能运用所学知识是不抱任何希望的。学员抱有应用所学提升商业结果期望的情况更是少之又少。

我们最开始发现这一问题，是很多年前一次由一位常青藤大学教授主持的高管领导力开发项目。在课程结束前我们询问参加的学员：“你认为你的同事中有多少人会运用在本项目中所学到的知识来提升商业结果？”他们给出的答案是 3%~40%。

这是一次高管参加、耗时且价格不菲的学习项目，大多数人却抱着“学完即走”，而不是“学习、应用与实现”的心智模式。

2. 提早签署“应用”契约，而不是“参加”契约

行动学习协会的洛奇・金博（Rocky Kimball）说得好：“我们需要从一开始就坦率地告诉学员我们对他们的期望。如果我们期望他们会将所学知识用于工作中，从而使提高绩效成为可能，那么我们必须从一开始就明确这一点。”

这类契约需要明确我们希望学员执行的行动和取得的结果，以及完成二者的时间表。如果做得正确，这一契约会起到强大的激励作用，因为学员可以看到他们付出努力后所能取得的回报。

这种契约需要在正式学习前，也就是在项目前的准备阶段，与学员和他们的上司沟通清楚。这样做可以避免学员在课堂上突然得知这些期望而产生精神紧张。

我们已经看到了在项目开始前没有完成学习契约这一步骤所带来的危害。例如，一群来自《财富》50 强公司的高管参加一个为期一周的领导力开发项目，豪华的培训场地中安放了多个昂贵的外置扬声器。在项目最后，主持人宣布了培训议程的最后一项，让学员写出课程完成后他们回到工作中需要完成的行动目标。目标应当反映课程中讲授的关键能力，并且描述他们领导力角色的具体应用。主持人还说，学员应负责记录成果与取得的进步。

由于交付成果的应用和责任都没有作为课程设置的一部分进行提前沟通，结果导致学员们公开反抗。一位高管站起来说他不会设定目标，因为他在参加学习之前没有“签约”任何这类的目标，一周的学习之后他会很忙，根本没时间做这些。另一位高管说课程中的“自我问责”根本就不现实，因为他们作为高管的主要工作是问责别人，而不是问责自己。听听这些学员收拾课程资料离开前所说的话吧。

除了能避免学员反对，在课前签订有效契约还有另一个好处。如果学员知道应用所学和取得结果是其交付成果的一部分，他们在课程中会体现出更高的参与度，因为他们知道很快就必须应用课上所学的知识。这种契约使得学员比被动听课时要积极很多，他们会成为主动的学习者，把课程中体会的东西与他们的工作有效地结合起来。

改变课程正式结束的时间可以使这种契约的效果更为明显。KLA-Tencor 负责

全球学习项目的高级总监葛兰·休斯（Glenn Hughes）就利用了这种方法，学员参加课程后获得学分的时间被适当推后。只有在记录并上报学习课程所预期的绩效提升结果后，学员才能正式获得学分。这就使得学员明白，学习契约中是包括了应用和结果的。

3. 阐明项目成果目标

我们需要与学员进行明确的沟通，让他们了解通过运用项目所学的知识，他们应当取得的绩效提升结果是什么。可以参考以下两种方法制定有效的学习目标。

最好的方法是让学习管理人员或项目经理与业务管理者或资助部门密切合作，共同确定期望学习项目产出的商业结果，我们称为“项目成果目标”。这一方法源自《将培训转化为商业结果：学习发展项目的 6D 法则》一书所讲的第一条法则，即“定义商业结果”。完整的学习过程始于识别组织拟用学习方案解决的商业需求，接下来是使用结果规划轮™（一种 4 步提问法），识别作为学以致用的结果：学员会在哪些方面表现不同或更好？这就是有效目标的基础。

在这一过程中，学习管理人员的主要挑战包括：将学员在工作中可能的应用场景、可能取得的进展，以及在限定时间内可能实现的结果进行可视化呈现。有了这些信息，学习管理人员方能清晰描述并与团队分享项目成果目标。这里举两个例子：

- 在<日期>之前，学员通过在项目中采取不同且更佳的行动，并至少书面记录两个因此达成的成功里程碑，来实际应用在项目管理课上所学的新的技能与计划工具。
- 在<日期>之前，学员将使用在谈话技巧课上所学的概念、模型与流程，与至少三人进行实践，至少获得两个人的改进建议反馈，并就此次学习如何推动更佳结果进行至少一次案例分享。

另一种方法是让学员自己定义对他们及其业务有价值的目标。最好的项目成果目标需要令学员马上理解课上所学如何有效应用于工作，以应对其实际需求或挑战。其中一个关键的成功因素是制定一个具有适当难度的目标。而且，有效的目标会激励学员在工作中采取与以往不同的、更佳的行动，并设定合理的内容范围，以便在具体时间期限内实现（如 60 天、90 天或 120 天）。

如果选择第二种方法，即让学员自己制定目标，你需要为他们提供两样东西。

第一，给时间。让学员有时间来制定有力、有备、有效的目标。制定有价值的目标，仅靠学习结束前的 5 分钟练习时间是远远不够的。最为重要的是，这样的目标设定必须在学习进行中完成。学员回去工作后都很忙，可能根本没时间考虑制定学习目标的事情，特别是在正式学习结束后，目标设定所需的情绪能量也会随之消失。

第二，给示例。让学员明白有效的、有挑战性的目标具体是什么样的。在一门课的首秀上，你可以提供自己撰写的示例。在该课程的后续重复实施中，你就可以分享前期学员制定的最佳示例。例如：

- 在<日期>之前，我将使用在管理技能开发项目中所学到的新的授权技巧，把我目前的工作分派给至少四个人，以达到每周可以省下五小时时间的目标。在为他人提供机会承担更具挑战性工作的同时，我会用节省下来的时间聚焦于更高价值的管理任务。我还会向我的上司提交一份书面报告，描述有效授权为自己、为组织运营各自带来的至少一项收益。
- 在未来 60 天内，我将应用顾问式销售课上所学，在两位续约客户和两位新客户身上进行实践。我将使用所学到的打电话前的计划流程来准备与客户的面谈。针对每一通销售电话，我都会做笔记并在电话后对自己的成功、不足与疑问之处进行反思。我的目标是在未来 60 天内，有效地使用这些新技巧，成交至少一位新客户、一位续约客户。

学习转化能力培养的 8 种方法掌握要点

1. 从“学完即走”到“学习、应用与实现”。
2. 从“秀学分”契约到“挣学分”契约。
3. 从“随意制定的目标”到“导出结果的目标”。
4. 从“临时行动”到“策略性、有意图的应用”。
5. 从“成功标准猜猜看”到“成功标准给示范”。
6. 从“应用场景不明”到“看清应用场景”。

7. 从“单打独斗”到“教练团队”。
8. 从“成功独享”到“成功分享”。

---

4. 在学习与工作之间建立联系

学员参加完培训的常见情况，往往是抱有最好的意愿，却很少有如何将课上所学应用于工作的清晰策略。或许他们已经制订了行动计划，设定了目标，或者在学习日志上做了详尽的笔记，但往往缺乏回到工作中即刻可用的具体行动步骤。作为培训与发展专业人士，你可以为学员提供两个策略，帮助他们在工作和学习之间建立联系。

第一个策略是建议学员明确学习项目所包含的、他们乐于检验并在工作中应用的特定技能或知识。然后让他们在工作中寻找使用这些技能或知识来实现项目成果目标的机会。

第二个策略是让学员识别工作中学习项目成果目标所对应的、他们亦乐于抓住的改进机会。然后让学员明确学到的哪些知识或技能可以最有效地推动这些改进的实现。

这两个策略都可以在学习过程中培养学员关联学习与工作的能力。在 Agilent Technologies 的首席学习官——特蕾莎·罗切（Teresa Roche）看来，企业学习面临的主要挑战之一就是，许多学员认为学习是工作以外的事，而不是工作的一部分。培养学员关联学习与工作的能力，正是克服这一挑战的绝佳办法。

5. 提供成功案例

分享前期学员的成功案例，是一种未被充分利用，但的确能有效提升学员学习转化能力的方法。这一方法的好处在于，可以让学员“看到”成功，以及成功是如何在相似的工作环境中实现的。

埃默里大学（Emory University）曾经创造性地应用这一方法。在其内部领导力开发项目的课程简介网站上，埃默里大学的学习管理人员旺达·海斯（Wanda

Hayes）发布了过往每期学员的案例视频。学员会谈论他们学到了什么，如何将其用于工作中，以及训后工作中他们取得了什么成果。这些视频向未来的学员传递了很多重要信息。首先，在学员参加学习之前，他们已经了解校方对他们学习后的实践和努力有所预期。其次，他们看到了之前参加学习的同事取得了有价值的工作成果。许多人也从中明确了自己将来想要取得的成果。这样一来，新学员就获得了关于学习转化能力的可视化生动演示。

金佰利·克拉克（Kimberly Clark）在一个领导力开发项目中使用了另一种方法：在培训课堂上分享前期一位分厂经理的成功案例。这位经理讲述了他曾经参加的一次关于如何创建负责文化的培训课程，这个案例刊登在 2013 年 1 月的 *T+D* 杂志上，部分摘录如下：

> 我是在我们厂辞退 25%的员工后的第二天开始工作的。当时，我们的成本要比竞争对手高出 10%~20%。会议一开始，我用了半小时了解分厂管理层之所以成为"替罪羊"的所有理由。然后，我告诉管理人员，除非我们能够放弃当前的"受害者"心态，否则我们仍将无法掌控自己未来的命运。我们必须开始正视问题、负起责任并想办法解决问题。三天后，我对全厂员工重复了上述发言。
>
> 时间快进到今天。在不到一年的时间内，我们已经节省下了 300 万美元，这不仅使得我们更具竞争力，而且还让我们成为行业领袖。我们的口号是"全员参与，奔赴胜利"，这一信条改变了人们的行为方式、思考方式，甚至感觉方式。我们变得更强了，通过分享各部门的日常成功故事，我们正在收获更好的成果。
>
> 对我个人而言，如果没有接受关于负责文化的培训，更重要的是如果我没有以身作则、力争上游并勇于接纳严厉质询，我不可能成功领导此次转型。

当学员离开正式的学习课程并回到工作中时，与其分享成功的案例非常有用。这些通过电子邮件发送的案例还可以提示学员能够采取的行动示例。这些案例非常有用，可以用间隔学习的模式发送给学员，在学员自己经历工作变革流程的过程中，用以强化学习内容和结果。

6. 明确用在哪里及如何应用

具有较强学习转化能力的学员有一个特点，他们能“看到”在何处及如何应用所学的知识与技能。下面举一个例子。

> 一位经理参加一个为期一天的、关于如何更有效地设计演讲方案和发表演讲的培训。课程的重点是他作为个人如何利用所学来提高自己的演讲质量。然而他实际上并没有把所学用在自己的演讲提高方面，而是把学到的技巧传授给自己的团队，因为一周后他们要前往韩国做演讲，以确保获得一单价值 4 000 万美元的新业务。这位经理让他的团队推倒之前计划好的演讲方案，然后使用他刚学到的新方法来重新设计。新演讲方案非常有说服力，他说这省去了团队为了确保谈成新生意而再去两次韩国的时间。

这个案例揭示了成功学员最常使用的三个要素：

- 他们发挥想象力找出所学知识在工作中可能产生最大价值的地方，即使它超出了课程涉及的范围。
- 他们教导他人。他们运用所学知识为他人创造价值。
- 他们对学习应用的态度从“做工作”转变为“更好地做工作”。

有两种方法可以用来培养在何处应用及如何应用所学知识的能力：

- 在正式学习开始前的课前沟通阶段，让学员把工作中遇到的首要挑战带到课堂中，这些挑战是有可能通过他们所学的知识来解决的。这样他们会寻找应用的机会来创造真正的价值。
- 在正式学习过程中，不时停下来询问学员如何应用他们刚刚学到的知识。方法有很多。学员可以三人一组讨论，把他们的最佳答案集中起来，并大声喊出他们的建议。或者把所有学员集中起来，通过掷球的方式，接到球的学员分享他们会如何运用刚刚学到的知识，然后那位学员再把球掷给另一位学员，如此继续下去。在这样的“快闪”互动中，短短几分钟就能分享四五个点子。

在电子化学习中，课程设计包括要求学员确认如何使用刚刚学到的知识并举例说明。

7. 指导学员选择合适的教练

学习应用不是个人“运动”，而需要团队协作。进步最快和最大的，是那些知道如何在组织中寻找他人来帮助自己的学员。当学员在运用新学知识的时候，有几类人对他们是最有价值的。

- 那些能真正熟练使用培训所学技能和知识的人。这些内容专家能指导学员将类似的学习成果应用到特定环境中。这样的内容专家可能来自呼叫中心、生产团队或销售团队，精通特定的流程或技巧。
- 有令人信服的判断力，并在学员将安全环境中的所学应用于工作时，能为其提供鼓励和支持的人。
- 在学习项目中可以互为教练，分享彼此的经验，并且为学习伙伴提出建议和反馈的同事。
- 学员的上司是特别重要的教练资源。研究表明，当经理从事教练工作时，他们的直属下属进步更大。

学员在学习项目开始前就与他们的经理保持密切互动会让效果更好。因为在经理的眼中，学员经过培训能达成更高的绩效、创造更多的价值，当年度绩效评估来临的时候，这是一个再好不过的消息。

8. 让学员学会分享成功案例

如果学习应用过程的最终目标是实现一个有价值的、能为学员和业务带来好处的结果，那么非常重要的一点就是让学员拥有一个简单而有效的方式来分享他们所取得的成果。分享成功可以使学员多方面受益。这可以在项目结束时为他们提供一个将积极的变化和成果展示给经理的途径。在年度绩效评估中，成功的案例展示了公司在他们身上投资所创造的价值回报。分享自己的成功案例，也是感谢那些帮助他们实现目标的教练或支持者的一种简单方法。

由学员写就的成功案例能被学习型组织用于多种场合。这些案例可以成为将来培训项目的有效教学工具，用于展示当学员应用新技能和知识时可能取得的成果。成功案例可以成为学习型组织分享高层管理者的培训投资回报的最佳证明。

撰写案例的一个简单方法是让学员回答问题。例如："你可以分享一个将学习应用到工作中的例子吗？你在何处应用它？你的绩效是如何提高的？它为你和业务带来了哪些好处？"学员可以用电子邮件回复你，然后你进行整理并以匿名的方式与小组分享最好的故事。

如果撰写成功案例的过程不能做到可控，还有另一种方法可供参考，即在项目结束一段时间后（如 60 天、90 天或 120 天）通过面对面形式或通过线上形式召集学员重聚。你可以邀请学员和他们的经理参加，"入场费"就是每个人都要与小组分享成功案例。

重聚是学员在他们的经理、同事和组织内其他领导面前展示自己成就的好方法。它也可以使你作为学习管理人员，来强调你组织实施的培训课程为你的内部客户和投资人带来的业务影响。这对所有的参与者来说，是一种真正多赢的方法。

培养学习转化能力的 8 种方法除了应用于实施阶段，也可应用于设计阶段。关于这 8 种方法的应用核查单，你可以到这本书网站（www.astdhandbook. org）上下载。

培养学员的能力

对于学习管理人员来说，最令人兴奋的是有机会设计、实施学习活动，以让学员提高能力，而不仅仅是掌握内容。判断你的表现优秀与否，最新标准就是你能否让学员在培训结束后立即将所学知识成功并有效地运用到工作中。学员的回报是个人绩效提升，公司的回报是商业结果改善，而学习型组织的回报是被认可为组织价值创造引擎。

↘ 作者简介

卡尔霍恩·维克，Fort Hill 公司创始人，《将培训转化为商业结果：学习发展项目的 6D 法则》《将培训转化为商业结果实践手册：学习发展项目 6D 法则实施案例、工具、方法》《有效推动培训成果转化：学习发展项目 6D 法则指导手册》（三本书中文版均由电子工业出版社出版）的合著者，ResultsEngine®的发明者——这是第一个基于网络的学习转化支持系统，也是鼓励学员以绩效改进方法学以致用的积极倡导者。

凯瑟琳·格兰杰，Fort Hill 公司的执行副总裁，过去 10 年来她协助全球多个组织客户成功实施学习转化支持项目。她长期以来的前沿思考，为 ResultsEngine®的核心功能完善，为客户更为有效地准备、支持其员工学以致用，做出了突出贡献。她在学习与发展领域的工作经验超过 25 年。

延伸阅读

Colvin, G. (2008). *Talent Is Overrated: What Really Separates World-Class Performers From Everybody Else.* New York: Penguin.

Coyle, D. (2009). *The Talent Code. Greatness Isn't Born. It's Grown. Here's How.* New York: Bantam Dell.

Lemov, D., E. Woolway, and K. Yezzi. (2012). *Practice Perfect. 42 Rules for Getting Better at Getting Better.* San Francisco: Jossey-Bass.

Wick, C., R. Pollock, and A. Jefferson. (2010). *The Six Disciplines of Breakthrough Learning: How to Turn Training and Development Into Business Results.* San Francisco: Pfeiffer.

第32章

建立学习与绩效的关联

保罗·艾略特（Paul H. Elliott）

本章要点

- 创建绩优员工档案（PEP）
- 讨论如何把学习与绩效联系起来
- 优化培训与绩效之间的联系

大多数学习专家持有一个基本假设：展示学习与绩效之间的明确关联，即便不是不可能，至少也是相当困难的。问题在于，大部分展示这种关系的尝试都使用了追溯法。完成培训设计之后，甚至是完成培训开发之后，人们就开始考虑："我们如何能证明项目对关键业务指标的影响呢？"这种方法的谬误之处在于：学习与绩效之间的联系是无法用追溯法来证明的。

学习与成就

托马斯·吉尔伯特（1978—1996）认为转移关注焦点有助于实现有效的绩效改进；关注员工在工作环境中的产出，而不是简单地关注他们知道什么或做了什么。帮助员工更有效地完成那些无法产生预期成果的任务，是无法提高公司经营业绩的。相反，你需要关注和明确一名员工的主要产出成果应该是什么，然后确定这些成果如何有助于实现公司的业务目标。一旦有了这些信息，你就能决定员工在具备很强能力和信心的情况下，需要什么样的任务和支持系统来实现这些成果。

图 32-1 展示了吉尔伯特的观点。左侧（第一列）的箭头代表组织为个体或团队的绩效所提供的支持。第二列代表个人在受到这些影响后执行的行为或任务。第三列代表执行这些行为后实现的成就或结果。最右边的一列代表受这些成就或结果影响而达到的目标。当我们思考绩效时，应当从左至右依次推进。

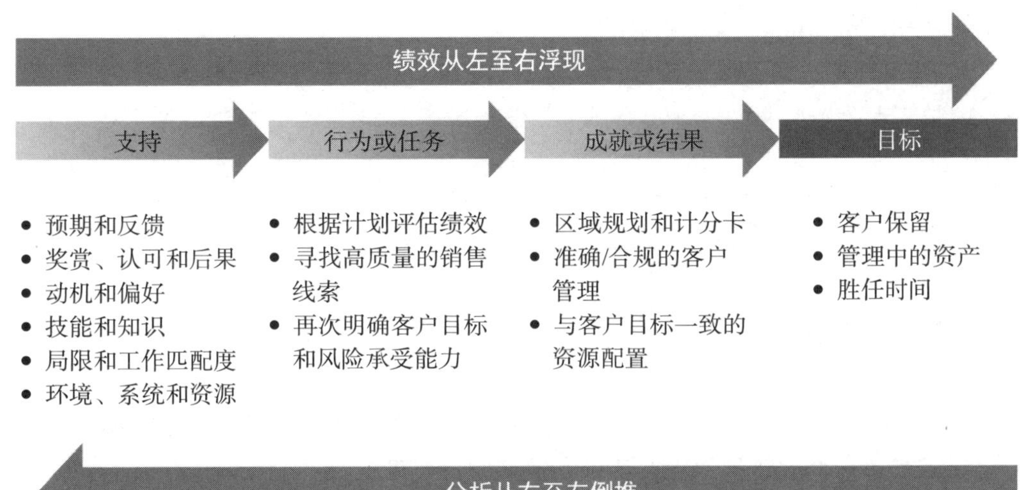

图 32-1　模范绩效与业务目标的关联

然而，如果你的培训目标是提高绩效，那么分析工作必须从右至左进行。从组织的目标入手，你一开始就应该关注哪些成果对于实现组织的目标是最关键的。这些知识使你能获取实现这些成果所需的关键任务，同时明确了那些无法为预期成果做出直接贡献的行为和活动。

托马斯·吉尔伯特

托马斯·吉尔伯特被公认为员工绩效技术之父。虽然与斯金纳是好友，但吉尔伯特认为应该通过成就来判断一个人，而不是通过其展现出来的行为。

在他的标志性著作——《人的能力：提升值得的绩效》[1]中，吉尔伯特开发了行为工程模型，试图定义个人与组织绩效间的屏障。该模型确定了三个环境因素（数据、资源、激励）和三个人类行为因素（知识、能力、动机）。每个因素都可以促进或阻碍员工的生产力。吉尔伯特的模型意义重大，因为它确定了影响绩效的个体以外的因素。

吉尔伯特的另一个重大贡献是他的绩效公式。他认为“值得的”绩效（W）是有价值的成果（A）与消耗成本的行为（B）的比值函数。该公式记作 $W=f(A/B)$。

1996 年，国际绩效改进协会以吉尔伯特的名字命名了一个奖项，即“托马斯·吉尔伯特杰出专业成就奖”，用于表彰其对员工绩效领域做出的重大贡献。

用好明星员工

当把学习与绩效联系起来时，你想复制谁的绩效呢？哪些个人或团队一直在按标准或超标准创造价值呢？获取专业知识最有效的途径是与现有的优秀员工一起工作——他们就是你的内部基准。这些个人通过建立自己的工作方式，用持续的高水平表现来产出预期成果。他们往往没有意识到自己的才能，所以你需要用某种方式来获取他们的专业知识，使之变得明确并转移给其他的团队成员。

我们用于提取模范员工专业知识的过程，是建立在与数以百计的跨行业客户合作基础之上的，此过程必须充分考虑情境因素且以案例为基础。例如，如果你与一个不断在竞争中取胜的销售团队合作，那么最好让他们详细、有条理地为你讲述最近几次的取胜经历。提问应针对过程中的每个步骤，从识别机会到销售成交再到交付产品或服务。

1 英文书名为 *Human Competence: Engineering Worthy Performance*，1978 年出版。——译者注

提取组织中高绩效员工的专业知识，可以形成一个丰富的信息库，用以描述最佳工作绩效。我们称其为绩优员工档案（Profile of Exemplary Performers，PEP）。PEP 的信息对于很多类型的绩效干预措施的设计和实施都是非常有用的。你可以把 PEP 看作模范员工的 DNA。

PEP 数据包括如下信息：由特定角色或团队取得的成就、这些成就的成功标准、取得成功的关键活动或任务，以及明星员工发现的系统促进因素和障碍因素。

以终为始

坚持以终为始，才有可能在学习与绩效之间建立起关联。在做任何分析确定培训需求之前，你必须采用以成果为基础的方法论，定义能够反映业务影响的产出结果。

- 通常培训是不会实现转化的。
- 培训设计必须大量结合工作情境。
- 当培训与学员所负责的工作结果直接关联时，培训总是可以转化为绩效。为什么？因为有高度相关性。
- 坦率地说，如果项目开始前没有定义将产生的业务影响，即使培训后产生了效果，功劳也不是你的。

从最终目标入手，你可以获取必要的信息来分析需要什么样的干预才能影响绩效。精心设计的培训是传递必要技能、知识和信息的有效工具，它为组织的关键业务指标带来价值。

仅传授必要的知识（知道）和技能（做到）来产出有价值的结果。传授任何附加价值领域之外的内容，都可能是在浪费时间和金钱。图 32-2 描述了以“精简”培训驱动绩效。

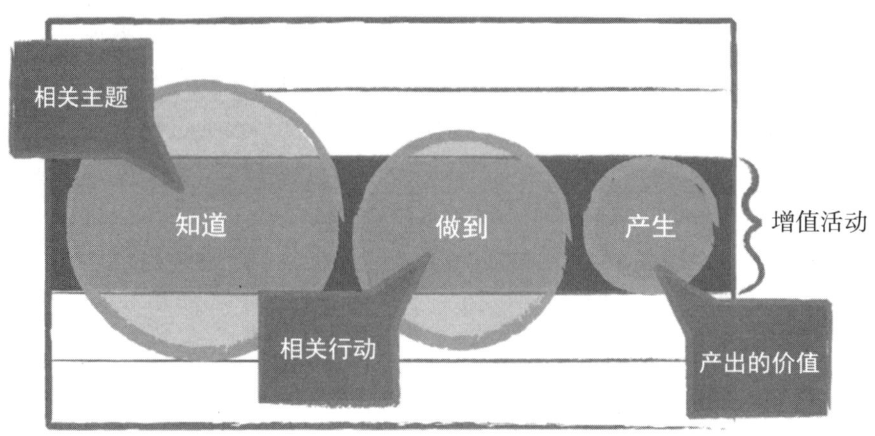

图 32-2　以“精简”培训驱动绩效

绩效支持：在学习与绩效之间建立关联

如果分析表明绩效不佳缘于缺乏技能或知识，你可以通过合理使用绩效支持来确保与绩效产生一个强大而明显的关联。但首先你必须决定用何种方式来存储信息才能最有效地产出结果。你可以选择将信息存储在员工的记忆中，也可以将其存储在外部，即我们所说的绩效支持。

绩效支持是一组在需要时能提供必要知识和信息的工具。设想你到当地的自动取款机取钱的情形。假设没有通常的视觉提示来帮助你选择账户和显示金额，相反，你必须参加一个由银行赞助的培训项目才行，直到你能凭记忆输入一系列的数字命令。为了进一步说明这个概念，用我们几乎每天都依赖的绩效支持来想象这一熟悉场景：语音留言。想象你正试图在一个没有语音提示的语音留言系统上留一条紧急信息，这时你唯一的选择是猜测需要按哪个数字键。

绩效支持是在记忆之外的空间存储信息，所储存的信息可以在你执行具体任务时提供协助。它为员工提供了何时执行任务增量的信号，从而可以减少产品召回，将失误减至最小。绩效支持可以是组装设备的简单说明，也可以是做系统分析的复杂算法，所包括的工具类型有核查单、决策表、以绩效为中心的用户界面、嵌入式帮助系统（如前面讲的电话留言的例子）及工作辅助等。

绩效支持与长期记忆

使用绩效支持或长期记忆是需要权衡的，因为两者都有各自的优点和缺点。长期记忆具有以下优点：

- 长期记忆让员工的动作快（几秒），通常会转化为更高的生产力。
- 解放员工的手和眼。
- 如果员工在没有外部帮助的情况下能做出回应，他们有可能得到其他人的赞许（上司、同事和客户）。通常这些人的速度和记忆力出众，而不仅仅是绩效水平。
- 在极少情况下，因规定限制，记忆存储是强制性的。

长期记忆具有以下缺点：

- 即便教学策略得当，记忆留存还是在几秒后就开始减少，几小时内就可能所剩无几。如果学习和工作实践之间的间隔过长，记忆留存的损失往往会导致绩效得不到任何改进，除非你使用绩效支持。
- 基于记忆的活动在绩效表现方面呈现巨大的不确定性。
- 诸如任务干扰、个人问题和之前的学习等因素会阻碍员工获取长期记忆。
- 比起绩效支持，教学设计和培训材料的开发需要更长的时间，意味着更高的成本。
- 形成长期记忆存储所需的培训时间更长，这同样导致更高的实施成本。培训的实施成本通常超过其他所有成本的总和。
- 当工作流程出现变化时，会产生昂贵的再培训成本。忘记所学然后再开展新的学习，这是培训和教育工作者面临的更为昂贵的问题之一。

绩效支持适合以下类型的任务：

- 执行频率相对较低的任务。
- 高度复杂的任务。越是需要精细区分大脑的外部刺激信息，该任务就越是复杂。例如，战斗机飞行员在判断迎面而来的飞机是敌是友的时候，又或是涉及一系列的二元区分（Binary Discrimination）行为（如对一个复杂电子系统进行检测或排除故障）时。

- 如果没有满足任务中的标准就会导致重大错误，如巨大的经济损失、受伤或生命危险（如工程师设计一座化工厂）。
- 在未来很可能改变的任务。也就是现在执行任务的方式可能会由于技术、政策或设备的变化而改变。在这种情况下，其他因素不变，往往不值得在昂贵而耗时的培训方面花费时间和其他资源。更新绩效支持工具远比再培训一部分员工合算。
- 任务特性与使用绩效支持不冲突。一些任务对时间要求极高，即使几秒都有区别。例如，在飞行中遇到紧急情况时，飞行员必须及时采取初始行动，而不是由绩效支持来指挥。值得注意的是，飞行员接受的训练是在采取初始的应对措施后立即切换到绩效支持（飞行程序）。为什么？这样的行动极少被执行，高度复杂并可能造成毁灭性的后果。
- 另一个抑制因素可能是工作环境。例如，外科医生可能面对的问题是如何确保绩效支持工具是无菌的。社会障碍可能是使用绩效支持的另一个抑制因素。例如，如果使用长期记忆存储（如知道所有产品的价格或订单号）能得到老板、同事和客户的更多赞许，那么无论任务多么复杂，员工可能也不会使用绩效支持。

图 32-3 提供在绩效支持与培训记忆力中做选择的逻辑。几十年来我们一直使用这个工具，它能始终如一地产出我们需要的有效结果。

该工具最有趣的一点是：与培训相比，绩效支持是更受欢迎的选择。这与绝大多数管理者和培训机构对于为员工提供技能和知识的最有效途径的假设正好相反。但我们认为，当你分析过实际工作性质后决定不使用培训时，首先还是要考虑采用绩效支持。如果觉得这违背了你的直觉，请记住，与同等的培训比较，用于开发绩效支持的成本和交付时间要少得多。在本书的网站（www.astdhandbook.org）上你可以找到一些实用的决策工具。

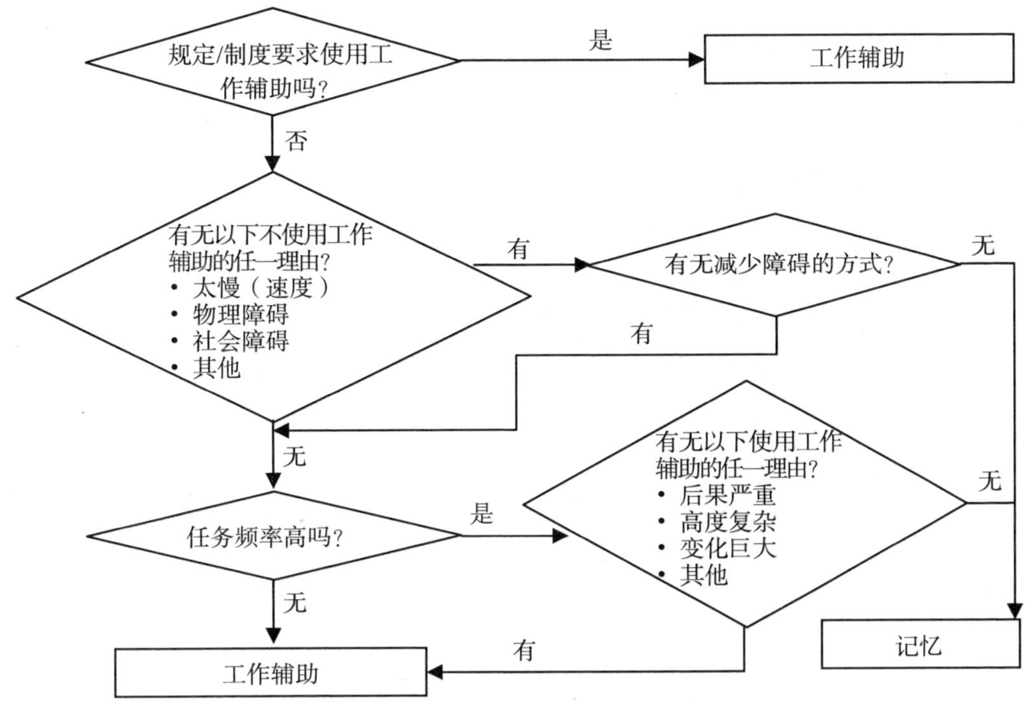

图 32-3 在绩效支持与培训记忆力之间做选择的逻辑

如何在培训与绩效之间建立关联（需要记忆时）

如果需要训练员工形成记忆，我们强烈主张采用强化情境培训（Context-intensive Training）。该培训结构与 PEP 中提取的实际工作结构 / 流程类似。示例和练习均针对特定角色而设计，包括从绩优员工和团队处提取的目前最好的方法。图 32-4 的左侧显示了一个由 PEP 衍生的销售角色，而右侧显示了对应的课程模型。如果角色的其中一个成就是准确预测，那么右侧对应课程的标题应该是如何进行准确预测。如果进行准确预测的关键任务是分析竞争环境，那么你需要一个名为如何分析竞争环境的模块。由于学员从来不需要过问培训如何与他们的工作产生关联，此模型往往可以让培训在相关性指标和转化指标方面超出大家的预期。

实际上，这意味着你应该只针对那些还没有被掌握的技能和任务提供指导和练习活动，并且只提供能培养员工胜任工作所需能力的必要培训。强化情境培训将增强学员学以致用的动机。

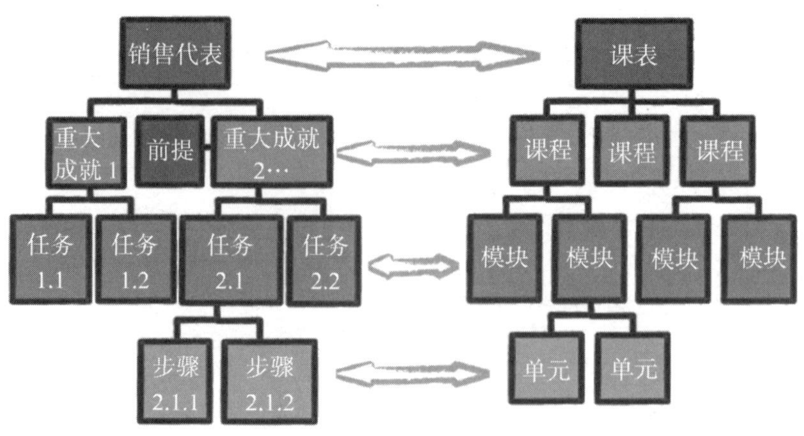

图 32-4 工作结构（PEP）与课程模型的关系

绩优员工档案

培训还应保证毕业学员能够达到 PEP 中描述的绩效水平，但又足够灵活以避免一刀切的设计方法带来的巨大浪费。

为什么我们强调以绩优员工的标准为基础进行培训设计如此重要呢？要回答这个问题，我们需要澄清陈述性知识（Declarative Knowledge）和程序性知识（Procedural Knowledge）之间的区别。陈述性知识通常被描述为“知道是什么”，而程序性知识被描述为“知道怎么做”。

如果你知道如何使用一台复印机，那么你拥有程序性知识。如果你知道复印机的基本工作原理，那么你拥有陈述性知识。有明显证据表明陈述性知识与程序性知识是不同的。你可以学习关于一个主题的所有知识，但仍然无法运用这些知识进行实践。例如，学习语法规则可以帮助你学习意大利语，但能陈述语法规则并不意味着你能说意大利语。说意大利语需要的是程序性知识。

专家不只是比新手或在职的绩差员工更快、更准确；他们对问题的理解更多、更全面，并且他们具有新手还无法完全理解的洞察力。事实上，专家与非专家之间存在六大差异，在教学设计中一定要考虑：

1. 一般情况下，专家掌握着更具体的陈述性知识。他们的心智模式中有更多的原则，对这些原则的运用也比一般人更加自动化。这使他们把陈述性知识合成起来，更系统地运用到所需程序中。

2. 专家能更好地在陈述性知识（心智模式）与程序性知识之间建立关联。这种关联使得他们把原则和程序结合起来更有效地解决问题。

3. 专家在组织心智模式方面异常出色。解决一个新问题涉及构建和操纵心智模式，并且让陈述性知识和程序性知识产生更多融合。这种能力为专家提供了使其非常高效的心理捷径。

4. 专家对问题分类时不同于缺乏经验的执行者。他们能从遇到的表象中提取出抽象的问题特征，然后基于他们的深层心智模式对这些特征进行分类。

5. 专家经常使用启发法（策略）来解决问题，即从最初的状况或问题入手生成一个解决方案的假设，并应用新的解决方案来确认它是否能达到预期目标。

6. 最后，如果第一个策略不成功，专家更有可能坚持下去。新手在第一次失败后可能就放弃了。

基于这些研究结论，培训的主要挑战是帮助学员以专家的方式对问题进行分类，协助他们建立适合的工作所需的心智模式，其中要包含所有与正确操作原则的正确关系中的正确要素。这就是强化情境培训设计方法背后的逻辑。

如何在培训与绩效之间建立关联（在职培训时）

结构化在职培训，是一种可以营造丰富、强化情境的培训设计与实施方法。这也是我们常常推荐的一种方法。但首先，区分结构化在职培训与非结构化在职培训是很重要的。

在北美，在职培训通常指那种把新手与经验丰富的员工配对的随意且无效的培训方式。他们希望通过潜移默化的作用，令正确的信息在正确的时间从经验丰富的员工传递到缺乏经验的员工。这种方法通常缺乏系统性、可复制性和可扩展性，简单说就是不可靠。非结构化在职培训通过以下方式使学员获得技能：

- 来自老员工的即兴讲解和示范，无论这些老员工是不是绩优员工。研究表明当内容专家作为临时教练时，他们会忽略 70%的流程步骤，而这些步骤是新手成功所必需的。
- 自发的试错实践。
- 对老员工的行为进行随机模拟，不管他们是否有资格作为示范者。

与此相反，结构化在职培训是通过有计划的流程步骤，在实际或接近实际的工作环境中将经验丰富的员工与经验不足的员工配对，开发其在任务级别的专业能力。培训内容和目标基于对无关联工作任务的记录和观察。

结构化在职培训的效果受到充当引导师的员工的经验和知识的制约。所以，结构化在职引导师应当在其指导的工作内容及指导本身所需的技能方面呈现出足够的胜任水平。也因此，在结构化在职培训中，培养引导师本身往往是一个正式而广泛的过程。

无论哪种实施方式，强化情境的培训方式都能带来许多好处。

总结：学习与绩效关联的优化

具有以下特点的培训已经被反复证明能为绩效带来直接和可量化的影响：

- 培训结构应精确反映出明星员工是如何产出示范性成果的。
- 培训内容应当与实际工作实践相一致。
- 应当包括丰富的、针对特定角色的示例和练习活动。
- 提供充足的练习来帮助学员将技能转化到工作环境中。
- 必须在选择把信息存储在员工记忆中和使用绩效支持之间做出明确决策。
- 在培训最后使用最实用和逼真的方式来模拟关键工作流程。

如果新员工培训的设计和开发基于绩优员工档案，那么我们总是能看到显著的效果。例如，新员工的适应期缩短了 30%甚至更多；同时，培训的设计、开发和实施时间能够缩短 20%~40%。适应期和培训周期的缩短对新员工入职初期几个月所创造的价值会产生重大影响。

精心设计的培训是为实现组织的目标而传递必要的技能、知识和信息的有效工具。如果分析确定绩效不达标是由于缺乏技能或知识所致，你应该在组织内部寻找始终能超水平发挥的明星员工。然后决定用何种方式来存储信息能最有效地产生预期成果。可以选择将信息存储在员工的记忆中，或者将其存储在外部，我们称为绩效支持。

如果需要训练记忆，我们强烈主张采用强化情境培训。强化情境培训是直接基于绩优员工档案设计而来的。培训的结构与实际工作结构 / 过程类似。教学设计的目的是教会学员按任务角色的要求去完成工作，同时根据个体的需求进行适当调整。

结构化在职培训是一种被极力推荐的设计与实施培训的方法，融入丰富、强化的实际工作情境，选用有经验和知识的绩优员工、使用正确的技能进行培训。无论哪种实施方式，强化情境培训都是一种针对性强、效率高、精简有效的方法，将明星员工的专业能力转移给学员，从而提升其绩效水平，为组织带来实打实的财务收益。

最后要说的是，绩效支持能带来更精确、更可靠的工作绩效，其开发成本比教学活动更低，而且可以大大减少正式培训的时间。如果项目的前期分析表明了对信息的需求，那么应当考虑使用绩效支持。

作者简介

保罗・艾略特，PhD，是 Exemplary Performance LLC 现任总裁，该公司位于马里兰州的安纳波利斯。艾略特博士的专长是员工绩效分析，设计干预措施来优化员工绩效以达成业务目标，以及从培训到绩效转型策略。艾略特博士协助组织机构进行绩效分析、教学设计、产品与流程发布支持、先进培训体系设计，以及绩效干预措施组合的设计和实施。作为《模范绩效：以明星员工为标准推动业务成果》[1]一书的合著者，艾略特博士为企业领导者、人力资源专业人士，以及组织

---

1 英文书名为 *Exemplary Performance: Driving Business Results by Benchmarking Your Star Performers*。——译者注

发展实践者提供工具和流程来识别明星员工，提取其绩优指征，并将这些有价值的信息传播给整个组织。

↘ 参考文献

Foshay, W. (2008). “Research in Learning: What We Know for Sure.” *ASTD Handbook for Workplace Learning Professionals.* Alexandria, VA: ASTD Press.

Gilbert, T. (1978). *Human Competence: Engineering Worthy Performance.* New York: McGraw-Hill. Republished in 1996. Washington, DC: ISPI, and Amherst, MA: HRD Press, Inc.

Harless, J.H. (1989). *Accomplishment-Based Curriculum Development System.* Redwood Shores, CA: Saba.

Jacobs, R. (1999). “Structured On-the-Job Training.” *Handbook of Human Performance Technology.* San Francisco: Jossey-Bass/Pfeiffer.

Rummler, G. (1972). “Human Performance Problems and Their Solutions.” *Human Resource Management* 11(4):2-10.

↘ 延伸阅读

Elliott, P., and A. Folsom. (2013). *Exemplary Performance: Driving Business Results by Benchmarking Your Star Performers.* San Francisco: Jossey-Bass/John Wiley & Sons.

Rossett, A., and L. Schafer. (2007). *Job Aids & Performance Support.* San Francisco: Bass/Pfeiffer.

第33章

以结果为导向的项目评估

凯莉·维尔叶（Karie Willyerd）
珍妮·迪尔伯恩（Jenny Dearborn）
桑奇塔·苏尔（Sanchita Sur）

本章要点

- 学习如何使用 6 步评估法来设计评估策略
- 用量化指标评估软技能

想象一下，如果你的医生刚刚告诉你，由于胆固醇治疗方法上的改变，她现在推荐你使用一款他汀类药物。“哪一种？”你问道。

“你可以从以下三种里面选，”她答道，“他汀类药物 A 已经通过第一级评估并且人们很喜欢它，它可能有效，但我们还没办法知道，因为我们还没对它进行更高层级的评估。不过我保证，你一定会喜欢它青色的薄荷味外层。人们有时候甚至在他们的墙上挂上一张证书证明他们吃过这个药——他们喜欢他汀类药物 A 到这种程度！”

她接着说道：“他汀类药物 B 则通过了多一些的评估，我们知道它可以降低住在密苏里州的白种人的胆固醇水平，只在部分人身上产生副作用。”

“嗯，我不属于这类病人范畴，我也挺担心副作用的。”你答道。

“是的，我知道，”她说道，“但它可能对你有效，谁知道呢。”

“那第三种呢？”你问道。

她答道：“第三种已经在数千位病人身上评估过，副作用也是众所周知和有限的，并且也非常有效，最棒的一点是它价格实惠，我推荐你用这一种。”

当然这段滑稽的对话是不可能出自受人尊敬的医生的，但你应该懂我们的意思。一个疗程或方案之所以重要，首先是它必须有效。结果最重要，接着才是它是否价格实惠，病人或客户是否负担得起。但我们很少去评估我们的学习方案是否有效。我们在折磨我们的学员吗？如图 33-1 所示，其实我们大多数时候都不知道，大多数组织除了反应层级评估，只对不到一半的课程进行评估，而谈到行为改变，只有 1/4 进行了评估。相比之下，在临床药物试验中，每个不同的阶段都有不断增加的人群规模来进行功效测试，决定其是否有效，是否能推向市场。

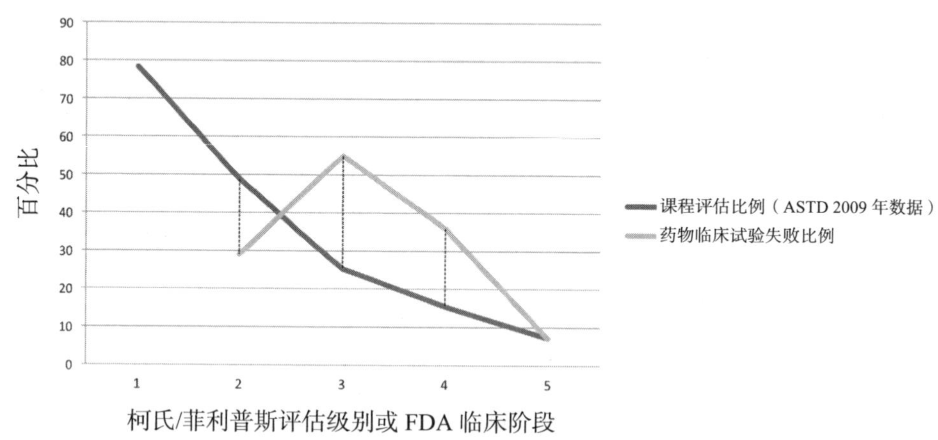

图 33-1　课程评估比例与药物临床试验失败比例

图 33-1 所显示的层级和阶段不是在同一规模上比较的，也完全不属于方法叠加。但有趣的是，即使在每个临床试验阶段都进行了全面的评估，随着药物在不断增加的人群规模上试验，失败率却可怕地升高。比如，当一种药物从阶段 2 转到阶段 3 时，应该是从不到 100 人的试验转到数百人的试验，失败率达到 55%。即使进行了全面的研究和重点问题识别，大部分的药物还是通不过。这就使我们疑惑：为什么没有更多的培训项目失败呢？

美国培训与发展协会的调查显示（ASTD，2009），培训干预越是进行到后期，实施的高级别评估反而越少，除了一个粗略的反应评估。我们认为培训项目正在朝失败的方向发展，但我们毫不知情，因为我们并没有评估结果，尤其是对于长期的、有着不断增加的人群试验规模的培训。也就是说，培训项目并没有改善绩效，甚至更糟的是，它制造了改变的错觉，实际上却把事情弄得更糟糕，而我们都还没意识到。我们执行的大多数评估都存在这种安慰剂效应，我们就活在这种认为不管怎样我们都带来了改变的安全感中。然而复杂的问题需要混合的学习方案，结果评估的挑战更因一些可变因素的存在变得更为严峻。

我们认为应该把组织的钱花在培训方案上的原因是它能带来有意义的结果。因此，如果只能做一次评估，那么这次评估必须是用来评估结果的。以结果为中心的评估可以让你不断地改善方案，保证培训的效果和效率。但评估应该一开始就有效，然后不断地发展为更高效的方案。评估单个组成部分而不是整个方案的方式是毫无意义的，除非我们知道该方案已经获得了想要的结果。把项目设计和目标结果分开来，一边是一个设计流程，另一边是一个评估流程，这以当今精简、敏捷的流程理念来看，已经是非常老套的做法了。

在制定评估策略时，我们认为必须从结果开始，然后从后往前推导，确定结果领先指标。接着研究哪些行为会影响总领指标。最后，回归到绩效干预及如何评估它们。我们看过的大多数评估设计几乎都是按照与之相反的顺序进行的，这也就是为什么很多项目在第 1 级学员反应评估那里就结束了。

我们的方法是通过 6 个步骤把方案设计方法和评估方法进行无缝整合。虽然这看起来好像一个线性过程，但实际上更多的是一个迭代渐进方法——得出结果，进行评估，收集反馈，然后使之不断靠近预期的最终结果。图 33-2 是我们对关注结果的 6 步评估法的概括性描述。

从理论到实践，我们以一个销售项目为例，描述如何使用这 6 个步骤开发一个复杂的、混合式的学习方案。最后，我们会解释如何评估一个假想的领导力发展培训方案，这类项目的评估结果会显得更软性一些。

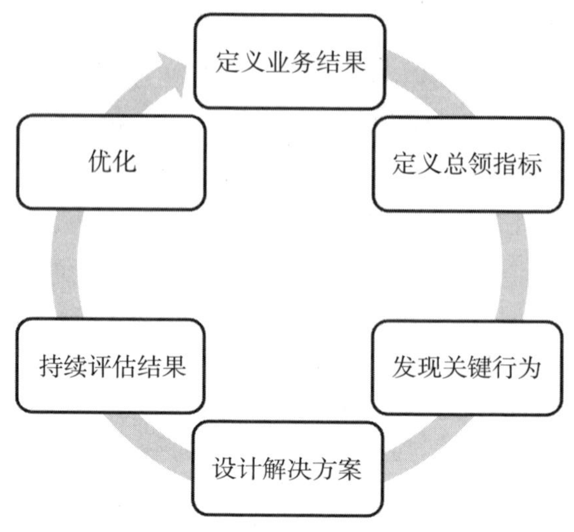

图 33-2 聚焦结果的 6 步评估法

项目背景及解决方案成形

公司的首席执行官和总裁都有这样一种渴望：是否可以让我们提供的培训更有效？尤其是销售方面的培训？你应该也注意到，这种要求通常并不是很具体。“你怎么知道这个培训没有效呢？”我们问道，“你们想要改善什么？”如果公司高管们能够用准确、具体的陈述来回答我们的问题，并推荐一些干预措施，那么你就可以整理所有问题，开发出一个混合式的解决方案，用现有的针对性指标来进行评估，这样就完美了。插播一条快讯：现实从来都不是这样的。

相反，高管们的直觉认为改善是有可能发生的，最后也证实他们的直觉是正确的。确定问题，找到解决方案并展示效果，这是我们的工作。我们跟很多高管进行交流，了解他们面临的挑战——如何在高速发展的环境中让一个年轻的公司成长起来。我们通过审核评估销售运营的指标来了解在目前的环境中什么是最重要的。在能够进行深入分析之前，最丰富的数据资源来自销售团队，尤其是那些入职未满一年的销售人员，因为他们比较容易拿当前情况跟前任公司作比较。

根据我们前期的经验，我们知道还应该有关于销售运营的评估指标，但我们找不到。由于这一章的重点并不是讲前端分析，所以只能简单地描述，其实我们在整个项目中进行了连续的前端分析来让问题陈述更清晰，并了解哪些总领指标可以预测销售结果。最后，我们要关注四项关键的业务结果，预期的改善目标和相应的影响，以及能表明每项业务结果得到大大改善的近似价格点。注意，我们并没有从项目或解决方案开始，而是从我们认为是最大痛点的业务结果开始，并询问高管团队哪个或哪些问题是他们最想解决的。由于正在进行快速招聘，所以他们的选择是“在两年间把招聘新销售人员的时间减少 50%”。

“从昨天开始。”这是他们的补充要求。承诺的结果是（每名新员工带来的收入增加）×（新员工的数量）。预计只是下一个年度，就将录入超过 200 名新员工，这就不难看出为什么会有这个项目的出台了。就这样，我们完成了 6 个步骤的第 1 步：定义业务结果。

我们要求的预算获准通过，而且还提供了超额预算，以期加速成果的显现——这在我们的职业生涯中还是第一次。但我们同时知道缩短项目周期可能导致一些不可预期的结果，所以我们坚持之前的两年目标，并承诺至少在第一年年底实现中期目标。时间节省的目标也得以融入当年公司总体目标体系，意味着我们现在全权负责推动这些业务结果，而这些结果是要在华尔街发挥影响力的。我们的心跳有些加快——整个公司现在要靠我们来提供一个行之有效的方案。

解决方案：销售学院

为了让大家知道改变正在发生，我们将此次项目冠以“销售学院”之名。虽然听起来像一堆课程的集合，实际上它包括几个非培训部分。跟很多其他公司一样，我们在年初会举行一次年度销售启动动员大会，会议安排了整整一天半的时间专门进行培训。我们的新决定是，宁愿在干预方向上冒些风险，然后再改善，也不想因为准备不足而失去这次培训的最佳时机，所以我们在同一时间推行了第 2、3、4 步。利用一个快速的调查来弄清当前的技能水平，然后把人员分到四个不同课程类别中。我们建立了可以快速实现的起始目标，让每位新员工快速学完这四类试点课程。这些课程包括已有的，也包括新近开发的模拟学习活动，这些都可以让我们有一个闪亮的开端。接下来的一年时间，我们依照自己的评估方法对课程进行持续的完善，或修改，或剔除，或增加。其中的几个关键环节包括入职头一个月进行的一周强化项目、开始六个月内指定一位高度参与的专业销售导师、采用个性化的培训计划编排专业技能培训，以及诸如社会协作平台、产品销售、销售门户等后续支持工具。总体来说整个解决方案集合了大量的课程、工作辅助、工具及支撑手段等。

早期评估和改善

如同药物审批流程，聚焦结果的评估方法最明显的问题是可能需要很长时间才能得到结果。因此，我们对项目的每个组成部分都进行了第 1 级的反应评估，主要是为了给自己争取更多时间来推动实际结果，并在目标学员中培养认同感和激发热情。我们认为这是对培训进行反应评估的最充足的理由——在真正可以评估业务影响之前，从提供资金的高管那里争取到政治宽限期。我们可以在早期反馈该方案得到新员工和现有老员工的好评，汇报参加学习的人数，这些通常是大家都能做到的，但通常也是大多数人止步之处。

久而久之，我们发现第 1 级评估和绩效结果之间没有统计学意义上的关联，一点儿也没有。由于我们在全球的很多课程中使用的是同样的内容和同样的老师，我们发现课程满意度差异的最大预测指标是课室的环境质量。如果课室没有很好的风景，温度调节方面也很差，或者在某一方面没有达到标准，它就会对第 1 级评估的每项内容的排名产生负面影响。

等两年的时间才能看到结果报告并据此审批下一年度的预算，这对大部分组织来说是难以接受的。在第 2 步分析中，我们要找到销售结果的总领指标，作为未来收入结果的预测指征。我们将销售代表按绩优和绩差进行分类，从而可以在客户关系管理数据中对 110 多个绩效变量进行比较分析。利用结构方程建模分析方法（Structural Equation Modeling），我们找到能预测优异表现的早期结果，然后在混合方案中尽量多的模块中予以关注。

销售漏斗（Sales Pipeline）就是一个例子。销售漏斗预示着每个销售人员正在争取的收入机会。我们也有销售导师提供的早期学员行为反馈，每个销售导师负责跟进的新销售人员大约有 30 个（最多时达 40 个）。这些导师都有一张核查单来保证一致性，并向我们提供早期的进度反馈。最简单的事情也可能对销售人员能否快速胜任工作产生非常大的影响，如销售人员是否可以用计算机接入公司资源。他们是否对自己负责的区域有清晰的了解？他们是否知道如何敲开潜在客户的门？他们是否了解我们的产品并有一个令人信服的价值故事？他们是否与自己的经理有效联系在一起？销售导师制就是一个支撑体系，能够确保类似这样的问题可以得到具体的解答。

对于公司里的每个销售人员来说，无论是新来的员工还是老员工，我们跟踪他们的任期和达成预期销售额的时间，以及 20 多个绩效变量。说句题外话，我们有过很多关于销售指标的意义的激烈辩论，例如，何时实现首次成单并完成季度销售目标，销售目标如何随着时间进行调整等。我们最终学会如何很好地定义需要承诺的结果，并确保利益相关者理解并认同我们的定义。我们同时还取得了其他几个职能部门的支持，确保我们的计划得以实施，过程和细节就不多讲了，这些部门包括销售运营、营销、生产线管理、渠道、人力资源管理、IT 等。随着分析得越发深入，我们在公司内找到越来越多的改善机会，帮助新销售人员（及所有的新聘员工）提升经验，缩短胜任时间。幸运的是，我们的伙伴部门很乐于分享他们的见解，并参与各项任务、提供协助，如数据收集、整个流程改进项目。

交付业务结果

提供最好的指导是为了让销售人员能够更早地实现销售目标（我们把这种情况称为“上台阶”）。在图 33-3 中，可以看到所有销售人员的绩效悬殊性（因保密原因，达成销售目标的实际时间并没有在这里披露）。值得注意的是，一些年资较长的销售人员从来没有达成目标，一些新入职销售人员却近乎完成目标的 500%。很明显，招聘的质量很重要，我们和招聘团队一起合作来培训管理人员，以提升他们的招聘技能。

在深入过程中，我们发现需要从数据中剔除一些异常值，因为异常值的出现通常因为一些情有可原的情况，如再次招募回来的人员。另外，我们还需要解决另一个复杂问题，那就是用有意义的方式展现数据。我们最终决定分季度呈现该季新入职员工的数据，在我们看来这是最好的方法，因为这让结果的诠释变得更容易。

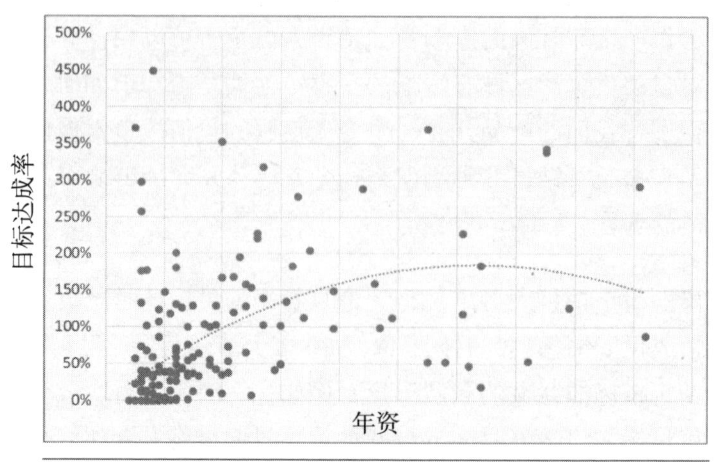

图 33-3 不同年资的目标达成差异

通过这种方式展示数据，我们可以看到哪些总领指标能有效预测销售人员是否正常在截止日期前达成目标。分析绩优员工和绩差员工的历史数据，我们可以通过多变量分析方法，确定顶尖销售代表在上任初期在哪些总领指标上超过其他人。表 33-1 展现了销售成功的六大早期指标，以及为什么这些指标如此重要。请注意，这些预测指标纯粹是通过统计方法得出的，而不是通过访谈记录获得的。

表 33-1 销售成功的总领指标

第 2 步：定义总领指标 销售成功的六大早期指标	
总领指标	重 要 性
创造并记录在客户关系管理系统中的机会数量	创造的机会越多，达成交易的可能性越大，数量很重要
开始 3 个月抓住机会达成交易的数量	无论有多少机会，销售人员都要能促进达成交易才行
成交比率（创造的机会数量 / 达成交易的数量）	这个指标揭示合格的机会与收入转化之间的平衡
平均交易规模	一般来说，较大的交易规模意味着把产品捆绑出售，这样的销售效益也更高
赢单金额与失单金额比	体现赢取更大订单的策略
第一单成交时间	速度很重要，早些“出苗”更容易领先一步

早期的销售成功指标为销售导师的教练辅导工作提供了强有力的支撑。比如，他们现在清楚了解了销售人员在头三个月内所需要的机会漏斗的规模，就能够推动销售人员和他们的经理确保其所辖区域和后续机会得以清晰定义。新入职的销售人员会收到导师的一份报告，告诉他们自己的进步与早期关键成功指标的对照结果，然后与经理和导师一起合作，弥补短板（如果有的话）。最后，我们能够使用随机森林法（Random Forest）和卡方自动交互检测法（CHAID）等分析技术，对客户关系管理系统内的交易模式和订单特点进行分析，预测该销售人员是否能完成销售任务。定义了早期成功指标之后，此时我们就能够倒推描述怎样的行为会产出这样的指标。对销售导师的核查单进行分析之后，我们发现了卓越销售的十大行为，如表 33-2 所示。

表 33-2　卓越销售的十大行为

第 3 步：发现关键行为 卓越销售的十大行为	
行　　为	重 要 性
建立内部人际网络	内部销售、预售、方案架构、搭档等能够帮助改善交易规模和销售循环
关注最畅销的产品	快速获得成功并建立成功的势头
瞄准具体的行业	作为行业具体问题领域的思想领袖和问题解决者为客户提供价值
对潜在客户进行优先排序	增加高质量潜在客户的数量，提升销售漏斗的可预测性
有目的地深入了解客户	精心设计的探询问题可以使花在客户沟通方面的时间得到最优利用
挑战客户	给客户带来不一样的专业和价值
了解公司管理体系	对可用资源和流程的了解可最大限度减少行政事务所花时间
让现有客户开心	提高客户续签率，增加销售机会、客户推荐和净推荐值（Net Promoter Scores）
按既定脚本操作	有其他人介入帮忙时能够保持一致性，并能在销售新产品时快速上台阶
绕过障碍	障碍到处都有，只有拥有“我可以做到”这种态度才能保证成功

之前已提到过，我们的第 4 步设计流程采用迭代渐进的方式，包含很多动态演进的组成部分。举个例子，我们的学习方案包括一个关于创造机会和达成交易的课程，新老员工都要参加。在这类情况下，我们可以对比培训前创造的平均机会数量和培训后一个季度里创造的平均机会数量（不考虑任期和季度性波动因素）。将提升百分比转化为金额（见图 33-4），只需要用一个电子表格公式，就像计算投资回报率一样。对于没有产生高回报率的课程和方案，我们会进行优化直到它们能带来高回报率，或者干脆直接剔除这些课程，在整个流程中首次实施了第 5 和第 6 步。由于不是每个销售人员都参加每门课程，我们也可以对比分析参加过和没参加过某门课程的人员，确定整体的效果——这实际上就是精益方法论里的 A / B 测试法。

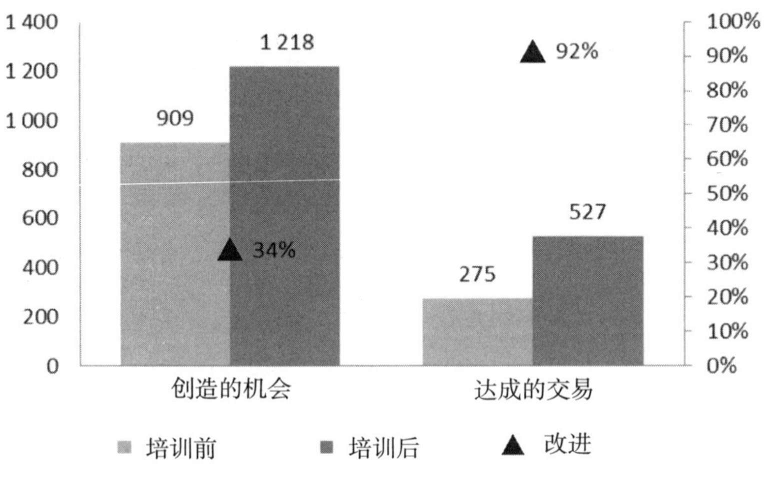

图 33-4　培训对机会创造和交易达成的影响

伦西斯 · 李克特

伦西斯 · 李克特（Rensis Likert）是一位社会学家，他花了大量时间研究组织内的行为科学。李克特最著名的成就是开发了李克特量表，一种在数据收集中用来对陈述语句和态度进行评价排名的线性量表。李克特量表的一个例子就是要求参与者从"1"到"5"对一个陈述句进行打分式回应：

1 = 非常不同意，2 = 不同意，3 = 中立，4 = 同意，5 = 非常同意

李克特还开发了连接销模型（Linking-pin Model，又称"联系针模型"），

这个模型关注的是经理的角色。连接销模型表明经理是多个群组的一个成员，是上级管理层的下属，也是直接下属的上级。经理就成了这两个群组的联系者。这两个群组的目标、项目和成功过程，经理都必须参与其中，这样他才能真正发挥高效的经理职能。

在《人的组织：管理和价值》[1]一书中，李克特提出了识别四种组织体系类型的业务管理理论：

- 体系 1：专制权威式（Exploitive-authoritative）
- 体系 2：温和权威式（Benevolent-authoritative）
- 体系 3：民主协商式（Consultative）
- 体系 4：群体参与式（Participative-group）

李克特认为体系 4 中的参与式管理可以提供最好的工作氛围。参与式管理让下属能感受到来自管理层的信任和支持，并且向管理层反映问题也不会感到不自在。

对非学习类的解决方案，我们也可以马上分出两组人员——参与的和未参与的。如果无法通过系统表现获得数据，我们就在导师的核查单增加一个问题让他们的辅导对象回答。然后我们就可以参照总领指标判断该方案到底有没有效果。但我们的持续关注点还是最终项目目标，以及如何协助公司达成这一目标，而不仅仅是展示投资回报。

项目开始两年多以后，我们将完成销售任务平均所需时间缩短了一半以上，但我们知道还是有进一步改善的空间，以使大多数人都能完成销售任务，而不仅仅是达到平均值这一目标。我们也知道，通过收窄项目范围，聚焦于混合式方案中能产出最多预期结果的项目活动，我们可以让这个项目的性价比更高。

用硬指标评估软技能

“对于销售来说都好说，因为很容易量化评估。”你可能会这样想。首先，大部分这类指标在我们开始时并不存在，需要做很多工作，并与其他各职能团队的

1 英文书名为 *The Human Organization: Its Management and Value*，1967 年出版。——译者注

合作才能发现这些指标。其次，我们相信同样可以把基于结果的评估步骤应用到软技能提升中。接下来我们就一起做一个简单的思想实验，来看看我们如何为一群软件工程师的一线经理们开发培训。

或许你也得到过来自高管的类似请求："我需要培训这些经理人员，你能否为他们设计一个课程？"这种要求太常见了，前端分析专家如艾莉森·罗塞特（Allison Rossett）等人为我们提供了充足的资源，指导我们如何协助这些高管清楚表达他们期望得到的结果。按照我们的 6 步评估法，第 1 步就是清晰定义结果。假设期望结果的其中两项分别是降低消耗和提升员工满意度，那么在决定采用培训手段之前，我们应该跟公司高管了解现在的消耗和员工满意度问题的代价是什么。她是怎么知道的呢？目前是怎么衡量这两项成本的？有任何硬性指标吗？比如，每个小组写的代码行数或错误次数，这些都可以用来区别绩效和生产力成本。

接下来，哪些关于消耗和员工满意度的总领指标可以用来进一步明确消耗或低员工满意度的成本呢？通常来说，可以通过公司内的两种调查获取更丰富的数据：员工满意度调查（Employee Satisfaction Survey）和经理人员素质调查（Manager Quality Survey）。针对谷歌公司的一项长期研究发现，这两个数据源能得出一个可靠的结论：经理人员的素质是员工保留率和满意度最有效的预测指标。第 3 步要描述行为，我们会沿用谷歌的方法，对排名靠前和排名垫底的经理们进行另一项双盲面试（Double-blind Interview），找出哪些行为最能对应描述经理人员的素质，这也是第 4 步设计解决方案的基础。解决方案有可能包括培训，但肯定会包括关于经理人员素质重要性的经理人员个人反馈体系和沟通计划。第 5 步的持续评估结果部分也不容忽视。我们知道有一家公司，仅仅通过每个季度向员工问一个问题就能提升经理人员素质，这个问题是："本季度你是否跟经理认真讨论过自己的发展问题？"

作为精益设计的粉丝，我们比较钟爱短小精悍、频繁迭代优化的解决方案，用硬数据确定什么有用，什么没用，能够时常看到改进。只有高度聚焦最终结果，保持方向不偏离最终目标，才有可能持续、高效地不断优化、改进，最终收获对组织真正重要的成果。

作者简介

凯莉·维尔叶，PhD，是《职场 2020》[1]一书的合著者，现任 SuccessFactors 公司（SAP 下属公司）学习与社交副总裁，也是 Jambok 公司（社会化学习平台，已被 SuccessFactors 收购）的前首席执行官。2009 年，时任太阳微系统公司（Sun Microsystems）首席学习官的凯莉带领她的团队赢得 ASTD 颁发的 BEST 奖项第一名。她拥有凯斯西储大学管理学博士学位和博伊西州立大学教学和绩效技术硕士学位。可通过 karie.willyerd@sap.com 与之联系。

珍妮·迪尔伯恩，MBA，"云人才成功"团队的首席学习官和副总裁。她有在技术公司长达 20 年的企业学习和发展经验，这些公司包括惠普和太阳微系统公司。她目前是 ASTD 的董事会成员。她拥有加州大学伯克利分校、圣何塞州立大学和斯坦福大学的学位。可通过 jenny.dearborn@sap.com 与之联系。

桑奇塔·苏尔，MBA，Emplay 公司创始人，该公司是一家获过奖的商业分析机构。在 Emplay 之前，她曾供职于毕马威、大东电报公司、iGate 和 BTS，从事管理咨询和销售管理等工作。她的职业是数据科学家，但内心是一个销售人员，对给销售人员开发先进的决策支持系统充满热情。她拥有印度那格坡尔大学工程学位和 MBA 学位。可通过 sanchita.sur@emplay.net 与之联系。

参考文献

ASTD. (2009). *The Value of Evaluation: Making Training Evaluations More Effective.* Alexandria, VA: ASTD Press.

DiMasi, J.A., et al. (2010). Trends in Risks Associated With New Drug Development: Success Rates for Investigational Drugs. *Clinical Pharmacology & Therapeutics* 87(3):272-277.

Garvin, D. (2013, December). How Google Sold Its Engineers on Management. *Harvard Business Review.*

Rossett, A. (2009). *First Things Fast: A Handbook for Performance Analysis.* San Francisco: Pfeiffer.

1 英文书名为 *The 2020 Workplace*。——译者注

↘ 延伸阅读

Jordan, J., M. Teel, and M. Vazzana. (2011). *Cracking the Sales Management Code: The Secrets to Measuring and Managing Sales Performance.* New York: McGraw-Hill.

Ries, E. (2011). *The Lean Start Up: How Today's Entrepreneurs Use Continuous Innovation to Create Radically Successful Businesses.* New York: Crown Business.

Seley, A., and B. Holloway. (2009). *Sales 2.0: Improve Business Results Using Innovative Sales Practices and Technology.* Hoboken, NJ: John Wiley & Sons.

第34章

借助学习分析最大化提升个人与组织绩效

亚力克·利文森（Alec Levenson）

本章要点

- 探讨评估的系统方法
- 审视培训与发展项目设计的诊断、评估和改善步骤

本章内容探讨培训与发展评估的分析方法。关于衡量培训与发展的影响已有一些研究，从柯氏的经典四级评估模型到菲利普斯等人倡导的投资回报率的计算等。我在这里用的是另一种方法，即培训与发展项目的解析法，这种方法不仅有助于项目评估，也可以为项目设计和实施提供有效信息。即使在直接衡量方法无法实施的情况下，这种方法也可以用来改善培训与发展项目的影响。

我推荐系统的方法，因为这种方法承认培训与发展活动只是人力资源和组织发展专业人士能为组织带来积极影响的众多手段之一。只有在项目设计者完整评估整个人力资源和组织发展工具包（而不单是培训与发展）在各种情况下的适用性时，培训与发展才能发挥最大的效用。这样才能确保培训与发展被用在最适合的情况下，无论是单独实施，还是作为综合项目的一部分来实施。

把培训与发展作为更高级别的组织手段的一部分

培训与发展解析的一个基本目标就是了解如何改善和最大化其影响。这个领

域中的传统模型要达成这个目标可能有些力不从心，因为这些传统模型过于注重评估已经设计好的项目，没有考虑到如果用其他方法和培训与发展项目配合实施有可能强化培训与发展项目的效果，甚至用有些方法直接替代培训与发展的话，可能效果会更好。为了获取最深刻的可行见解，解析方法必须弄清项目设计是否及如何产生业务影响。解析范围需要包括战略和组织设计所要求的总体目标，以及达成战略成功所需的系统和流程改善。同时，要考虑培训与发展项目单独实施，或者与其他手段组合实施时，培训与发展活动所扮演的角色，以及其他手段独立于培训与发展活动所扮演的角色。只有描绘出一个广泛的系统视图，才能定义、设计、实现并评估培训与发展活动的合理角色。

组织设计的任何模型，如加尔布雷思的星形模型（Star Model），都可以用来做系统诊断。图 34-1 展示了一个绩效模型，该模型基于组织设计的原则，强调的是能力，这也是大多数培训与发展项目的关注焦点。该模型将能力分为两个层级：个人和组织。

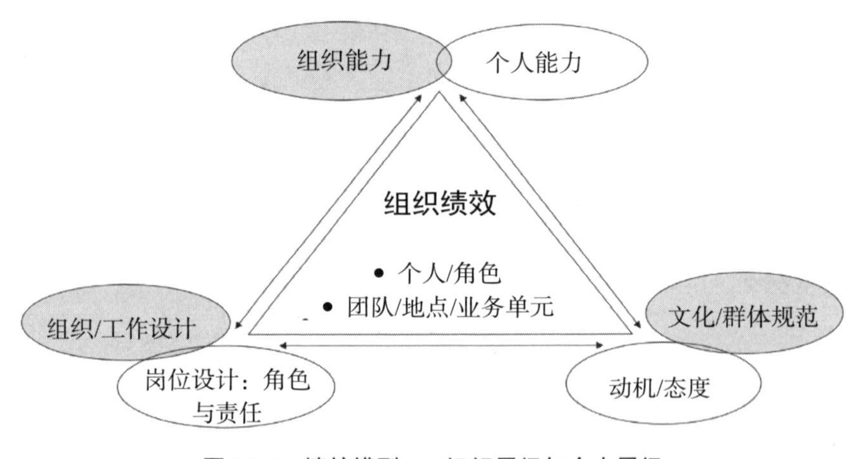

图 34-1　绩效模型——组织层级与个人层级

- 个人能力：多数培训与发展活动所关注的特定角色的能力。
- 组织能力：在群体层面达成组织目标的能力，可产出降低成本、提升利润率、改进质量、创新、客户满意等战略性成果。

个人能力是组织能力的一部分，但需要与其区别理解，因为组织能力不仅仅依赖于拥有合适的人员。比如，有效的研发过程除了要有能力出众的科研人员，还需要合理的组织设计、激励方案和流程来支持创新。市场份额不仅取决于是否有合适的销售人员和营销人员，还需要先进的系统和流程来支持强力的“走向市场”策略。出色的生产运营不仅需要合适的员工操作机器、进行现场管理，还要有适合的设备、流程和供应链对效率和质量进行支撑。个人能力和组织能力相互依赖，这也是为什么我们无法在真空中对培训与发展项目进行评估，无法抛开培训与发展以外的组织能力贡献因素进行评估。

除了能力，图 34-1 的绩效模型还有其他两个主要组成部分：组织 / 工作设计+岗位设计、动机 / 态度+文化 / 群体规范，个人和组织层级都涉及这两个组成部分。

- **组织 / 工作设计**：组织架构是怎样的，包括业务条线、地理位置、职能、部门、小组等。
- **岗位设计**：如何定义、评估、支持和奖励个人的角色与责任。
- **文化 / 群体规范**：能影响人们如何团结行动的组织、业务单元和团队层面的文化，包括建立行为规范。
- **动机 / 态度**：对于工作环境的个人态度及呈现组织预期行为的个人动机。

要使组织成功实现经营绩效，所有这些组成部分，包括个人能力和组织能力，都需要统一协调并有序进行。培训与发展项目可以给绩效模型的其他组成部分带来积极影响，但首先也是最重要的一点是，培训与发展项目主要是提升个人能力。如果绩效模型的其他部分并没有以最佳的方式设计和运作，单靠培训与发展来改善经营绩效，其效果是非常有限的。

图 34-2 用一个组织绩效的因果关联模型解释了这一观点。在图的中上位置，从图 34-1 提取的组织绩效模型的主要组成部分被复制在个人层级因素框和组织层级因素框里。左上方的人力资源 / 人力资本因素包括诸如培训与发展这样的绩效改进基础活动。而中间的战略结果从个人层级和组织层级因素导出，继而产出底部的战略和财务业绩结果。图 34-2 清晰表明培训与发展项目可以帮助改进组织绩效，但同时表明其只是高度复杂系统内的贡献因素之一。单靠培训与发展就可以直接改进经营绩效是很少见的，正是这一点凸显了柯氏模型和投资回报率等狭隘分析方法的缺陷。

作为其他狭隘分析的替代方法，图 34-1 和图 34-2 所展示的模型，或者其他与之类似的模型，都能用于培训与发展项目的诊断、评估和改进。以下是具体的操作步骤。

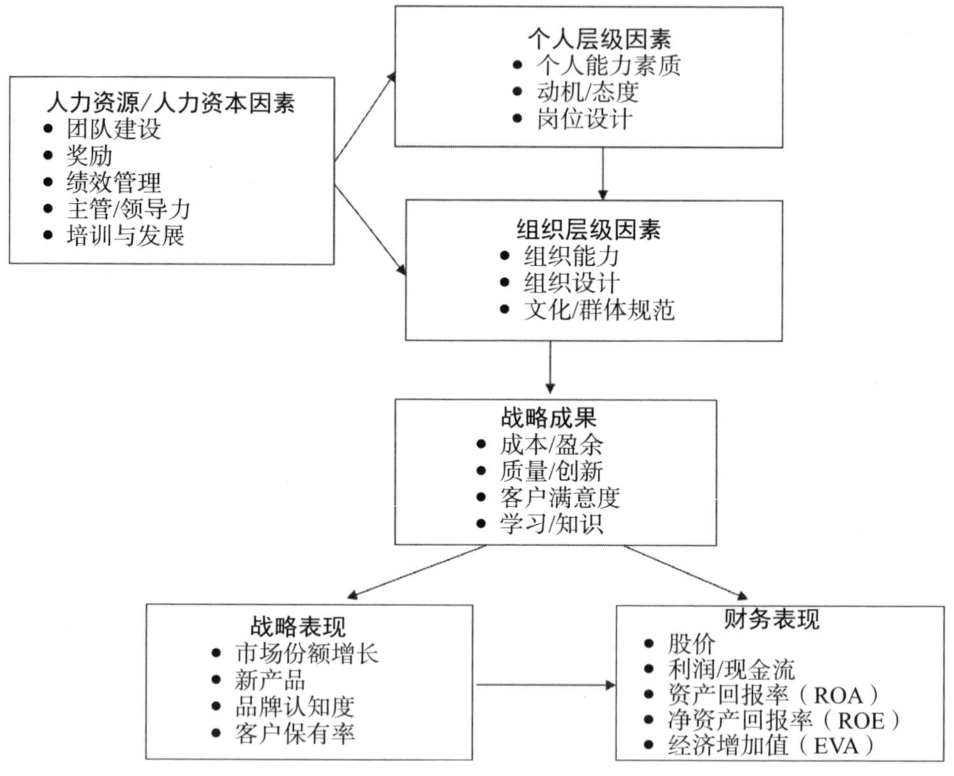

图 34-2　组织绩效的因果关联模型

第 1 步：通过初始评估优化培训与发展项目

在这一步要先选用一种诊断方法，用图 34-1 所示的绩效模型来评估工作设计并识别绩效改进的障碍是什么。通常来说，分析现成的组织绩效相关数据，以及通过访谈收集到的管理人员和其他利益相关者的看法，已经足以确定主要的绩效阻碍因素。识别潜在障碍因素的过程相当于在图 34-1 所列组织绩效驱动因素之间建立假设。

例如，缺乏跨部门协作会降低组织效能，关键人才流失会损害组织能力，待遇太低也会阻碍人才招聘，产品创新管道因而也会枯竭，在新业务线条或新地区的快速扩张可能也会远低于预期。识别出这样或那样的组织绩效阻碍因素，是系统诊断的初始步骤。

构建关于组织绩效驱动因素的总领假设的流程是一个非常重要的分析步骤，尽管在这一步骤中可能不会涉及具体的统计分析或复杂的计算。数十年的社会学研究和实践为我们提供了深厚的知识积淀，协助我们理解组织内的动机和行为驱动因素，也让我们对那些待改进因素有了更为深刻的理解，即便在没做新数据分析的情况下。在初始评估阶段，应该始终坚持从这一知识库内汲取营养，以便顺利推导出关于组织绩效驱动因素的合理初步结论（可能性很大）。

初始系统诊断评估可以得出两个重要的关联结果：一是找到组织绩效改进背后的最可能的驱动因素，二是找到最不可能的驱动因素。例如，你发现能力差距可能是一组在职员工绩效提升背后的阻碍因素，这组员工的一小部分（占 5%~10%）人，其技能可能需要强化，以能协助实现组织整体战略。而进一步的调查显示，这些员工已接受过广泛的培训、教练辅导及发展机会。那么，这一补充信息就可以告诉我们，培训与发展活动极大可能不应成为弥补目标员工群体能力差异的备选方案。其他手段，如绩效管理方面的优化或招聘替代员工，都可能比培训与发展项目更为有效。在这种情况下，初始评估的结论就是：培训与发展项目极大可能并不能保证解决问题，相反，我们应该考虑其他选项。

爱德华·劳勒三世

爱德华·劳勒三世（Edward E. Lawler Ⅲ）是组织绩效改进、变革管理和人力资源发展领域极具影响力的学者之一。除了是一位受人尊重的学者和教授，劳勒还是一系列广泛课题领域广受欢迎的顾问、作家和演说家，他涉足的领域包括动机、组织变革、绩优组织、战略人力资源管理、奖励体系及薪酬、组织设计、组织效能等。

1979 年，劳勒在南加州大学马歇尔商学院成立了有效组织中心（Center for Effective Organizations，CEO），专注于组织设计和效能的研究。其学术理论和研究在全球范围内为众多企业所接纳并受其影响，在运营实践方面做出调整。目前有效组织中心得到超过 60 家《财富》500 强企业的资助。

劳勒的研究方法将理论和实践相结合，同时受到大众市场和学术期刊的欢迎。其较为出名的作品包括：《工作组织内的动机》[1]，提出有效的组织必须激励和鼓励员工把工作做好；《从头再来》[2]，重新审视以往的组织结构搭建方法，根据组织结构完全重建的新逻辑，提出组织和管理公司的六项原则；《明天的组织》[3]，为 21 世纪的竞争取胜提出创建新型组织的解决方案和指导意见，包括客户产品架构、网络化组织的设计问题，以及全球化组织的建构等方面的前瞻性观点。

再考虑一个不同的例子。假如有更多的员工表现出能力差距——总数超过该小组成员人数的 50%。如果前期并没有实施过培训与发展项目，初步的评估可能会考虑将培训与发展作为提升能力和绩效备选方案之一。然而，如果从没有采用过其他方法，初步评估也有可能将其他手段纳入进来，与培训和发展项目共同实施。在这种情况下，初始评估的可能结论就是：同时采用培训与发展和其他手段的整合方法才是正确的做法。

再举第三个例子。如同上一个例子，假如和第二个例子差不多数量的员工在能力上有所欠缺，初始评估还发现了以下的不同情况：这些员工的起薪低于市场水平（主要是为了节省成本，以前也一直是这样做的），但作为平衡，他们的工作流动性较强，可以在将来有机会从事更感兴趣的工作，也有望转到回报更丰厚的岗位。这种工作设计吸引和帮助招聘到的员工，其起始技能与该岗位的高绩效要求相比，处于中等甚至更低的水平，但他们有潜力在经过能力培养之后实现高绩效。在这种情况下，初始评估可能会自然得出这一结论：提升组织绩效仅靠培训与发展项目就够了。

1 英文书名为 *Motivation in Work Organizations*，1994 年出版。——译者注

2 英文书名为 *From the Ground Up*，1996 年出版。——译者注

3 英文书名为 *Tomorrow's Organization*，1998 年出版。——译者注

这三个例子演示了关于培训与发展项目适用与否的可能结论范围，这些结论可通过在初始系统诊断中分析主要利益相关者访谈和组织绩效数据得出。在实施培训与发展项目之前，初始评估可以被用来优化项目的设计，同时确定培训与发展项目是否在优先考虑之列，是否作为单独的手段，还是作为一套综合方案中的一个组成部分实施。能够同时评估培训与发展和其他活动的可能影响是系统诊断方法的一个优势。

系统诊断方法的另一个优势是能更清晰地定位个人能力与其他因素相比对业务绩效的贡献。显然，能力提高会帮助改进组织绩效。但提高能力有助于组织绩效改进并不意味着缩小能力差距与其他方法相比能带来更高回报。

如图 34-2 所示，我们很难在能力提高和组织绩效改进之间确定直接的联系，尤其是在管理能力方面，因为很少有证据明确表明管理能力的提升对财务收益有正面影响。因此，即使确定管理能力方面存在差距，指望面向管理人员的培训与发展项目能够带来组织绩效方面的正面影响也是一件很困难的事情。

由此我们得出一个重要的结论，那就是任何以改进经营绩效为目的而设计的项目，包括培训与发展项目，都应该关注组织绩效的真正障碍。能力提升应否成为努力的重点来改进组织效能，比它能否为业务提供帮助更为重要。前者只能通过系统诊断来确定，因为系统诊断需要考虑全方位的潜在方法和改变，以及它们如何改进经营绩效。

第 2 步：确定重要的业务结果及培训如何对其产生影响

如图 34-2 所示，很多潜在成果都是直接或间接的业务绩效指标，投资回报率等财务指标对于展现正面业务影响并不是必要的。如果你能够证明培训与发展项目和战略结果（成本、利润、质量、创新、客户满意度等）改进之间有清晰的联系，单单这种联系就足以说明对该项目的投资是必要的，而不需要去计算该联系的具体货币价值。

关键是要确定哪些战略结果对于经营绩效来说是有意义的，并理解这些结果在战略实现过程中起到的作用。仅仅说明培训与发展项目能够增加营收、减少成本或改善质量是不够的，必须能够证明其与对业务有帮助的具体结果的关联，并确保这些结果的战略重要性。

举一个精益生产型企业的例子，该企业使用准时制（JIT）库存管理系统管理其供应商。在准时制的模式下，生产所需的原材料和其他要素需要根据计划以高频率输送，以最大化地减少库存堆积。这种系统之所以可以帮助企业享有较高利润，是因为能够降低仓储成本，减少库存过剩的风险（如果销量出乎意料地快速下滑，车间就需要减产；如果没有准时制管理，就可能出现阶段性过度采购和库存过剩的情况）。在这种情况下，可以基于准时制库存管理原则培训员工，他们由此掌握的技能可以直接为组织的成功做出贡献。具体技能可以包括如何同时达成两个冲突目标，如不间断的库存供应（避免影响生产流程）和低库存积压（最小化储存和采购成本）。

但在另外一些使用库存的工作环境中，即使基于准时制原则培训员工可以帮助降低成本，但也有可能会与战略目标发生偏离。比如，保持医院手术和清洁用品的低库存可以降低库存成本，但风险是病人手术出问题或受感染机会增加。所以在医院里，战略上不能承受的风险代价要远远超过准时制对于管理手术和清洁用品库存的潜在好处。

准时制库存控制在两种工作环境中呈现出不同的战略重要性，其原因是产品或服务的性质不同。在耐用品（如汽车、电子设备等）生产企业，库存不足会导致生产滞后，但这种短期的滞后通常不会对产品质量或销售有太大的影响。此外，生产所需的要素（钢铁、橡胶、塑料、线路板、半成品零件等）占了整个生产成本相对比较大的比例，保持低库存可以释放出大量的现金用作其他用途以支持战略目标。

相反，在医院，即使有一次手术必需品供应不及时都会对病人的安危造成显而易见的影响，并且会让医院遭受治疗不当的控告和名誉损失，甚至导致医院倒闭。在这种情况下，缺少手术或清洁用品的潜在损失比上述耐用品生产的例子可要大得多。此外，手术和清洁用品的总成本所占的比例对于医院来说非常小，而实际上，医院员工的人工成本在总成本里的比重要比耐用品生产原料成本在总成本里的比重大得多。

因此，准时制培训与发展项目对于耐用品生产商来说是极具战略性的，唯一需要花些精力证明的收益就是员工操作准时制库存控制系统的能力是否得到了提升。如果能清晰证明这一收益，高管们很可能不会要求用投资回报率或其他的财务计算方法来判断是否继续实施培训与发展项目。与之相反，在医院的例子里，即使用细致的投资回报计算方式展示了准时制库存管理培训与低库存成本之间的直接关联，也不足以证明这种培训与发展项目的合理性。最重要的是要展现培训与发展项目和战略成功所关注的结果而不仅仅是财务收益所关注的结果之间有直接的关联。

第 3 步：评估影响

讨论至此，我们重点强调了关于培训与发展项目设计和评估的以下几个方面的权衡：如果培训与发展项目的目的是最大化推动业务层面的影响，那么最纯净的统计计量方法并不一定适合。出现这种情况，是因为最大化的业务层面影响，可能唯有通过将培训与发展项目和其他手段相结合才能实现，或者培训与发展项目的影响实现，可能只能通过提升间接影响经营绩效的能力。

考虑到所有其他因素对绩效产生的影响，可能无法明确培训与发展项目为业务绩效带来直接、独特的贡献。所以，解析法最多可能只是展示出培训与发展项目与其他手段共同带来的综合业务影响，但我们也只能知足了。虽然无法确切地得出培训与发展项目的投资回报数字，或为财务收益贡献了多少钱，但通常也足够准确和可信了，对决策的帮助作用也更大些。

如果同时实施多个项目或做出多项调整，纯粹评估培训与发展项目的影响是不太可行的。但如果你的目标是证明培训与发展对组织绩效改进的积极贡献，以及理解如何将该影响最大化的话，无法实现纯粹的培训与发展影响评估倒也无关紧要。我们需要的是精确决策所需的信息：预估影响或许是很重要的一个组成部分，但绝对不是决策的唯一依据。

在这些情况下，所有计算出来的培训与发展项目的独立影响很容易被高估或低估，记住这一点非常重要。如果同时实施其他的活动，那就很容易高估培训与发展项目自身的重要性。另外，如果在培训与发展项目所产生的影响中，只有直接和清晰的一部分才被纳入投资回报的计算中，那最终的结果很可能会低估培训与发展项目在改进经营业绩过程中的重要性。

所以说，培训与发展项目的可计量经济收益可以帮助判断其价值，但也应谨慎对待。培训与发展项目所产生影响的预估经济价值不应当被作为确定一个项目是否产生积极影响的唯一标准，尤其是需要决定是否要继续、终止或变更该项目的时候。清晰、精准地确定任何人力资源或组织发展项目的独立经济价值都是不可能的。

总的来说，无论用什么方法来评估培训与发展项目的业务影响，最重要的目标是为有效决策提供更为丰富的信息，所以通常需要采用系统方法来衡量多个绩效影响因素的作用。

作者简介

亚力克·利文森，PhD，南加州大学有效组织中心高级研究员。在与企业机构合作进行的行动研究中，他运用组织设计、岗位设计、人力资本分析和战略人才管理等方法论，来协助优化组织绩效和人力资源系统。利文森博士同时从科学研究和实践行动领域撷取精华，并融于一体为企业所用，以改进组织绩效。他借助经济学、战略、组织行为学，以及产业组织心理学的相关知识来解决一般方案无法应对的人才和组织挑战。他还为多家《财富》500 强和全球 500 强企业的人力资源专业人士提供人力资本分析方面的培训。

参考文献

Galbraith, J. (1977). *Organization Design*. Reading, MA: Addison-Wesley.

Kirkpatrick, D., and J. Kirkpatrick. (2006). *Evaluating Training Programs: The Four Levels*, 3rd edition. San Francisco: Berrett-Koehler.

Levenson, A. (2003). ROI and Strategy for Teams and Collaborative Work Systems. In *The Collaborative Work Systems Fieldbook: Strategies, Tools and Techniques*, eds. M. Beyerlein, C. McGee, G. Klein, L. Broedling, and J. Nemiro, San Francisco: Jossey-Bass/Pfeiffer.

Levenson, A. (2014). *Employee Surveys That Work: Improving Design, Use, and Organizational Impact*. San Francisco: Berrett-Koehler.

Levenson, A., and S. Cohen. (2003). Meeting the Performance Challenge: Calculating ROI for Virtual Teams. In *Virtual Teams That Work: Creating Conditions for Virtual Team Effectiveness*, eds. C.B. Gibson and S.G. Cohen. San Francisco: Jossey-Bass.

Levenson, A., W.A. Van der Stede, and S.G. Cohen. (2006). Measuring the Relationship Between Managerial Competencies and Performance. *Journal of Management,* 32(3).

Phillips, P., and J. Phillips. (2006). *Return on Investment (ROI) Basics*. Alexandria, VA: ASTD Press.

第 6 部分

培训与发展专业人士的角色拓展

名家视角

修鞋匠，你的鞋子如何？培训与发展专业人士职业生涯的思考

贝弗利·凯（Beverly Kaye）

身为培训与发展专业人士，平日忙得不可开交，何时能停下来花些时间考虑自己的职业发展？何时能停下来分析下我们自己想要什么？何时我们可以清楚应采取哪些措施提升职业成就感？答案通常是“很少有时间”。我们超负荷运转，平衡众多事务，服务众多客户，我们总是很拼。这也难怪我们无暇考虑自己的职业生涯和自我发展。

我们应该考虑一下自己的职业发展。如今职场上一个最强烈的声音就是要为自己的职业发展担责。从自我评估的流程开始，到制订一份具有战略性、实战性及详细的发展行动计划，并与管理者一起审查该计划。

适合的就是对的

培训与发展领域提供广泛的职业选项与选择。能否自我认知十分重要，因为它影响你做出的每一个选择与决定。你必须认清自己才能设计和维持一个重要的职业。你必须清楚地说出你是什么样的人。

一份适合自己的职业就是当你找到一份与自己的价值观、技能和兴趣相匹配的工作。这三点是找到一份富有成效的工作的必选项。我们从价值观中获得承诺和目标，我们从技能中获得竞争力，我们从兴趣中获得享受和满足。

我们应了解该领域所需技能和能力的最新信息。帕特·麦克拉根发表了多篇关于培训与发展行业必备专业能力的相关文章。最近，比尔·罗其伟和伊森·桑德斯也在能力建设方面做出相关贡献。根据她的建议我们应保持及时更新。我们可以利用 ASTD 提供的多种机会向意见领袖和行业从业者学习。

首先，我们扪心自问：

- 什么是我一向擅长的？
- 我最珍视的三大价值观或事物是什么？
- 我不工作的时候，如何打发时光？
- 在我的待办事项中，通常哪些任务是我最不想做的？
- 什么样的工作环境 / 空间有利于我全身心投入工作中？
- 别人具备而我不具备的技能是什么？

声誉很重要

在任何工作环境中都需要与人打交道。他人所持的不同观点会影响你的职业发展。通过了解他人对你的看法来评估自己并检验自己的声誉是否有利于职业目标。

你可以不断地向公司里的同事寻求反馈，并利用这些反馈回来的信息增强自身技能、改变行为习惯、强化自我优势、弥补所欠缺的能力，以及设计有效的职业发展规划。

当然，不同的人会以不同的角色站在不同的角度看你。通过对比他人对你的看法和你对自己潜力的评估，你可以比较自身形象与现实的差距。有了充分和精准的自我形象评估，你就可以设定更实际和更可实现的职业目标。

了解自己的声誉是很关键的一步。声誉是由别人讲述的有关你的故事组成的。请记住，传闻和轶事都会增加或限制你的职业机会。有人根据初次与你合作的不良印象而远离你，之后他们都可能依据对你的第一印象来评价你。

培训与发展专业人士充当了重要的职业听众。我们个人品牌的建立不仅仅通过教室中的学员（无论他们身在何处），还包括部门经理、人力资源管理者、资深领导、同事和下属等，所有人的观点都至关重要。

首先，可以向你的职业听众询问以下问题：

- 我最大的优点是什么？
- 我最有价值的技能是什么？
- 你注意到我的哪些行为可能会阻碍我成长？
- 我为何不能达到预期的目标？
- 在哪些情况下我做出的贡献最大？
- 你注意到我在哪些情况下做事最吃力？

环境变迁

了解工作世界如何运转，识别工作环境中的发展趋势和挑战是接下来的重中之重。这将有助于你权衡事宜并做出明智选择。过去，只要了解你的工作和组织就够了，现如今，还需要有能力预测行业趋势、组织和职业的变化。

当今和未来的发展趋势，你的行业、组织和职业面临的挑战，都有可能为你创造机会，也可能成为限制你成长的因素。信息交换的速度、世界的扁平化、科技和消费者特征的变化、竞争力的提升，都要求每个人具有自我激励的意识和企业家精神。当今社会，具有广阔的视野对于生存和市场化至关重要。

世界前进与变革的步伐越快，获得与之相关的广泛知识就变得越重要。为了掌控职场中可能遇到的挑战，每个人都必须不断紧跟职场和行业领域的发展趋势。阅读相关材料是必不可少的。除了 ASTD 发表的所有书籍、期刊、杂志、白皮书等，也可通过战略人力资源管理协会、《首席学习官》《人才管理》《人力资源管理》《培训》杂志等获取信息。有抱负之人会照此行事。聪明的职业规划师从策略上把控，对自己设定的方向更加自信，更加高效地为达成企业目标做出更大贡献。

带着以下问题，与你的同事进行交流，听听他们的观点：

- 我看到我们行业最大的改变是……
- 我预计下一个大事件将是……
- 我能想象以后会发生……
- 我们的行业将发生天翻地覆的变化，如果……
- 随着……的陈旧过时，一切都会改变。

识别多个选项

当今，培训与发展专业人士必须寻求多种职业道路。我们从不认为一个人的职业发展仅限于现在工作的公司里。如果你富有创造力、思想开放并喜欢探索，你可以在所提供的机会和新的方式中找寻到各种各样的选择，在变化的世界里茁壮成长。

为了对自己的职业负责，你需要学会权衡自己的多个选项。通常职业发展最大的障碍不是缺乏机会而是人的惰性。如果你致力于积极追求多样的职业选择，职业发展策略将对你长期和短期的职业目标都非常有益。

其实一切都很简单。人们选择职业方向，自我学习，从事该领域，进入一个可以施展自己才华的行业，一步步升迁进入公司更高的职位，在法定退休年龄退休并享受退休福利。

如今一切都不同了：组织扁平化、管理岗缩减、跨学科团队和项目小组成为新的工作模式。工作灵活性很关键，当 A 计划受阻，我们需要随时准备好从 A 计划改为 B 计划。寻求的选项越多，成功的概率越大。

从询问以下问题开始：

- 你希望一年后、两年后或者三年后的自己是什么样子的？
- 你想做什么？
- 你想如何做？
- 在什么情况下和谁一起做？

总有一些理由让你有选择的余地——这是一个明智的计划。你可以通过尝试以下六种职业发展的类型来明确职业目标：平级调动、丰富机会、垂直晋升、探索性行动、重新调整选择和重新定位前景。

平级调动：调到一个新的工作岗位和进入一个新的领域，但处于相同的级别并承担相同责任。平级调动可以为扩充你的基础技能提供机会。如果你把你的职业看作攀岩而非爬梯，你将快速成长，强化专业技能并学习新知。平级调动带来的收益可能比你想象的要多。它可帮助你凸显价值，助你晋升。例如，如果你在培训部门，那么在人才管理办事处或组织开发团队是否有空缺的职业让你一试？在人力资源部门，你是否可以申请负责招聘和员工福利的职位？或者考虑调到销售或市场部门？记住，你在每个职位获得的经验，都会让你在组织内和组织外更具市场竞争力。

丰富机会：强化当前技能或增加新的挑战和责任，有可能提升个人成就感和满足感。你可以把它视为在工作中的成长。在适合的位置发展会变得和其他选项一样有吸引力。你可以在组织内部寻找机会。例如，带领一个跨部门团队，自愿组织公司的年度慈善活动，或者承担一个刚指派到你部门的新项目。你也可以探索组织外部的机会。例如，考虑担任当地的协会分会领导角色，在你所在地的学校给学生们上课，或者为社区、政府或资金非常有限的非营利机构提供无偿志愿服务。仔细思考你所掌握的技能并将它们变成丰富的个人经验。例如，如果你曾组织公司战略规划会议，那么你可以自愿为当地大学和非营利机构组织类似的战略规划会议。

垂直晋升：也许你想晋升到职责更多的岗位，但这样的岗位一般比较稀缺，可这也并不意味着你要放弃努力，不去争取。根据你在公司的级别，你可以等待老板退休，但这也许会比你预期的时间要长很多。你可以越过你的主管考虑老板级别的人空出的职位。即使你没有被选中，但在此过程中你已向上级发出了一个信号：你对承担更多的职责非常感兴趣，希望有机会提升你在公司的价值。另外，你不应放弃申请这个工作的机会。

探索性行动：针对你的价值观、兴趣、技能和方式来探索选项和寻找机会。探索尝试改变但不需要做任何永久性承诺，这会让你觉得安全和满足。询问你的主管关于轮岗任务的机会。如果这在你的组织中机会不多，你在与主管沟通之前做一些功课，研究你的组织是如何看待轮岗任务的。有谁完成过轮岗任务，如何做到的，结果是如何评估的。在此过程中，你的主管会非常担心失去你，即使只离开现任岗位几周时间。准备一个详细计划给你的主管：包括你将走多久，你离开期间的工作将如何完成，如何与你的客户保持联系（内部和外部），你希望在这次工作轮岗中学到什么，当你回来时如何提高你的技能。作为培训与发展专业人士，你能调到哪个部门通常与你做的事情相关，如内部顾问组或组织发展小组。你可以拓展更多，例如，调到平面设计组去学习他们是如何提供服务给你们部门的。

重新调整选择：重新开始一个新的但相关的领域，或者重新回到一个职位较低的岗位，担任更少的职责，这个选择可以让你继续留在现在的公司，但同时是开始一个新的职业方向或协调你生活重心问题的方式。如果你想寻找职业改变或减轻目前的工作量，这可能是最佳的选择。例如，如果你现在的工作与你的专业背景不同，目前可能是最好的时机重新回到你最初的职业道路。打个比方，如果你主修的是商务，你是否愿意考虑转向金融、销售或市场部门？如果你主修的是通信，也许现在是时候考虑转向公共关系或客户服务方向了？另外，如果你还在考虑阶段，在你做出最终决定之前可以考虑运用职业评估反馈或 360 度反馈评价工具。你有职业顾问吗？如果没有，可以找一位。职业顾问能帮助你进一步分析你未来的职业发展，帮助你了解你所在公司的政策趋势，或者介绍一位能够指导你做决策的人。

重新定位前景：当无法通过当前公司实现职业目标时，你可以考虑从公司外部寻找一个更好的职位，或者抓住创业机会。如果你技能娴熟、经验丰富，你可以获得很多职业机会。回想你最喜欢和最不喜欢的工作内容，用这个信息来寻找最适合你的工作。例如，如果你非常喜欢设计在线学习体验课程，可以找一家高科技公司，在那里你可以脱颖而出。如果你喜欢培训，而且不介意出差，可以进入一家在多个城市做培训的公司。无论是对课程设计还是现场培训感兴趣，你都记得要了解一些大的培训机构，如肯·布兰佳公司、DDI、Forum 或更多其他的公司。如果你想继续从事培训工作，还想探索下自己的创业精神，可以考虑在当地的咨询公司工作或做合同制工作。最终，你甚至可以考虑创办自己的培训咨询公司。

让工作成为你的学习实验室

成功的职业发展需要清晰及可行的行动计划，它有助于将目标变成现实。行动计划包括：将事件记录下来，联系能帮助和支持你的人，接受培训或掌握必备的经验，确认你可以利用的资源，以及抓住即将到来的机会。

你要为自己的学习和发展负起责任。学会如何学习是未来社会中最基本的能力。组织倾向于“少花钱多办事”。如今，随着变革步伐加快，很难随需而变。因此，自主学习型人才将更具竞争优势。

每个人都要成为一个自觉主动的学习者。这不仅对于取得专业上的成功和生存至关重要，对组织的生存来说也很重要。人们都认同只有不断学习和成长才能跟上时代的步伐。

知识的获取来自不同形式和大小不一的经历。哪些经历能为你提供所需的知识？可考虑以下排列组合：

- 承担重任。
- 特殊项目。
- 活动 / 事件。
- 部门内部轮岗。
- 行动学习项目和团队活动。
- 工作观摩。
- 社区服务。

利用这些经验的机会的限制只有你。

有效利用时间

作为培训与发展专业人士，你不应该允许自己是一位“不穿鞋子的鞋匠”。你应该抓住组织中所有成长和学习的机会，并且充分运用这些丰富的资源来提升自己。这对你来说极为重要，因为你不仅是一个有抱负的聪慧之人，还是他人的榜样。

不知从何开始？抽不出时间？给你一个不错的建议：考虑在你的组织中为其他人设计一套职业发展规划。选择一个在近期员工调研中职业相关问题分值最低的部门，针对这个部门，寻找现成的项目或开发一套你自己的项目。如果使用自己的例子，你将更有动力想尝试一番。

我们的领域正经历着快速变革，同时充满着新的机遇与挑战。对于渴望不断学习的人来说这是一个非常好的机会。培训与发展领域需要你的才能、观点、冲劲和承诺。把时间投入进来，这是值得的。

你的角色

- 激励自己设计职业发展规划。
- 分享你对持续发展的期望、需要和希望。
- 拓展你的技能和见识，以增加灵活性，为组织提供更多价值。
- 通过参与一些特殊项目来丰富和提升技能。
- 拓宽你对企业和行业的视野。
- 设立短期和长期目标。
- 为实现目标建立发展规划。
- 把握任何学习、培训和发展的机会。

作者简介

贝弗利·凯，博士，职业系统国际公司创始人，2010 年被 ASTD 协会授予职场培训与绩效领域杰出贡献奖。贝弗利女士因其开创性的工作及对职场培训与绩效领域的重大影响被业界称颂。她是《往上并非唯一出路》的作者，和沙伦·乔丹-埃文斯合著《留住好员工：爱他们，还是失去他们》，该书为《华尔街》杂志畅销书。职业系统国际公司与《财富》500 强公司合作，在人才发展、员工敬业度和人才留任方面设计搭建系统及制定策略。

延伸阅读

Bolles, D. (2013). *What Color Is Your Parachute*. New York: Ten Speed Press.

Cleaver, J. (2012). *The Career Lattice*. New York: McGraw-Hill.

Kaye, B. (2003). *Love It, Don't Leave It: 26 Ways to Get What You Want at Work*. San Francisco: Berrett-Koehler.

Kaye, B., and J. Winkle. (2012). *Help Them Grow or Watch Them Go*. San Francisco: Berrett-Koehler.

Williams, C., and A. Reitman. (2013). *Career Moves: Be Strategic About Your Future*, 3rd edition. Alexandria, VA: ASTD Press.

第 35 章

设计经济、有效的入职培训

凯伦·劳森（Karen Lawson）

本章要点

- 学习有效入职培训项目的关键要素
- 制定入职培训项目的学习目标
- 编写合适的入职培训材料和创建适宜的入职环境

员工是组织最有价值的资源。然而组织“欢迎”新员工的方式往往让员工产生适得其反的印象。引导新员工“上岗”是一个过程，而不仅仅是一项活动。它包含 6~12 个月内为其提供信息、培训、辅导与教练。

成功开展新员工入职培训项目的重要性

以下研究内容强调了成功开展新员工入职培训项目的重要性：

- 在入职后经历糟糕的第一天，导致多达 4%的新员工离职。
- 新员工在入职的 30 天内判断他们是否受到组织欢迎。
- 每 25 个人中有一人因为糟糕的（甚至没有）入职项目而离职。
- 从外部猎聘的高级经理中有 40%在 18 个月内任职失败。

做好准备

在开始设计新员工入职培训项目之前，你需要花费时间寻求组织其他成员的支持、认可和参与。你不能凭空设计项目，你需要清楚了解组织的高管对新员工入职培训项目的期望。

项目的目的

新员工入职培训项目的目的：

- 为新员工提供信息，帮助他们顺利融入组织。
- 向新员工介绍组织整体结构、理念、目标、价值观等。
- 帮助新员工了解其角色在组织中的重要性，他们将做什么及如何影响他人。
- 向新员工介绍部门目标，以及他们的角色将如何帮助组织实现这些目标。
- 促进新员工和管理层沟通。
- 就政策、流程和绩效的认知进行沟通。
- 让新员工感觉受到欢迎，让他们确信加入这个团队是正确的选择。
- 让新员工为成为组织的一员感到兴奋，有动力在工作上做到最好。

设计互动式的入职培训项目

正式的入职培训项目是引领新员工融入组织的第一步。很多组织对此的处理方式是杂乱无章的；其他一些组织则花费大量财力、物力和时间在炫酷的 PPT 秀、众多嘉宾演讲和繁杂的员工手册上。

新员工在参加完这些项目活动后却带着眩晕、焦虑和不知所措离开。为什么？对于新员工来说，传统的新员工入职培训项目很乏味。就像许多其他培训一样，这些项目以灌输为主，只有一点点或干脆没有互动。这种传统的方式在几小时的演讲中充斥着过多的事实陈述、数据和人物。当新员工最终回到工作岗位时，显然其他人对他的到来没有做好准备。

入职培训项目真的是新员工在公司里的第一次展示，因此，它应该是愉快的和值得纪念的经历。因为它奠定了一个基调，新员工入职培训项目是首要任务。细致周到的培训项目可帮助新员工的角色发生转变，帮助他们对组织产生好感，点燃激情，激发热情。入职培训项目的焦点应该是帮助新员工融入组织和建立人际关系。

在新员工入职培训项目上偷工减料的组织不仅欺骗了新员工，而且丧失了绝佳的交流机会帮助新员工接受和内化组织的理念、价值观、行为规则和企业文化。新员工需要了解他们如何才能融入组织，他们的工作如何重要及有所不同，这样才能帮助新员工变得更加轻松、自信和称职。

有效入职培训项目的关键要素

最理想的情况是，正式的新员工入职培训项目应该为新员工提供机会了解组织的相关重要信息，项目执行方式应遵循成人学习和主动学习的原则与实践。

新员工入职培训项目操作上应等同于任何其他有效的培训设计。它需要包含明确的学习目标，培训内容“必须知道”而不是“知道就好”，培训方法积极主动，关注学员，遵循成人学习原则，做好培训效果评估。入职培训项目设计需同时考虑三个学习领域：认知、情感和行为。

认知学习关注知识发展，即信息获取。在入职培训项目中，希望新员工了解组织的相关信息，如发展历史、企业文化、组织结构、理念政策和流程等。

情感学习强调态度发展，它关注态度、价值观或感受。你希望让新员工感受到加入组织是正确的决定并为成为组织一员真正感到高兴。你希望新员工认同企业价值观，同时对性骚扰和多元化问题有一定的敏感度。

行为学习关注人的技能发展，聚焦完成任务或过程的能力。这对在岗员工尤其重要。无论如何，入职培训项目应该给新员工一个机会学习如何填写表格、高效接听电话、使用组织局域网、使用传真机和复印机等。

记住上述三个学习领域，下一步是编写具体的、以新员工为中心的学习目标。

制定明确的学习目标

目标类似于一种合同。学员在一开始就了解项目或课程的目标有助于他们预先知道将学些什么。目标让学员有方向感，知道他们对学习的期望和别人对他们的期望。

目标是设计、创建新员工入职培训项目的基础，是指导计划。为实现目标，培训师会关注期望的培训结果，确定学员的必修内容。

应从学员而不是培训师的角度描述目标。重点不应该放在培训师希望涉及什么内容上，而应该放在培训项目结束后，你希望学员重视、理解和应用所学的知识与技能上。用目标衡量成功，因为目标描述了学员接受培训后能做什么，目标自然就变成了衡量成功的标准。

入职培训项目内容

一旦确定学习目标或成果，下一步是决定具体的培训内容。在开始工作的几周，新员工处于被压垮的状态。有效的入职培训项目只需要关注新员工在入职的最初阶段的必修项。有时候很想一下子给学员全部的内容，应拒绝“信息灌输”的做法，它会产生认知过载，导致学员高度沮丧。

内容会随着培训结果和目标自然产生。基于目标的内容决定培训项目的时间长短。当然，许多意料之外的因素也会限制项目的时间长短。

↘ 新员工入职培训的标准主题

无论项目长度如何，新员工入职培训项目的标准主题主要包括以下领域。

新员工培训的标准主题

- 公司历史 / 背景
  - 历史
  - 简介
  - 文化
  - 理念
  - 使命、愿景、价值观
  - 目标和发展方向
  - 标识、标记
  - 高级管理团队、部门领导
  - 财务状况
  - 办公位置 / 建筑布局
  - 结构
  - 产品和服务
  - 顾客
  - 竞争对手
- 福利 / 补偿
  - 补贴 / 奖金
  - 保险计划
  - 退休 / 递延补偿
  - 分红
  - 休息时间
  - 加班工资
  - 员工补贴
  - 学费报销
- 政策 / 流程
  - 工作时间
  - 个人行为准则
  - 道德规范
  - 安全
  - 紧急事件
  - 计算机 / 互联网使用
  - 性骚扰
  - 停车
  - 出勤率 / 迟到
  - 休息和餐歇
  - 绩效评估
- 项目 / 服务
  - 员工援助项目
  - 导师项目
  - 员工发展
  - 服务和认可奖励

策略和方法

一旦明确了培训项目包含的内容，下一步就是确定如何传达这些内容。培训方法多种多样，可以通过这些培训方法传达项目内容。培训方法包括运用活动（结构化的经验）、多种合作式学习或主动学习技巧。

组织入职培训

在 3~6 周内，新员工就应该参加包含组织历史、理念、文化、目标、发展方向等内容的入职培训。其作用是把组织介绍给员工，帮助他融入组织。这也是阐述职业发展和强调每个成员对组织成功重要性的好机会。高管成员应亲自参加并做演讲嘉宾，最起码准备一段演讲视频。在茶歇或课程结束时，高管成员应作为东道主与新员工进行短暂接触，以个人身份了解他们并回答他们在众人面前不方便提出的问题。

“与总裁共进早餐”也可以是入职培训项目的内容，这主要取决于组织的规模。在这个特别的环节，总裁或其他高管与已经工作了 3 个月左右的新员工见面，以 10~12 人为一小组。此时，高管成员整体反馈并回答员工关注的组织问题。这是一个非常好的机会，可以发现和解决潜在问题，避免其变成主要问题，同时有助于消除员工对高管的神秘感。

入职培训材料

打印的入职培训材料是新员工入职培训项目的重要内容。每位新员工都会收到一个资料夹。新员工还应知道这些材料存放在公司内部网站的何处。入职培训材料包括：

- 使命、愿景、价值观。
- 组织历史。
- 组织架构。
- 产品和服务。
- 员工手册。
- 资源和联系人。
- 有用的信息。
- “有趣的东西”。

帮助新员工感觉受欢迎的还有带有组织纪念意义标识的笔、夹子、杯子、产品模型等，还可以包括年度报告、手册和地图，也可以提供一个有趣、实用的专业软件包，作为重要的参考资料。

创建环境

新员工入职培训项目潜在的主要目的是让新员工感觉愉悦并显示组织对新员工的重视，为此，需要投入时间、精力和资金开发令人值得回忆的培训课程。一种方法是新建一个主题，搭建一个能体现主题的实体环境。例如，你可以选择游轮主题。这艘游轮象征组织，我们如同在一艘船上，你可以举办一个“祝旅途愉快”的派对庆祝巡游的开始，实际上新员工正在庆祝新工作和新职业的开始。在培训教室门上张贴宣传单，注明“欢迎登上某某公司的游轮”。用夏威夷花环和一个“欢迎登船”的小包来欢迎每位新员工，包内有一些“有趣的东西”。在房间内点缀一些彩带和气球。在新员工进入教室时，播放聚会音乐并为每个新员工拍摄各种姿势的照片（就如同人们真的登上了游轮）。你可以做更多的比喻，如“沿途停靠港口”（以了解各个部门）和“救生筏”（解决问题的各种资源）。当然，就像真的游轮航行一样，你还需要准备食品！现在新员工已经“登船”，你可以“启航”，开始激动人心的旅程。释放你的想象力和创造力。试试其他的主题，如太空、古老的西部、赛马、运动会等。

质量控制

为保证入职培训项目的成功，该项目必须是有项目经理的正式项目。培训部门或人力资源部门是最合适不过的项目承担者。除了构建项目的基本框架外，培训部门还需要针对经理和管理者做相关入职培训项目的培训。这些培训应该包括如下内容：

- 入职培训项目的方案和目标。
- 入职培训的重要性及其对绩效和员工流动率的影响。
- 主管和经理的角色。
- 入职培训对于员工、主管和公司的好处。
- 有助于指导经理和管理者了解入职培训的检查清单和手册。
- 跟进和评估程序。

↘ 设定基调

新员工入职培训甚至应该在员工实际到岗之前就展开，新员工的直属经理亲自打电话给员工对他的入职表示欢迎是非常重要的。所有的努力都是为了让新员工感受到他是团队的一员。

第一天——新员工关注什么

新员工在新环境中感觉轻松愉悦是很重要的。无论新员工是高管还是初级职员，新到一家公司或一个部门，新员工的舒适度是首先被考虑的，帮助新员工适应新工作环境是经理和管理者的责任。

新员工入职胜过公司正式的入职培训项目。第一天对员工的成功至关重要，所以需要计划和精心安排。经理和管理者需要照顾员工的基本需求，帮助员工尽快调整，使他们专注于工作。失败的入职培训项目将导致员工态度变差、士气低落和效率低下，最终导致绩效出问题，甚至失去有价值的员工。员工越快适应，工作效率就越快提高。甚至在员工走上工作岗位之前，就应该努力使其感觉已经成为组织和团队的一员了。

新员工充斥着焦虑和困惑，简言之，他们有些不堪重负。他们开始怀疑自己的职业决定。我做得对吗？我真的能胜任这份工作吗？我喜欢我的老板和同事吗？我将如何适应？工作第一天的感受将决定员工的焦虑和担心是否必要。

新员工也有一定的需求和期望。他们希望人性化的待遇。他们想知道组织对他们的期望，以及他们将如何掌握新工作。他们想知道如何被奖励，如何融入集体。很容易被大家忽略和忘记的事实是，当员工开始一份工作时，他们都希望把这份工作做好。工作的热情和承诺往往是在工作最开始的时候要么被压制，要么被鼓励。

进行部门入职培训

经理或主管在新员工部门入职培训过程中起关键作用。一般情况下，主管是第一位与新员工进行沟通，也是最影响新员工对公司看法及印象的人。主管负责为新员工提供胜任新岗位的工具和资源。

经理或主管负责解答新员工所关心的基本问题，比如何人、什么、何处、何时、为何及如何的问题。图 35-1 中列出了这些常见问题。

何处

- □ 我在何处可以找到……
  - 洗手间
  - 午餐区
  - 个人工作区
  - 员工休息室
  - 储备物资
  - 设备
  - 参考材料
  - 文件 / 备份
- □ 停车场在哪里

如何

- □ 如何使用……
  - 电话
  - 复印机
  - 传真机
  - 邮资计算器
  - 计算机
- □ 如何适应该部门
- □ 我如何接受培训
- □ 我将如何被评估
- □ 如何发加班工资
- □ 我如何处理邮件
- □ 我如何向供应商下订单
- □ 我如何使用邮件

何人

- □ 谁是高级管理人员
- □ 我找谁寻求帮助
- □ 我向谁汇报
- □ 我和谁共事

何时

- □ 何时吃午饭？何时休息
- □ 何时发工资
- □ 何时考核
- □ 每天何时汇报工作
- □ 每天何时下班

什么

- □ 工作要求是什么
- □ 经理们的期望是什么
- □ 绩效标准是什么
- □ ……的政策或流程是什么
  - 穿着
  - 病假
  - 休假
  - 聚会
  - 电话会议
  - 差旅报销
- □ 部门架构是什么
- □ 我的晋升 / 发展机会是什么

为何

- □ 为何我们执行这个流程
- □ 我为何要做这件事

图 35-1　新员工部门入职培训检查清单

部门入职培训的目标

- 从入职开始就与新员工建立良好的沟通机制。
- 向新员工介绍部门目标、制度与流程、传统与习俗。
- 向新员工清晰地传达工作职责与期望。
- 向新员工传达与工作相关的信息，以便更快适应新的工作场所。

新员工到达前的准备工作

- 通知部门成员将有一位新成员加入。告诉大家新员工何时到岗，他将要做什么工作，他坐在什么位置，并且向部门成员介绍这位新员工的一些诸如入职前的工作、背景及资历。
- 从部门中选择一位成员作为新员工的“伙伴”或导师，他的职责是带领新员工熟悉工作环境、做相关介绍、回答问题、解释和说明工作方法，让新员工感受到大家的热情，感觉已融入其中。选择导师时，要遵循高标准，他是大家学习的楷模，此人应备受尊重、富有同情心、有良好人际关系，并且他是一位好听众。

新员工入职第一天

- **入职流程。**大多数公司的标准做法是，新员工首先要到人力资源部门报到，了解福利待遇，填写入职表格，拿到员工手册或者介绍公司政策与流程的宣传册。
- **部门报到。**新员工离开人力资源部，前往他的工作部门。部门主管要亲自迎接新员工，预留出充足的时间向他介绍工作环境。

部门主管不可忽视新员工入职第一天的培训。它十分重要。这期间的互动决定了主管与新员工之间的沟通基准。主管的职责是定下基调，创造一个帮助新员工缓解紧张情绪的环境。主管与新员工之间的关系是员工能否胜任工作的关键。

首先，主管需要熟悉员工并与其建立个人关系。询问新员工问题如其家庭状况及对新工作的感受等。其次，主管介绍工作职责、绩效目标与标准、病假、休假、工时、薪水、着装要求、加班、吸烟制度与习俗等。此外，员工应该知道所在部门的相关信息包括组织架构图、部门与组织电话簿、员工手册、安全规定、健康制度及其他诸如公司宣传册、员工业务通信、年报、相关人员通信录等有用的信息。为了解答新员工入职期间的各种问题并保证所列问题的一致性，主管应该提前设计好主题清单，发放给新员工，以便他了解组织对其的期望。由于新员工入职培训期间将获得覆盖从个人到组织的所有信息，因此该主题清单的设计主要涉及所在部门和岗位的相关内容。

部门内部不成文的规则往往是重要却易被忽视的部分，如午餐室清洁、咖啡壶使用、生日、聚会和其他被部门广为接受的特定行为准则。不向新员工介绍这一部分内容，将可能造成较大的问题。这些不成文的规则不仅要向新员工传达，还要向部门中所有人传达。特别是员工在公司内部岗位调整时，这个问题在多数情况下会被忽视。请记住，对于他们来说，新岗位是一个全新的工作环境。

在正式工作之前，主管可以给新员工一些时间去适应新的工作环境，建议带领新员工参观工作场所，将他介绍给部门成员，帮他熟悉洗手间的位置、物料区、午餐设施、复印机、布告栏、邮寄室和邻近的部门。接下来主管需要将部门事先指定的“伙伴”或导师介绍给新员工。然后，就由导师带领新员工进一步了解工作环境，例如，如何使用复印机、电话等设备和工作内容，如何向供应商下订单或其他操作的细节等，或者带新员工一起共进午餐，把他介绍给公司其他人。

在入职首日结束时，主管再同新员工见一面，回答新员工提出的任何问题，回顾需要新员工重视的内容并给予鼓励，同时再次强调部门所有人都欢迎他的加入。

新员工入职第二天

入职第二天，培训人员开始给新员工做在职培训工作。在职培训的组织和内容设计应该以新员工尽快适应工作为主。在新员工的培训小憩和午餐时，导师应该一如既往地陪在新员工身边给予支持和帮助。

新员工入职第一周

在首周结束时，经理再次与新员工见面，确认他的进度，回答新员工的问题，提供其他诸如部门目标、绩效计划与评估流程、工作晋升机会等信息。此时经理一方面要再向员工重申组织使命与目标，并解释部门及个人如何在组织中发挥作用；另一方面和员工一起讨论“组织蓝图”，这项工作如果延迟到员工适应期后的话就变得更重要和有意义。

特殊考虑

目前组织还会提供其他类型的就业岗位，包括合同工、临时工和远程办公人员。这些非传统岗位的员工需要不同的入职方式。

有时，新员工被组织派去总部参加在职培训是不符合成本效益原则且不符合实际的。由于新员工分散在较远的地方居住，所以组织大家去总部颇费成本。特别是一些中小企业，员工人数不多，因此，凑足足够的新员工进行集体培训可能需要很长时间。尽管这些情况可能让你无法组织一次传统的入职培训，但你仍然可以开发和管理一个结构化的新员工入职培训项目。

需要额外考虑的是，有一些岗位的员工需要在进入部门或分部前有几周甚至几个月的培训时间，这就需要为他们单独设计入职培训。这种情况可能会形成一种孤立且分离的感觉，但我们可以设计开发针对这种特殊情况的入职培训，从而将企业认同感的缺失度降到最低。

不论以什么形式或在任何地点开展培训，入职培训内容是不会变化的。在偏远分公司的新员工和总部的新员工，他们所接收的信息是一样的。

交付方式

一旦你清楚培训包含的内容，下一步是决定培训交付的方式。根据自身的资源和能力条件，你选择的方式首先要考虑的是对新员工的可用性。交付方式基本上可归纳为三类：

- 经理或主管引导型。
- 基于技术型与基于计算机型。
- 自我导向型或自学型。

你可以选择一种方式或组合方式。再次强调，公司独特的环境和管理哲学会影响你的决定。

经理或主管引导型

由经理或主管来引导完成入职培训项目是一项低成本、低技术支持的交付方式。培训项目的设计者需要准备材料、领导指导手册，还可能要准备一段视频，将整个材料包发放给每个分公司、每个部门。

小组培训设计

3~12 人可组成一个小组。在设计经理或主管引导项目时，你需要结合现实商业环境考虑。

首先，经理和主管有其他职责，因此，他们没有太多时间准备及管理培训项目。如果认为这项任务是额外工作或比较麻烦，他们可能不会给予项目期望得到的重视。更糟糕的是，他们可能干脆完全不参与这个项目。

其次，因为新员工已经开始在自己的岗位上工作了，让他们长时间脱离岗位也不现实。

解决该问题的方法是按比例减少项目或将整个项目细分成几周或几个月内可以实施的模块。关键是让该流程用户界面良好。以下就是将主管引导型项目拆分成一小时模块的设计建议：

阶段一　　目标
相互了解
评估需求
背景 / 思想

阶段二	组织结构
	产品与服务
阶段三	政策与流程
	职业形象
阶段四	核心价值观
	道德标准
阶段五	资源
	术语

一对一培训设计

即便一对一培训也可以互动和有趣。在多数一对一培训中，主管和新员工坐在一起回顾所有的信息。该方法的问题在于，很容易让信息变得毫无意义，信息的传达主要是单向的，新员工只管问，而主管只管答。这样就会产生一些无聊的问题诸如："你明白了吗？""你有什么问题吗？"而这些问题只有"是"和"否"的回答，对于主管与新员工之间的双向交流没有多少促进作用。

如果将信息给予新员工自行阅读则是更有趣和互动的方式。选定的材料可以是员工手册、产品和服务的宣传册或其他你想要新员工知道的关键信息。明智的方法是将信息"模块"化，然后为这些指定材料组织单独的讨论会。在一对一培训中，主管可以通过开放式问题来"测试"新员工对于知识或材料的理解。比如，主管可能会问："我们公司的主旨是什么？你怎么理解它？"主管也可以在小组培训中使用该方式。这里有一些新员工可独立完成的事宜：

- 我们的传统（视频）。
- 组织结构。
- 政策与流程。
- 核心价值观。
- 道德标准。
- 资源。

基于技术型与基于计算机型

"基于计算机"这个术语应用广泛，一般包含 CD-ROM、内部网、互联网等。

有视频会议或电话会议设备的公司可以选择这种方式进行入职培训，但必须考虑培训成本与必要的资源，同时确保新员工有接入宽带的计算机。

在使用网络培训方法时还要考虑版本更新的问题。你需要一位项目经理来监控整个项目，确保所有的信息及时更新无误。选择维护简单和价格划算的培训平台十分重要。请记住，所有基于网络的交付方式往往缺乏人情味，因此新员工常常感受不到组织的温暖。

自我导向型或自学型

自我导向型项目包含员工在工作中一系列的自我学习，以及与主管频繁地一对一交流。根据可用资源的情况，该方法可包括基于计算机型和主管引导型活动的组合。

入职培训是一个持续的过程

入职培训在入职初期后并未结束。这个持续 6~12 个月的过程包括给予新员工工作技巧与知识（培训），将员工融入公司文化与团队之中（传帮带），与员工一起工作以提高绩效（辅导），给予正式反馈（绩效评估）。

最后，你需要监督与评估入职培训的效果。在培训三个月后，需要对新员工前三个月的工作做评估。在六个月时，评估员工整体工作情况。评估的形式可以是手写问卷与新员工和经理一对一对话形式相结合。在员工入职一年纪念日当天或前后，请员工再做一次对公司和入职培训经历的满意度评价。

有效的新员工入职培训项目虽耗时耗力，但值得投入。研究表明，有序的全方位入职培训会给公司和员工带来巨大收益。积极的入职培训将使员工拥有高忠诚度与敬业度，最终提升员工留任的可能性。

作者简介

凯伦·劳森，博士，CSP，劳森咨询公司创始人与董事长，国际顾问、高管教练、演说家。著有 13 本书籍，主题涉及培训、教练、沟通和影响力。她拥有 Temple 大学成人与组织发展学博士学位，并出席了在美国、欧洲和亚洲组织的众多国家级专业大会。她现在也是 Arcadia 大学的兼职教授，教授国际 MBA 项目的有效组织领导学。她是全球仅有的 400 位被美国演讲家协会授予专业演讲者称号的人之一。她因在培训与演讲领域做出的卓越贡献获得诸多奖项，也被评为宾夕法尼亚 50 位杰出商业女性，同时被《宾夕法尼亚商业周刊》评选为卓越女性。

↘ 参考文献

Friedman, L. (2006, November). Are You Losing Potential New Hires at Hello? *T+D* 25-27.

Moscato, D. (2005, June/July). Using Technology to Get Employees on Board. *HR Magazine* 107-109.

Owler, K. (2007, June/July). The Art of Induction: A Process Not an Event. *Human Resources* 22-23.

Wells, S.J. (2005, March). Diving In. *HR Magazine* 55-59.

↘ 延伸阅读

Barbezette, J. (2001). *Successful New Employee Orientation*, 2nd edition. San Francisco: Jossey-Bass/Pfeiffer.

Bauer, T.N. (2010). *Onboarding New Employees: Maximizing Success.* Alexandria, VA: SHRM Foundation.

Lawson, K. (2002). *New Employee Orientation Training.* Alexandria, VA: ASTD Press.

Sims, D. (2010). *Creative Onboarding Programs: Tools for Energizing Your Orientation Program*, 2nd edition. New York: McGraw-Hill.

Stein, M., and L. Christiansen. (2010). *Successful Onboarding: Strategies to Unlock Hidden Value Within Your Organization.* New York: McGraw-Hill.

第36章

内部顾问

贝弗利·斯科特（Beverly Scott）
B. 金·巴恩斯（B. Kim Barness）

本章要点

- 回顾内外部顾问的不同之处
- 学习内部顾问的不同要求、优势和面临的挑战
- 学习内部咨询的流程

“我想起在系统的那段日子，当你在系统中时，你是系统的一部分，可好可坏。身居其内你不能置身其外。我认为内部顾问和外部顾问之间的主要区别是内部顾问更专注于任务，外部顾问则专注于过程。两者无高低之分：为了做好战略变革，你必须两者兼顾。”

——阿曼达·特罗斯腾-布鲁姆，积极变革公司

（斯科特和哈斯卡尔，2002, 2006）

顾问这个词通常给人以高薪的印象，公司高层高薪聘请大公司的高级管理人员作为商业顾问解决公司无法解决的问题。来自大型或小型公司的外部顾问拥有局外人身份和专业知识的优势，这些优势源于他们丰富的高管工作经验。他们的作用也很容易理解：他们只是作为临时顾问帮助和影响管理层来解决具体问题，然后离开组织。与此不同的是，“内部顾问”则有不同的要求、优势和挑战。参见

表 36-1 内部和外部顾问角色的比较。本章探讨了内部顾问的优势、面临的挑战、角色、独特的素质模型及其他的成功因素。

表 36-1　内部和外部顾问角色的比较

相同点	不同点	
	内部顾问角色	外部顾问角色
具备人力系统、组织及个人行为学的知识	作为团队的一员，遵从内部文化	从旁观者的角度了解文化和组织
掌握变革过程	拥有内部人士的信誉	拥有外部人士的信誉
渴望成功，因为给客户带来价值而被客户认可	熟知组织和业务	带来其他组织丰富的经验
承诺学习	建立长期关系并且更容易建立融洽的关系	更容易与高管面对面交流、给予反馈、承担风险
有工作激情	将项目协调和整合到持续的运营中去	重点参与行将结束的项目
影响与主导	有机会影响、接触并与内部人士打成一片	丰富的经验带来信誉、能力和影响力
拥有需求分析和设计干预措施的技能	平衡使用正式和非正式的组织结构	能回避或忽略组织结构，会为达到效果绕开组织
拥有信誉或权威	依靠职位和个人特质（信任）领导	依靠职业素质和专业技能领导
	了解不应破坏的组织文化规则	能以可接受的方式挑战或打破非正式的组织文化规则
	了解历史、传统和机密	被视为第三方而非问题的一部分
	拥护者	带来更多的客观性和中立性
	可能被寄希望成为更广泛的通才	常被视为聚焦专业知识的专家
	承担大量的风险	总是能将风险转移给其他客户

内部顾问的优势

内部顾问独特的优势是对组织敏感问题、文化规则和历史有深入的了解。外部顾问的优势通常是其独特的专业技能和知识，但是内部顾问在业务、战略及组织文化等方面也有相应的知识和相关经验（参见表 36-2 何时选择内部顾问和外部顾问）。内部顾问对组织政治、组织内关系网和历史的了解程度是外部顾问难以企及的。内部顾问可以使用内部术语和语言。随着时间的推移，他们会与客户、同事建立深入的信任关系。因此，内部顾问具有较高的评估当前局势的能力，能在较短的时间内用正确的方法来处理新项目。

表 36-2 何时选择内部顾问或外部顾问

何时选择外部顾问	何时选择内部顾问
支持制定战略或推进公司级创新或决定关键优先事项	支持重点战略实施或干预关键运营
组织内部无相关专业技能	组织拥有所需要的内部专业技能
需要深厚的专业技能	需要视野宽阔的通才
旁观者、中立的角度是关键	知识和业务是关键
需要外部专家对新的冒险性选择进行验证	组织术语、语言及文化很重要
内部顾问没有地位、能力或权威影响高管或文化	需要了解组织敏感问题的内部人士
CEO、董事长或高层领导者需要教练、引导或客观的决策咨询人	需要维持长期创新，该创新的内部主导性更强
创新大于投资	成本是考虑因素
项目已经设定边界或限制	后续运营和快速进入是必需的

资料来源：斯科特和哈斯卡尔（2002, 2006）。

内部顾问的第二个优势是参与组织运营，了解公司面临的挑战、客户问题、管理决策和行动等。外部顾问经常是临时进入系统去实施一个具体的方案。内部顾问在项目结束后仍长期留在组织内，这样能了解整个进程、解决方案和在实施中的面临的挑战或障碍，并且与组织成员快速跟进与调整。内部知识使内部顾问能识别出创新举措与组织其他部门的联系，让其他职能部门成员参与创新举措的推广及问题解决之中。

第三个优势，内部顾问通常是高层领导者、内部变革合作伙伴和公司员工等现成的资源。他们跨组织协作，致力于变革创新，并且能给出自发的指导或建议。立即采取的行动可能会防止潜在的问题发生，将冲突消除在萌芽状态，鼓励项目负责人为提升能力提供必要的支持等。

问题与挑战

了解组织和精通商业知识的内部顾问可使自己成为有价值的商业伙伴。这也挑战了他们作为内部顾问的中立性和客观性。他们被认为对组织太熟悉，不能客观、从旁观者的角度看待问题。他们必须站在边缘运作，并与组织保持距离。具备专业知识与保持边缘位置的微妙平衡道出了内部顾问所面临的挑战。从属于组织并寻求认可有助于内部顾问与客户保持一致，但他们必须谨慎且避免合谋（如没有把真相告诉高级管理人员）。

在人力资源系统的汇报层级里内部顾问经常被放置在中层。许多组织没有重视强大的内部顾问的价值。内部顾问可能发现自己的身份和汇报关系对建立信誉构成障碍。有时他们身居中层，很难与高管建立咨询或伙伴关系。此外，当组织的高层领导者引进外部顾问领导变革创新时，这些项目的成功其实常常取决于内部顾问的后续工作。发展与外部顾问的职业关系和在重大创新中占领一席之地是非常困难的。内部顾问必须证明在外部咨询公司主导的项目中自己不仅仅只是个帮手。表 36-3 描述了促进或破坏成功的条件。

很多内部顾问面临来自高级客户的压力而变得不够自信、接受不现实的项目、做出不切实际的变革。内部顾问经常被拒绝，缺乏同事间的合作。成功的内部顾问往往可以突破组织层级，倡导和促进变革。人力资源专业人士更加关注保护和稳定组织。当组织没有做好变革准备时，这些矛盾和挑战给内部顾问带来了较大的冲突和压力（福斯等，2005；斯科特，2000）。

表 36-3　内部–外部伙伴关系

内部–外部伙伴关系
促进成功的条件：
• 灵活、开放的沟通
• 与大家在一起的感觉
• 影响成本、效率、知识和可信度的机会
• 被内部认可、重视的优势
• 内部对学习持开放态度
• 兼具内部知识和外部视野及可信度
• 尊重并理解文化差异
破坏成功的条件：
• 内部顾问在引领变革创新时组织影响力不够
• 高管可能不认可内部顾问的组织关联价值，因此不支持内部顾问的伙伴关系
• 外部顾问忽略或绕开内部顾问向高管凸显其价值
• 被排斥在合同进程之外的内部顾问可能会感到不满、被威胁和被边缘化，导致缺乏担当
• 外部顾问往往被视为傲慢的、排他的和武断的，与之对应，内部顾问往往被视为效率低下的、能力欠佳的和“可怜的失败者”
• 薄弱的内部职能可能无法成功地引领变革项目

资料来源：斯科特和哈斯卡尔（2002, 2006）。

在组织内发展良好的同事关系可能存在困难，因为内部顾问承担着许多机密工作，而私下关系较好的同事往往可能期望分享内幕消息。为了学习并获得新的视角，内部顾问不得不找到其他人与之讨论他们的顾虑和问题。因此他们不得不在组织之外寻找最好的知己、导师和教练。

在许多组织中，内部顾问的一个关键作用是提供咨询服务，即让别人知道他们的期望并从良好的工作关系中获得收益。这是营销方面的挑战，可能要求内部顾问去帮助客户和同事忘却某些预期（如顾问按照要求执行命令），建立新预期（如客户将提供资源，包括但不仅限于他的时间、精力和全心全意的支持）。与新客户的首次会议提供了协商高效工作关系的机会，以确立彼此的实际预期。可能还有其他的方法促进对组织内个人价值主张的清楚认知，以及如何更好地了解和利用它。

不论是内部的还是外部的，顾问的角色依赖于对客户、同事、团队成员和组织内其他成员的影响力。为组织或客户重要目标提供服务时，强大的影响力和丰富的经验是成功的基石。这些专业人士不会耗费宝贵的时间坐等需要他们提供智慧和专业知识的电话铃响起或短信的到来。相反，他们会引导重要变革，积极推进组织实现关键战略目标。也许所有内部顾问面临的最重要的挑战是如何通过影响他人采取本不会采取的行动来增加实际价值。事实上，即便取得成功，内部顾问也不可能得到认可，人们经常说“是我们自己做的”。

机会

尽管有挑战，内部顾问仍有独特的机会利用他们在组织中的位置，对组织产生长期、重大的影响。内部顾问拥有的组织整体知识使得他们能够从系统角度确保从关联性与流程方面支持变革目标。当他们和外部顾问合作时，以倍增效应传播、强化专业知识和前沿观念，并通过日常工作使得这些知识和观念与组织文化相整合。通过使用组织和业务内部知识，内部顾问成为变革所需的催化剂，确保组织遵循商业策略，在动荡的商业环境中使具备技能的员工及时应对即将到来的变革，作为高管的秘密传话筒，为组织提供坦诚的观点。

内部顾问的角色

内部顾问与外部顾问相似，都是用专业知识、影响力和个人技能在没有正式授权实施项目的情况下，引导客户要求的变革。变革通常能解决问题、提高绩效、提高组织效率或帮助人们和组织学习。在变革创新中，内部顾问扮演的角色反映了以下四方面需要考虑的问题：顾问的特性、客户的特性、客户 / 顾问的关系和组织形式（见表 36-4）。

关于顾问角色的讨论常常反映出流程顾问与专家或技术顾问间的矛盾。（玛格里斯，1978）。技术顾问，或者像布洛克（1981）那样称作专家顾问，要依靠顾问的知识和专业技能来解决客户的问题。专家利用数据收集和数据分析向客户推荐解决方案，这是商业咨询的传统模式。流程顾问更多依靠直觉，要观察人类行为中的情感、非语言、知觉和空间等要素。流程顾问帮助客户理解发生了什么、寻找解决方案和向客户转移技能以确保运营持续。流程顾问关注的焦点是客户系统的活力、组织或团队动能的提升。

表 36-4　内部顾问扮演的角色反映的四方面需要考虑的问题

顾问的特性

- 我的人际关系的优势是什么
- 我的咨询能力是什么
- 我的专业技能是什么
- 我对核心业务流程的掌握程度如何
- 我的专业知识与客户的相关性如何

客户的特性

- 出资人、主要客户和次要客户分别是谁
- 遇到机构内不同层级的干涉可以获得什么支持
- 客户承诺参与项目吗
- 客户为变革做了哪些准备

客户 / 顾问的关系

- 顾问是否理解客户对成功的定义
- 有帮助提升客户学习技巧和洞察力的承诺吗
- 探索和澄清客户的期望了吗
- 与客户建立信任关系了吗

组织形式

- 明确和理解组织愿景和战略了吗
- 组织的关键战略需求是什么
- 组织面临的竞争和当前市场的影响是什么
- 关注的焦点是什么
- 实施项目有什么资源
- 在组织中还有其他的战略举措实施吗？它们是如何影响现在的战略举措的
- 什么样的文化规则和理念会影响项目
- 组织对内部顾问的期望是什么
- 什么样的组织需求没有满足
- 顾问的专业知识与组织需求相关吗

资料来源：斯科特（2000）。

人们对内部顾问的期望不仅是参与、了解流程和观察技能，还包括掌握专业技能和知识等。基于以上四个方面的考虑，顾问可平衡流程或技术角色，或者强调其中一个角色。图 36-1 列示了内部顾问可能选择的一些角色，如传统顾问角色、传统组织发展角色或新型顾问角色。这些角色描述是由一位作家与约瑟夫合作为组织发展网络网站开发的（利普西和斯科特，2008）。

传统顾问角色

医生：此类顾问角色需要做诊断并给出建议的诊疗方案。病人常常依赖该顾问开具的处方。

专家：客户知晓问题所在，知道需要什么样的帮助，明确知晓寻求谁的帮助。此类顾问需要提供一个解决方案。

左右手：此类顾问提供的服务就像另一只手，运用专业知识去实现客户设定的目标（布洛克，1981）。

传统组织发展角色

变革推动者：这是一个经典的组织发展顾问角色，顾问如同变革催化剂，像公司主流文化的局外人；公司特定变革子系统的外部顾问（佛兰奇和贝尔，1999）。

流程顾问：顾问通常站在系统的高度提供观察与见解，帮助提升客户对问题的理解（沙因，1988）。

合作顾问：类似于变革推动者和流程顾问，两者兼备，但有一个重要假设，通过将顾问的专业知识与客户对组织的充分了解相结合，解决客户提出的问题。客户必须积极参与数据收集和分析、目标设定和行动计划等过程，也要“共享成功，共担失败”（布洛克，1981）。

新型顾问角色

绩效顾问：提升组织和个人绩效需求而塑造的一个新角色，该角色超越了对传统技能培训师的理解，把全系统组织发展的重点与对技能培训的理解和具体技术相结合。绩效顾问与客户合作，共同明确和解决组织内的绩效需求，提供专业的服务以改变或提升绩效。

值得信赖的顾问：快速的变革和复杂的环境将组织领导者置于不可预见且未知的挑战和困境中，如复杂多变的全球市场和日新月异的科技，他们必须为组织制定全新的战略方向。身处风暴之中，他们必须在聚焦保持文化定位的同时，满足客户、员工、股东的需求。高管经常处在孤独和孤立的境地。在当今商业环境下，那些能够充当传话筒并为人力资源组织传授洞察力的顾问，对高管来说才是有价值的顾问。值得信赖的顾问能够充当知己，基于对人力资源组织、关键问题、商业策略和高管压力等方面的认知和理解，向高管提供可信赖的交流和反馈。

图 36-1　角色困境

变革引领者： 随着组织不断地适应瞬息万变的商业环境，组织全局变革需要有引导师指导变革，实施与支持创新项目。人们期望内部顾问既能指导变革过程，还能成为变革倡议的驱动力。这些期望基于变革领导力、机构一致性及与变革相关的技术能力领域的专业的基本业务需求。变革的引领者既是变革的倡议者又是项目带头人，顾问不再只是中立的过程角色，更是与项目的成功息息相关。该角色经常需要某领域的专业知识，在这一领域中，顾问应当与企业中的各管理部门一起启动项目并指导组织变革过程。

图 36-1 角色困境（续）

能力素质

我们已经讨论了内部顾问的优势、面临的挑战和扮演的角色。然而，要求内部顾问具备能带来预期成果的能力素质也许更为关键。能力素质是知识、技能和态度等成功所需能力的总和。对于内外部顾问而言，所需的许多基础能力素质是相似的：专业理论、技术和方法、自我认识和绩效技巧等。然而，内部顾问报告提到，成功的内部顾问所要求的“咨询”能力素质与外部顾问是不同的。表 36-5 显示了内部顾问能力素质分类，以及采访内部顾问了解到的其行为描述。在某些情况下，描述内容可能与外部顾问相同。然而，因为内部顾问所处环境不同，内部顾问展示出来的能力素质也不同。福斯等人（2005）的报告中提到，其他能力素质也可能是必需的，但建议将这些能力素质作为后续研究和讨论的起点。

表 36-5 内部顾问至关重要的能力

能　　力	行为描述
与他人合作	• 确保与客户、同事和组织内的其他人的人际关系是协作的、健康的、基于团队的 • 寻求平衡、双赢的伙伴关系 • 强调后续跟进和良好的客户服务 • 谦逊、有爱心、有同情心，庆祝客户的成功
建立诚信	• 通过出色的工作、交付的价值及实现的成果来树立公信力和尊重 • 坚持高道德标准并通过专业素养、道德和合同保持诚信 • 向客户描述一个现实的愿景，通过明确客户和顾问角色，让客户知晓在可用的时间内可以实现些什么，让客户知晓变革的难度和解决问题的方式

续表

能　　力	行为描述
采取主动	• 在表明立场、传递困难信息、推动决策和成果时态度坚定 • 展示企业家精神 • 实现与组织目标相关的成果 • 了解、尊重并高效运用在组织中的权力去协助客户实现他们的目标
保持独立	• 从组织中脱离出来，维持独立性、客观性和中立性 • 不仅能充分与客户保持一致以寻求认可，还能以局外人的思维模式提供一个更平衡的视角 • 避免选边站或传递消息
宣传专业技能方面的价值	• 帮助客户和组织了解顾问给他们和组织提供的工作价值 • 致力于明确其他部门（如人力资源、质量改进、财务和 IT）的角色 • 明确描述产品与服务，区别组织其他部门的产品和服务
展现组织智慧	• 了解并知晓如何在组织中获得成功 • 与高层领导建立关系，并且与各个层级的联系人发展广泛的关系网 • 利用局内人的知识去处理组织问题 • 使用恰当的判断识别出跨职能部门间的相互依存关系、政治问题和文化适应的重要性 • 识别系统思维的重要性
机智行动	• 使用想象力、创造力和前瞻性思维 • 足智多谋，灵活、创新地使用方法和利用资源 • 不局限于某一特定方法 • 利用各种时机和精益方法满足客户需求
理解业务	• 了解运营模式和关键策略 • 有战略性思维，并对关键战略问题给予支持 • 支持经理人从战略层面调整组织

成功的关键因素

内部顾问成功的最关键因素是获得领导和员工的信任和尊重。信任和尊重基于能力和正直的人品。内部顾问的个人资信要比其他任何员工更加受到正直、自我认知和个人从业者自我管理的影响。这个强大的基础依赖于与客户建立真正的合作伙伴关系，并对客户的抵触、承担变革所带来风险的意愿、是否需要支持、是否有能力去领导组织变革、是否能对消极的反馈保持开放态度等方面做出认真的判断。为了实现向客户描述的胜利成果，内部顾问还应该与其经理、其他级别的管理层、同行或人力资源部同事、其他部门的同事建立良好关系，因为他们在公司内部工作。建立强有力的关系需要内部顾问引导其他人去理解并欣赏顾问的角色，要主动了解别人的观点，要内心强大、观点明确，要有自我认知和自我管理能力。对行为或协议的误解会迅速瓦解内部顾问多年的努力（福斯等，2005）。

与专攻某一特定领域的外部顾问不同，内部顾问必须是一个通才，熟悉和精通各种解决途径和方案。内部顾问必须掌控各种潜在的行动，这同时是一个潜在的陷阱。内部顾问通常无法处理所有的事情，因此他们必须有选择性地提供服务以最大化其所做工作的收益。通过有意识地选择和调整组织战略与优先事项，内部顾问将为组织带来更多的价值并且更好地满足组织需求。

内部咨询的过程

内部咨询的过程通常是混乱却有组织的。这些步骤很少是线性的，经常有重叠，或者需要倒回去重新开始，或者拓展一个之前的阶段（见图 36-2）。内部咨询过程的开端也不同于外部咨询。内部咨询始于与客户的初次接触并深受该顾问在组织中声誉的影响。这种声誉的价值等值于商标的价值，很多内部顾问成功地在组织中使用声誉推销自己。内部顾问在设定与经理和更资深潜在客户谈判项目章程的阶段时，就开始定位自己的声誉。人际关系能力、在组织中动态生存的能力都是咨询过程取得成功的必要条件。

在某些案例中，最好的方式也许就是与一家外部咨询公司成为伙伴。如果内部顾问断定外部顾问能够提供帮助，这通常是因为该内部顾问已经为组织打好了基础，知道外部倡议将有更大成功的可能性。这项辛苦付出的工作却没有得到认可。另一个令人沮丧的情况发生在当外部顾问或咨询公司与公司高级领导或人力资源部员工直接接洽，而没有内部顾问参与。管理者通常在迎接即将到来的变革倡议方面没有做好组织准备，并且难以指导外部顾问工作。没有内部顾问参与可能导致外部顾问的干预达不到最佳效果（福斯等，2005；斯科特与哈斯卡尔，2002，2006；同时请看表 36-3）。

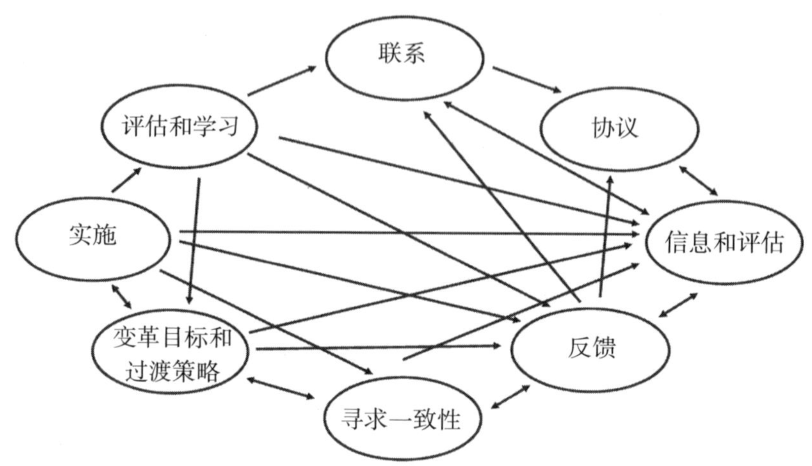

资料来源：斯科特和巴恩斯（2011）。

图 36-2　咨询的过程

咨询过程的八个阶段

联系：了解客户组织或业务需求。为建立顾问 / 客户关系打下基础。

协议：明确顾问和客户角色、期望和即将采取的举措。明确即将被处理的需求和即将实现的目标和成果。

信息和评估：收集关于问题、业务、绩效和组织的信息。评估或分析这些收集来的数据和信息，给出独到观点和对问题的解释。

反馈：向客户提供信息或数据，寻求客户认可和接收数据。从顾问角度给出分析或解释。

寻求一致性：争取与客户保持一致，共同商讨期望的成果、未来状态及用于实现目标的方法。

变革目标和过渡策略：澄清哪些系统的哪些部分需要变革，并确定必要的支持和资源。制定过渡策略，从当前状态过渡至所期望的未来状态。

实施：通过提供指导、教练、引导和领导力去实施变革项目。

评估和学习：通过客户反馈及评估他们所学技能，利用客户的系统评估项目成功与否。开发知识、技能和自我认知。

资料来源：斯科特和巴恩斯，2011。

总结

内部顾问以其对组织深刻且透彻的认识，为组织提供独特的收益。他们对管理者和员工来说是现成的资源。内部知识促使内部顾问与外部顾问更有价值的合作；然而，成为内部人士以后，对顾问是否有能力保持中立且客观的角色构成挑战，这需要他在组织知识和维持边界地位上保持一个微妙的平衡。

成功的内部顾问关注培养信任和建立声誉，就像业务伙伴对于高级管理人员一样，需要能力支撑自己。能力包括他们的专业技能及内部顾问所需特殊能力——他们自己的知识、他们的客户及组织允许他们选择的适当角色。

那些致力于为组织创造成果、愿意退出公众视线、保持谦虚和慷慨精神的专业人士，可以得到回报，并且在组织中会做出更大贡献。

想知道如何评价内部顾问能力的重要性吗？本书的网站（www.astdhandbook.org）上有内部顾问能力自我评估，将帮助你评估自己的技术水平。

本章部分内容摘自《内部咨询》（斯科特和巴恩斯，2011），以及从事内部咨询研究项目的内部顾问的工作成果（福斯等，2005）。

作者简介

贝弗利·斯科特，超过 35 年的组织顾问经验。她在旧金山的麦克森公司担任了 15 年的组织管理发展总监。她是《内部顾问》（第 2 版）（中文版由电子工业出版社出版）的合著者。她曾就职于约翰·肯尼迪大学组织心理学系，并曾担任组织发展网络信托董事会主席。贝弗利目前正在创作小说，该小说以其祖父母生活中家庭秘闻为基础，这对她来说是项新的冒险。

B. 金·巴恩斯，巴恩斯&康迪联合公司的 CEO，有 30 多年的领导和组织发展经验，与很多行业中的组织有广泛合作，经常在专业的大会上发表演讲。巴恩斯出版了很多著作，同时是颇受欢迎的巴恩斯&康迪项目的开发者之一，该项目包括培养影响力、管理创新、内部咨询等。她的著作包括《培养影响力：如何在工作中、家中、社区中建立影响力的指导书》；与贝弗利·斯科特共同编写《内部顾问》（第 2 版）；与艾维尔德·戈兹共同编写《自我导航：人生和事业的指南针》。此外，她还创作了一些推理小说，文中主人公就是内部顾问。

参考文献

Block, P. (1981). *Flawless Consulting: A Guide to Getting Your Expertise Used.* San Diego: Pfeiffer.

Foss, A., D. Lipsky, A. Orr, B. Scott, T. Seamon, J. Smendzuik, A. Tavis, D. Wissman, and C. Woods. (2005). Practicing Internal OD. In *Practicing Organization Development: A Guide for Consultants,* eds. W.J. Rothwell and R. Sullivan. San Francisco: John Wiley & Sons.

French, W.L., and C.H. Bell Jr. (1999). *Organization Development: Behavioral Science Interventions for Organization Development.* Saddle River, NJ: Prentice Hall.

Lipsey, J., and B. Scott. (2008). Consulting Skills Toolkit: Roles. OD Network, www.odnetwork.org.

Marguilles, N. (1978). Perspectives on the Marginality of the Consultant's Role. In *The Cutting Edge: Current Theory and Practice in Organization Development*, ed. W.W. Burke. La Jolla, CA: Pfeiffer.

Schein, E.H. (1988). *Process Consultation: Its Role in Organization Development,* 2nd edition. Saddle River, NJ: Prentice Hall.

Scott, B. (2000). *Consulting on the Inside*, 1st edition. Alexandria, VA: ASTD Press.

Scott, B., and B.K. Barnes. (2011). *Consulting on the Inside: An Internal Consultant's Guide to Living and Working Inside Organizations*, 2nd edition. Alexandria, VA: ASTD Press.

Scott, B., and J. Hascall. (2002). Inside or Outside: The Partnerships of Internal and External Consultants. In *International Conference Readings Book,* eds. N. Delener and C. Ghao. Rome: Global Business and Technology Association.

Scott, B., and J. Hascall. (2006). Inside or Outside: The Partnerships of Internal and External Consultants. In *The 2006 Pfeiffer Annual, Consulting,* ed. E. Biech. San Francisco: John Wiley & Sons.

延伸阅读

Barnes, B.K. (2006). *Exercising Influence: A Guide to Making Things Happen at Work, at Home, and in Your Community*. San Francisco: John Wiley & Sons.

Bellman, G.M. (1992). *Getting Things Done When You Are Not in Charge*, Fireside edition. New York: Simon & Schuster.

Henning, J.P. (1997). *The Future of Staff Groups*. San Francisco: Berrett-Koehler.

Lacey, M.Y. (1995). Internal Consulting: Perspectives on the Process of Planned Change. *Journal of Organizational Change Management* 8(3):77.

Ray, R.G. (1997, July). Developing Internal Consultants. *T+D* 30-34.

Schaffer, R.H. (1997). *High Impact Consulting*. San Francisco: Jossey-Bass.

第37章

打造卓越的内部团队

杰夫·贝尔曼（Geoff Bellman）
凯瑟琳·瑞安（Kathleen Ryan）

本章要点

- 定义是什么成就了卓越团队
- 卓越团队的行为及推动力
- 如何让你的团队变得卓越

当前，人力资源发展工作正逐渐倾向于面向团队，因此，作为人力资源发展专业人士必须学习如何将工作重点转向团队，这也是本章的重点所在。当组织中的成员（如目前你的角色。我们作为团队的一员，更要学习如何与团队共事）受邀协助打造内部团队时，本章将提供一个高效的团队工作模式。当然，这些都源于我们对卓越团队的咨询经验，我们曾对60个卓越团队进行访谈与咨询，并撰写了《卓越团队：普通团队如何取得卓越成就》（2009）一书。

高效的团队工作模式基于以下假设：

- 团队绩效是组织绩效的基础，是的，团队而非个人。放眼当今，职场成功一定取决于团队成功。当前绝大多数的项目中，团队需要多种人才的组合，而全球范围的互联网连接为组织这样的团队创造了条件。
- 个人绩效只有在团队的大环境中得以实现。如果抛开团队背景来谈个人绩效并无效果。我们这些人在人力资源发展领域实践多年，成败参半。我们需要聚焦微型团队绩效，找到设计团队、发展团队、激励团队的方法。微型团队（2~9 名成员）会为个人和组织提供成功的平台。

- 魔法不会帮助我们实现卓越团队的成就。我们非常乐意见证与团队成员一起实现伟大成就的时刻，虽然每次谈论的内容不同，但我们仍会就其谈论。而现实是，我们并没有认真地关注我们为实现成功真正做了什么，而一直抱着那些虚幻的设想。
- 学习卓越团队的方法能够使我们的团队取得更优绩效，无论绩效是有形的还是无形的。我们要投入极大的热忱与激情，去发现卓越的团队究竟做出了何种努力。
- 卓越团队有许多共性，不管从事何种专业技术工作。我们中的两名团队成员基于超出我们想象的假设，能力得到进一步提升。
- 本章概述了卓越团队合作的思考方式。我们希望读者通过阅读以上理论，参考以上工作模式，继续自己的团队思考和对话方式，表达自己的观点和制定自己的战略。
- 基于以上假设，我们自 2006 年起，向 60 个卓越团队（小组、委员会、任务组、董事会及其他设计小组等）取经，我们非常好奇，究竟是什么让一部分团队如此卓越，而其余大部分则相当平庸甚至糟糕。四年的时间我们找到了结论性的东西，总结了模式，编写成册，之后，还会有一套团队评估的工具。这样的成果，我们非常愿意与你分享。

当阅读本章时，请在脑海中回想你曾参与过的卓越团队，你是团队中的一员，无论在工作中还是在工作外，然后回答以下三个问题：

- 卓越团队会怎么做？设想一下，什么样的实际行动有助于团队的成功。
- 你和其他人为何这样做？是什么促使你这样做？
- 你如何看待团队绩效？

请找一张纸来记录你的回答，以便将你的经验与我们的研究成果进行对比。

四年的实践考察

过去的四年中，我们聚焦并走访了 60 个由 2~20 人组成的卓越团队，探索是什么使他们如此卓越，探究他们成功背后的秘密。我们从这 60 个卓越团队中各取 1~2 名成员，倾听他们的故事，并从中了解他们的行为和推动力，以及他们如何看待工作。

其中 60%的团队来自世界各地的有偿工作者，他们大都来自大型的组织及机构，其余的团队则来自一些民间团体及私人团队。我们的走访对象不乏企业领导、信息技术专家、摩托车手、中学师生、士兵、教练、人力资源白领、社区大学辅导员、护士、篮球教练、社工、足球运动员、家庭主妇、政府项目承包人、冲浪者、董事会成员及私企企业家。采访的近一半团队中都无正式任命的领导，且有接近 1/5 的团队其实只是虚拟团队。

什么是卓越团队

基于与卓越团队成员的沟通及从他们身上学到的经验，我们这样定义卓越团队：拥有互补技能、愿意为了共同目标而全力以赴，并最终获得杰出成绩的群体。当团队成员以个人或群体取得杰出成绩时，其世界观发生深刻转变。请注意，我们强调结果，团队既需要满足自我，还需要满足所服务的世界。团队成员能意识到“深刻转变”是什么，并且会随着这样的意识去调整他们的视角及世界观，而这种转变使他们的世界观更加实际，从而获取更多的机会。

我们确信，任何团队成员、领导、引导师或教练，都可以通过自己的经验将所在团队引向卓越。作为培训与发展专业人士，你可以通过自身经验将团队引向卓越。不要误解，并不是所有的团队都会走向卓越或被称为卓越团队，但所有的团队都可以通过学习卓越团队的模式，使团队变得更佳，而较弱的团队也会变得更强。有了以上的想法，接下来让我们深入探究所发现的细节。

卓越团队的行为

通过观察卓越团队的行为，你会发现以下八大特点：

1. 强制的目标，激励并推动团队成员全力以赴，并将团队目标放在首位。

2. 领导力分享，使每个团队成员对于团队的成功都负有使命感和责任感。
3. 适度的结构，适度的结构推动组织前行。
4. 全情投入，使团队成员富有活力和热情。
5. 拥抱差异，使团队成员重视和利用好团队成员间的差异。
6. 意外的学习，带领团队获得意料之外的收获。
7. 巩固的关系，使团队成员的结合更紧密。
8. 杰出的成就，超出团队所预料的杰出成就。

我们将以上八个主题称为“绩效指标”，任何一个主题都和相关行为紧密相关。通过观察卓越团队，你会发现他们的行为和这些“指标”关系密切，无论是有偿的工作团队还是志愿者团队，也无论是集中办公团队还是虚拟团队。接下来，请阅读我们对每个指标的分析，来反观卓越团队。

1. **强制的目标。**观察一个卓越团队的工作，你会受到他们的鼓舞，当然强制的目标并不意味着一成不变。无论个体还是团队，共同的目标才是核心，所有成员都将这个核心谨记心中，他们也会把这样的共同目标贴在墙上最显眼的地方，作为他们决策的核心导向，并以此为目的来进行工作。

2. **领导力分享。**领导在团队间轮值，根据团队所需的专业知识及项目的主题来变换。任何成员都可以提出一个问题、一个任务、一个事件或一个建议。任何成员都有责任或义务提供输入和输出。卓越团队授权的领导只是众多领导中的一位。他们坐视团队被一人领导，同时实行轮值领导。

3. **适度的结构。**目标明确和领导力分享的团队会找到实用的、系统的甚至无序的方法实现预期的成果。通过观察一个卓越团队，你很难知晓该团队在做什么，但他们很清楚，而你可能并不清楚。团队成员会创建一个适度的组织结构去完成任务。他们通常不太采用正式的组织结构，只是在必要的时候考虑使用。他们往往会避免过度、过早结构化。他们想投入关注在强制目标上，不想过度关注流程。

4. **全情投入。**卓越团队全情投入工作，团队成员不会坐等他人分配任务。卓越团队成员往往忙于工作，无暇停顿。在卓越团队中，强度和兴奋往往大于工作秩序。大家工作往往出于激情、自发和热情。与此同时，复杂的团队动能、冲突和分歧往往是卓越团队的特征。

5. **拥抱差异。**卓越团队成员会被团队中不同的背景及观点所吸引。他们明白创新方案需要各种不同的观点，通过差异寻求突破。他们尊重差异，所有团队成员都全身心投入组织中。

6. **意外的学习。**60 个具有代表性的卓越团队均取得了超乎他们预料的收获。他们为之前参与的工作而兴奋，成员们结合所学进行自我发展。他们的意外收获不仅源于工作技能和知识内容，还源于团队技能及生活技能。在离开团队时，他们会更自信地去应对下一轮挑战，为下一个团队做出更大贡献。

7. **巩固的关系。**团队成员因为组织贡献受人尊重，进而关系密切，忠于团队。当团队成员一同工作，价值观相同，关系则更为紧密。当成员彼此依赖，相互坦诚，则会产生深厚友情。共渡难关、分享知识，打造巩固关系。

8. **杰出的成就。**成就，无论是有形的还是无形的，都超出了团队成员预期。卓越团队所创造的有形成就大多远超发起人或创建该团队的组织的预期。团队成员以创造有形成就为荣，但他们的收获不仅如此，还有无形的成就：个人学习、人际关系，以及个人和世界观的转变。通过团队工作，他们获得了自己的有形和无形成就。这些成就造就了团队成员的推动力、他们的学识及他们的参与，也引领他们在未来的工作中再创佳绩。

团队致力于八项绩效指标，你会发现一些团队行为上的变化，重点是以这八项指标作为基准提升团队并采取实际的行动。以这些指标作为框架，推动团队高效讨论和决策，取得杰出成就。本章内容会帮助你用上方式建设团队。你可以和团队成员采用卓越团队量表（团队评估工具）推动绩效改善。

卓越团队的推动力

了解卓越团队的行为固然非常有用，除此之外，你仍面临着团队推动力的挑战：团队成员当然很清楚要做什么，但他们可能不想这样做。就像我们知道了八项绩效指标，但不去真正实施一样，结果也只能是一纸空文，毫无作用。在我们的实践研究中，从没有把脚步停留在单纯去了解卓越团队做了什么，我们深入研究他们的成员为什么会有这样的行为方式。分析我们听到的故事，从中发现推动力的基本模式。我们根据从卓越团队中获取的经验进行了分类，创建了团队需求模型。我们把它作为一面透视镜，用更深入的视角去观察团队。就像团队行为一样，存在着一个模式，在团队行为的背后，同样隐藏着一个模式。

当我们融入一个团队时，无论是娱乐体育小组还是解决方案小组，抑或非营利性组织的董事会或围坐在餐桌旁的家庭聚会，我们带着许多难以表达的诉求、动机、欲望和渴望，希望这就是我们心生向往的团队。这些核心需求是人类作为群居动物的关键点，这些需求绝不是被动的需求，它们随时随地存在，并且根深蒂固地长期影响着我们，成功地帮助人类繁衍与生存。

人类在成千上万年的时间的历史长河中以群居的形式存在，在进化过程中互相依存，共同面对未来，这种特性深深地印在了我们的基因中，快进到当今的 21 世纪，我们仍然以融入团队的方式生存，无论我们扮演什么角色——家庭成员、职场一员还是社区成员，我们都处于一个团队中。团队在很大程度上定义了我们，在不知不觉中我们希望重要的需求通过团队得以实现。

上述两段内容描述了我们的论点，也作为后续内容的基础。通过所识别的群体需求来观察团队行为，能够帮助我们理解成员为何如此行事。当我们了解了群体需求，就可以更有针对性地去满足其需求。例如，当你了解到团队中的一名资深成员希望在工作中获得更好的成长，你就可以有针对性地提供帮助以满足他的需求；如果不了解他的需求，你就无法有针对性地帮助你的团队成员。

在从卓越团队的研究中，我们提取出三组与人有关的需求：

- 自我认同，以便激发潜能。
- 团队合作，达成共同目标。
- 立足现实，以提高影响力。

换句话说，在一个理想的团队中，你可以尽情地展现自我，展现你的现在和未来。你会为成为团队一员及团队存在的意义所吸引。你会分享团队对周围世界的感知，并不断改变世界。

在团队中，无论我们是否能正确理解或正确阐述这些需求，我们都会积极地寻找方法，希望满足这些需求。这三组需求（六大需求）相互连接、相互交织和相互重叠，如图 37-1 所示。

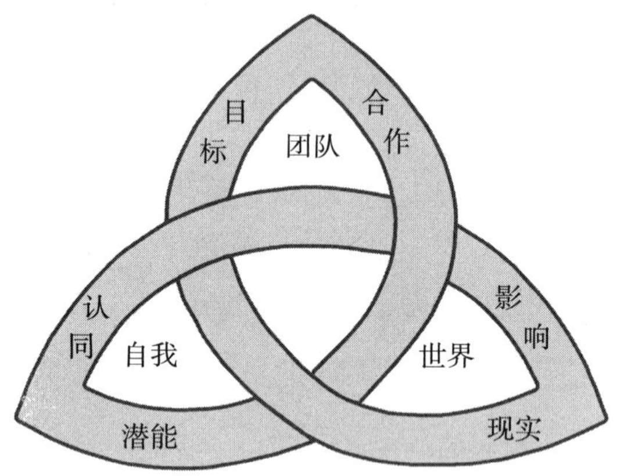

图 37-1 团队需求模型中的六大需求

团队需求模型

图 37-1 中的模型描绘了六大需求如何持续地相互作用，为我们大部分行为提供推动力。对模型中的三个循环概括如下。

自我：认同与潜能

自我循环中的两条边线，动态地展现了对自我认同的需求和个人发展方向的需求。参照这个循环来对比当前的自己及你希望的未来的自己。这种动态和对立，是该循环的重点所在。

- 认同：认识自我，肯定自我。
- 潜能：感知，不断成长为更全面、更优秀的自我。

当做到自我认同时，我们会更自信地去迎接当下、面向未来、迎接挑战。做到自我认同，能够让我们开始寻找一种方法，向着发挥潜能的方向发展。在面试中充满了这样的情形，面试官会更注重应聘者的自我认同感和潜能。团队成员清楚自己还没有达到心中的高度，但能够轻松地讨论如何使自己更出色、更强大、更优秀，他们更愿意处于一个能帮助自己发挥潜能的团队。他们也会去讨论自我认同过程中的困难，无论是畅想潜能还是倾诉困难，他们都能够在团队中找到归属感。我们希望当下及未来的工作和生活中团队成员都能够得到支持，实现自我价值。我们希望每个团队都十分重视团队成员的自我认同和潜能发挥。

团队：合作与目标

在团队这个循环中，团队目标在团队成员间形成一种关系，关系又反过来帮助团队实现目标。

- 合作：成员间的关系营造了共同的认同感和归属感。
- 目标：团队成员间相互合作的原因。

团队为成员提供了一个避风港，在这个避风港里，成员相互了解、相互认同、相互尊重。合作就是要团队成员在他们所处的团队中找到这样的归属感。当展开合作的团队成员去追求同一个目标时，他们会主动承担更多的责任，与团队成员间的合作也更加亲密无间。共同的目标使团队成员在工作中更加专注，以更饱满的精神去提高技能、促进沟通，并将共同目标置于个人目标之上。

世界：现实与影响

需求模型中世界这个循环，需要将眼界提高到团队工作与团队成功的更宏大的背景下，将成员、团队，乃至经济、政治整合为一个大的环境。团队所处的这个大的环境，可能是一个市场营销部门、市政局、教会区，甚至州议会或庞大的家族。无论世界是怎样的，团队对环境的了解都直接影响团队的成功。

- 现实：了解并接受环境及其对我们的影响。
- 影响：我们想变得与众不同并为此付出努力。

人们了解周围环境并赖以生存。作为地球大家庭的一员，我们生生不息并取得成功，靠的就是我们时刻对所处的环境保持敏锐度，对团队而言亦是如此，团队成功取决于对周围环境的敏锐度和适应度。对环境的了解有助于策略和行动计划的制订，对现实的接受推动我们不断向前。

影响就是为了改变。人们聚集在一起，集思广益，将世界改变为他们理想中的世界，并推动世界走向新的层级。在现实与影响之间进行动态的创新即实用主义，当团队成员了解并认同他们所处的现实，便会开拓思维，让世界变得不同。

阅读本章的同时，对比你所做的笔记，回忆一下你的卓越团队。特别关注一下我们的观点与你的团队经历是如何契合的。然后试想以六大需求的视角来观察团队成员，试想就他们的个人需求或者就满足个人需求的行动提出问题，试想团队成员的需求如何被满足、团队成员如何成长、如何融入团队、如何共事、如何理解周遭发生的事情、如何创新。你可以将我们的理论模型运用在下一次的会议上，运用此模型观察你的成员，通过新的视角，你会惊讶于你的所见。个体需求无处不在，期待认同并伺机行动。满足这些需求是构建卓越团队的关键。

卓越团队对于一起工作有何感受

需求决定行为，行为产生结果，结果伴随情感。这就是为什么第三阶段的情感与八项绩效指标和之前讨论过的六大需求有关。那些从卓越团队中听到的故事往往伴随着惊喜、兴奋、自豪、愉悦、快乐、紧张等超过 400 种人类情感。我们收集了上百条语录，放在一起，然后将它们反复重组。我们思忖：如果卓越团队能像分享绩效和需求指标一样分享情感是不是很棒？确实如此！

无论是企业规划师、皮划艇运动员、棒球手、软件工程师、军人、大学教授，还是摩托车手，四类情感适用于个人和团队的转型经历。虽然他们的志向、职业、谋生手段和工作准则各不相同，但这些人一起工作可以享受相同的满足感。试想一下你的卓越团队，记录他们对以下四类情感问题的反应：

- 这段经历是否能激励你？是的！
- 你是否感受到与团队或与周围的世界紧密联系？是的！
- 你是否对你自己、你的团队或周围的世界充满希望？是的！
- 通过这次经历你是否有所改变？是的！

这四类情感我们听说过数百遍。是否每个人都会运用这四个词？并非如此。我们是否相信这四类情感代表他们的经历呢？是的！现在，我们将每种情感逐一展开阐述。

激励！这种积极的情感会增加成员在团队中和对于整个环境的参与度。我们采访的 60 人在回忆过去的经历时，都感受到了激励。就好像他们在采访时重新体会到了那种活跃的情绪，再次身临其境。在阐述故事时他们变得更有活力，他们很乐于向我们重现并回味那段经历。倾听他们当时付出的努力和时光，你就能体会当时他们的那股干劲，体会到他们相互之间的那种活力、那种激情，那就是我们想要说的。在那个时刻，生命力是显而易见的，同时会使团队产生这样的思考："这就是我们的生活吗？"或者"这个项目给你带来了何种能量？"

联系！人们往往会惊讶于与团队其他成员如此密切地联系在一起。开始时与自己完全不同的团队成员一起工作，到最后大家紧密联系在一起，人们对此常常会表示出震惊。有些人更是永久地融入该团队，即使他们在之后的 20 年再也没有一起工作。联系显然不仅仅是在一瞬间，也不只是在工作中，而是跨越很多年。我们听到过这样的话："我们结为终身伴侣。""那是一个心灵相通的灵魂团队，大家自愿做任何必须做的事情。""当我接受（做）这个工作时，我想可能只会在这里待两年，结果团队和使命感使我待了七年。"团队成员按照个人、团队、目的及差异性联系在一起。

希望！大家一起共事的经历是希望的基础。不论是否被提及，如果没有好的产品、服务、地点和环境，他们就不会很好地发挥自己。他们乐观面对未来，相信能在事情重要的方面做出积极的改变。当一个能力独特的团队一起工作时，希望应运而生。如果世界上多一些这样的团队，就会少很多烦恼。我们听到过这样的例子："我们代表不同的国家，然而当我们怀抱迥异的价值观相遇时，却发现我们说着同一种语言，并且有如此多的相似之处。""我的能力和经验能够积极影响那些正走在岔路口犹豫不决的年轻人，他们已经做好准备期待我们传授经验。我们亲眼所见，简直不可思议！""我会利用我的技能去帮助别人，也帮助自己，这样做让我感觉有价值，有存在感。团结在一起，让我们感觉世界在不断变化。"希望一旦建立便会蔓延，它能给人们生活中的其他领域带去更多的机会。

改变！我们采访过的绝大多数人表示他们因为团队的影响产生了积极的改变。其中有一些改变是巨大的和明显的。比如："这使我的生命变得更有价值。"还有一些长时间不易察觉的改变："这坚定了我的信念。"有些改变立竿见影："我马上意识到我并不孤独，无论何时，我都能通过网络与全球范围内的人们联系。”有些人随着时间的推移，逐渐感觉到经验的力量：“这份工作看似不像工作，但我思考问题的方式已改变。我希望像查理·帕克一样接受计算机技能培训，我希望能像弹奏爵士乐一样—— 一帮天才在混乱中创造无限美好。”每个例子都见证了任何事情都在不断变化着。

作为一个团队，会遇到六大核心需求和四类情感中的大部分情况。我们将四类情感放在模型中心，象征着在模型中需求和情感间会有一个协同作用，相互影响（见图 37-2）。这四类情感正是在卓越团队中出现特殊情况时情绪的佐证。当你的团队对这四类情感有感触时，你们已经逐渐开始走向卓越。当伙伴们说这是一个非常棒、令人兴奋的或有意义的变化时，暗示着团队正脱离平庸。至少，这是我们在访谈中与 60 位自称来自卓越团队的被访者那里听到的。这已经超越情感，在这个过程中，团队很有可能会进一步改变团队成员个人的生活。

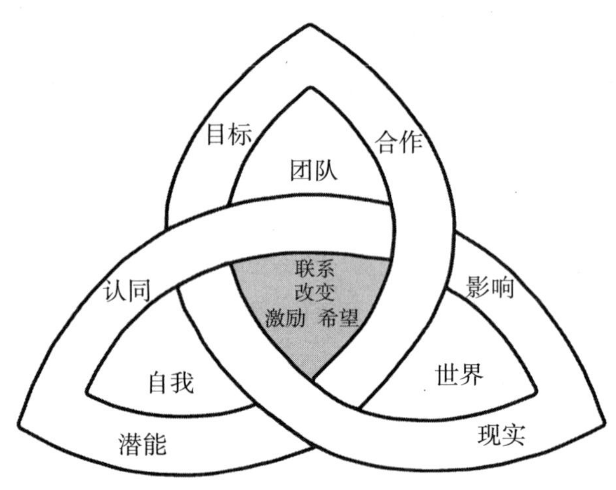

图 37-2　在模型中加入四类情感

什么是转型

转型是个体认知的根本转变，以加速行为的改变和提升个人活力。这是一种内在的转变，在于你如何看待这个世界，这个世界是引发你行为变化及积极投入的世界。举几个小例子：当员工开始认同准时上下班不如主动多做工作，愿意全情融入团队时；当团队领导发现不再需要亲自决策，而由团队集体决策时。这两个小例子表明，观念上的小变化可以影响后续事情。不是用新技巧，而是以一种新的方式来审视当下深刻的影响及未来的行动：这就是转型。

这六大核心团队需求是内部的，转型也是内部的。需求和转型同样重要，我们却无法操控。我们可以采取实际行动尝试满足这些需求。需求被满足及转型发生后我们可以看到一些征兆，但我们所观察到的是一些激励行为的需求和未曾看见的事情产生的结果。

而且，这种转型通常发生在个人身上，有时也会是整个团队，先是一个人，然后是其他人。转型往往发生于我们的内在，无法察觉，我们只能察觉其结果。你可能在一瞬间转型，但队友可能在不经意之间。当你的行为变得不同时，别人可以发现。他们所看不到的是，究竟是什么促使你发生了这样的转型。

当六大核心团队需求中的部分或全部被满足时，你很有可能发生转型。所以，在你想要转型或帮助团队成员转型时，请重视你和团队成员共同的团队需求：认同和潜能、合作和目标、现实与影响。虽然不能保证一定会转型，但至少能鼓舞人心。当越来越多的需求被满足，你将能更好地展现自我，更多地融入团队，并帮助团队做出更好地转变。你将从不同的视角看待世界，不断发展自我。这一切都会实现，直至转型。

帮助你的团队变得更加卓越

无论我们知道与否，我们每个人都在运用团队运作的理论。在工作中做出决策时，也会运用到这些理论。你之前阅读的模型，是基于我们对团队提出的假设。如果团队是你生活中重要的一部分，那你应该花一点儿时间，来思考团队成员是如何工作的，以及你是如何与他们共事的。记录下你的感受，然后告诉他们你的这些感受并观察他们的反应。表 37-1 可以帮助你正确认识自己和团队。该表格可以在本书网站（www.astdhandbook.org）上找到。

有两种方法可满足卓越团队的六大需求，从而使普通团队创造卓越成就：① 采取措施满足自己团队的需求；② 采取行动帮助团队成员满足其自身的需求。

为了使你能更好地看清那些需求，你可以思考在表 37-1 的第二列中还有哪些内容可以补充？

表 37-1　观察工作中的团队需求

团队需求——定义及核心概念	团队需求被满足时，你会看到团队成员……
认同：自我认知与自我认同 • 我认同当前的自己 • 我知道我的现状及价值 • 我可以向任何人清晰地表达自己	• 在小组讨论中分享各自的相关经验 • 以问题为中心，清楚表达出他们的信念 • 向其他成员寻求帮助 • 对他们做出的贡献给予正面的反馈
潜能：丰富自我与完善自我 • 我感觉我能做得更多 • 我正规划我的发展潜力 • 我希望学习与成长	• 志愿完成成长和拓展所需任务 • 在团队中分享他们希望学习的内容 • 鼓励他人为了获取新知敢去冒险 • 互相发问，促进学习
合作：共同的认同感与归属感 • 我们知道在一起意味着什么 • 我们为彼此创造安全环境 • 我们各司其职	• 为能成为团队的一分子表达谢意 • 与他们进行公开且坦诚的沟通 • 在做决定时参考通俗易懂的价值观 • 可以分享“内部”小笑话
目标：我们聚在一起的原因 • 我们相互影响 • 我们为了相同目标而来 • 我们相互依靠	• 把团队工作放在优先位置 • 在做决定时把团队的目标放在首位 • 出席并参与每一次会议 • 为了团队而放弃自己的个人喜好
现实：了解并接受现实世界，它如何影响我们 • 我们意识到周围的世界 • 我们对周围的世界充满好奇 • 我们接受现状	• 不断审视环境并了解现状 • 对于重大障碍和固定资产达成一致意见 • 调整计划去适应可能影响组织的变化 • 通过汇报了解什么地方做得好，什么地方需要改善
影响：我们愿意做出改变并采取行动 • 我们想改变世界 • 我们需要彼此帮助来做出改变 • 我们在一起会更强大	• 就团队目标如何改变世界进行具体沟通 • 帮助他人摆脱困难，无论是谁 • 对团队成员的成长和转型表达由衷的祝福 • 信守彼此诺言

现在就进行一次谈话吧！如果你是一名教练或顾问，将你的观点转化成对他人有用之物。利用表中的例子拓展思维。记录下这些想法，围绕他们做一次演示，

并在团队中进行测试。通过此举，你会更为清晰明了并自信于如何使团队成员更加投入，进一步帮助他们变得更加卓越。

作者简介

杰夫·贝尔曼和凯瑟琳·瑞安，她们共同研究和编写了《卓越团队：普通团队如何取得卓越成就》(*Extraordinary Groups: How Ordinary Teams Achieve*)。该书对卓越团队进行了深入研究，介绍了团队评估工具和卓越团队量表。本章内容包含了实地考察和评估量表。凯瑟琳从 1984 年就开始应用组织发展，被公认为将人类复杂行为转化成实用理念的组织级顾问。她的工作主要聚焦于管理层教练和文化变革方面。杰夫在大型组织工作 40 余年——其中 14 年是作为企业内部顾问和经理，其余几十年是作为外部顾问。他们都是“社区顾问合伙人”组织的创始人(www.ccpseattle.org)，该组织成员都是志愿者，负责给西雅图的非营利社区提供咨询服务。想获取与本章相关的内容和练习，你可以访问 www.extraordinarygroups.com，也可以通过本网站联系两位作者。

延伸阅读

Bellman, G., and K. Ryan. (2009). *Extraordinary Groups: How Ordinary Teams Achieve Amazing Results.* San Francisco: Jossey-Bass.

Bennis, W., and P. Biederman. (1997). *Organizing Genius: The Secrets of Creative Collaboration.* New York: Perseus Books.

Block, P. (2008). *Community: The Structure of Belonging.* San Francisco: Berrett-Koehler.

Briskin, A., S. Erickson, J. Ott, T. Callahan. (2009). *The Power of Collective Wisdom and The Trap of Collective Folly.* San Francisco: Berrett-Koehler.

Lawrence, P., and N. Nohria. (2002). *Driven: How Human Nature Shapes Our Choices.* San Francisco: Jossey-Bass.

Ryan, K., K. Coray, and G. Bellman. (2014). *The Extraordinary Teams Inventory.* King of Prussia, PA: HRDQ Press.

第38章

获得主管支持：面向公司高层的呈现技巧

戴安娜·布赫（Dianna Booher）

本章要点

- 理解战略思考与战术思考的差异
- 如何针对公司高层起草战略性内容
- 树立信心，提供建议，而不仅仅提供报告

如今你已经身居高位，谨守勿覆。我们谈论了二十几年何以赢得尊重，也被要求了二十几年通过提高绩效和招兵买马来增长业务与提高盈利能力。轮到向组织中最有主见的人呈现观点和信息的时候了，我们可承受不起一败涂地。

设计经济而有效的上岗流程还不够。或许你已成功应对每一次内部顾问提出的挑战，或许你已从零开始建立、教练、辅导出一支强健而运转良好的内部团队，或许你已让经理们尝试过像教练训练未来的奥运选手一样培养员工。但是，倘若你我不能说清楚我们到底为何做所有这些工作、成果如何、对盈利影响如何、对未来机遇的把握如何，并得到全员支持，那我们可就只能覆其位，失败可待。

下面我们就来说一说如何成功赢得高层支持。

须开门见山，勿拐弯抹角

“很久很久以前”是许多经典睡前故事的开头，但若做报告、写文档也以此开

头，那就太业余了。假如你是在讲笑话、导演剧本或编写电视情景剧，须知开头的几分钟如果提不起受众的兴趣，他们就该打盹儿、换台或看短信了。

高层的耐心是有限的。他们希望你开门见山的原因有三：一是如果不先给出总体框架，细节就难以理解；二是希望你马上切入主题；三是我们必须直面一个事实，在目标、预算、项目和时间中做出优先选择等同于在薪水和股票中做出选择。

要是问起来，好多人都会坚持认为自己正是这么做的——我就是从主管的视角开始与高层领导者的谈话、汇报、邮件或提案的。然而，从我们培训的客户给高管上千次的汇报来看，我不这么认为。

报告人通常以陈述目的开场——我称其为热身练习。他们不过是先总述要讲的内容罢了。换言之，他们保证会向高层汇报重要内容——稍后。其开场无非是单调的内容表，或者谈话或简报的提纲罢了。再不要这样了，要开场有力。有话直说，要害先讲；继而再迂回递进，层层深入，弥合罅隙。

战略思考

战略思考让你卓尔不群。那么战略思考与战术思考有何区别？它又如何让你出类拔萃？试看表 38-1 所示的差异。

表 38-1 战略思考与战术思考的差异

战略思考	战术思考
核心共同愿景或组织声明	日常活动或运营
长期关注	短期关注
理解为何做某事	理解如何做某事
精神层面、概念层面	物质层面、有形层面
做正确的事	正确地做事
聚焦	分散，千头万绪
创建路线图	工具
结构	构成结构的人和物

其中最显著的差异是核心共同愿景或组织声明：目标、任务、信息、教训、利益、结论或计划等是什么？

在此，我再细说一下关于战略思考如何用于形成战略要旨或结论。表 38-2 介绍了向高层陈述战略消息的七段式方法。

表 38-2　向高层陈述战略消息的七段式

人力资源价值段	
（时间段）+	在过去 12 个月内
（成就 / 计划）+	Belco 中心的人员配置
已经（行为动词）+	已经减少了
（组织问题）+	配件部的加班成本
（量化变革）	超过 20%
为高层翻译成战略要旨	
该（变革 / 行动 / 计划）已经（行为动词）+	该人员配置计划已经减少了
（财务评估 / 质量标准）	总人力成本的 26%

本书网站(www.astdhandbook.org)上有一款工具可帮助定义你想交付的价值，并将价值翻译成向高层汇报的战略信息。

从细小的事情中甄选出重要的事情

一旦明白了“为什么”这一首要原则，表 38-1 中的其他事情自然水到渠成：做正确的事、聚焦、创建路线图。甄别和遴选成为日常战术任务的第二要务：设计开发培训项目，管理内部咨询项目或挑选正确的供应商伙伴。

哪些迹象表明你会战略思考呢？每次有新统计数据发进你的收件箱时，你都没有冲动地点击“发送”按钮，而是挑出恰当的信息发给别人；每次一个想法掠过脑海时，你都没有冲动（口不择言）地想到哪儿说到哪儿。

想让高层买你的账，须懂得如何从手中海量信息中筛选出重要信息。你的声望基于你选择说什么、时间如何分配、发布何种数据。切记整理后发出。你会得到多大力度的支持取决于你有所为和有所不为。

学会察微与高瞻

哈佛大学工商管理教授罗莎贝斯·莫斯·坎特博士将战略思考的两种模式比作相机变焦镜头。你可以拉近镜头得到纤微毕露的近景——但易失察其背景而不明其观；也可以拉远镜头看到远景——但易失察其细节而不明其妙，做出误判。坎特博士在《哈佛商业评论》上发表的文章中指出了领导人两种视角的优劣。

就像相机有个失灵的变焦镜头，一些人陷入一种战略思考模式不能自拔。这种模式在一些方面可能奏效，但未免局限。

如果你雇过专业摄影师拍摄重要场合，如婚礼、家族团聚、毕业或父母金婚旅行，你就知道他们会从拍摄的上百张照片中最终选出四五十张。特写捕捉感情、激情和活力；广角捕捉背景和关系。两种你都喜欢。

当谈论引起高层兴趣的问题时，战术思考者会讲解他们如何改变了当前局势，或者愿景、观点、计划有什么问题。然而，战略思考者会讲解他们打算如何完全规避该问题或化问题为机遇。企业家丹尼尔·伯勒斯（Daniel Burroughs）在其著作《理解未来的 7 个原则：如何看到不可见，做到不可能》（*Flash Foresight*）中给出了战略思考的七项原则与操作示范。

我并不是说战术思考没用，恰恰相反，目标需要战术落地。战术思考很重要。但往往是战略思考者促成了项目批准、预算划拨及使事情更明朗。

提出发人深省的问题

高层管理团队坚持认为顾问委员会的核心价值是提出正确的问题以引导思考、避免过失。高效的内部顾问向客户提供相同的服务。他们深入组织、倾听现状、制订计划、分析数据并提出问题。其价值往往不在于给出什么样的答案，而在于提出什么样的问题。

发明家偶然发现新流程、新产品，是因为他们有强烈的好奇心并且不断询问别人或自己启发性的问题，然后去发现或探索答案。

一般来讲，你的问题越有启发性，其他人就认为你对成果的贡献越大。你的思考特质在一定程度上展示了你独特的思考方式，就像你的肢体语言也能被辨认出来一样。

考虑一下如何激起主管对你的培训方案价值的兴趣：你需要做哪些研究来证明实施你的教练课程后绩效确有提高？不同行业所做的哪些研究会促使你的主管在组织中也举办相同的培训？哪些假设条件会让主管愿意扩大投资来评估一项已经准备就绪的关键项目？如果五年内你的提案能让销售达成率提高 5 个百分点将是什么样的结果（同时你可以跟进这些与自发提案直接相关的销售达成率）？假如……会怎样？你清楚了，高层也明白了。

要有观点

建议不要只是汇报。员工常辩解："又没人说让我提建议，他们只说让我回答问题啊。"试想一下，大部分这种情况下，他们之所以问你是因为你是专家——行家里手。他们想要的不是"事情就是这样。谢谢你，女士"，他们想要的是你的专业意见。根据背景、他们的目标、他们问的问题及他们应该问到的问题，你对实现组织目标有何建议——是提高绩效、招聘人才、领导发展、振奋士气，还是储备人才？

你去看病的时候，你是只想拿到检查报告还是想一并听到医生的意见？你去咨询注册会计师的时候，你是只想拿到数字还是想一并听到哪些税可以抵扣、哪些不行？当你和财务顾问交谈的时候，你是只想拿到投资组合的有效收益报告还是想一并听到他们公司对各项投资的意见？

无论你是走进高管的办公室，还是内部客户的办公室，时刻准备着表达观点或提供建议。你要把这当作你所能贡献的核心价值。

让事实讲故事

当一位首席执行官要求我们的组织来培训员工呈现技能时，他抱怨的关键一点是："他们堆了一堆数据，他们得学会用信息讲故事啊。"

相比用一个又一个单纯的事实充斥你的简报、邮件、提案或报告，更糟糕的是没把事实变成说明问题的故事。事实指向何处？故事如何结束？

讲讲随着新产品的导入 RTC 部门如何迅猛增长。在你负责的头两年，部门人数从 3 名销售代表攀升至 48 名销售代表外加 12 名客服。然后讲讲你如何放松了质量控制，不良率和客户投诉率如何上升，客户满意度如何暴跌，订单如何骤减。三年后辞退了 14 名员工，通过只需要×美元投资的新培训项目最终走出阴霾。今天，员工人数没有增长，RTC 部的盈利增长到……好了，你清楚了。剧情、对白、高潮、结局。只讲事实的话主管根本听不进去——至少听不进去太久。

让你的观点令人难忘

类比法可以基于特定的比较得出一项结论。亚马逊的创始人兼首席执行官杰夫·贝佐斯最近在向股东的报告中使用了这种类比法：

> 长远思考既是真正所有权的需要，也是所有权的产出。房东不同于房客。我知道有些人出租了自己的房子，住进来的家庭把圣诞树直接钉在了硬木地板上，而非使用树架子，的确，这是权宜之计，但是不可否认他们是非常恶劣的房客，没有房东会如此短视。与之类似，许多投资人其实是短期房客，迅速地切换投资组合，他们实际上是租借他们暂时"拥有"的股票。

当我们浏览网站的主页或在报纸、产品目录的上半版位置时，说明我们在谈论首选的房地产。许多人力资源经理谈论自助食堂给员工带来的便利，一言以蔽之，是指有便利的菜品可供员工选择，好比父母同意支付一定金额的发票，员工可依据口味与偏好从菜单中选择。

诸如此类的比较并不要求情感上的回应，只是澄清一个复杂的概念。另外，隐喻也意味着一种比较，但通常会激发某种情感和想法。两种类型的比较法以简洁有力的方式告知高层如何考虑绩效问题，这些问题要么被纠正，要么是培训潜在需求的动力。当使用类推、隐喻、引用语、名言和口号来阐明培训项目的重点时，你是否考虑过这些方法在给高层做汇报时的价值？

你如何得知自己是否已经成功？看看你的高管在下次全体会议上是否使用你的措辞和解释。你是否听到你的口号在后续工作人员会议上流传？你的简报的标题是否被一再推送？别人可曾在其简报中援引你的话来推动其他人行动？

高管通常都活到老学到老，否则，他们不可能处在组织最高层。为取得他们的支持与参与，要以清晰、简明、战略的信息吸引他们的兴趣。

作者简介

戴安娜·布赫，专注于商务沟通领域的研究，为其日后的 46 部著作奠定了扎实基础。这些著作被译成了 26 种语言。她最近的著作包括《卓越演说：成为优秀演讲者的 497 种技巧》《卓有成效的沟通：领导者上传下达的 10 个沟通技巧》（中文版由电子工业出版社出版）。她是布赫咨询公司（Booher Consultants）的创始人。她被授予演讲界最高奖项，包括入列演讲名人堂®（the Speaker Hall of Fame®）。《早安美国》、《今日美国》、《华尔街日报》、《福布斯》、美国国家公共电台（NPR）、彭博社、《投资者商业日报》、《华盛顿邮报》、《纽约时报》、福克斯、美国有线电视新闻网（CNN）及《企业家》，曾就职场沟通采访过戴安娜。阅读其博客请访问 www.Booher.com/BooherBanter。

参考文献

Burrus, D. (2011). *Flash Foresight: How to See the Invisible and Do the Impossible*. New York: Harper Business.

Kanter, R.M. (2011, March). Zoom In, Zoom Out. *Harvard Business Review*.

延伸阅读

Booher, D. (2001). *Speak With Confidence: Powerful Presentations That Inspire, Inform, and Persuade*. New York: McGraw-Hill.

Booher, D. (2012). *Communicate With Confidence: How to Say It Right the First Time and Every Time*, revised and expanded edition. New York: McGraw-Hill.

Booher, D. (2012). *Creating Personal Presence: Look, Talk, Think, and Act Like a Leader*. San Francisco: Berrett-Koehler.

Hogan, K. (2013). *Invisible Influence: The Power to Persuade Anyone, Anytime, Anywhere*. New York: John Wiley & Sons.

第39章

导师：建立培训合作伙伴关系

奇普·贝尔（Chip R. Bell）

本章要点

- 导师的定义
- 了解导师在人才发展领域的重要性
- 考虑导师面临的挑战
- 学习如何建立培训合作伙伴关系

导师工作很像淘金，不那么容易。淘金大概的过程是这样的：首先，你向浅盘中放入两把沙并倒入水，水差不多倒满浅盘的一半。接着，轻轻地来回晃动浅盘让少量的黄沙冲刷到盘子的一侧。这样做的目的是让黑沙沉入金盘的底部，这也是淘金成败的关键。在这个过程中，没有耐心或太过用力，都有可能使黑沙和黄沙一起顺着盘子边流走。当盘子里只剩下黑沙时，你将获得细小颗粒的黄金，黄金就在这些黑沙之中。

导师工作就像从沙子中淘金，其意义的深刻之处并非显而易见。如果太容易，导师也就没有存在的必要，它往往藏匿于明显、常见之下，就像隐入黑沙中的信念、恐惧、偏见。它潜伏于未知的预感、措手不及的开始和不幸的错误之中。

帮助学员提升洞察力需要耐心和毅力，这个过程不能操之过急或随心所欲。最重要的，这不是通过导师的强势或智慧就能达到的。这项能力的提升需要在导师指导过程中由学员自己探索出来。学习好似一扇只能从里面打开的门。

身为导师，你需要教会学员如何正确地晃动淘金的盘子。你需要帮助学员学会发现真的宝藏，不会被藏在其中的“愚人金”所诱惑。那些假的金子是通过机械学习获得的，且只能维持到考试结束的那一刻。你帮助学员淘沙的过程才是核心，学员通过这个过程真正理解含义，并最终获得智慧。

什么是导师工作

导师的定义在过去的职场中不断变化。通常一提到导师，人们脑海里就会出现一位经验丰富的企业老手与一名初出茅庐的新手沟通的画面。他们的谈话通常采取的是非正式的形式，谈话内容高度机密，类似于“我记得在 1977 年……”等英雄故事和难分胜负的比赛的内容。职场中的导师通常都拥有老学究似的声音，这些声音好像那些白领的父亲说：“去认识一下老查理。”

近几年，人们渐渐地不再把导师与特权联系起来，更多的是发掘其积极的意义。组织认为有责任通过导师—学员关系，帮助少数族裔员工，加速员工升迁，突破老同学关系网及美国上流社会精英群体。有时候这样的导师辅导会鼓励那些平日过于保守但又需要引导做些勇敢行为的人敢于讲出真话。导师工作听上去现代而前卫，它可以为学员提供关键的帮助，也可能只是一句空话。

导师工作最原始的形式很简单，就是帮助他人学习。采取一对一关系模式，就像在学习之旅中使用的一个工具。这个关系可以是同级别的同事，可以是低级别与高级别的同事，抑或公司范围之外的人。这个关系也可能是反向教导——低级别的人教导高级别的人。从根本上讲，一对一学习单单拥有自信心是不够的，还应该包括真实性、好奇心、安全感及鼓励，最好建立伙伴关系。

为什么导师工作对培训与发展专业人士如此重要

组织需要努力吸引和留住经验丰富的员工。由于培训与发展专业人士负责协助组织提升竞争力，所以导师工作可以成为赢得人才大战中的有力武器。培训与发展专业人士被视为组织中的变革推动者。随着组织结构扁平化，每位领导者的职责会越来越宽泛。这些变革触动了领导角色的转变——从拥有指挥权和控制权的角色转变成为教练、导师和伙伴关系，这个过程也给很多职业经理人带来了身份危机。

组织在竞技场中打拼，有的是为了在市场份额中分一杯羹，有的是为了争取客户忠诚度，或者争取更多的政府资源，每个组织都时刻保持竞争状态。在现代竞争中，组织是以适应、创新、敏捷来取胜的。在这些组织里面，管理层与员工教学相长。

“帮助员工成长”的能力成为衡量领导者成功的重要因素。现如今领导希望不投入培训资金就达到熟练业务水平。他们在不违背组织规定和政策的基础上寻求有效的资源和技术。哲学和理论的探索在初期可以被忍受，但在挑战和竞争白热化的时候，任何不能立即有实际转化效果的方法都将被忽略。

组织不能指望导师能够提供员工需要的所有能力。导师工作可作为每日例行工作，促进员工每日成长。阿里・德赫斯说过：“当你的学习能力比你的竞争对手快时，这将成为你唯一可持续的竞争优势。”每一位职场人士（领导者和非领导者）一定要具备辅导他人的能力。

导师和教练的区别

导师和教练都具有熟练的技能。好的导师和好的教练都是良好的模范，帮助提升信心，提供建议和反馈，给予肯定。无论是一个伟大的运动员、舞蹈演员，还是职场教练，你都会看到他们为了实现既定的目标全力以赴。无论是反向辅导还是正向辅导，是领导对下属还是同事对同事，从每一位优秀的导师那里你都能观察到，他们在发现学员、理解学员方面的投入与奉献。尽管如此，导师和教练最大的区别在于出发点和关注点的不同。教练的主要目标是提高学习能力，而导师的主要目标是提高绩效。必须承认的是，学习的目的是提高绩效。这是导师和教练最重要的区别。

还有其他一些不同点，在表 39-1 中有详细的描述。

表 39-1　导师和教练的区别

	导　师	教　练
主要目标	提高绩效	提高学习能力
目标听众	个人或者群体	个人
影响力来源	职位	经验与专业知识
主要方法	教导和楷模	探索
关系	和工作相关	一般是自我选择

导师工作的三大挑战

考古学家在金字塔中挖掘出大约公元前 2500 年的小麦种子。古时候人们认为小麦是法老在阴曹地府的食物。小麦种子的发现异常重要，由此科学家可以了解远古时代小麦的多样性，并且对于研究小麦新品种具有不可估量的作用。出于好奇，科学家在肥沃的土地里种下了这些 4 500 年前的小麦种子，神奇的事情发生了，小麦竟然发芽了。

传奇心理学家卡尔·罗杰斯在他的经典著作《个人形成论》里面提到："所谓意义，只可意会不可言传。"导师的目的是帮助他人记忆、更新、学以致用。辅导就是搭建导师与学员之间知识的桥梁，同时了解学员的思想。这个桥梁就是洞察力——点燃智慧的火花。那句"啊哈"是从迷惑和不确定转变为理解和自信的标志。因此，对导师这项工作来说，第一个挑战是培养学员的洞察力。这是一个觉醒、培育、开花的过程——就像小麦种子发芽的过程。

学习仿佛从内心里打开一扇门。导师工作的第二个挑战就是对认知的加工。脑力工作（相对于体力工作）并不单单是死记硬背和重复性工作。工作的有效性依赖于理解和感悟，不单单是熟能生巧和熟练记忆。这类高等级的技能只有通过领悟导师的智慧才能获取。

学习是从初步了解到熟练掌握的进阶过程，失误和错误在所难免。导师工作的第三个挑战是建立一种合作关系，这种关系可以鼓励学员勇于迎接挑战、不惧犯错。参加在线学习与在导师面前露怯两种学习感受完全不同。这进一步证明，大部分学员在进入这种导师—学员关系模式时都感觉低人一等。即使导师和学员是同事，学员也会一上来就感觉处于不擅长的领域之中，导师是这方面的专家且经验丰富。正因为这个原因，合作伙伴关系更像用平均主义给学员创造安全的环境，不用担心任何风险，勇于挑战，不惧犯错。

如何建立培训合作伙伴关系

从合作伙伴的角度来看，导师和学员与“我是大师，你是新手”从根本上是不同的。从合作伙伴的角度来看，导师—学员关系意味着“我们是旅途中的搭档，获得智慧是我们共同的目标”。换句话说，导师能给予学员最好的礼物就是将学员同时视为他的导师。尽管如此，学习上的合作关系不是自动形成的，一定是主观建立的。导师应该主动牵头搭建这种关系。

导师工作的主要成果包含建议、反馈、聚焦、故事和支持。但是，这种学习的礼物并不是学生想要的。礼物，不管是多慷慨的给予，并不都是愉快的。还记得上回某人跟你说过“让我给你一些建议”或“我需要给你一些小小的反馈”吗？你或多或少会有点儿抵触情绪，而不是非常高兴地接受。学员也是如此。

聪明的导师会为主要的辅导工作做好准备。学员在安全、支持、平等的关系氛围中才能充分享受礼物带来的恩惠。从合作伙伴角度来看，导师工作包含四个阶段：① 创建平等的学习环境；② 创建接纳和安全的学习氛围；③ 赠予学习礼物；④ 鼓励自主引导和独立学习。前两个阶段旨在创建主要事件，使学员乐意接受礼物。最后一个阶段是关于让学员从依赖导师学习到独立学习，断奶成功。

第一阶段：创建平等的学习环境

在建立导师—学员关系中，首先遇到的挑战是与学员建立真正的合作伙伴关系。创建平等的学习环境不仅意味着剥离导师在这种关系中特有的权力和命令，同时意味着创建密切关系，摘掉至高无上的面罩。

密切关系这个词是法语的衍生词，字面意思是“重新连接”。我们可以把建立密切关系想象成主人欢迎客人。导师成功很大部分取决于早期师徒关系的建立。

好的开始才能有好的发展。第一次会议的基调决定了将来导师—学员关系是卓有成效的还是充满了恐惧和焦虑的。高质量的学习取决于师徒同心，学员敢在导师面前冒险。同时，密切关系也可快速减少隔阂。

密切关系始于所闻、所见的公开性和真实性。通常来讲，任何一个人在处于焦虑状态时，都会伸出长长的触角搜寻道路前方是否存在危险信号，同时还会问自己一些问题：这种情形下我会感觉尴尬吗？这个人会利用我吗？这次经历中我能表现高效吗？这种情形会不会伤害我？

鉴于这些，学员会搜寻上述信号，导师与学员之间快速传递欢迎的语气和感觉是至关重要的。开放的姿势（不是交叉双臂）、温暖而热情的拥抱、眼神的交流（有些可能叫作眼神的拥抱）、人性化的问候，这些都是培养对等学习的交流方式。使用传统方法（偷窥学员、使用封闭式肢体语言交流、简短交流）的导师会在关系建立的初期犯下严重的错误。

第二阶段：创建接纳和安全的学习氛围

优秀的导师会避免使用探问性语气、评判式手势和长辈式姿态，以提高被学员接受的程度。优秀的导师通过积极倾听展示愿意接受的态度。他们会把仔细倾听作为首要的目标，不分心走神。一位聪明的领导说过："对你的成功而言，没有任何人比你的同事更重要，不是你的老板、顾客和供应商。"

当你的学员需要你倾听，你可以想象成与自己心中的英雄有五分钟共处的机会；对我来说，是亚伯拉罕・林肯。多么伟大的时刻！试想如果你有那么五分钟同摩西、莫扎特或特蕾莎修女共处，你会让老板、顾客或其他人的电话蚕食你宝贵的时间吗？请给你的学员类似的专注和优先权吧。

你看过 CNN 的皮尔斯・摩根或 PBS 的查理・罗斯的访谈节目吗？作为杰出的采访者，他们的成功不在于他们提出的问题，而在于他们卓越的倾听技巧。在被采访者阐述观点时，他们仔细倾听不插话，去领会被采访者传递的信息、意图及要点。倾听的终极目标是清楚他人表达的意思，就像从一台计算机的显示屏上将信息拷贝到另一台计算机上。

当导师表达出愿意接受和倾听的态度时，学员会认为这种导师—学员关系是安全的。这样做的目的是建立同理心。“我同你一样”的姿态有助于亲和感和信任的建立。同理心不同于同情心。“同情心”这个词来自希腊，意思是“分享痛苦”。记住，关系不是被“同病相怜”催生出来的，而是通过 “我也有类似经历”一类事情来拉近的。

导师不仅要听，还要全神贯注地听。他们通过语言的反馈和行动让学员感受到他们不仅听懂了，并且认为学员所讲的内容非常有价值。当学员感觉自己所表达的内容备受重视时，他们更愿意冒险尝试。通过尝试新的步骤，可以帮助他们成长和学习。归根结底，如果你的目标是想成为一名优秀的导师，先试着通过运用噪声管理技巧来帮助你成为一名优秀的倾听者。

↘ 第三阶段：赠予学习礼物

创建平等的学习环境及创建接纳和安全的学习氛围为赠予学习礼物打下基础。优秀的导师会给予很多礼物：支持、专注、鼓励、故事和肯定。但是，最关键的学习礼物是建议和反馈。我们会依次介绍这两个概念，首先我们先来了解一下建议。

在提建议之前，首先让学员了解建立导师—学员关系的目的。对于工作方面给出的建议，确保你表述的内容非常具体和明确。在给出建议前先征得同意，这是很重要的！比如，可以说：“我有一些想法也许可以帮助你提高。”这种方式可以避免学员有被控制的感觉。同时，用第一人称提出建议。类似于“你应该……”的语句只会让学员增加抵触心理。通过第一人称的立场来提出你的建议，有助于消除命令的语气。例如，“我发现……很有用”或“对我来说很有帮助”。这样学员才会在没有内在排斥中听从这些建议。

提出建议是增加信息的过程，而给予反馈则是填充盲点的过程。人们对他人提出的建议往往会带有抵触心理，给予反馈带来的问题可能是潜在的不满和抱怨。导师如何通过简单的提醒让学员了解他们未知的领域？导师如何在弥补感性不足的同时让学员关注知识的获取而不是不足呢？

导师需要给学员创造一个容易接受的环境来帮助学员接受反馈。搜索包含这些词语的话“我和你很像，都不是完美的”。不刻意或过度去说，只是一两句话即可。

导师需要阐明反馈的基本原理。帮助学员清晰地认识为什么会给出这样的反馈。可以把这个过程当作你在给予自身反馈。我们知道，在敏感和明确的状态下我们才会更准确地听到反馈内容中所传递的信息。同时，有效地获取反馈还有另一个关键的因素——具有极大的诚信，即要直接和忠诚。坦白却不残忍。这会确保学员不会自己琢磨：“什么是我该知道但是他没有和我说的呢？”通过这种方式思考一下自己的目标：如果你要给自己做反馈你会如何做呢？把你所关注的方向作为线索去继续探寻。

↘ 第四阶段：鼓励自主引导和独立学习

有效的导师—学员关系应当是丰富、投入及亲密的。因此，关系结束时总会依依不舍。无论我们如何尝试，这都将是一个苦乐参半的过程。然而，健康的导师—学员关系会将分离也作为成长的一部分。有效地结束目前的导师—学员关系为另一段关系铺平了道路。

通过正式的形式和故事来庆祝关系的结束。庆祝不需要有乐队或大型聚会，可以是简单的共餐、工作后的小酌或在附近公园的散步。庆祝的关键在于使拉近师徒间关系的过程变得更加清晰。这个过程的仪式是增进师徒亲密和迈入下一学习领域强有力的象征。庆祝应当包含称赞和故事。使庆祝充满欢声笑语。

学员此时更需要你的佑护而不是你的光辉，更需要你的期望而不是警告。遏制自己给他人警告的欲望。不妨在最后的一两次会议中夹杂些回忆、反思和调整。让回忆性问题架起通往未来的桥梁。

关系密切是成功建立导师—学员关系的关键，关系的解散同样重要。放手让其单飞似乎有些不舒服，但对于学员而言，离开导师的羽翼独立成长十分重要。成长的最后节点是“成熟”，意味着结束和完美收官。大家聚在一起庆祝成绩，依依惜别，记录下分别的美好时光。

高尔夫球场上有这么一句话“打过你的头”，意思是球手打出了出人意料的高水平，在那一瞬间意外的潜能被定格。高效辅导是一种关系，学员寻求通过“学过你的极限”珍惜与导师的联盟关系。两者只有建立和谐的伙伴关系，这种高水平的情况才会发生。

对于如果做一名导师感兴趣？你可以通过本书的网站（www.astdhandbook.org）获得相关信息。

导师支持

由于处于培训与发展领域，你的人生中可能有机会既做导师又做学员；然而，你也可能被要求协助组织创建导师文化。此时需要什么呢？

成功的导师模式不是一个项目，而是一个过程。项目失败的原因通常是其被视为附加产物，而不是组织文化的一部分。附加产物往往重方式而忽略结果。例如，大多数组织并不喜欢多元化项目，但是它们很想多元化发展。成功的教会是推动捐赠文化，而不是进行每年的筹款活动。辅导也很相似。如果你的导师项目充斥着政策和表格，注定会失败。那么，你如何支持导师模式的可持续性？以下三个方面很重要。

情感价值。当导师的付出和员工（导师和学员）的产出能够被清晰地感受到，并且存在情感方面的价值，导师模式便可持续发展。这种价值体现于财务、认可、成长、职务或能力等方面。然而，价值植根于情感。的确，这对于个人来说十分重要。当导师因指导工作获得肯定，他会向组织发送信号表明导师模式的重要性。

合适的锚。如果找到合适的锚，导师模式自然会持续下去。这意味着导师工作与生俱来就包含组织的规范、价值观、道德观和组织的象征。合适的锚，就是那些能抓住员工眼球及被认为重要的事情：激励体系与导师效果相结合；优秀导师获得职位提升；高管领导不断关注导师情况。

成功的资源。最后，当为导师和学员提供充足的时间、训练和支持时，导师模式就会变得高效持久。例如，一家公司组织了一堂训练课程提供给导师和学员，为他们创造共同学习的机会来增强师徒关系。另一家公司为导师和学员聘请了一位教练，当导师不起作用时，他们可以向教练寻求帮助。

作为实用建议，以下工具栏提供了确保导师模式在组织中成功的方法。请记住：如果员工可以在导师模式下感知情感价值的存在，认可其是组织中的一部分，同时拥有现成的资源，那么这个模式将会在你的组织中持续下去。

确保导师模式成功的多种方法

确保高层领导的支持。高层领导的支持是确保成功的关键。最好的支持是让高层领导作为导师模式的典范，将信息传递给组织中的其他员工。是的，即便公司里的首席执行官也应有一到两名学员。在高层领导中找到一位拥护者，并且确保导师模式成为组织文化的一部分。

寻找一位充满激情的管理者。选择一名有精力并对导师模式感兴趣的管理者。管理者将指导和训练导师团队，解决潜在问题并推广此行为。管理者同时还需确保导师模式会成为组织文化的一部分，还会使用“合适的错”来维持它的正常运行。

容易被他人接受。如果由学员负责时间安排，那么鼓励导师做志愿者将变得很容易。针对导师和学员开展专项活动，如嘉宾演讲或学习活动，并鼓励其他人参与。通过正式的形式承认导师的贡献，确保他们的努力得到认可。减少给导师和学员的所有书面工作。以上这些被称为“成功的资源”。

导师和学员的匹配。网络上有专门匹配导师和学员的辅导工具，但这并不意味着使用这些工具是必需的，这可能意味着有些人需要成为一位匹配者。让学生去完成一份简单的问卷，了解他们想寻找一位导师的真正目的和目标。针对每个目标，为他们寻找最合适的导师。同时，让学员参与到做决策的过程中。

落实合作协议。通过导师和学员共同签署的合作协议来确保双方都明确了预期目标。合作协议包含的内容有目标、角色、职责、期望、时间承诺、保密协议，以及如何解决冲突。在一年结束时，双方应该重新审查此合作协议来决定是否继续合作。

培训导师和学员。为导师和学员提供培训。在培训中，开展一系列活动来帮助双方明确角色、确定目标、解决潜在的问题并讨论期望成果。这是介绍和落实合作协议的最佳时间。在午餐时可以让导师和学员开始交流。

制定简单的准则。明确目标并制定一些简单的准则。一个有效的准则是学员不应该是导师的直接下属（消除任何暗示性偏袒）；导师不应当是超过学员两级以上的领导层（确保实际的建议）。另一个有效的准则是应在每年年底回顾一下导师和学员间的关系。

确保灵活性。因为你满足的是个性化的需求，所以灵活性是导师模式成功的必要因素。灵活性的范围包括辅导的形式、如何互动、持续的时间、见面的频率和其他方面。尽早确定哪些方面需要灵活性是组织成功所需要的。

编写导师指南。导师指南包含你认为导师模式成功所必备因素的信息。建议包括角色和期望、导师模式对组织的重要性、潜在的交流内容、时间承诺、成功的导师和学员具备的特点、如何建立关系、沟通能力和技巧。

提供交谈的主题。为导师和学员提供可讨论的主题，可以是文章、自我评估、争议性问题，职业选择，或者任何当前的热点话题，如领导力、科学技术、办公室政治、目标设定、工作生活平衡等。这些可讨论的主题可以每月通过邮件发送，当然导师和学生可决定是否讨论这些主题。

调整过程。这需要你通过反馈和评估来确认。通过调研学生来确定这个过程是否符合他们的需求，并询问他们对于改进有哪些想法，同时还可确定是否符合组织目标。所有这些都可以确保导师和学生之间的"情感价值"。

持续宣传成功案例。宣传导师模式的好处。在组织的宣传中包含相关信息。鼓励当前及以往的参与者分享他们成功的案例。在组织中大力宣传导师模式的价值，持续提供对导师的认可，想方设法保证导师模式是组织文化的一部分。

将第一位导师的故事作为结束语

导师这个词来自奥德赛，希腊诗人荷马所写。当时奥德修斯（尤利西斯，在拉丁语翻译）正准备参加特洛伊战争，他将离开他的唯一继承人——特勒·马库斯。由于"特勒"尚且年幼并且战争往往要打上几年（特洛伊战争历时 10 年），奥德修斯意识到在参加战争的时候，特勒需要被训练如何当"国王"。因此，他雇用了一位名为“导师”的人来当特勒的家教，此人来自荷马家族可信任的朋友。荷马用聪慧和敏感两个词来描述导师，这也是世界级导师的两个重要品质。

在历史上，导师一词具有教育性的原因有几个。第一，它强调导师的传承使命。像奥德修斯，一位伟大的领导者努力留存其附加价值。第二，那位“导师”努力尝试将聪慧和敏感打包在一起并传递给年幼的特勒。我们都知道传递来之不易的智慧给其他人的难度。成功的导师会规避这个阻力而顺利传递。

荷马将导师比作一个家庭的朋友。这一比喻恰好描述了当代导师—学员关系。有效的导师更像朋友，在目标之下为学生创建一个安全的环境。他们也像家人，忠实并无条件地接受他们的学员。朋友携手意味进步而非退步。家庭成员相互关爱，即便在面对误解和错误时。

杰出的导师知道成年人是如何学习的。他们把自己看作探索和洞察过程中的推动者和催化剂，这一观点他们是凭借自己的直觉，或者从书本、课堂或其他导师处感悟出来的。他们知道，辅导不是给予精彩的评论，做口才演讲，或妙语连珠。导师需要通过永无止境的同理心、清晰的表达能力、真诚的喜悦，同时运用他们的技能帮助学员成长。

就像一名手工艺从业者，导师喜爱学习，而不是传授。他们珍惜共享而不是炫耀，喜欢给予而不是吹嘘。伟大的导师不仅是其学员忠实的追随者，同时是在其指导下成功实现梦想的学员的忠实粉丝。

↘ 作者简介

奇普·贝尔，客户咨询顾问，同时是几本畅销书的作者，包括《成为导师型经理人：如何帮助员工学习成长》（同马歇尔·戈德史密斯合著，中文版由电子工业出版社出版）、《创新服务的 91⁄2 原则》、《大吃一惊》（同约翰·帕特森合著）、《服务从此大不相同》（同罗思·泽姆克合著）。他曾担任 NCNB（现在美国银行）管理发展及培训总监。他还是夏洛特地区 ASTD 前任会长。

参考文献

Bell, C.R. (2013, February). How Leaders Grow Innovation. *T+D*.

Bell, C. (2013). Mentor Your Employees. *MWorld* (AMA).

Bell, C.R., and M. Goldsmith. (2013). *Managers as Mentors: Building Partnerships for Learning*. San Francisco: Berrett-Koehler.

Bell, C.R., and M. Goldsmith. (2013, Summer). Mentor-Leaders: Making Learning a Competitive Strategy. *Leader to Leader*.

Rogers, C. (1961). *On Becoming a Person*. New York: Houghton Mifflin.

延伸阅读

Bell, C.R., and M. Goldsmith. (2013). *Managers as Mentors: Building Partnerships for Learning*. San Francisco: Berrett-Koehler.

第40章

帮助经理培养员工

温迪·阿克塞尔罗德（Wendy Axelrod）

本章要点

- 促进经理的角色认知，明确每个人的角色
- 协助经理将员工培养融于工作，明确其所需技能
- 帮助经理识别员工发展契机和实时资源

多年以前，在费城的一个高层管理会议上，所有的目光都聚焦在我身上。部门老总们正在讨论专业员工明显的技能差距，我是他们的培训与发展经理，他们要求我确保员工的能力被充分发掘出来。我当时坐在椅子上，心情忐忑，在回答这个问题之前我深吸了一口气，请问你们也有过类似的经历吗?

实际上，培养公司员工技能的工作不是由培训与发展经理来完成的，显然，大量研究证明这应该由其直属经理负责。那我们的责任是什么？帮助经理在培养员工方面变得更加专业。事实确实如此，经理的确面临许多挑战：缺乏诀窍、缺乏时间，而且经常缺乏上级支持。许多经理都相信他们已经做到了，但调查研究结果告诉我们大部分经理只停留在初级层面上，而忽略了更深层次的培养活动。作为一名培训与发展专业人士，你的努力是如何正确帮助经理克服这些难以克服的困难：需要掌握那些在实际工作中起到培养员工作用的技能。

为加速人才培养，经理应重点关注什么

在实践与研究型著作《让人才支撑商业：卓越经理如何培养人才实现商业目标》（*Make Talent Your Business: How Exceptional Managers Develop People While Getting Results*）中，珍妮·科伊尔（Jeannie Coyle）和我在 2011 版本中阐述了一种以经理驱动、绩效为导向的人才培养模型，通过对一些公司的调查发现，这种方法被他们的经理成功用来培养员工。许多经理通过该方法取得显著的商业成果，在客户响应方面迅速适应全球变化，提高后备人员能力，解决国内业务拓展问题。培训与发展专业人士和公司经理成为合作伙伴，共同培养员工技能，提高生产力，而不仅仅是让员工参加培训，这样员工就能在新业务方面有所担当。

成功背后的原因是什么？经理遵循了简单而意义深远的准则：将员工每天的工作、绩效和培养结合起来从而实现能力的发展。经理懂得若不在实际工作中应用所学知识，就不可能真正发挥出他们的水平和能力，经理正是一个可以使员工学以致用的角色。为有效达到此目的，经过调查，发现以下五点是卓越培训经理经常遵循的行为准则：

1. 日日抓培养。
2. 探寻培养的心理因素。
3. 与培养合作伙伴建立联系。
4. 教会熟悉组织政策的技巧。
5. 营造培养人才的环境。

这些行为准则是针对经理的，但是如何帮助经理在培养员工方面更加出色呢？本章其余部分将在帮助经理做好人才发展方面提供一个良好的开端。

提高经理对人才培养角色的认知

如果一个工程部门的老总认为其日常工作是设计出最高效的操作程序，又或者财务部的老总认为其日常工作是确保账单准确无误，那么他们的工作方向都是错误的。他们的工作都应该是帮助其下属提高工作绩效并使之与部门目标保持一

致。经理应该减少那些实际动手操作的工作，增加培养下属的工作。转变他们长期以来的角色认知将是一个漫长的过程，你也可能同样需要漫长的时间适应这种角色转变，这需要协作、发现及耐心。以下是送给培训与发展专业人士帮助经理提升员工培养能力的一些建议。

↘ 评估公司当前形势

大型公司的组织环境造就经理的行为。识别、修改和逐渐消除阻碍经理成为培养者的人力资源政策（例如，绩效管理强调一年两次培养计划，而不是持续培养）。

↘ 构想一幅引人入胜的画面

用成功的故事牢牢吸引经理，从公司里找一些类似的案例：一位零售行业的副总，面临较大的扩张任务而又担心能力不足，非常懊恼地筹划从外部招聘大量总监。但后来，他找到了一个备选方案，出资用以提升中级经理的能力，每天都在培养团队成员，大家很快成长起来，成为拥有所需管理才能的总监。这样既提高了绩效，还节省了时间和资源。

↘ 给他们费用支持

从大量调查研究中提供关于人才发展经理影响力的统计因素。（例如，注重团队成员培养的经理往往在敬业度、员工留任和工作效率方面更有影响力。）

↘ 邀请经理参与公司决策

经理参与决策将增加他们的接受度。头脑风暴、焦点小组会议，与经理进行协作，了解他们的异议，仔细考虑他们的建议，并就建议的影响给予反馈。

↘ 让培养工作成为公司规划的一部分

将增加经理人才发展的工作内容作为人力资源和人才培养发展规划的重要组成部分，明确提出职能范围内所需采取的行动（例如，培训与发展专业人士和管理团队共同解决经理角色转换问题并提供相应工具）及措施。

明确每个人的工作角色

一位从事人力资源工作的同事，曾有一段培训与发展的深刻经历，他听到其中的一位部门经理问："如果你让我每天做好人才培养工作，那员工的职责何在？为什么还要成立培训与发展部门呢？"我的同事明白这位不知所措的经理并不是试图忽略其工作职责，只是想知道每个角色的职责该如何配合。

就以这个例子为起点，提供一个清晰的概念，让经理知道如何让自己的努力更好地融入该画面中。

高层管理人员

当今商业领域中最大的区别就是人才，因此领导者会搭建一个工作环境，聚焦以经理驱动的持续性人才发展。高层管理人员必须承担以下职责：

- 公司承诺在人才发展方面，高层管理人员承担关键角色。
- 经理即人才培养者。通过决策、行动和给予优先考虑（例如，在预算、付出的努力和员工会议等方面），高层管理人员要带好头，做好表率。
- 定期根据标准检查进展和支持各级问责。
- 和人力资源及培训与发展领导者协作，以强化经理对培训与发展流程的规划和执行。

培训与发展团队

培训与发展专业人士作为公司政策与项目方面的资深专家，应在人才发展方面为经理做好助推剂：

- 与高层搭档，创建并强化人才培训与发展的政策和实践方法。
- 解决阻碍"经理即人才培养者"计划实施的限制因素。
- 在卓越培训经理的实践中逐渐培养经理竞争力。

- 确保路线图和工具易于沟通、获取与理解。

↘ 员工

员工对自身发展承担责任，主动努力完成除固定工作之外的任务。

- 主动寻找学习新技能的机会，知道如何从工作经验中提炼出目标知识点。
- 强化员工与经理在培养方面的关系，对经理的授权和教练有所反应并寻求反馈意见。
- 了解将技能提升到更高一层的复杂关键点（如政治智慧、错综复杂人际关系等）。
- 与经验丰富的同事和天使导师构建互信的关系网。知道谁是目标学习的最佳资源。

↘ 经理

经理是员工在工作岗位成长的主要负责人，因此培训应该是高效、目标驱动和实用的。以下实践可强化员工培养：

- 了解每位员工的擅长领域，在工作场合抓住明显和微妙的机会将技能提升到更高一级。
- 将团队其他成员和专家作为培养伙伴，贴近员工确保他们学以致用。
- 提供高质量的反馈、询问和教练，旨在强调"授人以渔而非授人以鱼"（例如，鼓励下属自己提问而不是填鸭式灌输知识点）。
- 让持续培养人才的工作充满公司工作环境，如工作检查、茶歇头脑风暴、团队成员工作轮岗等。
- 对组织需求和人力资源项目做出响应并提出建议，使得以经理驱动、绩效为导向的人才发展流程更加富有成效。

经理驱动型人才发展的组织角色如图 40-1 所示。

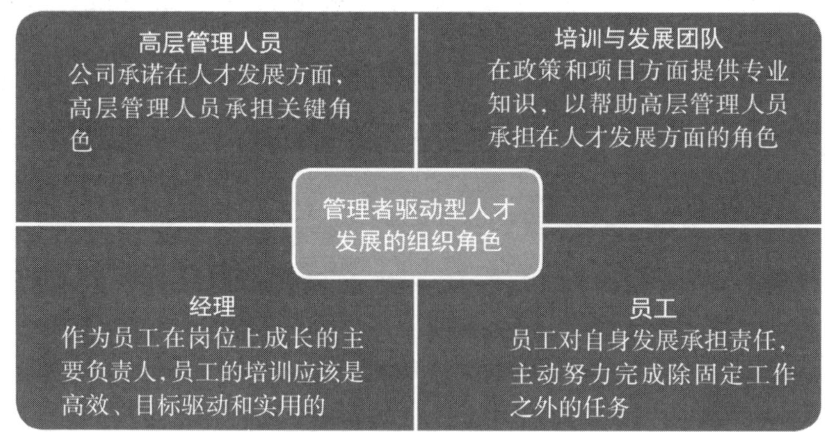

图 40-1　经理驱动型人才发展的组织角色

引导经理将人才发展融入工作中

你能设想一位 IT 质量保证经理，为了满足项目的交付日期，竟然没有将变更管理协议纳入最终协议吗？这一做法完全欠考虑。他需要将该变更管理协议纳入最终协议。否则，他和该客户的后续工作将注定失败。同样的情况也适用于经理，他们可以将培养员工的工作和他们期望的结果结合起来。所以，当经理告诉你他们不能处理那么多的管理工作，更别提培养员工时，那么请温和地告诉他们以下几点：

- 经理在规划和管理工作任务时，帮助他们考虑培养员工的工作。这是理念上的转变，让他们从一堆待办事宜中抽身出来，多关注未来半年要完成的工作，尤其是他所带领的团队成员有更广泛和更精湛的技能时。
- 经理必须将要学什么和该完成什么清晰地结合起来，将工作本身转变成人才培养动态工具。卓越培训经理会要求员工对培养目标和执行结果负责，帮助员工看到其中的价值。一位财务经理告诉其团队成员，每个项目都有一条完成线，但有两条绶带：一条是成果，一条是人才发展。
- 和经理一道分析需要提升员工哪些技能才能有助于实现部门目标，确保经理选择的培养任务和部门的目标成果一致，而不是权宜之计。
- 将很多技能的培养融入工作授权中，经理必须重新定位和安排每位员工的工作任务，这样每位员工都有机会发展自己。卓越培训经理将大的项目交付物分解成新的更小的任务，通过该任务提升员工的专业水平。

引导经理精确定位他们所需的技能

在一项人才培养的大型评估中，一家非常重视人才培养的中西部的大型公司希望找到没有实现期望的技能提升的原因。他们发现，尽管给员工们提供了各种各样的工具和方法，但经理没有被要求参与人才培养过程，他们也不知道如何在这方面提供实践经验。然而，这些经理希望成为行动中的一员。事实上，缺乏经理的参与如同公司人才培养链条的断裂。若要扭转这种局面，人才发展部门一定要找到需要什么样的技能经理参与其中。通过对卓越人才培养经理的观察，经理必须拥有的技能除了典型的教练技能或所需的绩效管理技能，还包括表 40-1 列出的 12 项技能。

表 40-1 卓越人才培养经理所需的 12 项技能

类型	具体技能
深层次的人际关系	情商：了解自我，坦白真诚，管理好自己的情绪，关注别人的兴趣点 探索学习：引导人们挖掘自己的经验教训，而不是告诉人们怎么去做 构建信任关系：诚实、可信，珍惜与他人建立的互信关系，说到做到
全局观	战略思维：调整思维方式，从更长远的商业角度和有助于达成目标的角度来考虑问题 视角设置：帮别人了解更大的工作环境，消除那些产生狭窄、短视观点的场景
深思熟虑、果断沟通	提高倾听能力：能读懂别人，了解他人的话语及背后的真正意图 富有成效的询问：提出一些量身定制、发人深省的问题，引人深思，寻找思考和行动的新方法 详细说明：分享足够的细节（非一般评论），细致入微的解释，确保你传递的信息易于理解
信念与品格	坚韧不拔：不管遇到什么困难，始终保持冲劲十足和积极向上的心态 承担风险：自愿走出你的舒适区，超越现状，有勇气和智慧接受挑战 适应能力：面对困境斗志昂扬，不被困境打倒 热衷人才发展：一贯表现出对培养他人和发展自我的热情

培训与发展专业人士可帮助经理了解自身的技能水平，这些技能或许已包含在你的管理评估和培养工具中，如果不是，请将它们加进去。

这些是“经理即人才培养者”所需的技能。为什么不花几分钟考虑一下什么核心技能才能支撑你完成工作。

对发展契机和实时资源敞开大门

“媒介即信息”这是马歇尔·麦克卢汉（1964）在 50 年前提出的颇具力量和引起共鸣的一句话。当然它在这里也适用。我们不能要求经理到教室学习如何在每天的工作中培养员工。对经理而言，想成为卓越培训经理，需要将不断提升技能和实际工作结合起来。

培训与发展专业人士可激励经理提升员工在特定领域的技能（例如，和员工一起工作、快速从市场分析角色转变成市场咨询角色，或者提升团队能力，从国内市场转向国际市场等），一些知名企业采用以下方法提升经理人才培养能力：

- 提供持续的行动学习论坛，在论坛上经理们可以学习卓越培训经理的实践经验，然后为目标员工实施特定的培训计划，随后这些有类似经历的经理们汇集一堂，交流成功的经验和遇到的挑战，并从同行和培训与发展专业人士身上获取忠告。
- 资深领导者应支持卓越培训经理的方法，并为经理们做好人才培养的表率。
- 让经理们接受挑战，使其成为人才发展经理。
- 将公司各种资源（如物品、视频、诊断等工具）打包，为卓越培训经理提供一个界面友好的框架，并就人才发展计划的定位和影响进行必要的说明，经理们可以最大化个人价值。除了以上的工具，还可以提供一些补充选项，如同行午餐讨论会、电话开放时间等。
- 招募公司内的卓越培训经理，在一个既定的时间内作为培训合作伙伴和其他经理一道工作。

与经理一道走向成功

下次如果领导告诉你培养员工技能是你的工作时，请让领导和你成为合作伙伴，这种方法将是成功的一个重要因素。你可帮助经理设定公司期望，明确培训经理角色，将培训融入工作，识别经理做好工作所需的技能，在日常培训他人的同时争取公司的各种资源并走向卓越。按这些步骤来执行，既增加了自己的影响力，也加快了整个团队的发展。

作者简介

温迪·阿克塞尔罗德，博士，是一位推崇以经理驱动、绩效为导向的人才发展专家。在其 30 年的公司高管、顾问、管理教练等职业生涯中，她曾帮助企业在驱动人才发展方面大胆探索新方法，在实践领域取得较大的培养成果。她曾和成千上万名经理和领导们通过工作坊或领导者教练的方式共事。她是《让人才支撑商业：卓越经理如何培养人才实现商业目标》一书和大量文章的合著者。她定期为专业人士和公司做演讲。她还热衷于经理教练和志愿者导师工作。你可在 www.TalentSavvyManager.com 上找到她的相关信息。

参考文献

Axelrod, W., and J. Coyle. (2011). *Make Talent Your Business: How Exceptional Managers Develop People While Getting Results*. San Francisco: Berrett-Koehler.

Institute for Corporate Productivity. (2012). *Building a Change Ready Organization: Critical Human Capital Issues: 2013*. Seattle.

McLuhan, M. (1964). *Understanding Media: The Extensions of Man*. New York: McGraw-Hill.

Right Management. (2013). *How Leaders Drive Workforce Performance*. Philadelphia.

Ulrich, D., J. Younger, W. Brockbank, and M. Ulrich. (2012). *HR From the Inside Out: Six Competencies for the Future of HR*. New York: McGraw Hill.

↘ 延伸阅读

Axelrod, W., and J. Coyle. (2011, August). Grow Your Talent; Make Daily Work Developmental. *Leadership Excellence*.

Kaye, B., and J. Winkle Giulioni. (2012). *Help Them Grow or Watch Them Go*. San Francisco: Berrett-Koehler.

Kent Hayashi, S. (2012). *Conversations for Creating Star Performers: Go Beyond the Performance Review to Inspire Excellence Every Day*. New York: McGraw Hill.

第41章

知识管理：培训与发展专业人士需要掌握的要点

马克·罗森伯格（Marc Rosenberg）

本章要点

- 作为培训与发展专业人士，学会运用知识管理的基本要素
- 探究知识管理的错误观念及当前面临的挑战
- 理解知识管理三个组成部分及如何启动知识管理

组织中的关键智力资产称为知识资产。管理组织知识的新兴工具之一为知识管理（Knowledge Management, KM）。该工具对学习日益重要。除此之外，知识管理正成为管理知识产权的关键组织能力，使正确的信息在正确的细节层级、精确的需要时刻提供给正确的人。

知识工人花费大量时间寻找所需信息来完成工作。寻找的信息往往质量差、较少或毫无用处。与效率低下相关的成本包括较低的生产率、较高的营业费、较长的市场响应时间等，不一而足。然而，如果组织学会更好地创造、共享和管理组织知识，这些成本可以降低。

组织知识被定义为组织中关键智力资产的集合。知识共享正越来越多地被用于提高客户服务水平、减少产品开发周期和分享最佳实践。我们如何定义知识管理？美国培训与发展协会给出的定义是“知识管理是在组织中以鼓励知识共享的方式进行知识的获取、发布与存档”（阿尼森、罗斯维尔，2013）。

知识共享的形式或正式或非正式，从网络云盘到办公室闲聊。作为培训与发展专业人士，关于知识管理，本章提供了一些入门、开始工作所必须知道的东西。

信息挑战

知识增长的速度呈几何级，而知识的半衰期大幅缩短。换句话说，我们需要知道的永远越来越多，但其“保质期”越来越短。“从互联网上获得信息，就像对着消防栓喝水。”米切尔 · 卡普尔声称。

我们面临着五类关键信息挑战（比斯利等，2011）

- 信息过载，对于执行者而言，有太多的信息需要组织、综合、以此做结论或付诸行动。
- 信息低载，执行者找不到足够的信息从而有把握地行动。
- 信息分散，所需信息存在多处，处于被忽略、被忽视的高风险状态。
- 信息冲突，信息重复拷贝、存在差异，引发信任冲突（同样处于被忽略、被忽视的高风险状态）。
- 信息错误，误导信息或错误信息，引发高失败风险，可能会造成严重后果。

知识管理不是什么

关于知识管理是什么而不是什么，有几种不同的误解。表 41-1 概述了知识管理是什么和不是什么。

表 41-1　知识管理是什么和不是什么

培训	培训类似教学——是用目标明确的方法带领学员了解事先明确的内容。知识管理（KM）涉及信息，工作人员自行决定何时探索、如何探索及探索到什么程度
数据挖掘	我们被数据淹没，但我们不知道用它做什么。知识管理（KM）把数据转换成构建知识的信息

续表

网站	知识管理（KM）不是网络上的某个地方，而是用好网络和网络如何被整合起来改进培训和绩效
搜索引擎	搜索信息容易，但要在正确的颗粒度、正确的时刻，及时找到好的、相关的信息是困难的
科技	不要混淆手段和目的。技术是知识管理的推动者

有人把知识管理看作管理智力资本的技术解决方案，也有人把该术语用作各种促进知识共享与协作方法的总称。有人不喜欢知识管理这个术语，而更喜欢知识交流、知识共享或其他一些类似的术语。

知识管理如何帮助组织应对挑战

知识管理帮助组织应对挑战，实现几个关键目标（见表 41-2）。

表 41-2　知识管理可帮助组织实现目标

目　标	目标描述	收　益
更好地跟踪智力资本	盘点、管理与发现关键的技术和业务知识	增强业务响应速度和能力
减少工作冗余	识别机会，整合冗余项目	更低成本和更好地利用资源
提供更可靠的信息	有关信息准确性和有效性的不确定程度将减少	更好地做出决策
精准发布知识	目标定位于正确的信息、正确的时间、正确的人、正确的层次	更好的学习和更高的用户价值
分享知识 / 专家知识	跨越距离和组织边界分享知识	更好的团队合作与协作
强化知识资产安全	按照组织、层级、内容等定义访问权限	保护智力资本
提升客户价值（市场、销售、服务）	所有组织获得相同且完整的客户信息	提高客户满意度
促进创新	允许出现新观点且以最快速度成为最佳实践	知识更新换代

续表

目　标	目标描述	收　益
人力重组	应对新变化和新挑战，做好人力储备	更好地使用人力资源

你的组织受益于某种形式的知识管理吗？可在本书网站（www.astdhandbook.org）上下载评估工具，帮助你找到答案。

开始使用知识管理

像任何新举措一样，一些指导原则将有助你开启知识管理。精心策划的知识管理战略应包括：

- 一个统一的、实实在在的、安全的、准确的、相关的、可信的知识库。
- 个人和组织选择重要资源并从个性化角度整合选择的能力。
- 保持资源相关性、及时性。
- 通过合作分享观点的能力。
- 跨越人力、技术的资源类型和来源，发掘信息的能力。
- 获取知识的通用性。
- 根据增长、地域分散、新用户等特点可灵活扩展。

知识管理的三大内容

知识管理的三大内容包括信息库、实践社区、专家和专业知识获取。对于培训与发展职能而言，知识管理三大内容的关键特征和含义是什么？

信息库

信息库是指通过把组织收集的信息进行编码，使信息可以获取的在线信息资源。以下信息可进入信息库：

- 研发
- 产品知识
- 安装、维护、使用
- 推荐资源
- 客户服务，故障排除记录
- 公司信息
- 政策与程序
- 新产品更新
- 现场支持文档
- 培训课程
- 最佳实践
- 交易系统支持
- 竞争情报

图 41-1 描述了原始数据如何被编码并进入知识库或存储库中。根据独立用户需求和按需交付，信息被输入多家门户网站。

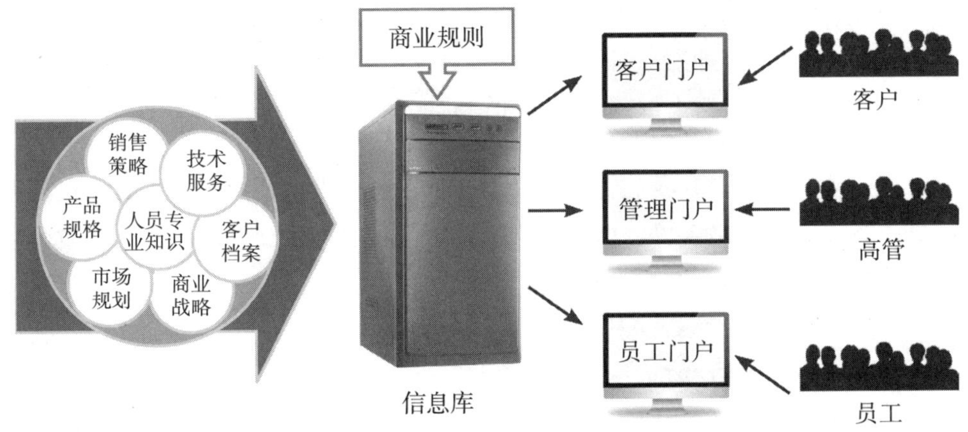

图 41-1　原始数据如何被编码到多用户的知识域中

实践社区

实践社区是指一群人为了更好地做事，在一起分享所关注和感兴趣的事。实践社区从组织上可分为垂直社区和水平社区。垂直社区的构成类似于组织的构成，并且通常基于汇报关系。事业部和部门是一个很好的例子。部门内的成员可作为一个社区来讨论与部门特定目标有关的主题。垂直社区的大多数沟通交流是自上而下的，有时是自下而上的。

水平社区更多的是基于共同的利益和需求而非汇报关系。比起完成特定任务，这些社区更多聚焦于分享知识。美国培训与发展协会的会员社区是一个很好的例子。沟通往往是协作和多向的，且在同一时间。

以下几大因素可确保实践社区成功。

- 成员识别：有共同利益和需求的群组成员。
- 用户价值（目的）：确保社区内容及谈话是相关的、最新的、专注客户需求的。
- 无痛：社区应该很容易使用，或者只占用客户的非工作时间。
- 使之变得特别：会员资源可考虑通过审批和奖励先进两种方式获得。
- 社区领导力：任命一名引导师帮助社区保持专注和活力。
- 工具：为培育卓越社区，应确保有正确的工具。
- 高层领导支持：有高层领导支持和实际参与至关重要。
- 减少监督：管理部门避免过度监督。
- 良好的环境：努力搭建信任的知识共享文化。

社交媒体有显著提升我们能力的潜力。社区通过大量使用协作工具（包括电子邮件、聊天室、网络会议、博客、维基、短信和多种社交网络）强化高效分享知识的能力。

专家和专业知识获取

历史上人们是通过正式的学徒制在大师门下学习技能。今天，在组织中获取真正的专家要困难得多，而且跨组织和跨事业部使用专家更具挑战性。尽管专家经常呼吁进行培训或编写白皮书，但是他们根本没时间教授那些在工作中最需要知识的人。经理和团队成员并不总是拥有所需的知识和智慧去给下属做教练。

那么如何促进专业知识分享？需要考虑以下八个方面。

1. **减少工作量。**专家通常很忙，而且对于他们的专业知识已有很多工作请求。为避免抱怨和可能的倦怠，将专业知识分享作为专家工作的一部分内容，并给该任务分配一定的时间。

2. **使用正确的激励方式。**给分享知识的专家提供激励，如福利待遇或专业发展机会。

3. **专家轮换。**如果有足够的专家，可进行轮换，不要让专家过度劳累。

4. **需求管理。**不允许过度使用专家时间，可设定专家可用的时间。

5. **将成熟的专业知识出版发行。**以可搜索的格式记录和存储专业知识，以消除冗余。

6. **指明哪里可以找到信息。**有时候，专家只需要指引他人如何找到信息，而不是直接给出答案。

7. **运用获取知识的不同技术。**专家用文字的方式记录自己的知识和智慧并非易事。可以考虑使用一些创造性的技术记录专家的知识和智慧，如采访、讲述、师徒关系和培训。

8. **引入培训人员。**考虑使用培训人员作为专家。

知识管理发展框架

知识管理发展框架是知识管理发展主要活动的矩阵。每个组织采用的体系可能有所不同，但几个关键的部分是相同的。

- 组织的知识战略：包括愿景和使命、当前和未来的状态分析及业务实例。
- 实施战略：及早实施预防后续失败，包括培训与支持、沟通、如何管理变更、如何管理项目、如何通知所有利益相关者和争取所有利益相关者参与。
- 网络战略：三个主要的重点领域包括移动、社交网络与短信，内容创建与访问。
- 治理：确保职能部门组织管理高效。例如，明确组织结构、角色、责任、领导力表现、问题解决和项目集管理。
- 工具与应用：有越来越多复杂工具和应用程序的组合确保知识管理系统运行。选择正确的工具可以找到复杂的信息，并使正确的人进行访问。
- 技术基础和架构：通过尽可能将系统与业务流程无缝集成，使知识管理系统与 IT 基础系统集成。必须与 IT 部门紧密合作，因为 IT 部门最有可能负责知识管理运行的技术体系。这样设想一下：培训与发展部门可能拥有“车”（内容），但是 IT 部门拥有“路”（基础设施）。两者缺一都不会成功。

- 程序：从帮助系统和培训到特性和功能性，这一切都被认为是确保知识管理系统简单而有效运行的关键。
- 客户的专业知识：使生活更容易而不是更困难，如果客户想购买知识管理系统，系统的易用性和界面友好是非常重要的。
- 内容：在知识管理系统中，内容组织是高效使用的关键。对于知识管理的成功，找到组织内容的结构是非常重要的。

以上内容为知识管理框架关键组成部分的汇总，说明知识管理不仅仅是收集和发布文件。

培训与发展专业人士在知识管理中的角色

作为培训与发展专业人士，你可能想知道自己在知识管理中的角色。下面我们来探寻知识管理和组织学习如何共同工作，知识管理需要何种技能，以及如何在组织中开始实施知识管理。

知识管理和组织学习如何共同工作

尽管知识管理和培训与发展似乎是互相排斥的，但它们事实上是一阴一阳——相互兼容的。明智、恰当地使用知识管理和培训与发展两个工具可以产生一个强大的学习系统。最大化地使用两个工具的关键是能够区分自动执行的技能（通常来自记忆）和在需要时能够获取与引用信息的技能（罗森伯格，2001）。课堂内容中有多少基础知识可以通过精心设计的知识管理战略变得更容易交付？同时，如果你能从课程中学到一些基本内容，可以用什么类型的高阶培训战略取而代之？在其他情况下，通过将基本内容转移到知识管理中，或许能缩短正式培训时间，这可以节省大量成本。

知识管理需要何种技能

在培训与发展领域工作，或许你已经培养了下列技能和能力：

- 评价。
- 教学设计。
- 需求评估。
- 项目管理。
- 教学。

虽然这些技能对于培训与发展和知识管理至关重要，但为了提升培训与发展方面的职业技能，在知识管理方面更加先进，需要培养以下技能和能力或找到具有这些技能的人：

- 业务分析。
- 变更管理。
- 社区建设和合作战略。
- 内容分析。
- 信息设计。
- 知识体系结构设计。
- 图书馆与信息科学。
- 绩效分析。
- 软件开发。
- 用户界面设计。
- 供应商 / 外包管理。
- 工作流。

为什么要培养这些技能？即使组织目前没有知识管理系统，很可能将来会有。记住，不是所有人都必须成为该领域的专家，但应当确保在组织中每个领域都有专家覆盖。正如本章前面所提到的，每个人都需要管理信息过载。知识管理很可能成为你的工作中的大部分内容。创新精神和进取态度是所有成功培训与发展专业人士所需要的。这种态度包含如何观察和服务新的学习者：

- 员工 / 学习者被视为知识的探索者，具有不断变化的学习需求和时间表。
- 线上与线下服务允许学习者更多地获取知识和绩效资源。
- 需要的时候，在工作场所按需学习变得至关重要。

工作中有许多中断，培训可能是其中之一。如果我们能把知识和学习嵌入工作流程，会有较少的中断和更高的效率。培训始终有作用，但它将是不同的。

如何在组织中开始实施知识管理

搞清楚如何开始看起来像一项艰巨的任务，知识管理项目不必太大，尤其是对于你的第一个知识管理项目。虽然为整个组织创建知识管理系统是一个值得追求的目标，但是如果没有资源、经验或支持，不要试图开发一个如此巨大的解决方案。相反，可以在工作领域寻找较小的知识管理机会。当培养知识管理技能时，小项目更易管理。此外，在组织内小的成功比大的失败更可取和被人赏识（罗森伯格，2001）。

例如，在线大学常使用的共享信息技术可以应用到组织中。在线大学的教授们常常使用在线课堂管理系统与学生交流信息，并为学生提供延伸阅读和项目模版。此外，该系统让学生通过聊天室、讨论区和系统中的文档共享功能相互分享信息。

同样，可以在公司找一些机会，让知识管理帮助人们更好地分享信息，或者在项目中更好地合作；也可以在课前或课后活动中设定一些预览或选定的知识资产；也可以增加一些知识资源作为补充材料提升课后学习效果；也可以为学习者创造一个实践社区，当学习者完成培训后，加入新的学习者到社区；还可以不断更新培训与发展项目，使学习更有效果和更有效率。请记住，开始时不要在乎项目大小，要注意知识管理方案对培训和绩效问题是否有针对性。

还有一个问题，是独自进行知识管理还是寻求合格供应商和咨询顾问帮忙。这一切取决于特定的知识管理能力和知识管理战略，但是大部分组织发现至少在一些阶段中需要使用供应商和咨询顾问。一旦项目开始运作，准备需求建议书、管理投标过程、签署知识管理供应商合同与管理供应商一样重要。如果你在这方面经验不多，可以跟采购部门请教一些采购指导和采购流程。一定请 IT 部门、客户和其他利益相关者参与。

关于知识管理有很多内容需要了解，本章仅作为入门知识。当更多地思考知识管理时，需要考虑以下三个关键挑战：

1. 当人们搜索信息但找不到时会出现什么情况？如何持续搜索内容？哪些是现成的？哪些会损害绩效？

2. 当人们找到了他们要找的信息时会出现什么情况？当我们从错认为可靠的信息源获取信息，然后基于该信息和来源采取行动时，结果可能是毁灭性的。

3. 最后，当我们把学员送回工作岗位后，发现没有足够的工作资源可以继续利用和验证培训，此时会出现什么情况？我们的职责是确保大家与时俱进，而不是止于课堂，我们的关键目标是持续学习和持续绩效改善。

知识管理并不是什么新鲜术语。我们上学的时候，用过的教科书和图书馆，还有百科全书、辞典、食谱、旅游指南、各种说明书、我们生活中使用的产品目录，都属于知识管理。组织并没有什么不同，都有流程和程序、政策、产品信息、生产诀窍、市场和销售战略、财务和人力资源数据、技术规格等，这些对任何企业都是重要的。

现在，这些资源在网上迅速传播。科技正在改变，即时、可用的信息数量几乎让人难以想象。但是高效获取信息的基本要求是相同的，那就是从何处获取信息、哪里需要信息、何时需要信息。培训，即便在线培训，也不可能独立面对这样的挑战。知识管理是综合管理。

↘ 作者简介

马克·罗森伯格，博士，是培训、组织学习、在线学习、知识管理和绩效改进方面的管理顾问。他写过两本书：《电子化学习》(*E-Learning*)和《超越电子化学习》(*Beyond E-Learning*)。每月出专栏——《马克一言堂》，发表于在线学习协会在线杂志中。马克·罗森伯格是国际绩效改进协会前总裁、荣誉终身会员和在线学习协会的“协会大师”。马克·罗森伯格曾在白宫发表演讲，在牛津大学围绕在线学习的未来进行辩论，在世界各地进行主题演讲。他发表了 50 多篇文章，在主要出版物上经常被引用。马克·罗森伯格是美国培训与发展协会的知识管理认证项目的内容专家和主要促动师。在 www.marcrosenberg.com 上可了解更多关于马克·罗森伯格的信息。

参考文献

Arneson, J., W. Rothwell, and J. Naughton. (2013). *ASTD Competency Study: The Training & Development Profession Redefined.* Alexandria, VA: ASTD Press.

Beasley, J.W., et al. (2011). Information Chaos in Primary Care: Implications for Physician Performance and Patient Safety. *Journal of the American Board of Family Medicine,* 24(6):745-751, www.ncbi.nlm.nih.gov/pubmed/22086819.

Rosenberg, M. (2001). *E-Learning: Strategies for Delivering Knowledge in the Digital Age.* New York: McGraw-Hill.

延伸阅读

Rosenberg, M.J. (2006). *Beyond E-Learning: Approaches and Technologies to Enhance Organizational Knowledge, Learning, and Performance*. San Francisco: Pfeiffer.

以下这些博客提供了一些附加信息可供参考。

- **ASTD's Learning Circuits**, www.learningcircuits.blogspot.com
- **Clark Quinn's Learnlets**, http://blog.learnlets.com
- **Harold Jarche,** www.jarche.com
- **Internet Time Alliance**, www.internettime.com
- **Jane Hart's Pick of the Day** (UK), www.janeknight.typepad.com
- **Marc My Words** (column in *Learning Solutions* magazine), www.learningsolutionsmag.com/authors/219/marc-j-rosenberg
- **Will at Work Learning** (focus on what research tells us), www.willatworklearning.com

第 7 部分

培训工作的管理

名家视角

培训与商业需求相结合

威廉·白翰姆（William C. Byham）

许多高级领导人感到组织的培训工作和组织其他部门的商业运作方式不同，如分销或销售部门。他们观察到，人才发展项目与商业需求不符，组织的投资回报率很难计算。

培训与发展经理的答复是“为什么这样说”，并且进一步提出：

- 我们通过持续使用工作分析数据来制订新的培训计划。
- 在选择一个培训方案前，我们会比往常更重视评估培训需求。我们的目标是让学员参加所需的能力提升培训项目，并利用他们的评估反馈让学员了解培训项目中哪些内容更需特别关注。
- 我们必须调整培训来满足学员日益变化的培训需求，如千禧一代、需要领导他人的优秀工作者等。
- 我们提供网络培训、虚拟教室、将培训课程碎片化，方便学员能够在下班后花较少时间独立自主学习。
- 10-20-70 原则是我们的座右铭。培训仅仅是开始，我们在培训前、培训中和培训后努力将经理培养成教练，并确保学员在工作中独立使用这些技能之前会得到持续的能力提升。
- 我们通过现实工作中行为的改变来衡量培训是否成功。新技能会实现很多商业成果，如敬业度提升、生产效率提高及员工留任等。

然后他们会问：“我们现在没做什么？”

我说："你把很多事情做对了，但是你可能没把重点放在首席执行官和高层管理者的关注点——组织经营战略的完成上。"

然后我问："你能说出组织目前的战略规划吗——特别是近期的变化？你能提供可靠的商业案例来证实你的培训或发展计划能直接和显著影响组织的经营战略吗？"遗憾的是，大多数培训与发展专业人士都无法回答。

大多数培训主题的选择基于"什么是最热门的"——当年最热门的文章或书籍——或者出于习惯。很少组织会将战略作为指导方针。

对一个组织而言，选择培训与发展主题应基于以下三个因素：

- 工作分析：准确识别胜任工作的关键能力。
- 评估：准确指出每个人需要提升的每项技能。
- 组织经营战略：根据商业需求的变化确定个人或组织需要提升技能的优先级。

表 1 展示了经营战略及与之匹配的领导力和人际技能培训主题，这些培训可以帮助各层级人员培养战略执行的能力。

表 1　经营战略及与之匹配的领导力和人际技能培训主题

经营战略	培训主题
驱动创新	• 授权 / 委派
	• 指导与发展他人
	• 影响力——推销愿景
	• 情商
增加全球聚焦	• 全球智慧
	• 培养组织人才
	• 情商

培训主题的选择取决于组织能意识到领导者及成员实现组织经营战略的差距在哪里。

和经营战略相结合仅仅是开始——每个人都需要知道你在做什么

一旦培训项目和组织战略相匹配，则需要就匹配相关问题进行沟通。学员和他们的经理不一定了解它们之间的关联性。为此，我们强烈建议每个基于能力匹配的培训（包括基本培训），开始时要请引导师阐述一个或多个目标组织战略的重要性，以及参加培训或其他发展活动能够积极影响战略实现。按此进行简单的讨论，强调培训与商业之间的关联性，使大家明确了解各自在实现个人与公司成功中的角色。一旦回到工作岗位，学员和经理将通过教练式讨论、任务分派和绩效管理更加清楚地认识到技能应用和商业影响之间的关系。

这种方法将培训与组织、个人关注的重点有效地关联起来。所有人都希望自己可以有所作为。大家都知道新技能是一种工具，可使自己更快地成长，在工作中更有效地应用。培训现在有了一个真正的商业目的（除了通常意义的自我发展）。

高层管理者同样需要被告知培训与发展创新和经营战略之间的关联性。一个好方法是将提供的课程清单清晰地与关键经营战略关联起来。

培训项目与新的经营战略保持一致尤为重要

过去，组织拥有一套战略可能长达十年或十年以上，正如我们所知道的，这在今天已经不适用了。组织不断改变其战略以适应商业和竞争的压力。这些频繁的改变让人力资源和培训与发展专业人士不断更新实施方案，培训越来越复杂。人们“疲于改变”，这导致新战略被忽略，因为人们觉得它可能会在一年或两年内被新的战略所取代。

CEO 们不断告诉我们，他们最大的问题不是提出正确的战略，而是怎么执行。鉴于组织战略的重要性，高层管理者更希望让所有不同层次的人都知道自己在为组织战略的实现而奋斗。他们想要得到所有的帮助，包括培训组织为了推动组织战略落地而提供的相关技能。

不只是横向思维，也需要纵向思维

培训组织通常用横向思维来考虑战略优先级的一致性问题，主要聚焦于“一线领导”和“客户服务”等建设性战略优先级课程。战略真正的变化发生在组织范围内，应关注各级整合培训和绩效课程的效果，相关信息应予协调。

人力资源的各种活动要和经营战略一致

为得到高层管理者的认可和持续的支持，人力资源所有活动都应与经营战略保持一致。这就意味着招聘、选拔、绩效考核和晋升决策必须着眼于与经营战略相关的目标能力。大多数情况下，一个新的经营战略在一年或更长时间内都不会被纳入人力资源战略中，这是极其不利的。因为招聘的人才仍在适应老的战略，而不是新的战略。

同重大战略调整一致

当高层管理人员决定调整战略，公司的其他部门需要确定如何调整来支持组织战略变革。这是培训组织通过构建知识、技能、角色认知等帮助企业经营战略落地、树立自我品牌的绝佳机会。一旦 CEO 决定做如下战略调整，培训团队应想想该做些什么：

- 组织分拆。
- 组织市场发生巨大变化。
- 一夜之间变成创造力中心。
- 适应新的所有权。
- 变得更加“绿色”。

当组织发生巨大变革时你可以考虑以下两个方面。

↘ 帮助所有员工了解和接受变革

对于大型组织，这是一个巨大的挑战。高层管理人员希望所有员工了解战略变革，并为他们提供所需要的技能，从而让其了解如何支持战略变革，为此需要搭建舞台，做好以下培训。

- 拥抱变革：帮助员工聚焦变革实施中个人绩效所扮演的角色。学员们将了解大家所经历的变革阶段，分享最佳实践，使他们能够应对和克服今天和明天新的商业挑战。
- 推动变革，建立并保持信任：帮助一线领导和团队成员拥有加速实施战略变革的技能和资源，同时创建一个对变革持开放态度的敏捷工作环境。
- 使变革得以实现：帮助经理和主管通过了解利益相关者的重要性、多方面的意见、沟通和认可，从而获得推动变革的能力。

当然，有些人已经非常擅长这些技能，但大多数人不具备。当大家特别关注新的经营战略时，每个人都会从这些培训主题中获益。同时，培训会提供论坛，让公司所有层级的员工都可以讨论发生在他们周围的变革并相互提供建议和指导——从个人接受度来说这是非常有价值的方法。当学员进入模拟现实场景的培训教室时，通常要求他们或其带领的员工在行为上发生改变，此时培训项目的效果就显现出来了。

我们能看到的最大障碍是如何极其快速地交付这些培训。组织绝不希望等待六个月或即便六周。他们希望在组织变革调整公布后两周，最多四周内完成培训。如果在这个时间内完成培训，每个人，甚至那些不相信变革的人都会感激这次培训。培训会帮助变革质疑者成为一名优秀的战士，并全力为战略变革而努力工作。如果一个新的战略宣布后两周内数千名员工和管理者都接受了培训，在这种情况下，培训会被认为是部署战略的最好方法之一。

提供持续培训以帮助人们迅速获取变革所需的技能

大多数时候，一个重大的组织变革往往伴随新的培训需求浮出水面。优先满足这些培训需求，会让人们迅速适应变革并在新岗位上取得成功。通常，新培训和进修培训都需要。

快速提供专业培训传递的信息是组织非常重视人才并全力帮助其取得成功（如果涉及裁员，这方面尤为重要）。

如何应对各种战略变革

培训与发展专业人士应对战略变革所能做的就是确保各级经理具备基本的人际技能：领导力、沟通、委托、授权、情商提升。它们很有可能是支持新战略的候选能力要素。

考虑投资回报率了吗

我知道所有的培训师都想评估效果，但很少有人付诸实际行动。通常情况下，他们会把责任归咎于缺乏管理层支持与资金。我发现，在研究培训干预的有效性与组织战略变革之间的关系方面，高层管理人员往往愿意投入。高层管理人员之所以感兴趣，是因为评估数据可以让人清晰地看到，一旦战略发生变革，培训干预的效果清晰可见。

商业伙伴

对于高层管理人员而言，最重要的是所有人都能在大大小小的变革中和其一起并肩作战。如果培训与发展专业人士能发挥重要作用，评估其效果，我保证他们将被视为商业伙伴，当未来组织战略调整时，高层管理者一定会让他们参与其中。

↘ 作者简介

威廉·白翰姆，博士，DDI（Development Dimensions International）公司董事长兼 CEO。

↘ 延伸阅读

Byham, W.C., A.B. Smith, and M.J. Paese. (2002). *Grow Your Own Leaders: How to Identify, Develop, and Retain Leadership Talent.* Upper Saddle River, NJ: FT Press.

Smith, A.B., R.S. Wellins, and M.J. Paese. (2011). *The CEO's Guide to Talent Management: A Practical Approach.* Pittsburgh, PA: DDI Press.

第42章

制定培训与发展战略

约翰·科恩（John Coné）

本章要点

- 制定组织的培训与发展战略
- 回顾有关培训理念的案例
- 决定如何战略宣贯

向几米外的靶子投球，假如你略微偏离目标，还有可能命中。可是要向月球发射太空舱，必定差之毫厘，谬以千里。培训，做得对，就是战略性的。它不只是对当前问题的应对，还是对未来问题的绸缪（甚至避免）。诚然，一些培训课程收益可以立竿见影，但一个培训部门则是项长期投资。

学习部门的战略就是组织的学习战略

构建学习型组织人人有责，但培训与发展专业人士对不懈追求这一理想负有特殊的责任。你的战略绝不只是愿景说明书，而是指引你未来几年行动的蓝图。它不是凭空产生的，而是后于学习产生的。通常，培训部门已经存在，故新战略往往意味着变革——变革不是增量改变。尽管那些战略已起作用，但没有优化，流程没有改善，没有形成愿景。为你的学习团队制定战略必须是一个深思熟虑、全面细致的过程，旨在使培训部门成为所服务组织的最佳可选资源。

根据任何蓝图制定战略都需要时间，调整也如影随形。但倘若手上无完备的战略——组织领导支持的战略——就无法得知你制定出的战略是不是你需要的，甚至是否能制定出来都是问题。

有关战略的书籍、研讨会、在线研讨会和文章不胜枚举，本章末列出了一些我喜欢的。ATD 在其管理培训认证项目中提供了指令、工具和案例。所有这些资料都围绕一个核心问题：我们是谁？我们在做什么？我们去向何处？一个好的战略必须解决这些问题。但少有资料考虑为一个庞大的组织制定一项可靠战略的需求，关注培训部门的就更少了。根据我的经验，再追加几个问题：

- 我们（现在）为何要制定一项战略？
- 我们是谁？
- 我们为谁服务？
- 我们如何服务？
- 我们现在在哪里？
- 我们去向何处？
- 我们如何到达那里？
- 我们如何知道正走向那里？

接下来我们逐个地深入查看。

我们（现在）为何要制定一项战略

有可能培训部门与其组织都不是全新的。此刻来临，时移世变。记录下激发（或要求）你制定战略的背景与环境不失为一个好主意。不管什么原因，反正看起来有必要改变一下，记录下来。评估战略的质量，通常的方法是通过评估它在多大程度上提供了促进创新的条件。

我们是谁

“我们是谁”这个问题通常以使命、愿景或价值观的形式写下来。从基本层面上讲，培训与发展战略必须和组织文化保持一致，并且必须满足该文化所要求的培训与发展的应尽义务。我将其称为目标一致性。目标一致性要求你理解组织的员工发展理念。培训与决策、商业计划及预算有怎样的关联？培训是被当作一项投资、开销还是竞争优势？培训是前瞻性的还是仅仅用来被动地响应问题？当谈及培训时，哪些是员工与经理心照不宣的义务？培训是否可与客户、合作伙伴或供应商分享？自我发展是被奖励、被惩罚还是无所谓？

> 培训与发展战略必须和组织文化保持一致。

如果将不同的文化原型进行比较要花很大篇幅。归根结底，将培训与组织战略进行对接，其工作成果就是培训理念。培训理念的案例如下。

培训理念案例

我们的商业环境将持续由如下因素主导：迅速变化与增长的客户需求、与日俱增的竞争压力、各领域持续改善的要求、创建更加复杂的业务流程。这些因素及其他因素将提高和改变全体员工的成功需求。因此，全体员工的持续发展对商业成功仍将不可或缺。

经营业务的方式决定了培训模式必须致力于让组织资源贴近业务，同时成本最小化。

在组织内，人是一种需要被发展的资源。他们有责任管理自身发展，并且被赋予掌管自身发展的权力。组织与全体员工共同负责确保培训发展落地。发展必须是成功组织战略中计划与管理的一部分，也是员工发展需求和商业需求的结合。我们的成功不仅依赖于我们现在能做什么，还在于我们能学到什么。

发展应该关注人的全面发展。员工将有机会参加公司资助的发展培训，并被鼓励充分利用外部培训机会。组织因为员工而壮大，员工因为公司而伟大。

发展基于商业问题，应得到包含商业计划在内的全公司发展计划流程的支持；还必须与个人发展流程紧密相连，与招聘、绩效评估、职业规划和岗位设计等整合在一起。

为履行我们对客户、股东和员工应尽的义务，应按以下优先顺序来计划所有发展项目：

1. 组织／部门生存（持续商业成功）的发展项目。

2. 个人生存（持续就业）的发展项目。

3. 组织／部门能力更上一层楼的发展项目。

4. 个人能力更上一层楼的发展项目。

发展是一项投资，所以每个企业都应清楚为确保组织持续成功所进行的投资需求级别，投资回报可被度量。我们应从战略的高度担负起有关发展项目的规划、预算责任。

如何发展员工，并形成我们的文化，应传递出我们对期望行为的关键信息。培训应当提供利于开启变革的技能，还应强化组织中不应改变的，如价值观。

员工发展亦竞争武器，应当培养出超过竞争对手和客户期望的员工。对技巧和知识的革新与改善是永恒的。发展应广泛且普适，其适用性应易于推广。要努力平衡短期与长期需求，兼顾创造创新与持续改善。在组织中，培训与发展应当走出教室、走进车间，活学活用最见效、最高效的工具和方法。

管理层应是组织内培训的捍卫者——也应是教师、教练和导师。优秀的员工应在组织内部培训中担任讲师、引导师、导师及内容专家等重要角色。组织内部必须具备一些政策与流程对培训与发展及时反馈，建立可靠的发展计划，确保发展机会可获得，并且能意识到已获得的发展机会。

培训部门必须确保培训与发展的工具可获取，员工有办法去寻找、选择对他们有效且便利的工具。

用逆构培训理念的方法来解释其支持的组织文化可能更容易。建立一种公司高层支持的文化将确保战略与组织目标保持一致，进而帮助组织建立使命。

如果你已将使命、愿景和价值观记录并归档，检查一下。其应该与你因何存在、你的信仰、将采取的行动保持一致。一个好的战略比愿景更具体，它将带你走向希望有朝一日达成的愿景。假如你期望自己是员工沟通部门、员工调查组、人力资源部门的一员，或者整个人才管理的推动者，那就这么说。如果你没有这么说，你就不会这么做。

我们为谁服务

我们为谁服务？乍一看，觉得挺明白：为组织服务。大多数情况下，培训部门的章程没那么宽泛——或者说那么明确。有可能你为公司管理层服务，不具体到哪个部门，也可能为除销售部、IT 部以外的部门服务。或者你为组织内有共性需求的人服务，但不是特殊需求。你必须搞清楚谁是你真正的客户。如果有层级制度，你要说清楚。如果确实是先到先得，那你就说出来。

我们如何服务

从这里开始记录我们的系列产品与服务，但产品与服务只是商业模式的一部分。商业模式处理更宽泛的问题：

- 你与服务的组织签署的是什么协议？
- 你的商业模式是什么？
- 你的财务模式？
- 你们组织 / 运营模式？

你的协议

每个组织与培训部门都签有一份协议，是关于交付什么的一系列期望。不同的协议设置不同的预期，要求不同的响应。以下是我所经历过的五种类型的协议：

1. **服用药物型。**客户将培训视为迫不得已，就像去看牙医。培训是必要的，甚至可能是件好事情，但他们宁愿去做其他事情。培训课程的种类偏安全与合规性培训，只要能避免法律诉讼、罚款和其他不利事项，做什么都行。培训使我们免于麻烦和负面报道。如果协议是这样的，那么评判培训部门的主要标准就是解除痛苦。我们所提供的绝大部分培训都是不显眼的，那些显眼的一定是迅速的、非侵入的、无痛苦的。

2. **交付基本能力型。**大公司需要的是新型人才。需要培训员工如何处理工作要求的所有事项，所以重点常常在于建立共同的实践、流程，甚至共同语言上。工作成功需要基本的技能与信息。在这样的协议之下，工作用响应度来考核。组织不擅长预测人才需求，所以一旦意识到缺人，时间就已经很紧迫了。能厘清和整理出真正需求的很可能是我们。

3. **复制成功模式型。**在过去的时间里，组织发明或发现了其喜欢的做事方式。

尤其是在成长期或紧缩期，培训最重要的工作是复制成功模式。当新址启用或新部门启动，或者整套系统被复制时，可通过持续的项目，也可通过不定期介入来复制这些模式。在这些情况下，考核的关键标准是一致性。

4. **提供战术支持型。**如果培训部门基本工作完成较好，可能被叫来协助达成关键目标。培训被整合到关键流程和下一步行动计划中（如启用新厂、实施新的薪资系统或销售流程）。这就是一种要求提供战术支持的协议。这时组织倾向于先用时效性来考核我们。我们的工作就是保证目标达成，不管我们的承诺实现多少，培养周期和按时交付才是眼下最要紧的。

5. **战略合作伙伴型。**多数培训专业人士希望获得第五类“协议”——其支持广泛的战略创新（如全球化、全面质量管理及领导力发展）。该协议通常的表达方式就是成为战略合作伙伴。我们享有一席之地——我们是计划流程的一部分、从计划走向成功的关键推动者。在这种协议之下，常把综合性作为考核我们的标准。优势资源更为重要，伙伴关系错综复杂，这种类型的协议一般要求我们全面发展且有求必应。

培训部门的协议常常是以上两种或多种类型的复杂结合体。在大型组织中，不同的人对同一个部门有不同的期望。大多数组织周而复始地运转，通过协议变更与时俱进。协议往往是暗示的，不够明示。它不断演变，变得不再那么好懂和无人管理。

你与服务的组织签有协议。你可以变更协议，但如果你没有签订协议，就不用变更协议了。无论组织战略对培训要求如何，都必须从你所处的现状做起。

你的商业模式

你的商业模式定义了培训部门如何给客户带来价值，以及如何吸引他们成为你的客户。尽管基于组织的运营需求有很多“假设”，但仍有许多选择的空间。选择哪种模式基于如下假设：客户想要什么、如何要，以及如何组织培训来更好地满足需求和筹措资金落实培训。商业模式的含义广泛，其从运营层面上定义了你的意图、所提供的产品、战略、基础设施、组织及实践。

一套综合的商业模式描述了需要哪些关键活动来实现你的协议，以及需要哪些资源为客户创造价值。它指明了竞争在何处及需要哪些联盟。它推动着人员配备、外包、技术、市场营销及协议实现。

你的商业模式包括以下内容。

- 你的价值主张：你能给予什么、你和你的竞争对手有何不同、客户选择你而不是他人的理由。
- 客户群 / 客户细分：你的产品或服务的目标受众。
- 渠道：你向客户交付产品或服务的方式，包括你的市场营销和分销策略。
- 客户关系：你所建立的和不同客户（及利益相关者）之间的联系。
- 最后，你的商业模式描述了你的产品 / 服务系列。

你的财务模式

比制定培训预算还难的事情是进行可行性研究。年末时经常发现培训不是那么有用，支出与计划不一致。没什么好办法能完全解决这个令人头疼的问题，但正确的财务模式可以帮助你朝战略的方向努力。在费用分摊、战略融资、服务付费，甚至利润中心处理之间做出正确的选择可以使战略和资金之间产生协同作用。

正确的财务模式还可帮你持续维护项目、广泛分析、资本支出、外包，甚至员工专业培训。

正确的财务模式可以告诉你如何应对经济衰退、不虞之需和麻烦事儿，诸如确定干预培训的价值、计算投资回报率。

你的组织模式

有战略无组织同样不会成功。你必须知道是否有一个履行战略意图的组织。如何平衡集中资源和分散资源？你供职的组织是否对如何运作有其要求？项目组合在关键领域是否需要专用资源？

为了保证战略成功，除了组织结构，还需要制定相应的政策、流程和程序。例如，管理系统有多重要？需求分析呢？年度计划和优先顺序呢？合同管理呢？

教育优先级方面，你需要就培训预算、发展计划、如何决策等制定相应的政策。

华纳 · 伯克

华纳 · 伯克是组织发展与变革领域的领军人物。伯克以强调将组织发展作为产生特定结果的变革流程而著称。伯克认为组织发展应采用这些步骤，如组织反思、系统改善、规划和自我分析等。伯克采用理论与研究相结合支持其研究。伯克强调组织发展应该是深思熟虑的、彻底的变革，而不是像一般组织通常运用的渐进过程。伯克是哥伦比亚大学教育学院心理学和教育学教授。他是 OD Network 的执行董事。伯克还是经理教练 50 强之一，为多个行业的众多组织提供咨询服务。伯克著有 130 多篇组织心理学、组织变革及领导力等方面的文章及书籍。1993 年，伯克获得 ASTD 利皮特纪念奖（组织发展实践领域杰出奖）。

你对组织结构与关键系统的决策会驱动你对团队经验和能力的决策。在分析、评估、承包、咨询、估算或管理方面你是否需要特定专长？使用技术是否重要？教学设计呢？引导呢？你还需要决定更广泛的能力范畴，这将是基于你的价值主张的团队标志。

你可能会强调合作、组织敏捷度、销售或营销能力、系统思维、细节、主动、创造性、技术或市场知识等。作为经理，我们希望团队中的每位成员能力超群，但现实很骨感，我们必须选择出一些能力来支撑战略。

我们现在在哪里

战略会带你从现在的位置到想去的地方。这就需要一个目标及对现状的全面评估。SWOT［优势（Strengths）、劣势（Weaknesses）、机会（Opportunities）、威胁（Threats）］和 PEST［政治（Political）、经济（Economic）、社会（Social）、技术（Technical）］等环境分析表对评估大有裨益。可以考虑用图 42-1 所示的这个简便的工具来分析培训部门应关注的问题，还可以访问本书的网站（www.astdhandbook.org）来找到这一工具。

显然，第一栏是指在战略第一阶段可以修复的部分。正确的战略必须包含如何达到平均水平，直到最高水平。最后一栏是指战略可以达到的最高等级。

问题	选项		
目前我们的培训产品 / 服务组合的状况如何？	弱	中	强
目前的培训与员工眼下需要或很快就需要的技能的结合情况如何？	差	不完美	匹配
培训部门目前的声望如何？	差	都有	好
对培训有何看法？	成本	投资	战略
组织认为培训需求得到满足了吗？	差	中	好
培训部门与业务的联系如何？	无	松散	紧密
我们能证明我们的价值吗？	否	无明显证据	ROI

图 42-1　环境分析工具

我们去向何处

战略实现一般需要几年，较普遍的是三到五年。战略内容就是此期间计划实施的一系列方案。除了你将交付的产品或服务，还须包含运营方案、信息技术、财务和市场营销等。

计划会指导你聚焦和做好资源分配。如果战略足够具体，你将在所有领域都会有详细计划，再自我检查一下，看看是否已经包含如下内容：

- 对现有产品和服务的变革及改进。
- 实施新产品。
- 为新客户群增加服务。
- 实施新的培训方式或管理系统。
- 对关键系统或流程进行变革或优化。
- 优化财务模式。
- 提升治理能力。

- 培养新员工胜任力。
- 降低成本、提高生产率。

具体方案依赖于环境，但下面有一些方法可以用来考虑方案的质量：

- 它们和组织有关联吗？所有的战略都应该明确支持你供职组织的关键问题。关联越紧，方案越好。
- 它们可以实现吗？你应当有实现战略所需的能力、资金和信息，如若不然，就应该有清晰及可能的方法获取这些资源。尽管只是一段时间，也应该合情合理。
- 它们会成功吗？战略应该符合逻辑。从经济上考虑应该行得通。风险要明确，要有具体计划规避风险或使风险最小化。它们与组织中其他主要参与方的战略方向应该相向而非相悖，应该与考核标准挂钩，考核标准能用来证明它们的成功。
- 从政治角度讲，它们会被组织接受吗？如果战略与组织关键问题相关联，那么产出物从政治角度上讲则可以被接受。战略本身也必须被利益相关者认同，他们必须接受风险、参与战略、给予支持，这就意味着利益相关者必须支持及清楚战略的预期利益。

我们如何到达那里

可能有更多的"如何"已在战略方案中确定下来，然而，还需从更广的角度进行考虑。

选择一种支持方案的总体战略方法，可以是增长战略（增加对产品的使用）、市场渗透战略、合并战略、收割战略或转让战略（将项目或服务转让给其他部门或培训团队，以便聚焦某些关键领域）。

你可能还需要一系列特别的资源，以便构建所有方案的基础：可能是一系列战略同盟、实施某项特别技术、获得一系列竞争力、创造一系列附属资源或外包资源。

可以在战略中有关“如何”的部分增加价值主张。培训部门做什么将有别于或优于其他部门，所有这些将定义实现目标的方法。它解释了战略如何起作用。

战略的一部分内容就是（如果在其他地方没有出现）你可以记录下你规划的主要运营行动，或者你打算开展的组织结构变革。此外，你还可以列出彻底改变战略的关键依赖因子。

最后，也可能是最重要的，你可细化财务计划、预测实施战略的成本及可获得的经济收益。战略计划的第一年不能独立于年度预算之外。在大多数组织中，如果它不在预算内，就不会发生。这就是为什么你会同时想让你的老板（批准预算的人）和高级财务人员来审阅你的战略初稿。整个战略，特别是财务计划，需要取得组织管理层的批准并且应当定期审查，以便追踪结果和进一步修改。

↘ 我们如何知道正走向那里

常言道，计划赶不上变化。当任何战略遭遇残酷的现实时，调整都不可避免。但是缺乏正确的衡量标准，你如何得知你的战略正在奏效？你如何保证你没有跑偏？伟大的战略可以让你清晰地知道身在何处。

衡量有效性会涉及每个人的产出、所有解决方案的汇总，还涉及培训部门。它描述了通常如何回答此问题：哪些可衡量的商业结果可作为成功的依据？最好的衡量标准就是已经被组织使用。它们必须是准确的、有效的、可靠的、易用的、不易被人为操纵的，特别是它必须产生正确的结果。

虽然培训效果是最重要的衡量标准，但高效工作的程度如何也是关键标准。正确的战略彰显出你将如何不断提升培训团队。高效评估常常会评价其流程、成本、周期、一致性、质量及对资源的利用。因为大多数战略呼吁组织变革，所以你必须知道提升团队关键技能的效率如何。

作为一个补充工具，战略计划模板或许可以作为记录培训战略的简要模板。你可以访问本书的网站（www.astdhandbook.org）来下载。

制定战略的关键点是什么

你需要决定如何沟通战略及与谁沟通。显然，你的团队需要了解并同意该战略。你所供职组织的领导需要签署战略。那其他人呢？有战略合作伙伴吗？关键利益相关者呢？供应商呢？承包方呢？何时、与何人、如何沟通战略是一套完整的营销计划（但这是其他章节的主题）。

好像这些要点对于一流的培训战略而言听起来更像只有实施战略时才需要担心。准确地讲，战略可能是任何领导所能拥有的最强有力的工具。它能让你更加主动参与和融入你的团队、同僚和你所服务的关键利益相关者中，这些都是进行人员配备、预算和运营等重要决策的基础。它合理地推销培训部门。作为学习的领导者，它还使你协调投入，持续专注真正的关键点。由于需求和环境不断变化，好的战略让你自觉、有效地与之共同改变。你将做出更好的决策，获得更好的支持和更好的结果。

作者简介

约翰·科恩，顾问、教师，专注于组织学习问题的写作，侧重于战略与运营。他与一些首席学习官及其他同仁合作建立了众多卓越的学习部门和学习组织。他是摩托罗拉大学（Motorola University）的奠基人之一，是 Sequent Computer Systems 公司人力资源副总裁兼首席学习官，并且是戴尔学习（Dell Learning）的创建人与副总裁。他也一度出任 ATD 临时总裁兼首席执行官。约翰是 ATD 董事长、ATD 电子化学习认证所董事、《战略性人力资源评论》编委，SumTotal Systems 公司董事。

延伸阅读

Aaker, D.A. (2001). *Developing Business Strategies*, 6th edition. San Francisco: John Wiley & Sons.

Barksdale, S., and T. Lund. (2006). *10 Steps to Successful Strategic Planning*. Alexandria, VA: ASTD Press.

Horwath, R. (2009). *Deep Dive: The Proven Method for Building Strategy, Focusing Your Resources, and Taking Smart Action*. Austin, TX: Greenleaf Book Group Press.

Israelite, L. (2006). *Lies About Learning: Leading Executives Separate Truth From Fiction in a $100 Billion Industry.* Alexandria, VA: ASTD Press.

Johnson, G., K. Scholes, and R. Whittington. (2008). *Exploring Corporate Strategy: Text and Cases,* 8th edition. Upper Saddle River, NJ: Prentice Hall.

Phillips, J., and P. Phillips. (2005). *ROI at Work: Best-Practice Case Studies From the Real World.* Alexandria, VA: ASTD Press.

Rummler, G., and A. Brache. (2012). *Improving Performance: How to Manage the White Space on the Organization Chart.* San Francisco: Jossey-Bass.

Schooley, C. (2008). *How to Create a Comprehensive, High-Impact Learning Strategy.* Cambridge, MA: Forrester Research.

第43章

建立你的商业敏感度

凯文·科普（Kevin Cope）

本章要点

- 探索建立商业敏感度对于职业发展的重要性
- 介绍个人构建商业理解所采用的七个步骤

当第一次走出校园时，我在银行业开始了自己的职业生涯。还记得当时的我满怀激情，渴望在第一份工作中崭露头角，因为我的卓越表现使组织得到飞跃发展。事实证明，我带来了更多的麻烦而不是飞跃发展。我很快就意识到自己在学校中学习到的知识是多么有限。我甚至拼尽全力才能跌跌撞撞地跟上在现实世界中工作了几年的同事。

我觉得没有什么比装作成功更令人沮丧的了。会上与经理和高级管理人员坐在一起，我一直在努力理解金融讨论中的基本概念，实在是太失败了。

我通常无法给出明智的意见，更谈不上任何有意义的贡献了。我发现自己总盼着千万别有什么人有什么要事找我，那样我非得说点什么却又不能帮到大家。

所以在我职业生涯的早期，无知带来的难堪迫使我致力于能力的提升。

跟公司经验丰富的领导讨论业务时，自己不但能跟上讨论，而且能提出有益建议；同专业的同事、同辈、经理同在一个重要会议时，每个人对于你有见地的评论和建议点头赞同。没有什么比这更让人感觉受到重视了。

当我说“如果我能做到，你也能够做到”时，请相信我。真的！每个人都可以建立商业敏感度。关键是要继续前行，相信耐克的口号，去做就对了！不管什么样的背景、教育或经历，没有什么业务可超出你的掌控。作为一名职场学习与绩效专业人士，要致力于通过持续学习和行动来建立商业敏感度。

稳固你的一席之地

一个《财富》500 强的 CEO 说：“当参加会议时，我想要看到周围的人谁比我聪明。”

稳固你的一席之地，意味着你在组织中要持续发展并运用你的能力去影响决策及决策者。你必须广泛地钻研业务，尤其是你的业务，然后做出英明决策并行动。

商业敏感度的应用最好聚焦于老板或 CEO 的首要关注点和目标。你需要培养并运用持续洞察力，做好相关市场趋势、竞争对手、合作伙伴关系、战略决策、金融市场、消费趋势、技术等分析工作。如果你想为公司和自己的发展做些贡献，那么你需要有效地沟通战略目标。

随着对决策影响力的提升，你需要拓展自我，走出舒适区。时间和精力可能是一大挑战，但回报是值得的。你的知识、贡献，以及你在公司的影响力和职业发展都将是明显的。我强烈建议你继续这样做。在追求个人和业务价值目标时，你一定不要忽略艰苦的准备工作。

一位满怀仰慕之情的听众对钢琴大师说：“我愿意付出我的生命去演奏。”可以预期到的答复是：“我已然付出。”

建立商业敏感度的七个步骤

以下七个步骤将鼓励和支持你不断地开发和应用卓越的商业敏感度。

↘ 保证学习和研究的时间

预留规律的学习和研究时间。你的一天已经被各种各样的工作和个人事务填满。寻找机会和时间来提升你的业务和拓展你的职业生涯。你看电视花费多少时间？你能不能和同事少聊一会儿天而多读一些行业资讯？你能不能将你的午饭时间利用得更充分？一小时的准备，哪怕一周一次，都会有很大的收获。

不管你是一周一小时还是一天半小时，预留规律的学习与研究时间，并付诸行动！

花时间学习公司是怎样组织和运营的：公司组织及内部结构、关键职员、主要产品及服务，以及现在与未来的目标。深入了解总经理、部门经理及直接上司的重要优先级、价值观及战略。

你知道公司的财务是怎样运行的或财务目标是什么吗？深入了解而不是泛泛掌握，如果可能的话，研究每个部门的财务情况。

你可以通过以下方式得到这些信息：阅读公司的年度报告、邮件及与你的上级和公司领导沟通的其他信息；公司新闻发布会；公司企业网站上的所有信息；证券交易委员会（SEC）网站上的公司信息；10-Q 季度报表及 10-K 年度报表卷宗；其他关于公司的一些资源，包括所有媒体对你们高层的采访。如果没有公开的信息，咨询你的直接上级如何获取内部运营数据。

而且，如果可能，倾听 CEO 与华尔街分析师之间的季度电话会议，或者从公共关系部门或公司网站获得总结报告。季度电话会议可以提供公司近期的运营报告、财务状况，以及 CEO 的优先级事项和未来计划。你还应该知道公司的 3~4 个最重要的竞争对手并了解它们的基础财务数据、组织结构、公司战略、产品和服务，以及它们的优势和劣势。阅读竞争对手的年度报告、网站及媒体上关于它们的信息。

最后，了解可能影响公司的外部环境。通过阅读网站、广播、图书、杂志、《华尔街日报》或任何大都市日报的商业板块或收听财务、经济及商业新闻。

如 ITT 公司原 CEO、跨国集团企业之父哈罗德 · 吉宁曾说过："当你掌握了数字，在阅读书籍时，实际上你不再是阅读数字，也不再只是阅读书中的文字，你将通晓其中的含义。"

与关键的公司经理们交谈

与公司的关键管理层和领导人建立联系。从你的直接领导或上司开始。和其他部门具有特定专业知识的项目成员定期交谈。询问关于你自己研究的问题。作为回报，与他们分享你有价值的见解。与你的直接领导或上司谈论组织蓝图、你的工作团队或部门和你个人如何能产生更大的影响。

了解你的领导或公司高层领导所关注的关键考核指标。与你的直接上级或领导讨论如何更好地达成这些目标，这样你就能够了解你的团队及你的工作职能以实现这些目标。

午饭时间见一些人；在受访人的办公室安排简短的会面。让他们知道你安排会面的缘由：你希望获得更多的知识，以便做出更多有效的贡献。

建立联系！

积极主动——贡献并坚持到底

无论何时，经由研究、讨论和会议得出的任务和行动计划，坚持到底并且去做！及时汇报给合适的相关方面，这样别人会知道你已经做了。

当前或适当的时候，把你的建议或问题写成简明、有意义且及时的电子邮件或备忘录发给适当的人员；但不要以海量的意见或建议淹没收件人，使用有针对性的方法。

写一份简洁的行动清单，把行动与结果连接起来，结果目标指针转到上级和高层管理人员关注的重要领域，结果同时支持高层制定的考核指标。以书面的形式识别出你的培训及绩效方案影响到的业务，并给你的上司或高层管理人员一份副本进行讨论。

参加行业会议并与外界保持联系

如果公司派你参加主要客户或行业的会议，抓住机会，与在那里遇到的人建立联系。阅读相关的文献，增加联系人数据库。尽可能与他们保持联系。直接得到有用的行业、经济或商业信息。与见到的人保持沟通。

同伴教学责任制和导师制

使用同伴系统。让一位同事——或一名培训与发展专业人士或高级经理——和你一起工作并指导你。至少找到一个人，你可以向这个人就你的商业敏感度行动计划做出承诺，你要对此人负责。也许这个人也想增进知识，你们可以相互帮助、相互支持。作为导师，被指导的人反过来也会帮助你。

最重要的是，接受一项任务，自己对自己负责，持续发展你的商业敏感度。

影响力管理

为影响高层管理人员，你必须遵循以上建议来让自己准备好呈现想法或建议。

然后，当你让领导慎重考虑你的想法或建议时，你需要遵循以下四个重要建议——在许多行业和类型的公司已经作为成千上万名员工采用的原则。

- 听明白：首先倾听。你倾听的唯一目的？了解个人或管理团队来自哪里，了解什么对他们较重要。在每次会议中，仔细倾听以便有机会询问有洞察力的问题，从而学习更多。如果你深刻地理解他们的想法、他们的需求及优先级，这些将首先影响你，然后你可以更好地影响他们。
- 把他们的需求和目标展现给他们：一旦你仔细倾听了，在给出建议之前，请先把“我理解你的需求和目标”进行概括性描述。一旦管理者知道你真的理解了他们的需求和目标，管理者将更加开放地倾听你的分析和建议，他们会更加信任你。
- 说他们的语言：一旦能够相互理解，将你的分析和建议与管理层的战略目标、关注点、需求、想法及思维方式联系在一起。用管理层理解的财务语言，将你的信息与对领导来说较重要的东西联系在一起。证明你的分析与建议对管理层倚重的驱动因素的影响。记住每个职能部门有不同的优先级。

■ 使用投资回报率分析：作为培训与发展专业人士，我不必强调投资回报率分析有多重要。基本上，每个商业决策都归结为确定如何最好地利用资金，最大化投资回报率。通过你的建议做出一份令人信服的案例，投资回报率最佳。

↘ 提升你的价值

你为部门或整个公司的成功做出贡献将为你的职业生涯加分。帮助别人会提升你的经验、知识和洞察力，并对你和你帮助的人都有益处。

因为你富有洞察力的商业敏感度，你会变得更出名，作为一名贡献者和公司团队有价值的成员，你会成为公司中更加显眼的焦点。无论职业生涯中你走向何方，你理解驱动业务的关键点并践行与之相关的商业敏感度，这些能力会为你和组织带来持续的成功。

从今天开始

我鼓励你继续承诺努力工作。你可以通过本书的配套在线工具开始[参见本书的网站（www.astdhandbook.org）]，并使用与本章一致的工作表来思考你需要做什么。

坚持，我相信你终将获得回报。通向成功的关键因素？投入并和它一同前行！

↘ 作者简介

凯文・科普，Acumen Learhing 的创始人及 CEO，该公司是全球领先的商业敏感度培训（商业敏感度 / 商业智能）公司，在 2012 年被 ISA 评为年度培训公司。凯文是《让人看到愿景》（*Seeing the Big Picture*）的主讲嘉宾和作者，是《华尔街日报》和《纽约时报》畅销书作家。凯文的客户包括一些世界上最受人尊敬的、盈利的公司，包括 17 家《财富》50 强的公司。他被公认为人力资源管理学会和 ASTD 顶级发言人。凯文的观点和信息与每位从事商业运营和工作的人产生共鸣。你可以通过 info@acumenlearning.com 联系到凯文或访问网站 www.

acumenlearning.com。

↘ 延伸阅读

Christensen, C.M. (2012). *How Will You Measure Your Life?* New York: HarperCollins.

Collins, J. (2011). *Good to Great: Why Some Companies Make the Leap...and Others Don't.* New York: HarperCollins.

Cope, K. (2012). *Seeing the Big Picture: Business Acumen to Build Your Credibility, Career, and Company.* Austin, TX: Greenleaf Book Group Press.

Covey, S.M.R. (2006). *The Speed of Trust.* New York: Free Press.

Covey, S.R. (2005). *The 7 Habits of Highly Effective People.* New York: Free Press.

Tracy, J.A. (2009). *How to Read a Financial Report.* Hoboken, NJ: John Wiley & Sons.

第44章

培训与发展经理面临的挑战和机遇

塔西·白翰姆（Tacy M. Byham）

本章要点

- 调查中层管理者面临的困扰与问题
- 理解培训与发展经理在提升中层管理者领导力技巧方面扮演的角色

中层管理者对任何组织的长期成功都起到关键性的作用。中层管理者是组织战略与运营的桥梁，将组织愿景与客户体验紧密联系起来。当市场现实促使中层管理队伍开始扁平化，组织不得不面对中层管理队伍职责过度延伸的问题，他们作为成功的领导者对于组织的商业有直接的影响。应了解组织如何通过提高中层管理者的领导力及加速他们的提升速度来释放其潜力到组织的商业目标中。

没有一个孩子会梦想长大以后成为一名中层管理者——那不是褒义词。

这并不意味着中层管理者一直以来都被贬低。在绝大多数大公司的发展史上，中层管理者曾被视为中流砥柱——他们确实是主要的经营者，顺着企业的领导阶梯，一级一级地爬上更高层级，在得以发展的同时背负了更大的职责。更重要的是，这将数不清的职场人士与其家庭引向了通往中产阶级的道路。

近十年来，在务求精简管理层级的努力中，作家和咨询师视主管为冗官，认为他们的工作没少给一线员工“添堵”，很多组织也通过解雇大批中层管理者予以回应。当然，工人仍然需要监督、指导和管理。因此，公司仍然有中层管理者，和之前一样，他们负责确保工作的实施。组织在很大程度上依仗中层管理者实施其战略、推动结果及完成工作。正如麻省理工学院的乔纳森·伯恩斯观察到的：“无论公司 CEO 选择怎样富有潜力的倡议，中层管理团队的绩效终将决定事情的成败。”

事实上，在竞争日趋激烈的全球化背景下，公司在市场份额、利润甚至生存能力方面遭遇了严峻的挑战，但并不能说中层管理者代表了这些挑战。在《大开眼界》(*In what the Dog Saw and Other Adventures*）一书中，马尔科姆·格莱德威尔列举了强有力的事例说明为什么中层管理者直接可以反映出其组织的状态：“如果想了解整个事件，你不能从上层开始，应从中层开始。因为中层才是现实中真正做事的人。”

马尔科姆·格莱德威尔讲的故事说明了什么呢？其一，作为主管，身处复杂和苛刻的工作环境下，想做到工作事半功倍，就要面对压力、被忽视，还要努力适应角色和期望值的变化；其二，对那些过度依赖中层管理者的企业，这也意味着很大风险。

被忽视的阶层

中层管理者如今身处的“高压锅”环境究竟有多糟糕？你问问他们就知道了。我认识的一位经理有 72 名直接下属，而且还负责给所有这些人的绩效打分。另一位经理告诉我，在他们单位，以处于疯狂忙碌状态为荣。在对话中，中层管理者们试图逐一细数自己连续赶场开会、半夜开国际电话会议、一天好几百封邮件的情况。

我有一位同事，曾经是企业里众多中层管理者中的一员。随着时间的推移，企业不断地压缩中层经理者的数量，减少组织架构层级，到最后他成了唯一的经理，负责之前所有中层经理的工作。在如此巨大的工作量需求和不合理的期望值之下，他终于无法忍受并提交了辞呈。

中层管理者的不满已是众所周知的事。在 2007 年的埃森哲研究中显示，让中层管理者最为头痛的是待遇不足，工作负担太重但得不到认可，工作生活严重失衡，缺少职业发展通道。2010 年 DDI 和人力资源研究所的研究将这种新兴现象描述成“幽暗螺旋”。导致这种现象的原因是随着工作量的增大和人员的减少，中层管理者的压力越来越大，与此同时，中层管理者的手下员工也变得压力更大并且参与度更少。这份研究同时举出数据论证：41%的人力资源主管指出在过去的 18 个月里，企业的中层管理者的参与率下降明显；而认为企业中层管理者参与率明显或持续上升的比率仅有 14%。

近 1/4 个世纪以来，中层管理者一直没有得到应有的认可，而且这种情况非常明显。尽管组织开始认识到中层管理者的重要性，但这种新得到的关注还要面对传统上的被忽视。传统上，少得可怜的培训金（经费）都用于扩大广大一线主管的绩效，同时高级管理层的退休促使关注重点往往在高级人才的培养上，而中间层常常处于被忽视的状态。

现状如何形成的

在过去几十年，两种重要的趋势塑造了中间管理层。一种趋势是组织结构的扁平化。这种现象已经经历了几十年的发展。过去多层级的组织结构一旦被裁员、组织重组简化为一个极简的组织结构，中层管理者将被赋予更大管控范围和更多的职责。这使得他们的工作比以往任何时候更难。（想要完全了解中层管理者的困境也变得更加复杂：这意味着中层管理者将承担更加宽泛的职责，从带领只有一些一线工人主管的基层经理或区域经理，到管理数百万美元预算和数百名员工的运营总监，以及介于两者之间的各管理阶层。）

老的组织结构，从基层到高层有着多层级的领导关系，除了看起来不够高效，在其他很多方面其实都更为有利。想想几十年前晋升的主管们，他们目标明确、缓慢地顺着组织的领导架构向更高职位前行。他们最开始从基层主管一点点向更高阶主管晋升，并慢慢承担更多的职责。初级主管需要在该职位历练足够久，能熟练掌控所有工作，并且积累了很多有用的领导经验。当合适的时机来临并有合适的空缺时，这位主管将晋升到新岗位，承担更多的职责和拥有更大的发展机会来培养能力和竞争力，并为下一次晋升时机的来临做准备。

这种多层级的组织结构，虽然一直饱受诟病并被认为浪费资源和没有必要，但事实上是为高层储备力量的一种高效的管理人员培养机制。当然，不是每个人都能走到链条最顶端。但是，那些伴随着时间的推移，晋升到最高层的管理者，往往具备很强的基础技能、经验和知识。

这样的情况早已成为过去式。现在，在扁平化的组织结构中，管理者往往在晋升后需要独立谋求提高并被期望能尽快有所产出。与此同时，尽管组织不提供额外的发展培训和支持，但对处于组织混乱、职责范围宽泛环境中的中层管理者在工作量和工作复杂度上的期望很高。

可以预见的是，由于这种层级发展路线的取消，今天的中层管理者对自己在组织中的领导力技能持悲观的态度。根据 DDI 2011 年全球领导力预测研究，只有 34%受访者将他们主管的领导力评为良好或优秀；高级经理对中层主管的评级分别为良好 43%，优秀 46%，高于下属对中层主管的评级。看起来高级经理对下属主管领导力的评价更加积极。

沃伦 · 本尼斯

沃伦 · 本尼斯是行为科学领域的重要人物，被视为领导力研究领域的先驱。他是南加州大学工商管理专业特聘教授，也是南加州大学领导力研究所的创会主席。

本尼斯自师从道格拉斯 · 麦格雷戈开始，在领导力研究上取得了突破性成就。道格拉斯 · 麦格雷戈对探索和解读高效领导者性格的兴趣很大程度上影响了本尼斯。本尼斯是第一个注意到管理和领导区别的学者。根据他的观察，许多企业的管理很好，但领导较差。一开始本尼斯认为成功的领导者是无法培养的，但采访不同领域的 90 余名顶级领导者后，他发现了一些成功领导者之间的共同特点和能力：

- 工作重心管理——对工作目标保持聚焦的需求。
- 工作意义管理——对发展愿景沟通的需求。
- 信任管理——对言行一致、诚实待人的需求。
- 自我管理——对自我弱点认知的需求。

> 本尼斯也承认，成功的领导者必须能够接受有效的批评，然后再决定是否改变或坚持自己的观点。
>
> 在他职业生涯的后期，本尼斯开始研究群体动力，他担心自己的早期作品忽视了合作在成功领导者身上所扮演的重要作用。如今他认为领导力正日益成为一个共同的任务，他用合作伙伴关系替代了领导力。
>
> 此外，本尼斯曾是四任美国总统的顾问团成员，并发表了大量关于领导力的文章。他的著作《虚拟人生》（*An Invented Life*）（2004）获得普利策奖的提名。

第二种趋势是企业在竞争、成长、成本管理、革新甚至生存时，组织形态可能变得更为复杂，越来越富有个性。集权、直线供应链及不受科技进步和全球化影响的稳定市场都已不复存在。现在的中层管理者需要带领的团队越来越多的是跨地域团队。该团队属于矩阵结构，职责模糊不清，采用直线式汇报关系，大量的工作是执行公司战略和满足客户需求。这意味着企业对团队的依赖程度达到前所未有的程度。

一位资深人力资源经理告诉我："中层管理者对企业有很大的影响。我们对他们有很多期待，包括：他们需要理解财务损益表，精通一些流程和程序，高效领导和管理员工，甚至在需要时卷起袖子亲自上阵。我们需要他们执行企业战略，培养新主管，至少实现最低绩效要求。尽管资源往往是有限的，但期望依旧很高。"

这两种趋势的会聚施加给了中层管理者很大的压力，同时对于企业来说也意味着巨大的风险。中层管理者在感到无所适从、工作过度和不被认可时，往往工作梦想会破灭，并开始减少参与团队工作，甚至无法完成肩负的重要工作。不可避免的是，当中层管理者开始脱离团队时，他们辞职的风险将大增。事实上，一份麦肯锡季度调查报告显示，只有 36%的中层管理者认为他们非常或极有可能为当前的老板工作两年。

即使那些忠于企业的员工，也不是一定忠于他们的工作岗位。在 DDI 针对全球 2 001 名中层管理者的调查报告中，有 54%的人乐意在薪资不变的情况下降级为非管理员工。更重要的是，其中 16%的中层管理者实在忍无可忍，宁愿降薪也要降级为非管理员工。

其实，随着企业组织结构的扁平化、需求的复杂化及经济的全球化，对高效、有能力的中层管理者的需求变得从未有过的巨大。更重要的是，即使某个中层管理者承诺留在该职位，但这也并不意味着他就很高效。

了解技能差异

要了解我们需要怎样的中层管理者，首先我们要明白我们需要他们做什么。从某种意义上来说，中层管理者的工作在组织的边缘地带：他们在组织结构中的地位还不足以参与组织战略的制定。在很多情况下，他们对基层同样缺少清晰的视野，并且缺乏对第一手客户需求和偏好的理解与把控能力。但这并不意味着中层管理者要做的工作是无关紧要的，相反，他们做了大量战略执行所需要的管理工作。他们的工作往往包含关键的责任，如推动结果、分派资源、招聘员工、和供应商及合作伙伴谈判、分析问题、提升效率及密切关注成本。

可以这样说，中层管理者在企业目标和所需之间扮演着关键角色。组织对他们的期望证实了这一点。同时组织对他们的期望也是在不断变化的。组织大胆地向不确定的未来迈进时，需要中层管理者是一个组织的创新者和变革者。具体来说，中层管理者必须能够应对四大挑战：在不断变化的环境下驱动绩效，在复杂的组织中管理横向整合，领导和发展人才，做出艰难决策。

接受 DDI 调研的中层管理者被问到他们在哪些工作责任上花费最多时间时，他们的回答与预期大相径庭。他们投入时间最多的角色是资源分配者、谈判者、执行者和领航员。人才培育者是企业期望领导者具备的最重要的角色之一，但仅排在第八位，离预期相差甚远。

大相径庭

多项研究对如今及未来领导者需要的最重要的技能进行了调查。将这个清单与中层管理者声称自己所扮演的角色进行比较，会发现企业需要中层管理者所扮演的战略角色与中层管理者实际上花费大部分时间所扮演的战术角色大相径庭。

如今及未来领导者需要的技能

- 管理变革
- 培育创新
- 发展人才
- 执行战略
- 辅导和发展他人

中层管理者经常扮演的角色

- 资源分配者：19%
- 谈判者：17%
- 执行者：15%
- 领航员：10%
- 变化驱动者：9%
- 创新者：9%
- 全球化思考者：7%
- 人才倡导者：3%

《DDI 2011 年领导力展望》中包含更多证据，表明中层管理者的实际工作并不符合企业对他们的期望。中层管理者认为在未来三年要成功最需要的五种能力是促进并管理变革、甄别并发展未来人才、培养创造力和创新能力、辅导和发展他人，以及执行企业战略。然而当他们被要求对自己的这些领导能力进行评估时，40%以上的中层管理者承认自己在至少一项领导能力方面是低效的。

为什么会出现分歧呢？原因之一是企业始终尝试通过“事半功倍”的原则来驱动中层管理者的行为。在 DDI 对中层管理者的调研中，有近 70%的中层管理者表示，在过去的 18 个月中，由于个人工作量变大及成功的压力增加，他们的工作压力随之上升。那么显现出来的问题就是：他们缺少处理这一切的根本能力。当这些中层管理者被问及是否觉得自己具备胜任其职位所需的能力时，只有 10%的人表示他们觉得“准备充分”。

如何扭转局势

令人欣慰的是，企业已经意识到了中层管理者的关键性和困境。一位在金融服务机构专门研究企业效能的副总裁对该问题有清晰的认识并告诉我："我们必须给（我们的中层管理者）提供他们所需的支持、资源及发展。如果不这么做，我们就不可能有效落实我们的商业战略。"

但要如何提供支持、资源和发展呢？有些可以考虑并实施的措施是很明显的，但更多的措施是不明显的。作为培训与发展专业人士，你应该对你的企业采取以下措施。

↘ 区分高潜质人才和高绩效者——对两者进行投资

高潜质领导者代表着企业的战略未来，但是更大一部分甚至更为重要的一部分人是那些被归类为"高绩效者"的中层管理者。这些中层管理者，企业依靠他们尽职尽责地工作，但并不意味着企业准备好让他们晋升到更高的职位。

当这些高绩效的中层管理者并不是少数必须预留给高潜质人才发展机会的理想候选者时，他们就需要确保有一个整体的发展路径，从而使他们能够更加高效地工作。

这样的区别也同样需要在人才评测上加以实施。高潜质人才需要经由全天候的深度评鉴中心来评估，而对于高绩效者来说，尽管无须那么深入，但也需要进行能力评测以确定他们的优势和发展需求。360 度评估工具是不错的解决方案，因为它们能够以相对适中的成本来评估人数众多的领导者。无论数据如何搜集，最重要的是企业必须对中层管理者进行评估以获得必要的数据和视角用以制订个人及中层管理团队的发展计划。

↘ 采取一种业务 / 角色 / 自我的发展路径

像基层领导一样，中层管理者必须培养扎实的领导力，但同时他们的发展必须基于既强调个人成长又注重业务贡献的业务 / 角色 / 自我的方法。这样一种方法需要将诸多因素考虑在内，包括全面理解业务的需要，充分明确中层管理者在企业内部所扮演的角色，以及他为支持企业战略重点所需要做出的贡献，还有对其相关经验、能力和性格的切实理解。

这就意味着，一个以能力为基础的全方位领导力发展纲领只是个良好的开端，仅强调中层管理者的业务 / 角色 / 自我的综合需求还不够。我们认为对于中层管理者的发展，最为重要的是着重强调一种“学习之旅”的观点，把工作本身当成一种实践，在实践中不断运用技能和知识并将其转化为可持续的行为。（70-20-10 法则就是一个绝妙的经验法则：70%的学习与成长源于工作、20%来自教练或导师、10%则归功于正式的发展项目。）当然，领导者需要学习和实践正确的技能，挑战别人的思维，与其他商业部门合作，以及推动团队成员的发展。

导师辅导也是支持发展的另一种方法。如果导师是企业内部的高管，则可兼顾业务和导师角色两个方面。（注意：由于中层管理者的角色在短时间内发生了巨大的变化，即使经验丰富的高管也未必能完全理解中层管理者面对的现实世界。）

此外，千万不要低估中层管理者之间的相互学习，无论是借鉴其他部门的同事如何处理类似挑战，还是参与企业的领导者发展团队的“行动学习”方案，都是好方法。“行动学习”方案是指，领导者齐心协力解决问题、改进程序，或为产品寻求创新方法和解决方案。中层管理者与同事建立的网络和联系可以帮助其提升自身的工作敬业度和士气，同时提供了常规情形下难以获得的与同事互动合作的宝贵机会。

给予中层管理者从日常繁杂工作中抽身以进行反思的机会至关重要。自我洞察工具，如情商指数、风格改变指标，能够让中层管理者更清楚地意识到自己的个人领导风格。这些见解帮助个人专注于特定领域的发展，并且能够激励他们采取行动，或者向他们的经理、同事、团队及来自企业以外的个人和资源寻求支持。

↘ 驾驭成功：每个人需要扮演的角色

在中层管理者发展方面取得成功的企业中，我们发现了一些共同的最佳实践。首先，高层领导不仅认同有能力的中层管理者的重要性，同时还提供预算资金并清晰地传达企业的运转无法离开中层管理者的支撑。高层领导也会身体力行提供支持，抽出时间参加诸如“启动”正式学习课程或担任导师之类的活动。

人力资源的最佳实践包括为高潜质和高绩效中层管理者设计和实施正确的发展举措。正如上文所讨论的，这些举措整合了评估与发展，并采取业务 / 角色 / 自我的发展路径以确保中层管理者获得所需的全方位学习与成长。在很多企业中，人力资源部门也牵头为中层管理者构建有意义的职业生涯规划。在这种职业发展道路上，过往的职业阶梯被重塑成“职业格”（Career Lattice），技能、知识和经验不仅可以从横向的职业变动中获得，也可以从纵向晋升中获得。

中层管理者也同时需要主导自身的发展和职业规划。他们管理自身的发展计划，不仅有责任获取其需要掌握的技能、知识和了解自己的个性，还要负责改变自己的行为以便更有效地履行其角色。

当前的中层管理者的状态不仅是暗淡的而且非常不稳定。没有人建议通过恢复多层级结构来解决这些问题，但是企业自上而下，从高层领导到主管自身，都需要关注中层管理者面临的挑战，并积极主动地应对。如果这些中层管理者真的承担实施重点战略的责任，他们就应得到关注、资源和认可。

尽管中层管理者很有抱负且执行力很强，但企业的中层管理者角色很难“酷”得起来。没有哪个孩子会立志像爷爷一样成为一名中层管理者。然而企业的相关举措能够改变现状——不仅为中层管理者本身，也为倚重中层管理者的企业。

培训与发展经理的机会

无论你是中层培训与发展经理，还是企业中层管理者的培训与发展负责人，你都有机会改变现状。你可以使用本书网站（www.astdhandbook.org）上的基准测试工具，参照那些在中层管理评估和发展举措实施较好的世界顶级组织，来确定你的企业现状是如何造就的。

- 认知中层管理者的领导力直接关系到企业的成功。中层管理者的职责比之前更复杂。企业的未来取决于中层管理者应对挑战的能力。简单地说，中层管理者要发展源于企业需要他们发展。

你有为中层管理者的发展提供必要的精力和资源吗？

- 中层管理者的培养方法需要不断深入，这些变化对人力资源团队和公司整体的影响都不言而喻。如果你对中层管理者的培养方法一直停滞不前，那么你和中层管理者很有可能落伍。

  你有没有或很乐意为使你的培养方法保持竞争力而做出必要的调整呢？

- 70-20-10 法则不仅是聪明的标语，更是可以应用在中层管理者身上的最佳实践的基础。如果你期望看到中层管理者的培养成效，以上三个因素缺一不可。

  如果你的中层管理者不积极参加个人发展计划。你是否遗漏了哪个重要因素？

- 如果没有持续使用合适的评测工具，你的培训与发展计划将从一开始就难以实施。市面上有很多非常有用的评测工具可用于帮助你为中层管理者个人和团队制定优良的培训发展策略。如何使用这些工具完全由你决定，但绝不要摒弃它们。

  你是否通过优化 360 度全方位评测和评鉴中心来对中层管理者制定持续的评估策略？

- 依据评鉴中心结果，能有力地预判中层管理者能否胜任将来的角色。要知道这些结果同样能协助你进行许多人才管理决策，包括甄选和传承。这是一个提高成功率的绝佳机会。

  提前知道你的优秀候选人是否能胜任，难道不好吗？

  你有将你的评测结果应用到所有事情——人才培养、甄选和晋升上吗？

- 权衡发展计划虽然不易，但很有必要。虽然不同企业的中层管理者的发展路径不完全相同，但都应该有以终为始的精神。做一切你可以做到的事。向行业领袖看齐或提出对你的企业更适用的不同解读，不用担心是否完美，尽力去做就行。

  对于中层管理者的培养计划，你是否清晰地了解自己所要达到的目标？

企业的成功取决于中层管理者的成功。而培训与发展经理所要承担的职责就是确保中层管理者具备成功所需的能力和知识。

作者简介

塔西·白翰姆，博士，DDI 企业领导力解决方案部门高级副总裁。她致力于评鉴中心、360 度评估、发展规划及定制化领导力解决方案的研究，最大程度上帮助个人提升领导力。她是国际人才管理界舞台上（如美国培训与发展协会国际会议、世界大型企业联合会、SIOP、国际评鉴中心年会）一位活跃的主讲人。作为一名作家，塔西撰写了题为《领导力发展策略》的文章，该文收录在 2010 年美国培训与发展协会的领导力手册中，并获得了 2006 年美国培训与发展协会论文奖。塔西获得了阿克伦大学工业 / 企业心理学硕士和博士学位。

参考文献

Accenture. (2007). *Strengthening the Critical Core*, http://www.accenture.com/Global/Consulting/Talent_and_Organization/Human_Resources_Mgmt/R_and_I/Critical_Core.htm.

Boatman, J., and R. Wellins. (2011). *Global Leadership Forecast 2011: Time for a Leadership Revolution*. Pittsburgh, PA: Development Dimensions International.

Byham, T.M., K. Routch, and A. Smith. (2010). *Put Your Money in the Middle: A Meta-Study and Talent Management Guide for Mid-level Leaders*. Pittsburgh, PA: Development Dimensions International.

Bynes, J.L.S. (2005). *Middle Management Excellence*. Cambridge, MA: Harvard Business School Working Knowledge.

Change Style Indicator [change management assessment program]. (1995). Greensboro, NC: Discovery Learning, Inc.

DeMarco, M., A. Mellish, and R. Wellins. (2010). *Mid-level Managers—The Bane and Salvation of Organizations*. Washington, DC: Human Capital Institute.

Donahue, J., K. Routch, and N. Thomas, N. (2011). *Strengthening the Middle: Global Challenges and Best Practices in Mid-level Leader Assessment and Development*. Pittsburgh, PA: Development Dimensions International.

Gladwell, M. (2009). *What the Dog Saw and Other Adventures*. New York: Little, Brown.

Index for Emotional Intelligence [survey]. (2003). Belle Vernon, PA: Adele Lynn Leadership Group.

McKinsey & Co. (2010). *Global Survey Results: Building Organizational Capabilities*. New York: Author.

A version of this chapter was published in *The Conference Board Review* (April 2012).

↘ 延伸阅读

Bossidy, L., and R. Charan (with C. Burck). (2002). *Execution: The Discipline of Getting Things Done*. New York: Crown Business.

Byham, W.C., A. Smith, and M. Paese. (2002). *Grow Your Own Leaders: How to Identify, Develop, and Retain Leadership Talent*. Upper Saddle River, NJ: Prentice Hall.

Goleman, D. (2006). *Emotional Intelligence: Why It Can Matter More Than IQ*, 10th anniversary edition. New York: Bantam Dell.

McCall, M.W. (1998). *High Flyers: Developing the Next Generation of Leaders*. Boston: Harvard Business School Press.

Osterman, P. (2009). *The Truth About Middle Managers: Who They Are, How They Work, Why They Matter*. Boston: Harvard Business Press.

第45章

培训与发展专业人士的项目管理：五步提高工作效率

娄·拉塞尔（Lou Russell）

本章要点

- 学习项目管理的五个步骤
- 了解项目中最大的约束条件

为何阅读本章？不是太忙没时间读书吗？我欣赏你肯花时间提升自己的竞争力。你是一位靠培训来帮别人提升能力的人，我为与你同属一个群体感到骄傲。我们所做的工作就是帮助别人变得更优秀。人力资源的首要任务是保护组织免受人员损害，但是你可以帮助它们。你想通过培训改变他人的行为方式，这正是你所热爱的，也是你阅读本章的原因所在。

项目管理对你非常有益。工作节奏越来越快，人们期望急诊室的医务人员一进入病房就能立即分诊，挽救危重病患。由于当今经济形势严峻，不断升高的失业率以及无处不在的科技，我们现在的工作方式与急诊医生非常相似。这是不是最好的工作方式我们无从得知，却是新的规则，我们要学会在这样的环境中实现价值，不管遇到什么样的约束因素（如语音、实况转播、在线研讨会、教练、在线学习、游戏等）。

独立一人交付价值（完成项目）是不可能的。我们需要依靠不同的人（利益相关者）的帮助来完成项目。而利益相关者工作繁重，置身于多个项目，所有的工作都交织在一起。

在繁杂的工作中，许多关键问题因为过于复杂而被跳过。例如，谁来审批这个设计？视频做好后谁能修改？什么时候这个在线学习项目可以结束？类似问题因为没有时间讨论而被忽略，时间都用来讨论紧急事件，这样就给组织带来较大风险。

进入实际的项目管理阶段。在混乱的环境中如果希望员工成长起来，提升团队价值，则需要一个更为灵活的组织架构。在任何时候，你都必须清楚是什么在阻碍组织战略价值的实现；在任何时候，你都能根据实际情况调整战略。

如今的项目从字面上讲都是快闪模式。团队成员因为项目短时间聚集一起，通过虚拟的沟通方式（如短信或邮件）进行协作，渴望交付可感知的价值，然后各奔东西。是的，我们的众多项目实际上就是这样一堆快闪项目，不是跳舞，不是唱歌，而是快闪。你该如何管理快闪项目？这是本章要讨论的内容。为什么要管理快闪项目？因为这是在混乱的环境下唯一可以完成任务并让人们通过培训快速成长的方式。

在过去的 30 年，我收集整理了众多卓越领导者积累的复杂、艰难项目的管理经验。他们之中大部分人来自 IT 行业。其中有我最欣赏的有汤姆·迪马可、兰迪·英格伦、吉姆·海史密斯、琼·努特森、迈克尔·马、罗布·托姆塞特等，这里仅列举了几位天才作家。还有一些在培训与发展界外似乎不出名但同样才智卓绝的大家，如伊莱恩·碧柯、琳赛·布拉迈尔、考特尼·克里普斯、纳丁·马丁、理查德·赛茨、崔西·尤尔、加里·范安特卫普。我知道，在这份名单里我没有提及我的老师们，还有很多卓越的项目经理，尽管他们在自己的领域之外并不出名。我的著作遵循美国项目管理协会的标准教材 PMBOK。关于项目管理的一切，你都可以在 PMBOK 中找到。当然你无法也不必把关于项目管理的一切都做到，这就是我收集整理工作的初衷。

在我的第一本书《速成培训手册》（*The Accelerated Learning Field Book*）（1999）中，我将人们如何学习进行了归纳。如果你不知道人们是如何学习的，请不要开发培训方法。培训与发展工作的首要目标都源于这样一个核心问题："学习者现在不能做的事情，通过培训后能做些什么？"如果你培训的目的不是改善和提高绩效，那么项目应该赶紧停下来。忘掉那些你要培训别人的酷酷的东西，忘掉那些你要使用的酷酷的工具，还是把精力放在那些阻碍你的团队变得更卓越的事情上吧。

《速成培训手册》之后，应 ASTD 出版社的要求，我的另一本书《培训师项目管理》（*Project Management for Trainers*）（2000）主要帮助培训师成功打造培训方法，本书和之后所有书籍都强调，项目章程虽小而精，却十分重要。在最开始的整理中，我讨论了如何评估任务。在另一本书《成功项目管理 10 步骤》（*10 Steps to Successful Project Management*）（2007）中，我将评估任务替换成项目完成日期倒推法。我的最新项目管理书籍《管理项目》（*Managing Projects*）（2012）中，着重强调快闪管理的秘诀——影响力技能。我把所有书籍中的内容归结到了以下五个步骤中。口头禅就是“坏消息早发现就是好消息”。

在本章中，你可以看到我最近总结的项目管理方面的精华。虽然使用我的这些工具和流程可以让你快速提升，但更重要的是将我的经验转变成你自己的。本章包括以下内容：

- 第一步：建立统一的语言（消除项目管理中的沟通障碍）。
- 第二步：定义项目（为什么）。
- 第三步：规划项目（如何做）。
- 第四步：管理项目（适应）。
- 第五步：回顾项目（学习）。

第一步：建立统一的语言

我们首先来定义项目和项目的角色。

项目是什么

试问你是如何给“项目”一个明确定义的。比如此刻你有一张待办事项清单，显然它们根本不是任务，而是项目。在你把它们当作项目来对待之前，它们会在你的待办事项清单中一直处于未完成的状态，时刻让你倍感压力和挫折。

项目有明显的开始和结束时间。例如，开发一门课程的项目，有开始的日期，有完成的日期。这并不是说不包含一些连续的活动，如交付、维护、在整个生命周期中进行改进。这些连续的活动不是项目，而是维护过程。无确切结束日期的连续活动称为过程，它们循环往复。下面举几个例子说明项目和过程的不同之处（见表 45-1）。

表 45-1 项目和过程的不同之处

项　目	过　程
创建一个一天的工作坊	指导一名员工
开发网上培训注册系统	培训管理
搭建一个能力模型	绩效审查
组织需求分析	同供应商签合同

项目和过程不应该出现在你的待办事项清单中，因为需要花很长时间才能完成。它们在你的待办事项清单中会让人感到压力和挫折。项目应该在你的项目文件夹中，过程应该在你的日历中，那里有每月所要完成事项所需的时间（或者重复的过程所需花费的时间）。

任务才是唯一应该出现在待办事项清单中的事项。任务有起点和终点，但都是工作内容的一小部分，很容易定义。完成一项任务的时间通常不到一天，但在当下混乱的环境中，任务也变得越来越大。要确定是任务还是项目，需要问自己一个问题："要完成这件事需要哪些步骤？"如果需要多个步骤（或完成多项任务），那么这是一个项目，否则就是任务。项目中要完成的任务应该加到你的待办事项清单中去。

↘ 项目角色是什么

想要项目或快闪成功，需要所有参与人清楚各自职能。如果有人不清楚自己要做什么，那么他们要么重复别人的工作，要么遗漏了任务，他们认为别人会做。这两种情况下代价都很大。如果你没有清楚地定义项目角色，以上情况就会发生。

我们要知道，一个角色（如培训内容设计师）可以属于多人（例如，三个培训内容设计师设计不同的学习内容)。一个人(如你)可以在项目中有多个角色(项目经理、开发人员、内容专家)。事实上在一个项目或快闪的工作流程中，这些规则都实际存在。每个人手上都有多个项目要管，每个项目又都需要他人的帮助，而别人也有一堆的项目要做。所以，角色定义清楚才能做好项目，才能明确责任，建立信任，提高项目绩效。

在项目管理中有三个角色对项目的成功至关重要。

项目发起人

项目发起人负责向组织交付预期商业价值。他要持续关注开展该项目会给组织带来多少收益或需要投入多少成本。项目很有可能在启动后并没有按照预想的那样持续下去。必要时项目发起人有责任取消该项目。发起人通常是战略制定者，项目上接战略。项目发起人应当负责项目治理（如有必要，批准可交付成果和变更）并与其他负责人就项目进展进行沟通。很多时候，如果发起人不清楚自己的角色，那么项目经理应小心帮其做好角色认知。

每个项目应该有且只有一位项目发起人，如果有多位发起人的话，会使项目治理混乱，造成返工。如无发起人，则无项目。如果有人让你做一个没有发起人的项目，赶紧停下来。有时你可能没有机会接触到项目发起人，那你只能通过你的老板或上级来做联系工作。这种“电话沟通游戏”会给沟通带来很大风险，沟通不畅会造成更多的返工。坚持定期同项目发起人开会有助于培养良好的互动关系。

项目经理

项目经理就像美式足球的四分卫。他带领并管理项目，但对项目没有所有权，所有权属于企业。项目经理应该对项目怀有极大的热情，当项目商业论证出现问题时，项目经理知道何时向发起人传达问题。由于项目经理参与项目日常活动，所以对问题和可能的解决方案会有清晰的了解，项目方案交由发起人审批。项目经理专注细节，发起人则放眼战略和未来。

每个项目应该有且只有一位项目经理。有一段时间企业曾经尝试安排两位项目经理管理项目，但效果不佳。项目虽然完成了，但是花了两倍的时间。项目经理这个称谓不是给你升职或是一个荣誉职位，它只是项目中的一个角色。项目完成不需要自我主义，项目成员同项目经理一样重要，项目经理应将成员视为队友，而不是仆人。

↘ 项目成员 / 利益相关者

项目成员按照项目需要完成一些任务。以前，项目成员只专注做一个项目。今天不再是这样的情况了。利益相关者既可以从项目中获利，也可以给项目提供帮助（帮助项目完成），但是，项目不是他唯一的职责。大多数项目成员是真正的利益相关者。他们有自己的工作，不会随叫随到，也不会让做什么就做什么。

项目经理面临的最严峻的挑战是同利益相关者维护好关系，让他们始终对项目充满热情，全情投入。项目章程是用来帮助人们达成共识，哪些人是项目利益相关者，在项目的哪个阶段交付什么、接收什么。项目计划通知利益相关者在什么时间需要他们提供帮助。

现在你应该清楚项目、过程、任务之间的区别了，也知道一个项目或快闪中最重要的三个角色。你可以开始学习一个快闪项目管理中简单且符合 PMBOK 体系的流程了——大胆做好项目资源管理。大型项目的实施步骤如图 45-1 所示。接下来介绍每个项目阶段。你可以在本书网站（www.astdhandbook.org）上下载该图。

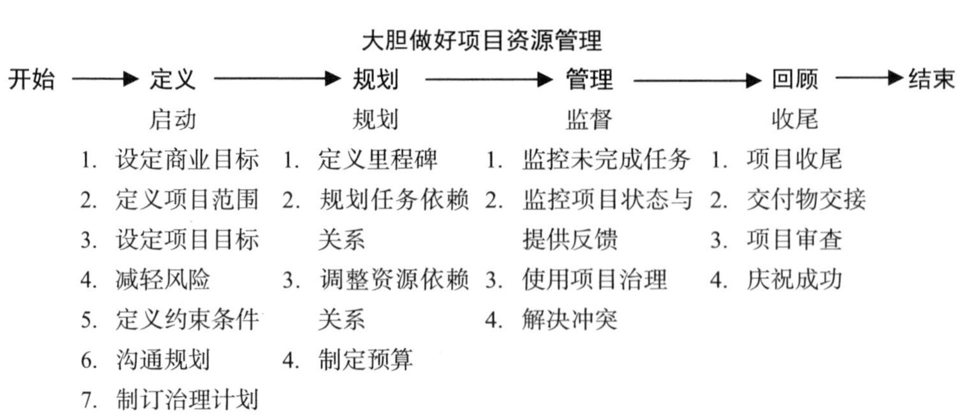

图 45-1　大型项目的实施步骤

第二步：定义项目

这一步要解答的问题是“为什么公司花钱做这个项目而不是用来做其他的事情”，由项目发起人负责回答。在这个阶段，项目经理编写项目章程，项目章程也是这个阶段的交付物。该章程就成了项目参与者的统一语言，每个人都清楚该项目的商业目标，以及该项目的背景。

你可以在网站（www.russellmartin.ning.com）上找到项目章程的空白模板。

以下是编写项目章程的关键成功因素：

- 首先是商业目标。对项目而言，这是关键的需求——要么可以增加营业收入，要么可以减少开支。有时，两者都能满足，但只有一个是优先的，这需要项目发起人选择其中一条。
- 要花费大量时间来定义项目范围。如果这项工作做好了，就像太阳的光芒从中心放射出来。该工作包含：复杂项目沟通、识别所有利益相关者需求、预测尚需完成的任务、为项目沟通和项目治理奠定基础。更多细节参见图45-2，可以在本书网站（www.astdhandbook.org）上下载该文件。
- 对项目抱怨最多的是项目范围蔓延。利益相关者不断地增加需求，使项目变得越来越大。这是公司的项目，不是你们的。项目经理不必说“不”，利益相关者会说：“是的，这会带来什么样的影响？”每一个变更都会增加新工作，这样就要花费更多的时间和资源，或者为了保证进度，你不得不牺牲其他的需求。最终还是交由项目的所有者——项目发起人来做决定。
- 在培训与发展项目中，项目的目标就是培训目标加上其他可交付成果：学习管理系统界面、在线学习软件、硬件等。项目目标是你对商业目标的承诺。应设定明确的、可量化的目标，在项目结束时，用其评价项目是否完成和成功。明确的目标会使项目收尾工作变得容易，而不会无休止地淹没在变更之中。这一点在前面内容里已提醒过。

风险是件大事。花一些时间预测风险，然后决定能够做些什么预防风险发生。如果可以，应当确保在项目规划中把这些想法以任务的形式表现出来（下一步）。

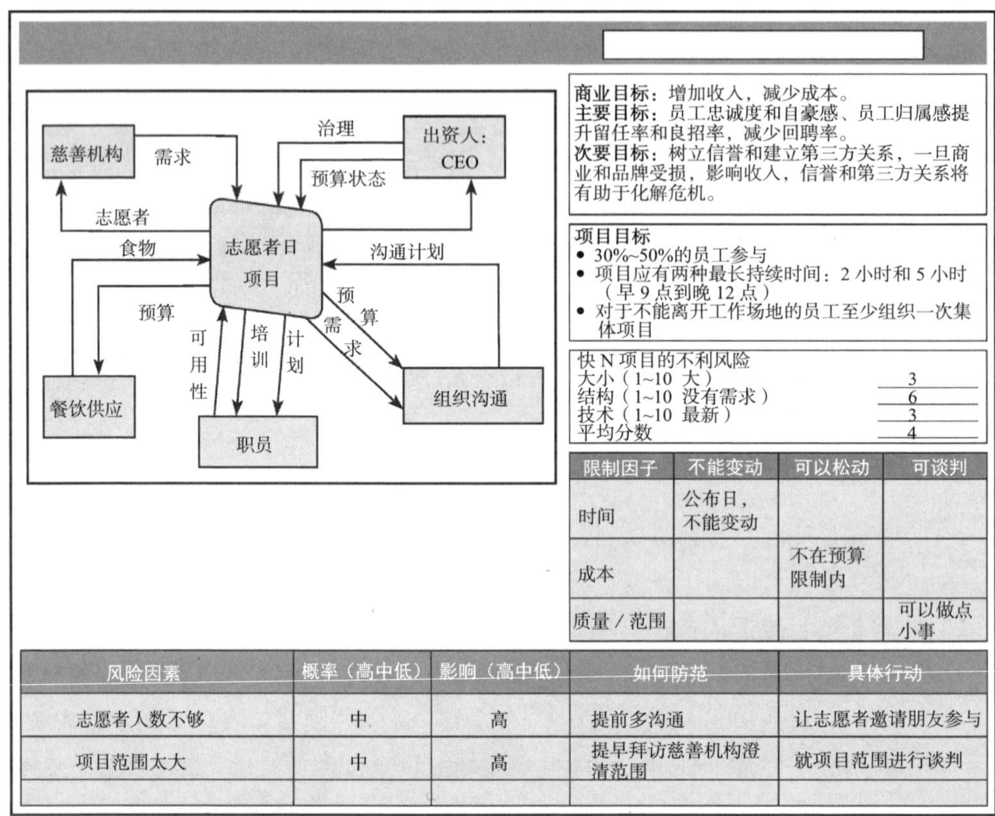

商业目标：增加收入，减少成本。
主要目标：员工忠诚度和自豪感、员工归属感提升留任率和良招率，减少回聘率。
次要目标：树立信誉和建立第三方关系，一旦商业和品牌受损，影响收入，信誉和第三方关系将有助于化解危机。

项目目标
- 30%~50%的员工参与
- 项目应有两种最长持续时间：2 小时和 5 小时（早 9 点到晚 12 点）
- 对于不能离开工作场地的员工至少组织一次集体项目

快 N 项目的不利风险

大小（1~10 大）	3
结构（1~10 没有需求）	6
技术（1~10 最新）	3
平均分数	4

限制因子	不能变动	可以松动	可谈判
时间	公布日，不能变动		
成本		不在预算限制内	
质量 / 范围			可以做点小事

风险因素	概率（高中低）	影响（高中低）	如何防范	具体行动
志愿者人数不够	中	高	提前多沟通	让志愿者邀请朋友参与
项目范围太大	中	高	提早拜访慈善机构澄清范围	就项目范围进行谈判

项目章程： 联合行动

沟通策略：

利益相关者	目标	频次	媒介	备注
项目发起人	一切顺利	每周	E-mail	汇报项目状态
项目出资人	一切顺利	每周	拜访	偶尔拜访……
建设方	进度	每周	E-mail	汇报项目状态

变更种类（需求、预算、范围等）	最终决策者	向谁咨询	备注
预算、进度变更	项目出资人	项目经理	
需求变更	内容专家	项目经理	假定预算、进度没有变更
质量问题	项目经理	职能部门	

图 45-2　志愿者日项目的项目章程

制订一个清晰的项目沟通（项目状态和组织变革）和项目治理（谁审批什么）计划，可以帮助你减少重复工作时间，减轻压力。

严格来讲，在项目章程上花的时间不要超过一小时。先列出一个大纲，然后持续改进。项目结束前项目章程只是个草案。它是框架性的，是会变的。如果没有变，那你做的项目就不是一个真正的项目。

第三步：规划项目

关于如何使用项目规划这个词，一直存有疑惑。许多公司将项目规划理解为项目任务的进度规划。美国项目管理协会（www.pmi.org）称之为项目进度，而项目规划包含了项目章程和项目进度规划。在你的公司里，搞清楚项目规划的含义，无论你怎么称呼，是时候确定由谁在什么时间点完成每项任务了。

有了项目章程之后，你和利益相关者就明白了要面对什么，接下来准备制定项目规划。当你有了一项任务、一位负责人和一个日期的信息后，进度表就可以确定下来了。创建进度表难度不小。再次强调，如果你认为比较简单，要么你不了解细节，要么你做的项目糟糕透顶。创建进度表就像玩“数独”：你要先衡量各项任务，然后按照特定的顺序执行。人员，完成任务需要哪些人员，哪些人员在时间安排上会有冲突；日期，因为在你知道其他信息前，你最可能从到期日开始工作。你不能像制定项目章程那样在一小时内编完进度表，只有等到项目结束，进度表才算完成。

相比较一开始就启动整个项目，如果先把项目分解成几个任务组，这样做会更容易些。这些任务组用里程碑来标注。每个里程碑都意味着完成一个任务组的日期。这是一个比较好的方法，从较高层面找出并跟踪项目任务。你可以使用里程碑从项目完成日期倒推来制定规划。或者，你也可以从开始日期顺推到一个建议的完成日期来制定规划。不过这种做法现在比较少见。

可以使用方法论找出里程碑及任务，其中一个培训的例子就是 ADDIE [教学系统设计框架，ADDIE 五个字母分别表示 Analysis（分析）、Design（设计）、Develop（开发）、Implement（实施）、Evaluate（评价）]。方法论提供了一套里程碑和任务的清单，该清单由他人创建，你可以借鉴。你可用该清单作为项目的起点，不过你不会用到清单中的所有任务。SAM（Standard Analysis Method）是另一个例子，一种敏捷项目方法。每种方法都有优缺点，而项目目标和限制因素将决定哪种方法更适用，除此之外没有什么新技术。

人们会努力构思任务，通过头脑风暴找出需要完成的任务。无论你是用思维导图、即时贴、工作任务分解、时间表或其他方法，要找出最适合你的工具。不同的人偏好不同的方法，不要仅局限于头脑风暴，这种方法可能不适合你。这里没有什么标准方法，即使有人对你说有标准方法。

一旦构思出任务，就可以开始解决问题了。这就是为什么使用即时贴会更有效。有时候任务可串行，如果有其他人帮忙，任务也可并行。

现在已经没有全身心投入的项目团队了，由项目章程中的范围图定义的项目利益相关者将分配任务给项目团队。任务并行可以节省时间，因为很多人都可以参与完成任务。在项目管理中，你不可以为多任务处理安排项目进度。有研究表明，当你进行多任务处理时，往往需要更多的时间来完成任务。

当你确认了任务和顺序后，“迷你版”的项目进度计划也就完成了，此外每项任务还要有完成日期和负责人——一个任务、一个日期、一个人名。

这就是我的方法和传统方法偏离的地方。我不会投入太多的时间来估算完成任务需要的时间。这个估算太笼统，每项任务都要估算的话工作量太大。和利益相关者沟通，在对方什么时候可以完成和我最迟什么时候需要之间找到一个可行的交集，尽可能按期完成任务。

“这项任务需要多长时间”与“我的日程上有多少时间可以用来完成这项任务”，两者的区别非常明显。例如，写本章内容，我需要花费 8 小时，但是我会用几个月的时间来完成它，因为我还有其他的工作在我的日程上。

如果你是供应商或在公司内部干活也要收费的部门，那你就需要估算项目成本，这需要你计算完成每项任务的时间和单位时间的费率。如果要求你用工时表来跟踪工时及收费，你需要按照实际发生的时间来计算工时，两种方法是有区别的。区别在于“计划”时间和“实际”时间。正如你所知道的，两者永远不会一样。

一旦完成了项目规划的起草工作，你需要把它存储在一个地方且易于更新。最好从 Excel 开始，它可轻松分类、沟通任务及跟进项目进度。对于比较复杂的项目或经验丰富的项目经理，还可以使用基于云存储的工具。最常用和最复杂的就是微软的 Project 管理工具。对于熟悉它的人来说，它是一个功能强大的工具。而对于不熟悉它的人，需要花费不少时间熟悉它。

以下是成功创建项目规划（或进度）的关键要素：

- 用箭头从范围图（参见项目章程）中去发现项目任务，还能在第一时间帮你头脑风暴。项目章程和项目规划必须保持一致。
- 如果你决定在项目章程中做风险减轻（预防风险发生），那么项目规划中就应包含相应的任务去应对风险。
- 还应该包含利益相关者沟通（沟通计划）和项目决策及项目审批（项目治理计划）。
- 最后做一个检查，确保完成项目目标所需的所有事项都有人完成。

第四步：管理项目

当你完成了项目章程和项目规划——就目前而言（它们会随着项目的推进而变更）——你会觉得项目已经完成，其实它还没有真正开始。项目中最困难和最需要勇气的部分即将展开。

你可以创建很多需要管理的工作，而它们需要你对项目进度紧密跟踪。最后，你希望项目没有出现偏差（假设客户也希望项目没有偏差）。当项目对于整个商业目标已经失去意义时，你想知道何时可将问题升级到项目发起人。比如，你为一个新产品的推出而开发在线学习模型，结果新产品测试效果不理想，可能导致新产品胎死腹中。有很多项目已不需要，但仍然会继续，这种情形很疯狂，但又真实存在。很明显，在这些案例中，完全没有沟通。

花哨的软件或工具在项目管理阶段是不能帮到你的。事实上，当事情开始变得不确定时，它们往往起不到任何作用。作为项目经理，此时能做的就是了解人们要做什么，协助把事情做好。沟通非常重要，影响力也同样重要。作为项目经理，你需要不停地去协商，协商资金、时间和范围。为了推进项目完工，你需要对这些内容时时进行调整。

在项目管理阶段，有一个挑战就是，你在项目中除了扮演项目经理角色，还要扮演其他角色。比如，人们参与课程开发时，可以是项目经理，也可以是开发者、摄像师、测试员，或者学习管理系统上传者。在项目中，人们很容易投入这些角色中而忽略了项目管理的工作。

请记住以下项目管理的成功要素：

- 安排你的日程。基于项目风险，给自己留些“思考”项目的时间。风险越高，越需要预留时间。找个安静的地方，利用喝咖啡的时间，定期更新项目章程或项目规划。“这是周一的早上，你知道项目进展到哪里了吗？”
- 坏消息早知道就是好消息。不要试图控制项目（在某些节点上）。控制并影响你的大脑完全关注短期内的各种问题会让项目迷失方向。当你聚焦在控制项目时，你的压力水平会让你不能适应项目。
- 提问，提问，还是提问。在客户面前不用躲躲闪闪，在他们再次变更之前，你还可以做成一件事情，通过提问明确客户需求。为你压力过大时，学会和人沟通，让你的选择和决定与需求更好地匹配。
- 挫败感是项目中很常见的状态。大脑会尝试解决未尽事宜（认知失调）。比如，如果我承诺完成五项任务，最终完成了四项，你的不满会迫使你追问我第五项任务。项目也是如此，你希望它简单且全部完成，而现实往往会阻碍项目完成。
- 有点儿压力是好事。像杰出运动员那样利用好挫败感，既对自己的进步感到满意，同时清楚自己还可以做得更好。做项目也是如此。

第五步：回顾项目

该项目阶段包含了三个重要的组成部分：项目移交、项目收尾和项目回顾。

项目移交

缺少项目移交是项目上线失败的最主要的原因。项目完成了，但可悲的是无人使用。IT 系统建好了，但没人花时间学习如何使用它。根据商业需求创立的课程，但是没人报名参加课程。新产品研制出来了，但是营销材料没有设计好，导致销售无法实现。如果这些发生在你的项目中，说明项目移交计划没有做好，同时在项目结束之前移交计划没有得到批准。以下是如何对一个在线学习课程进行移交的清单：

- 谁来接管市场营销、注册和维护新的在线学习课程的流程？
- 谁来把新课程上传到学习管理系统？
- 你会培训谁来做在线学习模块的素材（如创作包、图表集），使课程得以维护？

项目收尾

情绪低落的项目经理常常跟我抱怨这样的问题："当客户不停地变更项目时，我怎么结束项目啊？"如果该种情况在项目中较晚出现，那么你在解决问题时往往会遇到冲突。

在项目章程（第一个可交付成果）中，其中的一个可交付成果就是治理计划。这个计划明确定义了谁会批准项目最终成果，其实就是项目如何收尾。治理计划为项目顺利收尾奠定了基础，范围图表量化了哪些包含在项目里，哪些不包含在项目里，项目目标定义了项目可以量化的可交付成果。如果项目范围、目标和治理计划发生了变更，项目章程则是变更协商的基础。不能保证项目章程和项目计划时刻处于最新状态将导致项目很难实施。你唯一的办法就是返回，先就项目章程达成一致，明确项目收尾的含义是什么。

项目回顾

项目回顾是提升项目管理能力的最简便、最快捷的方式。虽然你在其他利益相关者参与项目的时候可以学习很多东西，但你自己再回顾一下项目，仍然是非常有用的。

项目回顾面临的最大挑战是该项目已经结束，而又有新的项目要开始。要在开始其他工作之前停下来回顾结束的项目，是不容易的。团队和我都遇到过这样的问题。在项目进行中，可以定期停下来做一个小型的回顾，而不要等整个项目完成才开始回顾。

以下是项目回顾时几个简单而有效的问题：

- 列出你在项目中产生的负面情绪。按照强烈程度排列出 1 到 10（最高）级。
- 列出三件产生负面情绪的事情。
- 列出你在项目中产生的积极情绪。按照强烈程度排列出 1 到 10（最高）级。
- 列出三件会产生积极情绪的事情。

以情绪和级别为起点，可以帮助你唤起对项目的回忆，而不只是想起项目的后期。这样更容易识别出项目中重要的事情（触发事件），以积极情绪来结束可以强调项目中好的部分和不理想的部分。以上问题很方便在线上或用邮件调研。

以下是能顺利完成项目的重要因素：

- 距离项目收尾近在咫尺，此时与项目利益相关者沟通最为艰难，因为他们也距离项目近在咫尺，推荐给你一本书——《激烈对话》（*Fierce Conversations*）。坚持与利益相关者沟通，直到客户愿意给予更多的时间或预算来完成变更的项目范围。
- 项目管理的回顾阶段应包含从项目管理流程中吸取的经验教训，还包含评估项目可交付成果的质量投资（投资回报率），两者都需要，回顾的时候可以串行，也可以并行，不同的人，方法也不同。
- 另一个在项目收尾和回顾时非常有用的事情就是，找出可复用的项目文件 / 工具等，有助于快速开展其他项目。如果你刚完成一个大型在线学习项目，可将此次项目章程、项目规划复用到以后的项目中。和团队分享你的项目章程和项目规划将更加有效。复用的时候，需做适度调整。花一些额外的时间将项目章程和规划存档，供他人在开始新项目时使用。
- 庆祝一下。即使只花几分钟，也要记得感谢每一位在正式或非正式场合认识的人。良好的人际关系有助于项目的平稳推进，没有谁可以独立完成一个项目。

项目管理中最大的制约因素

我多年前从艾伦·科尔奎特那里学到一个故事，这个故事也被引用在《项目管理成功十步法》(2007) 一书中。这是项目的真实写照。

有一群猪快乐地生活在一个被水环绕的小小王国里。慢慢地，它们的食物越来越少。当小猪们讨论该做些什么的时候，它们想到有几种解决方案。它们认为最好的办法就是用现存的食物建一艘船，然后用这艘船穿过王国周边那片未知的水域，找到一个有食物的地方。它们推选了最优秀、最聪明的一只猪来负责这个项目。项目经理最关键的责任不是造船，也不是那片未知的水域，也不是在冲突和恐惧的气氛下领导项目，最关键的责任和你面临的问题一样，那就是防止猪把船给吃了。

作者简介

娄·拉塞尔，RMA 首席执行官、执行顾问、演说家、作家，热衷于通过培养人助力企业发展。在过去的 30 年里他通过演讲、培训和写作，帮助多家企业成功地挖掘了发展潜力。他善于激发、提升领导力、项目管理和个人学习。娄以乐观、幽默的风格及多年实战经验为你提供工具、传递激情，借此提升组织绩效。其间，有欢笑和感动，有激发和挑战。对娄来说，最重要的是你学习了。

延伸阅读

Allen, D. (2002). *Getting Things Done: The Art of Stress Free Productivity.* London: Penguin.

Allen, M., and R. Sites. (2012). *Leaving ADDIE for SAM.* Alexandria, VA: ASTD Press.

Biech, E. (2007). *The Business of Consulting.* San Francisco: Jossey-Bass.

Bion, W. (1991). *Experiences in Groups.* Oxford: Routledge.

Bridges, W. (2009). *Managing Transitions: Making the Most of Change.* Cambridge, MA: Da Capo Lifelong Books.

Brooks, F.P. (1995). *The Mythical Man Month.* Reading, MA: Addison-Wesley.

Campbell, J. (2008). *The Hero With a Thousand Faces.* Novato, CA: New World Library.

Englund, R., and A. Bucero. (2006). *Project Sponsorship: Achieving Management Commitment for Project Success.* San Francisco: Jossey-Bass.

Feldman, J., and K. Mulle. (2007). *Put Emotional Intelligence to Work.* Alexandria, VA: ASTD Press.

Russell, L. (1999). *The Accelerated Learning Fieldbook.* San Francisco: Pfeiffer.

Russell, L. (2000). *Project Management for Trainers.* Alexandria, VA: ASTD Press.

Russell, L. (2007). *10 Steps to Successful Project Management.* Alexandria, VA: ASTD Press.

Russell, L. (2012). *Managing Projects.* San Francisco: Pfeiffer.

Scott, S. (2004). *Fierce Conversations.* New York: Penguin.

第46章

管理高校、供应商和咨询公司之间的关系

莉塔·贝利（Rita Bailey）

本章要点

- 探索校企关系的基础要素
- 定义双赢关系
- 识别建立并维护长期关系的最佳实践

任何良好关系的基础都是建立在信任、尊重、互惠互利、公平、诚实等基本的价值观上的，然而这些基本的价值观通常较少应用在业务关系中。概念虽然简单，但在执行过程中建立并管理可持续合作关系需要信守承诺、全力付出并讲究沟通技巧。事实上，商业关系就像其他关系一样，你必须乐意分享和支持，而不只是索取，引用史蒂芬·柯维高效能人士的七个习惯中的第五个习惯“知彼解己”（柯维，1989）。组织应该看重整体利益而不是个人利益，这样的态度可能更有助于成长和成功。

在今天全球动态市场环境下能够实现稳定增长的关键在于维系长期客户关系。不同的企业通过提供卓越的个性化服务作为其竞争优势。如今客户不再仅仅被看作交易对象；而是被看作可以保持数年稳定关系的业务伙伴。在建立并维持客户关系方面，客户关系管理是最好也是最有效的方法。客户关系管理需要在情商、结构化方法、系统等所有组成部分之间进行平衡。职场专业培训人士应用此方法同大学、咨询公司、供应商一起，在建立、管理和维系多种关系的过程中获得更多利益。

寻求校企间和谐的合作关系

虽然企业和高等教育机构在过去相对自主运营，但两者关系稳步发展源于知识密集型社会中教育的重要性。当今职场正经历一个转型期，期间雇主希望员工被录用后能够继续强化技能。95%的企业在财力上支持员工学习，甚至还有一些企业提供高达 15 000 美元作为员工的教育福利，这清楚地说明了雇主们愿意培养员工，渴望他们成长。

在职业聚焦培训与发展教育的大背景下，高校有机会扮演重要的角色。然而，只有少数的雇主认为高校已经根据他们的需求来订制学生的培养计划，或者说与高等教育机构形成新的伙伴关系变容易了。尽管雇主们愿意在培养员工和寻找有效培训方法上投资，但大量的劳动力培训支出在高校之外。造成这种差异的原因是这些高等教育认证机构不能提供与雇主需求相关的培训项目。

高校是技能与创新走向商业的不可分割的一环。然而，这个供应链并不是一个简单、线性的买方和卖方的关系，也不是某一种产品或服务的采购。这个供应链是多维的、可持续的，它需要有质量、强度和弹性。只有通过校企密切合作、相互理解才能确保该供应链的稳固可靠。高校能够向企业输入的是专家和大学生，而从企业获得的是严谨、思想成熟的学生，他们渴望进入高校深造，并且能够将自身的工作经验带进课堂，这有助于给其他学生和老师带来更加丰富而有益的学习体验。在许多企业和大学之间建立一对一关系的同时，还有以下一些组织聚焦于加速和拓展高校与企业之间的合作。

致力于高校和企业间合作的组织：

- 商业高等教育论坛（BHEF）致力于提供方案应对美国教育和劳动力挑战。
- 美国高等教育认证协会（ASHEA）在数字化教育时代的背景下，对如何改变校企合作方式进行了展望并提上了议事议程。
- 国际管理教育大学联盟（UNICON）是类似商学院的全球性教育机构联盟，重点提升公共组织和私人组织中领导者和经理人效能。
- 国际管理发展研究联盟（ICEDR）是全球最早的企业人才发展网络。
- 国家大学企业中心（NCUB）促进英国境内校企合作。

- 知识产权出版社是致力于校企合作的一家领先杂志社。
- 大学委员会，以 SAT 测试管理著称，也有一些项目帮助识别成人培训需求，尤其是那些没有取得高等教育证书或学位的人士。失业或未充分就业是导致国家财政收入和税收减少的主要原因，因此一些组织和基金会会资助、寻找提升成人职场就业技能的研究。
- 国家继续教育和培训委员会（NCCET）是致力于培训质量持续改善及终身学习的推动者。
- 校企公关人员网（NACRO）致力于强化校企关系。

与大学合作的历史

校企合作的历史已有一个多世纪，但全球知识经济的兴起强化了构建战略合作伙伴关系的需要，这超越了传统的针对某一研究项目进行资助的模式。世界一流的研究型大学处于开创这种合作关系的前沿。它们运营的时间长、投入多，高瞻远瞩，不断提高企业、大学和地区的竞争力。简言之，在 21 世纪它们转换了研究型大学的角色，变为竞争力中心，应对社会挑战，促进经济成长。

直到 20 世纪 80 年代末，许多企业提供了大量的资金、实物捐赠投入到研究、奖学金、一些特定非战略的学生活动中。企业赞助研究或捐赠往往获得优先招聘权。因此，传统的企业关系项目的主要目的是从企业获得慈善捐赠。

从捐赠者转到投资者

经济波动、管制放松、竞争全球化、税制变更和日益增加的金融责任，企业之于高校的慈善也从特别的一项活动转变成长期的商业战略行为。企业已从捐赠者转变为投资者，重点发展高校的关系。现在企业同大学合作的重点是为其提供整体价值——招聘学生、高管教育、教师顾问、赞助研究、许可机会、联合政府提议等。企业采用的另一种方法是减少合作大学的数量，现在很多企业只选择少数大学合作。例如，在过去的四年里，一家《财富》500 强的公司从 35 所大学中选择其中 15 所进行合作。另一家《财富》500 强公司只同少数几家愿意签署主合作协议的高校合作。

所有美国大学面临的一个挑战是许多企业开始同全球高校进行合作，企业特别愿意同具有增长潜力、研发人员充足、知识条款更加吸引人等特点的高校合作，那么留给美国本土高校的资源就减少了。

转型

2010 年，校企公关人员网进行了一项调查，45 所研究型大学主管企业关系的官员参与投票，以评估大学如何适应新的企业模式。调查证实，大学的企业关系功能正在发生转变，大学试图“找出”更好的办法应对当前环境下与企业的关系，并对发展趋势做出预估。

与高校建立长期关系的五大基本要素

校企公关人员网成员代表 21 所研究型大学，确确实实地找到了同企业建立长期稳固关系的五大基本要素。本次讨论的目的就是尽最大可能为大学争取资源，这些资源的形式包括赠予、研究经费、特许使用费、教育经费、实物捐赠等。

1. 研究机构支持：大学承诺主导与企业的关系。

2. 互惠互利：成功的校企合作关系能够支持每位伙伴的使命和目标。大学利益和企业利益的对比如表 46-1 所示。

表 46-1　大学利益和企业利益的对比

大学利益	企业利益
学生的工作 / 实习机会，奖学金	企业员工招聘
学习经营管理的学生	从事经营管理的职员
拓展研究能力；了解现实问题	同高校共同开展研究工作
许可收入	授权专利
使用设备 / 设施的费用	使用专业设备的机会
活动资金	活动赞助 / 宣传

3. 一站式购物：大学组织复杂，企业需要找到一个入口，透过这个入口可以找到高校的相关资源满足企业的需求。企业关系办公室的目标就是增加校企之间的沟通交流。作为一个信息交汇中心，同内外部的合作伙伴一起克服企业参与的障碍。作为大学代表，企业关系专家不会偏向于任何一所大学，会针对不同企业的需求和利益提供订制化服务。企业关系办公室不是看门人，相反，它促进了企业与高校的合作。企业关系办公室提供的服务如图 46-1 所示。

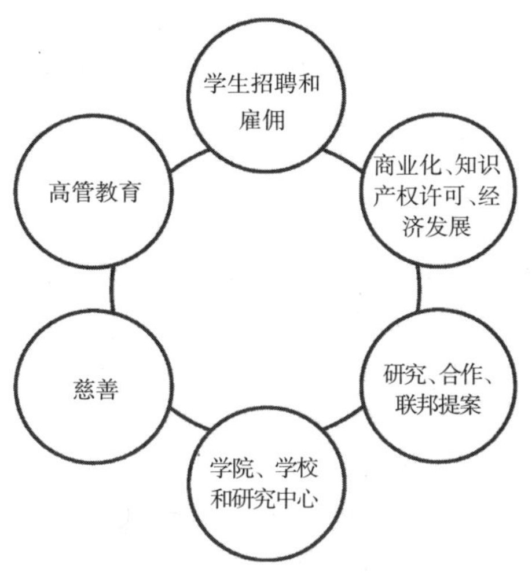

图 46-1　企业关系办公室提供的服务

4. 综合研发法：科研协议的谈判包含慈善捐赠和校企科研需求对接。美敦力公司医学和技术高级副总裁说："一方面，不断增加的研发经费重点投入提高市场竞争力方面；另一方面，希望越来越多的高校能成为我们的合作伙伴，借此平衡二者关系。"

5. 校园资源协调：不像慈善企业关系模型；21 世纪成功的企业关系项目不仅依赖于企业关系办公室，而且还依赖于其在高校中找到意愿合作伙伴的能力。

- 校长、董事长、教务长：提供制度支持。
- 院长：作为各学术项目间沟通的桥梁。
- 发展领导力：整合企业里的校友资源。
- 许可 / 技术转让办公室：进行企业知识产权条款谈判。
- 科研管理：就企业科研捐赠协议进行谈判。

- 职业中心：促进学生增加应聘经验。

建立稳固的关系

如果你认为高校能为企业的教育和培训需求提供潜在资源，那么需要选定同你的企业拥有相同价值观、目标并能提供相应资源的高校进行合作。

为此需要考虑学术机构中的哪些人是关键角色。企业和高校的高管在项目初期需要讨论业务需求，建立双边合作协议。关键是要考虑和解决在同外部资源合作时可能遇到的普遍问题：质量、灵活度、交付和价格等。

只有校企双方学会妥协和双赢思考才能卓有成效地合作。牢固的伙伴关系是基于和睦相处、相互信任、为目标而努力、激励、冒险精神和愉悦、创新，同时认可合作关系，认可合作可以改变个人生活和组织绩效。

从商学院的角度考虑上述观点。

> IMD，即瑞士洛桑国际管理发展学院，一直在各大全球商学院的排名中名列前茅。在 2012 年和 2013 年英国《金融时报》的排名中，其名列榜首。
>
> 在一份由 IMD 执行董事迈克尔·斯坦福编写的白皮书中，他将同企业大学的关系称为“美丽的友谊”。那些预测同企业大学合作的商学院会垮台的人，通常基于两个假设：企业大学只想为其员工安排量身定制的课程计划，而商学院是根据自身的学术安排来提供订制支持。
>
> 企业大学之所以吸引我们，主要有三个原因：第一，企业大学郑重承诺构建组织能力。当一个组织创建企业大学时， 往往认为对组织学习投资是值得的。商学院并不清楚组织学习在首席执行官的议程中的位置，或者在多大程度上能够同企业客户保持成功的合作关系，这取决于是否能够使关键的利益相关者相信学习和发展才是企业竞争力最强有力的工具，企业大学的存在正是这种承诺的体现。

第二，大多数企业大学都有明确的目的，并构建一系列与之相适应的学习和发展活动。当我们与企业大学合作时，要快速了解它的议程是什么，我们的合作关系如何为该议程服务。通常组织蓝图是清晰、明确的，所以即便环境不明确，在创建卓越发展过程中也不会过度分心。

第三，企业大学被期望为组织增加现实、可衡量的价值。这种期望迫使企业大学将注意力集中在最具影响力的活动上，并寻找新方法促进业务更好发展。可以想象企业大学会将这种压力转移给合作伙伴，这意味着我们必须总是富有创造力地、更有效地为它们服务。企业大学迫使我们创新，而创新对商学院也有利。

从商业的角度考虑上述观点。

陶氏化学公司

陶氏化学公司（以下简称陶氏）通过合作拓宽创新之路。这也是其拓展与学术界的关系、投资世界各地高校的原因，通过与这些顶尖人才一起工作，从而将研究转化为解决方案。

除了已有的学术计划，在 2011 年，陶氏承诺再追加 10 年给美国 11 所顶尖高校每年 2 500 万美元的投资，用于教师、学生和基础设施及应对一些世界级挑战所需的资源。

结果，他们发现与学术界合作产生价值的模式悄然发生变化，长期的合作关系确保双方关注前沿技术研究。

Sandals 企业大学选择教育学院作为学术合作伙伴

2013 年 1 月，另一个成功的合作伙伴关系诞生。美国酒店住宿学院与 Sandals 企业大学（SCU）在牙买加的蒙特哥湾签署了全球学术合作伙伴协议，承诺提供课程、酒店培训，以及在加勒比海地区的 20 个方面的专业认证。为了不断提升加勒比地区超过 10 000 多名雇员的技能水平，SCU 为 Sandals 度假村、海滨度假村及大菠萝度假村的加勒比雇员提供的 Sandals 度假村国际成人教育计划于 2012 年 3 月启动。“通过教育发展和认证来帮助我们的团队成员成长和发展，对我们双方来说，这是一个非常好的机会，”Sandals 集团的人力资源、培训和服务标准总监菲利普布朗博士说，“这种合作伙伴关系代表着一些合作将持续五年，也可能更久。更重要的是，这种合作伙伴关系会使生活在该地区的其他人能够认识到我们这样做的重要性。”

与咨询公司建立伙伴关系

假如你现在服务于一家大型跨国公司。你工作一直很努力，且已经处于一个有影响力和有权威的位置。最近你被分配实施一个非常重要的项目，只许成功不许失败，并且要在计划内准时完成，但无内部专家或员工参与实施，你不得不找一位顾问。总揽全局，你找到了相当不错的咨询公司。这家公司看起来确实能够处理这个工作，竞标演讲也不错，并且其出价要低于其他公司 30%。这家公司似乎很渴望——想拿下这个项目。你在标书上签了你的大名，从此事情开始变得越来越糟。该项目持续了很长时间。突然，项目费用不断攀升。你的客户也开始窃窃私语，他们说，你这个公司新星正在慢慢陨落。你对顾问的态度也变得很强硬，并且要求他们必须按照合同执行。项目继续延期，并且成本也高得离谱。你的上司开始介入。于是你开始找新的工作，想寻找压力小一点儿的工作，比如代为看管房屋。

你之前听说过或经历过这样的事情吗？那你感觉接下来会怎么样？

假如你是那家咨询公司的项目经理。你一直期待着像上帝一般的客户带着伟大的项目开始与你打交道。而你已经进入状态，并且事情看起来进展顺利。你很渴望拿下这个项目，也很确定你的报价如你的管理一样具有竞争力。客户听起来不错。如果能够成功的话，你的手下也会因为这个伟大的项目而感激你。最后，项目签署成功。你开始投入工作，并且交付了第一版原型。客户感到困惑，貌似这个原型跟他们所预期的没有什么关系。于是，你接着提供了第二版原型，客户更困惑了。直到提供了一个可接受的原型时，你们已经尝试了六次，你约客户洽谈并通知他们，项目想要在规定的日期和预算的范围内完成是不可能的。陡然间，你的客户开始变得咄咄逼人。你花费更多的金钱和时间试着讨好客户，但是，你累到吐血。项目成本完全失控，想要不亏损已经不可能了。于是，你在招聘广告里寻找压力小的工作，如宠物保姆。

外包应用开发经常发生这样的情况。实际上，那些见利忘义的顾问总是喜欢跟随其他顾问，3/4 的项目都是通过打电话给其他顾问的客户而得来的。

外包也不一定都是这样。如果停下来想一下，顾问关注的和顾客的利益是非常接近的。双方都想尽量在计划的日期和预算内完成，都想少一些压力。但是，为什么没有这样进行下去呢？

为什么客户—顾问的关系会背道而驰

大多数客户与顾问的关系出现问题是因为大量的非技术问题，包括：

- 关于项目如何进展缺乏有效的沟通。
- 设定不合理的期望，要么太高，要么太低。
- 缺乏对细小而重要细节的跟进。
- 低估了项目的复杂性和范围。
- 不能正确理解客户的需求。

客户通常关注（理应如此）项目的商业方面。项目能否满足组织的目标？投资回报率能否实现？软件是否易用？顾问能不能及时地解决问题和就变更给予响应？顾问通常关注技术（理应如此）问题。我们如何实现客户界面的奇特需求？我们要花费多长时间解决客户要求的合并导出数据的问题？为什么客户总是关心那些无关紧要的界面问题而不是急需解决的更复杂的数据关系问题？

因为双方有不同的侧重点，双方对彼此的问题都视而不见。走出这种困境的方式是双方都能彼此考虑一下对方的关注点。实际上，好的客户—顾问关系有点儿像婚姻：双方都希望对方幸福。事实上，如果双方能进行清晰和高效的沟通，大多数的客户—顾问关系也都能得到解决。

为什么要使用顾问

有很多使用顾问的理由，包括在时间紧、风险高的情况下能力不足的需要、专业知识的需要、提出客观建议的需要、公司解决问题的需要。这通常也包含一个政治原因，因为将中立或信誉作为其立足之本的外部顾问，有利于帮助你们从一个全新的视角看待问题。一旦确定了一个合适的顾问，你还要决定是用一个专家还是用一个多面手。选择顾问和整合顾问非常重要。

素质要求

- 信任和信心显然是最重要的。如果你有任何关于信息共享的看法，应诚实且透明。你希望对方是一个有意长期合作而不是一锤子买卖的人。
- 善于理解问题和需求。顾问问问题一针见血。是否会测试需求的假设条件？是否针对不同的需求有不同的应对方案？明白客观性是价值观的重要组成部分。
- 减少项目不确定性的能力。在提出需求或解决问题的过程中，打算如何降低二次风险？在检查项目进展时，采取什么样的控制和检查点？表 46-2 列出了选择顾问时要考虑的一些因素。在本书的网站（www.astdhandbook.org）上可以找到这个工具。

表 46-2　选择顾问需要考虑的因素

需具备的素质	评分（1~10）	公司 1#	公司 2#	公司 3#
1. 信任和信心				
2. 快速理解能力				
3. 行业经验				
4. 口碑客户				
5. 能力				
6. 帮助我们的意愿				
7. 之前类似的工作				
8. 写作和组织能力				
9. 需求分析能力				
10. 项目管理能力				
11. 控制时间的能力				
12. 控制预算的能力				

其他需要考虑的因素

同样，也要花些时间考虑一下其他因素。有些因素可衡量，而有些可能是对你和同事的个人内部检验。

- 他们是否真正有兴趣助你或你的企业成功，抑或只是想通过你的企业平台实现他们的自我价值？
- 他们要多久才能掌握企业文化规范并了解企业政治氛围？
- 他们怎么让管理者、企业员工和企业中的其他人员认识并了解自己？
- 顾问及其同事会在你的团队身上花费多少时间？
- 他们的专业是什么？
- 之前服务的客户是什么类型的？他们是否有可靠的参考价值？
- 你怎么知道他们是否真正对你的业务感兴趣？
- 他们组织和管理项目的流程是什么？
- 他们是否会定制方案以满足你的需求？
- 你考虑过多个顾问并比较过服务和费用吗？

顾问参与不仅仅是为了购买专业知识，而需要在客户与顾问之间建立一种相互关系。特纳（1982 年）提出了八类客户—顾问关系：

1. 为客户提供信息。
2. 解决客户的问题。
3. 需要重新定义问题，做出必要的诊断。
4. 根据诊断结果提出建议。
5. 协助实施。
6. 在纠正措施上建立共识和做出承诺。
7. 引导客户学习。
8. 持续提高组织效能。

当各方都清楚对彼此的期望，那么最融洽的关系自然会形成。这包括责任、目标、成本、时间表及一些不那么明显的事情，例如，信息和人员的获取，公司设施、设备和资源的使用，费用政策。一旦所有的细节通过书面沟通，每个人都知晓，那关系应该能够进展顺利。

供应商关系管理

当与卖方或供应商进行谈判时，需要考虑很多因素。我能得到什么？这似乎是显而易见的，但是，不止一个生意人在没有完全明白供应商究竟能给他们带来哪些利益的情况下，就与之达成了协议。他们能得到什么？一个彼此互惠的关系要求双方都能够理解对方能为合作伙伴带来什么。什么对业务是真正重要的？有时候是价格，有时候是完成任务的时间。你需要了解每个卖方或供应商对你的业务有什么贡献，而这些贡献又是如何在你的核心业务目标中发挥作用的。他们确实能够交付吗？因为卖方和供应商往往承诺很多，实际兑现的却很少；避免讨价还价的过程；考虑你真正的需求，做一次真正能够满足你业务需求的交易。

避免和解决冲突的方法

无论关系多好，都会有冲突产生。只要双方都想通过一种富有成效的方式去解决，那这样一个良好的关系就能够经受得住冲突的考验。一些最常见的卖方／供应商的冲突包括逾期付款、产品退货、规格理解不一致及产品性能差。解决冲突很棘手，但是，避免冲突更棘手。

分道扬镳不那么容易

在试过每个解决冲突的可能方案后，你最终仍要结束此次合作（大约 50%的战略卖方／供应商的合作以失败告终）。按照以下步骤结束合作，可保护你的工作及你的公司，并让你保持头脑清醒：

- 当确定需要终止合同时，重新谈判合作关系更为有效，还可降低项目风险。
- 为终止合作找到合适的说辞——分析利益与风险。合同终止如同一个重要的项目，该项目需要商业案例的 SWOT 分析。
- 确定用什么取代你正在终止的服务。
- 规划好如何退出，并且成功过渡。

- 备好证据，确保是强有力的证据。
- 选择合适的讨论方式——谈判、调解、专家确定、仲裁或诉讼。
- 管理好退出流程，确定是否需要技术专家。

提前花些时间仔细选择顾问和供应商并建立牢固的合作伙伴关系，希望你们能有一个长期合作关系。

图 46-2 为你提供了建立长远的合作关系的一些最佳实践,利用这些避免冲突。你也可以在本书的网站（www.astdhandbook.org）上下载这个清单。

- ☐ 解释商业目标以便供应商掌握重点
- ☐ 指定一位专职经理跟踪每个供应商
- ☐ 书面记录每件事情
- ☐ 索要进度报告
- ☐ 尊重供应商的时间和资源，提前做计划，给他们充裕的提前期
- ☐ 对供应商进行培训以满足你的需求
- ☐ 避免互相推卸责任和责难对方
- ☐ 公平合理——不要期望过低的报价或不劳而获
- ☐ 显示良好意愿——平衡苛刻的需求，给予推荐，提供更多的业务
- ☐ 不要害怕态度和蔼——他们感觉越舒坦，给你回报的可能性越大
- ☐ 做一个模范客户——就像你想要一个模范供应商一样
- ☐ 对他们表现出应有的信任
- ☐ 给予感谢与认可
- ☐ 分享信息和优先事项
- ☐ 平衡承诺和竞争
- ☐ 允许主要的供应商协助你制定策略
- ☐ 建立长期合作关系
- ☐ 寻求理解供应商的业务
- ☐ 创造健康、有序的竞争环境并寻找可靠的替代方案
- ☐ 注重价值而非价格
- ☐ 按时支付

图 46-2　建立长期关系的最佳实践清单

作者简介

莉塔 · 贝利，在开办自己的咨询公司和合著《以营利为目的：在你的企业中

为人们创造盈利的机会》(*Destination Profit: Creating People Profit Opportunities in Your Organi Eqtion*)之前，她已在美国西南航空公司数个领导岗位上工作了 25 年。她供职多个行业的咨询委员会并且是 2005 年 ASTD 的委员会主席。作为 Up To Something Partners 的创始人，莉塔设计、研发和促进自定义转换型领导与企业家方案。同时，莉塔也是 ExpoSkill（一个专业发展网）内容门户的创始人之一。

↘ 参考文献

Barbazette, J. (2008). *Managing the Training Function for Bottom-Line Results.* San Francisco: Pfeiffer.

Biech, E. (2008). *ASTD Handbook for Workplace Learning Professionals.* Alexandria, VA: ASTD Press.

Covey, S. (1989). *The 7 Habits of Highly Effective People.* New York: Free Press.

Craig, R.L. (1987). *Training and Development Handbook*, 3rd edition. New York: McGraw-Hill.

Destiny Solutions. (2011). *The Voice of the Employer on the Effects and Opportunities of Professional Development.* A research paper based on 200 NA interviews investigating perceptions of continuing higher education.

Network of Academic Corporate Relations Officers Benchmarking Committee. (2011). *Five Essential Elements of a Successful 21st Century Corporate Relations Program* whitepaper.

Peterson, M.W. (2000). *Managing Institutional Change and Transformation Project.* Ann Arbor, MI: Center for Study of Higher and Postsecondary Education.

Turner, A.N. (1982), Consulting is More Than Giving Advice. *Harvard Business Review* 60(4).

Watton, A. (2013, July). Making Service Provider Partnerships Work Blog. www.bestpracticegroup.com.

↘ 延伸阅读

Guth, S. (2007). *The Vendor Management Office: Unleashing the Power of Strategic Sourcing.* Raleigh, NC: Lulu Press, Inc.

Lendrum, T. (2011). *Building High Performance Business Relationships.* Milton, Queensland, Australia: John Wiley & Sons.

第 8 部分

培训与发展部门的角色

名家视角

培训与发展部门在组织发展与领导中的角色

肯·布兰佳（Ken Blanchard）

这么多年来，所有我所知道的以及我有幸与之共事过的伟大组织——快餐行业的福来鸡（Chick-fil-A）、零售行业的诺德斯特龙（Nordstrom）、酒店业的丽思卡尔顿（Ritz-Carlton）、交通行业的西南航空（Southwest Airlines）、金融服务业的西诺佛（Synovus）、消费品行业的 WD-40 等——都深切了解到培训与发展部门对于组织发展与领导是至关重要的。我为什么这么说呢？因为所有伟大组织的领导者都会意识到，他们最重要的顾客就是他们的员工。这些领导者相信，如果他们很好地照顾员工——培训他们、发展他们、授权他们、关爱他们——那么员工就会全身心地热爱、投入到自己的工作中，同时会给公司第二重要的顾客——也就是购买公司产品或服务的客户——以同样的关怀和照顾。当然，只要员工这么做了，那么客户必然会大为满意和赞赏，并且愿意继续和这家公司做更多的生意，而这也会同时满足公司第三重要的顾客——也就是所有者和股东们。

遗憾的是，那些整天盯着股价走势的公司，往往会把这三种顾客的优先顺序弄反了。这些公司认为，他们最重要的顾客就是他们的股东；结果，他们很容易错误地认为，经营公司唯一最重要的目的就是赚钱。结果他们把“客户”放在了第二顺位，而“员工”则被放到了最不重要的位置。这些华尔街导向的公司往往把员工视为可以招之即来、挥之即去的物品——当你需要的时候就招聘他们，当公司经营不顺时，就“精简”组织，将员工弃如敝屣。

相反，那些我所提到的伟大公司，则仅仅把经营利润视为培养和发展员工的副产品——当你重视员工、为他们营造出充满激情的工作环境后，员工就会加倍地重视和满足顾客价值，这样一来，利润的增长也就水到渠成了，就像赢家所获得的掌声一样。在这方面，我很喜欢的一个比喻是“三脚凳”，对这样的凳子而言，无疑三只脚都同样重要；其中第一只脚是充满激情的员工，第二只脚是疯狂的客户“粉丝”们，而第三只脚是公司的财务表现。其中任何一只脚断了，凳子就会倒下。我采用这个比喻是想告诉大家，财务表现对企业无疑是重要的——任何企业都必须赚钱才能生存。但赚钱——或者说利润——并不是凭空生出来的，而是在你很好地关怀、照顾员工及客户后，利润才能滚滚而来。

而在三只脚之上，把凳子的三条腿黏合在一起的座子，则是公司的愿景和战略方向。引人入胜的愿景会告诉你：你是谁（你的目标）、你该去哪儿（你对未来的看法），以及那些在旅途中引领你的原则（你的价值观）。战略方向则是当下制定好的行进目标，它告诉人们此时此刻应该做什么。对任何企业而言，愿景和战略方向都是最重要的，因为一条河如果没有河堤来引导方向，那么必然会沦为一潭沼泽。而愿景及清晰的战略方向就是河堤，它让河流——也就是公司——得以不断前行。

领导者在绩效管理中的角色

如果说所有伟大组织最重要的顾客就是它们的员工，那么，培训与发展部门的角色又是怎样的呢？我的妻子，也是我的事业伙伴玛姬·布兰佳（Margie Blanchard）总结道，每一位领导者 / 管理者都有三重角色。首先，他们必须完成自己的职责；每个人都有需要完成的工作、需要履行的责任及必须达成的目标。其次，他们必须负起培训和发展员工的责任。最后，他们还必须关心下属的事业发展和渴望。当然，以下在探讨培训与发展部门在组织领导与发展中的作用时，我主要关注后面两种角色。

如果你关心下属的学习与发展情况，那么你最大的任务之一就是管理他们的绩效——换句话说，你需要协助下属们出色、高效地完成他们的工作目标。绩效管理包含三个层面：绩效规划（Performance Planning）、绩效指导（Performance Coaching）和绩效评估（Performance Evaluation）。我走遍世界，每当我问人们，大多数组织花最多时间和精力在绩效管理的哪一个层面上时，所有人都回答“绩效评估”。为什么？因为当人们坐下来填各式各样的绩效表格，并且展开绩效评估讨论时，他们才感觉到这是在“管理绩效”。然而，如果你真心想让下属获得充分的发展，那么你真正应该关注的是绩效规划和绩效指导。这同时是仆人式领导（Servant Leadership）在作业层面所应该扮演的两大角色。

仆人式领导在绩效管理中的角色

每当我提到“仆人式领导”时，大多数人脑袋中浮现的多半是监狱里的某种角色，或者一些宗教性的活动。这是因为他们并不了解在管理员工的绩效方面，“仆人式领导”这个词事实上应该分成两部分来理解。第一个部分是目标设定：良好的绩效表现离不开清晰的绩效目标。这也是为何我的《一分钟经理人》那本书中的第一个管理秘诀就是“一分钟目标”。毫无疑问，设定目标是绩效规划最重要的环节。当然，目标设定本来就是传统管理流程当中的一部分；尽管领导者 / 管理者需要将他们的下属也纳入绩效目标设定过程中，但确保目标的明确、清晰、有效，却是领导者责无旁贷的重任。而这也就是仆人式领导的“领导”部分。

而一旦人们了解了自己的工作目标以及组织对自身的期望后，接下来就要进入绩效指导，也就是绩效管理的第二个环节了，而这正是“仆人式领导”的“仆人”部分。在绩效指导过程中，传统的组织层级结构事实上必须被颠覆：现在，不是你的下属在为你工作，而是你在为你的下属工作，作为领导者 / 管理者，你的职责就是帮助他们成功。

如果绩效规划和绩效指导都完美实现的话，那么绩效评估将是个轻松而又令人愉快的过程，是领导者 / 管理者和他们的下属举杯庆贺成功的环节。然而遗憾的是，在大多数组织中，绩效规划和绩效指导这两项工作都没能做好。

有一些组织在绩效规划方面做得不错，设定了清晰的工作目标。然而在目标设定完后，接下来呢？很遗憾的是，人们往往很快就会忘记这些目标，他们把目标归档收进资料室，然后就当作没这回事儿存在了，一直到他们被通知“绩效评估就要开始了”为止，这时人们会惊慌失措、焦头烂额、互相指责，拼命把那些已经积满灰尘的目标文件找出来，然后惊觉自己什么都没做到。

在绩效管理系统的三个层面中，一般而言最容易被忽视的是哪一个？多半是绩效指导。然而这却是对绩效提升最为重要的一个环节，因为在绩效指导过程中，员工的行为能够被及时观察并收到反馈——无论是赞扬那些正确的行为，或者纠正不正确的行为——而这将逐步引导员工实现目标。

协助人们获得满分

为了更好地让你们理解我的想法，我将以我在大学任教 10 年的经验为例子。当时我被同事视为特立独行的怪人，令其他教师难以理解的是，我总是在学期初就把期末考试的题目发给学生。当其他同事知道这一点时，他们对我大吼："你在搞什么鬼？"

我说："我们不是应该教育学生吗？我正在这么做。"

他们说："是的，但你为什么一开始就把期末考试的题目泄露给他们？"

我说："我不只在一开始就把期末考题交给他们，你们觉得接下来一整个学期我想做什么？我会逐步把答案都告诉他们，这样一来在期末考试时，他们全部都能拿到满分。我认为，每个人的目标都应该是拿满分——而不是让成绩分布非要服从什么愚蠢的正态分布。"

你喜欢雇用失败者吗？你会不会到处跟人说："我们去年刚解雇了几个傻瓜，现在让我再去招聘几个傻瓜来填补空缺吧！"不！绝不！任何组织都希望招聘到成功者（或者至少是有机会成功的人）。你不会专门找些平庸或愚蠢的人来让公司的人才结构成"正态分布"。你只会希望找到最优秀的人，然后让他们展现出最高的绩效表现。

在学期初就公布期末考试题目，就相当于我们所说的"绩效规划"，这让人们从一开始就知道组织对他们的期望。而逐步教导员工学会问题的答案，就是"绩效指导"的内涵。如果员工做对了，你就褒奖他们："好样的！""做得好！"如果他们做错了，你也不需要打骂他们，而是应该告诉他们："答案错了！你觉得该怎样才能找到正确答案？"换句话说，你逐步引导他们实现目标。最后，在绩效评估环节拿出员工早就知道的题目来考核他们，就相当于协助他们获胜——获得满分，或者考核得"优"。我们不应该在年度或季度考核看到任何意外或"正态分布"，每个人都应该明确知道自己该做什么，并且在一整年当中获得充分的帮助，来圆满地实现目标。如果你强迫考核结果成正态分布——也就是说，有相当比例的员工将被评为“中”或“差”——的话，你将失去员工对你的信任。每个人都希望自己是最棒的，而组织应该协助他们取得“满分”。

在了解了这套理论后，WD-40 公司的总裁盖瑞·瑞吉（Garry Ridge）将“与其挑剔我，不如帮助我得 A”（Don’t Mark My Paper—Help Me Get an A）作为公司的主要文化。盖瑞和我也把这写进了我们的书《帮助人们成功》（*Helping People Win at Work*）当中。WD-40 公司的员工把自己公司称为“WD-40 部落”（WD-40 Tribe）；为了贯彻“与其挑剔我，不如帮助我得 A”的文化，每个会计年度一开始，“部落首领”都会和每位部落成员坐下来讨论，在分析公司的整体目标后，他们一起为每位成员设立 4 ~ 5 个具体的、可衡量的绩效目标。在通过我们的情境领导Ⅱ（Situational Leadership Ⅱ）模型设定了目标后，接下来，部落首领和成员一起分析该成员所处的发展阶段（包括工作能力和工作意愿）。在工作目标和发展阶段都确定了之后，部落首领和成员对于该采用怎样的领导风格（根据所应给予的指导和支持程度不同，可分为指令型、教练型、支持型、授权型四种）也就达成共识了。

当绩效规划这一步结束后，领导者和下属都了解了需要达成的绩效目标、员工的发展阶段，以及合适的领导风格，接下来就进入绩效指导阶段了。彼得·德鲁克经常说：“成功绝对不会来自意外，只会来自精心的设计。”在 WD-40 公司，他们做了两件事来确保绩效指导的有效实施。首先，每位部落首领至少每两周要和每位成员进行一次为时 15~30 分钟的单独会面。会面的时间由部落首领决定，但议程由成员来决定。部落成员在会面中可以谈论任何他想谈的事——小孩生病、家庭问题、现在正进行的工作、希望得到的指导和支持等。想想看，如果你跟一个人每年至少一对一见面 26 次，每次谈话 15~30 分钟，你对他是不是应该了如指掌？

最后，在每两周一次的一对一会面中，部落首领不仅能够从成员那里获得足够的信息来进行绩效指导，同时有机会与成员谈论他们的职业生涯规划和发展愿景。有些人会质疑，为什么领导者要这么关心员工的职业生涯发展？事实上，像 WD-40 这样伟大的组织都认识到，大多数人都不会在现在的岗位干一辈子，他们迟早要得到晋升和发展，否则他们很可能选择离开。因此，部落首领需要了解下属的职业生涯规划和野心，鼓舞他们的士气，强化上下级关系，进而让员工与组织一起不断进步。

除了上述每两周一次的会面外，部落首领还需要每个季度与每位成员举行一次正式的会议。在这些季度会议中，部落首领和成员要完成三件事。

首先，他们讨论一开始设定的目标（也就是期初就给出的"期末考试"题目）是否依然适用。在很多其他组织，人们在每年年初设定目标，然后在年末根据最初的目标来进行考核，根本不管今年有没有发生诸如金融海啸、火山爆发或大地震之类的情况，使得最初的目标早已变得根本不可能实现。而在 WD-40 公司，一直到第四季度开始之前，部落成员都还有机会调整"期末考试"的目标。

其次，在季度会议中，部落成员给自己完成目标的情况打分，A+、A、B、C 或 L。L 不代表不及格，而代表"学习"（Learning），意味着"我还在学习，因此暂时不要评估我"。在 WD-40 公司的"与其挑剔我，不如帮助我得 A"文化中，最伟大的一件事就是每位部落成员都只需填写一份绩效评估表格——他自己的。我想，世界上再也没有比"一群经理人坐在会议室里填写他们所有下属的绩效评估表（他们很可能记不清每个人长啥样），然后下属们在会议室外焦急地等待被评估"更蠢的情境了。

最后，当部落成员给自己打完分后，部落首领对他的评分表示"同意"或"不同意"。部落首领的目标是协助每位部落成员拿到满分。关于这点，盖瑞是如此的坚信"与其挑剔我，不如帮助我得 A"哲学，以至于如果他发现一位员工绩效表现很差，他会解雇那个员工的上级，而不是员工本人，因为他觉得那位上级没有尽到"帮助员工得 A"的责任。

那么，WD-40 公司的绩效管理系统管不管用呢？这是毫无疑问的。在 2013 年，WD-40 公司的股价表现创下历史新高；而在 2012 年，公司的内部员工满意度调查收获了超过 90%的有效问卷，其中 90%以上的员工都对公司在绩效管理方面的表现给予高度肯定。该调查表明：

- 98.5%的员工表示，他们在工作有需要的时候，可以毫无困难地与他人沟通。

- 98.5%的员工知道自己的绩效目标和期望。
- 98.2%的员工认为上级对自己很尊重。
- 97.9%的员工认为在 WD-40 公司受到了尊重和重视。
- 97.9%的员工表示他们被鼓励去追求质量，并且愿意主动采取行动来提高产品质量。

当你将员工视为公司最重要的顾客时，他们就会以同样的激情来满足外部客户，而客户的满足意味着公司业绩蒸蒸日上，连带着股东也会满足。哇！你为什么不赶快开始这么做呢？

在本书的这一部分，你将充分了解到在组织领导和发展领域中，培训与发展部门应该扮演怎样的角色。麦克拉根（McLagan）将讨论培训与发展人员在组织变革中的角色；伯金汉（Buckingham）将讨论基于优势的绩效管理系统；莱斯利（Leslie）和佩特里（Petrie）将讨论在培养未来领导者过程中培训与发展人员的角色；而最后，我的儿子——史考特·布兰佳（Scott Blanchard）——将探讨培训与发展部门如何协助那些高潜力员工获得成功。

好好享受知识的盛宴吧！记住，所有伟大的组织都需要培训和发展专业人士扮演多种角色，因为伟大的组织都坚信，培养和发展员工是组织成功的基础。

↘ 作者简介

肯·布兰佳，世界上最有影响力的领导力专家之一，除了脍炙人口、畅销不衰的《一分钟经理人》（*The One Minute Manager*），他还写了超过 60 本书，总计销量超过 2 100 万册。他也是肯·布兰佳公司（The Ken Blanchard Companies）的创始人兼首席精神官（Chief Spiritual Officer），该公司总部位于加州圣地亚哥，是享誉全球的管理培训与咨询机构。美国大峡谷大学（Grand Canyon University）商学院以他的名字命名。

↘ 延伸阅读

Blanchard, K., K. Cuff, and V. Halsey. (2014). *Legendary Service: The Key Is to Care*. New York: McGraw-Hill.

Blanchard, K., and G. Ridge. (2009). *Helping People Win at Work*. Upper Saddle River, NJ: FT Press.

Blanchard, K., P. Zigarmi, and D. Zigarmi. (2013). *Leadership and the One Minute Manager*. New York: HarperCollins Publishers.

第47章

培训与发展专业人士在组织变革中的角色

派翠西亚·麦克拉根（Patricia A. McLagan）

本章要点

- 了解组织变革的关键成功要素
- 了解培训与发展专业人士在组织变革中的角色

毋庸置疑，培训与发展专业人士应该是企业变革的推动者，因为他们掌握着一家企业最关键的资源：员工的知识和技能。然而在现实生活中，培训与发展专业人士在大型组织变革中的作用往往被忽视乃至于边缘化。想要让培训与发展专业人士在组织变革中扮演更重要的角色，我们就必须了解：① 当今组织变革的关键成功要素；② 培训与发展专业人士应该如何在组织变革中起到更大的作用。

组织变革成功的关键要素

俗话说得好："世界上唯一不变的就是变化本身。"然而，学者和企业界人士直到最近才开始了解组织变革的动态规律，并试图影响变革的方向和进程。以下五条关于成功组织变革的规律，可以说总结了近年来各领域学者对组织变革所做的研究。如果你了解这些规律，那么组织变革失败乃至于出现严重后遗症的可能性将降低许多。

库尔特·勒温

库尔特·勒温（Kurt Lewin）是公认的社会心理学之父。他是研究群体动力学和组织发展的先驱之一，在群体动力学和体验式学习领域有极大的影响力。勒温最为人所知的理论是他的三阶段变革模式，这是他 1947 年提出的理论，经历了超过 50 年的发展，其基本内涵没有太大的变化。该模式的三个阶段是解冻（Unfreezing）、改变（Changing）和再冻结（Refreezing）。

解冻意指使人们脱离安全、舒适的现状；想要做到这点，必须先了解那些能够促进变革或阻碍变革的力量。勒温的力场分析（Force-field Analysis）有助于确认和衡量相关力量的强度。能够促进变革的力量将被列出，并分别给予从 1 至 4 不等的数值，而阻碍变革的力量则分别给予–1 至–4 的数值。这种分析能够帮助决策者评估这些力量对变革的影响。

改变阶段就是尽一切努力来促进变革。勒温在这个阶段提出的重要观点是，变革需要时间，而且可能要经历数次反复进步、停滞甚至退步的过程，直到最后变得稳固。最后，再冻结阶段使变革后的情况成为习惯，并使人们对新的“现状”感到适应。

勒温的场域理论（Field Theory）也十分著名，该理论强调个人和环境的关系将显著影响工作。勒温发现人的行为（b）是个人活动（p）和工作环境（e）共同作用的结果，也就是 $b=(p, e)$。这是最早关于建构今天所称人类绩效方程式（Human Performance Equation）的尝试之一。

1. 确保变革能带来价值

有许多所谓的“变革”其实根本没有必要。很多组织不停地推动诸如组织结构、绩效评估、领导力、工作流程等方面的变革，但很多“变革”其实只是赶时髦而已。急着按照新理论去转变风格，扬弃甚至批评旧的做法，最后很多人却发现根本在做无用功。无数的时间、金钱和资源都在这反复不断的“变革”中被浪费掉了，而组织希望通过变革来达成的目标事实上早就已经存在了，或者可以通过更简单的方式来完成。以下几个问题可以帮助你检验组织变革的真正潜在价值：

- “这次变革能让我们在现今的环境中更加成功吗？”如果组织所处的环境并不需要或者不支持这样的变革，那么很可能这些重大变革（如战略、核心竞争力方面的）将会失败。

- “这次变革能不能改善、提升什么？”变革能让我们用更少的力量获得成功吗？能提升客户服务的质量或产品良率吗？能给员工带来正面的影响——如改善他们的工作状态、提升工作积极性、减少工作负担，或者消除工作障碍——吗？有些变革也许从表面上看，在技术、财务或政治等上面是有利的，但这还不够。如果你发觉所谓的变革可能会让客户或员工面临的情境更加复杂，那么也许你应该拒绝这种变革，除非你愿意花费大量的资源和时间来调和变革所带来的矛盾。
- “这次变革能够真正提高整个组织的绩效吗？”记住，对组织某一部门有利的变革，放到整个组织来看就未必有利了。

事实上，很多所谓的“变革”根本就不应该也不需要发生。谨慎的变革管理者会反复检验变革的必要性及其潜在影响，而不是一头栽进变革的洪流中。

2. 根据变革需求调整变革过程

有些变革是复杂而充满不确定性的（例如，将组织从单一个体转化为全球供应链的一部分），有些变革是相对简单的（如更换文字处理软件或升级计算机作业系统）。一般而言，复杂的变革往往涉及新的角色和权力关系，同时需要对组织的体系和作业流程做出多方面的调整；而简单的变革一般而言与角色或权力无关，仅仅只需要少部分的行为、知识和技能等方面的改变。

同时，复杂、充满不确定性的变革需要更多的资源、更多的尝试 / 错误，以及更多组织学习。这类变革需要对组织体系和流程进行多方面的改变，同时要求领导者投入更多心力，提供变革愿景、方向和持续的支持，一直到变革产生效益，并且变革后的状态重新趋于稳定为止。复杂的变革同时需要更多地关注变革的沟通，以及人员层面的因素。相对而言，简单的变革一般不需要付出这么多的心力。

我们可以把变革分为三种：交易型（Transactional）、过渡型（Transitional），以及转换型（Transformational）。交易型变革（如换一种文字处理软件）仅仅只需要很少的干预措施，如培训或激励措施的微调。过渡型变革相对复杂一些，涉及角色、权力、关系和体系的改变，但问题一般不是太大，因为你有前例（不管是自己组织或别人组织经历过的）可循，或者有专业人士和指导原则可以遵循（例如，在组织中应用一套全新的——但是已经经过实践检验的——软件系统，或者在别的国家开设新工厂——而你对那个国家已经相当熟悉）。相对于交易型变革，过渡型变革需要在变革管理方面投入更多的资源和心力，因为这样的变革会产生较大的影响及次级效应（包括对工作流程、员工心理等方面的影响）。想要获得过渡型变革的成功，你需要制订更周密的项目计划、更多阶段性的创新、处理好员工心理层面的问题，并采取本章将提及的其他措施来保证变革的顺利推动。

转换型变革则又大不相同了：它是多方面的，而且几乎没有前例可循。它是复杂而难以预测的，同时需要组织几乎所有层面上都做出改变——特别是在信念和组织规范等方面。我自身经历过的一个例子是南非啤酒公司（South African Breweries）进军东欧和亚洲的扩张行动。这是一次破天荒的巨大变革，一切都必须被重新设计和不断在过程中调整，因为以前从没人这样做过。

随着变革的复杂性和不确定性提升，所需的资源和心力投入也成等比级数增长：交易型变革最简单，过渡型变革的难度中等或偏高，而转换型变革是最困难、需要最多投入的一类。

3. 提供管理支持

管理者和领导者的角色对成功的变革而言至关重要。虽然“领导力”往往未必与正式的管理职权有关，但拥有组织正式领导者支持的变革，成功的可能性将大增。领导者能够：

- 拥有清晰的目标，并根据反馈及时做出调整。尽管在重大变革中，变革目标很可能会发生改变，但优秀的领导者总能及时做出反应。
- 建立有效的结构，在计划与弹性间取得平衡。物理学家们有一种说法叫作“混沌的边缘”，指一种在全然秩序和全然无序之间的状态，而这正好对组织变革也适用——变革过程必须在秩序和创新 / 实验间取得平衡。如果领导者能建立这样的一种平衡结构，在保证足够稳定的同时，又允许足够的自由度和快速反应，那么变革比较容易取得成功。相反，太过僵硬而无法变通，或者太过自由而缺乏管理，都很容易导致变革失败。
- 获得足够的资源。有一种说法是“对于关键资源千万别吝啬”，如果你想让水快点儿煮沸，那么最好一开始就把炉子调到 9 级火力，而不是 3 级；

同样，在变革所需的资源上加倍投入，是提高成功率的关键。许多组织变革就是因为在资源投入上不温不火、犹犹豫豫，结果始终达不到期望的目标，最后反而造成更多浪费。

- 随时将阶段性的成就公布于众。有许多变革需要花很长的时间，牵涉许多困难的个人或组织层面的转变，很多时候人们因为长时间没看到改善，就容易变得沮丧。在这种情况下，许多人可能还没等到希望，心里就先放弃了。因此，变革领导者必须设法维持人们的能量及乐观情绪，其中一个做法就是不断地把阶段性的小成就公布于众。无论这些成就再小，只要人们看到了改变的希望，他们就能够坚持下去。

4. 准备好系统性的变革

那些成功的组织变革，无一例外地都对组织的许多方面进行了程度不一的调整，从而让变革能够真正落实和发挥作用。一项组织变革可能需要对组织的程序、技术、工具、信息流、技能、结构、设施等方面做出改变。这里有一些重要经验。

- 确保工作流程能支持变革。许多组织变革失败的原因，是相关部门的工作流程没能够做出相应的调整。任何一个部门的变革都需要对整体的工作流程进行重新思考和调适。我们需要回答的问题是：“有哪些工作流程会因为此次变革而受到直接或间接的影响？我们该如何调整工作流程？”
- 让管理者支持变革。尽管这似乎显而易见，但依然值得再次强调：要确保各级管理者和领导者都支持变革。当管理者自己主动接纳组织变革、应用所学到的新技能时，下属员工自然也就更愿意接受变革。盖洛普针对数以百万计的员工和管理者所做的调查表明，“上级”永远是一切行动的关键成功要素。因此，再怎么强调管理者的作用都不为过，可以说他们是让组织黏合为一个整体的关键。当然，故步自封的管理者也会导致员工的脚步踌躇不前。因此，扪心自问：“各个层级的管理者该如何来支持此次变革，而组织又该为管理者提供怎样的支持？”
- 人力资源系统的匹配。人力资源工作，如人员招聘、甄选、升迁、绩效管理、薪资、奖酬等，对于组织变革而言也是关键成功要素。人力资源系统必须支持变革，否则任何重大变革都不可能成功。一项影响深远的研究（菲尔和马克杜菲，1996）表明，当技术变革伴随着人力资源管理方面的变革时，组织绩效的提升幅度要远远大于仅有技术变革的情况。因此，我们必须自问："我们现有的人力资源系统是支持变革还是阻碍变革？该怎么做才能让人力资源工作更加有利于变革的发生？"

除了上述因素，我们还需要问："存在哪些可能阻碍变革的组织障碍？我们该怎样克服这些障碍？""当我们审视变革计划时，我们有多大的信心可以说，我们已经提供了足够的支持性措施来确保变革的成功？"

5. 协助人们适应变革

大致而言，前面四条规律都是关于组织变革的技术层面的。仅仅关注这些内容，对于交易型变革（简单而可预测的变革）而言或许已经足够。但对于更加复杂的过渡型或转换型变革而言，真正关乎成败的永远是人员层面的因素。因此，我们必须：

- 重视心理契约。"心理契约"（Psychological Contract）指的是员工和组织之间彼此的心理承诺、期望和信念。心理契约涉及员工和组织关于工作延续时间、职业生涯发展、"大家庭"的氛围、对于绩效的期望，以及对工作的看法等。传统的心理契约较关注组织和员工相互之间的忠诚，而一些新的心理契约研究则关注立即性的心理交换。但无论如何，组织变革的实施必须与员工的心理契约保持一致，否则你将付出高昂的代价来处理员工的反感及不适。如果你发现你所规划的组织变革将打破现有的"心理契约"，你就必须准备好应付可能的后果并准备在未来逐渐改变心理契约。
- 必须保证公正、平等和值得信赖。一般而言，只要人们相信变革是正确的、是符合"程序正义"的（也就是没有任何不公平的歧视），那么即使变革有可能对他们产生影响，人们依然愿意接受。这意味着，决策者必须尽一切努力来保证客观、公正、一视同仁；同时他们也必须就变革的内容以及决策程序等方面与员工保持有效的沟通。我们必须自问："有哪些决策有可能给员工带来不利的影响？该如何确保这些决策是平等和公正的？"
- 找到正面因素。本章前面介绍的内容（确保变革能带来价值）告诉我们不要盲目投入变革，除非你确定变革能给组织带来正面价值。而在这里，我要强调的是关于变革价值的"有效沟通"。人们愿意支持那些合情合理的、有价值的变革——那些可以让工作更加轻松高效的、让顾客更满意的、让产品质量提高的行动。同时，你还必须让员工相信这样的变革是可以实现的。因此关键问题就是："这次变革能够为组织和员工带来哪些关键的短期和长期价值？该如何说服员工相信这点？"

- 争取意见领袖支持。无论在哪个角落，总有一些人就是比别人更醒目、更有影响力。这些"意见领袖"（Opinion Leaders）往往不一定是组织所授权的正式领导者。然而，成功的组织变革需要争取这些非正式意见领袖的支持和协助，因为一旦他们支持变革，那么受他们所影响的其他人也会随之响应。因此关键问题就是："有哪些具备号召力的意见领袖？该如何争取他们的支持？"
- 保证有效的沟通。一个令人无奈的现实是，无论高层一开始对变革项目多么兴致勃勃，他们往往很快就会对此失去兴趣。他们也许在前期花了几个月的时间参与讨论、分析利弊、做出变革决策；但高层的精力很容易分散，如果希望他们继续不断地支持变革，就必须不断拿出新的、正面的信息来获取他们的注意。变革项目的实施仅仅只是一个开始，后续的沟通和磨合也许要花费多年的时间。无论是对上级还是对普通员工而言，通过有效沟通来保持他们对变革的关注及热情都是至关重要的。特别是对彼此信任水平较低的组织而言，更是如此。成功的变革管理者必须自问："我应该持续沟通和关注的信息是什么？该如何不断保持有效的沟通，一直到变革完全成功为止？"
- 适当地调动员工积极性。当员工的积极性被调动起来时，他们就会对工作更加投入；同时，在今天复杂多变的商业世界，任何决策都需要调动更多人的参与和投入。然而，员工不会支持那些他们认为没有价值的或不公平的变革。员工的投入必须有明确的目标，如果你没法说清变革的目标，以及对组织决策和绩效的影响，那么不要随便搞"动员会"之类的活动，这只会加深员工的怀疑心理。当员工信任决策者、相信变革能带来绩效改善、能有机会提供反馈意见，并且对变革的具体措施有参与和主动权时，他们就能够被充分调动起来。换句话说，员工希望在变革中掌握主动权。成功的变革管理者应该思考这个问题："有哪些员工会被变革所影响？该如何调动他们的积极性和参与主动性？"

克里斯·阿基里斯

克里斯·阿基里斯（Chris Argyris）是组织学习领域的领军人物。他早期的研究主要关注组织对个人的影响，他发现传统组织结构会造成个人的不适，损害创造力并降低生产力。员工被迫要花费精力探索组织的沟通渠道、权力结构及绩效目标，而不是自由地工作。由于组织的需要被置于个人需要之前，结果导致二者都无法被满足。

阿基里斯与唐纳德·舍恩（Donald Schön ）写了《实践中的理论：提高专业效能》（*Theory in Practice: Increasing Professional Effectiveness*，1974）一书。在该书中，他们提出了经典的行动理论，该理论聚焦于人们所说、所相信的理念和他们实际行为之间的差距。前者被称为个人拥护的理论（Espoused Theory），后者则是实际使用的理论（Theory-in-use）。阿基里斯认为，当人们拥护的理论和实际使用的理论一致时，他们将有最高的效能。

根据行动理论，阿基里斯和舍恩发展出了单环学习和双环学习的概念。单环学习指发现问题并纠正问题的过程，但并不涉及组织模式的调整；而双环学习则通过寻找有可能导致问题的价值观或实践模式来从根本上解决问题。

阿基里斯和舍恩还定义了两种主要的行为模式。行为模式Ⅰ在多数人身上都能看到，这种模式使人们倾向于以别人难以判断的方式来工作，这被视为一种防卫行为。而采用行为模式Ⅱ的人们则会主动说明他们取得成果的方式，并寻求他人的反馈；这种模式有助于双环学习。这两种个人行为模式同样可以被应用在组织层面，特别是当组织内的多数员工都展现出同一种行为模式时。阿基里斯发现，行为模式Ⅰ事实上会抑制组织的成长，因为员工只会为自己的利益而行动；而行为模式Ⅱ则有助于提高生产力和促进组织学习。

组织变革前需要考虑的其他因素还包括：员工是否具备了实施变革和确保变革有效性所需的技能，以及组织的激励和薪酬体系是否符合变革的需求，特别是当变革本身的激励诱因较低时。与前述的五大成功变革因素有关的一系列准备问题，你可以在本书的网站（www.astdhandbook.org）上找到。

培训与发展专业人士如何在组织变革中起到更大作用

就前述的组织变革成功关键因素而言，无疑培训与发展专业人士所具备的技能和观念对变革的成功是至关重要的。培训与发展专业人士具备很多必要的基本技能和知识，尽管其中一些在组织变革中也许需要扩展、升级或重新组合。

对组织变革有用的培训与发展专业人士的专业能力

在培训与发展专业人士所具备的能力中，对组织变革有价值的包括：

- 分析和统合能力。识别理想和现实情况的差距，以及弥补差距所需要的组织体系以及人员技能，了解变革该在何处使力，并能够知晓组织变革的深层议题及其意义。
- 人员学习和成长方面的知识。培训与发展专业人士知道如何能让员工学会新知识、发展新技巧，甚至改变人们的态度和观念。
- 教导和催化群体学习的能力。
- 追踪和评估变革进程的能力。
- 了解学习对个人和组织成功的价值。这点对于创建"学习型组织"而言尤其重要。
- 设计能力。培训与发展专业人士的基本能力就是创建各种学习体验，并将其整合为有力的培训课程，以改变人们的观点和行为。而这种设计能力也适用于更加复杂的组织干预措施中。

以上所述的能力，基本上都是培训与发展专业人士的基础能力。然而，在推动组织变革的过程中，这些能力也许需要进一步扩展、延伸或重新组合。大型的组织变革——如推动新的全球化战略、组织结构的重大调整、信息系统的整体改变，或者全新的价值链 / 供应链管理模式——往往需要将这些能力提升到更高的层次。

所需的额外能力

除了前述的基本能力外，想成为组织变革的促进者和代理人，培训与发展专业人士还需要培养一些额外的能力，如系统思考能力、情商等。

- 系统思考能力。重大的组织变革总是受到种种内部、外部、组织和个人层面因素的影响。变革管理者必须能够很好地意识到并且运用这些因素——利用其中有利的因素来支持组织和战略性的变革，同时较好地了解、适应和管理其他因素。最关键的是，变革管理者必须了解组织战略、结构、系统、程序、技能、文化与外部环境之间的交互作用，任何变革都不可能发生在真空环境中，对任何一个组织环节的改变，都会牵一发而动全身。变革管理者要能系统性地找出问题和机遇所在，并协助将这一切因素整合在一起。
- 对企业层次和跨职能的理解能力。变革推动者——如 CEO——可以说扮演着整合者的角色。他必须对企业整体的运作有充分理解，并知道组织各部门之间的互动和协调关系。我的观点是，变革管理者必须在每个职能部门都待上一段时间，对该部门的运作、资源和问题有了充分的了解，这样才有足够的准备去推动变革。对于各部门之间的关系充分掌握的管理者，才能扮演好部门间沟通者的角色。同时，这也能提高管理者的同理心、公信力及可信度，有利于他调动各部门的积极参与。
- 情商。重大组织变革是一项困难而耗时耗力的工程，充满了各种突发问题和不确定性。冲突、困惑、抗拒、政治斗争、消极懈怠、本位主义，以及其他情绪和自私行为都是随处可见的。因此，变革管理者必须能够随时站在风口浪尖，以高情商和耐心来解决各种人性层面的问题。当变革涉及多个部门、多个程序间的沟通协调时，情商更是显得尤其重要。
- 对复杂系统变革的了解：我们对于个体层面、组织层面、社会层面乃至更大程度上的变革已经有了一些了解，我们知道，任何有生命的系统，都蕴含着不断改变的本质。无论我们考虑再周全，我们的变革管理项目往往都只能聚焦在少数议题上。例如，我们如何应对（也就是“控制”）抗拒心理？如何确保变革按我们所想的发生？如何说服人们相信变革是有利的？这些想法都是理性主义思考的产物，它们对于推动变革十分重要。然而在现实生活中，我们不得不承认，变革永远不可能完全在我们的控制之下；我们必须在“该如何控制变革”以及“我们从变革过程中学到了什么”之间取得平衡。正如前面所说的，我们需要正视变革当中可能发生的对立、冲突、困惑和其他混乱，而不是缩起脑袋来，假装一切都在控制之下。我们必须在宏观的愿景和对变革本质的把握之下，不断平衡变革过程中那些可控的和不可控的因素。我们必须超越过去那种试图掌控一切的管理模式。

理查德 · 贝克哈德

理查德 · 贝克哈德（Richard Beckhard）是组织发展领域的奠基人之一，他为组织发展下了最经典的定义："一种有计划的、以整个组织为范畴的且由组织高层所推动的，运用行为科学知识，经由对组织流程进行有规划的干预，以提升组织效能和健康的努力。"这个定义出现在他的经典著作《组织发展：战略与模式》（*Organization Development: Strategies and Models*）中。

贝克哈德对变革管理领域也有所贡献。他与大卫 · 格雷切（David Gleicher）共同开发出了著名的变革方程式（有时被称为格雷切方程式），该公式被用来判断变革成功的可能性，当不满情绪（D）、变革愿景（V）和初步行动（F）的乘积大于变革阻力（R）（$D \times V \times F > R$）时，变革有较大的成功可能性。

结论

培训与发展专业人士拥有许多对组织变革十分重要的能力和知识。然而，想成为重大组织变革的推动者和代理人，需要对变革的本质有深刻的理解，同时愿意将既有的知识技能重新组合并学习新的技能。此外，即使你关注的焦点依然是个体或团队层面的学习与发展，但掌握更宏观的系统思考能力和组织变革技能，对于培训与发展专业人士依然是极为有用的，这能够让你在这个复杂多变的时代对组织发挥更大的作用。

作者简介

派翠西亚 · 麦克拉根，其整个职业生涯都在关注变革——个体层面、组织层面，乃至于社会层面的变革。她在美国及世界其他地方为上市公司、私人公司、政府及非营利组织进行了大量的组织变革项目，包括在南非 20 世纪 80 和 90 年代社会转型期间的工作。她撰写了大量的专业文章和著作，包括《有效的绩效沟通》

（*On the Level, Performance Communication That Works*）、《参与的年代：职场和世界的新治理学》（*The Age of Participation: New Governance for the Workplace and the World*）、《改变是每个人的事》（*Change Is Everybody's Business*），以及《权力的阴影：领导者的教训》（*The Shadow Side of Power: Lessons for Leaders*）等。她曾在 ASTD、联合之路慈善机构（The United Way）及杜图和平基金会（Desmond Tutu Peace Foundation）等机构任职。

参考文献

McLagan, P.A. (2002, December). Success With Change. *T+D*.

Pil, F., and J. MacDuffie. (1996, July). The Adoption of High-Involvement Work Practices. *Industrial Relations*.

延伸阅读

Argyris, C., and D. Schon. (1995). *Organizational Learning II: Theory, Method and Practice*. New Jersey: FT Press.

Conner, D. (2006). *Managing at the Speed of Change: How Resilient Managers Succeed Where Others Fail*. New York: Random House.

Kotter, J., and D. Cohen. (2013). *The Heart of Change: Real-Life Stories of How People Change Their Organizations*. Boston: Harvard Business Review Press.

Lewin, K. (1964). *Field Theory in Social Science: Selected Theoretical Papers*. New York: Harper Torchbooks.

McLagan, P.A. (2002). *Change Is Everybody's Business*. San Francisco: Berrett-Koehler.

McLagan, P.A., and C. Nel. (1996). *The Age of Participation: New Governance for the Workplace and the World*. San Francisco: Berrett-Koehler.

第48章

基于优势的绩效管理系统

马库斯·伯金汉（Marcus Buckingham）

本章要点

- 了解绩效管理的演进——我们如何衡量、培训、教导及奖励员工
- 了解当前体系下衡量他人优势和技能的困难点
- 建立你自己的基于优势的绩效管理系统

1850年，一封信从密苏里州圣约瑟寄到加利福尼亚州的海边，大概要花五个星期。在1848年加州已经发现金矿，淘金热正如火如荼的那个时代，这种慢吞吞的通信方式无疑令人沮丧。美国人正大规模地迁移到西海岸，他们急需要一种更有效的通信方式来连接东部和西部。

小马快信（Pony Express）就在这样的背景下被建立起来了：这家公司拥有400匹好马、150位年轻干练的骑手、200座驿站，还有全新设计的轻量化邮件袋。这是一项巨大而复杂的系统工程，需要卓越的见识、缜密的规划和大手笔的运作。小马快信的创建者通过这一系列的努力和创新，达成了令人难以置信的成就：将信件从密苏里州圣约瑟送到加州萨克拉门托的时间，从5个星期缩短到了10天！人们为此欢呼雀跃，放烟火、开香槟，庆祝会连开了几天几夜。然后，一切都结束了，一个叫作巴朗·帕维尔·希林格（Baron Pavel Schilling）的俄罗斯人毁了这一切。

严格来说，希林格并不是有意这样做的。然而随着希林格发明了电报机，这种运用电磁原理的通信系统瞬间改变了全世界，在“转瞬即可达”的电报机之前，小马快信这样“从 5 周缩短到 10 天”的努力自然就悲剧了。

而我必须说，我们当前的绩效管理系统就有点像当年的小马快信——我们耗费数量庞大的金钱和人力，建构出复杂无比的程序，只为了让整个体系稍微提高一点儿速度，然而由于整个体系本身的过时、麻烦和无效率，我们的一切努力注定收效甚微。

那么，我们的“电报机”在哪里呢？我认为，基于优势的绩效管理系统就可能对传统绩效管理系统起到毁灭性的作用，正如当年电报机之于小马快信那样。电报事实上是将新科技（电磁信号）和新语言（莫尔斯码）创新性地结合在一起的产物。与之类似，基于优势的绩效管理系统也是将新科技（你的智能手机）和新语言（基于优势的语言）加以结合。这种创新性的结合能够创造出一套更轻松、更快捷、更聚焦结果的系统。我们希望通过对这套系统的了解，你能够为自己的公司打造出全新的绩效管理系统。

在详细说明这套新系统之前，我先来说说为什么当前的绩效管理系统是缺乏效率、纯粹浪费时间和金钱的。

曲线的麻烦

“别再有更多曲线了！”最近微软 HR 资深副总裁丽莎 ·布鲁梅尔（Lisa Brummel）宣布，微软将要放弃多年来被认为微软代表性制度之一的强制排序制度，也就是说，以后微软的员工和团队不再需要被强制按照正态分布的钟形曲线加以排序了。这无疑是条大新闻，是整个业界的一大变革。但其实这也不那么令人讶异，毕竟所谓的强制排序制度——把每个部门、每个团队里的成员分别评为优、良、中、差，其中优、良、中、差的人员比例必须按照正态分布，即使事实上整个团队都表现得很棒——多年以来被从《哈佛商业评论》到《名利场》（*Vanity Fair*）的许多媒体，认为是阻碍微软进步的以至于出现“失落的十年”的元凶之一。

虽然不那么令人惊讶，但这对那些每年不得不把大多数下属评为“中等”，还必须板着脸安慰下属“其实中等也没那么差”“明年你会更好的”“嘿，你知道吗，其实有 60%的人都是中等”的管理者而言，无疑令人松了口气。

然而，抛弃强制排序制度还不是微软最令人震惊的消息——毕竟根据企业执行委员会（Corporate Executive Board，CEB）的调查，只有 29%的公司在绩效管理系统中采取强制排序的做法——真正令人大吃一惊的是丽莎发给员工的信件里接下来那句话：“也不再有评分了！”

什么？不再评分？要知道，根据 CEB 的调查，超过 90%的企业在绩效管理中运用了某种评分系统，而任何一套人力资本管理软件中，都必然有一个核心模块叫作评分模块。对个人、团队和部门的评分——包括整体绩效的评分，以及对产生绩效的各项行为表现或能力的评分——几乎是其他一切人力资源管理制度的基础。我们通过评分来明确人员能力和绩效目标之间的差距，据以安排培训与学习方案；我们通过评分来奖惩员工、决定升迁和继任计划。评分几乎就是绩效管理的一切，以至于各家人力资本管理软件商之间的竞争几乎都着眼于如何能更快、更好地生成评分数据，并以更漂亮的图形来展示。世界上，所有系统的目的都是制造某些“产出”，而对人力资本管理系统而言，这个“产出”就是评分。

那么，如果微软真的抛弃了一切评分系统，如果他们觉得评分事实上是阻碍而非促进了绩效，那么这对其他 90%依然每六个月为全公司员工、团队和部门打分的企业而言，意味着什么？这对那些把评分系统当作核心竞争力的软件厂商而言又意味着什么？

当然，这很难说——毕竟就在微软宣布放弃强制排序制度的同时，雅虎反而宣布重新启用强制排序系统。然而无可否认的是，不仅微软抛弃了评分系统，对业界状况足够敏锐的人会发现，还有很多公司如 Adobe、凯利服务（Kelly Services）、NY Life、瞻博网络（Juniper）等，都做了同样的事。这意味着我们应该关注这一趋势，绩效管理——我们衡量、培训、教导和奖惩人们的方式——正在发生改变。现在这个时间点，我们应该自问：“我们应该抛弃哪些东西，而又应该拥抱哪些新趋势？”

虚伪的精确

我们应该抛弃的是对“虚伪的精确”的追求。所有现有的人力资本管理系统，其评分体系所依据的前提都是“管理者能够有效、可靠地评估其他人的优势、技能和行为表现”。这背后的假设是，只要给你合适的评分表，以及合适的行为描述，然后告诉你如果一个员工经常表现这种行为的话就给他打“4”分，偶尔表现这种行为的话则打“3”分，那么经过一段时间，你和其他管理者一样，都能够成为他人绩效的可靠、精确的评估者。理论上，这样的评分似乎确实具有很高的评分者信度（Inter-rater Reliability），也就是说，让两个管理者给同一个员工打分，分数应该差不多），因此企业心安理得地用这套系统来挑出“差劲”的员工，提拔那些“优秀”的员工，并且据此给予每个人“公平”的待遇。

然而遗憾的是，没有足够的证据表明这样做是卓有成效的。相反，众多研究都表明，让一个人来评价另一个人的优势、技能和行为表现，结果往往不怎么可靠。因为当我们试图去评价别人时，我们自身的优势、技能、偏好和刻板印象无可避免地会掺杂进来。换句话说，当我们自以为根据某种“公正客观”的尺度来评价时，其实永远是根据我们自己的主观尺度。结果是，与其说我们的评价是在衡量别人，还不如说是在衡量我们自己。

在这其中，最有影响力的研究是蒙特、斯库兰和戈夫（Mount, Scullen and Goff）所做的。在这份研究中，总计 4 492 名员工分别被两位上级、两位同事以及两位下属根据一组绩效标准来评估，最后产生的评分数据差不多有 50 万个。研究者们继而分析这些评分数据，发现其中 62%的方差其实可以归结于所谓的“评估者效应”（Rater Effects）——换句话说，是评估者自身的偏好和倾向导致了分数差异。而只有 21%的方差是真正由于被评估者的绩效表现所致。这使得三位研究者得出了以下结论：“尽管我们以为评分系统是在衡量被评估者的绩效表现，但事实上，大多数评分背后反映的是评估者自身的偏好和倾向。也就是说，与其说评分是在衡量被评估者，不如说是在衡量评估者自己。”

有些企业为了避免评估偏差，试图训练管理者去仔细观察员工行为的蛛丝马迹。这或许会让管理者拥有更敏锐的观察力，却不可能改变评估偏差这件事本身。

传统评分系统的信度和效度问题是如此根深蒂固，以至于即使有些企业花费数百万美元和大量时间来训练一批专业“评分员”——他们的唯一工作就是给别人打分——依然难以保证评估的信度。

举例来说，过去几年，美国每个州都做了类似的事情。每个州都建立了教师评估委员会，有一批专门人员根据一套巨细无遗的标准，来为该州的所有教师评分。州政府当然期望通过评分能把教师们划分出“优良教师”“普通教师”“较差的教师”“独特的教师”等类别。然而，根据《纽约时报》2013 年的报道，评估的结果令人大失所望，大多数教师的得分都大同小异；简言之，这些评估“专家”们并不是那么可靠。

查阅学术文献，你会找到很多类似的证据，都表明让一个人去评估另一个人的优势、技能和行为表现是一件多么困难的事。目前的评估系统看起来很“精确”，也似乎十分客观，但这都是假象，它建构出的是一种虚伪的精确。因此，当我们因为某人评价为“优秀”而给予奖励、晋升，或者根据某人的绩效表现来安排培训方案时，事实上我们都是在根据“虚假”的材料来做出决定。

传奇 CEO 杰克·韦尔奇（Jack Welch）曾经在《华尔街日报》的一篇文章中提出，根据一系列指标来给人打分依然是有效的，因为这可以“让每个人知道自己所在的位置”。这话本身或许没错，问题在于评分系统永远不可能做到韦尔奇所说的这样。正如前面所说，我们在评估他人表现时是如此的不可靠，这意味着根据这种评估来决定每个人所站的位置，只会让人越来越困惑。就像信息科学的那句俗话“垃圾进，垃圾出”（Garbage in, garbage out）。

本质错误，修补无用

好吧，即使我们真有办法把管理者训练成“客观”的评估者，但现今的绩效管理系统依然是无效的。为什么呢？正如我们所知，现在绩效管理系统的目标是尽可能把事情简化、模式化、快速化，或者说提高“效率”。但这跟许多伟大管理者的做法正好背道而驰。

我们都知道那些伟大的管理者是如何管理企业的。他们有非常明确的愿景和目标，他们对手下的每个员工的了解都非常透彻，因此他们总能找出最好的方法来引导员工去实现目标。不管你把这种做法称为个性化的管理、基于个人优势的管理，或者叫作伟大管理者的常识，总之，伟大管理者都是这样做的。

然而，现今的绩效管理系统又是如何做的呢？这套系统忽略了每个人的个性和独到之处，而是让管理者根据一系列空洞的“优势”或“技能”（或者时髦一点，叫作“竞争力”或“胜任力”）来衡量所有员工，然后告诉员工该如何学会他所欠缺的“胜任力”。评估的信度问题并不是这套系统唯一的缺陷，评估结果的应用才是最大的症结所在——话说，每个人都是独一无二的，怎么可能会有什么“最好”的方法，可以让每个员工都成为“战略思考者”或者展现出良好的“学习弹性”？事实上，正因为意识到了这些问题，现行的绩效管理系统才试图简化一切以“忽悠”过去：教导管理者如何用最简短的文字来给予员工绩效反馈，或者干脆不反馈，直接把绩效管理系统和公司的学习管理系统对接，员工缺乏什么“胜任力”，就安排他去参加相应的课程来“弥补差距”即可，哪怕所谓的“胜任力评估”是如此的不可靠，甚至荒谬。

这整套系统的问题并不仅仅是最优秀的员工是否真的拥有一整套所谓的“胜任力”，或者一个员工学会了某种所谓“胜任力”后是否绩效真的提升了，甚至前面所述的关于管理者评估员工表现的能力是如此的不可靠，这都不算最大的问题。最本源的问题在于，这根本就跟伟大管理者的做法彻底背道而驰。

伟大的管理者绝对不会根据一系列所谓的“胜任力”得分来看待每一位员工；相反，他们看的是真实的、有血有肉的人，是每个人独特的优势、技能和个性。是一个人的背景、特点、性格、优势乃至于缺点塑造出了一个人的与众不同，而想要提升每个员工的绩效，就不能不认真看待每个人独一无二的特性。想要把所谓统一的“胜任力模型”帽子扣在每个人头上，结果只会适得其反。

有些人说，我们需要对员工进行评估，这样才能“差异化”地对待每个人，而差异化管理是所有伟大企业必备的条件。当然，理论上这没错——企业确实不能一视同仁，而要个性化地管理员工——但目前的做法是很有问题的。通过一系列事先建构的胜任力模型，不可能实现真正的差异化管理。因为胜任力是一种公式化的体系，无论区分出多少种胜任力，都不可能真正包含人与人之间的千差万别。换句话说，胜任力是在“限制”差异化。真正的差异化管理，意味着关注真正的、有血有肉的个人：了解每个人的长处，为每个人制定个性化的目标，尊重每个人，并为每个人拟定独一无二的职业生涯规划。所有伟大的管理者都是这么做的。他们关心、了解每个人，并真正个性化地管理每位员工。当然，这很不容易，即使你跟一个人每天共事，想彻底了解他也很难；但如果你奢望“胜任力”系统能为你省下工夫的话，那一切就彻底完蛋了。

六个（半）特征

前面我们将现有的绩效管理系统从头到尾批判了一通，很明显，我们需要新的系统。这个新系统是什么样子的呢？当然，每家企业所需要的系统都各不相同，必须因时因地而异，但我们认为，有效的新绩效管理系统，必须符合六个（其实是六个半）特征，它们一环扣着一环，在逻辑上紧密联系。这些特征能够给你启示，协助你建设属于自己企业的、基于优势的绩效管理系统（Strengths-based Performance Management System）。

第一，也是最重要的，它必须是一套实时系统，使管理者能及时给予员工指导和修正。我们所在的这个世界变幻无常，有时令人无所适从：我们可能今天在这个团队，下周就被调到另一个团队；第一季度刚开始时显得新鲜而又令人兴奋的目标，可能仅仅三周后就显得根本不切实际了；我们的技能、人际关系，乃至组织战略都在不断调整和适应新的情势。在这个变幻莫测的世界里，传统上那种一年考核两次的做法显得笨拙而又滞后——考核成绩甚至还来不及公布，就已经过时了。无疑，我们需要更迅速、频繁的考核系统——每周一次，或者至少每月一次。

幸运的是，在我们生活的这个时代，每个人都随身携带着一种高精密度的设备，它不但可以准确定位我们自身，还能输入和读取令人难以置信的大量信息。这种设备——你当然猜得到，就是你的智能手机——能够让你（及其他员工）随时输入自己当下的工作，以及所需要的帮助。同时因为手机是专属于你的，通过你的行动和数据输入，将能够协助你的上级准确了解你的需求，为你提供帮助、指导、洞见，乃至于个性化的学习方案。

第二，它应该是一套简单易操作的系统。如果你希望员工每周、每月都及时分享自己的工作状态和需求，也希望管理者能及时给出反馈和帮助，那么这套系统就不能太复杂；不需要填写复杂的表格，不需要字斟句酌地撰写报告，不需要参照一堆手册或在线指导——这些都不需要，系统越复杂，员工就越退缩。我们期望看到的是一套迅速、敏捷、高效的绩效管理系统，而它必然非常简单。员工只需要回答两个问题："我这周要完成什么工作？""我需要什么帮助？"而管理者所要做的，就是回应这两个问题。这也许有点反常识，但问题越简单，答案往往越丰富。

第三，这套系统必须让每位员工觉得这是"我的""为我设计的"系统。即使系统是实时的、简单易操作的，但如果员工感觉整个过程是由上级主导的话，他们依然会有抗拒心理。因此，必须由员工自身来主导整套系统，而想要做到这点，就必须让整个绩效管理系统持续围绕着员工自身运转：我是谁？我的优势是什么？我做得最好的是什么？我该如何做得更好？

必须承认，我们目前在这方面还做得不够好。"以员工为核心"，我们谈论得很多——我们都很熟悉那句被说到烂的话"你应该为你自己的发展负责"——但在实务层面总是困难重重。例如，大多数公司的员工档案看起来都像公司统一制度化的文件，而不是反映员工真实特点的工具；而且大多数员工档案几乎不怎么更新，读起来就像计算机自动生成的简历一样。事实上，只需要一点点的创意就可以做出很多改变，比如，为什么不在员工档案中设计几页专属于员工自己的地方（不妨称为"我的地盘"或"我的专属"）呢？这些地方可以呈现员工真实的长处、技能、成就，以及憧憬和渴望。尽管现今大多数公司的员工档案都是陈旧、简陋而流于表面的，但只要有心，你完全可以跳出这一窠臼。

此外，在这个个性化的世界，当我们期望所有内容——从新闻、娱乐到医疗——都为我量身定制时，在公司里要求这么一点点个性化和定制，似乎并不为过吧！

第四，也是最核心的一点，它必须是一套基于优势的（Strengths-based）系统。现今的绩效管理系统其实更偏向一种矫正性的措施：为了协助员工"变得更好"，就必须先指出他们哪里不够好，因此我们用一系列的胜任力指标来衡量员工，指出他们欠缺哪些，弱点在哪里，再告诉他们该如何做才能"达标"。这听起来很合理，也很严谨，但往往也是令人沮丧和低效的。尽管我们习惯把弱点称为"改善机遇”，但脑神经科学研究指出，当我们试图通过学习来改进弱点时，效果往往不佳。事实上，我们大脑中多数新生的神经突触，都产生于突触原本最密集的地方。换句话说，真正的“改善机遇”是我们原本的优势所在。与其徒劳无功地试图让一个人变成“没有弱点的人”，还不如发挥他的优势，在其优势领域继续提升，这来得更有效率。

换个角度想，如果你想让员工为自己的绩效和发展负责，那么还有比从他自身的独特优势出发更好的做法吗？新的绩效管理系统必须聚焦在员工原本的优势上，让员工对自身的长处有全面而深入的了解，再通过多种方法，来促使员工不断强化自身的优势，并通过优势更好地为组织做出贡献。（我要明确一点，这不代表我们要忽视员工的弱点。只是我们必须认识到，员工的弱点事实上是他“最不可能改善”的地方。）

第五，它必须是一套聚焦未来的系统。我们当前的绩效管理系统主要是着眼于过去，你被要求写自己的年度总结，然后你的上级也要写对于你的年度表现的看法——通常还需要找一堆人，包括你的同事来谈谈他们对你和你工作的看法，以确保上级对你的看法是“客观”的——然后上级还需要接受绩效沟通方面的训练，从而让他能用比较积极乐观的方式跟你谈论你的不足。然而，这一切都是基于已经过去的事情，而不是着眼于更加重要的未来。

新的绩效管理系统必须舍弃过去的做法，这在一定程度上是因为，传统的反馈系统以信噪比（Signal-to-noise Ratio）来看简直是人间悲剧：管理者（跟所有人一样）的意见是高度主观的，而同事的评价如果匿名的话一定会流于八卦和谩骂，如果不匿名的话则会变成糖衣炮弹，至于你对自己的评价能有多么客观，恐怕也不用我说了；至于结合众人的意见来“校准”评价，往往也只是放大了“噪声”，真正有效的信息依然少得可怜。而从另一个层面来看，把时间花在研究未来上，显然比花在研究过去上更有效益。如果希望改进我“未来”的绩效，就不要花那么多时间和资源来评价我过去的表现——这不仅费时、费力，而且收获与付出相比少得可怜。相反，告诉我有哪些行动是我明天就可以做的，或者有哪些技能是我下周应该学会的，或者哪些人可以在下个月给我提供帮助。当然，这些事情对我而言未必容易做到，但至少它们是我“可能”做到的——因为我们谈论的是未来，而过去的事不管如何，都已经覆水难收了。在新的绩效管理系统中，宝贵的时间、资源和创造力，都应该聚焦在关乎未来的事项上。

第六，这必须是一套分散式的、“本土化”的系统。当前的绩效管理系统是中央集权式的，它试图把组织目标和战略一层层地分解下去，让每个部门的行动都为组织的整体目标服务。然而，这种集中化的、层层分解的做法，却与当今组织提高灵活性和应变能力的需求背道而驰——具有讽刺意味的是，许多企业的目标之一就是“提高灵活性”，但推行的做法在不断降低企业的灵活性。对大多数人而言，他们更关心的是现在的具体目标、成功及自身的优势，而不是该如何去跟企业的目标“匹配”；而想让每个人的目标和行动都与企业的某个价值观或战略相匹配的做法往往吃力不讨好，而且不人性化。此外，如果你深入挖掘那些人力资本管理系统当中的数据，你会发现这套系统往往是单向的，换句话说，只有当企业的整体目标达成之后，才能开始追溯个别部门或团队对此做出了什么贡献。

更重要的是，在大多数企业，那些关于如何改善产品、工作流程或客户关系的真知灼见往往存在于最基层的团队当中，而不是那些高高在上的管理层。如果你想知道客户究竟喜欢什么、市场上有哪些新趋势、员工真正在乎的是什么，那么就应该倾听基层的声音。因此，相较于过去那种层层节制的、自上而下的做法，新的绩效管理系统应该是分散式的，汲取基层人员的智慧，再自下而上地不断累积起来。目标应该在基层团队层级进行设定，薪酬应该以基层团队为核算单位、由团队领导直接分配，员工意见调查也应该由基层主管发起，再逐级累积上去。唯有这样做，企业才能做到真正的灵活、高效，并且能快速适应环境变化。

好了，我们已经谈过新绩效管理系统的六大特征，咦？剩下那“半个”特征在哪里？这个不算特征的特征是：整个系统的数据必须是整体性的。我们的客户经常抱怨，当前的绩效管理系统是一种“人格分裂”的系统，其中混杂着 IT 人员对 HR 的偏见及 HR 人员对数据的一知半解。结果是一堆模棱两可的数据和冷冰冰的机器语言，谁看了都不满意。我们可以扭转这种情况，让 HR 人员深度参与到系统设计的过程中来，大声说出他们的看法及伟大管理者的做法，同时运用我们的理论，来提高数据收集过程的可信度和可靠性。

就以最棘手的奖惩系统为例吧！当前大多数企业的做法是，收集人员评价的数据，然后根据这些数据来把员工划分成优、良、中、差，并据此做出奖惩决定。然而，这样做其实问题很大，因为数据本身的信度很低（如果你还没把统计学知识都还给老师的话，你应该还记得，信度太低的数据是不能拿来做深入分析的）。相反，在我们的新绩效管理系统中，我们可以忽略这一切不清不楚、糊里糊涂的程序；我们所要做的事只有一件，就是直接把一部分钱拨给每个团队的领导者——钱是最货真价实、童叟无欺的了——然后由他们自由分配给下属成员。那么，会不会有分配不公的情形呢？会不会有的团队领导“发钱”发得比别人更好？很可能会，然而无须担心，因为随着时间推移，我们就会慢慢知道什么是“更好”的做法，以及有谁做得更好。例如，我们将知道：那些最好的管理者是否有固定的“发钱”模式？员工拿到的奖金数额是否与他将来升迁的可能性存在相关性，或者与离职的可能性存在相关性？那些绩效表现最好的团队，成员之间拿到的奖金差距是较大，还是较小？奖金级距的大小能否预测团队的投入程度和未来绩效表现？

是的，这些都是来自真实世界、货真价实、童叟无欺的数据，当你建立起基于优势的实时绩效管理系统后，你就能够得到它们。

所以，这就是我们关于更好的绩效管理系统的蓝图—— 一套更简单、更富创造力、更灵活、基于优势，同时更人性化的系统。在新科技的帮助下，不需要花费太大成本，你就可以很快开始为你的企业设计属于自己的一套系统。而且坦白地说，哪怕人力资源部门还没决定淘汰现有的绩效管理系统，你已经可以开始试行新系统了——谢天谢地，传统的绩效管理系统是如此的缓慢和低效，以至于我们这套基于优势的简便易行的系统，完全可以与之共存，直到老系统被完全取代为止。

↘ 作者简介

马库斯·伯金汉，其对于如何将优势转化为绩效的创新理念撼动了整个商业世界。从第一本书《首先打破一切规则》（*First, Break All the Rules*）开始，他的书已经畅销超过 400 万册，《华尔街日报》《纽约时报》《财富》《快公司》都撰文报道过他。他所成立的领导力发展公司——马库斯·伯金汉公司（The Marcus Buckingham Company，www.TMBC.com）——与多家世界知名企业合作过，包括 Facebook、科尔士百货（Kohl's）、希尔顿酒店、埃森哲、The Gap 等，公司的使命很简单，却又影响深远——将那些世界顶尖商业领袖的做法普及化。TMBC 公司基于优势的绩效管理平台 StandOut 在 2011 年上线，它改变了过去的绩效管理模式，让团队领导得以实时地、简单地评估和提升员工绩效。

参考文献

Kropp, B. (2013, November 15). *Is the Performance Management System Dead or Creating Zombies?* Corporate Executive Board (CEO Blogs), www.executiveboard.com/blogs/is-the-performance-management-system-dead-or-creating-zombies.

延伸阅读

Buckingham, M. (1999). *First, Break All the Rules: What the World's Greatest Managers Do Differently*. New York: Simon & Schuster.

Buckingham, M. (2011). *Standout: The Groundbreaking New Strengths Assessment From the Leader of the Strengths Revolution*. Nashville, TN: Thomas Nelson.

第49章

培养未来领导者

尼克·佩特里（Nick Petrie）
让·布里坦·莱斯利（Jean Brittain Leslie）

本章要点

- 了解当今领导力发展的重要趋势
- 探索培训与发展专业人士在培养未来领导者中的角色
- 了解在培养未来领导者当中培训与发展专业人士所需要的能力

我们无法预测未来，没有人能做到。然而，我们所能做的是，运用学术研究的成果、业界的新趋势，以及我们自身对客户体验的探索来预测一下，为了培养未来的领导者我们应该怎么做。许多在20世纪甚至21世纪初习以为常的做法，如传统的课堂培训，如今已经显得过时和低效了。尽管传统的培训方式在20世纪似乎卓有成效，但在当今领导者所面临的种种问题和挑战之前，这些老方法有些力不从心了。我们依然吃力不讨好地试图教导管理者“什么是最佳领导力”和“如何倾听员工”，与此同时错失了协助管理者了解自我、发展自我的真正机会。我们的挑战不再是如何帮助一个人“准备好”成为领导者，相反，我们如今必须帮助他们自我成长。

本章讲述领导力开发的重要趋势、相关知识及案例，使培训与发展专业人士能更好地协助未来的领导者成长。

趋势 1：聚焦垂直开发

长期以来，我们的领导力开发思维模式多半是这样的：我们找出那些“卓越领导者”所需要具备的知识、技能或能力，然后我们帮助管理者获取这些知识、技能和能力。这种模式可以说是一种“水平开发”（Horizontal Development），关注的是技能和能力的学习，以及行为改变。尽管水平开发（可以说是基于胜任力模型的发展）对于领导力开发而言依然有其重要性，但在未来，仅仅依靠这种模式已经不够了。正如一位业界专家对我所说的：“是时候超越传统的胜任力模型了，在未来，我们必须能够同时从水平和垂直两个方向来培养领导者。”

与水平开发相反，垂直开发模式关注的是个人的自我成长，是其不断改变、提升自己认识世界的方式。事实上，这就是儿童的心智成长模式，只不过传统上，我们以为这样的成长到一个人 20 岁左右就停止了——所以我们说一个人“长大”了（这个词的潜在含义是，这个人已经停止成长了）。然而，发展心理学家们早已经发现，即使在成年以后，人的心智模式和对世界的认识依然在不断发展（尽管每个人的发展速度有别）。用来衡量和描述人类心智成长阶段的模型有很多，其中表 49-1 是学者罗伯特·凯根（Robert Kegan）的模型中关于成年人发展的部分。根据凯根的模型，在较高的发展阶段，成年人会不断以更为复杂和包容的方式来理解世界——他们的心智不断发展。

表 49-1　成年人心理发展三层次

第三阶段：社会化心灵（Socialized Mind）	在这一阶段，我们受到周遭的人对我们的期望所影响。我们的思考、语言和行为都在很大程度上取决于我们希望别人怎么看待我们
第四阶段：自主心灵（Self-authoring Mind）	在这一阶段，我们发展出了属于自己的意识形态，它是我们内在的引导者。我们的自我认识取决于自身的信念、个性及价值观。我们拥有自己的立场，并倾听自己内心的声音而行动
第五阶段：自我变革心灵（Self-transforming Mind）	我们依然有自己的意识形态，但如今我们可以跳出来，思考自己意识形态的局限和偏颇之处。我们可以掌控自己思想中更多的矛盾和对立面，而不再需要钻牛角尖

研究表明，心理发展层次较高的管理者对于复杂环境的适应能力较好。凯斯·伊格尔（Keith Eigel）和卡尔·库纳特（Karl Kuhnert）2005 年针对来自不同企业（年营收都在 50 亿美元以上）的 21 位 CEO 和 21 位中层管理者所做的研究表明，不管从领导力的哪个方面来衡量，高层次的垂直开发都和高绩效之间有着显著相关性。伊格尔和库纳特总结道，这些心理发展层次较高的管理者之所以能够在复杂多变的环境中持续有高绩效的表现，是因为他们能够以更为复杂而全面的方式来思考问题。

↘ 培训与发展专业人士的角色

传统水平开发模式所用的方法，与垂直开发模式是完全不同的。你可以通过上课、接受专家的训练或指导来做到水平开发，但垂直开发只能靠你自己。在人的心理发展过程中，之所以会从一个阶段晋升到下一个阶段，多半是由于当前的心智模式出现了瓶颈。根据凯根和莱希（Kegan & Lahey）的研究，人的心理垂直开发多半发生在：

- 个人在生活中感受到持续的挫折、矛盾或难以克服的挑战。
- 这促使个人感受到自己当前思维模式的局限。
- 这种局限发生在个人生命中十分重视的领域。
- 个人拥有足够的支持，使其能够在焦虑和冲突中坚持下去。

当管理者面临日益复杂的情境和艰巨的挑战，使他感到以如今的知识和能力水平无法应付时，这就会促使他尝试进入下一个心理阶段（麦圭尔和罗德，2009）。此外，当个人能够去检视和怀疑自己当前心智模式中所持有的那些假设时，发展速度就能加快。约翰·麦圭尔（John McGuire）和盖瑞·罗德（Gary Rhodes）将个人的垂直开发分解为三个阶段，如表 49-2 所示。

表 49-2　垂直开发的三个阶段

阶段 1：觉醒（Awaken）	个人意识到，有可能以新的方式来认识世界或完成工作
阶段 2：忘却和识别（Unlearn and Discern）	旧有的假设遭到分析和挑战。个人开始在工作或生活中尝试、识别和检验新的假设及思考模式
阶段 3：精进（Advance）	经过一些努力和尝试后，个人发现新的假设和思考模式更加有效，因此开始取代旧的假设。新的发展阶段开始逐步替代旧的阶段

你可以在本书的网站（www.astdhandbook.org）上找到对尼克·佩特里（Nick Petrie）关于垂直开发模式的访谈内容。

垂直开发模式案例：变革免疫力

变革免疫力（The Immunity to Change）是哈佛大学教授罗伯特·凯根（Robert Kegan）和丽莎·莱希（Lisa Lahey）历经 20 年发展出来的理论。该理论关注变革的过程，并引导人们去发现那些阻碍他们推动变革的因素。

如何克服变革免疫力

领导者首先找出那些需要改变的行为。接着，通过图解法来识别出人们心中对于变革的焦虑和潜在假设，这相当于找出人们心中隐藏的变革免疫力（也就是他们在变革之前退缩、迟疑、畏惧的潜在心理因素）。接下来，参与者设计和实施一系列的小型实验来检验他们潜在的心理假设（例如，改变是否必然带来混乱和冲突）是不是一定会成真。一旦人们意识到，他们对于变革所抱持的这些假设和焦虑，很大程度上根本不是事实，或者并不是不能避免，那么对于变革的抗拒心理就会减少许多，而领导者所期望的行为改变也就能推动了。

为何它能加速垂直开发

变革免疫力理论之所以能够加速人的成长，是因为它与垂直开发的四种前置情境（持续的挫折、当前思维模式的局限、对个体而言重要的领域、能够获得帮助和支持）有着密切联系。目前很多领导力开发项目背后的基本假设是：只要你展示给别人看什么是“最好的领导方式”，他们就能够学会用同样的方法来做事。然而在现实生活中，人们所面临最严峻的挑战往往是关乎他们当前思考模式所带有的局限性，如果不能跳脱思维的窠臼，那么再先进的方法也无法彻底改变一个人。相反，当一个人开始懂得去检视、质疑自己过去关于世界的本质、工作的本质等方面的假设，那么他就有机会晋升到更高的心理层次。例如，一个管理者无法在上级没有指示的情况下自行做决策，并不是因为他没有决策能力，而是因为在他当前的开发层次（社会化心灵）之下，他对于“自行决策”这件事有着本能的焦虑和抗拒。

如何运用变革免疫力理论

目前，变革免疫力理论已经被许多世界知名的银行、金融机构及战略咨询机构运用到它们的领导力开发项目中。该理论最适合用在这样的情境中：领导者已经具备足够的知识和技能，但他需要转变思维模式和基本假设才能做到更有效地领导。

趋势 2：缩小整个组织的领导力鸿沟

过去 10 年的研究一再揭露了有效领导者短缺的现实。尽管企业和学术界用尽一切努力，但困境依旧没有得到改善。不过到目前为止，大多数研究都聚焦在领导者个人层面的能力培养（如战略思考、变革管理等能力）上，却鲜有研究关注整个组织层面的领导力培养。最近一项针对超过 500 名管理者所做的研究，指出了组织领导力鸿沟背后的四大因素：过时的领导力开发项目、新的挑战需要新的领导风格、领导者拒绝改变自己的领导风格，以及组织对领导力开发的投入力度不足。该研究进一步发现，那些领导力鸿沟最小的组织是那些通过文化将领导力融入每个员工工作中的组织。组织对领导力发展的投入越多，管理者就越不担心组织在未来 3~5 年和 5 ~ 10 年出现领导力短缺的情形。

↘ 培训与发展专业人士的角色

创新领导力中心（Center for Creative Leadership，CCL）的做法早已经超越了个人层面的领导力开发，而是与公司高管团队合作，打造全面的领导力文化。毫无疑问，想打造新的领导力文化，最有效的方式就是与公司的高层保持密切合作，由他们来为新的文化方向把关。创新领导力中心的做法就是如此，他们让公司高管团队来审视、诊断现在的组织文化，并研判公司需要怎样的领导力文化才能更好地推动战略发展。不同于一般咨询机构——先做好诊断，再把结论告诉高管团队，创新领导力中心直接由高管团队参与到文化转型和建设中，这样一来，高管自然会无条件地支持有他们自己首肯的文化。在最初的 6~12 个月，高管团队的关注焦点是自身的转变和发展，这样他们才能把想要推动的新思维和新行动方式融入自己的工作当中。无法以身作则者，注定无法成就大业；如果高管团队不能先从自身做起，自上而下地推动领导力文化，那么就不要奢望下属员工能够做出改变了。

一旦高管团队成功地转变了心智和行为模式，接下来就是自上而下地在整个组织中推行了，但做法有点不一样。与一般仰赖外部专家和咨询顾问不同，创新领导力中心的做法是：让领导者来培养领导者。每一位高管都要负责把新的思维和领导方式在自己的部门或团队中推行，同时，新的领导力文化不仅关注团队内部的领导，也同时关注团队之间的合作氛围。一旦 50 位高管都开始以身作则推动跨部门、跨职能的领导工作，这样的文化很快就会在组织内部传播开来。

趋势 3：将发展的主动权交给个人

我们访谈过的多位领导力专家都认为，过去 50 年大多数企业采用的培训模式，其本质上是有问题的。这些传统的培训模式养成了依赖性，在培训过程中，我们有意无意地告诉员工，他们只是自己职业生涯发展中的过客，一切由企业来决定就好，员工不要自己决定。尽管培训模式在不断演进，诸如绩效反馈、行动学习、导师制等，但其背后的基本逻辑并没有变化，依然是“告诉我该如何变得更好，以及该怎么做”的被动学习模式。现在的挑战是，该如何让管理者从后座坐回驾驶座上，开始掌控自己的职业生涯发展。例如，我们合作过的一家公司，就把领导力开发项目从“以内容为中心”改革成了“以过程为中心”的方式，让管理者取回自身发展的主动权。所有高管先参加为期 6 个月的学习，了解领导力的基本原则，而接着他们就要凭借自身的能力将这些原则付诸实施。唯有当高管亲身体会并学会活用所学到的领导力原则后，他们才有能力指导下属成员提升领导力。

培训与发展专业人士的角色

领导力开发的过程可以是民主而开放的，只要管理者真正了解了领导力发展的意义、重要性和方法，他们就会乐于成为自身成长和发展的主导者。领导力专家给出了如下建议，好让管理者能更好地掌握自身的发展：

- 由高层主管来动员，指出在复杂多变的环境下，若是没有更多充分发展的领导者，那么企业战略将寸步难行（同时还要指出，传统的水平开发模式已然不够用了）。
- 高层领导者首先学习和推动新的领导力开发方法，同时作为变革的推动者，高管要以身作则、身体力行地在组织当中推动这些新方法。

- 通过研究和培训，让员工知道领导力开发是如何发生的，对他们又有什么益处。
- 让员工了解，当他们成为自身发展的掌控者时，发展的效果更好。
- 调整奖励系统，使其同时与绩效和个人发展挂钩。
- 善用新科技（如 Rypple 这样的平台），让员工能够更好地获得反馈和建议。
- 创建一种允许冒险和犯错的创新文化，使员工愿意大胆地尝试自己不熟悉的思维或行为模式。

凯根和莱希（2009）指出，如果一家公司的所有员工都拥有自身成长与发展的主动权，这意味着当你走进这家公司时，每个人都可以告诉你：

- 他现在正在从事的什么工作是需要自身发展和成长才能更好地完成的。
- 他现在是如何做的。
- 除了他自己，还有谁知道和关心他的发展状况。
- 这对他自身有什么重要性。

将开发主动权交还给员工的案例：前馈教练法

什么是前馈教练法

前馈（Feedforward）是一种适用于那些特别忙碌、时间匮乏的人们的管理控制技术。在前馈程序中，员工邀请自己信赖的同事成为自己的前馈教练，每位同事都要做三件事：关注我的未来、给我建议（而不是批评），同时所给的建议必须是正面的、有用且能够达成的。

如何进行前馈教练法

在具体做法上，管理者选出一至两个自己希望改进的领域，然后邀请五至八位自己信赖的同事，成为自己的“前馈教练”。在教练的帮助下，管理者每个月都会收到来自前馈教练的建议和报告，指出自己应该如何在所选的领域有所改进，以及自己目前为止的进步、改变情况如何。每隔六至十二个月，管理者可以进行一次小型调查，看看在同事看来，自己的行为改变幅度如何。

为何前馈教练法适用于领导力开发

一个重要原因是，这种做法不需要花什么时间。只需要每位前馈教练一个月拿出两至三小时即可，他们利用这有限的时间来给出建议、协助管理者改变自身、衡量改变的效果，同时还让管理者持续意识到改变的重要性，并且知道行为改变是一个持续的过程，而非单次事件。另一个重要原因是，前馈教练法把开发的主动权交到员工手中，员工自己决定谁来当“教练”，要改进的领域是什么，以及前馈的方式、时间和地点。此外，这种程序还确保管理者能够持续地获得来自教练的支持和提醒，这能够帮助他们专注于自身的行为改变。

趋势 4：领导力作为共享的程序

正如前面所述，过去 50 年的领导力开发可以说都专注于个人，是领导者的个人独舞。领导力研究长期以来都在找寻那些英雄主义、天赋异禀式的领导者，并以他们为例来说明领导者该如何下命令、做决策、鼓舞整个组织。这种想法颇能得到公众的共鸣，因为我们都是看着和听着各式英雄的故事长大的，如今也依然能为那些伟大商业领袖的演说、传记或自传电影而如痴如醉。然而随着商业环境的日趋复杂和诡谲多变，那些独断专行的商业英雄们的成功舞台可以说越来越小了（更别提大多数人其实并不具备成为英雄的天赋），反而是分散、灵活而聪明的领导力网络更能因时制宜地取得成功。这样的集体领导力，一般而言是跨区域、跨部门，甚至跨组织的，人们共享信息、制订计划、彼此影响、共同决策。

培训与发展专业人士的角色

将“领导力”这个观念从个人式的、英雄主义的形象，转变为一种动态、集体和交互式的过程，对大多数人而言并非易事。想做到这点，首先，我们必须重新定义“领导力”这个词。事实上，在组织理论界，有许多学者早已将领导力研究的重点从领导者“个人”转向领导的“程序”。例如：

- 领导是一种调动人们去直面困难和挑战的程序。（海费茨，1994）
- 能够帮助群体有效发挥功能的任何人，都在从事领导。（海克曼，2002）

- 领导者是能够在组织中指明方向、达成共识及做出承诺的人。（麦考利和范・丰尔塞，2004）

上述三种定义的一个共同点是，“领导力”可以属于任何人，领导力并不只是专属于组织上位者的属性。事实上，海费茨相信在远离高层权威的岗位上更容易发挥领导力，因为来自权威的种种限制反而制约了领导力本身。此外，上述三种定义的一个更重要的特点是，并没有把领导力局限在个人身上。少了这层束缚，领导力就可以更为自由地跨越职能和地理边界，由一群人以更创新灵活的网络形式来发挥。“谁是领导者”不再那么重要，更重要的是“我们需要怎样的领导力”以及“该如何创造它”。

一旦接受了领导力是一种共享的程序（而不是专属于某个职位的专属特性），那么高管人员就必须思考，该如何让领导力在整个组织中生根发芽、发展壮大。

当符合下述条件的时候，分散、灵活的领导力网络更容易蓬勃发展：

- 信息的自由流动。
- 有弹性的组织层级结构。
- 分散式的资源。
- 分散式的决策。
- 放松的控制。

为了让组织更有效地利用这种“网络化的”领导力，一些专家——如创新领导力中心的菲尔・威尔伯恩（Phil Willburn）和克里斯汀・卡伦（Kristin Cullen）——提到了组织必须做出的一些转变。首先，在集体的层次，组织的目标是创建一个智能的、分散式的领导力网络，这个网络可以根据不同的组织任务持续分散与重组。这个网络包含的人员可能来自不同区域、职能和专长，甚至来自组织外部。正如同人的大脑中的神经网络越密集、连接越多，大脑就越聪明一般，一个组织的领导力网络包含越多元的成员，同时拥有越强大的共享领导力文化，那么组织的适应力和竞争力就越强。

其次，组织可以通过领导力开发项目来让员工了解，“领导力”并不是某个职位的专属特性，而是一种持续性的过程，当一群人结成网络，明确工作方向

（Direction）、建立匹配（Alignment）关系和做出承诺（Commitment）时（三者合称 DAC），就是在发挥领导力。尽管领导力有时候是由一个人来发挥的，但它将越来越多地发生在集体层面，是集体智慧的结晶。当这样的转变发生以后，关于谁是领导者、谁是追随者的区别将变得越来越不重要；每个人都可以在不同的时候成为领导者或追随者。

创新领导力中心和贝塔斯曼基金会（Bertelsmann Foundation，德国的著名研究和出版基金会）都在持续探索集体层面的领导力开发新思维和做法。它们都主张要关注不同层面的领导力实践，例如，创新领导力中心提到四个领导力层面：社会（Society）、组织（Organization）、群体（Group）和个人（Individual），合称 SOGI。在每一个层面，都有许多创新的实践做法能够提升该层面的领导力开发。

格雷迪·麦克岗纳吉尔（Grady McGonagill）和彼得·普鲁恩（Peter Pruyn）在 2010 年的一项领导力开发研究中指出，未来的组织可以选择在以下五个层面提高领导能力：

- 个人能力。
- 团队能力。
- 组织能力。
- 网络能力。
- 系统能力。

根据所需提升的能力领域不同，组织可以锁定在不同的层面，采用不同的开发方案（见表 49-3）。他们也指出，事实上并不是所有组织都必须转变关于领导力的思维模式。对于那些传统型企业而言，如果环境稳定、需要创新的地方不多，那么继续维持传统的、个人导向的命令和管理风格也许更加有效。然而，对于那些所面对的环境充满波动性（Volatility）、不确定性（Uncertainty）、复杂性（Complexity）和模糊性（Ambiguity）（简称“VUCA”）的企业而言，环境将迫使它们接受新的、网络化的、多元化的领导力形态。复杂而多变的环境将让那些拥有灵活、创新领导力网络的企业如鱼得水，而那些固守传统的、个人化领导力形态的企业将越来越难过。

表 49-3 贝塔斯曼基金会的领导力开发方案

	个人能力	团队能力	组织能力	网络能力	系统能力
个人	培养个人自觉、持续学习和练习的能力	培养个人合作和领导团队的能力	培养个人了解和领导组织的能力	培养个人建立和维持关系网络的能力	培养个人的大局观、系统思考和寻找问题本源的能力
团队	培养团队挖掘、利用所有成员潜力的能力	培养团队定义和达成目标的能力	培养团队提升组织绩效的能力	培养团队跨部门合作、协调的能力	培养团队推动系统性变革的能力
组织	培养组织支持员工、志愿者和其他成员发展的能力	培养组织支持有效团队的能力	培养组织促进内部合作以更好实现目标的能力	培养组织和其他组织彼此合作的能力	培养组织整合系统性变革的能力
社群	培养社群支持成员学习成长的能力	培养社群促进和支持群体包容性的能力	培养社群协助组织提升社群成员幸福感的能力	培养社群彼此学习、推动共同目标的能力	培养社群支持系统性变革的能力
领域政策与实践	培养发掘和支持创新领导者和参与者的能力	培养领域内跨部门、跨目标的协同组织能力	培养领域内创新、传播和分享知识与最佳实践的能力	培养领域内跨职能、合作的能力	培养领域内制定政策和转化最佳实践及文化的能力

趋势 5：通过新的实践和反馈循环来强化和加速领导力开发

没有任何一套固定的模型或方法，能适用于所有组织未来的领导力需求。相反，组织需要变得灵活、创新，通过不断实验新的思想、理论和实践方案，来找到自己的最佳解答。组织所面临的挑战是，该如何更快、更有效地找到培养领导者和领导力的新方法。

科技和网络为我们提供了新的工具，同时驱动了新的变革。格雷迪 · 麦克岗纳吉尔和蒂娜·多耶法 2011 年提出了我们已经经历过的三次重大网络技术创新：

- Web1.0（1991—2000 年），更快、更便宜、更方便的通信工具（如 E-mail）变得普及。
- Web2.0（2001—2010 年），全新的通信工具（博客、Facebook、Twitter、微信……）彻底改变了人类互动和传播的方式。
- Web3.0（2011 年—　），强而有力的运算平台（云计算）、第二代搜索引擎、大数据，以及全新的元知识管理方法（如社会化标签和分众分类法）让网络具备了前所未有的潜力，能够即时、针对性地不断生产有价值的新知识。

麦克岗纳吉尔和多耶法认为，我们除了接受这些新趋势，别无选择。组织、群体和个人都必须思考，他们需要怎样的文化、心智模式、技能和知识，才能更好地利用互联网不断进化、不断增加的潜力，以实现自身的目标。

培训与发展专业人士的角色

从“课程的设计和实施者”转变为“促进组织不断学习和成长者”，培训与发展专业人士需要许多新的能力。从某些方面而言，培训与发展专业人士最大的挑战就是如何充分运用和管理社交网络，这样的网络上汇聚了难以计数的新观点、新思维和新的实践，如果能够充分利用、整合这些知识，将发挥巨大的作用。未来领导力开发的最大创新也许不是某种单一理论或课程的突破，而是源于网络本身。通过社交网络，组织的领导力得以不断创新、传播、分享及升华。

当然，组织还是可以选择继续沿用过去的领导力开发方案。然而在这个瞬息万变的时代，继续沿用十年前解决问题的思路，怎么看都会显得越来越不靠谱。创新的时代需要创新的思维模式。

新的领导力开发方法将是一个不断演进的过程。变革的想法总是产生于一小撮创新者的脑袋中，他们首先意识到了变革的必要性或不可回避性。创新者需要不断实验，不断尝试 / 试错，以获得足够的反馈来改良他们的想法。培训与发展创新者们需要在组织内部或外部寻找合作伙伴，群策群力、不断创新，持续改变既有的做法和思路。

结论

如果你相信未来的环境只会变得更复杂、更动荡和更加不可预测，那么你应该也会认同本章所提出的领导力开发新趋势，以及它们对培养未来领导者的意义。想要培养未来领导者的组织应该：

- 关注垂直开发，而不只是水平开发。
- 在组织所有层级培养领导力。
- 将更多的开发主动权交还给员工。
- 更多地关注集体化、网络化的领导力，而非个人领导力。
- 不断实验新的想法和实践方法。

作者简介

尼克·佩特里，创新领导力中心科罗拉多泉分校的资深专家，他从事了多项针对高管的领导力开发项目，也有诸多著作涉及领导力开发的未来趋势。他目前的研究重点是如何与企业 CEO 和高管团队一起，推动组织文化的变革。他生于新西兰，生活和工作过的地区遍布亚洲、欧洲和中东，他与包括政府部门在内的法律、会计、工程、建筑及电信等企业合作过。他毕业于新西兰奥塔哥大学，并获得美国哈佛大学的学习与教育硕士。

让·布里坦·莱斯利，创新领导力中心格林思博罗分校的资深专家和应用研究部门主任。她管理一个全球性的研究团队，负责设计和研发多样化的产品与服务。她写了超过 70 篇关于领导力、360 度反馈、政治技巧、跨文化议题等方面的文章。她还曾在专业学术会议上宣读论文逾 50 次。莱斯利毕业于美国依隆大学，主修社会学，后来获得北卡罗来纳大学格林思博罗分校社会学硕士学位。

参考文献

Eigel, K.M., and K. Kuhnert. (2005). Authentic Development: Leadership Development Level and Executive Effectiveness. *Monographs in Leadership and Management* 3:357-385.

Hackman, J.R. (2002). *Leading Teams: Setting the Stage for Great Performances*. Boston: Harvard Business Press.

Heifetz, R.A. (1994). *Leadership Without Easy Answers*, volume 465. Boston: Harvard University Press.

Kegan, R. (1995). *In Over Our Heads: The Mental Demands of Modern Life*. Boston: Harvard University Press.

Kegan, R., and L. Lahey. (2009). *Immunity to Change: How to Overcome It and Unlock Potential in Yourself and Your Organization*. Boston: Harvard Business School Press.

McCauley, C.D., and E. Van Velsor (eds.). (2004). *The Center for Creative Leadership Handbook of Leadership Development*, volume 29. San Francisco: John Wiley & Sons.

McGonagill, G., and T. Doerffer. (2011, January 10). *The Leadership Implications of the Evolving Web*, www.bertelsmann-stiftung.de/cps/rde/xchg/SID-6822B895-FCFC3827/bst_engl/hs.xsl/100672_101629.htm.

McGonagill, G., and P. Pruyn. (2010). *Leadership Development in the U.S.: Principles and Patterns of Best Practices*, www.bertelsmann-stiftung.de/cps/rde/xber/SID-F91CB766-44B3F71F/bst_engl/xcms_bst_dms_30465_31367_2.pdf.

McGuire, C., and G. Rhodes. (2009). *Transforming Your Leadership Culture*. San Francisco: Jossey-Bass.

延伸阅读

IBM. *Capitalizing on Complexity: Insights from the Global Chief Executive Officer Study*, http://public.dhe.ibm.com/common/ssi/ecm/en/gbe03297usen/GBE03297USEN.PDF.

McCauley, C.D., and E. Van Velsor (eds.). (2004). *The Center for Creative Leadership Handbook of Leadership Development*, volume 29. San Francisco: John Wiley & Sons.

McGonagill, G., and T. Doerffer. (2011, January 10). *The Leadership Implications of the Evolving Web*, www.bertelsmann-stiftung.de/cps/rde/xchg/SID-6822B895-FCFC3827/bst_engl/hs.xsl/100672_101629.htm.

Petrie, N. (2011). *Future Trends in Leadership Development. Center for Creative Leadership Whitepaper*, www.ccl.org.

第 50 章

培训与发展部门如何协助高潜力员工获得成功

史考特·布兰佳（Scott Blanchard）

本章要点

- 了解领导力开发课程的三个关键目标
- 了解培训与发展专业人士如何协助高潜力领导者获得成功

当员工最初进入公司——特别是那些年轻、受过专业训练的专门人才——他们通常是以个人身份为公司做出贡献的。他们被指派某些重要任务，在自己专精的领域一展所长。他们也许是某个团队或部门的成员，但大抵而言他们只要管好自己就行了。

当基层员工逐渐成长起来，展现出足够的技能、智慧及绩效时，他们多半会得到晋升，而且通常会晋升到领导岗位。然而问题在于，这些高潜力领导者早期的工作经历（作为普通员工）和技能，未必能同样确保他们在领导岗位上依然如鱼得水。

在逐步成为领导者的过程中，高潜力领导者需要重新检视自己过去工作中所展现出来的特质和行为，评估其中是否有些因素会成为自己往后进一步成功的桎梏。

这样诚实、坦率的自我评估，对于许多高潜力领导者而言其实并不容易。许多人——特别是那些有专长、对自己高度自信的人——往往有着难以避免的盲点，使他们难以真正客观地回头审视自己的行为。培训与发展专业人士的作用就在这里了，我们可以协助高潜力领导者自我评估、分析、改进，进而帮助他们更好地获得成功。

“快餐时代”的领导力发展

在《组织教练》(*Coaching in Organizations*) 一书中，玛德琳·霍曼·布兰佳 (Madeleine Homan Blanchard) 和琳达·米勒 (Linda Miller) 提到，过去领导力开发基本是在实务工作中一点一滴积累起来的。至少在理论上，人会随着时间而逐渐积累智慧——这就是为什么过去大多数企业的“领导者”都至少是中年人，因为他们的白发和皱纹在传统观念中意味着“成熟”和“有经验”，虽然事实上很多时候他们只是因为年纪够大而被推上那个位置而已。

然而，这样的日子已经一去不复返了。如今，越来越多的年轻人被迫快速晋升到领导岗位上，而这些岗位所需的经验和智慧在过去是完全超乎人们对这个年龄的年轻人期望的。一般而言，年轻人之所以会如坐火箭一样快速升到领导岗位，多半是因为他们展现出了组织目前迫切需要的专长和能力，或者因为组织的快速扩张，使得组织不得不开始重用那些年轻而缺乏经验的人才。

值得注意的是，尽管这些年轻人在自己的专业领域训练有素，但他们往往毫无管理经验，人际交往方面的能力也有所欠缺——特别是那些高技术性领域（如 IT）的人才更是如此。

从基层员工到领导岗位，这些高潜力领导者必须学会转变工作方式和工作重点，以及学会授权，因为他所需要关注的不再只是个人的成败，而是整个群体、团队或部门的成败，这是一般员工和“领导者”最显著的区别所在。领导者不再是一门心思独自往前冲，而是需要通过命令、协调、整合许多人的努力，来让整个部门获得成功。职位越高，就越需要懂得授权和分工。不论个人能力多强，如果领导者凡事都想亲力亲为，结果只会带来部门的混乱和停滞不前。不论你喜不喜欢，领导者必须学会“通过他人来完成工作”。

这对过去习惯自己干活的高潜力人才而言，无疑是一种重大的转变及挑战。

尽管许多人因为各种原因——渴望获得更多的权力、更高的地位、特权、金钱、私人飞机……而努力想爬到领导岗位，但在到达那里之前，先有个清楚的认识是必要的。

哈佛大学教授琳达·希尔（Linda Hill）在 2007 年的一项研究中发现，当那些优秀的明星员工晋升到领导岗位时，大多数人都出现了一定程度的适应不良，因为他们对于“领导”的本质和任务并没有做好心理准备：

> 他们以为更高的位置能带给他们更多的权力，以及更多的自由和自主权，他们可以做任何他们认为对公司有利的事。然而真的到了那个位置，才发现一切都跟想象的不一样，正如其中一位受访者所说：“我们被来自其他人的不合理要求给淹没了。”那些抱着美好幻想的新手领导者被无情地打醒了。我的研究发现，他们原本期望获得更多权力，结果却深陷错综复杂的关系网中无法自拔；他们原本期望领导岗位能带来自由和自主权，结果却发现作为“领导者”要比作为“员工”更加压抑和身不由己。他们陷入了复杂的人际关系网络——他们的下属、上司、同事，还有其他公司内部或外部的人员——每个人都对他们提出了往往不合理且彼此冲突的要求。结果，领导者的日常工作变得压抑、忙碌不堪、支离破碎。

因此，培训与发展专业人士有义务让那些即将成为领导者的明星员工，了解“领导”这个词到底意味着什么。

大体而言，不管你本来的专业工作是什么，一旦成为领导者，你的工作大多数时候都是在监督别人、处理预算、评估绩效、使用复杂的绩效管理系统（一般这些都设计得非常复杂，让你觉得你需要攻读计算机硕士才能了解它），更重要的是，你必须学会依赖别人完成工作，而不是什么都自己来。

当你开始领导一个团队时，你会惊讶于那么多倒霉事竟然会发生在同一处。那些你最仰仗的员工会离职——而且是在你最需要他们的时候；你手下的团队成员互相看不顺眼、不愿意合作，而且一个个都跑来向你说其他人的坏话。你不得不一再跟手下员工谈论一些无关工作的问题，如他们的休假长短、他们陷入的流言蜚语，或者他们的穿着不符合公司规定。

因此，培训与发展专业人士有义务协助那些渴望成为领导者的高潜力人才，厘清他们究竟希望从领导岗位获得什么。我们的一家客户公司设立了这样一门课程，叫作“你觉得你想要成为管理者”（So You Think You Want to Be a Manager），这是非常棒的主意！根据我们的经验，大多数高潜力领导者还是渴望晋升到更高的位置的，他们着迷于领导岗位的光环、权力，还有随之而来的地位与其他好处，他们希望成为下一个明星领导者。这很好，但千万别脑袋一热就一门心思往上爬，等到爬到顶峰才发现这根本不是自己想要的。

领导力开发项目的三个关键目标

当我们对“什么是领导者”有了正确的认识后，就可以开始定义领导力开发项目的关键元素了。根据我们这么多年来与数百位高潜力领导者合作过的经验，我们发现高潜力领导者想在晋升到更高层次后依然能够继续成功，需要发展三个方面的能力。

- 增进自我认知：我是谁？我重视什么？别人对我的印象是怎样的？我有哪些优势能够帮助自己成功？有哪些当前的优势在将来反而可能变成我的劣势？
- 建立关系：组织中有哪些人可以帮助我和我的团队？我的盟友是谁？谁可能是我的阻碍？我能够与所有对我而言重要的人友好相处吗？
- 产生成果：我的团队的关键目标是什么？每个人该如何发挥？团队成员的能力水平和完成任务的意愿如何？团队成员需要怎样的指导和支持？

我们还发现，在开始任何领导力开发项目之前，有必要先设定一些基本规则。因为领导力开发涉及很多个人的及人际方面的信息（其中有些多少带有私密性），因此必须一开始就明确界定这些信息该如何分享，是否需要保密。

许多时候，培训与发展专业人士扮演教练的角色。霍曼·布兰佳和米勒（2008）指出：

> 想要在教练和被指导者之间建立信任，就必须让被指导者（高潜力人才）确信所有谈话内容都是保密的。事先建立沟通规则，能确保每个人都知道谁该跟谁谈、谈什么，以及在何时何地谈。

> 在指导过程中，扩大的沟通是必要的，沟通可以发生在被指导者与其他高层领导、同事、团队成员之间，但只有被指导者有权利和义务将沟通过程反馈给他的主管、HR 或其他需要被告知的人员。
>
> 因此，在指导开始之前，召开一次会议是很有用的，会议参与者包含被指导者、他的上级主管、HR 及教练。会议的目的是讨论接下来在指导过程中会发生什么、厘清指导目标和组织目标的关系，以及确认保密需求、指导规则和期望获得的结果等。

霍曼·布兰佳和米勒（2008）还提出，教练指导的目标和预期成果也最好在开始阶段就制定好。这些目标和预期成果多半与组织的整体战略和竞争力密切相关。常见的目标包括增进团队成员间的沟通水平、提高关键员工的留任率，以及增进领导有效性（通常以后续的晋升作为检验标准）等。在正式指导开始之前明确这些目标并达成共识是十分重要的，这相当于确保教练、高潜力领导者和其他相关人员“统一了思想”。

增进自我认知

高潜力领导者必须拥有敏锐的自我认知，知道自己的优势及劣势所在。在这方面，许多心理学当中已经有十分成熟的工具，可以让培训与发展专业人士用来帮助高潜力领导者认识自我——如迈尔斯-布里格斯类型指标(Myers - Briggs Type Indicator，MBTI)、凯尔西气质分类（Keirsey Temperament Sorter）等。

在 2009 年出版的《什么令你出众，什么又令你遭殃：气质的基本元素如何创造快乐生活》(*What Makes You Tick & What Ticks You Off: How the Basic Elements of Temperament Will Lead You to a Happier Life*）一书中，作者吉姆·哈登（Jim Harden）和布莱德·都德（Brad Dude）提出了显性气质（Dominant Temperament）——那些与生俱来的特质和行为，令我们感到舒适与自然的气质；以及隐性气质(Shadow Temperament)——那些隐藏起来的、难以被描述，甚至难以被察觉的特质和行为。

培训与发展专业人士的任务就是协助高潜力领导者了解自己的显性气质，掌控这些气质，并且了解人与人之间与生俱来的差异性，从而能够包容、理解那些拥有不同气质和观点的人。

如果不了解与气质和性格相关的理论框架，一般人往往倾向于用自己的观点来看待、评判所有人。例如，如果一位领导者的显性气质是渴望变化、冒险及无拘无束的行动，他往往会觉得所有人都应该如此，因此很容易瞧不起那些保守的、团队取向的，以及重视和谐胜过冒险的员工。

然而，尽管领导者自身可能习惯于变革和冒险，并且对一切风险和变化充满了激情，但这并不代表其他人抱持较为谨慎而保守的态度就是错的。没有人错——只不过人与人的气质和观点不同罢了。由于气质不同导致每个人看待世界的角度和期望不同，一位喜爱冒险的人可能瞧不起那些保守稳重的人，觉得他们死气沉沉；相反，一位老成持重的人也往往看那些喜欢冒险和创新的人不顺眼，觉得他们不够严谨、不尊重传统。如果对人的"气质"缺乏了解，我们就会以为自己的观点等于全世界，我们会用挑剔的目光来看待每一个跟自己不同的人，同时别人也会这样看待我们。

先了解人与人之间在气质和性格上的差异，这有助于我们包容和理解那些与自己不同的人。以此为出发点，我们就能够调整自己的沟通方式，使我们与其他人的沟通更有效。同时，这也可以避免我们固执地认为"我就是这样，我改变不了"。

全面了解自己

一些评估方法（如 360 度考核）有助于领导者了解自己的工作方式及需要改进的地方。不过还有另一种方法也很有效，玛德琳·霍曼·布兰佳和我本人在《利用你的优势，忽略其他》（*Leverage Your Best, Ditch the Rest*）中提出了三大观点练习（Three Perspectives Exercise），这些简单的问题提供了一套直接有效的框架，能够协助领导者了解自己是谁、别人怎么看待自己、自己的动机是什么，以及更重要的——该如何做得更好。

三大观点练习给高潜力领导者带来了充分检视自身的机会，从而能够根据自己内心的渴望来做出正确的决定。人们并不一定喜欢这样的自我剖析，但这样的过程总能够为我们带来提升自我（不管是工作上还是生活上）的良好机遇。

观点练习 1：你如何看待自己

首先，最重要的工作是让领导者充分了解自己有哪些地方是自己喜欢的，又有哪些地方是自己不喜欢的——相当于一次自内而外的表白。这之所以关键，是因为很显然，你对自己的看法和认识，是构成你整体人格的核心部分。无论你有多大的成就、有多少人追捧你，也不论你有多聪明、多美丽、多富有，如果你对自己没有一个健康、完整的自我认知，那么一切都是徒然。自古至今，能否充分了解自己对自己的看法，都是一个人的人生是否圆满的关键一步。

对于高潜力领导者而言，在这里需要回答的问题包括：

- 我希望成就的是什么？
- 我是如何看待自己现在扮演的角色的？
- 是什么驱使我扮演现在的角色？我的动机是什么？
- 我有哪些品质、技能或特点是能够让我更加成功的？
- 我有哪些品质、技能或特点是有可能在将来成为我的阻碍的？

观点练习 2：别人怎么看待你

没有人能够孤立地存在。我们生活在错综复杂的人际关系中间——我们的工作、家庭、兴趣，一切活动都是如此。我们的第二个观点练习就给高潜力领导者带来这样的一个机会，让他们了解自己在别人眼中是什么样子的。

这听起来有点奇怪——不是说人应该要自信，要为自己而活而不是为他人而活吗？确实，我们都知道那些太过在意别人眼光的人是怎么样的，他们多半畏首畏尾、缺乏自信，很难有重大的成就。然而，完全不在乎别人的眼光也是不切实际的。因此我们要做的是，尽可能掌握一些简单、可靠、关键的信息就好，不多也不少。我们不可能八面玲珑，让所有人都满意，但我们确实需要在一定程度上了解别人对自己的看法，这样才能更好地与人共事。如果你希望让自己改变与成长，那就必须先看看别人眼中的你是什么样子的。

在这里，高潜力领导者需要回答的问题包括：

- 我知道别人对我目前角色的看法吗？
- 如果不知道的话，我该如何找出别人对我的看法？

- 如果知道的话，我在不在乎别人的看法？
- 有哪些人对我的看法是我不同意或忽视的？
- 我真的了解别人对我“真实”的看法吗？有哪些证据？
- 当我不在旁边的时候，别人会怎么谈论我？

观点练习 3：我希望别人怎么看待我

我们都知道，人类在自我愚弄方面有着非凡的天赋。喜剧表演里的核心元素之一，就是那些穿着滑稽、发型古怪、化妆夸张的人在舞台上旁若无人地搔首弄姿，这样的情境永远能逗得观众捧腹大笑。然而现实生活何尝不是如此呢？很多人都把自己对自己的看法，和希望别人对自己的看法混淆在一起了。我们活在自己的幻想里，以为别人会照着我们的想法来看待我们。从这个角度来讲，其实成年人和婴儿差不了多少——都以为只要遮住眼睛，别人就看不到自己了。

在这里，高潜力领导者需要回答的问题包括：

- 我希望别人怎么看待我？
- 我在多大程度上能确定别人对我的看法？
- 那些对我而言很重要的人是否以我为荣？
- 如果是的话，他们为什么以我为荣？
- 他们以我为荣的那些事，是否也是我自己引以为傲的？
- 如果不是的话，我希望别人以我的什么为荣？
- 我是否在某些方面一直令别人失望？
- 别人对我的看法和我的自我认知不一致，这是否经常困扰我？

最后的关键问题：那么我该怎么做

当高潜力领导者做完前面三项观点练习后，最后一个问题就是：我该怎么做？

我们知道，企业教练法（及一切的其他学习活动）最终都必须落实在行动上。如果“三大观点练习”最后不能让高潜力领导者做出新的、更有效的行为改变的话，那么一切都是空谈。三大观点练习的特色在于，它让我们停下来思考，充分地反思自身，这样一来我们就能做出明智的决策，来更好地完成工作或对待他人。

在这部分练习中，特别需要注意的一点是，尽可能关注四大问题之间的整体性和一致性。很少有人对自己的看法跟别人对自己的看法完全一致；人们“对自己的印象”和“对自己的期望”也很少完全一样；简言之，我们几乎没看过对自己百分之百感觉良好、认为自己已经完美无缺的人。明确自我认知、别人对自己的看法，以及自我期望之间的差距，等于迈出了完善自身的关键一步。

↘ 明确并传播你的个人价值观

很多高潜力领导者在他们的职业生涯早期，往往在没有清晰的价值观和目标指引的情况下就做出决定，然后一路走到黑。以至于当他们回顾过去，常常不由自主感叹“如果当初多想几分钟，我就不会这样做了”，或者“如果时光能倒流，当年我应该……”。时光不可能倒流，但在任何时候，对任何人而言，明确的价值观都是非常重要的。当我们不知所措、前途迷茫的时候，能够引领我们做出决定的是我们内心的信念和价值观。

培训与发展专业人士可以引导高潜力领导者去寻找、明确自己的价值观和领导力观点。这种做法有两方面的好处：一方面，这可以帮助高潜力领导者更好地了解自己、自己的信念及动机；另一方面，这也让高潜力领导者能够更好地向别人传递与自己有关的信息，并创建透明、互信的沟通环境。

我们首先从诺尔·提奇（Noel Tichy）和艾利·科恩（Eli Cohen）的著作《领导引擎》（*The Leadership Engine*，1997）中学到了这点。两位作者通过全面的研究，指出有效的领导者通常有着清晰、明确、可传递的领导力观点，同时他们很愿意将这些观点传递给别人——特别是与他们共事的人们。

这里有七个重要的问题，通过询问这些问题，培训与发展专业人士能够帮助高潜力领导者识别和分享自己的个人价值观：

1. 在你的生命当中，对你影响最深的人是谁？当人们被问到“谁对你的影响最深”时，很少有人会说是自己的老板或上级。这并不令人讶异，事实上，大多数人所谈论的是他们的父母、祖父母、朋友、教练或老师。一个人的价值观和领导力观点事实上就源于这些早年的影响。继续追问：“他们的影响如何帮助你形成自己的领导力观点？”

2. 你终其一生追求的目标是什么？问问高潜力领导者："你为什么会在这里？你希望达到的成就是什么？"这个问题的答案可以跟我们前面关于"人们为什么希望成为领导者""希望从领导岗位获得什么"的讨论联系起来。

3. 在追求人生目标的过程中，有哪些核心价值观始终指引着你？有些人热衷于追求财富和权力，而另一些人更在乎的或许是安全感和生存。当试图确定自己的价值观时，我们很可能会列出长长的一张单子。但培训与发展专业人士必须提醒高潜力领导者：核心价值观越少越好；试图同时追求太多的价值观，只会让你束手束脚，不知该如何前进。

4. 基于我们已经了解的——对你影响最深的人、你的人生目标，还有你的核心价值观——那么，你对"领导"及激励人们这件事的信念是什么？这是自然而然的过程，在前面三个问题之后，高潜力领导者应该可以开始从自己的过往经历和价值观出发，去思考领导这件事对自己的意义。

5. 人们可以对你有怎样的期待？事实上，领导并不是"对别人下命令"，而是"和别人一起完成事情"。当领导者首先让下属明确他们对他可以有怎样的期待时，就相当于再一次强调领导和下属之间并不是上下级关系，而是伙伴关系。

6. 你对与你共事的人们有怎样的期待？既然领导与下属是伙伴关系，那么让下属知道领导对他们有怎样的期待，也是十分合理而且必要的事。

7. 你会怎样以身作则，成为下属的榜样？领导者的影响力是在每天展现出来的言行中一点一滴地发挥作用的。优秀的领导者必然言行合一、亲自垂范。

通过上面这些问题，高潜力领导者不但能够更深入地了解自我，也能够和下属及其他伙伴更坦诚、深入地分享关于自己的信息。

建立关系

每个人都需要和别人建立关系——除非你拥有某些别人都没有的关键能力，而且永远不会被别人取代，同时你已经找到了能充分发挥能力的工作，那么很好，或许你确实不需要人际关系。

但显然，我们——包含高潜力领导者——都不是这种天赋异禀之辈，作为平凡人，我们必须学习如何与别人建立良好的关系。

尽管我们都知道这点，但令人惊讶的是，现实生活中很多人依然低估了与同伴、下属及其他工作当中有关系的人建立良好关系的重要性。

关系有多么重要呢？举例来说，作为高潜力领导者，如果发挥正常的话，他们迟早会晋升到更高层的管理岗位。新的岗位意味着新的角色，新的角色意味着必须掌握新的资源、社交网络，并且根据公司愿景、使命和自身岗位的情况来发展新的策略。

这一切要怎么做到呢？基本上都需要人的帮助，也就是需要建立关系。想要成功胜任新的岗位，领导者必须很快认识周围的人及其间的关系，找出能够帮助自己的人、能够信任的人、影响力最大的人，以及能够引导自己的人等。找到这些人，并和他们建立良好的关系，是一个领导者能否适应新岗位的关键所在。

↘ 绘制关系图

在这方面，培训与发展专业人士能提供给高潜力领导者的帮助之一是协助他们画出与当前岗位工作环境有关的所有重要人际关系图示。在《利用你的优势，忽略其他》一书中，玛德琳·霍曼·布兰佳和我本人提出了这项工作的关键步骤，培训与发展专业人士可以通过这些步骤来协助高潜力领导者。

- 首先要找能画图的地方，一张白纸、一面白板，或者绘图软件都可以。
- 让高潜力领导者确认一个首要目标。你现在最重要的任务是什么？目标是什么？（高潜力领导者可能同时有好几项任务需要完成。建议他们为每项任务绘制一张图。）
- 现在，让高潜力领导者写下那些会受到当前这项任务影响的人，包括上级、部门内的同事、部门外的同事、下属、幕僚人员等——任何可能有关联的人都要列入。别担心写的人太多——你可以随时擦掉重来。但一般而言，你会惊讶于受到影响的人是如此之多，以至于画出了一张超级巨大的图。

当所有可能与任务有关联的人都被列出来后，接下来，请高潜力领导者查看这张名单中的每一个人，然后思考：

- 这个人的主要目标是什么？如果你的工作成功了，对他会有什么影响？如果失败了呢？
- 你对他有哪些需求？他可能在哪些方面帮助你或阻碍你？
- 这个人的风格是怎样的？你应该怎样与他沟通？他喜欢你巨细无遗地描述细节，还是喜欢简明扼要？
- 这个人对你的看法是怎样的？他是否喜欢、尊重或信任你？
- 你对这个人的感觉又是怎样的？你觉得你对他的想法真实吗？有哪些你对他的潜在假设是你自己都尚未察觉到的？
- 接着，针对这张图中的每个人，制订简单的行动计划。你该怎么做才能与这些利益相关者建立更好的关系并相互了解？

所谓的行动计划，包括花时间与他共处、直接去找他寻求建议，或者简单地通过电话和他聊天。当然，你也可以约他共进晚餐、找机会与他闲聊，或者发 E-mail 给他等。

没有任何借口

每当我们说起上述的关系图绘制过程和行动计划时，很多高潜力领导者的第一反应是："这不是在玩办公室政治吗？"或者将之与拉关系、结党营私等负面印象联系起来。

我们的建议呢？没什么可建议的，该做的就得去做！

你可以想出很多借口，诸如"我害羞""我内向""我不玩政治游戏""我肚子疼"……然而这些都不是借口，要知道，领导力的本质就是对别人的影响力，作为高潜力领导者，你没有资格对人际关系说"不"。

也许你不喜欢被别人看作政治动物，也许你对"拉关系"挺反感，但要注意的是，没有一个下属会希望自己的上级是人际关系傻瓜。花些时间画出工作相关的人际关系图，好好思考这些关系对于你的工作有什么影响？如何通过建立更好的关系，让你自己和其他人的潜力得到更大的发挥？

产生成果——战略领导力和操作领导力

年轻的领导者需要学习组织是如何有效运作的，以及领导力在组织运作中所起到的作用。一般而言，最受推崇、最容易成功的是那些受到明确目标驱动的组织。这意味着组织需要有明确的愿景和使命、前进的方向，并且通过一系列的价值观来引导、驱动员工。

我们对领导利润链（Leadership-Profit Chain）的研究表明，所谓“领导力”，事实上可以分为两种类型：战略领导力和操作领导力。企业教练可以协助领导者评估自己在战略领导力和操作领导力两方面的表现，找出欠缺之处，并制订提升计划。

所谓战略领导力，包含了愿景、使命、文化及战略思考等。教练可以协助领导者，通过以下方法来提升战略领导力：

- 明确组织的愿景和使命，确保每个员工都为了同样的目标而努力。
- 定义和建设组织文化。战略领导者根据公司的价值观、信念、优先顺序、期望和目标等来明确定义组织的文化。
- 明确战略重点。确保所有资源都是为了满足公司的目标、实现公司的战略而加以配置及运用的。

所谓操作领导力，包含了与制定政策、程序及系统有关的管理实践。业务层面的领导者通常需要同时进行两方面的领导活动。教练可以协助这些领导者：

- 了解群体动力学及其对战略实施的影响。一旦制定了政策，业务层面领导者通常需要负责确保政策的实施和被遵守。
- 建立与沟通、决策、冲突管理、危机反应、解决问题等方面有关的程序。
- 建立和实施与目标设定、绩效管理、绩效评估等方面有关的系统，系统化能够让员工的工作更容易、让内部沟通和互动更顺畅，并最终让顾客更满意。

假设与限制性的信念

根据我们的经验，高潜力领导者在操作领导力方面的成长，往往要大大快过战略领导力。其原因在于许多高潜力领导者内心隐藏的一些假设和刻板印象，限制了他们战略领导力的发展。

例如，霍曼·布兰佳和米勒（2008）发现许多领导者往往假定下属没有能力做出好的决策，因此他们倾向于“亲力亲为”，帮下属做出“正确”的决策。这背后可能与某些高潜力领导者过去并不善于与人共事，或者习惯当“独行侠”有关。此外，还有许多领导者心中始终认为下属需要被持续监督，否则就会偷懒或犯错，但事实上他们的下属很可能早就能独立工作，并且十分厌恶上级动不动就跑来指指点点。

优秀的企业教练应该协助领导者注意到自己内心的错误假设、刻板印象和偏见，以及这些假设背后的原因，从而以更为正面、符合实际的假设来加以取代。

提供指导与支持

在协助领导者提升其领导能力的过程中，运用一些较为成熟的领导力理论是十分有用的。在我们的工作中，经常运用情境领导Ⅱ（Situational Leadership Ⅱ）理论来协助高潜力领导者，因为这有助于他们学会运用两种影响他人的有效行为。基本上，所有领导者都应该学会两种行为：第一种是协助下属明确工作目标、方向和行动方案，这叫作指导性行为（Directive Behaviors）；第二种是关心员工的感受、想法和动机，并激发员工对工作的承诺，这叫作支持性行为（Supportive Behaviors）。情境领导Ⅱ理论就是在教导人们如何运用指导性行为和支持性行为，以及更重要的，如何在不同情况下以不同的方式综合运用这两种行为。

在这一理论框架之下，领导者首先需要了解员工的情况和需求，再“对症下药”。领导者应该了解员工的能力水平、工作意愿和需求，继而以合适的领导风格来为员工提供指导和支持。情境领导Ⅱ理论背后的基本假设是，每个人需要的领导风格是不同的，适合当前情境的领导风格才能产生效益。

关注自我与关注他人

从普通员工晋升为领导者，你的工作重点就不再只是任务本身了，你还需要关注如何与他人共事、影响他人，以及如何让员工在你的手下得到更好的发展。

我们对于领导者如何能够创造更好的、更令人兴奋的工作环境进行了持续的研究。我们迄今为止的发现之一是，当员工认为自己的直属上级是个“关注他人”的领导者时，员工的幸福感会有较大的提高。

我们发现，那些“关注他人”的领导者更容易与下属建立良好的关系，这直接导致了下属的幸福感提高，同时提升了绩效水平。

高潜力领导者必须铭记，你所创造的人际关系质量将伴随着你整个职业生涯。那些能够营造良好、共赢的人际关系的人，更容易得到别人的认可与追随，也更容易把生意做好。年轻的管理者尤其需要谨记这些，很多人想象中的人际关系总是弱肉强食、你死我活的零和游戏，这种想法很容易对一个人的决策质量和领导能力产生负面影响。

另外，一个过于“自我导向”的领导者，不管他的想法和意图如何美好，都可能被别人解读为一个自私的人。即使自我导向的领导者可能在为整个公司着想，但别人依然倾向于觉得他所做的一切都是为了他自己。显然，很少有人会喜欢一个自私自利的人。

培训与发展专业人士可以通过一些简单的方法来协助那些过于“自我导向”的领导者。让这些高潜力领导者思考这个问题：“我的行为对别人有怎样的影响？我该怎么做？”我们发现，花一点时间来回答这个简单的问题，有助于高潜力领导者逐步转变自己的关注焦点和做事方式。

在脍炙人口的经典著作《从优秀到卓越》(*Good to Great: Why Some Companies Make the Leap and Others Don't*）中，作者吉姆·柯林斯（Jim Collins）提到了“第五级领导者”（Level Five Leaders），这种领导者拥有两种看似截然相反的特质：坚定意志及谦逊个性。柯林斯用了“窗户与镜子”的比喻来说明第五级领导者在面对成功与失败时的反应。当一切都顺风顺水时，第五级领导者会从窗户看出去，感谢所有帮助他、对成功做出贡献的人；而当事情搞砸时，他却会看向镜子中的自己，由自己承担起失败的所有责任。而差劲的领导者则正好相反——他们把成功归功于自己，把失败的责任推到别人身上。

如果领导者无法与下属及其他人建立良好、正面的人际关系，他就很难激发员工的工作热情和参与感，而这些对于任何一个部门、团队或企业都是至关重要的。马库斯·伯金汉（Marcus Buckingham）和库特·考夫曼（Curt Coffman）在《首先打破一切规则》（*First, Break All the Rules: What the World's Greatest Managers Do Differently*）一书中指出，影响员工工作满意度的最重要因素之一，就是员工和他的上级之间关系的质量。

↘ 为员工创造富有激情的工作环境

当为员工创造了充满激情的工作环境，员工被工作本身所激励，并且了解工作的意义和价值时，员工自然能够创造出卓越的绩效。当今世界，优秀领导者最重要的工作之一，就是为员工创造理想的工作环境，这样一来，员工本身就能够激励自己去追求卓越。

理想的工作环境需要有共同的愿景和目标，让员工感觉大家在齐心协力追求某些更远大而美好的事物。还需要更多地关注他人，让员工感觉在与同伴一起工作、一起努力时充满了幸福感。当管理者试图创造理想的工作环境时，他更多的是在塑造一种文化，让员工感觉他们是一个大家庭的一分子。

打造良好的领导力基础

所谓“高潜力领导者”，意味着他们被认为拥有成为伟大领导者的潜力——如良好的教育背景和工作业绩、高智商、个人魅力，或者其他使他们成为“领导者候选人”的特质。

这是很好的基础，但只有“潜力”并不足以保证这些人一定能在未来成为优秀的领导者——在潜力转化为能力之前，任何事都有可能发生。

想让高潜力领导者得到充分的发展，首先要在培养过程中明确下列问题：

- 你的人格特质对你的职业生涯会产生怎样的影响？
- 你该如何雇用并打造一支强而有力的团队？
- 你的职业生涯规划是怎样的？你现在的位置在哪里，未来又希望去到哪里？

好的领导力开发项目是一系列在学习和实践中不断反复的过程，个人学会了新的知识和技能，尝试运用到工作中，同时又不断地在工作中发现新的问题，再回来通过学习加以解决。如此不断循环，直到个人的领导潜力被充分挖掘出来为止。

领导力开发之旅

在 2012 年出版的《伟大领导者的成长》（*Great Leaders Grow*）一书中，肯·布兰佳（Ken Blanchard）和马克·米勒（Mark Miller）提出了以 GROW 原则作为引领年轻领导者成长的方程式：

- G 代表获得知识（Gain Knowledge）。随时掌握行业和自身专业内的最新知识和信息。另外，还要对自身的行为、人格及气质有更深的了解。正如苏格拉底说的："认识你自己！"
- R 代表寻求他人帮助（Reach out to Others）。那种某个人单独待在某个与世隔绝的地方，苦练十八年终于成就绝世武艺的故事，基本上都是传说。在今天，绝大多数伟大的创新和发明都是一群人共同努力、齐心奋斗的结果；这并不容易，但绝对值得这样做。作为领导者，也就是能影响他人的人，你需要发展人际方面的技巧，将人们很好地捏合在一起。
- O 代表放开心胸（Open Your World）。优秀领导者总是不断设法更新自己的知识。我们能从其他行业学到什么？能从客户或供应商那里学到什么？又能从那些看似与自己完全无关的地方学到些什么？世界充满了无限的机遇和可能性，放开心胸，才有机会掌握这一切。
- W 代表迈向智慧（Walk toward Wisdom）。如果你已经下定决心要做出改变和自我成长，那就别犹豫了，迈出你的第一步吧！如果有五只青蛙坐在一根木头上，其中一只决定要跳出去，猜猜会有几只青蛙依然留在木头上？

答案是五只。因为仅仅“决定”跳出去是没用的，唯有你真的跳出去了，改变才会发生。

帮助那些高潜力领导者迈出他们的第一步。

作者简介

史考特·布兰佳，畅销书商业作家、领导力专家肯·布兰佳之子，现任肯·布兰佳公司执行副总裁。他本身也是知名商业作家，著作包括《利用你的优势，忽略其他》（*Leverage Your Best, Ditch the Rest*）和《更高层次的领导》（*Leading at a Higher Level*）等，他在一定程度上引领着关于领导力的新思潮。他关注领导力本质的转变——从个人主义的风格转向关注他人、通过与人合作来完成目标。

参考文献

Blanchard, K., and M. Miller (2012). *Great Leaders Grow: Becoming a Leader for Life*. San Francisco: Berrett-Koehler.

Blanchard, S., and M. Homan. (2004). *Leverage Your Best, Ditch the Rest: The Coaching Secrets Top Executives Depend On*. New York: William Morrow.

Buckingham, M., and C. Coffman (1999). *First, Break All the Rules: What the World's Greatest Managers Do Differently*. New York: Simon & Schuster.

Collins, J. (2001). *Good to Great: Why Some Companies Make the Leap and Others Don't*. New York: HarperCollins Publishers.

Harden, J., and B. Dude. (2009). *What Makes You Tick & What Ticks You Off: How the Basic Elements of Temperament Will Lead You to a Happier Life*. Sarasota, FL: Snow In Sarasota Publishing.

Hill, L.A. (2007, January). Becoming the Boss. *Harvard Business Review*.

Homan Blanchard, M., and L. Miller. (2008). *Coaching in Organizations: Best Coaching Practices from The Ken Blanchard Companies*. Charleston, SC: CreateSpace Independent Publishing Platform.

Tichy, N., and E. Cohen. (1997). *The Leadership Engine: How Winning Companies Build Leaders at Every Level*. New York: HarperCollins Publishers.

Zigarmi, D., S. Blanchard, V. Essary, and D. Houson. (2005). *The Leadership-Profit Chain: Defining the Importance of Leadership Capacity*. San Diego, CA: The Ken Blanchard Companies.

延伸阅读

Blanchard, K., and M. Miller. (2012). *Great Leaders Grow: Becoming a Leader for Life*. San Francisco: Berrett-Koehler.

Blanchard, S., and M. Homan. (2004). *Leverage Your Best, Ditch the Rest: The Coaching Secrets Top Executives Depend On*. New York: William Morrow.

Harden, J., and B. Dude. (2009). *What Makes You Tick & What Ticks You Off: How the Basic Elements of Temperament Will Lead You to a Happier Life*. Sarasota, FL: Snow In Sarasota Publishing.

第 9 部分

当前的挑战

名家视角

未来的学习挑战——个性化与控制权的转移

艾略特·梅西（Elliott Masie）

在浸淫学习与发展领域长达40年后，我发现这个行业已经来到了变革的拐点，我们的学习内容、程序、科技及用户期望都在发生剧烈的变化。如果让我来预测未来学习与发展领域的变革重点的话，那么我认为“个性化”和“控制权的转移”将是变革的核心。

这些变革并不是源于某本新书、某个名家或某家咨询公司的新观点，也不是因为学习管理系统增加了什么新功能。事实上，学习领域的个性化需求及控制权的转移，很大程度上源于互联网的发展。我们来看看一位中层经理人（我把她取名叫派特）日常的媒介消费习惯是如何改变的。

20年前：派特根据电视台的节目表准时收看电视，她可以在客厅或卧室的电视上看。她跟自己的亲朋好友在同一时间观看同一节目，事实上全国人民都只能在同一时间观看这套节目。她必须从头到尾把节目看完——没法快进、快退或跳过广告。她对电视节目的控制权仅限于转台（只有几十个频道可选）或关掉电视。派特看电视的模式跟传统培训模式非常相似：课程设计师和培训师决定了她要在何时、何地接受怎样的培训课程，正如电视台决定了她看电视的模式。

今天：派特几乎可以按需观看任何她想看的内容。她可以在笔记本电脑、平板电脑，甚至手机上看电视。即使当她在客厅打开电视观看节目时，她多半也会打开第二个屏幕（手机或平板）顺便做点别的事。她随时可以快进、跳过广告，有时甚至直接快进到结局。她可以按自己的需求在超过一万种节目中选择，如果她想要的话，甚至可以在一个周末不间断地看完一整季的电视剧。她的收视行为完全个性化了，而且她拥有绝对的控制权。

媒介技术和互联网的高速发展，快速改变了我们（包含学习者）的期望和假设。20 年前，如果想听音乐，我必须买下一整张唱片，尽管我知道里面大概只有两三首歌是我想听的，但我不得不为全部 12 首歌埋单。今天，我不需要购买任何实体唱片，我可以在网上搜到任何歌曲，免费试听、查看别人的评价；如果我喜欢的话，我可以在云端花 99 美分购买我中意的那首歌，然后我可以在任何地方、任何装置（包含计算机、手机、平板电脑）上收听。在信息技术的帮助下，我们早已习惯所有的媒介消费行为都由我们自己决定，完全个性化，而且可以完全掌控要在何时、何地，以何种方式收看（收听）何种内容。

然而到了职场，目前的学习与培训却依然停留在以往那种大锅饭模式。面对现实吧：我们的学习与发展人员基本上都希望创造出“对全部人都适用”，或者至少“对大多数人都适用”的学习内容，然后把所有人，不论高矮胖瘦，都塞进同一个模子里去。当然，为了弥补大锅饭模式的缺憾，我们增加了一些补救措施，如导师制或企业教练等。

正如我从前教导课程设计师时所说的那样，他们的基本做法是：

- 找到几位内容专家，寻求他们的专业知识。
- 通过学习需求评估，来了解学员的培训需要。
- 根据培训需要和期望的学习成果，选择适当的培训内容和活动。
- 根据学员的目标、背景和课程的时间安排，适度调整培训内容的多寡。
- 安排合适的培训“程序”，循序渐进地引导学员完成整个课程。
- 设计学习结束后的评估环节，来为学员和组织提供反馈。

几十年来，这套做法行之有效。虽然总会有学员对大锅饭模式感到不满、迷惘、挫折，跟不上进度或适应不良，但在训练有素的培训师、教练、管理者及其他专业人士帮助下，大体而言整个体系运作还算顺畅。传统上，学习——特别是基于课堂的培训——遵循的是集体主义模式，背后的假设是要让所有人都按照同样的步调，接受同样的学习内容洗礼。即使后来我们有了在线会议和电子化学习，这种“一体适用”的培训思维依然没有改变。

然而，时代终究是在进步的，随着外面的世界互联网和个性化媒介消费的蓬勃发展，员工心中对于“学习”的看法也在悄然改变。如果你让一群正接受培训的员工谈谈他们的不满，你可能会听到他们说：

> “我为什么要花时间学这些我早就知道的东西？为什么我需要学这些短时间内用不到（也可能永远用不到）的东西？为什么我要专门学这些在互联网上随手就能搜索到的东西？为什么我一定要等到规定的时间才能开始学习？为什么我一定要坐在教室里看老师放幻灯片，而不是由我自己决定何时何地上网去看？还有，为什么我不能掌控自己的学习内容、学习长度、风格、顺序、形式、社交互动，以及其他方面？”

在这个个性化的年代，学员们对“大锅饭”模式越来越不满，他们渴望像在线看电影或听歌那样，掌握自己学习的主动权！

如果是几年前，我大概会这样回答学员：“我了解，但因为公司的预算、技术条件，还有公司规定及文化等因素，我们只能这样做，抱歉！”

但时至今日就不一样了，我会这样说：“让我们改变这一切吧！我们要推翻学员、培训师、设计师、管理者心中关于学习个性化和控制权的基本假设。让我们找出新的学习方式，在尊重学员自主权的同时，又能做到更高效率，甚至更低的成本！”

再说得坦白一点儿，我们已经别无选择！学员和他们的管理者已经开始迫使我们做出改变。根据对我们学习联合会多达 230 家成员企业的观察，一些转变已经悄然发生：

- **浓缩**。课程和学习活动的长度都在不断缩短。例如，本来五天的课程缩短到三天，三天的课程缩短到一天，一天的课程变成了在线会议，而在线会议干脆直接浓缩成几个在线视频片段。
- **出席率降低**。如今，注册了在线会议培训的学员，只有 40%~45%会真正出席；那些出席了的学员又只有 65%能坚持到最后。此外，有差不多 85%的学员会在参加在线会议培训的同时顺便做别的工作。不仅如此，在所有类型的传统学习模式中，出席率都在不断下降。

- **在线内容与学习课程**。如今，许多组织喜欢把他们最成功的内容以“泰德演讲”（TED Talks，为美国极为成功的公众演讲平台）的形式展现，并放在公司网站上供人随时观看，而不再冠以“培训”之名。这意味着从传统学校模式向在线按需内容模式的转变。
- **先测验后学习**。另一个逐渐普遍的趋势是，让学员在上课前先进行深入的前测。在很多例子中，管理者发现学员早就已经掌握了学习内容的70%，这样一来，或许他根本不需要再上课，或者也可以安排其他真正需要的学习活动。就有点像打电玩那样，事先安排“关卡”，学员通过了就可以晋升下一关，不然就反复学习直到通关为止。

学习的个性化趋势还受到互联网广告模式的影响。例如，我十分确信在亚马逊应该有个数据集叫作“艾略特·梅西”，为什么呢？因为我总是收到亚马逊发来的E-mail，为我推荐我可能需要的、我还没买的，以及当下我可能会想买的东西。毫无疑问，他们对我非常了解！因为他们的推荐往往挺靠谱，也并没有让我觉得受到了骚扰，所以我经常就此按下了“购买”键。大数据让更加个性化的商业模式成为可能，这快速改变了我们对广告、营销等方面的体验。当然，这也提高了学员对企业学习的“个性化”关注。

很快，许多组织将需要把来自学习管理系统、人才系统、学习评估系统、绩效考核系统等方面的数据整合起来，向员工“推送”个性化的学习“广告”，以促进员工的学习。假设以下状况：

- 马特接到一项任务，要他飞到亚特兰大，去和可口可乐公司的采购经理见面，公司希望他能够把新产品卖给这家全世界最大的软饮料公司。然而，公司的出差管理系统发现马特从来没去过亚特兰大，也没去过可口可乐公司；产品管理系统发现马特并没有接触过公司的最新产品；然而，马特的上级依然决定由马特来完成这项任务，他必须快速提升自己。于是，马特很快接收到由公司各信息系统“推送”的学习“广告”，提醒他有哪些PDF文件、视频或其他资料可以观看，来帮助他快速熟悉可口可乐公司、亚特兰大及要销售的新产品。公司的系统甚至给他发来了一个销售业务的电话，这个人曾经在可口可乐公司工作！

以上这些事，亚马逊的系统大概只要一秒就能做到，而大多数组织的学习部门虽然并没有这样的高科技，但也必须在某些方面尽力学习亚马逊的做法。显然，马特的任务迫在眉睫，他不可能在上飞机前先去参加三个培训课程。我们必须善用一切现有的学习资源——不管它们属不属于传统的“培训”范畴——来帮助马特快速提升自己、顺利完成目标。

在上面这个案例中，比较讽刺的一点是，销售经理搞不好比培训经理更清楚状况。销售经理才不管马特参加过哪些培训、成绩如何，他只希望看到马特快速成长，最后把订单敲定。相较于传统的培训课程，销售经理会更倾向于给马特提供简短的、聚焦的、个性化的，同时更加丰富多样的学习资源。

我需要提醒一下：我并不是说应该由马特（学员）来掌控整个学习过程。但不得不承认，学习掌控权确实需要某种程度的转移。马特需要展现他的能力、准备好接受评估，以及——最为重要的——完成组织赋予他的任务。我们关注的不是马特学到了多少知识，而是他的行为有了多少改变，是否为目标做好了足够的准备。我们所谈的并不是某种新颖的、炫目的培训方法，而是要尽一切可能，提供所有必要的学习资源给马特、观察他的行为改变，并整合所有的力量，让他达成目标。

老实说，我们当中的大多数人并没有亲身体会过我们所打造的“学习体验”。我所知道的大多数培训师、课程设计师及培训经理，都不曾以学员的身份亲自参加自己所设计的课程——仅仅站在教室外面，你很难想象坐在里面听一小时无聊的课是多么难熬的体验。我们所鼓吹、推销的那些“先进”的学习活动，其实我们自己都不曾参与过。缺乏亲身作为学员的经验，使得许多培训师和培训经理很难体会学员的真正难处。当我们自己做学生的时候，我们会抱怨课程太长、太无聊、太缺乏个性，但作为培训师或培训经理，我们往往对学员的个性化要求置若罔闻。

为了增加学习的个性化和促进控制权转移，学习与发展人员必须做出如下的关键改变：

- 学习管理系统的升级。我们大多数的学习管理系统都是基于“大锅饭”学习思维的。我们需要改良、升级或者替换组织的学习管理系统，使它更能适应个性化的、由学员掌控的学习模式。

- 小数据，大用途。我们必须拥抱大数据时代的数据收集和分析能力，来对个别学员的微观数据（他的学习经历、行为表现和需求）更妥善地运用。课程设计师、培训师和培训经理都需要培养良好的分析数据、运用数据的能力。此外，我们也需要通过反复的实验，来找出最适合的学习内容和方法：例如，一群销售员参加正式培训课程，另一群销售员自己在家观看八段学习视频，看看最后哪一边的提升比较明显。
- 改变称谓。或许在这个时代，“××课程”“××学院”“××大学”已经不再是对学习活动最好的称谓了，因为“××课程”往往意味着由教师主导一切，缺乏个性化和学员掌控能力。例如，NBC 环球（NBC Universal）就把它的学习部门改名为“人才实验室”（Talent Lab）。我们可以从外界崭新的、热门的媒介世界那里借鉴称谓。例如，大家听到 i 开头的字——iPhone、iTunes、iCloud——都觉得很潮，那么我们的学习部门能不能叫作 iLearn 呢？又比如，Trip Advisor（中文名：到到网）是全球知名的旅游评论和推荐网站，那我们的学习资源管理系统或许叫 Tip Advisor 也不错？
- 亲身体验。千万别成为那种从来没尝过自己做的菜的厨师！想成为优秀的学习与发展人员，首先要以学员的角度来体验一切。我们应该身先士卒，尝试一切新的学习方式，例如，注册并试听一门慕课看看，或者找一个住在地球另一边的导师，每天跟他通过 Skype 交流 15 分钟……总之，唯有亲身体验过，你才可能知道这适不适合。
- 提高直线经理的权限。很多时候，其实学员的直属上级更了解学员需要什么、对学员的期望是什么，同时他们也掌握了许多有用的学习资源。在合适的安排下，他们完全可以绕过培训部门，直接提升员工的能力和技巧。学习与发展人员应该坦然接受这样的转变，与直线经理合作，分享经验、共同建立学习资源库，优化学习体验，而不是徒劳地试图继续把掌控权抓在自己手中。

最后，别老盯着那些亮闪闪的培训或学习方法新发明，想着它们得到了多少融资或哪天会上市。真正的学习创新绝不是单属于某家公司的，也不是光靠钱就能买来的，而是一点一滴的累积、不断变革和适应的结果。关注员工的行为改变——特别是在工作之外的行为和习惯——不断实验和改进，找出真正适合自己组织的学习方式。

未来已经发生。不管我们愿不愿意接受，学习个性化的趋势和控制权的转移，都注定将彻底转变今天及往后的学习方式！

↘ 作者简介

艾略特·梅西，梅西学习中心（The MASIE Center）CEO 兼学习联合会主席，他投身企业学习领域的教育、研究和改革长达 40 年以上，被公认为在 20 世纪 90 年代中期创造并发展了电子化学习模式。他的学习联合会涵盖了全球 230 家知名企业。梅西写作了超过 12 本书，包括最近的《大学习数据》（*Big Learning Data*）。他是严谨的研究者，认为学习领域的一切创新都必须基于实验和证据。他还是每年企业学习大会（Learning Conference）的召集人。更多关于他的信息可参考 www.masie.com。

第51章

培养全球领导力

比尔·韦根豪恩（Bill Wiggenhorn）
瑞妮·麦克雷（Renie McClay）等

本章要点

- 了解在全球各地培养领导力的挑战、机会、工具和技巧
- 聆听来自世界各地的经验：非洲、澳大利亚、中国、欧洲、印度、韩国、日本、东南亚、拉丁美洲、中东及北美洲

领导力数千年来一直是人类探讨、研究和实践的重要议题。公元前540年波斯帝国的缔造者居鲁士大帝（Cyrus the Great）和公元前470年中国的孔子，是两位最早深入分析领导力的关键人物。他们两人的观点惊人相似，都认为领导者（孔子所说的“君子”）必须建立信任、率先垂范、以身作则，为下属创造良好的环境，并且具有高度的诚信和正直品质。

在本章中，我们的共同作者们将分别探讨在全球各个地区培养领导者所将遇到的挑战、机遇，以及所需的技巧和工具。这些知识不仅对在该地区的领导者有所助益，对于在日趋整合的全球化市场当中的全球领导者而言，也同样有用。

今日的世界需要全球领导者在停滞的、成熟的乃至于新兴市场上都能有效领导。领导者被期望能塑造出良好的工作环境，让创新和产品／服务质量能够兼得；要能够同时善于制定战略和执行战略；能够营造充满激情与合作精神的组

织氛围；同时还能够给予团队成员及时、有效的反馈，来不断提升个人、团队和组织的绩效。

今天成功的全球化组织远比过往任何时代都要更加多元和复杂，来自世界各地的员工带来了多样化的知识、技能、文化和工作方式。因此，无论在企业、政府机构、非政府组织或非营利组织，领导者都必须准备好面临这些崭新的挑战。近年来多项针对 CEO 的调查都表明，未来的领导者必须具备数字化时代的技能、敏捷的思维、良好的人际交往与沟通能力、全球化管理经验，并且还要精通多种语言。

科技、商业模式、消费者和投资者的期望都在以前所未有的速度不断变化，这迫使领导者必须同时兼顾外界的环境变化，以及组织自身的转变。领导者需要为员工塑造良好的环境，追求永续发展，并且兼顾全球化和本地化。本章的主要精神是，既关注全球化时代对全球领导者的要求，同时又兼顾每个地区的差异性和独特性。我们的共同作者来自世界各地，他们对自己所在地区领导力发展的论述，将有助于领导者在这个前所未有的巨变时代找到出路。

下面，我们的共同作者将分别论述在世界各个地区培养领导者的相关议题：非洲、澳大利亚、中国、欧洲、印度、韩国、日本、东南亚、拉丁美洲、中东及北美洲。尽管每部分是由不同人所写的，论述的地区也各不相同，但你或许会惊讶于许多领导力开发的重点是放诸四海皆准的，然而，细细品味每一部分，你又会发现许多细微的差异之处。作者论述的是在他们所在的地区开发领导力所用的工具和技巧，以及所遭遇的机会和挑战，这些对于你自身的发展，以及组织中其他领导者的发展，都是有所助益的。领导者必须塑造出重视创新和产品 / 服务质量的环境，以保持组织的竞争力；同时，他们还必须拥有战略意识，并且打造出充满激情、合作与互动精神的组织文化。

阅读本章，来一次心灵上的环球旅程。正如我的导师鲍勃·盖尔文（Bob Galvin，摩托罗拉前 CEO）所说：“带上两个行李箱……其中一个装满知识，分享给别人；另一个空着，好不断学习新的知识。”这趟旅程下来，我那个原本空着的行李箱已经满到溢出来了，我希望你们也能同样感受到知识的盛宴。

非洲的观点

非洲是世界第二大洲，约占陆地总面积的五分之一，其中有少数地区纷争不断。非洲总人口已经超过 10 亿人；全世界最大的沙漠——绵延 900 万平方千米的撒哈拉沙漠就在非洲。尼日利亚是非洲人口最多的国家，总人口约 1 400 万人；埃及的开罗则是非洲人口最多的城市。非洲有超过 3 000 个民族，以及超过 200 种语言。2010 年南非世界杯被认为史上最成功的足球世界杯赛事之一，现场观众超过 400 万人，而全球电视观众累计超过 300 亿人次。

领导力开发

在非洲大陆，与其他地方一样，人际互动永远是领导力开发最重要的议题。有意思的是，非洲语言（如祖鲁语）中的 ubuntu 一词就意味着在各个阶层人们之间的沟通与合作。在这里，即使最古老的部落首领都知道沟通的重要性，他们会在做重大决定之前召集全族人，然后聆听每个人（包括最年轻的族人）的意见。非洲逐渐崛起的经济，需要愈来愈多的领导者从交易型领导过渡到变革型领导，但同时不能忽略仆人式领导，正如传统的 ubuntu（代表人与人之间的忠诚与联系，大致可以理解为“人是通过其他人而成就自身的”）作为非洲文化体系的一个必不可少的部分，依旧继续存在。

作为新兴市场，非洲国家间的人才争夺是极为激烈的，特别是在高层次人才以及高潜力领导者的争夺方面。在南非——非洲较为进步的经济体之一——由于 20 世纪 90 年代以来的肯定性行动计划（Affirmative Action Programmes，以消灭就业、经济和教育等方面的种族歧视为目的的一系列行动）逐步消除了过去种族隔离政策所带来的不利影响，使得南非黑人的地位和能力大大提升，已经出现了一定数量的黑人上流阶级、领导者和百万富翁。

教育和失业率

在非洲，由于基础设施的缺乏及距离等因素，大多数国家都面临着两大难题，那就是教育水平的低下及贫穷。根据联合国教科文组织（UNESCO）的统计，在

2011 年，撒哈拉沙漠以南的非洲地区（Sub-Saharan Africa）仍有约 2 980 万名儿童从没上过学校，也就是每三个儿童就有一个失学。与之相对，那些较为富裕的非洲国家则远远走在这些邻国的前面。例如，加纳刚在 2013 年将 4 万台笔记本电脑免费发放给 375 所小学；而南非的一些学校甚至已经抛弃了书本，所有教育都通过互联网和平板电脑来完成。

另一方面，移动学习在非洲许多地方蓬勃发展，当地的电子化学习厂商发现手机 App 是他们最有效、卖得最火的产品。无疑，电子化学习和移动学习对非洲市场而言是相当不错的解决方案，因为它们较为经济、灵活，而且可以无视距离的远近。

非洲的文化价值观体系

根据范·扎尔（E.S. Van Zyl）、寇萨（Khosa）、尚希瓦（Shonhiwa）和范·兰斯博格（Van Rensburg）的研究，很明显，跨文化管理者必须对非洲的文化价值观体系有深入了解，这些价值观界定了管理者和下属之间的角色及互动模式。

以下是非洲文化价值观体系的要点：

- 非洲人更偏好精神上的集体主义而非个人主义。精神领袖广受尊敬。
- 在解决问题上，非洲人更倾向于获得共识，而不是争论。
- 崇尚谦卑和乐于助人，而不是相互批评攻讦。这与 ubuntu 哲学（强调人性、关系和尊重，与仆人式领导的理念接近）相符。
- 下属对领导者有着本能的信任和崇拜，因此不愿意批评领导者。
- 非洲人的道德标准是根据祖先传下来的先例。换句话说，历史在指导未来的行动当中扮演关键角色。
- 牢固的、等级森严的社会阶层结构，因此人们较崇尚秩序，对权威和不平等的接受度高。
- 天生的乐观主义和对超自然力量的信仰蕴含在大多数非洲人心中。
- 非洲人普遍相信身居高位的那些人一定拥有卓越的领导力，不会让下属失望。他们期待领导者展现出高度的自律、公平、透明度及责任感。

遗憾的是，人民对领导者的这些期望并不总是能够成真。事实上正因为人民的盲目乐观和信任，进一步加剧了腐败，我们看到那些身居高位者（特别是政府官员）利用民众的信任，享受巨额的财富和不合理的利益。

挑战

在非洲许多国家，腐败甚至已经变成了日常生活的一部分。想依靠法律手段来杜绝腐败，目前来看依然困难重重。另外，企业中泛滥的裙带关系严重损害了企业自身的道德伦理。

不过，公司治理在一些非洲国家正在逐渐受到重视，南非发布了著名的《金氏报告》(*King Report on Corporate Governance*)，加纳出版了公司治理手册，津巴布韦也发布了公司治理原则。

尚希瓦（Shonhiwa）对撒哈拉沙漠以南非洲地区 11 个国家进行了研究，发现对非洲管理者而言，想要成功，一般而言需要：

- 尊敬上级和长者。
- 确保八面玲珑，充分聆听各方面的意见。
- 展现足够的耐心。
- 有同情心，尊重 ubuntu 法则。
- 群体的意愿优先于个人。
- 培养客观和平等意识。
- 慷慨大方，乐于助人。
- 解决问题时要以人为本。
- 渴望学习新事物。
- 果断和自信。
- 展现对公平和正义的渴望。
- 尊重多样性。
- 保持责任感。

对于逐渐崛起的非洲经济体而言，缺乏训练有素的合格管理人员一直是个令人头痛的问题。许多资深管理者事实上是基于裙带关系或权力斗争而爬到如今的位置的，不过他们也正在面临新一代的、受过良好教育的年轻管理者的挑战。许多来自西方国家的先进管理理论已经在非洲企业被广泛接受，但水土不服时有所闻，还需要更多的研究和实践，才能让这些理论在非洲的环境下真正扎根。

总结

如果要总结非洲领导力开发所面临的挑战，那就是两个字“纠结”：一方面渴望采纳最新的西方企业模式和领导风格，另一方面又不得不面对本地错综复杂的政治、经济和社会关系。因此，作为培训与发展专业人士，必须同时关注领导者在理论（先进的知识、技巧和能力）及实践（在真正的江湖摸爬滚打的能力）两方面的提高。在非洲经常发生这样的情况，人们鼓吹先进的西方管理思想和领导风格，领导者也两眼放光、求知若渴，但拿到实践层面上，往往窒碍难行。

非洲大陆渴望转型和创新，作为全世界人口增长最快的地区，非洲有机会成为下一个全球经济增长的发动机——但前提是，它必须克服那些根深蒂固的顽疾，如教育问题、贫穷，以及失业。

澳大利亚的观点

澳大利亚政府授权的首份国家级领导力调查报告《创业国度》（*Enterprising Nation*，1995）——该报告旨在探讨澳大利亚管理人员在整个亚太地区的竞争能力——指出了两大成功关键因素：

- 能够在西方环境以外工作并如鱼得水的能力（这也意味着需要精通亚太地区的语言）。
- 能够在高度复杂和充满不确定性的环境中工作。

在过去 20 年间，这一架构主导了澳大利亚的领导力开发模式，使得领导者在充满不确定性的商业、经济和社会环境中依然能够保持竞争力。

独特的领导力实践

除了《创业国度》，还有一系列针对澳大利亚文化特征的研究都表明，在澳大利亚的文化——受到西方自由和平等主义思潮的影响——当中，有效领导力并不总是与较高的领导岗位相关；相反，有效领导者可以在“领导”团队的同时，依然扮演团队成员的一分子。这导致了船长 / 教练型领导力（Captain/Coach Model of Leadership）理论的出现，这是澳大利亚独特的领导力实践模式。

与其他大多数已开发国家类似，在澳大利亚，组织领导力开发一般而言是分两方面进行的：一方面，专注于组织自身的领导力特质和文化氛围，从内部培养领导者；另一方面，仰赖学术界对领导力的研究和商学院的教育，从外部提升人员的领导能力。

在组织当中，领导者需要塑造自己的领导风格、提高情商、提升自我能力，通过清晰的目标和愿景来凝聚团队及整个组织，同时把握创造力和创新的机遇。

此外，领导者还需要拥有系统和整合性思考的能力，把握全球性的新趋势，了解这些趋势的影响，并随时抓住由于新趋势而衍生的创新、创业机会。

挑战

澳大利亚领导者所面临的最大挑战之一，是如何在管理当中兼顾虚拟化组织和多元文化主义的需求。相较于传统的面对面沟通，下一世代的领导者事实上已经更习惯于通过 Facebook 等社交媒介的虚拟沟通，同时他们对多元文化的包容性也更高。

领导力开发也必须关注反思和自我认识：领导者对自身的了解程度，特别是对自己的动机、抉择、偏好及盲点的认识能力，将影响他们的整体思考和管理能力。

领导力开发曾经一度是由学术界主导的理论研究，但现在已经演变成理论界和实务界齐头并进的局面。在这个背景下，澳大利亚领导者一方面需要吸收最先进的理论前沿，另一方面也需要不断提取来自业界实务经验的智慧。目前，澳大利亚领导力开发的主要实践模式包括岗位轮换、情境规划、导师制及企业教练等。其他有用的做法还包括职务借调（暂时性地到同一家公司的其他部门工作），以及到其他单位——如政府部门和非营利组织等——工作，以拓宽个人的视野和提高解决问题能力等。

↘ 总结

在澳大利亚，领导者成功的关键在于，一方面能够在短期内取得良好的业绩，另一方面又能够在错综复杂的环境因素当中保持专注力和对未来的远见。

此外，关注不同世代员工的特质以及工作方式，确保未来的领导者能够充分发挥他们的潜力，也是目前澳大利亚面对的领导力挑战之一。

中国的观点

整体而言，中国的领导力开发历史并不长。自新中国成立起，中国政府实施社会主义计划经济，到改革开放以后，大多数企业直到 1992 年才逐渐具备经营管理上的自主权，成为市场竞争的主体。从这时候开始，领导力开发越来越受到重视。1991 年，中国顶尖的商学院——清华大学经济管理学院——及其他 8 所商学院第一批开设了 MBA 项目。1999 年，清华大学经济管理学院率先在 MBA 项目中开设了领导力课程，2003 年，在高管培训项目中开设了“卓越领导之道”课程。

↘ 近年的改变

领导力的需求正在快速增加。近年来，由于日趋加剧的竞争及国际化，领导力开发对中国管理者和领导者而言越来越重要。许多公司都建立了自己的领导力素质模型及领导力开发项目，也有相当数量的大型企业建立了自己的企业大学。

中国企业的全球化布局，使得企业对领导者的文化自觉要求越来越高。他们必须有效地与人建立和发展关系，需要全球化的企业经营管理的知识，以及了解如何在复杂多元的环境下构建竞争力。在多元文化环境下，他们要树立企业的核心价值观，并展现出足够的灵活性和包容性。

根据我们运用“受人尊敬的领导者的七个特质”调查问卷获得的 3 000 多份反馈统计，在中国受人尊敬的领导者排在前三位的特质是：心胸宽广、有前瞻性、胜任力。如果将中国与北美地区进行比较，会发现中国领导者格外重视心胸宽广和雄心抱负；此外，北美地区领导者普遍将诚实放在领导者重视的特质的第一位，但在中国只排名第六。表 51-1 比较了中国和北美地区领导者重视的特质。这样的差异对领导力开发的内容与过程显然有着很大的影响。

表 51-1　中国和北美地区领导者重视的特质比较

序　　号	北美地区	中　　国
1	诚实	**心胸宽广**
2	有前瞻性	有前瞻性
3	胜任力	胜任力
4	能激发人	公平
5	聪明	**雄心抱负**
6	公平	诚实
7	心胸宽广	能激发人

首要的组织领导力需求

在中国，企业想要成功必须满足许多条件。企业需要知道如何调动员工的积极性、打造一支有竞争力的领导者队伍、定义和发展胜任力模型、向员工提供有效的培训与指导，同时将人才管理程序和企业战略加以整合。其中，在培养领导者方面，除了理论知识，也需要符合中国企业的实际情况，并善用案例研究。

挑战

领导力开发必须因时、因地制宜。对高层管理者而言，想做好领导力开发，首先需要调整自身的价值观及心态，这包括对领导力开发投入更多时间、有足够的耐心来等待变革发生作用，采用合适的评估工具和培训方案，以及善用企业教练方法等。

在这其中，改变高管的价值观和心态是最大的挑战。无疑，高管都非常忙碌，他们往往不愿意花太多时间在培训与发展这类看起来“无法快速产生效益”的事情上，他们也往往缺乏足够的耐心，因为变革所花费的时间往往长到超乎想象。

中国的另一个趋势是出现了越来越多的女性领导者。近年来，女性开始在职场上承担越来越重要的工作，目前在企业和政府部门的管理者中，女性比例大约占到 30%。因此，针对女性的领导力开发也成为中国的重要课题。

总结

中国企业想要在领导力开发方面继续高歌猛进，第一，企业各层级领导者必须认识到组织所面临的挑战，并不断提升自身的领导力；第二，最高领导者必须亲身投入领导力开发工作中，并将之与企业整体战略互相匹配；第三，组织需要开发有效的工具和模型，以促进领导力开发的规范化和有效性；第四，学者和专家们应该对中国情境下的领导力进行更深入的研究，提出真正适用于中国领导者的理论模型。

欧洲的观点

正如同欧洲这块大陆本身的多元性一样，欧洲的领导力开发也充满了多元性。由于各国不同的文化价值观，领导力就像鞋子一样——每个人的鞋尺码都不一样，没有一双鞋可以适合所有人。不同的文化带来了多元的领导力风格，以及员工对领导者多元化的期望（布罗德贝克，2000）。同样，各个公司也根据自身的环境和战略，创造出了多样化的领导力胜任模型。然而，由于几乎所有欧洲企业都同样面临着日益复杂、多变、模糊和充满不确定性的环境，因此欧洲各国的领导力还是有一些共同点的：都要求领导者具备高度适应力、能够在困难和充满不确定性的环境下有效领导（约翰森和赖安，2012），并且能够将自身的影响力超越部门、地理区域、文化、组织层级的限制，从而加速组织政策的实施和变革（恩斯特和克罗伯特-马森，2010）。

领导力开发的定位在各个欧洲国家间有很大的差异。以下分别以英国、德国和法国做例子，说明在欧洲这块复杂的大陆上，领导力开发的不同途径、挑战及方法。

挑战

在整个欧洲，领导力开发最为先进的国家要数英国。自 1850 年迄今，英国拥有悠久的重视员工福利传统，这后来导致了工业心理学的出现，并进一步演化成了组织心理学和行为科学等学科。英国人力资源协会（Chartered Institute for Personnel and Development，CIPD）历史悠久，目前拥有超过 13 万名会员，为英国人才管理的各个方面制定标准和指导原则。在英国，CIPD 专业资格认证是所有人力资源从业人员必备的证书。然而，金融海啸给所有企业带来了重大打击，许多企业被迫削减那些与企业战略没有直接关系的人才开发项目。企业开始以更谨慎的眼光看待领导力开发，希望知道怎样的领导力项目能对企业经营产生直接效益。在未来，越来越多的领导力开发工作会与企业战略和组织变革有更加紧密的联系。

而在德国、奥地利及瑞士的德语地区，领导力的传统则与英语国家全然不同。在这里，领导力很大程度上源于领导者在技术上的专长，技术专家的地位极高。不过，德国企业也开始非常缓慢地意识到，技术专长并不一定能转化为在全球企业竞争中胜出的能力。因此，专门的领导力开发项目开始逐渐受到重视。然而在德国，领导力开发大致而言依然是个人导向、基于胜任力模型的机械化模式，极少关注团队合作和团队建设等内容。尽管来自其他国家的领导力理论模型逐渐被接受，但整体而言，德国人心中的“领导力”依然是一种高度技术性的、基于日常工作实践的能力。

在法国——尽管法国人自诩为自由、平等思想的发源地——但在过去，领导力开发很大程度上是精英阶级的专属特权。许多企业的领导者都毕业于精英主义的顶尖大学，这些学校基本上是为了培养国家领导人而设立的。这导致了法国领导力开发的内在矛盾：一方面是高度精英主义和中央集权式的，另一方面却又重视平等与合作。有效的领导力开发一般而言包含团队合作与团队建设等方面的内容，又要与企业的价值体系和战略高度契合。

可以看出，尽管西欧各国的历史传统不同，对领导力的看法也迥异，但由于面对相似的市场竞争和全球化环境，各国的领导力开发和人才管理都有逐渐科学化、专精化发展的趋势。不过，在欧洲其他地区，特别是东欧，由于劳动市场本质的不同，领导力开发的做法也与西欧存在较大歧义。在东欧，年轻人才往往一门心思向上爬，而且确实能够很快地获得升迁，这使他们往往对所处的岗位缺乏足够的经验。我们看到很多东欧的高潜力领导者都能够在很年轻的时候就爬到高管位置，尽管他们拥有很好的能力和专业技术，但在工作和生活经验方面依然有所欠缺。在东欧，领导力开发是个新兴领域，大多时候关注的是具体技能的提升，而不是把领导者视为一个整体来发展。把员工送去接受领导力培训，一般被视作一种奖励，而不是机遇；因此，学员对学习的参与和投入程度往往差异很大。

对欧洲而言，领导力开发最重大的挑战之一是人口结构的改变。欧洲大多数国家都面临人口老龄化问题，这给整个社会带来了诸多挑战：公共退休金计划濒临破产、医疗和社会保障成本剧增、经济上的竞争力则每况愈下。想要应对这一危机，其中一个重要的做法是将更多元化的人群纳入劳动力范畴中。例如，女性的工作能力在过去是被低估的，她们的就业率和担任重要岗位的比例都要低于同样教育程度的男性。因此，许多国家都在考虑出台明确的雇用比例原则，来提高企业和政府部门女性领导者的数量。欧盟自身都在考虑这样的性别比例原则。北欧国家——特别是挪威——在男女平等方面走在欧洲大多数国家前面，其女性身居高位的比例堪称典范。许多企业内部也开展了针对女性的领导力开发项目，从导师制到专门的女领导者培养项目等，不一而足。然而，仅仅这样是不够的，唯有同时改变组织文化，使文化变得更包容、富有弹性、注重工作生活平衡，并且在社会文化层面更加体现男女平等，平等雇用才可能真正成为现实。

总结

在欧洲这样多元化的地方推动领导力开发，无疑是充满挑战的事——特别是许多企业本身就拥有来自多个国家、多个民族、多种语言的员工。特别是对于那些高度个人化的培养方式——如企业教练——而言，如何用员工自己的语言来传递学习内容是至关重要的。不过，探讨跨文化、跨民族的领导力开发实务，对于欧洲而言也是一项极大的机遇，它可能有助于欧洲国家解决共同的问题，如专业人才短缺、女性领导者的培养，以及如何通过多元化的员工来提高竞争力。

印度的观点

尽管在许多方面与世界其他国家有共通之处，但印度的领导者也有着其与众不同的特质。尽管印度在经济上越来越向全球靠拢，但整个教育系统和社会体制仍然落后。对印度领导者而言，关键的挑战在于如何在步入全球化竞争的同时，仍然能够满足本土独特文化的要求。成功的领导者是那些能够整合多元化的文化、技能及资源来成功推动变革的人。

脉络

印度这个国家独一无二的特点在于它的多元化——印度也许是全世界民族、语言最为复杂的国家了。印度领导者成长于各种文化交融混杂的环境下，他们的朋友和邻居往往来自不同的民族、宗教、社会阶级，其社会经济地位也天差地远。在这样的背景下，印度领导者往往需要比其他国家的领导者更有包容心，能与各类不同的人群和平共处。

印度经常遭遇严重的政府腐败问题及不道德行为的危机，这对印度的竞争力产生重大的伤害。在这一背景下，印度领导者需要谨守更严格的道德底线，为了组织的长远发展，勇敢地同各类政府官员的腐败行为斗争。在印度，想要推动任何变革的人都需要具备高度的耐心、韧性及弹性，因为在这个国家，很少有什么事能够顺风顺水地进行，各种稀奇古怪的问题总会发生，在领导力开发这方面也不例外。

该培养什么

印度人拥有惊人的忍耐力和韧性。在这个国家，你每天都可能碰到无预警停电、索贿的警察，乃至于水牛挡住道路之类的事。印度人对这些习以为常；然而这使得任何形式的规划都变得相当困难。在印度人看来，反正任何计划都不可能顺利执行，结果总是跟预想的不一样，那么为什么劳神费力做计划？事实上，这样的心态对于创业期的领导者倒是十分有利的——印度人对于变革和创新的抵触情绪并不高，他们没什么好抵触的——但在组织规模逐渐扩大，需要系统性、长期性的规划和实践时，印度人的这种心态却成了极为不利的因素。一般而言，印度领导者普遍不擅长中、长期的战略规划，这也许是他们早就习惯“计划赶不上变化”的现实环境了。

另一方面，印度又是一个充满竞争的国家。儿童们自小就要拼命读书，削尖了脑袋努力往上爬，希望能考上全印度为数不多的好学校，因为只有挤进那道窄门，才有机会获得好的工作及好的婚姻。在印度，只有少数人有机会接受良好的教育，而能够出国读书，进而在国外获得好工作的人就更少了。然而，我们都知道，对于领导者——特别是高层领导者——而言，领导力很大程度上是关乎你的团队合作、建设团队以及激励他人的能力。而印度人自小到大养成的竞争性格——越是优秀的人，所经历过的竞争越残酷——却可能在很大程度上削弱他们的领导力，因为“分享”“合作”“包容”这些价值观，与他们过去的经历截然不同。可以说，很大一部分印度领导者在成为“领导者”所需的技能和价值观上是相对欠缺的。

对印度领导者而言，需要培养的关键能力包括：

- 战略性思考。创新性地想出其他竞争对手难以复制的点子和商业模式。
- 创新。新的解决方案。
- 自我领导和团队领导。寻找、培养和运用一个团队，为企业创造更高的效益。
- 市场价值。同时思考质量和成本，而不要只停留在“便宜就是好”的思维上。
- 道德素养。了解管理者对一个团队、企业乃至于社会的意义。

培养谁

印度是一个年轻而拥挤的国家，虽然混乱，但也充满了创业精神和成长的拼劲。年轻人拼尽一切希望获得好的教育、工作及升迁机会，他们必须超越其他人，才能抓住希望。在这样背景下成长起来的印度领导者，拥有极端狂热的野心。然而，当他们一门心思往前冲的时候，却有可能反过来迷失了自己；他们只知道不断往上爬、往上爬，却很少反思自己是谁、自己想要的是什么，以及领导者这个角色究竟意味着什么。

关于印度的领导力开发，需要注意几点：

- 企业领导者中位数年龄仅 25 岁。
- 年轻人往往在还没准备好的情况下就被赋予领导者的角色，因为这个国家经济的高速增长，对领导人才极度渴求。
- 尽管依然不够平等，但印度正在逐渐加大对女性、残疾人及少数民族群体的扶持力度。

如何培养

和世界其他地方一样，印度的领导者需要多方面的培养，需要组织投入足够多的资源。组织要为年轻领导者提供勇于尝试探索新任务、新岗位和新角色的机会及保障。由于印度固有的腐败问题及缺乏长期思考能力，年轻领导者应该能从导师制（来自资深领导者的指导）及企业教练（特别是来自工业／组织心理学家的帮助）当中获益。

此外，因为印度人普遍缺乏良好的人际交往能力，印度领导者也应该系统性地学习说服理论——这方面的世界知名专家包括罗伯特·西奥迪尼（Robert Cialdini）等。其他可行的培养方案还包括：

- 角色塑造。领导力培养不只是教室内的培训，还应该亲身体会伟大领导者的领导方式。
- 组织文化变革。建立赏罚分明的组织文化，明确定义组织所鼓励的行为，以及那些组织不鼓励、一旦犯错会遭到处罚的行为。这在印度显得较为困难，因为印度的传统文化氛围是“宽容”和“不要给予负面反馈”。
- 员工留任。在印度这个充满了机会、人才却极度稀缺的国家，员工跳槽的诱因是很大的。如何留住有能力的员工，进而保住组织的竞争力，是极为重要的。

韩国、日本和东南亚的观点

无论规模大小，大多数企业都希望找到最好的办法来培养领导者。有些企业的高阶领导者自身承担起培养接班人和各级领导者的责任；有些企业聘请咨询师（内部或外部的）来设计各式各样的培养方案；还有些企业的培养方式是让年轻领导者去听各式各样“名人”（学术界或业界）的讲授。但无论如何，大多数企业笃信“我让你学得越多，你就会变成越好的领导者”。

↘ 文化特质

在亚洲大多数国家和地区，有一项普遍的文化特质影响了几乎所有的人和组织，那就是家长主义（也称父爱主义）。这一特质是大多数亚洲国家文化的核心元素，无论是中国、韩国、日本、马来西亚还是泰国，都是如此。有些人认为家长主义是根源于儒家文化的影响，然而事实上，即使在受儒家影响较浅的国家如马来西亚、印度尼西亚和泰国，家长主义依然根深蒂固。家长主义导致了独特的家长式领导风格。

应该说，在家长主义的文化环境下担任领导者，是有一些优势的。很少有人敢直接挑战领导者的决定，这并不是因为员工全都同意领导者的看法，而是文化氛围使他们不敢公开、直接地提出异议。这点即使在亚洲的民主国家也不例外，一个国家的总统和副总统，或者一个政党的主席和副主席，哪怕私下再怎么不合，也绝不会公开撕破脸。在开会的时候，“老板”侃侃而谈，主宰了整个会场，而员工只要点头同意就好。下属害怕做任何决定，什么事都指望着上级安排，以至于“授权”往往形同虚设。这样的文化氛围有时会助长领导者的自我膨胀，他们会以为自己是唯一有能力做决策的人。

此外，领导者或管理者很少征询下属的意见，而出于对上级的盲目信任或畏惧，下属也往往把话憋在心里，不敢说出来。如果领导者真的英明神武，那就万事大吉；但如果领导者能力不够，那大家往往跟着一起遭殃。

↘ 家长式领导的挑战

想打破整个家长主义文化是非常困难的。信任是扭转局面的关键。领导者应该找出不同的方法来获得信息，并且信任下属，通过真正的授权来提升下属的能力和自信。此外，领导者必须培养良好的沟通能力，这是一切领导行为的关键。企业教练可以协助领导者做出重要的改变，当然，如果能将企业教练和完整的领导力开发系统结合在一起，那就更好了。

将多种不同的领导力开发方法融合在一起或许效果更好，例如，将正式培训（学习新知识）、行动学习（应用这些新知识）和企业教练（引导领导者应用新知识）结合在一起，就是很好的模式。当然，所学习的新知识必然是符合组织战略和高层领导者期望的。这样的模式可以适用于亚洲所有的国家和地区。

家长式领导风格在东南亚、大中华区、韩国、日本都极为普遍。我们可以设法改变它或影响它，但这都不是件容易的事。家长主义在整个文化里根深蒂固，不仅在职场当中存在，在家庭、学校乃至社会的方方面面，都无处不在；孩子、学生和下属的服从及唯唯诺诺，又反过来强化了这样的文化。想要改变这一现状，需要高层领导者以身作则，自上而下地推动变革。想要改变家长式领导的不利之处，“家长”必须首先站出来改变一切。

↘ 日本的领导风格

根据日本管理学会（Japan Management Association）的“企业管理议题 2013”（Corporate Management Issues 2013）的研究，日本企业领导力开发最关注的三个领域分别是：

- 领导变革与创新。
- 全球化领导能力。
- 中层管理者和下一代领导者的培养。

普遍的领导力开发项目包括：

- 将 MBA 式的领导力课程与行动学习加以结合，一般为期数个月。
- 以创业研讨会作为创新的领导力开发方案。
- 跨产业（或跨公司）的交换项目。
- 前往海外新兴市场的体验式培训，如前往菲律宾、越南、印度等国家。
- 专门针对女性管理者的领导力课程。

日本的劳动力雇用结构是影响领导力开发的一大问题。大多数日本企业的员工结构事实上是严重扭曲的。在日本经济高速发展的 20 世纪 80 年代和 90 年代初，日本企业雇用了大量人员，但在随后的经济萧条期，雇用新员工的数量大大减少。

结果到如今，大多数公司数量最多的是 40~50 岁的中年员工；这些人在公司工作了 20 多年，也随着升迁体系爬到了中层，但因为年轻员工的缺少，很多中年员工挂着“中层管理者”的头衔，根本没有下属给他管理。缺少下属，使得许多中层管理者根本没有机会发展自己的领导和管理能力。这无疑会对日本企业的领导力开发和高管继任规划产生严重影响。

在日本，领导者需要培养的三项最重要的能力是：

- 推动组织变革，以及塑造有利于创新的环境。
- 促进组织的多元化发展，能让不同性别、世代及国籍的员工充分发挥能力。
- 清晰地传递公司的愿景和使命，并且通过明确的战略来实现愿景。

高层管理者和人力资源部门都意识到了培养下一代领导者的重要性。然而，有些公司在实施领导力开发项目的过程中，往往遭遇阻碍。据说是由于日本论资排辈的传统（一定程度上导致了年轻人想法遭到忽视），使得许多年轻员工对于参与领导力开发培训有抗拒心理，他们感觉年轻人参加“领导力”培训是“乱了辈分”。此外，有些领导者和 HR 也担心，选择一小部分年轻员工参加领导力培训的做法，也许并不公平，并且会让那些没有被选中的员工沮丧、失落。

此外，在日本，大致而言仍然把领导力开发视为一种个人能力的发展，而没有上升到人才管理策略或组织战略的层次。这使得领导力开发的议题和培养方式受到了局限。

总结

在家长主义盛行的亚洲地区，推动变革需要系统性、全面性的努力。家长式领导风格的优缺点需要被大胆地研究和讨论，进而做出改变。推动全球化的领导力培训课程，以及重视对年轻领导者的培养，都是亚洲国家必须关注的重点。

拉丁美洲的观点

拉丁美洲的领导力发展就像彩虹一样多姿多彩，或者说千奇百怪。一种做法也许在波多黎各和哥伦比亚大获成功，但在委内瑞拉可能惨遭滑铁卢。我们常说，拉丁美洲各国的领导力发展也许看起来很像——但也只是看起来而已，实质上是截然不同的。我们不可能在各国都用同样的方式，即使你有最先进的培训内容、最新的研究数据，以及最佳的业界实践案例。在拉丁美洲，若是没有先对所在地区的文化有深入的认识，那么一切做法往往都窒碍难行。

别以为拉丁美洲人都讲西班牙语或葡萄牙语，他们就是一样的。如果你以为拉丁美洲各国的文化和历史背景都差很多，而试图把同样的方法运用在哥伦比亚和委内瑞拉时，你离失败已经不远了。

当你的假设从根本上就错误时，任何努力都是徒劳的。培训师和课程设计师们或许能从拉丁美洲各国领导者身上找到一些“共同”的特质，但你必须认识到，无论这些特质看起来有多么相似，当它们被放到实际的企业环境脉络中时，又会变得完全不一样了。不仅国家与国家间差异很大，很多时候在同一个国家内，不同产业、不同公司间的差异，也会大到超乎你的想象。

拉丁美洲的领导力开发原则

为了给想在拉丁美洲推行培训、企业教练、领导力培养等项目的培训师和设计师们一些有用的信息，我们结合了自身的经验、科学研究的成果，以及对许多拉丁美洲高管人员的访谈，总结出了一些指导原则。

1. 垂直与水平。拉丁美洲领导者有着中央集权的传统，他们习惯按照严格的命令链来领导下属，领导者提出想法和发布命令，而下属只要照做即可。然而，这样的领导模式在过去 15 年间发生了重大的变革，很大程度上是由于新生代领导者大多在美国、欧洲或拉丁美洲的顶尖商学院接受教育，他们把更为水平、民主和情境式的领导风格带回了组织，改变了许多拉丁美洲企业的领导风格，认为领导者应该与下属通力合作来提出愿景和目标，并在管理团队当中下放更多的权力。

2. 关系与教育。在拉丁美洲，“关系”的重要性大于一切。许多拉丁美洲领导者之所以能够爬到现在的位置并发挥影响力，主要是得益于他们的内部和外部人际关系资本。人脉的培养及社会资本的积累，对大多数拉丁美洲领导者都是极其重要的。然而，这对那些受过良好教育但却欠缺社会资本的年轻领导者而言，却往往使他们的工作难以推进。

3. 程序与产出。大体而言，高层管理者最关心的是企业的产出和财务表现，但与此同时，他们也同样关注团队成员的意图、期望、情绪及组织承诺等方面，并将这些因素也列入绩效评估过程中。因此，如何平衡对最终目标的追求和对管理过程的重视，对于培养优秀领导者而言重要性是不言而喻的。

4. 文化因素关系重大。国家或地区文化的差异，可能会使你一切的领导力开发努力付诸东流。如果你以为一位来自秘鲁的领导者和另一位来自玻利维亚的领导者长得差不多、背景差不多、说一样的语言，这两个国家也很靠近，就以为他们真的完全一样的话，结果可能会让你大跌眼镜，因为这就像说一个得克萨斯州的人和一个加利福尼亚州的人完全一样（这两个州也很靠近，而且都临近墨西哥）那般毫无道理。因此在拉丁美洲，在设计和实施任何跨文化的领导力开发项目之前，都需要付出足够的时间和精力来了解各地文化间的微妙差异。

5. 本土还是国际？在拉丁美洲，本土的企业领导者受尊重的程度丝毫不亚于那些国际知名的领导者。拉丁美洲的管理人员尽管也很尊敬、钦佩那些美国或其他发达国家领导者所取得的商业、政治或科学成就，但他们更加为自己国家和地区的本土领导者自豪。因此，在领导力开发项目当中，加入一些本土领导者的成功案例，将有助于提高培训的效果。

总结

无论何时何地，结合正确的知识、态度和技能对于培养领导者都是非常重要的。但与此同时，在拉丁美洲，你还需要研究、了解以及尊重每个地区的不同文化，以及当地领导者们的领导方式和成就。如果你能将这两部分结合在一起，在充分尊重和包容本土文化及案例的前提下，注入最先进的领导理念、技巧和实践，那么你将有机会在拉丁美洲这个五彩缤纷的地方取得成功。

中东的观点

随着许多中东企业面临越来越大的环境挑战和结构转型，它们对领导人才的需求也与日俱增，“领导力开发”已经被列入许多企业的战略规划当中。

中东企业已认识到有效领导力是企业的成功关键因素之一，对企业短期和长期目标的实现都有着关键作用。近年来，有越来越多的研究和著作，试图揭开中东地区的特点（文化上、心理上和行为上的）对于领导力开发的影响。其中较有名的包括亚斯本研究院（Aspen Institute）成立的中东领导力研究所（Middle East Leadership Institute）、欧洲工商管理学院（INSEAD）对中东地区女性领导力发展的研究，以及最近出版的、由贝弗利·梅特卡尔夫（Beverly Metcalfe）和福阿德·米姆尼（Fouad Mimouni）主编的《中东领导力发展报告》(*Leadership Development in the Middle East*）——这可以说是第一份由阿拉伯语作者和英语作者共同撰写的中东领导力研究材料。

中东企业领导力的复杂性

尽管领导力本来就是一个复杂的知识、技能、态度和行为等方面的集合体，但对中东地区的跨国企业而言又显得格外复杂。企业的规模、文化多样性，乃至于领导者和员工的背景、特质和个性，都会对企业的领导力产生不同程度的影响。

与世界其他地区的共同点

在中东地区，一位能够有效指导、影响他人，能够令人信赖并且开启有效、真诚沟通的领导者，通常会被他的下属及上级认为是“有效”的领导者。这些特质以及能力，在中东地区和在世界其他任何地方一样，都是与有效领导力高度相关的。

此外，根据许多大型中东企业的看法，许多中东领导者所面对的领导力挑战包括：

- 无法有效创造和传递愿景。
- 不愿意改变现有环境，即使改变有助于进步和创新。
- 无法有效授权给下属。
- 无法以身作则。
- 无法有效激励和鼓舞他人。

近年来许多由企业赞助的研究都发现，许多领导者的失败或无效率，往往都跟难以克服上述的挑战有关。

在许多中东企业，对于男性和女性的领导力开发项目很大程度上是一视同仁的——当然，相较于男性，女性能够得到培养和重视的比例要低得多。不过，也有一些领导力开发项目会根据领导者所扮演的角色及团队当中的性别比例来做出调整。

为了应对越来越变幻莫测的环境，许多中东地区的中、大型企业都加大了对领导力开发的投资，如今许多成功的企业都已经将领导力开发列入战略规划的议程当中。此外，有针对性的培养方案——如以提高管理者的沟通能力、决策能力、人际关系建立、解决问题及战略规划等方面的能力为目标的培训——也越来越普及。无论是由企业自身组织的培训，还是由外界供应商提供的解决方案，在大型中东企业当中都蔚然成风。当然，在中东一切领导力开发项目都必须考量文化多样性、及时性，并将受众的特质和个性列入项目设计和实施当中，以最大限度地发挥领导力开发的作用。

总结

整体而言，有几项对区域领导力开发项目而言至关重要的因素，对中东企业而言也同样重要。这些因素包括：

- 根据领导力开发项目的目标和期望获得的成果来制定程序。
- 领导力开发项目应该有明确的学习目标、框架及策略。
- 明确界定想要培养的能力。
- 将诊断和个人评估工具融入培养方案中，先明确学员需要提升的能力，再有针对性地培养。
- 确保每位学员都有个人的学习和发展目标及规划。

北美的观点

今天，互联网和社交网络上充斥着各种关于领导力的信息，从领导力的定义、

“优秀”和“差劲”领导者的案例，到各式各样协助个人评估自身领导潜力的工具等。尽管拥有浩瀚如海的资源，我们却依然不知道哪个模型或哪种方法可以让我们最有效地培养一位领导者。

那些“行之有效”的领导力开发途径

不过，尽管没有“最有效”的办法，但许多领导力开发途径都有一定效果。关键在于，你能否找到最适合自己企业的一套方法。这并不是说领导力开发的一切都需要“私人定制”，但确实很多方面必须因时因地制宜。例如，每家企业都需要定义自身的领导者胜任力模型，以及能与自身文化和战略相匹配的领导者行为模式。

有一家企业把“领导者”的角色分成三个类别。

- 领导他人：领导一般员工的领导者。
- 领导领导者：领导其他领导者，或者领导一整个全球部门的领导者。
- 领导企业：那些直接向 CEO 负责的副总裁级别的领导者。

越往高层发展，领导者所需的能力就变得越来越宽泛和复杂。但也有一些能力是无论哪个层级的领导者都适用的，如以身作则、体现公司的核心价值观，以及诚信和正直等。

另一家企业则定义出了领导者所需要的七种能力：与他人建立关系、激励他人、持续精进自身、指导他人、清晰沟通、准时完成任务及创新。

这两家企业和其他许多企业一样，试图建立一套稳定有效的领导力模型，来激励、培养自身的高潜力员工，进而打造出强而有力的领导队伍。一代接着一代，每一代领导者都面对着同样的能力和行为要求，并不断自我提升直到充分“胜任”为止。即使企业规模随着时间而不断扩大，也不会影响领导力开发的基本模式和能力要求。

发展领导力开发模型

尽管领导力开发并没有放诸四海皆准的统一模型，但成功的领导力开发模型必然需要符合几项基本要求。大多数企业在建立领导力开发模型和战略时，都会考虑以下因素：调动领导者自身的积极性；界定未来领导者所需的能力特质；定义领导力开发的基本哲学；确保领导力开发程序与企业的其他体系能整合在一起；制订培养计划；规范反馈要求；明确甄选程序；将领导力开发的价值与企业的绩效表现（特别是财务绩效）加以联系。

然而，对美国企业而言，哪怕有了最完美的领导力开发模型，依然有许多挑战需要克服。

美国的领导力开发挑战

美国大多数企业面临着跟其他国家企业类似的问题。许多美国企业都承认，领导人才的储备远远不够，同时领导者对未来挑战的准备程度也不足。对美国企业而言，现在以及未来的领导者所需要面对的挑战包括：

- 远距离领导全球团队。
- 善用信息技术作为沟通和反馈的工具。
- 在无须直接控制或权威的情况下产生影响。
- 克服偏见。
- 有效领导一支包含了老中青三代员工的团队。
- 从不同性别、民族和背景的员工当中，有效选拔和培养下一代领导者。
- 善于和内部及外部客户打交道。
- 体会到领导力是可能过时和削弱的，因此需要持续提升自我。
- 促使个人和组织超越现有的学习模式，重新思考该学习什么？该怎么学习？

总结

与很多其他国家一样，美国也面临着领导者发展的重大挑战。我们必须不断运用我们的聪明才智和创造力来探寻领导力开发的新途径，找到新的答案。其中可行的新途径之一是找到有效的方法来让所有员工（而不只是一小撮人）得到培养。你可以在本书的网站（www.astdhandbook.org）上找到和下载许多有用的工具，其中包括了自我发展工具和相关的技巧，你可以将之融入企业的领导力开发项目当中，或者用来培养你自己。

使命召唤

本章其实有点“时光胶囊”的意味，我们试图把当代人们对领导力开发的各种努力、看法和发现浓缩在这里。过去 40 多年来，我们一直试图设计和开发更好的领导力方式，我知道还有成千上万人跟我们有着一样的梦想。我们通过分享和比较来自全世界的领导力研究和实践，找出那些对世界大多数角落的人们都适用的、最重要的领导力元素。

我们必须承认，领导力开发并不是一个新课题，也不是什么全新的艺术或科学突破，可以说，自古以来，人类始终在探寻领导力的真谛。正如本章一开始所说的，我们今天所笃信的许多领导力教条，其实与几千年前居鲁士大帝和孔子所发现的并无二致。这两位伟大的思想家早已对领导力做了详尽的考察，认为领导者必须建立信任、率先垂范、以身作则，为下属创造良好的环境，并且具有诚信和正直的特质。

今天，关于领导力的信息可谓不计其数。几乎每天都有新的著作或学术论文问世，试图探讨领导者的新定义，以及该如何同时做到交易型领导（引导下属完成目标）和变革型领导（创建更为活力四射、充满团队精神的组织）。海量的信息给我们带来了新的挑战：在培养领导者的过程中，如何一方面尊重传统的智慧，另一方面又不断融入新的知识和信息。

本章探讨了世界各地的领导力实践。尽管千姿百态，但世界各地的领导力开发依然有着相当多的共同点。在大多数国家，领导力开发的共同挑战包括：如何领导来自不同世代、不同文化背景的员工；如何善用信息技术；如何塑造创新氛围，不断挑战企业的既有商业模式等。我们希望通过本章，能让读者进一步思考领导力的本质，了解并没有“放诸四海而皆准”的领导力开发模式，然而，有一些领导者所需具备的特质，却是亘古不变的：信任、诚信及激励。

我们要特别推荐由创新领导力中心（CCL）所出版的两本白皮书，分别是《全球领导者面对的挑战：相同与相异》（*The Challenges Leaders Face Around the World: More Similar Than Different*）和《打造你的职业：职业相关的文化差异》（*Crafting Your Career: Cultural Variations in Career-Relevant Relationships*）。这两本白皮书将

有助于你进一步了解全球领导力开发相关的议题。相关资源可参考本书的网站（www.astdhandbook.org）。

作者简介

比尔 · 韦根豪恩，Main Captiva 公司总裁，该公司主要提供定制化的高管发展战略、体系和项目，以及企业人才管理咨询服务。他是培训与发展、高管领导力开发、电子化学习、营销和企业战略等领域的著名专家，合作过的客户涵盖全球 60 多个国家。他曾任施乐（Xerox）公司高级学习与发展经理，以及摩托罗拉（Motorola）和信诺（Cigna）公司的首席学习官。他最广为人知的成就或许是建立了摩托罗拉大学（MU），该学校一直被视为企业大学的标杆。在比尔领导下，摩托罗拉大学在 24 个国家建立了 101 个办公室。他总计为摩托罗拉建立了两个企业博物馆、数个企业客户接待中心、企业档案馆、一所大学，以及一个针对摩托罗拉客户和供应商的咨询团队。

瑞妮 · 麦克雷，从事企业绩效改进工作长达 20 年以上。她是 Inspired Learning 公司创始人，她的著作领域涵盖全球培训、提高培训投入感、创建高绩效的销售团队，以及团队建设等方面。她协办了北美、欧洲、非洲、拉丁美洲、亚洲、中东及澳大利亚等地的企业学习论坛。她拥有认证在线讲师（Certified Online Instructor）资格；她是罗斯福大学（Roosevelt University）和康考迪亚大学（Concordia University）兼任教授，及美国管理学会（AMA）成员。她曾获得国际商业奖（International Business Awards）、女性 Stevie 奖（Stevie Awards for Women），并曾担任销售与营销培训专业协会（Professional Society for Sales and Marketing Training）主席。

各地区共同作者

非洲：罗宾 · 普罗巴特（Robin Probart），非洲培训与发展协会（African Society for Training and Development）主席 / CEO。

澳大利亚：克里斯多夫 · 贝尔（Christopher A. Bell）博士，圣施尔勒 · 贝尔集团（Sanciolo-Bell Group）主席、领导力联合会（The Leadership Consortium）前 CEO，特尔斯特拉领导力中心（Telstra Centre for Leadership）创始人。

中国：杨斌博士，清华大学经济管理学院教授、清华经管领导力研究中心主任。徐中博士，北京智学明德领导力中心首席顾问。

欧洲：吉娜·埃克尔特（Gina Eckert）博士，创新领导力中心（CCL）欧洲、中东及非洲（EMEA）分部资深研究员。

印度：马特·巴尔尼（Matt Barney）博士，LeaderAmp 公司创始人及 CEO。施瑞亚·萨尔卡-巴尔尼（Shreya Sarkar-Barney）博士，人力资本成长公司（Human Capital Growth）总裁。

韩国、日本和东南亚：Koko Nakahara，日本 Instructional Design 公司总裁；KL Cheah，独立企业教练和领导力开发顾问。

拉丁美洲：费尔南多·桑切斯–阿里亚斯（Fernando Sanchez-Arias），MEJORAR 国际公司总裁，该公司为整个拉丁美洲及美国客户提供战略和人力资源咨询服务。

中东：莫塔斯·马舒尔（Moutaz M. Mashour），沙特阿拉伯沙美石油公司（Aramco Sinopec Refining Company）产业关系副总裁。帕特里克·卡迈克尔（Patrick Carmichael），沙美石油公司最佳实践研究所（Best Practice Institute）高级执行董事。

北美：比尔·韦根豪恩（Bill Wiggenhorn），Main Captiva 公司总裁。瑞妮·麦克雷（Renie McClay），Inspired Learning 公司创始人。

参考文献

Brodbeck, F.C. (2000). Cultural Variation of Leadership Prototypes Across 22 European Countries. *Journal of Occupational and Organizational Psychology* 73(1):1-29.

Ernst, C., and D. Chrobot-Mason. (2010). *Boundary-Spanning Leadership*. New York: McGraw-Hill.

Johansen, B., and J. Ryan. (2012). *Leaders Make the Future: Ten New Leadership Skills for an Uncertain World*. San Francisco: Berrett-Koehler.

延伸阅读

Barney, M. (2013). *Leading Value Creation: Organizational Science, Bioinspiration and the Cue See Model*. Hampshire, England: Palgrave Macmillan.

Biech, E., ed. (2010). *The ASTD Leadership Handbook*. Alexandria, VA: ASTD Press.

Gentry, W., R.H. Eckert, S.A. Stawiski, and S. Zhao. (2013). *The Challenges Leaders*

Face Around the World: More Similar Than Different. Greensboro, NC: Center for Creative Leadership.

Johansen, B., and J. Ryan. (2012). *Leaders Make the Future: Ten New Leadership Skills for an Uncertain World*. San Francisco: Berrett-Koehler.

Kouzes, J.M., and B.Z. Posner. (2012). *The Leadership Challenge: How to Make Extraordinary Things Happen in Organizations*. San Francisco: Jossey-Bass.

McClay, R., and L. Irwin. (2008). *The Essential Guide to Training Global Audiences*. San Francisco: Pfeiffer.

Zenger, J., J. Folkman, and S. Edinger. (2009). *The Inspiring Leader: Unlocking the Secrets of How Extraordinary Leaders Motivate*. New York: McGraw-Hill.

第52章

多世代员工的管理挑战

亚历珊卓・李维特（Alexandra Levit）

本章要点

- 了解美国劳动力主要的四个世代
- 了解老员工和年轻员工管理上的挑战
- 调整培训与发展规划，以适应不同世代员工的需求

美国的劳动人口正在同时变得越来越老和越来越年轻。根据最近的人口普查数据，超过 65 岁以上员工占整个劳动人口的比例，从 1990 年的 12.1%逐年增加到了2010年的16.1%。随着第二次世界大战后婴儿潮世代（1946—1963年出生者）逐渐迈入老年，预计在 2028 年之前，这个比例还会不断上升，直到最后一批婴儿潮世代彻底退休离开职场为止。与此同时，总数超过 8 000 万人的千禧世代（1980—1995 年出生者）年轻人当中，已经有大约一半进入了职场；到 2028 年，千禧世代员工将占到整个劳动人口大约四分之三的比重。然而与此同时，由于 X 世代（1964—1979 年出生者）的人数相对较少，当前职场上中生代员工的规模却在不断缩减。

人口结构的变化使得未来几年间将呈现四个世代员工一起共事的局面。显然，这种转变绝不会那么容易。最近，每当我接到某位人力资源副总客户的求救电话时，十有八九是因为代际问题：婴儿潮世代管理者在管理千禧世代员工时倍感挫折，而千禧世代员工对于被老员工管理也同样牢骚满腹。

最近的一个真实案例可以很好地说明不同世代员工间的紧张。我的某家世界 500 强客户公司，有一个 27 岁的年轻人叫作珍妮佛，她刚从最顶尖的商学院毕业，满腹雄心壮志，急于证明自己。由于她优异的工作业绩，珍妮佛很快成为部门有史以来最年轻的管理人员，但她很快面临了困境，她 54 岁的上司认为珍妮佛太不懂礼貌、不懂尊重上级。偏偏公司刚刚经历了大规模的裁员，珍妮佛很担心因为跟上级的冲突，自己会成为下一个卷铺盖走路的人。她拼命想修补和上级之间的关系，但事情哪有那么简单呢？

许多人说，每个人都是独一无二的，所谓的"世代差异"不过是刻板印象而已。然而，尽管刻板印象确实存在，人与人之间也确实不可能完全一样，但研究表明，同一个世代的人之间，在态度和行为模式上还是存在一些共同点的。如果你希望在组织内部打造包容而成功的文化，那么就必须正视不同世代间的差异，并调整你的做法以因应不同员工的需要。

在本章，我们首先介绍目前美国职场中存在的四个员工世代，以及不同世代员工的管理挑战。接下来，我们将提供一些建议，协助你调整公司的培训和发展计划，以因应跨世代管理的需求。

四个主要世代

Rainmaker Thinking 公司创始人布鲁斯·塔尔根（Bruce Tulgan）是研究跨世代管理的专家，他的著作包括《赢得人才战争，管理好 X 世代》(*Winning the Talent Wars, Managing Generation X*)以及《管理混合世代员工》(*Managing the Generation Mix*）等。在他和卡罗琳·马丁（Carolyn Martin）合著的《管理混合世代员工》一书中，他定义了美国职场上存在的四个世代。

- 传统主义者（Traditionalists：那些生于 1946 年以前的人。他们的优势是忠诚、可信赖、负责、利他主义，以及严格遵守工作伦理。作为公司最资深的员工，他们在许多方面有着无可替代的作用。例如，对公司过往的一切耳熟能详、知道在什么地方能找到所需的资源等。他们的工作态度是认真负责，正确做事。
- 婴儿潮世代（Baby Boomers）：1946—1963 年出生的人。与上一代不同，数量庞大的婴儿潮世代经历了以儿童为中心的教育、对个性和年轻人的关注，以及对权威的不信任和抗拒。较年长的婴儿潮员工承认自己的争强好胜和以自我为中心，但他们依然愿意为组织全力付出；较年轻的婴儿潮员工则在对组织的“忠诚”方面显得小心翼翼，同时对于工作和生活的态度更加现实。

- X 世代（Generation Xers）：1964—1979 年出生的人。这群独立的、雄心勃勃的中坚分子已经习惯于以自我为中心。他们并不迷恋攀上公司高位或争取更多的权力。他们充满活力和创意，在生活方式的选择上更有弹性，把自身的快乐、幸福和健康摆在第一位。
- 千禧世代（Millennials）：1980 年及以后出生的人。千禧世代是最为坦率和独立的一代人。因为他们的父母（婴儿潮世代）对教育的重视，加上科技的帮助，千禧世代习惯了终身学习。他们有很高的社交意识，对组织有较高的期望，并且会不断探寻新的工作方式来把事情做得更好。

代际挑战与解决方案

正如每个故事都有正反两面，在提出解决方案之前，我们最好先分别了解一下老员工和年轻员工互相之间的看法和不满。当然，很有可能同样的故事你已经经历过了。

传统主义者 / 婴儿潮世代 / X 世代对千禧世代的抱怨

- 千禧世代好像已经习惯了以自我为中心，他们希望掌控一切，包含工作。但事情不是这样的，他们应该靠自己来争取一切。我们（老员工）可不应该任由他们使唤。
- 以前没有千禧世代，公司还不是好好地活到了现在？他们并不是不可或缺的，他们有很多事情不懂，应该听从资深同事的建议。
- 我可不想听千禧世代的父母抱怨他们自己的职业生涯如何如何糟，他们对子女又有怎样的期望！
- 千禧世代应该学会融入公司的文化。这意味着他们要学着遵守那些公开的规则及潜规则，并且穿着得体。我才不管天气有多热，在公司就是不应该穿背心或拖鞋！在跟我谈话时，他们应该专心致志，不要低头玩手机。

- 千禧世代在社交方面不够圆滑。我很高兴他们想为公司做出贡献和提出建议，但应该礼貌一点，不要这么没大没小、充满侵略性。另外，他们应该少抱怨、多做事。

千禧世代对传统主义者 / 婴儿潮世代 / X 世代的抱怨

- 老员工习惯用过去的办法来做事，他们变得顽固而不知变通，甚至不愿意去知道别人是怎么做的！
- 老员工知道的并不比我们更多，他们只不过待得久一点而已。而我们有新点子、新想法，我们能立刻为公司做出贡献！
- 年长的经理人古板而难以接近。他们根本没有给我们提供明确的职业发展路径和规划。
- 老员工对于科技的适应很慢，学习新东西也很慢。我们希望推动更有效的新办法来解决问题，但老员工常常扯我们后腿。
- 老员工热衷于玩弄权术和政治游戏，在具体干活时却又刻板而不知变通。我们希望在令人舒适的家庭式的文化氛围中做事，也希望按照我们的想法和步调来工作。

管理不同世代的员工

无论你是管理者、培训师，还是两者都是，当你试图有效管理、调动和影响那些传统主义者、婴儿潮世代、X 世代及千禧世代员工时，有些事情你心里必须先有数。我们的建议如下。

传统主义者

- 授权、信任传统主义者，鼓励他们相信自己的直觉，做出自己认为最好的决定。
- 尊重他们的年纪和资历，倾听他们的意见。虽然并非总是如此，但“前事不忘，后事之师”还是有道理的。

- 与传统主义者谈谈他们的学习与发展，还有中长期的规划。千万别以为他们快到一般意义上的退休年龄，就当他们不存在了。人口逐渐老化的当下，他们当中的很多人可能还会继续发光发热好些年呢！
- 就像对其他员工那样，给传统主义者提供有用的建议和反馈——其实，"老狗也学得会新把戏的"。

婴儿潮世代

- 尽可能尊重他们。婴儿潮世代为经济发展做出了重大贡献，他们的意见和建议也应该得到我们的尊重和采纳。
- 鼓励他们去指导年轻员工，并且学会运用新科技和方法，这样他们可以继续发挥自身的潜力，做出更大的贡献。
- 允许他们在自己的工作上做出新的尝试。在按部就班工作了半辈子后，许多婴儿潮世代员工非常希望改变工作方式，去做对自己而言更有意义的事。
- 尽可能尊重现状。婴儿潮世代一般相信如果没出问题，就不需要改变现状。尽量不要为了改变而改变。

X 世代

- 分享你自身的知识和专业。X 世代的人乐于学习，他们愿意尽可能吸收新的知识和技巧。
- 将 X 世代作为团队领导者看待。X 世代已经逐渐摆脱婴儿潮世代的庇护和阴影，而凭借自己开始发光发热了。
- 通过科技来让沟通变得更容易。X 世代大多已经成家并有了孩子，对他们而言工作和生活的平衡非常重要。
- 不要阻碍他们自行做决策。X 世代只关心如何完成工作，他们对权力斗争和组织过多的条条框框往往不屑一顾。

千禧世代

- 约千禧世代员工共进午餐，跟他们聊聊他们的职业目标和憧憬。他们希望你在乎他们的想法。

- 向千禧世代解释公司的传统，以及为什么要以这样的方式完成工作。让他们知道碰到困难时应该找谁帮忙，并向他们说明公司的“潜规则”。
- 采取门户开放政策，让千禧世代员工可以随时找到你，向你提问或接受指导。对他们的问题提供及时的、有建设性的反馈。
- 遇到危机时，不要把年轻员工排除在外。他们喜欢学徒式的学习方式，渴望一直在领导的身边学习，并且贡献自己的力量。

此外，无论哪个世代的员工，都应该知道跨世代合作的好处，这样他们才能把与不同世代的人合作视为加分而不是减分。例如，根据全国城市联盟（National Urban League）的研究，那些对跨世代员工有着明确管理和培养政策的公司，其生产力要比全美国的平均水准高出 18%之多。毫无疑问，世代多元化是件好事，这让不同世代的员工各得其所，共同为公司做出贡献。

同样，你的培训项目也可以更多地聚焦在各世代员工的共性而非差异上。例如，所有员工都喜欢富有激情的领导者，都希望了解组织的目标和对他们的期望，都希望获得及时、正面的反馈意见，都希望能充分发挥自身的潜力和创造力。所有员工都喜欢被当作独一无二的个体来看待，而不是被粗暴地贴上“××世代”的标签。最后，我们都是人类，都有人际交往的需求，以及被关心和尊重的渴望。

作为培训与发展专业人士，仔细观察、分析你所面对来自各个世代的员工。他们体现出属于他们世代的哪些特点、经验、态度、行为及期望？他们给你的工作带来哪些挑战？问问自己该怎样应对这些挑战，从而让自己成为更优秀的培训师？你可以在本书的网站（www.astdhandbook.org）上找到有用的工具。

人口结构转型对培训而言意味着什么？

随着婴儿潮世代逐渐老去，未来几年企业的退休人数将达到前所未见的规模，与此同时，却没有足够数量的中年员工可以补上空缺。这意味着更年轻的千禧世代员工必须快速成长起来，以比过去世代更为年轻的年纪，开始担任领导者的角色。同时根据伦敦城市大学卡斯商学院（Cass Business School）的调查，有多达 59%的企业高管认为，自己的企业还没有为即将到来的世代交替做好准备。

根据 2013 年我和德勤（Deloitte）共同完成的调查，令人难以置信的是，有多达 50%的千禧世代员工已经开始承担领导者的职责了，他们其中有 44%的人工作经历不过三五年，但有 41%的人已经领导四个或更多的下属了。与之相反，婴儿潮世代和 X 世代员工在这个年纪时，大多还只是基层员工而已。

然而，大多数企业对这些年轻管理者缺乏完善的培训，他们几乎只能靠自己摸索。在那些已经身为领导者的千禧世代员工中，只有 36%表示在他们被提拔到这个位置时已经准备好了，而还有 30%的人表示他们时至今日都还没准备好——他们提到的问题包括不知如何管理那些爱找麻烦的员工、缺乏经验，以及对应付冲突的准备不足等。

这与此前的其他研究结果相互呼应。由 ASTD 完成的一份研究表明，有 2/5 的千禧世代员工并不认为他们已经具备成为领导者的充分知识和能力。而《哈佛商业评论》指出，企业员工开始接受领导力培训的年龄是 42 岁——但实际上很多千禧世代员工早在这个年纪之前就已经开始承担领导职责了。

在 ASTD 的调研中，超过一半的受访者认为千禧世代员工需要接受领导力开发培训，但只有 15%的人表示他们的企业有提供这样的培训。这里面当然有企业层面的因素，例如，高绩效的组织拥有针对千禧世代员工领导力开发项目的比例要比低绩效的组织多出 57%。

因此，如果要我选出当前最应该关注的培训与发展领域的话，我会选“千禧世代领导力开发”。这不仅是千禧世代员工最需要的培训，同时是目前企业表现与实际需求落差最大的一个领域。

多世代员工发展技巧

今天，大多数企业为各个世代员工提供培训的方式依然以传统的教室培训为主。遗憾的是，已经有很多证据表明，教室培训对 21 世纪的员工而言并不是那么有效。原因包括：

- 教室培训的内容很难被立刻运用到实际工作中。
- 即使在课堂上激起员工再大的热情，但他们离开教室后通常都会很快忘记。
- 教室培训通常是由外部讲师或引导师来进行的，是一次性的，这对于员工以后与其他同事和上级的合作几乎没有助益。
- 培训的效果因人而异，对于那些保守的、害羞的员工而言，能学到的相对有限。

相较于传统的教室培训，或许关注其他更为创新、有效的学习途径是更好的选择。

电子化学习

随着千禧世代员工习惯一切通过网络获取，他们对电子化学习的接受度也越来越高。思科（Cisco）估计，到 2017 年，69%与企业或消费者有关的信息都将以视频为主要的形式，而且可以很容易在 YouTube、TED、Howcast 等网站上查到，企业可以很容易地将这些内容加进培训项目当中——前提是要遵守知识产权法规。当然，企业也可以自行制作或委托外部公司制作这些视频材料，并且在往后的培训中重复利用、自由搭配。

你可以将这些视频材料和其他在线内容一起搭配成一套连贯的、按部就班的电子化学习课程。员工可以在自己喜欢的时间和地点收看，并且及时将培训内容运用到工作中。他们也可以随时和不同世代的员工或管理者互动，并且就培训效果提供反馈。电子化学习按需提供的特性，使得它特别适用于让那些新员工快速融入组织并适应工作环境。

谈到电子化学习时，员工的吸收能力是非常重要的。事实上，想让员工的注意力集中于在线课程上超过几分钟都是极为困难的，他们非常容易为其他的事物分心。如果你的在线课程太长，员工很快就会开始走神，或者不断快进直到“课程结束”的字幕跳出来为止。鉴于你花费了这么多时间和资源在建设电子化学习课程上，你肯定不希望看到这种状况。不管是调整课程长度、改变课程形式还是用其他方法来吸引员工，电子化学习其实跟传统课堂培训一样，最大的挑战在于如何让员工的注意力持续集中在培训内容上，直到培训产生效果为止。

游戏化

游戏化（Gamification），不管是在线还是单机，所谈到的就是把传统的游戏元素——有趣、好玩、透明度、设计、挑战、通关——运用到实际生活的其他方面，而不仅止于娱乐。培训游戏化的目标可能包括获得项目管理的新知识、冲突管理技巧，以及提高风险承受能力等。一般而言，成功的“游戏”所具有的共同要素包括设立许多难度渐增的挑战“关卡”，激励员工不断提高自己，有效的反馈和奖励机制，通过社交网络来让员工跟同伴一起比赛竞争，以及通过复杂、美观的视觉设计来优化学习体验等。

想评估游戏化适不适合你的公司，你应该先定义好希望通过游戏化来解决的问题，然后找那些曾经做过游戏化尝试的人或团队谈谈。看看哪些游戏化案例是成功的，哪些是失败的，再评估值不值得投入这么多资源来进行游戏化。

导师

在 2013 年我和德勤共同完成的那份调查中，许多年轻员工提到希望组织为他们安排的培训不要局限于当前的岗位或部门，希望有组织其他方面的资深人员来为他们提供帮助，提升他们的决策能力或问题解决技巧等。这就是基于导师的学习（Mentor-based Learning）的意义，由资深领导者（不一定与学员在同一个部门）与学员持续地互动、指导、合作以及共同完成项目等，通过这样的师徒关系来提升学员的能力与知识。

许多年轻员工都喜欢这样的导师模式，因为这让他们有机会可以亲身和资深领导者合作，共同完成常规的项目或解决危机。导师模式可以为那些新领导者或即将成为领导者的员工提供有效的支持与帮助，同时减少风险。传统的导师模式，以及互惠的导师关系指将资深员工和资浅员工配对共同完成工作，这样可以促进他们向彼此学习。对于传统主义者和婴儿潮世代员工而言也是绝佳的机会，他们能够通过这样的方式来继续为组织的未来做出贡献。

许多有远见的组织还采用了基于项目的导师模式（Project-based Mentorship）。这种做法的基本目的在于把培养员工的责任分散给很多人，而不是期望已经忙破头的直属上级负起培养下属的全部责任。在项目当中，员工被安插到某个他完全不熟悉的情境（如董事会）当中，通过观察高管们的行为和反应，以及与他们互动，从而潜移默化地提升自己的领导能力。

内部企业家精神

内部企业家精神（Intrapreneurship）最早在 1978 年由吉福德（Gifford）和伊丽莎白·品乔（Elizabeth Pinchot）提出，指发生在大型企业内部的自由创业。不过，这个本来意指在大型企业内的独立创新新产品、新程序或新服务的概念最近得到了扩展，无论企业规模大小，凡是在企业内部激发员工创新意识的行动，都被归在内部企业家精神的范畴。

然而，内部企业家精神说起来容易做起来难。毕竟，在经历过金融海啸之后，大多数企业的内部氛围偏向于保守、避免风险，尽可能保持组织的稳定，即使这需要付出减少创新机会的代价。幸运的是，依然有一些方法可以在不动摇组织现存架构和文化的前提下，激发员工的内部企业家精神。

HR 和培训人员可以利用一些培训技术和工具，来激发员工的创意，营造创新氛围。你可以从诸如 www.creativitygames.net 这样的网站上找到许多培养创意的练习方法，其中有些非常简单。例如，用一系列随机选出的词汇来讲述一个完整的故事，或者用一盒火柴来组合成新产品等。

当然这只是第一步。你还应该和高管团队协商，成立一个内部创新委员会，对员工提出的创意进行评估和资助。如果员工能够通过组织的帮助，将自己的想法一步步化为现实，同时并不会因为创意失败而受到任何不利影响的话，员工的创业精神将会大大地被激发出来，令员工自身和整个组织都获益。

前面提到了好几项新的培训技术，如电子化学习、游戏化、导师模式及内部企业家精神，它们都有助于你提升针对多世代员工的培训质量。不过问题在于，对于习惯传统教室培训的企业来说，想颠覆传统、导入新的培训方式也并非易事。无论你是咨询师还是内部培训人员，该如何做好第一个吃螃蟹的人？你可以从本书的网站（www.astdhandbook.org）上找到有用的工具来协助你。

想有效做好多世代员工的培训与发展，最重要的一点是你必须认识到，时代已经改变，过去的那套方法已经行不通了。一点一滴地尝试改变，并且不断影响你周围的人，最后你终将打造出充满团队精神、创新和活力的学习文化。

作者简介

亚历珊卓·李维特，著名的咨询师兼作家。她曾是《华尔街日报》专栏作家，现在为《纽约时报》撰写专栏。她写了六本书，包括畅销书《上大学为了什么：职业规划从校园开始》（*They Don't Teach Corporate in College*），她为美国奥巴马政府及超过 20 家《财富》500 强企业规划了针对千禧世代的领导力开发项目，以及多世代员工培养方案。作为《财经杂志》（*Money Magazine*）和《福布斯》（*Forbes*）的年度职业和职场问题专家，亚历珊卓出席过超过 1 000 场媒体活动，探讨当今组织和员工所面对的种种问题。

参考文献

American Society for Training and Development. (2013). *Leadership Development for Millennials: Why It Matters*. Alexandria, VA: ASTD Press.

Cass Business School. (2012). *After the Baby Boomers: The Next Generation of Leadership*. London, United Kingdom: Odgers Berndtson.

Cisco, Inc. (2013). *Visual Networking Index: Forecast and Methodology, 2012-17*. San Jose, CA: Cisco Systems, Inc.

Howard, D., and B. Kromer. (2013). *Labor Force Participation and Work Status of People 65 and Older. American Community Survey Briefs*. Washington, DC: Bureau of the Census.

Lamoureux, K. (2010). *Experiential Learning for Leadership Development: Approaches, Best Practices, and Case Studies*. Bersin by Deloitte.

Levit, A. (2014, forthcoming). *Leadership Now: Are Millennials Ready to Take the Reins?* Deloitte Development LLC.

Levit, A., and S. Licina. (2011). *How the Recession Shaped Millennial and Hiring Manager Attitudes About Millennials' Future Careers*. The Career Advisory Board, http://careeradvisoryboard.org/research/the-future-of-millennial-careers-research.

Martin, C., and B., Tulgan. (2006). *Managing the Generation Mix*. Amherst, MA: HRD Press.

Millennial Inc. (2010). *What Your Company Will Look Like When Millennials Call the Shots*. New York: Mr.Youth and Intrepid.

National Urban League. (2005). *Diversity Practices That Work: The American Worker Speaks*. New York: National Urban League.

Pinchot, G., and E. Pinchot. (1978). *Intra-Corporate Entrepreneurship*. New York: Tarrytown School for Entrepreneurs.

Zenger, J. (2012). We Wait Too Long to Train Our Leaders. *Harvard Business Review*.

↘ 延伸阅读

Drucker, P. (2006). *Innovation and Entrepreneurship*. New York: Harper Business.

Haneberg, L. (2010). *Coaching Up and Down the Generations*. Alexandria, VA: ASTD Press.

Levit, A. (2008). *Success for Hire: Simple Strategies to Find and Keep Outstanding Employees*. Alexandria, VA: ASTD Press.

Levit, A. (2009). *MillennialTweet: 140 Bite-Sized Ideas for Managing the Millennials*. Silicon Valley, CA: Superstar Press.

Martin, C., and B. Tulgan. (2006). *Managing the Generation Mix*. Amherst, MA: HRD Press.

第53章

学习的神经科学

苏珊·高兹沃斯（Susan Goldsworthy）
沃尔特·麦克法兰（Walter McFarland）

本章要点

- 了解神经科学的基础及对职场学习的意义
- 了解21世纪的职场环境对大脑学习的影响及对职场学习的影响
- 从神经科学的观点重新审视我们所熟悉的培训元素：环境、培训师及学员

21世纪的竞争环境促使组织必须在所有方面都做得比以往更多、更快、更好、更创新。这使我们比以往更需要有效的职场学习。学习必须变得更快、更有效，而且成本更低，此外，组织还必须创造出新的学习方式，来应对日益复杂的组织情境。简言之，学习与发展专业人员面临前所未有的压力——无论是培训师、课程设计师，还是学习领导者，都是如此。在本章，我们探讨的是这一主题：神经科学能给我们带来什么帮助？

过去70多年来，ASTD的使命一直是协助学习与发展专业人员在变动的环境中持续发光发热。为了做到这点，ASTD鼓励将来自各个学科的知识融入职场学习中。随着时代进步，越来越多的学科增进了我们对职场学习的了解，这些学科包括心理学、社会学、系统理论、成人学习理论、管理科学、组织发展、组织理论等。每个学科都为职场学习这一领域带来了独特的观点和知识，并使培训人员

能为组织和员工带来更大的价值。

过去 30 年间，神经科学这一学科的影响力与日俱增（林勒布和罗克，2008）。而在最近几年，神经科学开始走出实验室，对其他领域——从经济学到农业科学——产生了很大的影响力。本章的目的是探讨神经科学对职场学习的意义和作用，内容包括神经科学基础、神经科学对职场学习的意义。

神经科学基础

神经科学其实是一个范围极大的领域。《牛津字典》将神经科学定义为："一切涉及神经系统和大脑结构及功能的研究领域，包含神经化学和实验心理学等。"

我们的大脑包含了大约 1 000 亿个神经元，以及大约 100 万亿个突触（Synapse，神经元之间相互接触的部位，化学信号和电信号由这里传向别的细胞）。大脑当中包含了数以千计的次级结构，彼此间通过错综复杂的神经突触网络相连。我们对大脑的整体了解可以说还在非常初步的阶段，因此在本章你会经常看到"我们需要更多的神经科学研究"这句话——特别是在与职场学习有关的方面。

神经科学的进展，很多方面得益于神经影像学技术的进步，如功能性磁共振成像（Functional Magnetic Resonance Imaging，FMRI）、正电子发射断层扫描（Positron Emission Tomography，PET），以及新的脑电波分析技术，如定量脑电图（Quantitative Electroencephalography，QEEG）等。这些新技术和先进的计算机分析方法结合起来，不但增进了我们对大脑功能的了解，也促使心理学（对人类心灵的研究）和神经科学（对大脑的研究）的进一步融合（克莱纳，2011）。因此，神经科学日益发展壮大，目前全球有超过 3 万名科学家在研究脑神经科学的各个领域，包括神经科学和其他学科的结合——如神经经济学（Neuroeconomics）、神经会计学（Neuroaccounting）和神经营销学（Neuromarketing）等（林勒布和罗克，2008）。

在涉及职场学习的层面上，我们发现神经科学似乎在某些方面验证了我们的假设，但在其他一些方面又得出了自相矛盾的结论。例如，有些研究表明，当前的职场环境，可能让员工的大脑变得比以往更善于学习；也有研究指出，环境的持续改变和不断适应，可能会影响大脑的许多机制，使大脑变得抗拒变革（克莱纳，2011）。但无论如何，神经科学的观点都可以帮助我们进一步了解在今日复杂、变迁快速的环境下，职场学习究竟是如何发生的。下一节将探讨神经科学对职场学习的意义。

神经科学对职场学习的意义

在本节当中，我们将从神经科学的角度，来探讨关于职场学习的三个基本元素：学习环境、学习领导者及学员本身。

神经科学与学习环境

我们首先想探讨的问题是，高度竞争的环境是如何改变了工作的本质，而这对大脑的学习又有怎样的影响？在我们的研究当中，高管、一般管理者和员工都强调组织内部的动荡不断加剧（麦克法兰和高兹沃斯，2013）。他们提到，往往在一项变革还没结束前，另一项变革又开始了，很多人提到“变革是永恒的主题”。而在描述组织内部的状态时，许多人用到的比喻像“一锅滚水”（瓦耶，1996）、“混沌”（惠特利，1992）和 VUCA——易变性（Volatility）、不确定性（Uncertainty）、复杂性（Complexity）、模糊性（Ambiguity）的缩写——等（约翰森，2012）。显然，人们工作的本质和心态也受到了环境变化的影响。然而，目前关于新环境对大脑的学习能力有怎样的影响，我们还不甚清楚。

很早以前，学习与发展专业人员就知道环境会影响学习了——但仅止于模糊的认识而已。

- 班杜拉（Bandura，1986）的社会学习理论认为，学习是发生在社会情境中的，是人与环境互动的产物。
- 科勃（Kolb，1984）认为经验是成人学习的关键因素——而环境是经验的重要基础。
- 沙因（Schein，1983）提到成人学习的关键因素之一是反思——而组织环境可能对个人的反思产生有利或不利的影响。

然而，关于组织环境是如何影响社会情境、经验或个人反思的，我们的了解还是太少。简言之，我们都知道职场环境会对职场学习产生深远的影响，但不清楚究竟是怎样的影响。

当我们谈到优秀的职场学习方案时，通常会谈到伟大的设计、有效的实施，以及丰富的内容——却很少考虑到学习环境方面。神经科学家认为，在 21 世纪的职场学习中，我们必须正视和关注组织环境的影响，因为组织环境会影响大脑系统的许多方面。

本节将探讨大脑神经科学的三个领域，以及它们和学习之间的关系。这三个领域是工作记忆（Working Memory）、基底核（Basal Ganglia）及海马体（Hippocampus）。

工作记忆

谈到学习，就不能不谈到人的“工作记忆”程序。我们大脑所产生的一切新想法或观点，最初都出现在工作记忆当中，而工作记忆与前额叶皮层——位于前额后方的一处很小却高度活跃的脑部区域——有关。当人的工作记忆发生作用时，我们对所有感受到的外在或内在刺激展开“工作”，赋予它们意义、判断价值，或者进一步加工数据。

工作记忆对于一切新事物的学习都是十分关键的，但问题在于，人的工作记忆能力是有限的——我们无法同时处理太多的信息（麦克法兰和高兹沃斯，2013）。若是环境当中存在太多令人分心的因素，分散了大脑的注意力，那么就会导致学习效率下降——因为工作记忆没有足够精力来处理学习信息了。外在环境的干扰可能影响人的工作记忆能力，引起生理上的不适，并降低大脑的学习能力。这就是为什么无论培训课程多么有趣，我们在上了整整一天课后依然会精疲力竭——前额叶皮层的持续高强度活动是很累人的。同时，这也是神经科学家建议培训师或课程设计师，将学习信息以一个个简短的“模块”来呈现的原因，因为信息如果过长或复杂，人的工作记忆往往就无法及时处理完全部的信息了。培养让大脑保持专注的能力——特别是在容易令人分心的环境中——将是一项重要的学习能力。

基底核

对于职场学习而言，很多时候我们希望看到的不是员工学会了多少知识，而是他们的行为产生了实质性的改变——然而，行为改变却是人类大脑在本能上会加以抗拒的。那些我们不断重复的活动，会被纳入基底核（Basal Ganglia）的管理范畴，借此来释放前额叶皮层（Prefrontal Cortex）的工作压力（麦克法兰和高兹沃斯，2013）。基底核管辖着许多功能，如自主活动、下意识的学习与各种生理“习惯”如磨牙和眨眼的养成、认知及情绪活动等（达瓦奇、罗克等，2010）。基底核位于大脑的深处，和前额叶皮层不同，这里不需要耗费太多能量就能维持运作。我们依靠大脑的这个区域来管辖那些不怎么需要有意识思考的生理活动和习惯。我们都知道，如果我们重复做一件事足够长的时间，它就会变成你的“本能”。同时我们也很清楚，习惯一旦养成，就非常难以改变。不过尽管如此，神经科学家已经发现通过特殊的思维方法——通常叫作“正念”（Mindfulness），也就是有意识地观察和分析自己的每次生理、心理活动——可以帮助人们较为有效地改变既有的习惯。

海马体

大脑当中的海马体对一切学习都是至关重要的，因为它扮演着将信息从短期记忆转化为长期记忆的关键作用。神经科学家已经发现，在学习过程中能否“唤醒”海马体，关乎人们以后能不能回想起之前学过的东西。而对职场学习而言，多数知识都是陈述性的、明确的信息，这意味着员工能不能记住并回想起来，是有没有“学到”的判断标准（达瓦奇和罗克等，2010）。而在这方面，信息的编码方式会影响海马体的活动，进而影响记忆和回想。最近的神经科学研究表明，在编码当中加入适当的注意（Attention）、生成（Generation）、情感（Emotions）和空间（Spacing）这四个元素（简称“AGES”），将能够更有效地唤醒海马体，让信息的记忆和回想变得更容易（达瓦奇和罗克等，2010）。

其中，注意意味着尽量减少干扰，把注意力集中在要学习的事物上。生成代表学习者要反客为主，思考学习内容对自身的意义和作用——需要注意的是，这里所说的不只是由学员来主导学习步调，而是更进一步，像约翰·杜威（John Dewey）所说的那样，由学员自己来学会该怎么学习。情感的作用是显而易见的，首先，能调动情感体验的事物更容易抓住我们的注意力；其次，情感体验也让我们更容易形成长期记忆和回想。最后，空间代表将学习内容分散到多次课程中，每次课程间隔一段时间，产生长期记忆的效果会比在单次课程中塞入过多内容要好（达瓦奇和罗克等，2010）。我们很容易想象当前的职场环境对于 AGES 这四个因素会有怎样的影响。

对学习与发展专业人员而言，如何在培训中引导学员产生自己的想法和见解，是非常重要的。海马体在个人观点和见解的形成中起到了重要作用，因为这同时关乎记忆的形成及读取。个人见解的重要性在于，它会改变学员大脑的思维方式，从简单的解决问题思路转向更为复杂的思考模式。神经科学研究已经表明，包含个人见解的学习更加容易形成长期记忆，因为这会在大脑当中形成新的突触网络，协助人们以全新的方式看待事物（怀廷等，2011）。

哈沃德·加德纳

哈沃德·加德纳（Howard Gardner）最出名的是他的多元智能理论（Multiple Intelligence Theory），这一理论是颠覆性的——在过去，人们认为只有一种智力，智力高的人就聪明，否则就愚笨。加德纳则主张，每个人都有着独一无二的、多维度的智力组合，这是传统心理测量工具（如 IQ 测验）所无法准确评估的。在他脍炙人口的著作《智力的结构：多元智能理论》（*Frames of Mind: The Theory of Multiple Intelligences*）中，加德纳提出了七种智能：语言智能（Verbal-linguistic）、逻辑–数学智能（Logical Mathematical）、视觉–空间智能（Visual-spatial）、生理–运动智能（Bodily-kinesthetic）、音乐智能（Musical-rhythmic）、人际智能（Interpersonal）、自我认识智能（Intrapersonal）。在该书出版以后，加德纳后续又加入了其他智能如情感智能（Emotional）、自然智能（Naturalistic）和存在智能（Existential）等。加德纳的研究指出，大多数人都有较为强势的三至四种智能，而排斥其他类型的智能，这自然会影响人们的学习和知识获取。尽管多元智能理论并没有立刻被主流心理学界接受，但教育工作者视若珍宝，并很快将这一理论融入各类教育体系中，从学前教育到成人教育都是如此。

加德纳是哈佛大学教育学院的教授，过去 20 年来，他与同事参与哈佛大学的“零点计划”（Project Zero），推动诸如基于绩效的评估（Performance-based Assessments）、理解教育（Education for Understanding）等项目，以及通过多元智能理论来达到更为个性化的课程设计、教学及评估。

威胁反应

在这个压力巨大、变化快速的商业世界中，我们大脑的创造力和创新能力其实常常被压抑，因为大脑把大半精力都集中在更为紧急的事情上了，如降低风险和减少威胁等。当我们感受到威胁的时候——无论是身体上还是精神上的威胁——我们大脑当中的杏仁核（Amygdala，顾名思义，是长得像杏仁的神经核，它与人的害怕和快乐等情绪有关）就产生了反应。杏仁核对威胁的反应首先在 1920 年由著名美国生理学家沃尔特·坎农（Walter Cannon）所发现，他提出在面对重大威胁时，由大脑当作的杏仁核发起，身体会产生一系列的快速连锁反应，协助身体调动更多资源来应对危险情况（彻里，2013）。一旦威胁反应被触发，我们的大脑就会撇下学习、对话、解决问题等正常的事务，而彻底转换到"生存模式"。在威胁反应解除后，身体仍然需要花费 20~60 分钟才能恢复到威胁前的正常状态（彻里，2013）。在当今充满压力和变化的环境中，有太多事情可能让员工分心，甚至让他们感受到不确定性或威胁；而一旦员工的威胁反应被触发，学习就彻底停摆了。因此对学习与发展专业人员而言，关键在于打造良好的学习环境，尽一切可能来避免威胁反应的出现。

由于科技的进步，特别是信息技术前所未有的发达，无论是在家还是公司，我们的注意力都很难不被分散。今天，无论在白天还是黑夜，在公司、家里还是公交车上，我们随时可能接收到新的 E-mail、短信、FaceTime 请求、微信提醒等令我们一再"分心"的事物，这使我们很难长时间将注意力保持在更重要的事情（如工作或学习）上。除了外界的刺激，心理层面的内在因素（如即使没打开手机，我们也会整天想着有没有人给我留言或点赞）又进一步让我们的注意力难以集中。持续的分心不仅打乱了工作计划，还会让我们的大脑疲于奔命，因为大脑必须持续不断地在众多分散的事物之间切换，很多时候我们拼命去回想一些无关紧要的事，结果却把真正重要的任务忘得一干二净。你可以在本书的网站（www.astdhandbook.org）上找到关于神经科学基础及对职场学习的影响等方面的知识。

无论那些令我们分心的因素有多么微不足道，只要这样的刺激出现，就会打断我们的思考，干扰我们形成自己的见解。而没有自己的见解，新想法、点子和创意也就难以浮现出来了。因此，学习与发展专业人员应该尽力打造能让学员集中注意力的学习环境，这对于缓解当前人们的信息焦虑，提升学习和解决问题的能力，都会有很大助益。

总之，最新的神经科学研究表明，当前复杂多变的职场环境事实上会抑制我们大脑的学习能力。这样的环境会让我们的短期记忆疲于应付，迫使基底核不断发挥作用，抑制了海马体的活动，并且诱发大脑的威胁反应，使得学习任何知识都变得困难。

神经科学与学习领导者

在前一节中，我们提到根据神经科学的观点，职场环境对员工学习的重要性，要比以前我们所认为的更为关键。而本节的关注焦点则是从神经科学的观点来看待领导力在职场学习中的作用。

有关“学习领导者”（Learning Leader）应该扮演什么样的角色，在不同的文献中有着不同说法，但大体而言都属于比较被动的角色。例如，在大多数成人学习的文献中，学习领导者的身份通常并不是讲师而是“引导师”（Facilitator），他们将学员集中在一起，通过巧妙的提问，促进学员之间的互动，来引导他们学习（诺尔斯，1990）。然而，很少有人关注这些学习领导者如何调动学员大脑的注意力，并引领他们更有效地学习。

一些神经科学研究指出，学习领导者在职场学习中的实际作用，可能比一般人所想的更加重要。神经科学表明，通过特定的行动，领导者可以创造出更好的、让学员的注意力能更加集中的学习环境。在本节，我们集中讨论三种类型的行动：对正面行为以身作则、营造有利于大脑活动的学习氛围，以及协助学员重新定义风险。

对正面行为以身作则

根据神经科学研究，由于人类大脑所存在的社会本质，学习领导者个人的行动确实能够影响其他人的行动及学习。2004 年，意大利小镇帕尔玛（Parma）的一组脑神经科学家发现了一件有趣的事：当一只猴子捡起一颗花生时，它大脑当中的某个神经元被触动了，而当它看见别的猴子捡起花生时，大脑当中的同一个神经元也会被触动！这组神经元最早被形象地称为“有样学样”神经元，不过现在已经改名为“镜像神经元”（Mirror Neurons），因为无论是你自己的行动，还是看到别人的行动（就像看到镜中的自己一样），这组神经元都会产生同样的活动。针对人类的进一步的研究表明，镜像神经元的存在使我们能够从模仿当中学习。你看到别人做某件事，然后你模仿他；你观察、模仿得越多，那件事对你而言就变得越容易，到最后你甚至不需要经过思考就能完成了。镜像神经元证实了同理心和以身作则在调动他人积极性时的重要性。镜像神经元同时是我们“情商”——了解自己和他人的情绪，能够管理自己的情绪，进而影响他人情绪的能力（科尔瑞瑟、高兹沃斯和库姆，2012）——的生理基础。在学习当中想办法调动学员的“社会大脑”，就能很好地提高学习效果。

镜像神经元理论解释了为什么无论在怎样的危机中，领导者都应该保持冷静和淡定。如果身居高位的领导者自己先恐慌、尖叫、四处乱窜，那么很快所有人都会跟着一起恐慌、尖叫、四处乱窜了。研究表明，无论何时都能保持冷静，是领导者的重要特质之一（麦克法兰和高兹沃斯，2013）。当身为领导者的人展现出冷静和自信，他就起到了表率作用，能够很好地缓解员工心中的不安情绪，进而让员工的大脑转换到冷静、理智的思考模式。换句话说，除了言传，领导者的身教也是提升职场学习效果的关键。

营造有利于大脑活动的学习氛围

想要营造有利于学习的氛围，领导者所要做的最重要事情之一，是塑造有效反馈的文化。正是通过不断地接受反馈、思考和改变行为，人才得以进步和成长。研究表明，有效的反馈系统会让员工有被重视的感觉，而这会激发大脑当中的奖励系统，促进更好的学习和行为改变（斯怀里特，2012）。然而，想让员工接受你所给予的反馈（可能是褒奖或批评），你必须让员工相信你的反馈是公正的。

神经科学家指出，在组织当中，公正和平等是极为重要的激励因素（莫布斯和麦克法兰，2010）。当员工觉得公正和平等时，他们的大脑会集中于正面思考，不断改善自己的行动；但如果员工感觉受到了不公正的对待，他们的大脑就会陷入负面思考的窠臼，感受到莫大的威胁和痛苦。让员工感受到公正和平等，被认为是提高员工激励和绩效水平的关键要素（莫布斯和麦克法兰，2010）。从我们大脑的角度来看，好的工作环境一定是公正平等的。

神经科学研究还指出，让员工自由说出自己所感受到的不平等、不公正或挫折感，将有助于减少大脑杏仁核当中所累积的负面情绪（利伯曼，2009）。与其压抑员工的表达、维持表面上的一团和气，还不如让员工想说什么就说什么，允许他们说出心中的不满，释放压力和痛苦，等到负面情绪过去，再重新聚焦在正面思考和解决问题上，这将能够释放出更大的生产潜力。

神经科学家通过不断的研究，试图找出领导者该如何打造环境及员工的心态，以提高学习效果；目前已经提出了许多有用的理论。其中之一是由神经领导力研究所（Neuro-Leadership Institute）提出的 SCARF 模型（罗克和克里斯汀，2011）。SCARF 模型包含了与人类社交经验有关的五个面向：状态、明确、自主、关联、公平。状态（Status）指关注与自己相关的其他人；明确（Certainty）指减少对未来的不确定感；自主（Autonomy）指对事物能够充分掌握的感觉；关联（Relatedness）指与其他人相处时的安全感，将别人视为朋友而非敌人；公平（Fairness）则指相信人与人之间的交换是公平的。

协助学员重新定义风险

充满变化的环境会让许多员工对未来产生不确定感，害怕可能发生的危机。正如前面已经说过的，当感受到威胁时，我们的大脑会启动威胁反应，把精力集中在担心、害怕、不确定性和怀疑等负面情绪上，而忽略了那些正面的、自己可以掌控的因素。当威胁反应被触发时，员工会变得消极、被动、充满防御心理或侵略心理。而学习领导者的挑战就在于，如何打造良好的环境，让员工的思考模式变得积极正面，聚焦在创新、创意及解决问题上。当我们的大脑远离焦虑和不安时，我们的好奇心、探索欲乃至实验心理等有助于创新的心态才能够出现。对神经科学家而言，学习领导者最主要的任务之一，就是创造出能够最大限度减少学员大脑的威胁反应，并刺激正面思考和积极心态的学习环境（莫布斯和麦克法兰，2010）。神经科学家认为，通过对大脑运作模式的深入了解，学习领导者将能够更好地打造理想的学习环境，减少会导致学习中断或分心的事物，并尽可能鼓励对话、探索和创新。

↘ 神经科学与学员本身

在传统的职场学习中，尽管学员被认为应该“自我引导”（Self-directed）（霍尔, 1992; 图赫, 1967), 但在实践当中, 往往终归还是由培训师或引导师来主导一切, 他们根据学员的特点来设计学习方案, 并促使学员“为学习做好准备”。例如, 一般认为职场学习应该与学员的实际工作有直接、清楚的相关性, 应该针对成人特点, 鼓励学员间互动, 了解成人学习是“自我引导”的, 并且还要鼓励“批判性的反思”(Critical Reflection)(沙因, 1983; 马斯克, 1988)。

神经科学家认为, 在复杂多变的职场环境当中, 我们确实需要学员更多的“自我引导”和“反思”。学员应该让自己随时随地“为学习做好准备”, 而不是一切仰赖学习领导者的安排。这需要学员变成更为敏捷、快速、有效的学习者, 因此, 学员需要改变行为模式, 主动发展自己的能力, 引导自己的学习和提升。换句话说, 当代的学员必须遵循约翰·杜威(John Dewey)的建议: 教会自己该如何学习。

那么, 该如何利用神经科学来让学员更好地学习呢? 具有讽刺意味的是, 几千年前的人类其实就已经知道了。在古希腊阿波罗神庙入口处上方刻着一句话“Know Thyself”(认识你自己), 这是古希腊哲人苏格拉底的名言。今天, 神经科学家把“认识你自己”称为“正念”。《牛津字典》将正念定义为: “一种将意识完全集中在当下的心理状态, 平静地接受自己的一切情感、思想和身体感受, 通常作为一种心理治疗技术。”

神经科学研究表明, 正念训练能够有效提高个人的专注力和思考能力, 对于职场学习十分有用。只需要坚持四天、每天 20 分钟左右的正念训练, 就能提高人的认知能力。在一项研究中, 接受过正念冥想训练的员工在有限的时间内极为出色地完成了任务, 这说明正念训练对于较为紧急、有明确时间限制的工作也是有效的。个人对自己的行为、状态和心理了解得越深, 大脑中的右腹外侧前额叶皮层就越活跃——这个区域被称为大脑的制动系统(麦克法兰和高兹沃斯, 2013)。通过正念冥想练习, 个人能够更有效地掌控自己的思考模式, 在理智的思考后做出行动, 而不是无意识地对环境刺激做出反应。通过将一些简单的正念训练技巧介绍给员工, 员工就能够更好地集中注意力, 进而能够更好地学习。同时有研究指出, 进行过正念训练的员工, 在遭受不公平待遇时也比较不会产生负面情绪和过激反应(柯克, 2011)。

正如前面所说的，“正念”是个人对自我认知、情绪和行为模式的深入观察和体会。与之相关的另一个神经科学概念是“元认知”（Metacognition）;《牛津字典》将元认知定义为“对自我思维模式的认知和了解”，也就是通过对自己思考模式的进一步思考，来改进自己的思考模式。研究已经表明，元认知能帮助人们在完成许多认知活动上更加有效（梅特卡夫和岛村，1994）。元认知的实践技巧包括自我问询，如问自己：“我对这个主题了解多少？我有什么经验？过去我是怎么解决类似问题的？”其他技巧还包括“与自己对话”，例如，把自己的一切想法大声说出来，还有利用图形来表达、展示自己的想法等。此外也有研究指出，简单地把所学、所想的事情写下来，就已经是一项很好的练习了，它有助于提升自我元认知的能力，也能够帮助学员更好地记住所学（甘默尔，2006）。

神经科学家认为，通过将反思技术和正念冥想训练引入职场，将能够同时改善个人层面和群体层面的学习。研究表明，任何能够让人们反思自身的技巧，都能够增加个人的思考和对事物的见解，当然也就有助于学习（比曼、科利尔和库诺斯，2008）。

最后，根据神经科学研究，我们越是了解自己大脑的运作模式，就越能够采取有意识的、理智的行动，这能够有效促进个人和团队层面的学习，也有助于强化学习在组织当中的地位和价值。无论组织的最终目标有多么崇高，都需要每个人每天在最微观的层面上采取理智的、经过深思熟虑的行动，一点一滴、积沙成塔，最终才能成就伟大的事业。

结论

我们坚信，年轻的神经科学能够协助我们做到更好的职场学习。关于当前组织环境对员工大脑活动的影响，是一个极为重要却被长期忽略的研究领域。神经科学的发现为我们探讨 21 世纪的职场学习提供了新的观点和知识，而这些知识应该很快融入职场学习的整个理论体系当中。当然，我们对人类大脑活动的认识还远远不够，需要更多的神经科学研究来增进我们对自身的了解。ASTD 本身就应该引导和推进这方面的研究和实践，从而不断提升职场学习专业人员的能力和工作成效。

作者简介

苏珊·高兹沃斯，高兹沃斯公司（Goldswolf & Associates）的 CEO，该公司的专业领域涵盖领导力开发、高管教练及变革沟通等方面。她曾是奥林匹克运动员，在大型跨国企业拥有超过 20 年的管理经验，如今她合作的对象包括高管团队、全球知名企业，以及数家世界顶尖商学院。苏珊的著作包括《选择变革》(*Choosing Change*)（2013 年与沃尔特·麦克法兰合著）、《勇于尝试》(*Care to Dare*)（2012）和《新视线》(*New Eyes*)（2013，作者之一）等。她拥有巴黎 HEC 商学院 / 牛津大学的变革咨询与辅导硕士学位，以及神经领导力研究所（NeuroLeadership Institute）的神经科学硕士学位。

沃尔特·麦克法兰，风车人力绩效公司（Windmill Human Performance）创始人，也是 2013 年 ASTD 的董事会主席。他曾任博思艾伦咨询公司（Booz Allen Hamilton）高级副总裁，并任教于哥伦比亚大学的夏季领导力研究所（Summer Leadership Institute）、神经领导力研究所，以及巴黎 HEC 商学院。沃尔特是组织变革、领导力和组织学习等方面的知名作家和演讲嘉宾，主要著作包括《选择变革》（与苏珊·高兹沃斯合著，2013 年麦格劳-希尔出版）。

参考文献

Bandura, A. (1986). *Social Foundations of Thought and Action: A Social Cognitive Theory.* Englewood Cliffs, NJ: Prentice Hall.

Beeman, M., A. Collier, and J. Kounios. (2008). How Insight Happens: Learning from the Brain. *NeuroLeadership Journal* 1:20-25.

Cherry, K. (2013). What Is the Fight-or-Flight Response? About.com Psychology, http://psychology.about.com/od/findex/g/fight-or-flight-response.htm.

Davachi, L., K. Rock, and L. Rock. (2010). Learning that Lasts Through the AGES. *NeuroLeadership Journal* 3:53-63.

Dewey, J. (1916). *Democracy and Education.* New York: Macmillan.

Gammil, D. (2006). Learning the Write Way. *The Reading Teacher* 59(8):754-762.

Houle, C.O. (1992). *The Literature of Adult Education: A Bibliographic Essay.* San Francisco: Jossey-Bass.

Johansen, B. (2007). *Get There Early: Sensing the Future to Compete in the Present.* San Francisco: Berrett-Koehler.

Kirk, U. (2011). Neural Substrates of Corporate Decision-Making. *NeuroLeadership Journal* 4:77.

Kleiner, A. (2011). *The Neuroscience of Leadership*. Halifax, Nova Scotia: The Alia Institute.

Knowles, M. (1990). *The Adult Learner: A Neglected Species,* 4th edition. Houston: Gulf Publishing Company.

Kohlrieser, G., S. Goldsworthy, and D. Coombe. (2012). *Care to Dare: Unleashing Astonishing Potential Through Secure Basel Leadership*. Warren Bennis Signature Series. London: United Kingdom: John Wiley & Sons.

Kolb, D.A. (1984). *Experiential Learning: Experience as the Source of Learning and Development.* Englewood Cliffs, NJ: Prentice Hall.

Lieberman, M. (2009). The Brain's Braking System (and How to Use Your Words to Tap Into It). *NeuroLeadership Journal* 2:9-14.

Marsick, V.J. (1988). Learning in the Workplace: The Case for Reflectivity and Critical Reflectivity. *Adult Education Quarterly* 38(4):187-198.

McFarland, W., and S. Goldsworthy. (2013). *Choosing Change: How Leaders and Organizations Drive Results One Person at a Time.* New York: McGraw Hill.

Metcalfe, J., and A. Shimamura. (1994). *Metacognition: Knowing About Knowing*. Cambridge, MA: MIT Press.

Mobbs, D., and W. McFarland. (2010). The Neuroscience of Motivation. *NeuroLeadership Journal* 3:43-52.

Ringleb, A.H., and D. Rock. (2008). The Emerging Field of Neuroleadership. *NeuroLeadership Journal* 1.

Rock, D., and C. Christine. (2011). SCARF in 2012: Updating the Social Neuroscience of Collaborating With Others. *NeuroLeadership Journal* 4:129-142.

Schein, E. (1983). *The Reflective Practitioner: How Professionals Think in Action*. New York: Basic Books.

Street, C. (2010). Application of Neuroscience in Executive Team Coaching: The WSR Case. *NeuroLeadership Journal* 3:64-77.

Tough, A.M. (1967). *Learning Without a Teacher: A Study of Tasks and Assistance During Adult Self-Education Projects*. Toronto: Ontario Institute for Studies in Education.

Vaill, P.B. (1996). *Learning as a Way of Being: Strategies for Survival in a World of Permanent Whitewater.* San Francisco: Jossey-Bass.

Wheatley, M.J. (1992). *Leadership and the New Science: Learning About Organization from an Orderly Universe*. San Francisco: Berrett-Koehler.

Whiting, J., et al. (2011). Lead with the Change in Mind. *NeuroLeadership Journal* 4:112.

↘ 延伸阅读

McFarland, W., and S. Goldsworthy. (2013). *Choosing Change: How Leaders and Organizations Drive Results One Person at a Time*. New York: McGraw Hill.

Rock, D., and A. Ringleb. (2013). *The Handbook of Neuroleadership*. The NeuroLeadership Institute. Charleston, SC: CreateSpace Independent Publishing Platform.

Schwartz, J., P. Gaito, and D. Lennick. (2011). That's the Way We (Used to) Do Things Around Here. *Strategy + Business*, 62 (Spring).

第 54 章

持续课堂的魅力

大卫·鲍威尔（David Powell）

本章要点

- 了解当前成人学习的挑战
- 重新定义传统课堂
- 了解持续课堂（Persistent Classroom）的进化历程

如果你在周末走进任何一家苹果零售店，你会看到很多三四岁的孩子在那里用 iPad 玩游戏。这一代的孩子们对 iPad 或智能手机这些新玩意儿早已非常熟练，他们可以前一秒还用视频电话跟远方的祖父祖母说“我爱你们”，后一秒马上切换到玩游戏或看动画片。跟他们的父母一样，孩子们已经学会在 iPad 的屏幕上用指尖来探索世界；但跟他们的父母不同的是，他们并不知道还有其他“非触控”的人机互动方式，因此他们往往会习惯性地去戳电视或笔记本电脑的屏幕，在发现屏幕毫无反应后不知所措。当这群孩子们长大后，或许触控这种控制方式也将变得过时，我们将可以用声音、眼神乃至于思想来控制一切，而手机、iPad、智能手表这类现在看来十分新鲜的玩意儿，将被更为先进的设备取代，我们将活在被互联网完全联通在一起的世界当中，虚拟助手、人工智能等将成为生活中不可或缺的事物。

当这群孩子们长大后，在他们的世界将不再有“类比信号”和“数字信号”之分，“再也不会有人怀疑‘虚拟’的‘真实性’”（德罗恩，2013）。30 年后，当这群孩子们逐渐成为社会的中坚力量时，管理、合作和领导将完全是通过互联网和移动终端来完成的，时间和空间上的距离不再有任何意义，任何地方都可以是你的“办公室”。那么，回过头来看看，我们的培训和教育体系跟得上这样的科技进步吗？我们能让员工持续适应不断演变的“新常态”吗？

数字社会并不是什么新概念，但我们在面对数字革命掀起的一波波浪潮时，许多人依然步履蹒跚。以美国邮政服务（The United States Postal Service，USPS）为例，美国国会规定，邮政服务系统必须以邮寄实体邮件和包裹为主要业务，这些业务的需求却在快速缩减。人们不再写信了，改发 E-mail 或短信；人们也不再热衷于从旅游景点寄明信片给家人，因为手机拍照上传 Instagram 更快、更便利。此外，随着越来越多企业改用在线支付系统，它们也不再需要邮寄发票了。甚至连产品目录——这是美国邮政服务的一项重要收益来源——也逐渐从邮寄实体目录转向在线服务。如果没有国会的补贴，整个邮政服务系统还能活得过五年吗？很难说。从印刷素养（科尔，2011）向数字素养的快速过渡，已经对初等教育产生了极大的影响。儿童的打字能力变得比书写能力更重要，屏幕逐渐取代了纸张，成为教育信息的主要载体。

信息沟通渠道的不断增加，创造出许多此前从未存在过的“虚拟学习空间”——你可以在自己的网站上写日志，通过 Skype、Twitter、Facebook 与别人交流，在 LinkedIn 建立人脉，甚至通过 Snapchat 发送“阅后即焚”的照片和信息。现在的青少年发送短信（或者通过即时通信软件发信息）的频率要远远高过发 E-mail 或打电话；短信已经取代了实体信件，变成最主要的非同步通信渠道。即时通信软件创造出了更为自由、自主的对话空间，人们可以全凭自己的喜好，选择在任何时间加入或退出对话，而不再拘泥于特定的时空。即时通信软件还让“群众的智慧”得到更好的发挥。例如，当一位大学生考虑到现场听一位教授的讲座还是在网上收看就好时，他就会参考“群众的智慧”——看看大家在互联网、论坛和社交网站上对这位教授的评价如何；如果觉得讲座应该很有趣，他就会去现场听，如果觉得多半很无聊，那就稍后看看视频即可。此外，人们的“虚拟学习空间”还是多工处理的：你可以一边看视频，一边在网上检索资料、写作业，甚至还可以同时通过微信和其他同学聊天。

许多人忧心，互联网时代过多的数字沟通渠道会分散人们的注意力，使得人们难以集中精力在学习本身。然而，这是一种老式的思维模式，无法适应当前的时代变革。事实上，无论以前还是现在，总是有东西会让学生在课堂上分心——即使课堂上实在没什么有趣东西可以吸引学生的注意力，他们还是可能晃神。在某种程度上，数字革命把更多的主动权赋予学员自身，在他们自己所创造出的“虚拟学习空间”中，他们的投入程度反而比传统的实体课堂更高。数字革命带来的多重传播渠道及由此衍生出的多重虚拟学习空间，可以说从根本上对现存的教育体系提出了挑战。

在柏拉图《对话录·斐多篇》中，柏拉图假借苏格拉底的口吻，在论及“书写”这项技艺时说：

> “如果学会（书写）这项技艺，反而会使人们变得善忘，因为他们就不再努力记忆了。他们信任文字，只凭外在的符号再认，而非凭内在的脑力回忆。所以你所发明的这剂药只能治疗再认，不能治疗记忆。至于教育，你所教给学生们的并不是真正的智慧，只不过是形似智慧的假象而已，因为借着文字的帮助，他们无须教师的帮助就能记住许多知识，好像无所不知，但实际上除了文字，他们完全一无所知。不仅如此，他们还会变得讨人厌，因为他们自以为聪明，但实际上什么都不知道。”

每当新科技出现时，总会引发人们对未来的恐惧。不过，其实书写本身虽然不是学习，但也说不上会阻碍学习：书写只不过是工具而已。一切的学习技术——和其他一切方法、材料、装置一样——都只是工具，并不会教给我们智慧。智慧是属于个人的，唯有当我们将所学知识应用到实际生活当中，让知识和经验结合起来，才会产生智慧。智慧并不能“传授”，只能习得，而当我们习得智慧时，我们就改变了自身。在下面的部分，我们主要探讨传统课堂教育需要怎样的改变，才能在这个变幻莫测的时代持续满足成人学习的需求。

“课堂”简史

对美国人而言，当 18 岁时，我们大概已经在课堂里花费了 15 年。如果你决定继续读大学，甚至研究生，那么你还会继续在课堂待上 6~10 年。当你 25 岁时，回顾过去的人生，你会发现你大半（甚至更多）的人生都是待在一个不大的教室里，坐在一排排整齐座位的其中之一上面，面对前方的黑板。教室前方站着某位权威人物（他的称谓可能是老师、导师、教授、培训师或引导师，其实都差不多），他最主要的责任是评估你的表现（包括分数、学分、文凭、学位等）。你的一天被划分成一节一节的课时，你和其他学生，不管你们的天赋、能力或兴趣如何，都要这样按部就班、年复一年地接受课堂训练（或者说荼毒）。

稍微想一下，你会发现“学校”这种地方非常符合福柯（Foucault，1975）所说的“规范化机构”（Normalizing Institutions），这样的机构以一种高度结构化、严谨、严格而中央集权的方式，对大量的儿童施以标准化的教育、社会化和“驯化”，使他们变得符合我们社会的规范化要求。现代教育体系可以说就是整个工作和社会体系的缩影，它反映了西方世界工业化和城市化后的价值观和社会期望。在这样的教育体系下，“教育”主要是复制知识、控制和确立权威，而不是求知和思考。现代教育观可以从“教育”（Education）这个字的拉丁字源——educare，意味着“训练”或“形塑”——得到很好的体现。当儿童完成整个教育过程后，他们已经充分被“社会化”或“驯化”，已经准备好进入组织生活了——也就是可以开始工作了。是的，如果你偶然回顾一下自己的“受教育”经历，从幼儿园、小学、初中、高中、大学到研究生，再到工作岗位上长期的在职训练，你一定会惊讶不已——我居然花了几十年才终于成为一个“符合社会要求”的“合格”员工！

当代成人教育的挑战

在很多方面，今天的企业培训——包括高管培训——其实和过去的学校课堂教育并无二致。学员在不大的教室里面，一排排地整齐坐好，听着教室前面某位权威人物（培训师、引导师或教授，都差不多）讲授，学员们倾听、点头，在适当的时候鼓掌或发问，大家遵循着一样的课时安排，上课、下课，然后和其他学员一起完成课堂布置的工作。员工、管理者乃至于高管们在课堂上重复着过去 20 多年间在学校做的事——只不过这次，学分或学位等奖励并不是重点。

尽管高管培训的形式看起来跟中学课堂没什么不同，但企业在这方面所投入的海量资金可是会让任何学校相形见绌的，问题在于，投入和回报往往不成比例。学习转化（Learning Transfer）的效率低下，是整个行业普遍的问题。霍德（Houde）在谈到学习转化的困难时，认为：“许多课堂教育的内容和安排，往往根本无法在实际工作情境中带来组织所期望的学习或行为改变。”另外他也提到：“课堂的情境和实际工作情境往往缺乏联系……当你比较课堂情境和任何实际工作的深层结构时就会发现，两者间连一丝一毫的相似性都没有。”（霍德，2007）然而，“学习转化”的潜在假设是“学习”已经发生了，但学习真的发生了吗？我们期望学员能从两天到五天不等的培训课程中学会什么？

也许高管教育的目的是“让他们（学员）通过询问、思考和创造来解决那些以前解决不了的问题”（巴斯和古德，2004）。这也与德勒兹（Deleuze）关于学习的观点吻合，伯格（Bogue）提到：“谈到‘学习’时，德勒兹很明显并不是指简单地获取新信息或技巧，而是通过全新的方式来感知和理解世界。德勒兹认为，对符号的解读就是在克服‘自然的’或‘固有的’思维模式的窠臼。一般人所说的‘学习’往往意味着常识、标准知识或‘正统’思想的灌输和强化，但所谓的常识、标准或正统思想，都是人为塑造出来的，归根结底都是虚幻的。而真正的学习——通过符号的学习——就是让我们超越习惯、常识和‘正统’的幻象去探寻真正的真实，也就是普鲁斯特（Proust）所说的‘本质’或德勒兹所说的‘差异’。”（伯格，2008）

如果学习仅仅是简单的“复制”的话（德勒兹，1994），那么根据德勒兹的说法：“我们从那些说‘照我说的做’的人那里什么都学不到。我们真正的老师，是那些告诉我们‘跟我一起做’，并且通过符号来引发我们思考和创造的人，而不是那些简单地让我们复制的人。”（德勒兹，1994）根据瑟梅斯基和德尔佩茨-拉美（Semetsky and Delpech-Ramey，2012）的说法：“经验对学习而言是至高无上的，它能为德勒兹所说的概念教育法（Pedagogy of The Concept）带来新的意义。经验教育涉及具体的时间和地点，是一个关乎影响变革的动态参与过程。”这种基于经验的学习理念，似乎反映了教育这个字的另一个拉丁字源——educere，意味着“引导，带出”。这样的内在紧张——在教育的“复制”和“创造”之间的紧张——贯穿着整个当代教育体系。

2013 年 12 月，宾州大学教育研究所（GSE）公布了一份有关 MOOC（Massive Open Online Courses，大型开放式网络课程，一般译为“慕课”）的调查，结果显示：“MOOC 的活跃用户相对较少，用户的投入程度下滑得非常快——特别是在第一至二周的课程结束后——只有非常少数的用户能坚持到课程最后；平均来讲只有 4%的用户能完成整个课程，每门课程的完成率从 2%到 14%不等，视课程性质和考核方式而定。”基于这份调查，许多媒体报道因此断言，MOOC 的“教育民主化”努力失败了。梅（May）和瑟梅斯基坚称，教育是一个发生在学生和教师之间的合作过程。“对德勒兹而言，‘教育’并不是在学生拿到教材的那一刻开始的，而是在教师和学生一起，通过实践来探索他们对自身和世界的认识时，教育才真正开始。”（梅和瑟梅斯基，2008）

无论目前成效如何，MOOC 至少代表着当代教育体系改变的一种尝试，在新的教育理念下，教育不再是由传授的知识量，或者学分、文凭、学位等外在因素来衡量，而是由它带给最终用户（也就是学生）的价值来衡量。学生和教师是平等的，他们要不要完成某个课程、要完成多少课程，取决于他们对课程价值的界定；这个价值判断的标准可能跟整个教育体系保持一致，也可能完全南辕北辙。“德勒兹强调，学生并不需要学会‘一切’，他们只需要汲取自己所想要的、必要的部分，而无须任由某些精英教育体制强行将不需要的知识灌输给他们。”（瑟梅斯基，2007；德勒兹，1995）从传统课堂到 MOOC 的转变，在某些方面与“从书写到打字”的转变很相似。短信和即时通信软件塑造出了非同步沟通的自由空间，人们根据自己的喜好和需要，自由地选择加入或退出谈话。和短信一样，MOOC 也塑造出了一个非同步的教育空间；在 MOOC“课堂”上，学生自由选择加入或退出，浏览学习材料，根据自己的需求、学习目标和习惯来选择要深入钻研的部分。

就如同当今的高等学校教育一样，今天的高管培训也需要变革。在 21 世纪的现在，高管培训很大程度上和几十年来的学校教育并没有什么差异：高管们还是每天在固定的时间进到固定的教室，坐在固定的座位上，按照固定的课表听课——如果哪天没有固定座位，或者没有课表了，大家都会很不适应。同时，尽管培训并不是为了获取学位，但大多数人还是期待能获得某种文凭或者证书——如果没有，大家还是会很不适应。然而，真正的学习应该是基于经验的，无关乎你上了多少课、拿了多少学分，而在于你对世界的了解增进了多少，对于自身的行为和想法又改变了多少。正如卡梅隆·杜夫（Cameron Duff）所说：“学习让我们对符号和事件更为敏锐：了解它们的影响，以及如何影响它们。”时至今日，基于经验的高管培训，其本质其实和 1916 年约翰·杜威（John Dewey）的教育理念并无二致：“（教育）是在于扩大和深化我们的生活——更为强烈的、有纪律的、意义充分扩展的生活……同时，教育并不是生活的手段，教育就是生活本身。”正如同斯坦福大学、宾州大学等学校的 MOOC 实验一样，高管培训也到了需要改变的时刻。我们需要对“课堂”下一个新的定义。

持续课堂

大体而言，我们对“办公室”的定义在今天并没有改变：你的办公室就是你工作的地方。差别在于，由于智能手机和移动互联网的普及，我们工作的自由度大大增加，现在你的“工作的地方”不再局限于由四面墙所圈起来的某个房间，你的手机 GPS 显示你在哪里，哪里就是你的办公室，家里、车上、公园……都可以是你工作的地方。正如同办公室的墙壁被互联网所打破、瓦解一样，实体的“学习空间”也逐渐让位给了由互联网所定义的虚拟学习空间……课堂可以无处不在。尽管听起来有点反常识，但我们要记住：“一切学习都是‘虚拟’的，教师、教学机构和教学技术只不过是传递某种符号系统给学生，而学生必须依靠自己的思想和行动来解读符号，给符号赋予意义。这个过程是‘虚拟’的，是因为无论多么重要的教育内容，都是通过无关紧要的符号系统传递出去的；是学生对符号的解读赋予了意义，重要的是学生的理解而不是符号本身。”（德罗恩，2013）

未来，人们依然会持续参加各种培训课程，但会有越来越多人是通过不受实体教室局限的“虚拟学习空间”参与学习。如果高管培训的目的不只是灌输知识，而在于创造新价值和改变行为，那么实体教室就应该是一个让参与者和其他人一起进行实验的场域（德勒兹，1994），以及发现（或者重新发现）新联系、新方向或新路径的地方。然而，学习的成果并不是体现在教室当中，因为学习（也就是改变）还没有发生。“我们通过强化的、多元化的联系来产生学习。”（瑟梅斯基，2007）如果要让在教室中产生的价值真正变成新知识和行动，那么学员就必须将教室中的元素（培训师、同学、知识和思想）带回到工作当中。想让学习真正发生，就必须促成工作方式的改变，也就是要把学习与发展的情境和真实工作的情境融合在一起。

创新领导力中心（CCL）的创新实验室（Innovation Lab）近年来一直在尝试从实体课堂向数字课堂的转变。跟这个行业内的所有人一样，我们面临着三大基本问题：该如何在这个高度虚拟化、互联网化的时代继续有效进行领导力开发？

如同 MOOC 一样，该如何让学习的重心转向用户自身的价值，而不再受学分、证书等事物的局限？最后，我们的 IT 系统和工作流程该如何变革来适应这样的学习转变？

作为培训师，很高兴我们过去的努力给客户带来了深远的影响。但之后，我们必须让我们的影响力能够延续下去。为了做到这点，CCL 对“课堂”的定义进行了重新的思考和界定，我们认为在未来，“课堂”将不再局限于特定的空间和时间；高管们的学习可以是同步的或非同步的、本地的或远距离的，只要价值和目的明确，“课堂”可以无处不在。我们称这种新形态的课堂为“持续课堂”（Persistent Classroom）。

持续课堂的概念始于 2009 年，当时 CCL 尝试将领导力开发课程的一些部分移植到“第二人生”（Second Life）当中——“第二人生”是一个基于互联网的大型 3D 虚拟世界（托里斯、布罗德尼克和鲍威尔，2009）。范·威瑟尔（Van Velser）、麦考利（McCauley）和鲁德曼（Ruderman）在 CCL 的《领导力开发手册》（*Handbook of Leadership Development*）中提到了在大型 3D 虚拟世界中进行领导力开发的好处，他们写道：“这个平台可以让个人足不出户，就能和其他人一起全面参与到领导力开发项目当中。个人通过自己的虚拟化身（Avatars，在虚拟世界中塑造出的虚拟形象）在第二人生中参与课堂培训、接受评估、参加体验活动、与教练进行一对一的沟通反馈，甚至完全在这个虚拟世界中完成整个培训课程。足不出户，却能够经历一切。”（范·威瑟尔、麦考利和鲁德曼，2010）

2009 年 5 月，受到人力资源管理协会（SHRM）赞助，CCL 与乔治梅森大学（George Mason University）共同进行了一项针对“技术支持环境下的高管教练”（Executive Coaching in Technology Supported Environments）的评估研究。在该项研究中，28 位参与 CCL 领导力开发项目的高管，在“第二人生”当中接受了 3.5 小时的教练指导和反馈过程，他们并未与自己的教练见面，一切都是在虚拟世界中完成的。在整个过程结束后，实验组（在“第二人生”中与虚拟教练互动的一组）在满分为 5 的评估中平均得分 4.4；而对照组（与教练在真实世界互动的一组）平均得分是 4.8。

一项有趣的发现是，人们对于自己的虚拟化身在虚拟世界中的遭遇会产生感同身受的生理反应和心理反应。例如，有一位学员在虚拟世界中一座距离地面约 200 米高、摇摇晃晃的虚拟吊桥上停下来和教练谈话；随后当教练说“跟我走”时，该学员却回答：“我动不了了，我害怕！”她表示自己有恐高症，她的生理、心理反应和在真实世界中并无二致。这与福克斯、拜兰森和李奇亚迪（2012）的研究结果一致，他们发现“虚拟自我也会引发真实的生理反应”。

随后，CCL 建立了虚拟校园，举办虚拟会议，并开始针对领导力开发项目进行全面性的“虚拟化”实验。

你可以在 YouTube 上看到 CCL 在“第二人生”中进行的实验（网址是 www.youtube.com/watch?v=e0f-ZSj-fBA&hd=1&wide），或者你也可以从本书的网站（www.astdhandbook.org）上下载这段视频和其他两段视频。

尽管运用“第二人生”或其他开放式 3D 平台来推动企业培训还有许多问题需要解决，但我们发现这样的全数字化学习环境已经彻底转变了我们的思维。我们发现在虚拟 3D 平台上，我们的“虚拟化身”可以通过言传身教对学员的“化身”产生很大的影响，这种影响与传统课堂上的互动并无二致。这也与目前对虚拟现实的研究吻合：“研究表明，在虚拟现实中的表现，会影响人在真实世界中的行为。”（罗森伯格、鲍曼和贝伦森，2013）

“持续课堂”进化的下一步，是在 2012 年的领导力开发项目（LDP）中引入了 iPad。我们已经成功地用屏幕取代了传统的笔和纸张，但我们希望进一步做到的是通过这些科技装置来彻底改变整个课程系统。

正如这个名称所表示的那样，“持续课堂”的设计初衷是促进持续的学习。它的其中一项功能是为参与整个网络和社群的学习者提供持续性的领导力关系和领导知识。根据持续课堂的理念，当 CCL 的学员进入 CCL 课堂后，他们就永远不会离开了。通过持续课堂，学员和整个学习社区相连，通过企业社交网络服务（如 Yammer）与其他领导者连接在一起，分享知识和实践，并且引导他们与持续课堂的“数字长廊、书架及其他虚拟学习空间”联结。CCL 的持续课堂如图 54-1 所示。

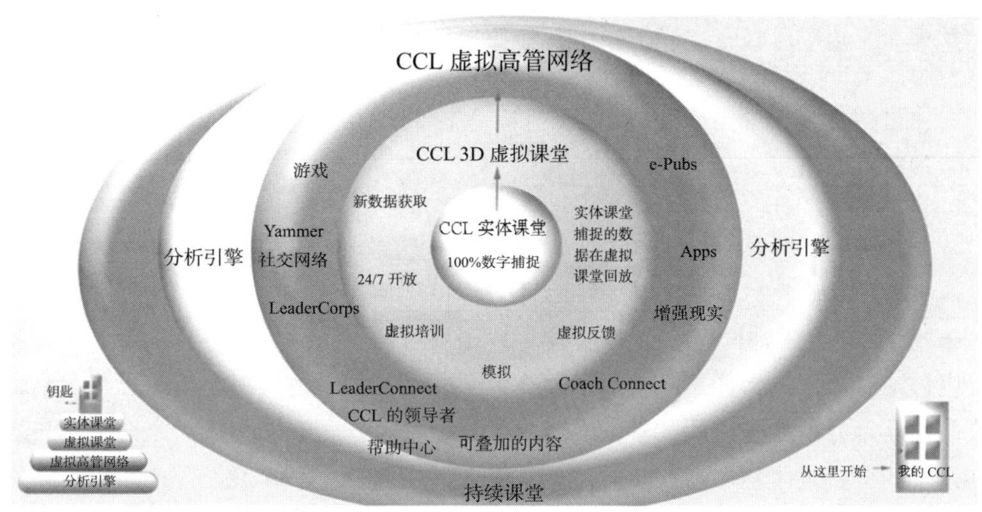

图 54-1 CCL 的持续课堂

除了学习内容和网络的数字化，我们也需要智能地、数字化地抓取用户所产生的内容。当学员离开 CCL 的虚拟校园时，他所生成的内容依然“活”在虚拟 3D 课堂里，并且可以通过 LeaderConnect——正在开发中的一个游戏化 App——来读取。即使在整个培训课程结束后，学员依然可以通过下载 LeaderConnect 来继续读取自己的相关数据、管理目标、参与 CCL 的社交网络（包括自己的同学，以及所有 CCL 的“校友”）、寻找教练，以及登录“问问领导者”（Ask Leaders）帮助中心等。“问问领导者”帮助中心会协助你检索所有 CCL 的社交网络、出版物（书籍、手册和白皮书等）、播客，以及 LeaderCorps 视频（由各个领导者所讲述的，大约 2~4 分钟的领导力故事）等。如果依然找不到答案，你可以简单按下一个键，你的问题就会被发布在 CCL 社交网络上。和其他“游戏”一样，学员可以通过使用 LeaderConnect 这个 App 来累积分数和勋章，并且可以在排行榜上看到自己和别人的分数；你也可以用积分来兑换 App store 里其他 CCL 的产品或服务。

互联网改变了整个社会的方方面面，我们的实体课堂也在发生转变。当每个人人手一部 iPad（或其他平板电脑）时，我们就不再需要安装投影仪了；由于学生的眼睛不再只盯着前方，课堂也就不得不从传统的“舞台模式”转向“环形剧场模式”。教室的实体空间变得开放，不再被固定的摆设或器材所局限；我们不再需要一排排摆得整整齐齐的桌椅，所有“家具”都放在“道具室”里，有需要时才拿出来按需摆设。教室将不再是过去那样静态的、数十年如一日的学习环境，而是犹如一幅空白画布一样，任由教师和学员挥洒。

你可以参考我们的第二段关于空间重构的视频，网址是 http://vimeo.com/34647917。

在我们的新课堂里，没有黑板，取而代之的是四面可以自由移动的 55 英寸液晶显示器，教师或学员都可以随时把自己 iPad 的画面投影到这些显示器上，这样一来，无论你坐在哪里、面向何方，都可以很容易地看到其中一台显示器的画面。小组讨论时可以选择任意一台显示器作为“共享”的平台，将小组的思路、草图或照片通过显示器来彼此共享，或者分享给全班观看。iPad 变成大家讨论、共享和记录的核心载体，每当需要对讨论过程进行录像时，iPad 就能派上用场，并且随时把录下的画面通过 55 英寸液晶显示器来播放。

你可以下载本章的第三段视频，看看持续课堂在我们的圣地亚哥分校是如何体现的。网址是 www.youtube.com/watch?v=Z8rhOpMJK2k&feature=youtu.be&hd=1&wide。

课堂本身的角色也需要转变。随着教师一人独秀的“舞台模式”成为历史，教师（或者培训师、引导师）的角色也从“权威者”转变为“合作者”。课堂管理员将更多地扮演“生产者”的角色，他需要负责随时录制课堂互动的音频 / 视频，在培训师指示下将这些音 / 视频即时在课堂上播放，或者储存下来供以后编辑之用。课堂管理员将花费大量的时间在课堂隔壁的“观察室”，这里看上去很像电视台的演播控制室。新的课堂形态将产生出大量有价值的数据，而想要有效分析、利用这些数据，就需要全新的专业人才来负责。我们会将这些视频信息张贴在学员的 CCL 个人主页上，其中一部分还会成为我们 LeaderCorps 视频或电子出版物的素材。

在我们的持续课堂，学习是一个持续不断的过程，不再拘泥于有限的时间或实体教室的空间限制。你可以把 CCL 的课程想象成改良版的 MOOC，所有课程都存在于 CCL 的云端服务上。学员会在虚拟空间中先完成必要的先修课程，他们的一切学习活动都由学习管理系统加以追踪和记录；当先修课程完成后，他们就会自动被注册加入课程的“实体课堂”部分。

即使当学员离开校园后，有关他们学习的一切依然存在于 3D 虚拟课堂当中。所有以班级、小组或个人为单位产生的内容都会被系统自动捕捉，并保存在虚拟课堂中。实体课堂中的一切在虚拟世界中得到了延续，即使个人离开了校园，他的“虚拟化身”依然能够持续跟同学、教师及整个 CCL 网络保持互动和联系。

通过虚拟和实体课堂的结合，“持续课堂”为学员打造出了更为全面、深入而无所不在的学习体验；通过音 / 视频及时捕捉、用户生成内容，以及大数据分析，我们能够对学习过程进行及时而深入的研究，通过这些研究分析来改善用户体验，并进一步完善我们的新产品、新研究及新的客户服务。“持续课堂”——虚拟和实体课堂融合的新模式——让教师和学员之间的互动更为频繁和深入，围绕着产业、市场、专业或特定的领导力议题，形成紧密的学习社群。在虚拟世界、移动装置、数字内容和社交网络的帮助下，我们为用户打造出了全新的学习体验，为持续性的学习、发现、创新和实践开拓了空间。我们认为，这就是未来的学习，尽管形式与过去完全不同，学习的目标从未改变。T. S. 艾略特（T. S. Elliott）在他著名的诗 *Little Gidding*（1968）中说：

> “我们不应停止探索，
> 在我们一切探索的终点，
> 将回到我们最初开始之处，
> 而这也是我们第一次真正认识这个地方。”

课堂的未来

持续课堂只是一个开始。将新的信息技术和现有的培训体系融合在一起，将能为企业管理者打造出永无止境的学习和成长机会。我们的世界正在快速变革，随着信息技术、多媒体技术和移动互联网的无孔不入，介于类比和数字体验之间、实体和虚拟学习空间之间的边界，正在快速消融。对于未来，拜兰森和布莱什科维奇（Bailenson and Blascovich，2011）预测：“如同今天人们在 Facebook 上互动一样，当人们在虚拟世界通过虚拟化身彼此互动，在足够长的时间过后，一种新的社会互动形式将会出现。”显然，培训与发展工作也必须适应这样崭新的沟通、体验及身份模式。

有关增强现实（Augmented Realuty，AR）和其他虚拟学习空间方面的研究正在突飞猛进。例如，MIT 媒体实验室正在研发一种增强现实的合作系统，“在实体环境之上，打造出基于用户生成内容的实时互动体验”（签原、和恩、李和石井，2012）。他们正在探索人机互动的崭新方式，如可触式的用户界面（Tangible User Interfaces，TUI）——将数字信息和运算加以实体化、具象化的人机互动方式。“TUI 将大大扩展物理空间、界面和对象的使用价值，使它们可以直接支持和融合虚拟世界。”（拉卡托斯和石井，2012）

在 2013 年，我们看到了“实体和虚拟空间的深层融合与相互转化”（莱廷格等，2013），以及“远程合作的进一步可能性。远程合作者可以进入一个共享的数字空间，在这里他们可以拿起、操作任何的虚拟物件和数据”（冯·卡普里等，2013）。而在 2014 年，我们又看到原本只属于医学范畴的生物识别传感器（Biometric Sensors，如指纹识别、虹膜识别、心率识别等）走入了一般人生活当中，变成时尚饰品或智能手机的一项功能。到了 2017 年，我们也许将佩戴着高科技隐形眼镜，它带有抬头显示器（HUDs）、通过骨骼传导的音频装置，以及 3D 全息投影仪；当我们漫步在实体世界时，我们的视觉、听觉和触觉却能够同步在虚拟世界中游览，实体和虚拟空间的疆界变得模糊，而无论实体课堂还是虚拟课堂，都将彼此交融，成为我们各自专属的“学习空间”。

正如同今天三岁儿童已经能非常熟练地运用 iPad，在未来三岁儿童生存的世界，将不再有平板电脑，只有无处不在的便携智能装置。目所能及的一切都是联网的，人们可以随时随地、自由自在地探索这个世界。

当现在这群三岁儿童长大成人、成为社会中坚时，他们所生活的世界将是一切都彻底联网、虚拟和现实的边界完全失去意义的世界。在可见的将来，所谓“增强现实”和“虚拟现实”这样的词汇将不再被提起，因为它们已经跟真正的“现实”融合在一起，而“课堂”将是我们终身学习的、专属的“学习空间”。

作者简介

大卫·鲍威尔，创新领导力中心（CCL）创新实验室（Innovation Lab）的创始成员和资深专家。创新实验室的目标是“为了贯彻创新领导力中心的使命，持续对领导力开发的新产品、服务和商业模式进行发掘、创新和验证”。大卫所在的团队主要负责研究 CCL 的战略和产品 / 服务投资项目，以及打造创新的组织文化。他同时领导着 CCL 的多个科技创新项目。

参考文献

Bailenson, J.N., and J. Blascovich. (2011). *Virtual Reality and Social Networks Will Be a Powerful Combination: Avatars Will Make Social Networks Seductive.* IEEE Spectrum, http://spectrum.ieee.org.

Bass, R.V., and J. Good. (2004). Educare and Educere: Is a Balance Possible in the Educational System? *Educational Forum* (68)2:161-168.

Bogue, R. (2008). Search, Swim and See: Deleuze's Apprenticeship in Signs and Pedagogy of Images. In *Nomadic Education: Variations on a Theme by Deleuze and Guattari*, ed. I. Semetsky (pp. 1-16). Rotterdam: Sense Publishers.

Chen, T.R., S. Zaccaro, T. McCausland, D. Powell, and C. Torres. (2013). Coach and Client Cognitive Characteristics Match in Executive Coaching Relationships. Poster presented at the 2013 APA Annual Conference, Honolulu, HI.

Cole, D.R. (2008). Deleuze and the Narrative Forms of Educational Otherness. In *Nomadic Education: Variations on a Theme by Deleuze and Guattari*, ed. I. Semetsky. Rotterdam, The Netherlands and Boston: Sense Publishers.

Cole, D.R. (2011). Matter in Motion: The Educational Materialism of Gilles Deleuze. *Educational Philosophy and Theory*, volume 44, Issue Supplement s1, Pages 3-17, May 2012 (first published online April 14, 2011).

Deleuze, G. (1994). *Difference and Repetition*, Paul Patton (trans.). New York: Columbia University Press.

Deleuze, G. (1995). *Negotiations 1972–1990*, Martin Joughin (trans.). New York: Columbia University Press.

Dewey, J. (1924 [1916]). *Democracy and Education*. New York: Macmillan.

Drohan, C. (2013). Deleuze and the Virtual Classroom. In *Deleuze and Education*, eds. I. Semetsky and D. Masny. Edinburgh, Scotland: Edinburgh University Press.

Duff, C. (2013). Learning to Be Included. In *Cartographies of Becoming in Education*, ed. D. Masny. Rotterdam, The Netherlands and Boston: Sense Publishing.

Elliot, T.S. (1968). *The Four Quartets*. New York: Mariner Books.

Foucault, M. (1975). *Discipline and Punish: The Birth of the Prison*. New York: Vintage.

Fox, J., J. Bailenson, and T. Ricciardi. (2012). Physiological Responses to Virtual Selves and Virtual Others. *Journal of CyberTherapy & Rehabilitation* 5(1):69-72.

Houde, J. (2007). Analogically Situated Experiences: Creating Insight Through Novel Contexts. *Academy of Management Learning & Education* (6)3:321-331.

Kasahara, S., V. Heun, A. Lee, and H. Ishii. (2012). Second Surface: Multi-User Spatial Collaboration System Based on Augmented Reality. In SIGGRAPH Asia 2012

Emerging Technologies (SA '12). ACM, New York, Article 20.

Lakatos, D., and H. Ishii. (2012). Towards Radical Atoms—Form-Giving to Transformable Materials. In Proceedings of Cognitive Infocommunications (CogInfoCom), 2012 IEEE 3rd International Conference, Kosice, Slovakia.

Leithinger, D., S. Follmer, A. Olwal, S. Luescher, A. Hogge, J. Lee, and H. Ishii. (2013). Sublimate: State-Changing Virtual and Physical Rendering to Augment Interaction With Shape Displays. In Proceedings of the 2013 ACM Annual Conference on Human Factors in Computing Systems (CHI '13). ACM, New York, 1441-1450.

Low, S. (2003, February). Anthropological Theories of Body, Space, and Culture. *Space & Culture* (6)1:9-18.

May, T., and I. Semetsky. (2008). Deleuze, Ethical Education, and the Unconscious. In *Nomadic Education: Variations on a Theme by Deleuze and Guattari*, ed. I. Semetsky. Rotterdam, The Netherlands and Boston: Sense Publishers.

Penn GSE. (2013). www.gse.upenn.edu/pressroom/press-releases/2013/12/penn-gse-study-shows-moocs-have-relatively-few-active-users-only-few-persisti.

Plato. (370 B.C. [1961]). Phaedrus. In *The Collected Dialogues of Plato*, eds. E. Hamilton and H. Cairns. Princeton, NJ: Princeton University Press.

Rosenberg, R.S., S. Baughman, J. Bailenson. (2013). Virtual Superheroes: Using Superpowers in Virtual Reality to Encourage Prosocial Behavior. *PLOS One* 8(1):1-9.

Semetsky, I. (2007). Towards a Semiotic Theory of Learning: Deleuze's Philosophy and Educational Experience. *Semiotica* 164(1/4):197-214.

Semetsky, I., and J. Delpech-Ramey. (2012). Jung's Psychology and Deleuze's Philosophy: The Unconscious in Learning. *Educational Philosophy and Theory* (44)1:69-81.

Torres, C., R. Brodnick, and D. Powell. (2009). Leader Development Gets a Second Life. In *Leadership in Action*, (29)3.

Van Velsor, E., C. McCauley, and M. Ruderman. (2010). *The Handbook of Leadership Development*, 3rd edition. San Francisco: Jossey Bass.

von Kapri, A., K. Wong, S. Hunter, N. Gillian, P. Maes. (2013). InReach: Manipulating 3D Objects Remotely Using Your Body. International Conference on Human Factors in Computing (CHI 2013), workshop paper in Blended Interaction: Envisioning Future Collaborative Interactive Spaces.

↘ 延伸阅读

Blascovich, J., and J. Bailenson. (2011). *Infinite Reality: Avatars, Eternal Life, New Worlds, and the Dawn of the Virtual Revolution*. New York: William Morrow.

Doorley, S., and S. Witthoft. (2012). *Make Space: How to Set the Stage for Creative Collaboration*. New York: John Wiley & Sons.

IEEE Spectrum: http://spectrum.ieee.org

McCauley, C., D. DeRue, P. Yost, and S. Taylor. (2013). *Experience-Driven Leader Development*. San Francisco: Jossey-Bass.

MIT Media Lab: www.media.mit.edu.

Semetsky, I., and D. Masny, eds. (2013). *Deleuze and Education*. Edinburgh, Scotland: Edinburgh University Press.

Virtual Human Interaction Lab at Stanford: http://vhil.stanford.edu.

第55章

学习，别无选择：一位CEO的观点

道格拉斯·科南特（Douglas R. Conant）

本章要点

- 了解为何学习与成长对打造卓越组织至关重要
- 了解“有意识的练习”对学习和组织战略的重要性
- 了解如何以领导者自身为表率来有效领导

尽管你已经听过这句话很多次了，但我还是得重复一遍：“现在的日子真不好过！”

现在的商业世界不但复杂万分，而且瞬息万变，今天的常识到明天也许就变成短视，这星期还算是创新的想法，到下星期也许就变成老黄历了。以我多年来担任领导者的经验，我发现作为企业领袖，你必须为了你的股东、员工和其他利益相关者，尽一切可能保持企业竞争力、克服任何困难和逆境，持续提供高质量的产品和服务，并且还必须保持高度的诚信。作为领导者，你必须不断面对当前市场环境带来的种种挑战，并且能够逆风高飞。这意味着什么？意味着你必须孜孜不倦地培养和完善自身的领导能力，以及整个组织方方面面的能力。环境的变化永无止息，我们必须不断追求学习和成长，才可能迎头赶上。在21世纪，唯一不变的就是变革本身。

成长或死亡

21 世纪的全球商业环境，对企业表现、产品质量和创新提出了更高的要求。企业必须不断精进自身，做到比竞争对手更快、更好、更完整地满足顾客需求。这简直就是达尔文《物种起源》笔下的世界。创新变成了常态，你如果不能适应和变革，就等着被淘汰出局；只有优秀者能够生存，平庸者最终一无所有。那么，你该如何让自己——以及你所领导的人——在艰难的环境下不断茁壮成长呢？首先，你必须不断完善产品和服务的质量，这应该成为你所在企业 DNA 的一部分。正如达尔文当年所观察到的那样，那些能够生存下来并繁荣昌盛的生物，并不是最强壮或最聪明的，而是“最能适应”的；最强壮的恐龙灭绝了，微不足道的小型哺乳动物却活了下来并主宰了地球。那些最能够快速变革、成长和适应的人，才能够在不断变动的职场、商场乃至整个世界当中生存下去。想活下去，就要不断成长。

那么，该如何成长呢？你必须学习！对人类而言，没有学习就没有成长。我们必须不断学习如何更好地运用自己的能力，学习新技能，学习吸收别人的建议和经验来让自己做得更好。你别无选择，你周遭的所有人——包括你的竞争对手——都在不断学习和成长。因此如果你不学习，你麻烦就大了。“成长或死亡”，我想你应该知道该选哪一边吧？

那么，这是不是说我们必须不顾一切追求成长，哪怕变得冷血、粗暴、没有人性也在所不惜呢？绝非如此。事实上对于达尔文理论常见的误解之一，就是以为只有凶猛和野蛮的生物才能适应环境。但是你看看，凶残的霸王龙和胆小柔顺的小型哺乳动物，哪个才是进化的胜利者？尽管企业想要存活必须遵循最严苛的标准，但只要给予员工足够的学习与发展空间，我们完全可以在团结、乐观的氛围下做到精益求精，满足最高标准要求。这是一种双赢策略，学习和成长可以让员工不断提升，同时能够不断完善企业产品和服务的质量，进而使企业的竞争力不断提高。事实上，以我的经验来说，所有成功企业的领导者都知道，成功的关键永远是“人”，企业是由人组成的，人才就是一切。你找到合适的人才，投入充分的资源来让他们得到发展和成长，再给他们充分的空间来发挥能力，那么他们就会以同样的方式来回报你和企业。在此同时，你的企业也会越来越成功。

欲变世界，先变自身

持续的学习与成长是一切个人或企业成功的关键元素，很多人都这样说过，但仅仅把话挂在嘴边是没用的。是行动而非话语在改变世界。圣雄甘地有一句名言“欲变世界，先变自身”（Be the change you want to see in the world），这句话再精辟不过了。想要打造能有效学习和发展的企业，就要从领导层做起，从你自己做起。虽然口头和精神上的宣誓也很重要，但你更应该做的是“以身作则”。如果你说：“我认为应该打造一种学习文化。”那么你就要身体力行地去实践它，在每天的一言一行当中贯彻学习理念。你可以从个人和群体两个层面来一步步地打造学习文化。

↘ 个人层面

组织的学习文化必然是由能够持续学习和成长的领导者所创建和带领出来的。领导者率先垂范的楷模作用极其重要，你的努力（或怠惰）员工都看得到。以我自己为例，我的办公室从地板延伸到天花板，都是装满书籍的书架，这并不是做做样子而已，我酷爱阅读、求知若渴，而且喜欢把阅读的乐趣和朋友、家人及同事分享。当我和员工会面时，经常会顺手带一两本书推荐给他们。显然，就学习和发展这个层面，我以身作则，做到了“欲变世界，先变自身”。

↘ 群体层面

当我们从个人层面上升到群体（或是组织）层面时，学习与发展的重要性就更加无可取代了。因此，我们必须设法打造学习和成长氛围的社群，你必须通过你的领导能力，来同时塑造出学习的“推力”与“拉力”。

当你试图在群体当中塑造学习文化时，你应该了解能促进学习的动力有两种：推力和拉力。基本逻辑是这样的：

推力——鼓励学习、以身作则、拥抱学习，让员工受到感染，也变得喜欢学习。

拉力——明确组织的期望。领导者应该让员工知道，组织对他们的持续学习和发展抱有很高的期望。

当推力和拉力结合在一起，就能够营造出一种渴望学习、不断追求成长的氛围，员工会不断学习和自我提升，为组织做出更大贡献，并且乐此不疲。员工、领导者和组织实现了共赢，大家都变得越来越好。

哪来的天才

好的，现在你明白了学习与成长对企业成功的重要性，也知道你必须以身作则，身体力行地贯彻学习文化。那么，下一步该怎么做？该怎样从理论前进到实践呢？想要落实持续的学习与成长，可以参考“有意识的练习”（Deliberate Practice）这项训练。在杰奥夫·科尔文（Geoff Colvin）脍炙人口的著作《哪来的天才？练习中的平凡与伟大》（Talent Is Overrated：What Really Separates World-Class Performers from Everybody Else）中，他下了惊世骇俗的断言：决定一个人能否出类拔萃的既不是天赋也不是经验。事实上，一代又一代，实际证据表明，仅凭天赋或单纯的经验积累，能成功的人很少。那么，那些“出类拔萃者”和“平凡者”之间的真正差别在哪里呢？答案是“努力”。这听起来像一句废话，很显然嘛！你越努力，就会变得越好，不是吗？然而，科尔文所谈的“努力”并不是简单地指付出更多时间，他所说的“有意识的练习”是指通过明智的、有系统的练习和计算来不断改进自己的思维和行动，孜孜不倦地找出需要完善的地方并持续完善，哪怕再苦再累，再怎么想要放弃，也要坚持到底，决不妥协。能够持之以恒地这样做的人，自然就有机会成为人中之龙。

这告诉我们什么道理呢？简而言之，成功没有捷径，也没有借口。如果你发现某件事对你个人或整个组织的成功十分重要，但你并不擅长，你绝不能说：“好吧！这不是我的长处，我还是继续做我擅长的事吧！”你绝不能这样说！因为最后就是那些你不擅长的事把你拖垮了。这就是培训与发展等活动的用处所在了。当你迫切感受到在某些方面需要提升时，你就应该直面自己的不足，并且找出办法来提升自己，消灭一切短板。“不擅长”“不精通”不是你故步自封、止步不前的借口；相反，你应该把它们视为发展的机遇，调动一切资源来克服自身的缺点，不断超越自己。这多么令人振奋啊！我们不需要天生神力，也不需要是什么上天眷顾之人，只要付出足够的努力，通过有意识的练习，都能够变得出类拔萃！我相信作为一家伟大企业的领导者，主要职责之一就是为员工提供足够的资源来学习和成长，同时要为员工设立高标准和期望，来驱动他们不断自我超越。我的信条是："要赢得市场，首先必须叱咤职场"（To win in the marketplace, you must first win in the workplace）。而想要在职场上有出色表现，你必须下定决心，致力于员工的培训与发展。

杰克·曾格

杰克·曾格（Jack Zenger）是领导力培训的先驱，也是举世知名的作家和演讲嘉宾。他写了许多有关领导力的著作，如《领导者手册：非凡领导者的 24 堂课》（*The Handbook for Leaders: 24 Lessons for Extraordinary Leaders*）[2004 年与约瑟夫·佛克曼（Joseph Folkman）和约翰·曾格（John Zenger）合著]、《卓越领导者：从优秀经理人迈向卓越领导者的登峰之道》（*The Extraordinary Leader: Turning Good Managers Into Great Leaders*）（2002 年和约瑟夫·佛克曼合著），以及《基于结果的领导力》（*Results-Based Leadership*）[1999 年与大卫·欧利奇（David Ulrich）和诺曼·斯莫伍德（Norman Smallwood）合著]。曾格区分了五大领导力要素，分别是性格、个人能力、人际能力、推动绩效、领导变革。

"精熟模式"

在我担任金宝汤公司（Campbell Soup Company，也可译为康宝浓汤）CEO 期间，我有了绝佳的机会，将我对培训与发展的热情彻底融入公司的 CEO 学院（CEO Institute）当中。CEO 学院是一项为期两年的综合发展项目，由我本人创立，并且由我和公司的首席人力资源官（CHRO）南希·瑞尔登（Nancy Reardon）及我的好友、《接触点》（*Touch Points*）作者之一的美特·诺嘉尔德（Mette Norgaard）一起在学院授课。

我们专注于领导力开发，因为根据事先调研，我们发现领导力是公司急需发展的一个领域——不仅是为了现在，更为了以后的长远发展。我们通过"有意识的练习”来认真培养公司的领导力。我们关注领导力的发展，因为我们很清楚，人们会选择加入一家伟大的公司，但糟糕的领导力会促使人们离开公司，因此领导力的重要性再怎么强调都不为过。为了把金宝汤打造成一家出类拔萃的公司，我们必须确保一代接着一代，我们始终能培养出优秀的领导者，由他们来持续激励员工、推动变革，带领公司不断进步。而我们的想法得以实现的关键因素是我们提出的领导力的精熟模式（Mastery Model）。

正如前面所说，我并不认为卓越领导者是与生俱来的，相反，领导者是可以被培养出来的。在吉姆·柯林斯（Jim Collins）2001 年的畅销书《从优秀到卓越》（*Good to Great*）当中，在分析了大量数据后，他总结出那些最佳的领导者跟普通领导者之间的区别主要在于谦逊和坚定的决心，两者缺一不可。卓越领导者认识到自己的不足（谦逊），并且尽一切努力来让自己成长（坚定的决心）。我们确实能从那些著名的优秀领导者身上看到这两种特质。

卓越领导者将领导力看作一项需要不断磨练的技艺，而不是天生的禀赋。就像任何一门手艺一样，领导力需要通过辛勤的工作、刻苦的锻炼，才能不断精进。而这也就是我们 CEO 学院“精熟模式”的实际做法，我们找到合适的人（那些有着良好素质与潜力，并且愿意持续提升自己领导能力的员工），和他们密切联系、一同共事，他们就相当于整个领导力开发计划当中的“学徒”。首先，我们会把金宝汤领导力模型的六大期望（见图 55-1）展示给他们。

接下来，为了真正做到“精熟”领导力这门“技艺”，他们需要进行缜密、严格的反思，根据自己的特点、工作环境和文化来发展自己的领导力模型。对我而言，我自己的领导力模型就是图 55-1 所展示的金宝汤领导力模型，因为我认为这个模型可以不断提醒我自己，要在这六大领域不断地学习和成长。

基于“有意识的练习”和“精熟模式”，我们还需要强调一点，那就是智慧的积累。那种让员工上几天课、抄抄笔记、拿张证书，大家合影留念然后解散的“培训”是不可能产生太大效果的。知识需要积累，智慧需要沉淀，仅仅偶一为之的培训效果必然小得可怜。其实这应该很明显，但大多数人有意无意地忽略了。有意识的练习和精熟模式，就是为了促进持续的、长久的知识积累而设计的。这包含了三个基本要素。

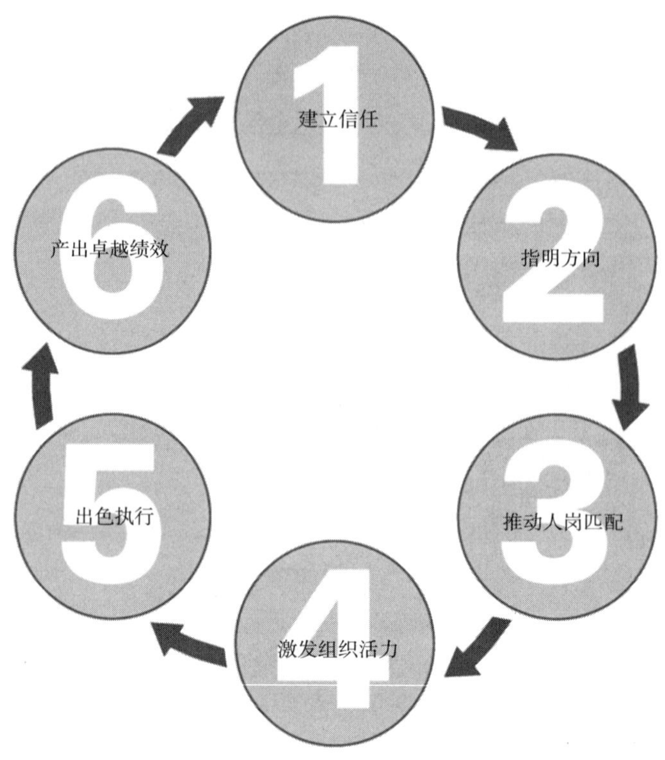

图 55-1　金宝汤领导力模型

1. **经验学习**：从真实生活的经验当中学习；在真正的环境和职场上应用所学到的原则和工具。

2. **课堂学习**：由专家主导的结构化学习；指定阅读和完成作业；案例练习。

3. **个人发展时间**：追求更多知识；对获取的技能和知识进行内化和反思；追求永久的个人发展和提升。

唯有当上述三个要素都得到发挥和体现后，你才能开始释放作为领导者的全部潜力。事实上无论你想成为卓越的领导者，还是其他行业的佼佼者——卓越的画家、橄榄球运动员、律师、诗人、科学家——当你希望从平凡变得优秀、从优秀变得卓越时，都需要综合运用这三种学习要素。更不用说，当你希望在组织层面领导变革，并在整个公司打造出学习文化时，你更是需要彻底地、发自内心地、全心全意地去理解学习与发展的真正含义和基本要素。

兼得心态

还有一个刺激我所有关于领导力想法的理念，我称为兼得心态（Abundance Mentality）。兼得心态存在于我每一次的工作和与他人的互动中，我将这一心态当成心灵向导，保证自己无论何时何地都不会迷失自我，永远能以最有效的态度和方法来处理眼前的问题。我认为这种心态也和培训与发展高度相关，缺少兼得心态，你的学习与人才成长就会受到限制。

那么，“兼得心态”究竟是什么意思呢？这意味着你要深切改变自己的思想，无论何时何地，都要尽可能避免“非此即彼”“有你无他”的做法，而要采取“兼容并蓄”“海纳百川”的融合思想。

在领导力开发这一方面，你一方面要树立严格的标准，对原则毫不动摇；同时要对员工心存宽厚、仁慈以待。别以为“严厉”和“仁厚”不能兼得——卓越的领导者必然是这两种特质兼备的。别说“鱼与熊掌不可兼得”，如果你做不到“兼得”，就注定无法成就卓越。这是创建可持续发展的商业模式、在逆境中依然能够展翅高飞的唯一办法。这也呼应着我们前面的讨论，当你为员工提供充分的资源来学习和成长，同时又订立严格的标准和期望时，员工就会被激发出最大的潜力来追求发展与提升，而这将会进一步提升公司的竞争力，令公司有能力应付任何挑战。给员工成长的资源和机遇，再给他们订下标准，你会惊讶于他们所能达到的高度。从培训的观点来看，兼得心态也意味着在实际学习中必然要兼顾“谦逊”和“坚定的决心”，唯有不断认识到自己的不足，并付出超人的努力来提升自我，才能具备卓越的竞争力。

组织对于培训与发展的需求是迫在眉睫的。我亲眼见识过学习和持续精进能带来多大的能量。在个人层面上，我谦虚地认为，自己永远都是一个学生，在永无止境的领导力发展道路上，我必须不断提升自己。我坚信，激发员工的学习热情，并且不断强调学习与发展的重要性，是领导者的重要职责，同时是对股东、员工和一切利益相关者负责的重要表现。如果你不能给员工提供充足的学习资源和机会，你就不配身为一个领导者。而你为员工提供的学习投资和发展机遇越多，他们的投入程度就会越高，他们的工作表现会越来越好，而你的公司也就能在市场上发挥出更大的潜力。记住，这一切都是落实在员工身上的。身为领导者，你所面临的挑战是必须深切认识到公司可持续发展的竞争优势只能源于员工的创新、适应、学习，以及为公司及客户不断创造新价值的能力。

每一天，我们都会面临“成长或死亡”的残酷抉择。对我而言，我永远会选择成长。那么，你呢？

作者简介

道格拉斯·科南特，雅芳公司董事长，美国西北大学凯洛格高管领导力学院（Kellogg Executive Leadership Institute，KELI）主席。他也是科南特领导力公司（Conant Leadership）创始人兼 CEO，该公司致力于为 21 世纪的企业打造卓越领导力。科南特在 2001 年至 2011 年担任金宝汤公司总裁兼 CEO，为金宝汤公司提升员工敬业度、创造卓越绩效做出了巨大的贡献。他的著作经常高居《纽约时报》畅销书排行榜，主要著作包括《接触点：瞬间建立有力的领导关系》（*Touch Points: Creating Powerful Leadership Connections in the Smallest of Moments*）等。他也是大受欢迎的演讲嘉宾，经常在世界各地讲述有关 21 世纪领导力发展的相关议题。

参考文献

Collins, J.C. (2001). *Good to Great: Why Some Companies Make the Leap—and Others Don't*. New York: Harper Business.

Colvin, G. (2008). *Talent Is Overrated: What Really Separates World-Class Performers From Everybody Else*. New York: Portfolio.

延伸阅读

Beer, M., R. Eisenstat, N. Foote, T. Fredberg, and F. Norrgren. (2011). *Higher Ambition: How Great Leaders Create Economic and Social Value*. Boston: Harvard Business Review Press.

Collins, J.C. (2001). *Good to Great: Why Some Companies Make the Leap—and Others Don't*. New York: Harper Business.

Colvin, G. (2008). *Talent Is Overrated: What Really Separates World-Class Performers from Everybody Else*. New York: Portfolio.

Conant, D.R., and M. Norgaard. (2011). *TouchPoints: Creating Powerful Leadership Connections in the Smallest of Moments*. San Francisco: Jossey-Bass.

附录A

词汇表

A

Accelerated Learning (AL) is the practice of using a multimodal, multisensory approach to instruction to make learning more efficient. It's accomplished by honoring the different learning preferences of each learner and using experiential learning exercises (such as role plays, mnemonics, props, and music).

加速学习：是指用多种模型、多种感官的方法使教学变得高效。它可以满足每个具有不同学习取向的学习者，包括使用多种体验式学习方法（如角色扮演、记忆法、小道具、音乐等）。

Accomplishments refer to the specific outputs a performer is asked to achieve.

成果：是指学员被要求取得的具体产出。

Active Training is an approach that ensures that participants are actively involved in the learning process. Active learning is based on cooperative learning, in which participants learn from each other in pairs or small groups. Some examples of active training include group discussions, games, simulations, and role plays.

积极培训：是指学员积极地参与到学习过程中来。积极学习的概念基于企业学习，而企业学习鼓励小组和其他学员互相学习，如小组讨论、游戏、模拟和角色扮演等。

ADDIE is an instructional systems development model composed of five phases: analysis, design, development, implementation, and evaluation.

ADDIE 模型：是教学系统设计的一个模型，它包括五个阶段：分析、设计、开发、实施和评估。

- **Analysis** is the process of gathering data to identify specific needs—the who, what, where, when, and why of the design process.
- **分析**：是通过收集数据来确定具体需求的过程，包括设计过程的谁、什么、哪里、何时和为什么等。
- **Design** is the planning stage.
- **设计**：是计划阶段。
- **Development** is the phase in which training materials and content are selected and developed based on learning objectives.
- **开发**：开发阶段中，培训内容和材料根据学习目标被选择了出来。
- **Implementation** occurs when the course is delivered, whether in person or electronically.
- **实施**：是课程通过面授或电子化等方式进行交付。
- **Evaluation** is the ongoing process of developing and improving instructional materials based on feedback received during and following implementation.
- **评估**：是根据在实施中和实施后收到的反馈，对教学材料进行不断开发和改进的过程。

Adult Learning Theory encompasses the collective theories and principles of how adults learn and acquire knowledge. Popularized by Malcolm Knowles, adult learning theory provides the foundation that learning and development professionals need to meet learning needs in the workplace.

成人学习理论：包含了很多成人是如何学习和获取知识的理论和原则。经马尔科姆·诺尔斯的推广，成人学习理论为学习与发展专业认识提供了满足职场学习需求的基础。

Affective Learning is the acquisition of knowledge based on Benjamin Bloom's taxonomy in which he identified three learning domains: cognitive, affective, and psychomotor. Affective refers to the learner's outlook, attitude, or mindset.

感知类（或情感类）学习：是本杰明 · 布鲁姆教育目标分类法中的一种。布鲁姆分类法将学习分成三个领域：认知领域、感知领域及动作领域（知识、态度和技能。——译者注）。感知类学习指的是学习者的世界观、态度和心智。

Affinity Diagrams (also referred to as affinity maps) gather large numbers of ideas, organize them into logical groupings based on the natural relationships among items, and define groups of items. The outcomes of affinity diagrams are large groups of ideas that are grouped into related clusters of ideas, each with a clear title and with the relationship among the clusters clearly drawn. (See also *Interrelationship Digraphs*.)

亲和图法（亦称亲和地图）：指收集大量观念，将它们基于其自然关系组织到逻辑的群组中并定义。亲和图法的产出是一组组大量的观念，每组下面有一簇相关联的想法，而每簇都有清晰的名称，并且与其他族的关系也有明确说明（另见相互关系图）。

After Action Review (AAR) was first developed by the U.S. Army to allow individuals to learn for themselves after an action what happened, why, and how to improve performance.

事后评估：最初由美国陆军发明，是指允许个体在一个行动之后，自我反思和学习都发生了什么，为什么，以及如何改进。

Alternate Reality Game is a story-like game that manifests in the real world, spread over time and space, using varied media.

交替现实游戏：是一个类似故事情节的游戏，通过运用各种媒介，突破了时空限制，使其展现到现实中来。

Analysis is a systematic examination and evaluation of data or information that breaks it into its component parts to uncover their interrelationships. Common analyses in training and development include these.

分析：是指通过系统地检查和评估数据或信息，分解出其组成部分，来发现其相互之间的关系。培训与发展中常见的分析包括以下这些。

- **Audience Analysis** is conducted to understand a target population, demographics, and other relevant information prior to job analysis, training, or other solution.
- **受众分析**：是在工作分析、培训或其他工作之前，用来理解目标人群、人群特点和其他信息的方法。
- **Gap Analysis** identifies the discrepancy between the desired and actual knowledge, skills, and performance, and specifies root causes.
- **差距分析**：确定知识、技能和绩效在现状值和期望值之间的不同，并找出根因。
- **Job Analysis** identifies all duties and responsibilities and the respective tasks done on a daily, weekly, monthly, or yearly basis.
- **工作分析**：鉴别组成一个工作职能或角色的所有任务和职责及各项工作，可基于每日、每周、每月或每年。
- **Root Cause Analysis** identifies the true cause(s) of the gap between desired and actual knowledge, skills, or performance.
- **根因分析**：确定知识、技能和绩效在现状值和期望值之间差距的真正原因。
- **SWOT Analysis** is a matrix analysis of strengths, weaknesses, opportunities, and threats, usually addressing an organizational analysis, but can be used by an individual.
- **SWOT 分析**：是指在组织分析中，从优势、劣势、机会与威胁四个方面的矩阵展开的分析；也可用于个人分析。
- **Task Analysis** is the process of identifying the specific steps to correctly perform a job function.
- **任务分析**：对如何正确地履行一个岗位职能进行具体步骤分析的过程。
- **Training Needs Analysis** is the process of collecting and synthesizing data to identify how training can help an organization reach its goals.
- **培训需求分析**：是指通过收集和综合各种数据来确定培训如何可以帮助组

织实现其目标的过程。

Analytics is the discovery and communication of meaningful patterns in data. Talent management analytics refers to the use of HR and talent data to improve business performance.

分析学：是指数据中有意义模式的发现与沟通。人才管理分析是指运用人力资源和人才数据来改进业务绩效。

Andragogy (from the Greek meaning "adult learning") is the adult learning theory developed by Malcolm Knowles based on five key principles that influence how adults learn: self-concept, prior experience, readiness to learn, orientation to learning, and motivation to learn.

成人教育法：由马尔科姆·诺尔斯推广的成人学习理论，此词从希腊语意思成人学习而来，基于五个影响成年人学习的重要原则：自我概念、先前经验、学习意愿、学习目标及学习动力。

Appreciative Inquiry (AI) is an approach to large-scale organizational change that involves the analysis of positive and successful (rather than negative or failing) operations. The AI 4-D cycle (discovery, dream, design, destiny) includes identifying areas for improvement, analyzing previous successes, searching for solutions, and developing an action plan.

积极探寻理论：涉及对正面成功（而不是负面失败）的操作进行分析的大规模的组织变革的方法。积极探寻 4D 循环（发现、梦想、设计和命运）包括以下识别领域：提高、分析先前成功、寻找解决方案和开发行动计划。

Areas of Expertise (AOE) are specialized, functional knowledge and skill sets needed for a particular job or industry. In the current Competency Model, 10 AOE were identified for the T&D profession.

专业领域：是指一个特定的岗位或行业所需要的专项知识和不同技能。在目前的培训与发展专业能力模型中，共需要 10 项专长。

Assessment Center is a catch-all term for a variety of exercises, including oral exercises, counseling simulations, problem analysis exercises, interview simulations, role-play exercises, written report or analysis exercises, and group exercises.

评鉴中心：是一个统称，包含口语练习、咨询模拟、问题分析、模拟访谈、角色扮演、书面报告或分析练习，以及小组练习。

ASTD Competency Model is an occupation-wide model that identifies the knowledge, skills, and behaviors necessary to be a successful performer in the T&D field.

ASTD 胜任力模型：是一个职业模型，用来鉴定一个成功的培训和发展专业人士所需要的知识、技能和行为。

ASTD HPI Model is a results-based, systematic process used to identify performance problems, analyze root causes, select and design solutions, manage solutions in the workplace, measure results, and continually improve performance in an organization.

ASTD 绩效改进模型：是一个基于结果的系统性流程，它确定绩效问题、分析根因、选择并设计解决方案、在工作中管理解决方案、测量结果，并在组织中持续改进绩效。

Asynchronous Communication is a communication that occurs outside real time.

非同步沟通：是指在实时时间之外进行沟通。

Asynchronous Training or Learning is learning in which the trainer and the learner do not participate simultaneously; for example, asynchronous e-learning.

非同步培训与学习：讲师和学生不在同一时间进行培训和学习，如非同步的电子化学习。

Audio refers to the electronic or digital reproduction of sound waves. Used most broadly to refer to sounds we hear. On its own, it is a method of communication that is used in radio and in multimedia applications. Audio is also a component of video communication that combines both pictures and audio.

音频：指任何声波通过电子或数字的再造。通常也指我们听到的声音。音频是指我们在收音机和多媒体应用中所使用的沟通方法。音频也是视频沟通中的一个重要的组成部分，而视频则由音频和图像组成。

Audio Editing is the process of cutting out unwanted content from an audio recording. Traditionally performed by literally cutting tape, it is now performed using audio editing software where "umms" and "ahhs" and other elements can be cut from the audio. Audio editing also includes adding music, sound effects, and processing the audio elements with tools such as the graphic equalizer and compressor.

音频编辑：是指从录音中减除不想要的内容。录音中的一些"哼""啊"等口头语或其他部分可以被删除。音频编辑还包含增添音乐、音效，并使用图示压缩器和均衡器来进行编辑。

Augmented Reality uses digital technology to add information to a real-world environment whose elements are augmented or supplemented by computer-generated sensory input such as sound, video, graphics, or GPS data.

增强现实：是指使用数字技术来为现实世界中的各种元素增加更多计算机生成的感官输入或信息，如声音、视频、图像或全球定位系统数据等。

Authoring Tools are software programs that allow a content expert to interact with a computer in everyday language to develop courseware.

编写工具：是允许内容专家用日常语言和计算机沟通以帮助开发基于计算机的培训课件的特殊软件。

Avatar is a graphical representation of the computer user or the user's alter ego or character.

化身：是指计算机或计算机使用者自我或角色的图形呈现。

↘ B

Baby Boomer refers to the generation born from 1946 to 1963 in the U.S. who are typically characterized as competitive and loyal to their employers.

婴儿潮：是指 1946—1963 年出生的美国人，特别代表有竞争力且对雇主非常忠诚的一代。

Behaviorism is an approach to psychology focused on observable and measurable behavior. It is usually associated with psychologist and author B. F. Skinner.

行为主义：是指一种聚焦于可观察和可衡量行为的心理学方法。行为主义的代表人物是心理学家和作家 B. F. 斯金纳。

Benchmarking is an evaluation of one's own practices and comparison with other companies' practices.

对标：是指某公司将自己的实践进行评估，并与其他公司进行比较。

Best Practices are techniques that are believed to constitute a paradigm of excellence in a particular field.

最佳实践：是指在某个特殊领域具有取得卓越成就的技术。

Blended Learning is the practice of using several media in one curriculum. It typically refers to the combination of classroom instruction and any type of training that includes use of online resources.

混合式学习：是指在一个课程体系内运用多种媒介进行学习的方法。有时特指教室面授和其他任何一种授课方式的结合，如在线学习资源。

Blog (weblog) is an extension of a personal website consisting of journal-like entries posted on a webpage for public viewing. Blogs usually contain links to other websites along with the thoughts, comments, and personality of the blog's creator.

博客（微博）：是个人网站的一种延伸，一般是一个公开的个人网页，上面发布了类似日记的词条。博客一般包含各种想法、评论或博主的一些个性展现，以及一些其他网站的链接。

Bloom's Digital Taxonomy is an update to Bloom's Revised Taxonomy that attempts to account for the new behaviors and actions emerging as technology advances and becomes more ubiquitous.

布鲁姆数字分类法：是指在新版布鲁姆分类法的基础上，试图针对随着科技的逐渐进步而出现的行为和动作所进行的新的分类。

Bloom's Taxonomy, developed by Benjamin Bloom, consists of the three learning outcomes based on three domains: cognitive (knowledge), psychomotor (skill), and affective (attitude)—sometimes referred to as KSA.

布鲁姆分类法：是指以本杰明·布鲁姆为首开发的学习目标分类法，主要包含三种领域：认知（知识）、动作（技能）和感知（态度），以及我们所熟知的知识、技能和态度（KSA）。

Brainstorming is a group process for generating ideas in an uninhibited manner.

头脑风暴：是指一个小组在无拘无束的开放情境下共同激发新想法和主意的过程。

Breakout Rooms are private meeting sub-rooms where participants have private discussions and collaborate on tasks. In a virtual classroom, the facilitator creates a breakout room as a whiteboard or chat; in an instructor-led in-person classroom, the facilitator identifies additional space, often located in a separate room.

分会议室：是指相对于主会议室的、参与者进行私密讨论或共同完成某项任务的另外一个房间。在网络虚拟课堂中，授课老师通常建立一个分会议室并配以白板或聊天栏；如果是面授课程，授课讲师会通常找到另一个独立的空间，供小组使用。

Burden of Evidence is the degree to which an evaluation must be able to isolate the effects of the interventions, and to provide compelling proof on a solutions impact.

举证责任：是指一个评估能够与事件本身影响相剥离的程度，并提供解决方案影响的有力证据。

Business Acumen is the understanding of how a company makes money in order to make prompt and wise business decisions that are likely to lead to a good outcome.

商业敏感度：是指理解一个公司的盈利模式，以做出明智的且有利于产生正面结果的商业决策。

Business Awareness is the understanding of key factors affecting a business, such as its current situation, influences from its industry or market, and factors affecting growth. Having business awareness is essential to strategic involvement with top management.

商业意识：是指理解影响业务的关键因素，如公司现状、行业和市场的影响，以及影响增长的因素等。具有商业意识是与最高管理层进行战略沟通的必要因素。

Business Case is the justification of value added for any organization, program, project, or initiative.

商业案例：是对一些组织、计划、项目或行动所获得价值的整理。

Business Intelligence (BI) Tools are tools and systems that play a role in strategic planning and help organizations make decisions.

商业信息工具：是指那些帮助组织制定战略计划和决策时起到关键作用的系统和工具。

Buzz Groups are small groups of learners assembled to discuss specific issues, problems, or situations within a short, stated timeframe.

群议小组技术：学员以小组形式聚集在一起，在较短的规定时间内讨论具体的事件、问题或情况的一种方法。

↘ C

Advisors, also called career coaches, are those professionals responsible for career advising.

职业顾问：亦称职业教练，指为从业人员职业发展提供指导的人。

Career Development is a planned process of interaction between an organization and an individual that allows the employee to grow in an organization.

职业发展：组织与个体之间的一种有计划的互动过程，目的是帮助员工在组织里成长。

Case Study is a learning method in which a real or fictitious situation is presented for analysis and problem solving.

案例分析：通过真实的或编制的情形以供分析和问题解决的一种学习方法。

Cause-and-Effect Analysis is a diagram-based exercise (sometimes called a fishbone diagram) to identify all the likely causes of a problem.

因果分析：是一种基于图形（有时叫鱼骨图）来确定问题最可能的原因的一种实践方法。

Certification is the validation of competencies, usually through testing, which typically results in a designation. The designation is typically earned by an individual for the purpose of assuring one's qualifications to practice.

认证：通过授予证书来承认一个人已证明自己掌握了某一职业标准制定机构所定义的最低水平的知识或能力。职业证书可以作为个人技能和知识的证明。

Chain of Evidence refers to the data, information, and testimonies at each of the four evaluation levels that, when presented in sequence, act to demonstrate value obtained from a business partnership initiative.

证据链：指评估四个层级中的按顺序排列的数据、信息或证言等，用来证明从商业合作中获得的价值。

Chat Room is a synchronous process in which the learners and trainer are online at the same time. Chat rooms are similar to electronic bulletin boards, but bulletin boards are asynchronous.

聊天室：是一种学习者和讲师同时在线沟通的形式，与公告板（BBS）相似，但 BBS 是非同步的。

Coaching is a process in which a more experienced person, or coach, provides an employee with constructive advice and feedback with the goal of improving performance.

教练：是由一名经验丰富的人或教练提供给员工建设性的建议和反馈以帮助其改进绩效。

Cognition is a group of mental processes that includes attention, memory, producing and understanding language, learning, reasoning, problem solving, and decision making.

认知：是指一组心智流程，包括注意力、记忆、产出和理解语言、学习、推理、解决问题和决策。

Cognitive Dissonance Theory states that when contradicting cognitions exist, this conflict compels the human mind to acquire or invent new thoughts or beliefs or to modify existing beliefs to minimize the amount of dissonance between cognitions.

认知失调理论：是指当相互矛盾的认知存在的时候，这种冲突促使人的大脑去获得或发明新的想法或信念，或者调整已有的信念以使认知的失衡减少到最小。

Cognitive Load refers to mental work imposed on working memory that may help or impede learning.

认知负荷：是指脑力劳动，特指是由能帮助和阻碍学习的工作记忆（又称短期记忆。——译者注）带来的。

Cognitivism is a theory that attempts to answer how and why people learn by attributing the process to cognitive activity. It is the "tell" approach to learning, based on the theory that learning occurs through exposure to logically presented information, usually involving lecture. It can also include diagrams, videos, films, panels, class presentations, interviews with SMEs, readings, debates, and case studies.

认知主义：是一个理论，试图回答人们通过归因过程中的认知活动如何及为什么学习。它也是一种"告知"的学习方式，基于学习可通过暴露在有逻辑的展示的信息中实现这一理论，通常包括听讲课，也可以包括图解、录像、电影、专门小组、课堂报告、与课程专家进行访谈、阅读、辩论和课堂学习。

Collaborative Learning is an instructional approach in which learners and instructors share the responsibility for learning and work together to determine how a session should progress.

协作学习：是一种教学方法，学生和教师共同承担学习的责任，并一起共同确定一个教学活动应当如何展开。

Commentary is a media term used to describe narration in audio or video. In video, commentary provides additional information that has not been conveyed by picture.

评论：是一个媒体术语，用来描述音频或视频的旁白。在视频中，评论提供了图像所没有传送出来的额外信息。

Community of Practice (CoP) is a group of people who share a common interest in an area of competence and who share the experiences of their practice.

实践社区：是在某一能力领域拥有共同兴趣并互相分享他们的实践经验的一群人。

Competencies include the knowledge, skills, and behaviors necessary to successfully perform key work functions in a job, industry, or occupation.

能力：是指成功完成一个岗位、行业或职业中的关键工作所必须具备的知识、技能和行为。

Competency Model refers to the knowledge, skills, and behaviors necessary to successfully perform key work functions in a job, industry, or occupation. A competency model is usually represented graphically.

能力模型：是指成功完成一个岗位、行业或职业中的关键工作所必须具备的知识、技能和行为，通常用图形来表示。（Competency 可以翻译成素质、能力、胜任力等。——译者注）

Computer-Based Training (CBT) encompasses the use of computers in both instruction and management of the teaching and learning process. Computer-aided instruction and computer-managed instruction are also included under the term CBT.

基于计算机的培训（CBT）：是指在教学、教学及学习管理过程中使用计算机，同时指计算机辅助的学习和使用计算机管理的教学。

Concurrent Validity is the extent to which an instrument agrees with the results of other instruments administered at approximately the same time to measure the same characteristics.

共时效度：是指用一种工具，在大约同一时间衡量同一特征，与使用另一种工具得到的结果一致。

Conditions of Learning refers to Robert Gagné's theory of nine events of instruction that ensure learning occurs.

学习条件：是指罗伯特·加涅的教学九步法理论，这种理论确保学习效果。

Consultant is a person who uses expertise, influence, and personal skills to facilitate a client-requested change or improvement. Consultants may be employees of an organization (internal) or under contract with the organization (external) due to needed help, information, or perspective.

顾问：是使用专业知识、影响力和个人技能，以引导客户变革或改善需求的人。顾问可能是组织的员工（内部），也可以是由于需要帮助、信息或观点而与其他组织签订合同的外部组织的雇员。

Content Management System (CMS) is a computer software system for organizing and facilitating collaborative creation of documents and other content. A CMS is frequently a web application used for managing websites and web content, though in many cases, CMSs require special client software for editing and constructing articles.

内容管理系统（CMS）：是推动协作创建文档和其他内容创建的组织内的计算机软件系统。一个 CMS 也经常指用于管理网站和网页内容的网络应用程序。但在许多情况下，CMS 需要能够编辑和构造文章的特殊客户端软件。

Control Group is a group of participants in an experiment that is equal in all ways to the experimental group except for having received the experimental treatment (for example, a group that has undergone training versus a group that has not).

控制组：是实验中的一组参与者，除了受到实验性处理之外（例如，一组经历了培训而另一组没有经过培训），在其他方面与所有其他实验小组相同。

Correlation is a measure of the relationship between two or more variables; if one changes, the other is likely to make a corresponding change. If such a change moves the variables in the same direction, it is a positive correlation; if the change moves the variables in opposite directions, it is a negative correlation.

相关性：衡量两个或多个变量之间的关系；如果一个改变，另一个也可能相应改变。如果这种改变使得变量向相同方向发展，则为正相关性；如果改变使得变量向相反的方向发展，则为负相关性。

Cost-Benefit Analysis is a type of return-on-investment analysis used to prove that an initiative either paid for itself or generated more financial benefit than costs.

成本—效益分析：是投资回报率（ROI）的一种，用来证明一项举措要么支付的成本远超其收益，要么产生了超过成本的更多经济收益。

Counseling helps people evaluate their behaviors and discover and learn more productive behavior patterns.

心理咨询：可以帮助人们评估自己的行为，发现和学习更富有成效的行为模式。

CPLP (Certified Professional in Learning and Performance) is a professional credential offered by the ASTD Certification Institute to training and development professionals.

学习与绩效专业人士认证：一种由美国培训与发展协会（ASTD）认证机构提供给职场学习和绩效从业人员的职业认证。

Criterion Validity is the extent to which an assessment can predict or agree with external constructs. Criterion validity is determined by looking at the correlation between the instrument and the criterion measure.

准则效度：是指某概念的评估可以预测或与外部评估相同。准则效度可通过观察仪器与标准测量之间的相关性来确定。

Critical Behaviors are the minimum, key behaviors that employees require to consistently perform on the job in order to bring about targeted outcomes.

关键行为（临界行为）：是要求员工始终如一地做到的、最低限度的、工作上的关键动作，以实现预期的成果。

Crowdsourcing is the practice of obtaining needed services, ideas, or content by soliciting contributions from a large group of people, and especially from an online community, rather than from traditional employees or suppliers.

众包：是指从一大群人，尤其是指从一个在线社区，而不是从传统的员工或供应商那里获取需要的服务、观念或内容的做法。

CSS stands for cascading style sheets, a standard for separating out how information looks from what it says, supporting flexible content delivery.

层叠样式表：是一种区分信息与其意义是否相同并支持灵活内容的交付标准。（层叠样式表是一种用来表现HTML或XML等文件样式的计算机语言。——译者注）

Current Capability Assessment measures an organization's talent and how current skills match the needs of the organization now and in the future.

现有能力评估：是测量一个组织的能力，以及现有的能力如何满足现在和未来需求的一种方法。

D

Data Collection refers to the collection of all facts, figures, statistics, and other information that is used for various types of analyses and assessments. Some examples of data-collection methods or tools are examinations of in-house or external written sources, questionnaires, interviews, and observation of trainees or jobholders.

数据收集：是指所有的用于各类分析和评估的事实、数字、统计及其他信息。数据收集方法或工具包括公司内部或外部的书面资料、问卷调查、访谈和观察受训人员或从业人员的考试等。

Decorative Graphic is a visual that is added for aesthetic or humorous effect.

装饰图形：是为了美观或幽默效果而添加的视觉呈现。

Delivery is any method of transferring content to learners, including instructor-led training, web-based training, CD-ROM, and books.

实施：指将内容传送给学习者的任何一种方法，包括面授培训、网络培训、CD-ROM 光盘或书籍等。

Design is the planning stage of a learning initiative.

设计：是一个学习计划的规划阶段。

Development is learning or other types of activities that prepare a person for additional job responsibilities and enable him to gain knowledge or skills. It may also refer to the creation of training materials or courses. (See also *ADDIE*.)

发展：是指帮助一个人做好准备以胜任额外的岗位职责，或者使其能够获取知识或技能的学习或其他类型的活动，也指开发培训教材或课程（参阅 ADDIE）。（Development 在 ADDIE 模型中翻译为开发。——译者注）

Discovery Learning is the process of learning by engaging in an activity.

发现式学习：是通过参与活动而学习的过程。

Distance Learning is an educational situation in which the instructor and students are separated by time, location, or both. Distance learning can be synchronous or asynchronous.

远程学习：是一种教育形式，但教师和学生在不同时间、不同地点，或两者均不同。远程学习可以是同步的或非同步的。

Double-Loop Learning is to change underlying values and assumptions as decision making progresses. People often refer to this act as reframing or changing the context.

双循环学习：是随着决策的进展而改变基本价值观和假设的行为。人们通常把这种行为看作重新定义或改变环境。

Drivers are processes and systems that reinforce, monitor, encourage, and reward performance of critical behaviors on the job.

驱动：是指加强、监督、鼓励和奖励对工作至关重要的行为的流程和制度。

Dyads consist of two learners working together as a team to conduct discussions, role plays, or other experiential activities in a training session.

二人组合：由两个学生在一起作为一个团队在培训课堂中进行讨论、角色扮演或其他体验活动。

E

Effect Size is a way of quantifying the difference, using standard deviation, between two groups. For example, if one group (the treatment group) has had an experimental treatment and the other (the control group) has not, the effect size is a measure of the effectiveness between the two groups.

效应量：是使用标准偏差量化两组之间差异的一种方式。例如，如果一组（治疗组）已进行实验性治疗，而另一组（对照组）还没有，那么效果的大小是两组之间的效度偏差。

E-Learning is a term covering a wide set of applications and processes, such as web-based learning, computer-based learning, virtual classrooms, and digital collaboration. Delivery of content may take place via the Internet, intranet or extranet (local area network [LAN] or wide area network [WAN]), audio- and videotape, satellite broadcast, interactive television, CD-ROM, and more.

电子化学习：这个术语涵盖了一系列的应用和流程，如基于网络的学习、基于计算机的学习、虚拟教室和数字化协作等。递送的内容可以经由因特网、企业内部网或外联网［局域网（LAN）或广域网（WAN）］、录音带和录像带、卫星广播、交互式电视、CD-ROM 等。

Electronic Performance Support System (EPSS) is software that provides just-in-time, on-demand information, guidance, examples, and step-by-step dialog boxes to improve job performance without the need for training or coaching by other people.

电子化绩效支持系统（EPSS）：是一种软件，只提供了即时化的信息、指导、示例和一步步的对话框等，目的是在不需要培训或他人辅导的情况下改进绩效。

Embodied Interaction occurs during human-computer interaction in physical and social spaces emphasizing practical engagement over abstract reasoning and situated meaning over generalization.

人机交互：在物质和社会空间的强调实用参与了抽象推理和情境意义上的泛化人机交互过程中出现体现互动。

Embodied Space is the location where human experience and consciousness takes on material and spatial form.

体现空间：是使人的经验与意识能够呈现出物质和空间的形式的地方。

Emotional Intelligence is an “eighth intelligence” based on Gardner’s multiple intelligence theory, which suggests an ability to accurately identify and understand one’s own emotional reactions and those of others and is related to personal qualities, such as self confidence and motivation. The theory was popularized by Daniel Goleman in the 1990s in his book, *Emotional Intelligence*.

情绪智力（情商）：基于加德纳的多元智能理论的第八种智力，是指一种能够准确识别和了解自己及他人情绪反应的能力；情绪智力关系到个人素质，如自信心和动机。丹尼尔·戈尔曼在 19 世纪 90 年代通过他的《情商》一书，对这一概念进行了介绍使之广为流传。

Enabling Objectives, also called supporting objectives, support terminal objectives by breaking them down into manageable chunks. Enabling objectives are the building blocks that provide additional concepts or skills needed to meet a terminal objective.

辅助目标，也被称为支撑目标：通过将上一级（最终）目标分解成容易管理的信息模块来支持最终目标。辅助目标满足了实现最终目标所需要的额外概念或技能。

Engagement is a heightened emotional connection that an employee feels for his organization that influences him to give greater discretionary effort to his work. Higher engagement levels yield higher productivity and retention rates.

敬业：是一名员工对其组织的高度强大的情感联结，这种联结使员工尽自己最大的努力到其工作上。较高的敬业水平能够产生更高的生产效率和人才保有率。

Environment is the setting or condition in which an activity occurs. Environment is a factor that affects performance and it can include tools, equipment, furniture, hardware and software, and physical conditions, such as light, heat or cold, ventilation, and so forth.

环境：是一种情形或一个活动发生的条件。环境是影响绩效的一个因素，它可以包括工具、设备、家具、硬件和软件，以及物理条件，如光、热或冷、通风等。

Evaluation of training is a multilevel, systematic method for gathering information about the effectiveness and effect of training programs. Results of the measurements can be used to improve the offering, determine whether the learning objectives have been achieved, and assess the value of the training to the organization.

培训评估：是一种在层次上用系统方法收集有关培训效率和效果的方法。测量的结果可以用于提高产品，确定是否学习目标已经实现，并评估该培训对于组织的价值。

Evidence-Based Training is a process of making decisions regarding the design, development, and delivery of training on data rather than opinion or tradition.

循证培训：是指根据数据，而不是主观认知或传统做法而做出对培训设计、开发和交付的决策的过程。

Experience-Centered Instruction focuses on the learner's experience during instruction and the production of fresh insights.

以体验为中心的教学：关注的重点是教学过程中学员的体验，以及这个过程中所产生的新的见解。

Experiential Learning occurs when a learner participates in an activity, reviews the activity, identifies useful knowledge or skills that were gained, and transfers the result to the workplace.

体验式学习：是学员通过参与（教学）活动、回顾（教学）活动、确定已经掌握的有用的知识或技能，并将结果转化到工作上。

Experiential Learning Activities (ELA) are a way of learning that emphasizes experience and reflection and uses an inductive learning process that takes the learner through five stages: experiencing, publishing, processing, generalizing, and applying.

体验式学习活动（ELA）**：**是学习的一种方式，强调体验和反思，并使用了归纳式的学习过程，需要学习者通过五个阶段：经历、展现、加工、概括和应用。

Explanatory Graphic is a visual that illustrates qualitative or quantitative relationships among lesson content elements.

解释性图形：是一个可视化的图形，展示课程内容元素之间的定性或定量关系。

Explicit Knowledge is information that has been documented or can be shared with someone.

显性知识：是已被记录或可与人共享的信息。

Extant Data are archival or existing records, reports, and data that may be available inside or outside an organization. Examples include job descriptions, competency models, benchmarking reports, annual reports, financial statements, strategic plans, mission statements, staffing statistics, climate surveys, 360-degree (or upward) feedback, performance appraisals, grievances, turnover rates, absenteeism, suggestion box feedback, and accident statistics.

现存的数据：是可以在组织内部或外部使用的存档或现有记录、报告和数据等。例子包括岗位说明书、能力模型、对标报告、年度报告、财务报表、战略规划、任务说明、工作人员统计、环境调查、360 度（或向上）反馈、绩效考核、不满、离职率、旷工、意见箱反馈和事故统计等。

Extraneous Cognitive Load refers to irrelevant mental work imposed on working memory that impedes learning.

无关认知负荷：是指施压在工作记忆（亦称短期记忆，译者注）上且阻碍学习的无关的脑力劳动。

↘ F

Facilitation in the training field refers to the work of the person or trainer who guides or makes learning easier, both in content and in application of the content to the job.

引导（或辅助）：在培训领域，是指一个人或教练，无论是在内容和内容的应用上，使学习变得更轻松的所有努力和工作。

Flipped Classroom is a form of blended learning in which new content is learned independently online, by watching video lectures, or reading, followed by more personalized guidance and interaction with the trainer instead of lecturing.

翻转课堂：是混合式学习的一种。在翻转课堂中，可以使学员通过各种方式独立地学到新的内容，包括从网上、通过观看视频讲座或阅读，并辅助以更加个性化的指导和互动，而不是说教的形式。

Force Field Analysis is a diagnostic tool developed by Kurt Lewin to assess two types of forces related to introducing change in organizations: driving and restraining. Driving forces are those that help implement the change, whereas restraining forces are those that will get in the way of the change.

力场分析法：由库尔特·列文开发的诊断工具，评估带来组织变革的两种力：推动力和阻力。推动力是指帮助执行变革的力量，而阻力是制约变革的力量。

Forecasting Models are used to isolate the effects of training. With this approach, the output variable is predicted with the assumption that no training is conducted. The actual performance of the variable after the training is then compared with the forecasted value, which results in an estimate of the training impact.

预测模型：用于区隔培训的效果。使用这种方法，输出变量是在无培训的假设上进行预测的。培训后，实际变量与预测值进行比较，然后得到培训的影响值。

Formal Learning is planned learning that derives from activities within a structured learning setting.

正规学习：是指计划内的学习活动，来自一个结构化学习内容框架。

Formative Evaluation (from a training impact perspective) is an assessment of the effectiveness of a training program while the program materials are being developed or "formed. Examples of formative evaluation include pilots as well as technical and production reviews.

形成性评估：（从培训的影响角度看）是一个对培训计划在制定或"形成"过程中的有效性进行的评估。形成性评估的例子包括课程试讲及技术及制作的检测。

Foundational Competencies are the clusters of competencies needed for success across most occupations. In the ASTD Competency Model, they are the bedrock upon which to build more specialized, T&D-specific competencies.

基本能力：是大多数行业都适用的胜任力的集群。在 ASTD 能力素质模型角度看，它们是赖以建立更加专业化的培训与发展特定能力的基石。

Front-End Analysis is a term credited to Joe Harless that refers to performance analysis. It includes carrying out a business analysis, identifying performance gaps, completing a task analysis, performing a cause analysis, and usually identifying a key performer or exemplar.

前端分析：由乔·哈勒斯发明，是绩效分析的术语。它包括进行业务分析，找出绩效差距，完成任务分析，进行原因分析，通常还包括确定一个关键员工或典范。

G

Gagné's Nine Events of Instruction were developed by Robert Gagné, a pioneer in the field of instructional design. His nine events of instruction are meant to help ensure that learning occurs.

加涅的教学九步法：是由教学设计领域的先驱罗伯特·加涅开发的。教学九步法的目的是确保学习效果。

Gamification applies the essence of games: fun, play, transparency, design, and challenge to real-world objectives in scenarios that can be conducted online or offline.

游戏化：应用游戏的精髓，如充满乐趣、好玩、透明和设计等，来挑战现实世界的目标。游戏化可以通过在线或离线方式进行。

Gantt Chart graphically displays the time relationships of a project's steps and key checkpoints or deliverable dates, known as milestones.

甘特图：以图形的方式来显示项目步骤、关键节点、交付日期的时间关系，这些也被称为项目里程碑。

Gap Analysis is a critical activity carried out during performance analysis that defines driving and restraining forces, current state versus desired state, and methods for change.

差距分析：是绩效分析过程中的一个关键活动。绩效分析是用来定义绩效成果的驱动力和抑制力、当前状态与理想状态及变革的方法。

Gardner, Howard developed the Multiple Intelligence Theory, which states there's no single way in which everyone thinks and learns. Gardner devised a list of intelligences: linguistic/verbal, logical/mathematical, spatial/visual, bodily/kinesthetic, musical, interpersonal, intrapersonal, naturalistic, existential, and emotional. These intelligences in different combinations make up a person's learning style.

霍华德·加德纳：创建了多元智能理论。这个理论的观点是每个人思考与学习的方法都是相异的。加德纳概括了一个智能列表，包括语言 / 言语、逻辑 / 数学、空间 / 视觉、身体 / 动觉、音乐、人际、内省、自然主义，存在主义和情感等。这些智能的不同组合构成了一个人的学习风格。

Generation X refers to those born from 1964 to 1979 in the U.S. who are typically characterized as independent free agents accustomed to taking care of themselves and making lifestyle choices that contribute to their happiness and health.

X 一代：指那些 1964—1979 年在美国出生的一代人。他们典型的特点是自我独立意识极强，尤其习惯于自我照顾，自我做出对生活方式的选择，以追求幸福和健康。

Generation Y, also called Millenials, are the members of the generation born after 1980 in the U.S. who are the most outspoken and empowered. They are socially conscious, selfcentered, and have high expectations of organizations.

Y 一代：也被称为千禧一代，是 1980 年及以后在美国出生的一代。这一代人敢于直言不讳并充满干劲。他们社会意识极强，常以自我为中心，并对组织寄予极高厚望。

Gilbert's Behavior Engineering Model identified six factors that can either hinder or facilitate workplace performance: information, resources, incentives or consequences, knowledge and skills, capacity, and motivation. Thomas F. Gilbert was a psychologist who lived from 1927 to 1995.

吉尔伯特的行为工程模型：确定了可以阻碍或促进工作绩效的六个因素：信息、资源、奖励或后果、知识和技能、能力及动机。托马斯·F. 吉尔伯特（1927—1995）是美国著名心理学家。

Goals refer to end states or conditions toward which human effort is directed.

目标：是指人的努力所针对的最终状态或情况。

Governance is the oversight of process, such as strategy or content life cycle, including policy and management.

治理：是对过程的监督，如战略或内容生命周期等，包括政策和管理。

H

Hard Data are objective, quantitative measures commonly stated in terms of frequency, percentage, proportion, or time.

硬数据：是客观的、定量的测量手段，通常以频率、百分比、比率或时间陈述出来。

Harless's Front-End Analysis Model is a diagnostic model designed by Joe Harless to identify the cause of a performance problem; the model is based on the belief that the cause should drive the solution.

哈勒斯前端分析模型：是乔・哈勒斯设计的诊断模型，用来鉴别绩效问题的原因；这个模型基于原因可能会驱动问题解决的观点。

Heads-Up Display (HUD) is any transparent display that presents data without requiring users to look away from their usual viewpoints.

平视显示器（HUD）：是一种通过透明材料显示即时数据的显示设备，使用者看时不需要移动视线。

Herrmann Brain Dominance Instrument （HBDI） is a method of personality testing developed by W. E. (Ned) Herrmann that classifies learners in terms of preferences for thinking in four modes based on brain function: left brain, cerebral; left brain, limbic; right brain, limbic; right brain, cerebral. (See also *Learning Styles*.)

赫曼大脑优势测评：是由赫曼提出的人格测试方法，这个方法根据学习者大脑功能的四种思考倾向（左脑，理性；左脑，边缘；右脑，边缘；右脑，理性）

来区分学习者，也可参考**学习风格**。

Horizontal Development refers to adding more knowledge, skills, and competencies. It is about what you know and is measured through 360-degree feedback.

横向发展：指的是增加更多的知识、技能和能力。它是关于你所了解的东西，并且可以通过 360 度反馈来测量。

HTML5 is the fifth revision of the markup language for the World Wide Web, standardizing a variety of advanced features supporting animation and interactivity across web applications' responsive design.

HTML5：是万维网的第五版标记语言，标准化了一系列高级特点，这些特点能够支持网络应用应答设计的动画和交互。

Human Capital describes the collective knowledge, skills, competencies, and value of the people in an organization.

人力资本：描述组织内人们的集体知识、技能、能力和价值观。

Human Performance Improvement（HPI） is a results-based, systematic process used to identify performance problems, analyze root causes, select and design actions, manage solutions in the workplace, measure results, and continually improve performance in an organization. It is based on open systems theory, or the view that any organization is a system that absorbs environmental inputs, uses them in transformational processes, and produces outputs.

人力绩效改善（HPI）：是一种结果导向的系统过程，用来甄别绩效问题、分析根本原因、选择和设计行动、处理工作场所处内的问题、测试结果并且持续地改善组织绩效。它基于开放系统理论，或者任意组织都是一个接受环境输入的系统的观点，在转化过程中使用它们，产生结果。

Human Resource Development （HRD） is the term coined by Leonard Nadler to describe the organized learning experiences of training, education, and development offered by employers within a specific timeframe to improve employee performance or personal growth. Also, it is another name for the field and profession sometimes called training or training and development.

人力资源发展（HRD）：是由伦纳德·纳德勒创造的一个术语，用来描述在特定的时间框架内为了提升雇员绩效和个人成长，雇主提供的有组织的培训、教育和提高的学习经历。它也是培训或培训与发展领域的另外一个名称。

I

Icebreakers are activities conducted at the beginning of training programs that introduce participants to one another, may introduce content, and in general help participants ease into the program.

破冰：是在培训项目的初始阶段进行的活动，给参与者彼此做介绍，或者介绍内容，总体上是帮助参与者轻松参与项目。

Implementation occurs when a course is delivered, whether in person or virtually.

实施：指以面授或虚拟的形式传授课程。

Independent Variable is the variable that influences the dependent variable. Age, seniority, gender, shift, level of education, and so on may all be factors (independent variables) that influence a person's performance (the dependent variable).

独立变量：是影响非独立变量的变量。年龄、资历、性别、迁移、教育程度（独立变量）等可能都是影响个人绩效（非独立变量）的因素。

Individual Development Plans (IDP) are plans for improvement in a current job or for job advancement. These plans may or may not be tied to a performance appraisal system; however, a good plan usually is integrated with a performance appraisal.

个人发展计划（IDP）：是现有工作的提升或工作晋升的计划。这个计划可能与绩效评估系统相联系，也可能没有联系；然而，一个好的计划往往是与绩效评估一体的。

Informal Learning describes learning that occurs outside a structured program or class. It happens in everyday life and on the job through observing others, trial-and-error, and talking and collaborating with others. The broad category of informal learning can include social learning, but some instances of informal learning are not social—for example, studying and reading.

非正式学习：描述的是发生在结构化项目或课程之外的学习。它发生在日常生活中，发生在工作场合，通过观察别人、试错和摸索、与别人交谈和合作实现。非正式学习的更广范畴可以包括社会化学习，但是部分非正式学习是非社会化的，如研究和阅读。

Instant Feedback is a feature that allows participants to communicate with facilitators at any time throughout a virtual classroom by selecting from a menu of feedback options such as: raise hand, agree, stepped away; may also be referred to as a raise hand feature, emoticons, or status changes.

即时反馈：即允许参与者在虚拟课堂中在任何时间与教师进行沟通的特点，他们可以在反馈菜单中选择，如举手、赞同、走开；也可能指一种举手特征、情感或者角色转变。

Instruction is imparted knowledge as well as the practice of instructing. Instruction or training is used to fill a learning need. In the workplace, it covers many types of content and can be delivered in many formal and informal ways.

教学：是传授知识，也是教学实践。教学和培训是为了满足学习的需要。在工作场合，它包括各种类型的内容，可以通过各种正式或非正式的途径进行传递。

Instructional Designer is a person who applies a systematic methodology based on instructional theory to create learning content.

教学设计师（课程设计师）：是应用基于教学理论的系统方法来创建学习内容的专业人士。

Instructional Strategies, sometimes called presentation strategies, are the mechanisms through which instruction is presented.

教学策略：常常被称作呈现策略，是呈现教学的机制。

Instructional System is the combination of inputs, such as subject matter and resources, and outputs, such as curriculum and materials, to build a training course.

教学系统：是输入（如主体内容和资源）和输出（如课程体系和材料）的结合，目的是创建培训课程。

Instructional Systems Design (ISD), sometimes referred to as instructional systems development, is a systems approach to analyzing, designing, developing, implementing, and evaluating any instructional experience based on the belief that training is most effective when it gives learners a clear statement of what they must be able to do as a result of training and how their performance will be evaluated.

教学系统设计（ISD）：有时被称作教学系统开发，是用来分析、设计、开发、实施和评估教学经验的系统方法，这个过程依据的是，当学习者明确知道培训结束后他到底能干什么，以及他们的学习效果将如何被评估时，培训是最有效的方法。

Integrated Talent Management (ITM) is a series of HR processes that are integrated for competitive advantage. ITM builds an organization's culture, engagement, capability, and capacity through the integration of such processes as talent acquisition, employee development, retention, and deployment; it ensures that these processes are aligned to organizational goals and strategy. ITM is sometimes described as putting the right people with the right skills in the right jobs at the right time.

整合的人才管理（ITM）：是集成竞争优势的一系列的人力资源过程。集成人才管理通过这些过程的整合，如人才获取、雇员发展、保持和就业来构造组织文化、敬业、能力和技能。它能够保证这些过程与组织目标和战略相符。有时候也被描述为把拥有正确技能的合适的人在正确的时间安排正确的工作。

Interrelationship Digraphs are follow-ons to affinity diagrams. They chart cause-and-effect relationships among groups of ideas. (See also *Affinity Diagrams*.)

关系图：是亲密关系图的后续。它绘制出各组观点的因果关系（参阅亲密关系图）。

Interval Variables make it possible to rank order items being measured and to quantify and compare the sizes of differences between them.

内部变量：可以对被测量的因素进行排序，并且量化和比较他们之间的影响。

Intranet is a computer network that's accessible only to authorized users; for example, to employees of an organization.

内联网：是只有授权用户才可以访问的计算机网络，如组织内的雇员。

Intrapreneurship was defined in 1978 by Gifford and Elizabeth Pinchot and refers to free market entrepreneurship within a corporation; currently is used as a means for organizations to ignite innovation within their ranks and effectively develop employees of diverse ages and backgrounds.

内部企业家精神：1978 年由吉福德和伊丽莎白・品乔提出，是指自由市场下企业内部的企业家精神。目前，通常用来作为激发内部变革和有效发展不同背景和年龄雇员的手段。

J

Job Aids provide guidance about when and how to carry out tasks and steps. Job aids, also known as performance support, reduce the amount of recall needed and minimize error. Tasks performed infrequently, or tasks that are highly complex or likely to change, or involve a high probability of error, are good candidates for job aids. Job aids often take the form of checklists, video demonstrations, or audio instruction.

工作支持(岗位手册):提供及时完成任务和步骤的指导。也被称为绩效支持，可以减少必要的召回数量和减少错误。非频繁重复的任务、极其复杂或可能发生变化的任务，或者涉及较高错误率的任务，都需要工作支持。工作支持通常以核查列表、视频演示或音频教育形式出现。

Job Analysis identifies all duties and job responsibilities and the respective tasks done on a daily, weekly, monthly, or yearly basis that make up a single job function or role.

工作分析(岗位分析):确定每项工作或职能所拥有的职责、责任及相应每天、每周、每月、每年要完成的任务。

Just-in-Time（JIT） Training is instruction delivered when it's needed and used on a job.

及时化培训：在工作需要时进行的教学。

K

Kirkpatrick, Donald, a pioneer of training evaluation, first postulated his evaluation model in the 1950s. The model has four levels of evaluation: reaction, learning, behavior, and results. (See also *Evaluation*.)

唐纳德 · 柯克帕特里克：是培训评估的先驱，在 20 世纪 50 年代首次提出评估模型。这个模型包括 4 个等级的评估：反应、学习、行为和结果（参阅评估）。

Knowledge relates to the cognitive abilities a person needs to be able to carry out a job. Knowledge involves the development of intellectual skills.

知识:与个人完成某项工作所需的认知能力相关。知识包括心智技能的发展。

Knowledge Exchanges, also known as knowledge exchange networks, enable different groups in an organization to share documents and information, create lists of links in simple webpages, and discuss issues of mutual interest.

知识交流：也被称作知识交流网络，能够实现一个组织中的不同小组共享文档和信息，在简单的网页上创建链接列表，并进行共同感兴趣的问题的讨论。

Knowledge Management (KM) is the explicit and systematic management of intellectual capital and organizational knowledge as well as the associated processes of creating, gathering, organizing, disseminating, leveraging, and using intellectual capital for improving the organization and the individuals in it.

知识管理（KM）：是智力资本和组织知识的显性系统管理，也包括创作、搜集、组织、发布、衡量和使用智力资本的综合过程，目的是改进组织和组织中的个人。

Knowledge Mapping is a process for identifying and connecting the location, ownership, value, and use of knowledge and expertise in an organization. Examples of knowledge maps are network charts, yellow pages of experts, or a matrix relating knowledge to key processes.

知识地图：是确定和链接组织中位置、拥有者、价值及知识和经验使用的过程。知识地图包括网络表、专家黄页或关键过程的相关知识矩阵。

Knowledge Repository is the storage location of knowledge in a knowledge management system.

知识库：是知识管理系统中知识的存储仓库。

Knowles, Malcolm is considered the father of adult learning theory. He defined six assumptions about adult learning and published *The Adult Learner: A Neglected Species* in 1973.

马尔科姆・诺尔斯：被认为成人学习理论之父，他定义了成人学习的六个假设，1973 年出版了《成人学习者：一个被忽视的群体》。

Kolb's Learning Style Inventory, developed by David Kolb, is an inventory of four learning styles or modes (concrete experience, reflective observation, abstract conceptualization, and active experimentation) and learners' orientation to them. Kolb categorizes learners as convergers, divergers, assimilators, or accommodators.

库伯的学习风格库：由大卫·库伯提出，包含四种学习风格或模式的清单（具体经验、反思性观察、抽象概念化和积极试验）及学习者的自我定位。库伯将学习者分类为聚焦者、发散者、同化者和顺应者。

KSA is an abbreviation standing for two different things, depending on who is using it: 1) Knowledge (cognitive), skills (psychomotor), and *attitude* (affective) are the three objective domains of learning defined by Benjamin Bloom's taxonomy in the 1950s. Bloom's classification of learning objectives is used in education and training to determine the goals of the educational process. 2) Knowledge, skills, and *ability* are the KSA used by the U.S. federal government and some private hiring agencies to distinguish qualified from unqualified candidates.

KSA：是个缩略词，取决于谁来使用。① 知识（认知的）、技能（运动的）和态度（感知的）是由本杰明·布鲁姆在 20 世纪 50 年代提出的三种学习目标域。布鲁姆对学习目标的分类被应用于教育和培训中，来测试教育过程的目标。② 知识、技能和能力（KSA）被美国联邦政府和一些私人猎头机构用来区分高质量和低质量的候选人。

L

Leadership Development is any activity that increases the leadership ability of an individual or the leadership capability of an organization. It includes activities such as learning events, mentoring, coaching, self-study, job rotation, and special assignments to develop the knowledge and skills required to lead.

领导力发展：是指增强个人或者组织领导力的一些活动。这些活动包括学习行为、辅导、教练、自学、轮岗和指定特殊任务，目的是开发领导力所需的知识和技能。

Leading Indicators are short-term observations and measurements suggesting that critical behaviors are on track to create a positive impact on desired results.

领先指标：是短期的观察和测量，表明关键行为积极保证对期望结果产生积极影响。

Learning is the process of gaining knowledge, understanding, or skill by study, instruction, or experience.

学习：是通过学习、教学或经验来获得知识、理解或技能的过程。

Learning Content Management System (LCMS) is software technology that provides a multi-user environment where developers, authors, instructional designers, and subject matter experts may create, store, reuse, manage, and deliver digital e-learning content from a central object repository. An LCMS focuses on the development, management, and publishing of the content that will typically be delivered via a learning management system (LMS).

学习内容管理系统（LCMS）：是提供多用户环境的软件技术，在这个用户环境中，开发者、作者、课程设计师、内容专家可以从中心课程库中创造、存储、复用、管理、交付数字化在线学习内容。学习内容管理系统聚焦于内容的开发、管理、出版，这些内容将通过学习管理系统（LMS）传送。

Learning Environment is the physical and emotional surroundings and setting in which learning takes place.

学习环境：指的是学习发生的物理和情绪环境和情境。

Learning Information Systems are complementary networks of hardware and software used to create, deliver, and administer learning. LMSs and LCMSs are examples of such tools.

学习信息系统：是硬件和软件的补充网络，用来创造、实施和管理学习。学习内容管理系统（LCMS）和学习管理系统（LMS）是这种工具的两个例子。

Learning Management System (LMS) is software technology for delivering online courses or training to learners while performing learning management functions such as creating course catalogs, keeping track of learners' progress and performance across all types of training, and generating reports. An LMS is not used to create course content. That work is performed using an LCMS.

学习管理系统（LMS）：是向学习者传送在线课程和培训的软件技术，并同时承担学习管理功能，如创建课程分类，跟踪学习者在整个培训过程中的进度和表现，以及生成报告。学习管理系统不是用来生成课程内容，这项工作必须由学习内容管理系统（LCMS）完成。

Learning Modalities (See *Learning Styles*.)

学习模式：（参阅学习风格）。

Learning Objectives are clear, measurable statements of behavior that a learner must demonstrate for training to be considered a success.

学习目标：是成功培训后学习者必须展示的清晰、可测量的行为说明。

Learning Objects are self-contained chunks of instructional material used in LCMSs. They typically include three components: a performance goal, the necessary learning content to reach that goal, and some form of evaluation to measure whether or not the goal was achieved.

学习组件：是学习系统管理（LCMSs）中使用的教学材料里相对独立的小信息模块。它们通常包括三个部分：绩效目标，实现这一目标必要的学习内容，以及测量目标是否实现的某种评估形式。

Learning Styles describe individuals' approaches to learning that involves the way they behave, feel, and process information. Learning styles are the basis for a number of assessment models. (See also *Herrmann Brain Dominance Instrument* and *VAK Model*.)

学习风格：描述的是一种个体学习方法，涉及个人行为、感觉和处理信息的方式。学习风格是许多评估模型的基础(参阅《赫曼大脑优势工具和 VAK 模型》)。

Learning Transfer refers to how individuals transfer learning in one context to another similar context.

学习迁移(知识转化)：是指个人如何将学习从一个情境中迁移到另一个相似的情境中。

Level 1: Reaction is the first level of Kirkpatrick's Four-Level Evaluation Model. It measures participants' reaction to and satisfaction with a training program.

等级 1：反应：是柯氏四级评估模型的第一个层级。它测量参与者对一个培训计划的反应和满意度。

Level 2: Learning is the second level of Kirkpatrick's Four-Level Evaluation Model. It determines whether participants learned what was intended for them to learn as a result of a training session. It measures the participant's acquisition of cognitive knowledge or behavioral skills.

等级 2：学习：是柯氏四级评估模型的第二个层级。它确定在培训课程中学习者是否学到了他们应该学习的内容。它测量参与者的认知知识或行为技能的获得。

Level 3: Behavior is the third level of Kirkpatrick's Four-Level Evaluation Model. It measures the degree to which training participants are able to transfer their learning to their workplace behaviors.

等级 3：行为：是柯氏四级评估模型的第三个层级。它测量参与者能够将学习迁移到其工作场所行为的程度。

Level 4: Results is the fourth level of Kirkpatrick's Four-Level Evaluation Model. It measures the effect of the learning on organizational performance.

等级 4：结果：是柯氏四级评估模型的第四个层级。它测量学习对于组织业绩的作用和效果。

Likert Scale is a linear scale used in data collection to rate statements and attitudes; for example, respondents receive a definition of the scale from 1 to 10.

李克特量表：是数据采集中使用的评价报告和态度的线性刻度，例如，受访者对每个定义从刻度 1 到 10 的接受度。

M

Mager, Robert developed behavioral learning objectives with three elements: what the worker must do (performance), the conditions under which the work must be done, and the standard or criterion that is considered acceptable performance.

罗伯特 · 梅格：提出了行为学习目标的三要素：员工必须做的（绩效），在何种条件下工作必须做的，以及被认为可接受的绩效标准的标准（在什么条件下、做什么、做到什么程度。——译者注）。

Maslow's Hierarchy of Needs was introduced by Abraham Maslow in 1954 in his book *Motivation and Personality*. Maslow contended that people have complex needs, which they strive to fulfill and which change and evolve over time. He categorized these needs as physiological, safety/security, social/belongingness, esteem, and self-actualization. Maslow contends that basic needs have to be satisfied before a person can focus on growth.

马斯洛需求层次理论：由亚伯拉罕 · 马斯洛于 1954 年在他的著作《动机与人格》中提出。马斯洛主张人有复杂的需求，他们努力实现这些需求，这些需求也会随着时间而改变。这些需求分为生理、安全、社会 / 归属感、自尊和自我实现。马斯洛认为个人关注成长前必须先要满足基本需求。

Mean Score, or the average of a group of numbers, is the most robust, or least affected by the presence of extreme values (outliers), of the three measures of central tendency because each number in the data set has an effect on its (mean) value.

平均分：或一组数字的平均值，是集中趋势的三种测量中最强大的，或者至少受极端值（异常值）的存在影响最小的部分，因为数据组中的每个数字对其（平均）值都有影响。

Measures of Central Tendency are three statistical averages: mean (the average of a group of numbers), median (the middle of a distribution where half the numbers are above the median and half are below), and mode (the most frequently occurring value in a group of numbers).

集中趋势的量度：是指三个统计平均值：平均值（一组数的平均值）、中位数（分布中的中间数，其中半数的数字位于中数之上，半数的数字位于中数之下）和众数（一组数中最频繁出现的数）。

Media is a term traditionally used to describe the radio, television, and print industries; however, in a broader context it includes anything that facilitates transmission of a message such as the web, instructional workbooks, and radio or television.

媒体：是传统意义上用来描述广播、电视和印刷行业的一个术语；然而，在更大的范围内，它包括能够促进数据传输的任何东西，如网络、指导工作簿及广播或电视等。

Median is the middle of a distribution arranged by magnitude; half the numbers are above the median, and half are below the median.

中位数：是按数量级安排的分布中的中间数；一半的数字位于中位数以上，一半位于中位数以下。

Mentoring is the career development practice of using an experienced person or group to share wisdom and expertise with a protégé over a specific period of time. There are three common types of mentoring: one-on-one, group, and virtual.

辅导：是在一段特定时期内让有经验的人或小组与新手分享智慧和专业知识的职业发展实践。辅导有三种常见类型：一对一、小组和虚拟。

Meta-Analysis is a statistical review technique that synthesizes the results of many experimental studies.

元分析：是一种整合多个实验研究结果的统计审查技术。

Milestones are the indicators of an event within a process, usually placed at the end of a phase to mark its completion. They are used to ensure that a deliverable or project can be completed on time.

里程碑：是进程中的事件指标，通常放在末端相位，以标识其完成。常用来确保可交付结果或项目能够按时完成。

Millennials (See *Generation Y.*)

千禧一代：参阅 Y 一代。

Mobile Learning is learning that takes place via such wireless devices as smartphones, tablets, or laptop computers.

移动学习：是借助各种无线设备所发生的学习，如借助智能手机、平板或笔记本电脑等。

Motivation Theory is based on the idea that when people have the right environment to work in, they will be motivated to grow and become connected to that environment. This theory is important to coaching.

动机理论：基于这样的观点——当人们拥有良好的工作环境时，他们将被激励成长，并且与环境连接起来。此理论对教练非常重要。

Multimedia is a term used to describe the convergence of audio, video, animation, images, text, and interactive content into one medium such as the web. Multimedia content is associated with digital technologies and enables users to control various aspects of online learning such as content sequence.

多媒体：是指音频、视频、动画、图像、信息、文本和交互内容被整合到一个介质中，如网络。多媒体内容与数字技术相关联，使用户能够控制在线学习的各个方面，如内容序列。

Multiple Intelligence Theory, popularized by Howard Gardner in *Frames of Mind* (1985), describes how intelligences reflect how people prefer to process information. Gardner believes that most people are comfortable in three to four of these intelligences and avoid the others. For example, for learners who are not comfortable working with others, doing group case studies may interfere with their ability to process new material.

多元智能理论：由霍华德·加德纳在《思想的框架》(1985) 中提出，描述智能如何反映人们处理信息的倾向方式。加德纳认为多数人对三到四种智力感到舒服，并避免其他形式。例如，对于那些不喜欢和别人一起学习的学习者，进行小组案例研究可能会干扰他们处理新内容的能力 (另参见霍华德·加德纳词条。——译者注)。

Multi-Rater Feedback is another name for **360-Degree Feedback Evaluation,** which is feedback from superiors, direct reports, peers, and internal and external customers on how a person performs in any number of behavioral areas.

多层次反馈：亦称 **360 度反馈评估**，是指来自上级、直接下属、平级同事，以及内部和外部客户的关于一个人在各种行为领域的表现的评估。

Multisensory Learning engages the learner and increases retention. Audio and video can often convey feelings and subtle contexts of learning more effectively than other tools.

多感官学习：能够吸引学习者和增加保持度。相比其他工具，音频和视频通常可以更有效地传达感情和学习的微妙情境。

Multi-Tracking is the editing process where multiple audio tracks are combined to play simultaneously. Each individual track has its own controls for volume and effects, such as graphic equalization; it was traditionally used as a technique to record pop music where each track would feature a different instrument.

多声轨：是多个音轨组合同时播放的编辑过程。每个单独的音轨都有其自己的音量和效果控制，如图形均衡。它传统上是一种记录流行音乐中每条音轨都会配有不同乐器的技术。

Myers-Briggs Type Indicator (MBTI) is an instrument that helps determine personality type based on preferences for extraversion or introversion, intuiting or sensing, thinking or feeling, and judging or perceiving. It's used in career development and team building.

迈尔斯-布里格斯类型指标（MBTI）：是一种帮助确定人格类型的工具，人格类型主要基于内向或外向、直觉或感觉、思维或情感、判断或理解。它多用在职业发展和团队建设方面。

N

Needs Analysis is the process of collecting and synthesizing data to identify how training can help an entity reach its goals.

需求分析：是收集和综合数据以确定如何通过培训帮助组织实现其目标的过程。

Neurolinguistic Programming (NLP) is an approach to communication, personal development, and psychotherapy created by Richard Bandler and John Grinder in California in the 1970s. The title asserts a connection between the neurological processes ("neuro"), language ("linguistic"), and behavioral patterns learned through experience ("programming") that proponents speculate can be changed to achieve specific goals in life.

神经语言程序学（NLP）：是一种沟通、个人发展和心理治疗的方法，由理查德·班德勒和约翰·格瑞德于 20 世纪 70 年代在加利福尼亚州开发。这个名称表明了神经系统（neuro）、语言（linguistic）和程序（programming）习得的行为模式之间的联系。支持者们认为这些可以帮助实现生命中的具体目标。

Neuroscience is any of the sciences, such as neurochemistry and experimental psychology, that deal with the structure or function of the nervous system and brain.

神经科学：是指处理神经系统和大脑结构或功能的任何一种科学，如神经化学和实验心理学。

Noise Removal Technology attempts to identify background noise when you are recording and then remove it.

噪声消除技术：尝试识别录制时的背景噪声，然后将其删除。

Nominal Data is a number or variable used to classify a system, as in digits in a telephone number or numbers on a football player's jersey.

标称数据：是用于系统分类的某个数据或变量，如电话号码中的数字或足球运动员的球衣号码。

Normal Distribution is a way observations tend to pile up around a particular value rather than be spread evenly across a range of values.

正态分布：是围绕一个特定值的意见倾向，而不是被均匀地分布在一个范围内。

O

Objective is a target or purpose that, when combined with other objectives, leads to a goal.

目标：是指某种目的或意图，当和其他目标结合起来时，能够促成某种结果。

- **Behavioral Objectives** specify the particular new behavior that an individual should be able to perform after training.
- **行为目标：**确定在培训后个人应该可以实现的特定新行为。

Objective-Centered describes a theory of instruction that concentrates on observable and measurable outcomes. It is based on behaviorism, the primary tenet of which is that psychology should concern itself with the observable behavior of people and animals, not with unobservable events that take place in their minds.

目标为中心：描述的是一种关注可观察和可测量的结果的教学理论。它基于行为主义，首要原则是心理学应该关注人类和动物可观察到的行为，而不是关注发生在其头脑中的不可观察的事件。

Observation occurs when participants are directed to view or witness an event and be prepared to share their reflections, reactions, data, or insights. This is also a methodology for data collection.

观察：指参与者被指向查看或目击某一事件，并准备好去分享他们的思考、反应、数据或见解。这也是一种进行数据收集的方法。

Onboarding, sometimes called *new employee orientation,* refers to the process by which new employees acquire the necessary knowledge, skills, and behaviors to become effective members in their organizations.

入职：有时也被称为**新员工入职培训**，指的是新员工掌握必要的知识、技能和行为，从而能成为组织中的有效成员的过程。

Open Space Technology is an approach for facilitating meetings, conferences, symposia, and so forth that is focused on a specific purpose or task—but starting without any formal agenda beyond the overall purpose or theme. Open space meetings ensure that all issues and ideas that people are willing to raise are discussed.

开放空间技术：是一种引导会议、研讨会、专题讨论等的做法，其重点是特定的目的或任务，但初期没有超越总体目标或主题的任何正式议程。开放空间会议确保人们愿意提出的所有问题和想法都能够得到讨论。

Open System is one that continuously interacts with its environment. In organizations, an open system is said to allow people to learn from and influence one another because of their interconnectedness and interdependence within the system.

开放系统：是一个不断与环境进行交互的系统。在组织中，因为系统内人们间的相互联系和相互依存，开放系统能够让人们相互学习和影响。

Open Systems Theory, also known as living or general systems theory, is based on the idea that an open system continuously interacts with its environment. Organizations can be viewed as open systems.

开放系统理论：也被称为生命或通用系统理论，基于开放系统能够不断与环境进行交互的观点。组织可看作开放的系统。

Ordinal Data is a number or variable that allows ranking order of importance from highest to lowest.

有序数据：是一个数字或变量，可以使重要性从最高到最低进行排序。

Organization Development (OD) is the process of developing an organization to be more effective in achieving its business goals. OD uses planned initiatives to develop the systems, structures, and process in the organization to improve effectiveness.

组织发展（OD）：是一种开发组织使其更有效地实现其业务目标的过程。组织发展采用有计划的举措来发展组织内的系统、结构和过程，以提高效率。

Organizational Culture is the unspoken pattern of values that guide the behavior, attitudes, and practices of the people in an organization.

组织文化：是指导组织内人们的行为、态度和实践的非语言的价值观格局。

Outlier is a data point that's far removed in value from others in a data set.

异常值：是数据组中与其他数据值相去甚远的某个数据。

Outsourcing Training refers to using resources or products external to an organization to meet its learning requirements.

外包培训：是指利用组织的外部资源或产品来满足学习需要。

↘ P

Pedagogy is the art or practice of teaching and often refers to teaching children. Pedagogy focuses on the skills teachers use to impart knowledge and emphasizes the role of the teacher. It is contrasted with andragogy, the teaching of adults. In andragogy the focus is on the learner, who is assumed to be self-directed and motivated to learn in order to perform a task. (See also *Andragogy*.)

教育学：是教学的艺术和实践，往往指的是教育孩子。教育学关注的是教师传授知识的技能，并强调教师的作用。它与成人教育学相对，即对成人的教学。在成人教育学中，重点是学习者，他们往往被认为是自我导向和主动性的，以便完成某项任务（参阅成人教育学）。

Performance describes the execution and accomplishment of some activity; it is not an adjective that describes the action itself.

绩效：描述的是某些活动的执行和完成。它不是一个描述动作本身的形容词。

Performance Analysis measures the gap between desired and actual performance.

绩效分析：测量所期望的绩效和实际绩效之间的差距。

Performance Gap Analysis identifies and describes past, present, and potential future human performance gaps.

绩效差距分析：识别和描述过去、现在和潜在未来的人力绩效差距。

Performance Support is a storage place for task-specific information, other than memory, that is available just in time at the point of need and may also be called a *job aid*.

绩效支持：是特定任务信息而非记忆的一个存储位置，这些信息可以在需要的时候及时获得，也可以被称为工作辅助（或岗位手册，参见工作辅助。——译者注）。

Personal Learning Network (PLN) is an informal network of people seeking knowledge or willing to share knowledge in a particular subject area. Members of a PLN enjoy a mutually beneficial relationship. They may be inside or outside each other's work group or company.

个人学习网络（PLN）：是一个人们寻找知识或愿意在某一学科领域共享知识的非正式网络。个人学习网络成员享受互惠互利的关系。他们可能处于彼此工作小组或公司之内或之外。

Phillips Jack and Phillips Patricia developed a model for measuring the return-on-investment or ROI of training programs.

菲利普斯·杰克和菲利普斯·帕特里夏：开发了一个测量培训项目投资回报率（ROI）的模型。

Podcast is a series of digital-media files distributed over the Internet using syndication feeds for playback on portal media players and computers. The term *podcast*, like *broadcast*, can refer either to the series of content itself or the method by which it is syndicated; the latter is also called podcasting. The term derives from the words *iPod* and *broadcast*—the Apple iPod being the brand name of the portal media player for which the first podcasting scripts were developed.

播客：是分布在互联网中的一系列数字媒体文件，互联网使用门户媒体播放器和计算机上回放的整合节目。该术语“播客”，如同“广播”，可以指一系列的内容本身，也可以指其整合所使用的方法。后者也被称为播客。该术语源自 iPod 和广播的结合，苹果 iPod 作为门户媒体播放器的品牌名称，由此第一个播客脚本被开发出来。

Poll is a virtual classroom feature that allows the facilitator to post questions to participants and show poll results in real time or after all responses have been received.

调查：是虚拟教室的一个特征，教师向参与者发放问题，并实时展示投票结果，或者在所有的回答被收上来之后再展示结果。

Process Consulting refers to helping a client understand what is happening based on attention and observation of the emotional, nonverbal, perceptual, and spatial aspects of human behavior; it identifies solutions and transfers the skills to the client to manage the ongoing process.

流程咨询：是指帮助客户了解正在发生的事情，特别是通过对基于人类行为的情绪的、非语言的、感性的和空间方面的关注和观察。它确定解决方案，并把该技能传送给客户，用来处理正在进行的流程。

Producer refers to the virtual classroom technology expert who partners with the facilitator to deliver virtual classroom training.

生产者：是指虚拟课堂技术专家，他们与主持人合作提供虚拟课堂培训。

Professional Development Plan (PDP) is a working document or blueprint for career goals and the strategies for achieving them.

职业发展规划（PDP）：是职业目标及实现目标的战略的工作文件或蓝图。

Professional Niche is a marketing statement bundling personal expertise and capabilities spotlighting a candidate's individualized qualified background.

专业利基：是一种与个人专业知识和能力捆绑在一起的市场语言，这些知识和能力能够彰显应聘者的个性化资格背景。

Program Evaluation assesses the effect of a training program on learning.

项目评估：评估学习培训计划的效果。

Program Evaluation Review Technique (PERT) Chart is a diagramming technique that enables project managers to estimate a range of task durations by estimating the optimistic, pessimistic, and most likely durations for each task.

项目评审技术（PERT）图：是一种图表技术，项目经理通过估计每个任务的乐观、悲观和最可能的持续时间来估计任务的持续时间。

Project Life Cycle is everything that happens from the beginning to the end of a project.

项目生命周期：是从项目一开始到结束所发生的一切。

Project Management is the planning, organizing, directing, and controlling of resources for a finite period to complete specific goals and objectives.

项目管理：是指在有限的时间内对资源的计划、组织、领导和控制，以达成特定的目的和目标。

Project Scope is what will or won't be done on a project. Project scope management includes the processes needed to complete all required work (and only the required work) so that the project is completed successfully.

项目范围：是一个项目涉及或不涉及的描述。项目范围管理包括完成所有必需工作（只是所需工作）的流程需要，确保项目可以成功交付。

Project Work Teams are groups of employees from various departments or backgrounds who work together to identify and resolve workplace issues or problems.

项目工作小组：是指来自不同部门或背景的员工组成的小组，他们共同努力识别和解决工作场所问题。

Proprioception is the sense of the relative position of neighboring parts of the body and strength of effort being employed in movement.

本体感觉：是身体运动器官在不同状态和运动静止时所需努力和力量的一种感觉。

Pull Learning allows learners to select what they want, is self-directed, and may be called informal learning.

拉动式学习：是自我导向的学习，即让学生选择自己想要的；也可以称为非正式学习。

Push Learning is directed by others, requires learners to accept knowledge and skills as presented, and may be called formal learning.

推动式学习：由别人指挥，要求学生接受所呈现的知识和技能，也可以称为正式学习。

Q

Qualitative Analysis involves looking at participants' opinions, behaviors, and attributes and is often descriptive.

质性分析：包括考察参与者的意见、行为和态度，通常是描述性的。

Qualitative Data are information that can be difficult to express in measures or numbers.

质性数据：是指很难在测量或数字中表达的信息。

R

Random Assignment is the process of assigning a sample to different groups or treatments in a study.

随机分配：是在一项研究中分配样品到不同的小组或进行不同处理的过程。

Random Sampling means that each person in a population has an equal chance of being chosen for the sample. Choosing every tenth person from an alphabetical list of names, for example, creates a random sample.

随机抽样：是指总体中的每个人都有被选择用作样品的平等机会。例如，从名字的字母顺序列表中，依次选择第十个人，就可以创建一个随机样本。

Random Selection is the process of drawing a sample of people from a population for a study.

随机选择：是为某项研究从总体中选择一个样本的过程。

Rapid Instructional Design (RID) is a collection of strategies for quickly producing instructional packages to enable a group of learners to achieve a set of specific instructional objectives.

快速教学设计（RID）：是指为了快速产出教学包的一套策略，教学包可以让学习者实现一整套具体的教学目标。

Reliability is the ability to achieve consistent results from a measurement over time.

可靠性：是随着时间的推移从某个测量中获得一致结果的能力。

Results refer to the goals an organization strives for.

结果：是指组织争取的目标。

Results-Based Approach is driven by a business need and a performance need and must also be justified by the results of the cause analysis.

基于结果的方法：受业务需求和绩效需求驱动，同时必须得到原因分析的结果检验。

Return-on-Expectations (ROE) is the measure of satisfaction by key business stakeholders that demonstrates the degree to which their expectations have been met.

预期回报率（ROE）：是主要业务利益相关者的满意度测量，表示他们的期望在某种程度上得到满足。

Return-on-Investment (ROI) is a ratio of the benefit or profit received from a given investment to the cost of the investment itself. ROI calculations are used to show certain benefits of training programs.

投资回报率（ROI）：是指从给定的投资中获得的利益或利润与投资成本本身的比率。投资回报率计算用于显示某些培训项目的收益。

Role Play is an activity during which participants act out roles, attitudes, or behaviors that are not their own to practice skills or apply something they have learned. Frequently, an observer provides feedback to those in character.

角色扮演：是一项教学活动，学员们表演他人的角色、态度或行为，来练习技能或应用所学到的东西。通常观察者会为他们提供扮演角色上的反馈。

Root Cause Analysis is used to determine why a performance gap exists and identify the contributing factors.

根因分析：被用来确定为什么存在绩效差距，并确定其影响因素。

Rummler-Brache's Nine Box Model is a matrix approach to performance management based on three levels of performance (organization, process, and performer) and three dimensions of performance (goals, design, and management).

朗姆勒-布拉什的九盒模型：是一种绩效管理的矩阵方法，基于三个层级的绩效（组织、过程和工作者）和三个维度的绩效（目标、设计和管理）。

↘ S

Schein's Career Anchors Theory is a concept developed in 1961 by Edgar Schein. A career anchor is one's self-concept about one's talents and abilities, basic values, and motives and needs as they pertain to career.

沙因的职业锚（职业定位）理论：是埃德加·沙因 1961 年提出的一个概念。职业锚是个人关于其涉及职业生涯的天赋和能力、基本价值观、动机和需求的自我概念。

Scope Creep refers to work or deliverables that are added to a project but were neither part of the project requirements nor added through a formal change process.

范围蠕变：是指被添加到一个项目中的工作或可交付成果，但不是该项目要求的一部分，也不是通过正式的变更程序添加的。

Screen Text is written text that is reproduced on the screen of a media device such as a computer monitor, mobile telephone, tablet, or e-book reader. It is read 25 percent slower than text on paper and does not always conform to traditional grammar.

屏幕文字：是再现在媒体设备上的书面文本，如计算机显示器、移动电话、平板电脑或电子书阅读器。阅读速度比纸质文本慢 25%，有时也不符合传统语法。

Self-Directed Learning (SDL) is learning in which the learner determines the pace and timing of content delivery. SDL occurs through a variety of media, ranging from print products to web-based systems. It also refers to informal learning in which a person seeks information or guidance from others, for example, through social media.

自我导向学习（SDL）：是一种由学习者决定学习进度和内容传送时间的学习方式。这种学习方式通过各种媒体实现，包括从打印产品到基于网络的系统。自我导向学习也指个人向他人寻求信息和指导的非正式学习，如通过社会媒体寻求信息和指导。

Semantic Web is a mechanism of adding information about information, supporting machine processing and recombination so that content can be assembled by rules, not by hand.

语义网：是一种通过支持机器而不是手动处理和重组信息的增加机制，使内容以规则集合而不是由手动处理（语义网是通过给全球信息网上的文档添加能够被计算机所理解的语义“元数据”，从而使整个互联网成为一个通用的信息交换媒介。——译者注）。

Significant means probably true (not caused by chance) in statistics.

显著的：意味着统计数据很大程度上是真实的（不是偶然造成的）。

Simulation is the act of imitating the behavior of some situation or some process by means of something suitably analogous. In training situations, simulations range from simple live exercises to complex computer software. Simulations allow people to learn by performing and repeating an action in a safe environment. Simulations are popular for teaching decision making.

模拟：是指一种通过某些适当相似的东西模仿某些情况或方法的做法。在培训领域，模拟的范围包括从简单的现场练习到复杂的计算机软件。模拟通过在安全的环境中操演和重复，让学员学到东西。模拟对于教学决策制定非常流行。

Single-Loop Learning refers to a type of learning in which people learn and use new skills for necessary but incremental change.

单循环学习：是指一种人们学习和应用新技能是为了实用而不是进步和变化的学习方式。

Six Sigma Methodology is a disciplined, data-driven methodology for eliminating defects (driving toward six standard deviations between the mean and the nearest specification limit) in a process. The fundamental objective of the Six Sigma methodology is the implementation of a measurement-based strategy that focuses on process improvement and variation reduction.

六西格玛方法论：是一种经过验证、数据驱动的方法（驱动个体离均值的偏离程度以 6 个标准差为限），目的是消除过程中的缺陷。六西格玛方法的基本目标是基于测量策略的实施，该策略专注于流程改进和变量缩减。

Skills refer to proficiency, facility, or dexterity that is acquired or developed through training or experience.

技能：是指通过培训或经验获得或开发的熟练度、能力或灵巧度。

Smile Sheet is a nickname for the form used in Level 1 evaluation of instructors and training classes.

笑脸表：（教学评估表）是教师和培训课堂一级评估使用的表格的一个别称。

Social Learning refers to learning that occurs through interacting with and observing others. It is often informal and unconscious, and often happens as an organic result of living and moving in the world.

社会化学习：是指通过与他人互动和观察别人而发生的学习。它往往是非正式的、无意识的，并且通常作为在世界上生活和前进的一种有机结果而发生。

Social Media are electronic communication tools used to extend social interactions and learning across organizations and geography.

社交媒体：是用来扩展跨组织和地理的社会互动和学习的一种电子通信工具。

Soft Data are qualitative measures. They are intangible, anecdotal, personal, and subjective, as in opinions, attitudes, assumptions, feelings, values, and desires. Qualitative data cannot be objectified, and that characteristic makes them valuable.

软数据：是质性的测量。它们是无形的、事件性的、个人的和主观的，包含意见、态度、假设、情感、价值观和愿望等。质性数据不能客观化，并且该特征使得它们具有价值。

Sound Effects are audio recordings of common day noises such as a door closing or car starting. Sound effects are individual elements usually saved as individual files that can be combined to create an audio picture and are powerful for grabbing attention and conveying information fast.

音响效果：是指日常生活中噪声的录音记录，如关门或启动汽车的声音。音响效果是个人元素，通常作为个人文件保存下来，但是可以进行组合以创建音频图像，也是吸引注意力和快速传输信息有力手段。

Split Attention is the mental load that is caused by separation of related instructional content causing working memory to hold parts of the information while viewing other parts.

分裂注意：是指相关教学内容分离的心智负荷，导致工作记忆只能记住在观看其他部分时的部分信息。

Stakeholder is any individual or group who has an interest in the outcome of a project, program, or general success.

利益相关者（利益相关者，利益攸关方）：是指与某个项目、计划或整体成功的结果有利益关系的任何个人或团体。

Standard Deviation is a common measure or indicator of the amount of variability of scores from the mean. The standard deviation is often used in formulas for advanced or inferential statistics.

标准差：是一种偏离平均值的分数变化量的普遍测量和指标。标准差通常用于高级或推论统计公式中。

Storyboard is a visual plan of each shot a videographer plans to shoot in order to convey a message. It features a drawing of how the shot should look with additional instructions such as shot size, camera positions, movements, and angles.

故事板：是摄影师为传达信息计划计划要拍摄的每个图片的可视计划。它包括图片看起来应该是什么样子的绘图，以及额外指令和规格，如拍摄尺寸、摄像机位置、动作和角度。

Strategic Planning is the process that allows an organization to identify its aspirations and future challenges, clarify and gain consensus around a business strategy, communicate the strategy throughout the organization, align departments and personal goals with the overarching organizational strategy, and identify and align strategic initiatives. This process is often combined with long-term (five- to 10-year) planning initiatives.

战略规划：是让组织能够识别它的愿望和未来挑战、明确并获得经营战略共识、传达战略至整个组织、根据总体组织战略调整部门和个人的目标并确定和调整战略举措的过程。这个过程经常与长期（5~10 年）规划举措结合。

Structured Mentoring is a time-limited process focused on a protégé's acquisition of a particular skill set and on specific behavioral objectives.

结构化辅导：是一种受时间限制、聚焦新手获得某种技能或具体行为目标的过程。

Subject Matter Expert (SME) is a person who has extensive knowledge and skills in a particular subject area.

内容专家（SME）：是拥有某一学科领域广泛知识和技能的人。

Succession Planning is the process of identifying key positions, candidates, and employees to meet the challenges that an organization faces in the short and long term.

继任计划（接班人计划）：是一个确定关键岗位、候选人和员工来达到满足该组织面临的短期和长期挑战需要的过程。

Summative Evaluation assesses and summarizes the development of learners at a specific point following training. Summative evaluation may also be used to diagnose weaknesses.

总结性评估：评价并总结培训后，在某个特定点的学习者的进步程度。总结性评估也可用于诊断弱点。

Surveys collect the type of information employees have as well as the type of information they need to do their jobs.

调查：收集雇员掌握的和他们工作中需要的各种类型的信息。

Synchronous Training occurs when the trainer and the learner participate in the training at the same time. It is most often used when discussing web-based training, which can be synchronous or asynchronous.

同步培训：是指培训师和学员同时参与的培训课程。最常用于基于网络的培训，培训可以是同步的，也可以是非同步的（非同步）。

Systems Thinking is a conceptual framework that encompasses the whole, making patterns (and ways to change them) more understandable.

系统思维：是一个包括整体的概念性框架，能够使模式（以及改变它们的方式）更容易理解。

↘ T

Tacit Knowledge (as opposed to explicit knowledge) is the kind of knowledge that is difficult to transfer to another person by means of writing it down or verbalizing it. It is personal knowledge gained through experience.

隐性知识：（与“显性知识”相对）是一种难以通过书写或言语表达方式传达给他人的知识。这是一种通过经验获得的个人知识。

Talent Development Reporting Principles (TDRp) establishes internal reporting standards for planning and collecting human capital data and defining and reporting critical outcomes, effectiveness, and efficiency measures needed to deliver results and contribute to organizational success. TDRp is an industry-led, grassroots initiative.

人才发展报告准则（TDRp）：建立内部报告标准，规划和收集人力资本数据以及定义和报告交付成果和为组织成功做贡献需要的关键结果、有效性和效度措施。TDRp 是一种行业引导的始于基层的举措。

Task Analysis examines a single task within a job and breaks it down into the actual steps of performance.

任务分析：检查工作中的单个任务，并将其分解成绩效的实际步骤。

Technical Consulting relies on the knowledge and expertise of the consultant to solve the client’s problem.

技术咨询：依赖顾问的知识和专业技能解决客户的问题。

Teleconferencing is the instantaneous exchange of audio, video, and text between two or more people or groups at two or more locations.

电话会议：是两人或以上或位于两个或多个地方的组织之间的音频、视频和文本的瞬时交流。

Terminal Objectives are the final behavioral outcomes of a specific instructional event. The designer must state an objective clearly and describe the intended exit competencies for the specified unit, lesson, course, or program for which it was written.

终极目标：是某个特定的教学事件的最终行为结果。设计者必须明确设定一个目标，并描述编写的指定单元、课文、课程或程序的预期能力产出。（参见辅助目标。——译者注）

Texting is the act of composing and sending a brief, electronic message between two or more mobile phones or fixed or portable devices over a phone network. Term originally referred to messages sent using the Short Message Service (SMS).

发短信：是两个或多个手机或固定及便携式设备之间撰写和发送简短电子信息的行为，这种行为通过电话网络实现。最初指代发送消息的术语叫作短信服务（SMS）。

Theory X is a theory of human motivation about work developed by Douglas McGregor in the 1960s. It assumes that employees are inherently lazy, dislike work, and will avoid it if they can. Belief in Theory X leads to close supervision and tight control of employees by their managers.

X 理论：是道格拉斯·麦格雷戈于 20 世纪 60 年代提出的有关人类工作动机的理论。它假定员工是天生懒惰的，不喜欢工作，并且尽可能避免工作。信奉 X 理论会导致经理对员工的严密监督和严格控制。

Theory Y, also developed by Douglas McGregor, postulates that most people are self-motivated and enjoy working and will work to achieve goals to which they are committed, especially if rewards result from the achievement of those goals.

Y 理论：也由道格拉斯·麦格雷戈提出，假设大多数人都是自我激励的、享受工作并努力实现他们承诺的目标，特别是当实现这些目标会产生奖励时。

360-Degree Feedback Evaluation is feedback from superiors, direct reports, peers, and internal and external customers on how a person performs in any number of behavioral areas.

360 度反馈评价：是对于一个人在某些行为领域的表现，来自上级、直接下属、同级同事和内外部客户的反馈。

Traditional Mentoring focuses on career development and overall career performance over the short or long term.

传统指导：集中于短期或长期的职业发展和职业生涯的整体表现。

Traditionalists refer to the generation born before 1946 in the U.S. who are typically characterized as loyal, dependable, responsible, altruistic, and hard working.

传统主义者：是指美国出生于 1946 年之前的一代，他们的典型特征是忠实、可靠、负责、利他和努力工作。

Trainers are people who help individuals improve performance by teaching, instructing, or facilitating learning in an organization.

培训师：是指通过教学、讲授或者促进组织内的学习，帮助个人改进绩效的人。

Training Needs Assessment is the process of collecting and synthesizing data to identify how training can help an organization reach its goals.

培训需求评估：是收集和综合数据来确定培训如何能够帮助组织实现其目标的过程。

Training Objective is a statement of what an instructor hopes to accomplish during the training session.

培训目标：是在培训课程中教师希望能够完成什么的一个说明。

Training Transfer Evaluation measures the success of the learner's ability to transfer and implement learning on the job.

培训迁移评估：衡量学习者的迁移能力，以及能否成功地在工作上应用所学。

Trend Lines are used to project the values of specific output variables if training had not been undertaken. The projection is compared to the actual data after training, and the difference represents the estimate of the impact of training. Under certain conditions, this strategy can accurately isolate the training impact.

趋势线：被用于预测在培训没有开展的情况下特定输出变量的值。该预测将与培训后的实际数据进行对比，差异代表了培训效果的评估。在一定条件下，这种策略可以准确地区分培训影响。

Triple-Loop Learning refers to a type of learning in which people make fundamental shifts about how they view themselves and willingly alter their beliefs and values about themselves and about the world (a transformational act).

三循环学习：是一种学习类型，人们可以就他们如何看待自己做出根本性改变，并愿意改变他们自身和世界的信念与价值观（一种变革的行为）。

Tuckman Group Development Model is a team-maturing model that depicts five stages: forming, storming, norming, performing, and adjourning.

塔克曼团队发展模式：是一种描述五个阶段的团队成熟模式：形成期、动荡期、规范期、变革期和解散期。

↘ V

VAK Model, developed by Neil Fleming, is a division of learning styles into three categories: visual (learners need pictures, diagrams, and other visuals), audio (learners need to hear information), and kinesthetic (learners need hands-on learning). Some people learn primarily through one learning style, others through a combination of the three.

VAK 模型：由尼尔·弗莱明开发，将学习方式划分为三个类别：视觉（学习者需要图片、图表和其他视觉效果）、音觉（学习者需要听到信息）和动觉（学习者需要动手学习）。有些人主要通过一种方式学习，而有些人通过三者的结合。

Validity describes how well the evaluation instrument measures what it is intended to measure.

效度：描述评估工具能否很好地对其所要测量的东西进行测量。

Variance is a measure of how spread out a distribution is. It's calculated as the average squared deviation of each number from the mean of a data set.

差异：测量分布的广度大小。它是从数据组平均值的每个数字的平均方差而计算出来的。

Vertical Development refers to advancement in a person's thinking capability or how one thinks. The outcome of vertical stage development is the ability to think in more complex, systemic, strategic, and interdependent ways.

纵向发展：是指一个人的思维能力或如何思考的发展。纵向发展阶段的结果是一种以更加复杂、系统、战略性的和相互依存的方式进行思考的能力。

Video refers to the electronic or digital reproduction of moving pictures and is a key method of online communication. It is generally combined with audio to create a final message although it does not have to include an audio track.

视频：是指动画的电子或数字再生产品，也是在线交流的一种主要方式。它通常与音频组合，创建最终消息，尽管它不一定包括音频。

Video Editing is the process of assembling video footage in a video editing software program, cutting out redundant elements of the footage and trimming them so they are run naturally together. Music, sound effects, and special effects are combined during the edit process to create a final video file.

视频编辑：是在视频编辑软件程序中重组脚本录像、切割录像的画面冗余部分并修剪它们，让它们能够自然运转。在编辑过程中，音乐、声音效果及特效相互组合而创建一个最终的视频文件。

Video Script is written text of a video that includes all spoken word content plus a visual description of each shot along with camera moves, positions, and angles. Factual scripts such as those used in industrial video tend to follow a two-column format. In the left column the shot is described visually and any monologue, dialogue, or commentary is included in the right column. Any audio such as music is also noted in the right column.

视频脚本：是包含所有的言语内容及每个画面的视觉描述的视频文本。画面会跟随摄像机移动、机位和角度发生变化。事实脚本，如那些在工业中使用的视频，往往遵循两列格式。左列是画面的视觉描述，任何独白、对话或评论都位于右列。任何音频，如音乐，都应该位于右列。

Virtual Classroom is an online learning space where learners and instructors interact.

虚拟教室：是一个学生和老师互动的在线学习空间。

Virtual Reality (VR) is computer-based technology that gives learners a realistic, three-dimensional, interactive experience. This powerful tool enhances learning by allowing students to perform skills in a realistic, engaging simulation of a real-life environment.

虚拟现实（VR）：是一种基于计算机的技术，能够为学习者提供现实、三维和互动的体验。这种强大的工具能够让学习者在现实生活的真实和参与性模拟中操演，从而改善学习效果。

W

Web 2.0 is the use of Internet technology and web design to enhance information sharing and, most notably, collaboration among users. These concepts have led to the development and evolution of online communities and hosted services such as social networking sites, wikis, and blogs.

网络 2.0：是对互联网技术和网页设计的使用，以加强信息共享，最值得注意的是用户之间的协作。这些概念催生在线社区和托管服务的出现和发展，如社交网站、维基和博客等。

Web Portals are websites that brings information together from diverse sources in a uniform way.

门户网站：是用统一的方式整合不同信息的网站。

Web-Based Training (WBT) refers to the delivery of educational content via a web browser over the Internet, a private intranet, or an extranet.

基于网络的培训（WBT）：是指通过网络浏览器在互联网、私人内部网或外部网中进行教育内容的传输。

WIIFM is Internet slang for “What’s in it for me?” Also used by trainers and facilitators at the start of a training program to promote learners’ interest in its content.

WIIFM：是“其中对我有什么用处”的网络俚语，同时被培训师和主持人用于培训计划的初期，以促进学习者对学习内容的兴趣。

Wiki is a collection of webpages designed to enable anyone who accesses it to contribute or modify content using a simplified markup language. Wikis are often used to create collaborative websites and to power community website.

维基（Wiki）：是一种网页的集合，旨在使任何人都可以访问，并使用简化标记语言修改或添加内容。维基经常被用于创建协作网站和助力社区网站。

Work Breakdown Structure (WBS) is the primary tool in project management used to begin planning and documenting project deliverables.

工作分解结构（WBS）：是项目管理中的主要工具，被用于开始规划和书面记录项目可交付成果。

Workforce Planning is the process that ensures that an organization can meet its goals and objectives within a given business environment by having the right workforce capability. It is part of integrated talent management, which involves having the right people with the right skills in the right jobs at the right time.

人力资源规划：是通过拥有适当的工作人员能力，确保一个组织在特定的业务环境中可以实现其目标的过程。它是综合人才管理的一部分，其中涉及在合适的时间拥有适于合适岗位的合适技能的合适人才。

Workplace Learning and Performance (WLP) is a term for the professions of training, performance improvement, employee development, and workplace education. Collectively, this profession is more commonly known as training and development (T&D).

职场学习与绩效（WLP）：是培训行业、绩效改进、员工发展和职场教育行业的一个术语。总的来说，这个行业通常被称为培训与发展（T&D）。

↘ X

XML is a markup language specifically designed to support separating out content structure in in web pages supporting different delivery of the same content to different devices.

XML：是一种专门设计用于支持网页内容结构分离的标记语言，该网页支持相同的内容通过不同的方式传送到不同的设备上。

反侵权盗版声明